PUDING YEARBOOK 2011

普定县大型年度资料性文献

普定年鉴

中共普定县委员会
普定县人民政府
主办

中共普定县委党史研究室
普定县人民政府地方志办公室
编

图书在版编目（CIP）数据

普定年鉴 . 2011 / 中共普定县委党史研究室，普定县人民政府地方志办公室编 .
-- 潞西：德宏民族出版社，2012.7
ISBN 978-7-80750-697-3

Ⅰ . ①普… Ⅱ . ①中… ②普… Ⅲ . ①普定县－ 2011 －年鉴 Ⅳ . ① Z527.34

中国版本图书馆 CIP 数据核字 (2012) 第 158715 号

书　　名	普定年鉴. 2011		
作　　者	中共普定县委党史研究室，普定县人民政府地方志办公室　编		
出版·发行	德宏民族出版社	责任编辑	木　闹
社　　址	云南省德宏州芒市勇罕街1号	责任校对	彭　敏　多镜明
邮　　编	678400	封面设计	沈　慧
总编室电话	0692-2124877	发行部电话	0692-2112886
电子邮件	dmpress@163.com	网　　址	www.dmpress.cn
印 刷 厂	昆明鹰达印刷有限公司		
开　　本	大16	版　　次	2012年7月第1版
印　　张	29.75	印　　次	2012年7月第1次
字　　数	700千	印　　数	1-1000册
书　　号	ISBN 978-7-80750-697-3/Z·186	定　　价	198.00元

如出现印刷、装订错误，请与承印厂联系调换事宜。印刷厂联系电话：0871—3646096

普定名片

（2010年）

名　　称	普定县
位　　置	普定县位于素有“黔之腹，滇之喉”之称的黔中腹地，贵州省中部偏西安顺市内，云贵高原东侧斜坡地带
面　　积	1090.49平方公里
行政区划	5个镇、2个乡、4个民族乡，7个社区居委会、3个居委会、317个村委会，1936个村民组
人　　口	45.96万人
经　　济	2010年全县实现生产总值（GDP）304844万元，财政总收入45016万元，农民人均纯收入3128元
县委书记	王　跃　彭贤伦
县　　长	庞　琨
历　　史	16000年前，普定穿洞一带有人类生活，属旧石器时代晚期，穿洞古人类文化遗址被誉为“亚洲文明之灯”
普定名人	任可澄：学者、诗人、书法家，《贵州通志》总纂，民国时期北京政府教育总长、云贵监察使 袁晓岑：当代中国著名国画家、雕塑家、美术教育家 刘纲纪：著名美学家、哲学家、书法美学奠基人、教授，中华美学学会副会长 袁愈荌：《诗经全译》作者，古文献研究专家、诗人 袁熙坤：肖像外交大使、中国著名画家、雕塑家，第十一届全国政协常委，中国收藏家协会副会长
概　　貌	土地总面积109049公顷，其中农用地占68.89％为75120公顷，水面占2.38％为2594公顷
名　　胜	全国重点文物保护单位穿洞古人类文化遗址，国家农业旅游示范点讲义民俗风情村、号营山庄；省级风景名胜区、贵州第二大人工湖夜郎湖，省级重点文物保护单位猴场平讼摩崖石刻、白岩脚洞遗址；市级文物保护单位玉真山寺、文昌阁；另有普屯坝云中草原、重荫山杜鹃湖、莲花古洞、化处空山、西堡古屯、“大明定南所”石刻等景点
气　　候	普定位于副热带东亚大陆的季风区内，气候类型属中国亚热带高原季风湿润气候
特　　产	朵贝茶、鸡场坡茶、马场水磨面、白旗韭黄、坪上冰脆李、野生鸡棕菌、优质大米、土陶、高铝球等
资　　源	普定矿产资源丰富，已探明的主要矿藏有煤、铁、铅锌、大理石、石膏、石灰石、耐火粘土等10余种。煤炭是主要矿产，预测储量53.28亿吨 普定境内建成安顺发电厂（装机容量120万千瓦）、普定水电站，是西南地区能源基地县、黔中电力重镇
区位优势	普定处于贵州西线旅游重要风景区交汇点，境内山川秀美，旅游资源丰富 交通便捷，距黄果树机场20公里，贵昆铁路、黄织铁路贯穿全境，安普高速、安织、两四、普化等高等级公路纵横交错
部分荣誉	全国林业科技示范县、全国营造林工作先进县、喀斯特地貌植树造林国家林业标准化示范区、国家退耕还林还草科技试验县、国家林业标准化建设示范县、教育部“一村一名大学生计划”试点县、全国花灯艺术之乡、全国计划生育优质服务先进县、农业部“保护性耕作示范推广项目县” 全省农业结构调整试点县、全省第三轮农村改革试点县、省级“双拥模范县”、全省人民防空先进城市、全省科技进步先进县、全省文化工作先进县、全省“两基”攻坚工作先进县、全省村民自治模范县、省级计划生育优质服务先进县、省级流动人口管理服务示范县、全省“卫生与秩序”创建工作先进县、全省老龄工作先进县、全省新型农村合作医疗试点县、全省劳务输出大县、全省“花灯艺术之乡”、全省农村危房改造“整县推进”试点县

普定县旅游图

织
毕
节
地
区
六
六
盘
枝
水
市
特
区
鸡场坡乡
凉风洞
红岩古画
乐川洞
十里长廊景区
渡功亭
对面洞
龙场乡
马场镇
龙潭洞
古西堡遗址
尚家冲
苗族风情村
穿洞古人类文化遗址
金钱洞
化处镇

北
金
县
平坝县
西
秀
区
自治县
普定县
城关镇
火焰山枫林生态旅游区
猴场苗族仡佬族乡
普屯坝高原草场
仙马洞
补郎苗族乡
猫洞苗族仡佬族乡
大坝飞瀑
旅游码头
普定电站
沙湾布依山庄
莲花古洞
东华山
白岩镇
讲义民族风情村
下坝屯
马官镇
文昌阁
玉真山寺庙

（普定县旅游局　提供）

《普定年鉴》编纂委员会

（根据普办发〔2011〕20号文件）

《普定年鉴》编辑部

《普定年鉴》编辑部地址： 贵州省普定县文明路县委大院内

电　话： 0853—8220968　8220081　**传　真：** 0853—8220968　**电子邮箱：** pdnjbjb@163.com

邮政编码： 562100　**网　址：** http://www.aspd.gov.cn/lmlist.asp?id=48

《普定年鉴（2011卷）》撰稿人名单

特　载

庞　琨　冯建役　胡永国　郑厚茂　陈兴华

专　文

王　跃　庞　琨　彭贤伦

2010年大事记

《普定年鉴》编辑部

县概况

《普定年鉴》编辑部　梁兴华

政　治

何　鹏　龚启波　骆世明　杨　晶　汪启祥　何朝海　董　刚　杨　敏　陈大章　廖安辉　杨金勇
邓　烨　覃远雁　胡德江　周树平　卢仁强　贺成艳　姚　松　赵德仁　王永田　李正府　徐　露
方友明　刘兴福　甘　决

工商联及群众团体

马自力　王正勇　吴立辉　袁道萍　彭志兴　赵正洪　陈　海　董有志

军　事

周　昌　伍春宪　陈文努

法　制

李发昌　常国平　熊成文　杨德波　梅培霞

经济管理与监督

刘应翠　任卿讼　张寿文　王泰琼　张　诚　王　帆　伍朝霞　苏桂芳　张振忠

财政·税务

黄　平　陈　伟　杨兴鸿　胡泽勇　王恩竹　牛娅玲

金融·保险

江燕凡　帅　凯　孔德刚　陈　玥　杨大友　宋　永　杨　芳　肖华敏　江智宏　付选芳

农　业

杨　谧　杨　波　吴　龙　王宁渝　梁兴华　陈忠文

工业·贸易

张德宏　刘昌宏　金　梅　王晋荣

水电·交通·建设·环保

龚洪斌　龙　丹　席昌云　杨开华　曾雄亚　赵美和　李崇伦　袁　蓉

信息产业

龙亚红

文教卫生

杨　耀　魏祥华　张蜀梁　吴　晓　胡洪波

科技事业

杨　耀

社会生活

陈　海

乡镇概况

刘　燮　周　俊　高　立　曾加国　李升国　胡军彪　田庆林　胡　超　张习刚　张　海　史大军　伍文荣
谢国兰

附　录

骆世明　胡家发　熊文军　罗　华　张　健　胡军彪　胡洪波　王志江　温燕文　陈　波　吴　龙　包维芬
丁　杰　胡德江　马　也　胡　洁　张宏荣　吴　贤　钟召云　廖晓峰　王镯儿

发展循环经济　构建和谐普定

图片专辑

目录

2010年11月22日，省委副书记、省长赵克志在普定县金铭塑钢有限公司、马官镇卫生院和荷包村地氟病防治点调研。图为赵克志（左二）等领导仔细查看金铭塑钢有限公司生产的塑钢产品。（詹全香/摄）

2010年9月10日，由全国政协常委、著名“肖像外交大使”、普定籍著名雕塑艺术家袁熙坤先生（前排右三）为普定一中创办人伍效高先生所塑铜像落成并揭幕。（骆世明/摄）

2010年11月9日，省委常委、省纪委书记宋璇涛率省委调研督查组到普定县调研督查。图为宋璇涛（前排中）在华宇轻型建材厂调研。（詹全香/摄）

2010年4月9日，省人大常委会副主任顾久到普定县马官镇开展屯堡文化遗产保护条例立法调研。图为顾久（右四）等在下坝村听屯堡说书。（詹全香/摄）

2010年11月26日，副省长孙国强（中）在普定县远洋煤矿现场指导炸封关闭工作。（陈登祥/摄）

2010年6月1日，省长助理郝嘉伍（中）到普定县调研黔中水利枢纽工程灌区工作。（黄海燕/摄）

2010年7月7日，中国红十字基金会项目管理部副部长付阳等到普定县，检查“央企援助基金”抗旱救灾项目落实情况。（詹全香/摄）

2010年8月29日，日本学术振兴会、日本早稻田大学非常勤讲师松浦智子，崎玉大学文学博士、中国语文学特别研究员柴崎公美子到普定县马官镇，进行民俗民间文化学术调研。（胡家发/摄）

2010年6月24日，省人大教科文卫委员会主任委员李先忧等到普定县，就《贵州省安顺屯堡文化遗产保护条例（草案）》征求意见和建议。（陈登祥/摄）

2010年8月5日，省委宣传部副部长周晓云（左一）到普定县对农民多功能信息服务站、朵贝茶文化和文庙等进行考察。（骆世明/摄）

2010年10月19日至20日，省远程教育工作督导检查组到普定县督导检查远程教育工作。图为省督导检查组在龙场乡远程教育学用成果转化示范户——新寨养殖基地检查工作。（黄海燕/摄）

2010年2月21日，毕节地委书记秦如培、行署副专员谭亚林率毕节地区党政代表团到安顺市共商交通建设大计，在普定县签订两地关于启动赤水至望谟高速公路普定至织金段前期工作框架协议。（詹全香/摄）

2010年8月30日，市委书记陈坚（左三）到普定县调研循环经济工业基地及交通、物流规划等工作。

（周光挺/摄）

2010年4月8日，市委副书记、市长罗宁（右二）率市有关单位负责人深入普定昌伟养殖场调研。（胡　洁/摄）

2010年6月10日，市委常委、宣传部长颜学丽（左一）率督查组到普定县对“四创”工作进行专项督促指导。

（詹全香/摄）

2010年8月5日，市人大常委会副主任陈其勇（右三）到普定调研。（胡　鹏/摄）

2010年6月30日，市人大常委会副主任、市总工会主席、县委书记王跃（前排右二）在补郎乡大陇村小寨组地质灾害隐患点检查。（卢仁强/摄）

2010年9月7日，县委书记彭贤伦（前左二）、县长庞琨（右二）在安普高速公路二工区十二营互通点考察调研。
（胡 鹏/摄）

2010年春，县人大常委会主任杨崇刚（前排中）带领相关部门负责人视察农业工作。（人大办/提供）

2010年9月8日，县政协主席徐天成（右三）到补郎乡木浪村调研农村危房改造工作。（吴 贤/摄）

2010年6月11日，县委副书记胡晓兰（右一）到坪上乡调研。（县委办/提供）

2010年12月20日，县委常委、副县长刘周高（中）到白岩镇安普沿线特色经济带调研。（胡德江/摄）

2010年春节前夕，副县长刘敏（左二）到补郎乡大田村开展慰问活动。（吴 贤/摄）

2010年11月15日，省委巡视组在普定县开展巡视工作见面大会召开。
（陈登祥/摄）

2010年1月14日，中共普定县委十届八次全会召开。
（詹全香/摄）

2010年3月9日至12日，普定县第十五届人民代表大会第五次会议召开。
（骆世明/摄）

2010年3月8日至11日，政协第八届普定县委员会第五次会议召开。
（骆世明/摄）

2010年3月5日，中共普定县第十届纪律检查委员会第六次全体会议召开。
（詹全香/摄）

2010年1月28日，全县经济工作会议召开。（骆世明/摄）

2010年3月30日，全县深入学习实践科学发展观活动总结大会召开。（黄海燕/摄）

2010年6月28日，普定县“科学规范和有效监督县委书记用人行为”试点工作动员部署会议召开。（黄海燕/摄）

2010年5月21日，全县创先争优活动和践行宗旨教育动员部署会议召开。（黄海燕/摄）

2010年6月28日，普定县庆祝建党89周年暨“七一”表彰大会召开。（黄海燕/摄）

2010年7月15日，全县政府机构改革工作会议召开。
（詹全香/摄）

2010年8月25日，全县领导干部会议召开，传达贯彻全省领导干部大会和市委常委（扩大）会议精神。
（陈登祥/摄）

7月8日，普定县2010年村级公益事业建设“一事一议”财政奖补扩大试点工作会议召开。（陈登祥/摄）

2010年5月21日，普定县“5·13”煤与瓦斯重大责任事故警示暨作风教育整顿大会召开。
（《普定》编辑部/提供）

2010年5月5日，全县学校、幼儿园及周边治安环境秩序整治会议召开。（王正义/摄）

2010年8月13日，普定县召开黔中水利枢纽工程征用土地补偿听证会。（胡　鹏/摄）

2010年5月26日，普定县“四创”志愿服务行动启动仪式在西门广场举行。（胡　洁/摄）

2010年7月1日，普定县“忠实践行宗旨，勤政廉政为民”暨庆祝建党89周年硬笔书法展览开展。

（吴学骏/摄）

2010年8月27日，自来水公司党支部举行“创先争优、践行宗旨教育”活动暨党的知识抢答赛。（洪　海/摄）

2010年8月30日，普定县在全市率先成立综合应急救援大队。

（袁胜祥/摄）

2010年9月18日，普定县举行公开招考乡科级领导干部笔试。图为县委书记彭贤伦等巡查考场。（王志江/摄）

2010年10月12日，全县乡（镇）党委书记、乡（镇）长会议工作召开。

（陈登祥/摄）

2010年12月29日，普定·深圳招商项目推介暨投资项目签约仪式举行。

（县招商局/提供）

2010年1月4日，普定县“县为单位、整合资金、整村推进、连片开发”试点工作调度会召开。

（詹全香/摄）

2010年12月16日，普定县移民工作大会召开。

（陈登祥/摄）

2010年10月13日，普定县第八届村（居）民委员会换届选举工作会议召开。

（胡　鹏/摄）

2010年4月11日，全县抗旱救灾促进就业专场招聘会启动仪式在西门广场举行。（许　东/摄）

2010年6月12日，普定县创建省级双拥模范城（县）动员大会召开。（詹全香/摄）

2010年8月15日，普定县举行向舟曲受灾群众捐款活动。（胡　鹏/摄）

2010年4月4日，普定县在西门广场举行预防森林火灾共建绿色家园文艺宣传巡回演出，把森林防火搬上舞台。（黄海燕/摄）

4月27日，普定县2010年干部理论考试如期举行，7000余名干部职工参加考试。（胡　洁/摄）

6月23日，普定县马官镇举办2010年“6·26”禁毒日宣传活动。

（马官镇/提供）

2010年12月4日，普定县开展“12·4”全国法制宣传日活动。（张一涛/摄）

2010年4月21日，县检察院邀请县人大代表、政协委员、人民监督员视察开展“三项重点工作”暨反渎侵权工作座谈会。

（县检察院/提供）

2010年9月9日，全市拘留所对社会开放现场经验交流会在普定县拘留所举行。（王志江/摄）

2010年8月27日，县地税局召开民主评议基层站所面对面评议大会。（陈登祥/摄）

2010年5月28日，普定县耐火材料厂被中华全国总工会授予“全国模范职工小家”称号。图为省、市、县工会代表中华全国总工会授牌和颁发证书。

（县总工会/提供）

12月11日，普定县举行2010年度新战士入伍欢送大会。

（胡　洁/摄）

2010年2月5日，普定县召开“三胞亲属”迎春座谈会。

（詹全香/摄）

2010年4月9日，普定县铁路护路联防第十五轮总结表彰暨第十六轮承包工作会议召开。

（汪启祥/摄）

2010年8月15日，省疾病预防控制中心受普定理智轻型环保建材厂委托，对该厂进行职业病危害因素现场监测。

（王志江/摄）

2010年2月24日至25日，“华荣杯”全市第二届屯堡花灯大赛在普定县马官镇举行。

（骆世明/摄）

2010年8月7日，县卫生和食品药品监督管理系统到鸡场坡乡开展送医送药下乡活动。

（鸡场坡乡/提供）

2010年11月26日，普定县举行“朵贝重华杯”青年创业大赛。图为参赛选手讲述创业思路。

（李发雯/摄）

2010年6月22日，普定县老年大学与关岭县老年大学联欢。

（罗振璜/摄）

2010年4月4日，普定二中组织召开家长学校授课会。

（县二中/提供）

2010年9月16日至19日，普定县举行第三届人口文化节。（陈登祥/摄）

2010年5月28日，普定县育英幼儿园举办20周年庆典暨“六一”文艺演出活动。（《普定》编辑部/提供）

2010年5月24日至25日，普定县鸡场坡中学举办首届校园文化艺术节暨“人口文化进校园”活动。（张新闻/摄）

2010年8月24日，兴伟集团公司春晖大学圆梦奖学金颁发仪式在普定一中举行。（魏祥华/摄）

普定县二、三期廉租住房。（胡 林/摄）

2010年7月18日，白岩镇一棵树村艺术团成立揭牌仪式。
（胡军彪/摄）

2010年9月18至19日，普定县6支地戏队参加“永峰杯·2010安顺地戏大赛”。（王志江/摄）

普定县选送的花灯小戏《月米酒儿香又甜》在安顺市纪念中华人民共和国成立61周年暨中共中央9·25《公开信》发表30周年大型文艺汇演比赛中获第一名。
（蒋文武/摄）

2010年9月21日，县公安局在县强制戒毒所举办以“以人为本、构建和谐’为主题的“迎中秋、颂国庆”文艺汇报演出。图为戒毒人员表演节目《感悟》。（杨 飒/摄）

2010年11月7日，猴场乡仙马合唱队在南京爱德基金会25周年庆典活动上演出。（县爱德办/提供）

2010年7月12日，普定县城关镇举办地氟病防治项目改良炉灶产品展示会。（王志江/摄）

2010年8月24日，全市病虫害防控工作现场会在马官镇号营村召开。图为党员正在开展水稻连片防治。（胡家发/摄）

生姜喜获丰收。（张　健/摄）

10月18日，普定县2010秋冬农机作业演示现场会在白岩镇举行。图为技术人员向农民示范旋耕机的操作。（胡　鹏/摄）

全力以赴　抗旱救灾

2009年9月开始，全县境内持续干旱170余天，降水量仅76.5毫米，不到正常年份同期降水量的10%，造成全县22.3万人、2万余头大牲畜饮水困难；农作物受灾面积18.41万亩。旱情发生后，县委、县政府及时启动应急预案，举全县之力，打好抗旱救灾攻坚战……

2010年4月19日，省政协副主席、九三学社主委刘鸿庥（右一）到化处镇沙包村帮助群众生产自救，向群众发放矿泉水、方便面等，并捐赠现金2万元。　（骆世明/摄）

2010年2月26日，市委书记陈坚（左四）等深入普定县农业生产一线指导抗旱工作。　（张一涛/摄）

市人大常委会副主任、县委书记王跃（中）到猫洞乡查看旱情。（《普定》编辑部/提供）

普定县“旱育秧技术”受中央台关注，县长庞琨（左）接受中央台记者采访。

（罗　华/摄）

香港爱德基金会到普定县补郎乡开展抗旱救灾。（吴　贤/摄）

2010年3月2日，县直机关干部职工为抗旱救灾捐赠活动启动。图为捐赠现场。（骆世明/摄）

2010年3月26日，普定县农村工作暨抗旱救灾工作会议召开。（詹全香/摄）

3月26日，普定县召开2010年水稻旱育秧集中育苗现场会。（《普定》编辑部/提供）

省农科院专家为村民送来抗旱栽培新技术。（张一涛/摄）

预师三团官兵帮助马官镇长坡村群众打井抗旱。（胡家发/摄）

受干旱影响，夜郎湖水位明显下降。 （《普定》编辑部/提供）

村民利用挞斗灌溉茶苗。 （张　健/摄）

普定县发动力量为饮水困难群众送水。图为送水场景。
（吴太勇/摄）

2010年3月17日，普定县农村信用联社10辆抗旱救灾送水车送水到猫洞乡。 （胡　洁/摄）

普定·2010·"穿洞之光"春节文化系列活动

2010年2月9日晚，普定县"工行之春"春节联欢晚会在体育场举行，县委书记王跃致新春贺辞，县长庞琨主持晚会开幕式。

"工行之春"春节联欢晚会演出现场　　（骆世明/摄）

2010年2月11日，在西门广场举办义务送春联活动。（骆世明/摄）

2010年2月19日，举行首届"穿洞文化杯"斗牛大赛。（骆世明/摄）

2010年2月21日，举行为期4天的"黔中酒业杯"篮球邀请赛。（张一涛/摄）

2010年2月26日至27日，举办灯谜竞猜活动。（胡　洁/摄）

2010年2月22日至23日，举行"穿洞之光"民族民间文化展演。（詹全香/摄）

2010年2月23日，举行"穿洞之光"新春书画摄影展。（张一涛/摄）

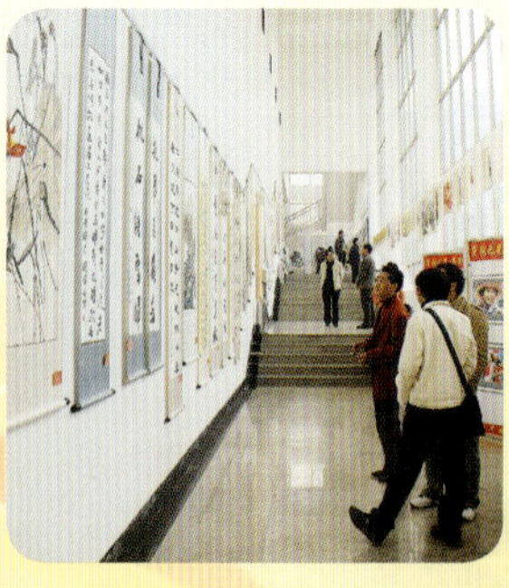

全省县级优秀文工队文艺调演

2010年11月13日至16日，由省文化厅主办，省群艺馆、中共普定县委、普定县人民政府承办的贵州省县级优秀文工队文艺调演在普定县举办。凯里等14个县级优秀文工队480余名演职人员参加。图为普定县花灯歌舞《携手共建新农村》参加开幕式文艺演出。

（陈登祥/摄）

凯里市代表队

丹寨县代表队

大方县代表队

凤岗县代表队

三都县代表队

黄平县代表队

（本栏图片除署名外，均为骆世明摄）

“忠实践行宗旨，勤政廉政为民”暨庆祝建党89周年硬笔书法作品展

市人大常委会副主任、县委书记王跃题词

由县委、县人民政府主办，县纪委、县委组织部、县文联承办的全县“忠实践行宗旨，勤政廉政为民”暨庆祝建党89周年硬笔书法展览活动6月22日开始征稿，收到全县各级党员干部、职工、教师、学生等书画爱好者来稿600余件，经展览活动组委会评选，评出佳作奖10名。

吕恩华 / 特邀

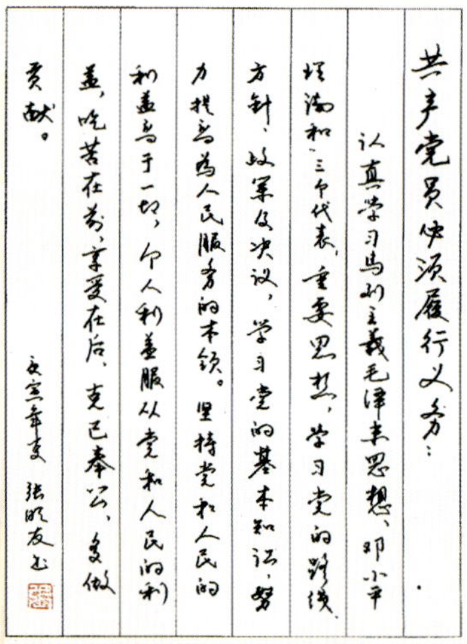
张明友 / 特邀

徐启才 / 特邀

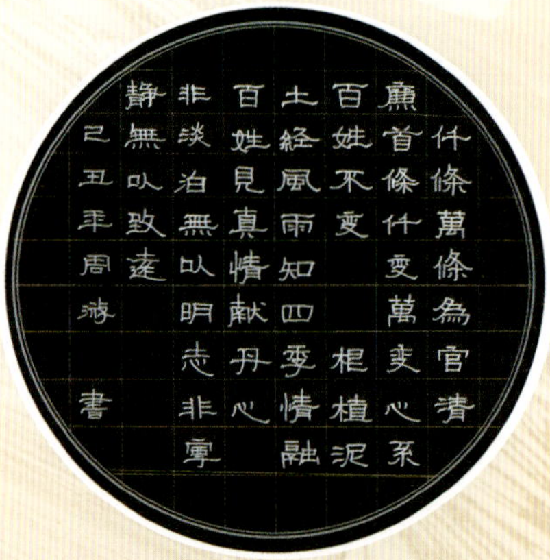
周　游 / 佳作奖

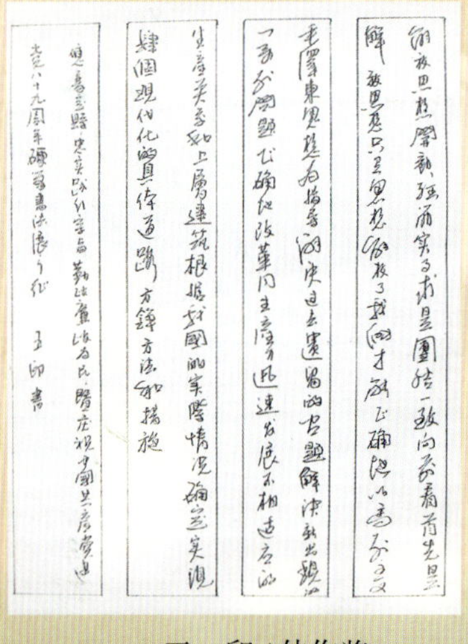
王　印 / 佳作奖

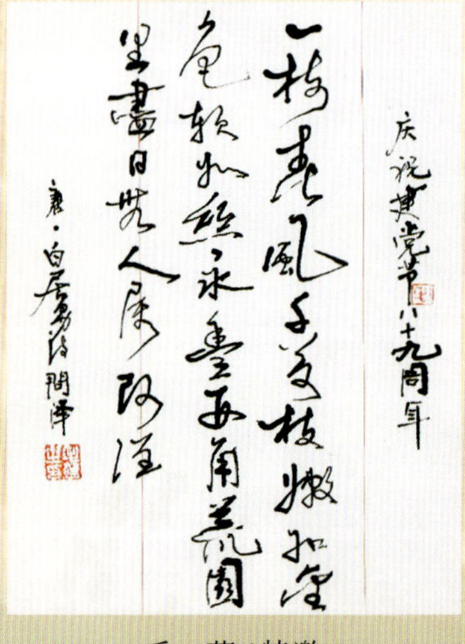
毛　蕴 / 特邀

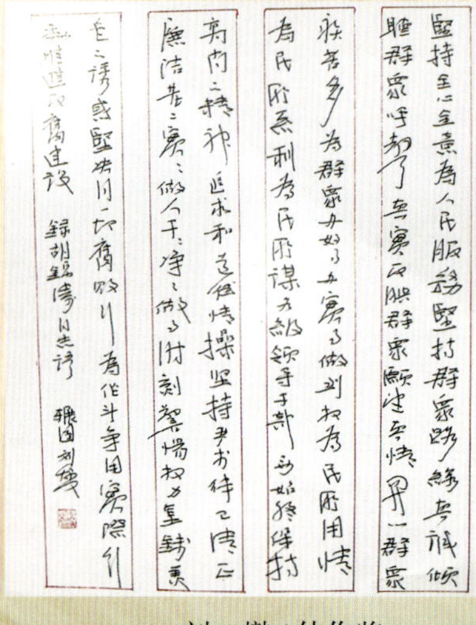
刘　燮 / 佳作奖

农村危房改造

作为重大民生工程之一的农村危房改造工程，自实施以来，全县1万余户农村贫困户已住进新房。

2010年12月8日，市委副书记、市长罗宁（中）在猴场乡猛架村危房改造示范点考察。（胡　鹏/摄）

2010年10月21日，省建设厅纪检书记李一民（右二）到普定县检查指导农村危房改造工作。图为检查廉租房建设情况。（常开林/摄）

2010年9月1日，全县农村危房改造“整县推进”调度会在白岩镇召开。（骆世明/摄）

党员志愿服务队帮助危改户建房。（常开林/摄）

乡干部为农村危房改造户排忧解难。（吴　贤/摄）

农村危房改造前（上）、改造后（下）对比。（猴场乡/提供）

龙场乡岩上村集中建房点。（罗　华/摄）

第六次全国人口普查

2010年10月11日，以省统计局巡视员程邦嘉为组长的督查组到普定县指导人口普查工作。

（《普定》编辑部/提供）

县委书记彭贤伦（左一）散发人口普查宣传资料。

（《普定》编辑部/提供）

县长庞琨（左二）散发人口普查宣传资料。

（《普定》编辑部/提供）

2010年11月1日，普定县第六次全国人口普查正式登记启动仪式在西门广场举行。（张 诚/摄）

工作人员给老人讲解《致调查户的一封信》。

（张一涛/摄）

2010年9月6日，普定县召开人口普查综合培训会。

（张一涛/摄）

普查员、普查指导员在培训课上做作业。

（张一涛/摄）

编辑说明

一、《普定年鉴》是中共普定县委员会、普定县人民政府主办，中共普定县委党史研究室、普定县人民政府地方志办公室编辑出版的地方综合性、年史性大型工具书和年度性资料文献。系中国出版工作者协会年鉴工作委员会会员年鉴。

二、《普定年鉴》于2005年创刊，每年一卷，《普定年鉴(2011卷)》为第7卷。本卷全面、系统、翔实地记录了2010年度普定县经济社会发展的新成就、新经验以及出现的新问题，为社会各界了解和研究普定提供基本的县情资料。

三、《普定年鉴》围绕以经济建设为中心，坚持与时俱进，突出时代特征和地方特色，在《普定年鉴(2010卷)》的基础上，继续做好年鉴创新工作。在附录中继续增加便民性、知识性、指南性方面的资料。着力反映普定人民在邓小平理论、"三个代表"重要思想和党的十七大精神指引下，贯彻落实科学发展观，深化改革、扩大开放，大力实施"工业化主导，城镇化带动"战略，全面建设小康、致力构建和谐社会的新进展、新举措。并以大量彩色图页，多方面、多角度、多层次、形象生动地反映普定县经济、社会、政治、文化和党的建设的新面貌。全书信息密集，资料翔实，图文并茂。

四、《普定年鉴(2011卷)》采用分类编辑法，分三级结构层次：以类目(即部类)为单元，由栏目、条目组成，各条目标题起始用黑体字加【】组成。全书共设21个类目：即《特载》、《专文》、《2010年大事记》、《县概况》、《政治》、《工商联及群众团体》、《军事》、《法制》、《经济管理与监督》、《财政·税务》、《金融·保险》、《农业》、《工业·贸易》、《水电·交通·建设·环保》、《信息产业》、《文教卫生》、《科技事业》、《社会生活》、《乡镇概况》、《文件选编》、《附录》。图片专辑为《普定年鉴》的重要组成部分，本卷共设《时政要闻》、《抗旱救灾》、《"穿洞之光"春节文化系列活动》、《全省县级优秀文工队文艺调演》、《"忠实践行宗旨，勤政廉政为民"暨庆祝建党89周年硬笔书法作品展》、《农村危房改造》、《第六次全国人口普查》等。

五、本卷还刊登了2011年召开的县第十五届人大六次会议和县政协八届六次会议有关资料及县政府机构改革情况。

六、本卷所用稿件及资料，均由县直各部门、各乡镇及有关单位提供，并经单位领导审核，由《普定年鉴》编辑部补充、总纂。国民经济和社会发展统计公报由县统计局提供，各部门、各乡镇提供的数据也经认真核对，翔实可靠。关于统计数字，编辑部力求统一，但因统计口径与资料来源不同，有的数据可能不尽一致，使用时请以统计部门的为准。除特殊情况外，全书均使用国家法定计量单位。

七、从2007卷开始，《普定年鉴》均由正规出版社公开出版发行。

八、在《普定年鉴》的编纂、出版过程中，得到各级领导、有关方面和社会各界的关心与支持，在此一并致谢。

九、年鉴编纂，工程浩繁，众手成书，加之时限要求严格，水平有限，疏漏和偏颇在所难免，恳请读者提出宝贵意见，以便在今后的编辑工作中加以完善和改进，不断提高《普定年鉴》的质量与水准。

《普定年鉴》编辑部

2012年3月

目　录

特　载

专　文

2010年大事记

县概况

政　治

政法

离退休干部工作

机构编制

机关党建

党校(行政学校)

党史·地方志

机要

保密

民族宗教事务

信访

档案工作

移民工作

中国人民政治协商会议普定县委员会

中共普定县纪律检查委员会(县监察局)

工商联及群众团体

普定县工商业联合会(商会)

普定县总工会

物价

统计

审计监督

质量技术监督

安全生产监督管理

财政·税务

财政

国库收付

基层财政管理

国税

地税

金融·保险

人民银行

农业银行

工商银行

建设银行

农业发展银行

农村信用社

商业银行

财产保险

水电·交通·建设·环保

坪上苗族彝族布依族乡

补郎苗族乡

猴场苗族仡佬族乡

猫洞苗族仡佬族乡

文件选编

县委文件

县人民政府文件

附　录

先进名录

省内报刊 2010 年报道普定情况统计

2010 年度关注焦点

2010 年人才展望

论文选登

文学艺术作品选登

一、文学作品

二、书画作品

三、音乐作品

2010 年普定县各乡镇、各部门联系方式一览表

特 载

政府工作报告（摘要）

（2011 年 3 月 2 日在普定县第十五届人民代表大会第六次会议上）

普定县人民政府县长　庞　琨

“十一五”时期工作回顾

过去的五年，在市委、市政府和县委的领导下，在县人大、县政协的监督支持下，我们坚持以邓小平理论和“三个代表”重要思想为指导，深入贯彻落实科学发展观，抓住机遇乘势而上，开拓进取创新图强，努力化解雪凝冰冻、特大重旱等自然灾害和金融危机、安全生产事故的不利影响，积极应对经济社会发展中的各种困难和挑战，全面完成“十一五”规划提出的目标任务。

（一）主要经济指标实现“六大突破”

——地方生产总值突破 30 亿元，达到 30.48 亿元，比 2005 年的 14.9 亿元翻一番，年均增长 12.01%。

——财政总收入突破 4 亿元，达到 4.5 亿元，比 2005 年的 2.01 亿元翻一番多，年均增长 17.41%。其中：地方财政收入 2.77 亿元，比 2005 年的 0.92 亿元增长 201%，年均增长 24.59%。

——全社会固定资产投资突破 13 亿元，“十一五”期间累计投资 38.64 亿元，年均增长 28.5%。

——社会消费品零售总额突破 7 亿元，达到 7.87 亿元，比 2005 年的 2.18 亿元增长 257.8%，年均增长 29.3%。

——农民人均纯收入突破 3000 元，达到 3128 元，比 2005 年的 1630 元增长 91%，年均增长 10.52%。

——金融机构存、贷款余额突破 20 亿元和 30 亿元，达到 24 亿元和 34 亿元，比 2005 年的 7.4 亿元和 20.9 亿元增长 228.4% 和 63.3%，年均增长 26.8% 和 10.4%。

（二）经济社会发展取得“三大进展”

——经济结构调整取得重要进展。紧紧抓住发展这个第一要务，立足资源、发挥优势、突出特色，在加快发展中坚定结构调整不动摇，不断优化产业结构，促进经济发展方式转变，三次产业协调推进，由 21.9∶53.7∶24.4 调整到 19.1∶52.9∶28。一是工业经济发展质量明显提高。以“一基地三园区”为载体，实施园区带动，形成煤电建材产业链，产业集聚效应初步显现，以煤电为主的能源工业发展壮大。建材、白酒、制药、锌加工、食品加工等产业加快发展，实现全部规模以上工业总产值 31.69 亿元，工业增加值 14.58 亿元，分别是 2005 年的 1.61 倍和 1.95 倍。二是农业产业化发展稳步推进。粮食总产量从 2005 年的 11.79 万吨增加到了 2010 年的 12.9 万吨，增长 9.4%，实现连续五年增产。推进农业结构调整，全县茶园 5.33 万亩、蔬菜 5 万亩、经果林 4 万亩、烤烟 4811 亩、中药材 2000 亩；建成养殖小区 73 个，生猪存栏 15.9 万头，家禽 112.6 万羽；发展省级龙头企业 4 家，农民经济专业合作社 44 个，加快农业规模化生产、产业化经营，农林牧渔业总产值完成 9.32 亿元，比 2005 年的 5.13 亿元增长 31.35%，年均增长 5.61%。其中：畜牧业产值占农林牧渔业总产值的比重从 2005 年的 40.2% 提高到 44.8%。三是第三产业加快发展。以文化体制改革、工业企业发展、城乡建设、乡村旅游等为依托，大力发展房地产、商贸流通、文化娱乐、餐饮住宿、金融信息等服务业。第三产业实现增加值 8.5 亿元，比 2005 年的 3.59 亿元增长 127.1%，年均增长 17.8%。

——发展基础条件取得重要进展。一是基础设施加速完善。开工建设普安高速公路，基本建成黄织铁路，完成 4 条通乡油路改造，新建和改建 126 条通村公路，公路通车里程 441.44 公里，实现村村通公路、乡乡通油路目标。争取普织高速、黄织铁路复线、黄桶至兴义威舍和黄桶至云南河口铁路、“安普”城市大道列入国家和省、市的重大交通建设项目。完成 4 座病险水库除险加固，新增农田有效灌溉面积4.195万亩，解决11万余人的饮水安全问题；开工建设黔中水利枢纽工程，水利建设继续保持高强度、大投入的态势。加强电力、通信基础设施建设，用电普及率、通信覆盖率达100%。二是城乡建设统筹推进。城镇固定资产投资完成7.4亿元，比2005年的3.7亿元翻一番；县城面积比2005年扩展1平方公里，达到5平方公里；城镇化率达26%，比2005年提高4个百分点。大力实施扶贫攻坚工程，减少农村贫困人口2.7万人。加快27个新农村示范点建设，农村生产生活条件明显改善。三是生态环境持续好转。完成石漠化治理10平方公里、营造林8万亩。成为中国科学院喀斯特生态系统观测研究野外台站和全国林业科技示范县。森林覆盖率达40.6%，比2005年提高5个百分点。县城污水处理厂正常运行，垃圾填埋场建设加快推进，加大企业技改创新，降低能耗，节能减排任务全面完成。四是改革开放取得新成效。扎实推进财税机制、医药卫生、人事制度、文化体制、殡葬制度等改革，完成国有企业改制、林权制度改革和县政府机构改革，支持金融机制改革，经济社会发展动力切实增强。坚持“走出去、引进来”，扩大开放深入推进，招商引资势头良好，累计引进项目18个，签约项目50亿元，实际到位资金26.113亿元。加快非公经济发展，全县非公有制经济占地方生产总值比重达45%，比2005年提高15个百分点。五是规划工作取得明显成果。完成《普定县农业产业化发展“5522”工程规划》、《普定县循环经济工业基地发展规划》、《普定县城总体规划》、《普定县新一轮土地利用总体规划》、《普定县旅游总体规划》、《穿洞文化园区发展规划》、《夜郎湖生态综合治理规划》等一系列涉及经济发展和社会事业建设规划编制，从规划中谋划一批好项目、大项目，确保项目随时都能提得出、推得上、衔接好。

——民生改善取得重要进展。紧紧围绕“老有所养、劳有所得、学有所教、住有所居、病有所医、居有所乐和平安普定建设”，采取“十件实事”、“七大民生行动计划”、“九大民生工程”等多措并举，大力推进以改善民生为重点的社会事业建设，关注民生、保障民生、改善民生、惠及民生，切实解决一批人民群众最关心、最直接、最现实的利益问题，经济发展与社会协调性增强，和谐普定建设取得明显成效。建立健全社会保障机制，城乡低保实现动态管理下的全覆盖，补助标准不断提高，城市低保标准从每月130元增加到240元，农村低保标准从每年700元增加到1198元；参加农村新型合作医疗的农民341210人，基本实现农村人口全覆盖，人均统筹标准从100元提高到150元；参加城镇居民医疗保险31270人，基本养老保险、失业保险、工伤保险、生育保险人数达11158人、8602人、7979人、11955人。城镇新增就业7566人，城镇登记失业率控制在4.5%以内；劳动就业培训6800人次，转移农村劳动力就业32000人；鼓励创业带动就业，扶持200人创业，带动就业8000余人。改扩建中小学87所，实施义务教育阶段学校公用经费全保障，全部免除学生书杂费，全面实行真正免费的九年义务教育，小学入学率和初中毛入学率从2005年的99.05%、99.31%提高到99.70%、103.34%；高中在校生3200人，中职在校生493人，高中阶段入学率从2005年的30.6%提高到35%；在园（班）幼儿8188人，幼儿学前三年入园率从2005年的21.05%提高到36.5%；“两基”工作顺利通过“国检”，普定一中申办省级示范性高中通过初评，学前教育、义务教育、高中教育等各级各类教育协调推进。实施13986户农村危旧房改造，建成13518户，入住10444户；建成廉租房1051套、经适房84套，入住113户，4万余人住进新房，一批城乡困难群众实现住房梦。改扩建11个乡镇卫生院、102个村卫生室，加快建设一所具有现代基础设施支撑的县医院；地氟病防治项目通过部、省验收，没有发生过大面积的公共卫生事件，人民健康保障水平稳步提升。新建县计生服务大楼，改扩建9个乡级计生服务站和78个村级计生服务室，对农村独双户子女进行奖励，成功创建国家级计划生育优质服务先进县。全县人口出生率从2005年的14.29‰下降到12.5‰，出生人口性别比从2005年的132.43下降到116.21，人口自然增长率控制在7‰以内。建成7个乡镇文化站、114个农家书屋、44个农民体育健身工程，30处文化遗产被列入国家和省、市保护目录，实现广播电视村村通；《穿洞之光》在全省首届农民艺术节民族民间文艺展演中获“黔穗”银奖，马官镇被命名为“中国民间艺术之乡”，猴场射弩在全国少数民族传统体育运动会和全省首届农民运动会等赛事中获多枚金牌，城乡文化体育活动精彩纷呈，人民群众精神文化生活丰富多彩。认真做好群众来信来访工作，扎实抓好矛盾纠纷调处，严厉打击各类违法犯罪活动，加强社会治安综合治理，深入推进“平安普定”创建，人民群众安全感不断提高。2009年以来，群众安全感满意率连续两年排在全市第一位。本着对历史、对人民群众高度负责的精神，按照“尊重历史、立足现实、注重长效、妥善处理”的原则，敢正视，不避让，有效解决一批因征地拆迁、环境污染、水库移民、地质灾害、企业改制等遗留问题，倾心尽力维护人民群众的合法权益。全面推进“整脏治乱”、“满意在普定”、“四创”工作，精神文明建设不断加强。妇女、儿童、老龄、残疾人工作扎实推进，民族团结进步事业取得新进展，双拥优抚、宗教、外事、侨务、人防、国教、气象、档案、史志等各项事业协调发展。

过去的五年，坚持求真务实与开拓创新并行，在继承中创新，在创新中发展，深入学习实践科学发展观，扎实开展创先争优，出台《普定县人民政府工作规则》、《普定县机关行政效能监察暂行办法》。自觉接受县人大及其常委会的法律监督、工作监督和县政协的民主监督。扎实抓好监察审计监督。加强应急管理和电子政务工作。严格落实党风廉政建设责任制。完成“五五”普法依法治理工作任务，民主法治、依法行政和廉政建设、效能建设有力推进，政府行政能力和推动科学发展水平全面提升。

刚刚过去的2010年，全县认真贯彻落实中央、省、市一系列重大方针政策和决策部署，高举发展、团结、奋斗的旗帜，统一思想，集中心思，凝聚力量，敢于负责，迎难而上，排难而进。地区生产总值增长12.23%；财政总收入增长17.39%，地方财政收入增长32.34%；农民人均纯收入增长14%；全社会固定资产投资增长51.94%；社会消费品零售总额增长19.34%。县十五届人大五次会议确定的目标任务全面完成，为“十一五”各项指标的顺利实现划上圆满句号。

“十一五”时期，是全县经济增长速度快、发展质量好、社会进步显著、城乡变化大、人民得实惠最多的五年。这五年，不仅为今后的发展奠定坚实的物质基础，而且积累宝贵的精神财富。“十一五”期间的丰富实践，给带来很多重要启示：一是必须坚持发展这个第一要务，把中央、省、市的要求与普定实际紧密结合，在保增长中调结构、打基础，审时度势谋未来，抢抓机遇促发展。只有立足实际，着眼长远，时刻作好准备，才能抓住机遇，用好机遇，争得主动，创造优势，开辟新天地，在激烈的竞争中占有一席之地。二是必须坚持把保障和改善民生作为一切工作的出发点和落脚点，把发展经济与改善民生紧密结合，让人民群众共享发展成果。三是必须坚持改革创新，把解决矛盾与建立长效机制紧密结合，解放思想，敢于破除制约发展的体制机制障碍，优化发展环境，全方位激活经济社会发展的动力和活力。四是必须紧密团结和依靠广大干部群众，群策群力，开拓进取，勇于奉献，保障各项工作扎实推进。

“十一五”时期，全县经济社会发展取得的成绩，是党中央国务院、省委省政府、市委市政府和县委正确领导及省、市有关部门大力支持的结果，是全县各族干部群众深入贯彻落实科学发展观、抢抓机遇、艰苦奋斗的结果，得益于县人大、县政协的监督、支持和帮助。

在肯定成绩的同时，应清醒认识经济社会发展中存在的困难和问题。一是经济总量小，全省排位低，经济结构单一，工业化、城镇化进程缓慢，带动能力弱，发展速度慢。二是南北区域发展不平衡，基础设施建设还很滞后，农业农村生产生活条件相对落后，农民持续增收困难较大，保障和改善民生任务依然艰巨。三是信访问题突出，安全生产形势极其严峻，保稳定、保安全、保发展的压力增大。四是执行力和落实力有待加强等。对于这些困难和问题，我们将采取措施，努力加以解决。

“十二五”时期主要目标任务

“十二五”时期，全县经济社会发展要高举中国特色社会主义伟大旗帜，以邓小平理论和“三个代表”重要思想为指导，以科学发展观为统领，深入贯彻落实党的十七届五中全会、省委十届十次全会、市委二届十次全会精神，坚持以科学发展为主题、转变经济发展方式为主线、改革开放为动力、改善民生为根本，紧紧围绕“加速发展、加快转型、推动跨越”这个主基调，“抓机遇、提速度、上台阶”这个总方针，“更好更快、提速升位”这个总要求，紧紧抓住国家实施新一轮西部大开发、东部发达地区产业向西部转移、全省经济社会发展战略性调整重点实施工业化和城镇化、黔中经济区纳入国家重点建设区域“四大机遇”，以闯的魄力、抢的意识、争的劲头、拼的勇气，大力实施工业化主导、城镇化带动战略，全面推进农业产业化发展，大招商、大投资、快发展、快突破，用五年时间再造一个新普定，力争成为全省经济强县。

“十二五”时期，全县经济社会发展的预期目标是：到2015年，地区生产总值实现63亿元，年均增长16%；力争突破75亿元，年均增长20%。财政总收入实现10亿元以上，年均增长18%以上，力争达到12亿元，年均增长22%；一般预算收入实现5.5亿元以上，年均增长20%以上，力争达到6.2亿元，年均增长23%。全社会固定资产投资达到40亿元以上，确保“十二五”期间全社会固定资产投资累计达到150亿元，年均增长25%以上，力争实现200亿元，年均增长40%。社会消费品零售总额达20亿元以上，年均增长20%以上，力争达到22亿元，年均增长22%以上。农民人均纯收入实现6500元，年均增长15%以上，力争7000元，年均增长17%。城镇化率达到40%以上；森林覆盖率达到45%左右；人口自然增长率控制在6‰以内。全县综合经济实力上一个大台阶，保障和改善民生上一个大台阶。

“十二五”时期，全县经济社会发展的主要任务是：实施两大战略，强化三大举措，立足一个根本。

（一）实施工业化主导、城镇化带动两大战略，在经济实力上有大提升

第一，实施工业化主导，加速提升经济总量。一是推进园区建设。坚持以普定循环经济工业基地为核心，整合“一基地三园区”，完善规划编制，加强基础设施建设，加快建设热电联产动力车间，促进各类生产要素集聚，积极引进企业入驻，把普定循环经济工业基地建成全省示范工业园区。到2015年，工业园区规划面积力争达到100平方公里，建设面积28平方公里，园区工业总产值和增加值达到68亿元和31亿元左右。二是着力培育大企业。坚持以项目为抓手，围绕能源、建材、化工、冶金、有色金属、白酒、药品、食品加工等产业，突出抓好煤及煤化工、电力、电厂废渣综合利用、水泥和木塑、铝及铝加工、锌及锌加工，延长产业链，拓展产业幅，提高产业配套，加快工业企业由小到大、由弱到强转变，培育一批工业经济“小巨人”。到2015年，建成一批年产值千万元以上级企业、10个以上亿元级企业、5个以上5亿元级企业、3个以上10亿元级企业和1个以上50亿元级企业，培育2~3家上市企业，实现工业总产值85亿元以上，工业增加值38亿元以上。三是大力发展现代物流产业。立足黄桶可能成为黔中乃至西南地区重要物流枢纽的预期，规划建设黄桶物流园，建设大型矿产品交易中心，促进二、三产业融合，推动三次产业提速发展，把“黄桶”打造成“金桶”。

第二，实施城镇化带动，加快城乡一体化。紧紧围绕推进普定与安顺同城化，积极创造条件，主动接受大城市辐射和融入黔中经济区，带动城乡一体化。一是着力推进县城建设。以定南新城为中心，以穿洞文化园建设为抓手，实施“六个一”工程。建设一条“安普”城市大道、一个休闲健身公园、一个便民利民文化中心广场、一个会展中心、一批中高档星级酒店、一批生态住宅和商贸功能区。到2015年，县城面积由现在的5平方公里扩大到10平方公里以上，力争达到15平方公里。二是加强城乡规划建设。坚持规划先行，实现城乡规划全覆盖；坚持以县城为中心，马官、白岩、化处、马场、坪上、鸡场坡等乡镇为重点，立足资源禀赋发展特色产业，加快推进公共服务体系建设，优化空间布局，强化产业支撑，建设一批各具特色的小城镇，增强辐射带动力，提升承载力。2015年，全县城镇人口达到17万人左右，城镇化率达到40%以上。三是加强城镇管理。以开展“四创”工作为载体，加强城镇道路、供水、供电、燃气、通讯、环卫、体育等公共配套设施建设，坚决查处打击违法建设行为，着力打造高品位的城镇环境。

（二）强化农业产业化发展、环境优化和招商引资三大举措，在内生动力上有大提升

第一，强化农业产业化发展，加快建设社会主义新农村。一是加强农业基础设施建设。整合扶贫、农发、水利、农业、以工代赈等各类支农资金，加大农田基础设施建设力度，力争实现粮水配套、菜水配套、畜水配套、草水配套、烟水配套、果水配套目标，切实提高农业综合生产能力。二是加快推进规模化生产。建设一批农业示范基地，稳定农业生产。力争全县粮食、油菜种植面积稳定在22万亩和10万亩左右，茶园10万亩、蔬菜8.6万亩、年出栏商品猪28万头、大牲畜15万头、家禽200万羽以上。三是促进产业化经营。结合市场需求，积极调整农业产业结构，加快农村土地流转，重点发展经济效益好、农民收入高的产业，大力扶持农业产业化龙头企业、农民专业合作社和专业经济协会，实施品牌带动战略，努力在农产品加工仓储和农产品交易批发市场建设上实现重大突破，形成生产、加工、销

售“三位一体”的完整产业链，大幅度提高农业效益。引导龙头企业和农民专业合作经济组织率先执行国家制定的农产品质量标准，在生产、加工、包装、储藏、运输、销售和卫生检疫等环节严格标准化管理，用农业标准化推动农业产业化。四是实现多元化发展。把农民增收作为“三农”问题的核心，加大劳动力转移培训，加强农民外出和就近务工引导，鼓励农民工创业，以非农产业促进农民增收。五是坚持以村庄规划为引领，完成村庄整治，加快建设社会主义新农村。

第二，强化发展环境优化，加快发展条件大改善。一是加强交通基础设施建设。推进高速公路、铁路建设，打通连接周边县区的快速通道；力争70%以上行政村通油路目标，加快形成连通内外、覆盖城乡的交通运输体系，突破交通发展制约瓶颈。二是加强水利基础设施建设。以饮水安全、农业灌溉、病险水库除险加固、河道治理、防洪排涝等方面为重点，加强水源建设，基本建成覆盖城乡的供水体系，切实解决城乡生产生活安全用水问题。三是加强电力和信息基础设施建设。加快城乡电网改造，提升供电保障能力。推动通讯网、互联网和数字电视网“三网融合”，建设“数字普定”。四是加强生态建设。抓好节能降耗减排，积极推行清洁生产，大力发展循环经济，加强资源节约和生态环境保护。认真落实水利建设生态建设石漠化综合治理规划，推进石漠化治理、退耕还林还草、长江防护林、封山育林、人工造林、天然林保护等工程，全面落实生态效益补偿制度，加强森林防火，确保森林覆盖率每年提高1个百分点以上。

第三，强化招商引资，以大招商促进大投资。深入推进各项改革，全方位扩大对内对外开放。把“走出去”与“引进来”紧密结合起来，加强对外合作，借梯上楼、借力发展。建立健全招商引资优惠政策、工作机制和考核机制，用最快的速度转变观念，用最大的决心改善环境，用最好的政策吸引投资，用最优的服务对待客商，用大招商来促进大投资，确保“十二五”期间固定资产投资累计达150亿元以上，其中招商引资投资100亿元以上。

（三）立足保障和改善民生这个根本，在社会事业建设上有大提升

第一，加强科技教育和人才工作。认真实施科技、教育、人才规划纲要，大力提高科技创新能力，加快教育改革发展，发挥人才资源优势，为经济社会发展提供人才保证和智力支持。坚持以师生为本，加强师资队伍建设，深化教育改革，提高人才培养质量。新建一批公办中心幼儿园，到2015年，实现每个乡镇至少有一所公办中心幼儿园。推进中小学校布局调整，建设一批学科合理、设施设备完善、办学水平较高的寄宿制学校，逐年修建教师周转房，巩固提高义务教育水平。力争普定一中建成省级二类示范高中、普定县职中创建成省级特色职业学校，加快中轴大道新校区与炽章中学资源整合，2014年前，高中阶段入学率达85%以上。建立县级产—学—研和农—科—教综合试验区，进一步增强科技对县域经济发展的支撑作用。加大人才培养力度，积极引进各类优秀人才，用事业留住人才，以机制用活人才，提高人才资本对经济增长的贡献率。

第二，实施扶贫脱贫攻坚工程。以产业培育为重点，以扶贫项目为支撑，整合资源，实施整乡推进，向北部贫困乡镇进行脱贫攻坚。到2015年，按照国家标准，农村贫困人口数量比2010年减少一半。科学编制，认真组织实施《普定水电站库区和移民安置区三年扶持规划》，从根本上改变库区和移民安置区生产生活条件。完成农村危房改造，加强城镇保障性住房建设，切实改善城乡困难群众住房条件。坚持劳动者自主择业、市场调节就业、政府促进就业并举，落实更加积极的就业政策，鼓励扶持创业带动就业，创造就业岗位1.05万个，实现城镇新增就业1.5万人，城镇登记失业率控制在4.5%以内；新增农村劳动力转移就业3.5万人，农村劳动力转移就业规模达12万人。坚持广覆盖、保基础、多层次、可持续的方针，以社会保险、社会救助、社会福利为基础，以最低生活保障、基本养老保险、基本医疗保险为重点，以慈善事业、商业保险为补充，加快完善社会保障体系，扩大城乡社会保障覆盖面，提高统筹层次和保障水平。推进殡葬改革，建设经营性公墓及殡仪馆，建成中心敬老院及儿童福利院。

第三，加强社会建设和管理。按照“保基本、强基层、建机制”的要求，突出基本医疗保障制度、基本药物制度、基层医疗卫生服务体系、基本公共卫生服务均等化四大重点，建设覆盖城乡居民的公共卫生服务、医疗服务、医疗保障三大体系，为人民群众提供安全、有效、方便、价廉的医疗卫生服务。进一步加大人口和计划生育工作“两个统筹”力度，完善计划生育利益导向政

策体系和计划生育服务体系，大力提高群众生殖健康保障水平，提高出生人口素质，稳定和降低生育水平。按照“继承创新、唱响做亮”这个主题，加快城乡公共文化服务体系建设，深化文化体制改革，大力发展文化产业，积极开展群众喜闻乐见、主动参与的公益性文化活动，繁荣文化事业，争创全国文化先进县。深入推进各类精神文明创建活动，加强精神文明建设，营造积极、健康、向上的社会氛围。千方百计抓好安全生产工作，加强应急管理体系建设，深入开展“平安普定”、“法治普定”创建和普法依法治理、人民调解、安置帮教、法律援助等工作，坚决查处打击各类违法犯罪行为，维护社会稳定。认真抓好妇女儿童、残疾人和老龄工作，加快其他社会事业发展，着力构建和谐普定。

2011 年的目标任务和工作重点

2011 年是实施“十二五”规划的开局年，是实施新一轮西部大开发的初始年，也是中国共产党建党 90 周年，做好 2011 年的工作，对于开好局、起好步，意义重大、影响深远。今年经济社会发展的主要预期目标是：全县生产总值增长 18%，达到 35.97 亿元，力争增长 20%，达到 36.58 亿元。财政总收入增长 28.69%，达到 5.79 亿元，力争增长 30%，达到 5.85 亿元；一般预算收入增长 20% 以上，达到 2.68 亿元，力争增长 23%，达到 2.75 亿元。全社会固定资产投资增长 100%，达到 26 亿元以上，力争增长 208%，达到 40 亿元以上。社会消费品零售总额增长 20%，达到 9.4 亿元以上，力争增长 26%，达到 9.9 亿元以上。农民人均纯收入增长 16% 以上，达到 3600 元以上，力争增长 19%，达到 3700 元以上。城镇登记失业率控制在 4.5% 以内，人口自然增长率控制在 6.5‰以内，完成省、市下达的节能减排任务。

围绕实现上述主要预期目标，今年要突出七个重点，实现七个新突破。

（一）突出机制平台建设，实现项目投资新突破。牢固树立抓项目就是抓发展的理念，坚持基础设施项目、产业项目、民生项目全面推进，扩大政府投资和民间投资，完成固定资产投资 26 亿元，力争达到 40 亿元，以项目建设带动投资总量增长，以投资总量的扩张推进发展方式的转变。一是加大项目前期经费投入，加强项目谋划、项目储备和项目库建设。抓好项目前期研究和规划设计，加快环境评价、土地报批等工作进度，形成开工一批、建成一批、谋划一批、储备一批的项目建设良性循环。二是积极向上争取投入。认真研究中央、省、市的规划投资重点，积极谋划、加强对接，力争更多项目进入上级规划投资盘子。三是着力推动民间投资。力争招商引资签约项目落地 60% 以上。加快制定鼓励和引导民间投资健康发展及非公经济加快发展的政策措施，破除投资壁垒，降低准入门槛，加大非公经济的政策支持力度，引导和鼓励民间资本投资基础设施、矿产资源勘查开发和社会事业建设等领域。四是突破土地和资金制约。加快推进“土地增减挂钩”试点、农村土地综合整治、耕地占补平衡等项目，加大客土造地和土地收储力度，用好土地二调成果，用活用足土地政策，务必保障项目建设用地供给。建立投资公司，全面推行 BT、BOT 等合作投资方式，积极探索利用财政资金配套社会融资，放大投资倍数；做大县夜郎国资公司实力，搭建好银政、银企、政企合作平台，用足用活金融政策，不断开发金融产品，满足项目融资需求。五是创新项目建设推进机制。明确县级领导联系、有关部门分包，对项目建前、建中、建成后各个环节一抓到底。建立项目建设定期会商会办制度，固定资产投资实行分月考核，以月保季、以季保年，以“实”做好服务，以“快”推进速度，以“好”完成任务。

（二）突出工业发展，实现工业经济膨胀新突破。一是加快园区建设。进一步完善普定循环经济工业基地发展规划，力争得到省级批准实施。开工建设安电三期暨工业基地热动力车间、工业大道，建成标准厂房 5～10 万平方米以上，加快推进园区道路、给排水、绿化等基础设施和配套设施建设，加强园区组织管理，强化服务功能，提升园区承载力和竞争力，切实搭建好产业集约发展平台。二是推动企业做大做强。推进华荣、永峰等集团煤矿扩能技改，加快煤矿企业兼并重组，形成一批年产 30 万吨以上的骨干煤矿和 1 至 2 个年产 150 万吨以上煤炭企业集团，推动煤炭产业安全健康、可持续发展，确保煤炭产量达到 230 万吨以上，力争达到 260 万吨。确保向荣矿业建成投产，支持金铭、明达、超宇、黔中酒业、西秀制药、夜郎湖茶业、朵贝重华茶业等企业进行科技创新和升级改造，做大规模，加快形成以锌加工为重点的有色金属工业，以水泥、新型建筑材料为主产品的建材工业，以白酒、药品、食品生产加工为主导的轻工业，培育工业产业支柱，确保规模以上工业增加值完成17.2亿元，力争达到17.5亿元。三是研究编制黄桶物流园建设规划，积极引进大型物流企业入驻，加快承接东部产业转移，推进产业优化升级，协调推动三次产业提速发展，促进经济发展方式转变。

（三）突出城镇建设，实现城乡统筹发展新突破。一是严格规划约束力。全面推进普定县城总体规划实施，提高控制性详规覆盖率，加强修建性规划编制和城区道路等基础设施建设，启动城乡道路升级改造，完善城区路网，拓展城市空间。加快完善并制定各乡镇小城镇建设规划，完成安普路沿线13个示范村的村庄整治和50%以上村庄规划编制，加大“两违清理”，严查严处违法占地、违规建设行为。二是加快定南新城建设。以穿洞文化园为载体，启动县城便民利民广场、星级宾馆、商务会展中心、体育休闲中心建设，加快推进胡家洞小区、红旗安置小区、顺时小区等城市住宅小区建设，力争县城面积扩展1平方公里以上。三是加快老城区改造。进一步完善老城区基础设施建设，加大投入，整修背街小巷，路要硬化、街要绿化、灯要亮化。四是强化城镇产业支撑。开工建设安普城市大道，加快实现与安顺无缝对接，积极融入黔中经济区。大力发展房地产、现代物流、餐饮住宿、文化娱乐、金融、信息等服务业，不断激活城镇经济，提升城镇承接力。五是提升城市管理水平。加大“四创”工作力度，重点推进“整脏治乱”，加强县城市容、交通、治安、服务等综合管理，加快推进文明、卫生、环保模范县城创建。

（四）突出“三农”工作，实现农民增收新突破。一是建设农业示范基地。按照“宜果则果、宜药则药、宜菜则菜、宜畜则畜”的原则，因地制宜，建立农业产业经济带，打造农业示范基地，稳定农业生产，确保粮食产量在13万吨以上，大力发展优势特色经济作物种植和畜禽养殖，力争畜牧业产值占农林牧渔业总产值的比重提高1个百分点以上。二是加快发展涉农龙头企业。积极引进、着力培育一批带动性强、关联度高、成长性好的特色农产品加工企业，实现农产品就地、就近加工；引导农民专业合作经济组织加快发展，积极探索农村股份合作制，提高农民生产和进入市场的组织化程度，加快形成公司+基地+农户的发展模式，推进农业产业化经营。三是深化农村改革。建立健全覆盖耕地、林地等土地的承包经营制度，完善土地承包经营权流转，发展多种形式的适度规模经营，激活农村发展活力。四是拓宽农民增收渠道。认真实施农民创业促进工程、“阳光工程”和“雨露计划”等项目，加强农民就业培训和指导服务，促进农村劳动力转移就业，增加工资性收入；认真落实各类强农惠农政策，增加转移性收入；积极探索农村集体和农民以土地、劳动力等生产要素入股参与资源开发，增加财产性收入，确保农民人均纯收入增加500元以上，力争增加600元。

（五）突出交通水利和生态建设，实现基础设施和环境保护新突破。全力以赴做好配合工作，确保普安高速公路建成通车，黔中水利一期工程普定段顺利推进，力争开工建设黄织铁路复线和黄威铁路、普织高速公路。加快县乡道路升级改造和通村油路建设，对马场大桥、木浪河大桥进行除险加固。力争开工建设洪坪水库，完成贯城河整治和29个村安全饮水工程。加快中科院普定喀斯特生态系统观测站基础设施建设，完成石漠化治理面积14.68平方公里、营造林面积1万亩，严格野外禁火令，加强林地保护，确保森林覆盖率提高1个百分点。加快以粉煤灰为重点的固体废弃物循环利用，大力发展循环经济，推进清洁发展。切实抓好工业、交通运输和公共机构等领域的节能工作，完成省、市下达的节能减排任务。

（六）突出招商引资，突现对外开放新突破。一是开展专业化招商。在珠三角、长三角、京津唐等东部沿海发达地区建立招商引资联络处，组织和策划2~3次重大招商引资活动，搭建招商引资新平台。二是实行招商引资责任制。出台《关于进一步加强招商引资工作扩大开放的实施意见》和《领导干部带头招商引资的考核及奖惩办法》，建立健全招商引资考核奖惩制度，县四大班子领导带头招商，动员全民参与招商引资，确保招商引资实现到位资金22亿元，力争完成30亿元。三是推出优质招商项目。立足资源和区位，精心筛选一批符合国家产业政策、比较优势突出、市场前景广阔、综合效益明显的优质项目，加强与省内外优强企业合作，大力发展高附加值型、资源依托型、劳动密集型项目。四是着力优化投资环境。全力打造廉洁高效的政务环境、公正公平的法治环境、规范守信的市场环境、安居乐业的生活环境，保护投资者合法权益。对行政事业单位及其干部职工违规干扰企业生产经营、服务不到位的行为，严格问责；对非法干扰企业生产经营的行为，严肃查处打击。大力发展非公有制经济、中小企业和本土企业，在政策和服务上给予积极支持。五是积极探索共招共建共享机制，大力发展“飞地”经济。

（七）突出“十大民生工程”，实现民生改善新突破。一是扶贫脱贫攻坚工程。加快1个乡15个村的整乡、整村推进，易地扶贫搬迁1066人，减少农村贫困人口7000人以上。完善普定电站、引子渡电站水库库区和移民安置区基础设施建设及经济社会发展规划，加强基础设施建设和产业发展，加大扶持力度，改善库区及安置区移民生产生活条件。二是就业和创业工程。实现城镇新增就业3000人以上。启动创建省级创业型城市的政策体系工作，积极争取创建省级农村劳动力转移就业工作示范县。提高干部职工津补贴和村干部报酬。三是劳动者素质提升工程。启动3个乡镇中心幼儿园建设。改造城乡中小学10所，加快中轴大道新校区建设，完成特殊学校建设工程。确保普定一中“申示”成功，加快突破高中教育瓶颈；完成中职招生1350人以上，高中阶段教育毛入学率达到40%。深入开展农村实用技术培训，完成劳动力转移培训2800人以上。开展市民学礼仪活动，加强精神文明建设。四是城乡社会保障体系建设工程。参加基本养老保险人数达到11019人，失业、工伤、生育保险参保人数分别达到8164人、6090人、11844人，城镇基本医疗保险参保人数达32235人。建立失地农民和水库移民生活保障制度。完善城乡低保制度和临时救助、城乡医疗救助制度，实现城乡社会救助制度全覆盖。力争成为新型农村养老保险试点县。五是保障性住房工程。做好受地质灾害威胁的农房搬迁工作。完成整县推进农村危房改造工作，建设廉租住房542套，基本解决普定县人均住房建筑面积在15平方米以下的城镇低收入家庭的住房问题。六是基础设施向乡村延伸工程。力争实施县乡道路升级改造50公里，通村路硬化25公里。加快实施县城供水管网工程，提高供水质量，不断满足县城供水需求。解决1万农村人口安全饮水问题，完成4座病险水库治理任务，治理水土流失面积20平方公里。行政村电网完全改造率达100%。新建通信光缆110公里、移动通信基站20个；新增30个行政村实现光纤接入、联通通信基站20个、40个自然村通有线电话。七是生活环境改善工程。实现一事一议财政奖补试点项目村寨覆盖率40%以上，完成30个“四在农家”示范村创建，建成500户农村户用沼气、10个养殖小区常温沼气工程、20个乡村服务网点和1个农村清洁示范工程。建成县城生活垃圾填埋场。八是公共文化服务体系建设工程。完成7个乡镇综合文化站和1个社区基层服务点设备配置。建成县级体育场馆“雪炭工程”和100个农家书屋。完成3804场农村公益电影放映。新建4个乡（镇）广播电视服务站，对5个乡镇的有线电视网络实施联网改造及数字化整体转换。九是公共卫生事业建设工程。完成县人民医院标准化工程建设并启动“申甲”工作，实施县疾控中心整体搬迁，加快乡镇卫生院和村卫生室建设。实施国家基本药物制度，配备和使用基本药物并实行零差率销售。稳定提高新农合参保率，对81名乡村医生进行三年全日制普通中专学历教育。加强传染病防控和妇幼卫生工作，人均基本公共卫生服务经费达到20元。深入推进人口和计划生育工作“两个统筹”，以巩固“国优”为中心，以“三级联创”活动为载体，不断提高人口计生服务保障水平。十是社会管理创新和平安创建工程。全力以赴抓好安全生产工作，强化安全生产基层基础建设，以装备、管理、培训为抓手，以实施隐患排除年、安全标准化建设年和本质安全年为着力点，深入开展安全生产专项整治，严厉打击各类违法违规生产建设经营行为，强力推进煤矿兼并重组，实现本质安全，增强安全生产保障能力。加强农村消防工作和食品药品监管。健全事故灾难、自然灾害、公共卫生安全、社会安全事件预防预警和应急处置体系。扎实开展“五包三推进”工作，建立矛盾纠纷调解中心和联合接访中心，加强乡镇、村居综治工作中心站点和便民利民中心的规范化建设，推进基层人民调解组织建设。加快建设集中治丧点和公墓，推进殡葬制度改革。在全县中小学和幼儿园配备保安人员，基本完成“天网工程”建设，深入推进社会治安综合治理，严厉打击各类违法犯罪活动，加强群防群控，推动社会治安持续好转，不断提高人民群众安全感满意度。加强价格监管，强化价格执法，严肃查处恶意炒作、串通涨价、哄抬物价等不法行为，完善重要商品储备制度，确保市场物资供应和价格稳定。

加强政府自身改革和建设

完成“十二五”时期经济社会发展各项目标

任务，需要全县上下付出艰辛的努力。我们要按照“团结、务实、勤奋、廉洁”的要求，在县委的领导下，发展为上、民生为本、务实为先、律己为诚，奋发图强，励精图治，努力开创各项工作新局面。

（一）坚持解放思想，建设务实高效政府。我们要有“敢与强的比、敢向高的攀、敢同勇的争、敢跟快的赛”的决心和信心，解放思想，实事求是，一切从实际出发，树立群众观点，坚持群众路线。只要有利于人民、有利于发展，只要法律法规和政策没有明文禁止，就要敢于突破“禁区”、绕过“雷区”、探索“盲区”，不要受框框套套的制约，不能畏首畏尾、瞻前顾后。要敢于担当，敢打硬仗，善打胜仗；大干快干、真抓实干，干出业绩，真正营造“发展要快、风气要正、作风要实、干部要干”的良好氛围。实行集团承包，实施部门目标考核，完善目标考核管理制度，全面提升政府行政效率。

（二）坚持依法行政，建设法治政府。严格按照法定权限和程序行使权力、履行职责，坚持维护人民群众合法权益和严厉打击非法违法行为两手抓、两手都要硬，做到规范执法、公正执法、文明执法。坚持依法科学民主决策，加强和改进行政复议工作，依法妥善解决行政争议。自觉接受人大及其常委会的法律和工作监督，自觉接受政协的民主监督，充分发挥工会、共青团、妇联等人民团体的桥梁纽带作用，接受新闻舆论和社会公众监督。建立健全社会风险评估机制，积极应对经济体制深刻变革、社会结构深刻变动、利益格局深刻调整、思想观念深刻变化的社会形势，正确处理各类社会矛盾和群众利益诉求，提升政府社会管理和公共服务水平，增强政府的凝聚力和影响力。

（三）坚持勤政廉政，建设公正廉洁政府。凡是不涉及国家秘密、商业秘密的政府信息，都向社会公开。重点推进财政预算、公共资源配置、重大建设项目批准和实施、社会公益事业建设等领域的信息公开。创新政务公开方式，加强电子政务建设。全面推行办事公开制度，依法公开办事依据、条件、要求、过程和结果，充分告知办事项目有关信息，坚决兑现办事承诺。严格落实党风廉政建设责任制，认真履行“一岗双责”。加强重大投资项目、民生资金和乡科级领导干部任期经济责任的审计监督。扎实推进“三个建设年”、“四帮四促”活动，认真落实好市政府行政效能监察“两个办法、五个制度”，加强机关效能建设，提高政府执行力。

普定县人民代表大会常务委员会工作报告（摘要）

（2011年3月3日在普定县第十五届人民代表大会第六次会议上）

普定县人民代表大会常务委员会副主任　冯建役

一、加强监督工作，提高监督实效

常委会坚持围绕中心、突出重点、讲求实效的工作思路，把促进“十一五”规划目标任务完成和改善民生作为监督工作的重中之重，综合运用多种监督方式，督促和支持“一府两院”依法行政、公正司法。

（一）加强对经济工作的监督，促进全县经济社会发展。一是加强县域宏观经济运行情况的监督。适时听取审议县人民政府关于普定县2010年1～8月国民经济和社会发展计划执行情况及后四个月工作安排的报告。提出应加大农业投入，积极引导农业产业结构调整和社会主义新农村建设，增强农业抗风险能力，确保农业增产，农民增收，农村发展；应采取强有力措施，进一步抓好安全生产工作；强力推进项目建设，加快在建和新建项目建设进度，落实项目工作责任制，改进招商引资工作方式，完善招商引资工作的体制机制，拓展招商引资渠道，不断增强投资对经济增长的拉动作用；认真组织编制好全县“十二五”规划等建议。二是加强财政预算决算监督。听取审议县人民政府关于2009年全县财政决算草案、2010年1～8月财政预算执行情况及后四个月工作安排的报告，审议批准2009年县级财政决算和2010年县级财政预算调整方案。同时，听取审议县人民政府2009年财政预算执行和其他财政收支的审计工作报告。提出要进一步加大宣传，规范财务管理、提高预算安排的合理性和执行的透明度；加强对预算执行的审计监督，强化部门预算的责任意识，切实维护财政预算的严肃性；要强化会计集中核算和国库统一支付制度，认真执行基本建设投资管理程序，逐步建立项目跟踪检查和效益评价制度，促进项目的有效实施并发挥项目应有的作用；加大责任追究力度，切实维护财政资金的安全运行和领导干部的廉洁从政等建议。三是加强“县为单位、整合资金、整村推进、连片开发”试点工作等重点项目的监督，积极促进全县经济社会的健康发展。

（二）加强对民生问题的监督，努力构建和谐普定。一是听取和审议县人民政府关于劳动和社会保障工作情况的报告。针对普定县就业困难、劳动力供求矛盾突出等问题，提出要加大宣传，提高广大劳动者和用人单位的法律意识；要落实好政策，确保就业再就业工作顺利进行；要扩大社会保险覆盖面，完善社会保障体系建设；要加大职业培训力度，提高劳动者的劳动技能；要加强劳动合同的监管，保障劳动者的合法权益等建议。二是听取审议县人民政府财政扶持资金“整村推进、连片开发”试点工作实施情况报告。针对因旱情影响，茶叶、经果林种植等项目实施难度大等问题，建议要狠抓灾后重建、规划设计解决工程性缺水项目、适当放宽项目采购手续，制定出切合普定实际的项目采购实施方案、加大对技术人员业务技能的培训力度等。三是听取审议县人民政府2010年农村低保核查扩面工作情况报告。针对极少数包村干部进村指导入户调查工作力度不够、从事农村低保工作人员严重不足、存在优亲厚友现象等情况，常委会提出应加强学习培训，增强低保管理人员“以人为本、为民解困”的宗旨意识和“坚持原则、依法办事”的责任意识；要不断完善和强化管理，坚持“三公开”原则，建立违规违纪责任追究制；建议增加编制，着力解决有人办事的问题；要加强宣传力度，严格动态管理，严格资金发放。四是听取审议县人民政府疾病预防控制工作情况报告。针对传染病防治形势不容乐观、部分医疗卫生保健机构对疾病防控工作的认识不够到位、防控经费投入不足、专业技术人员配备不足、防保队伍素质不高、业务水平不强等情况，建议加大宣传力度，增强全民的防病保健意识；加强疾病预防控制体系建设，整合卫生资源，优化配置，加强现有专业技术人才的合理调配使用；加强医德医风建设，提高医务人员的服务意识等。五是听取普定县农村信用合作联社支持“三农”发展工作情况报告。对县农村信用合作联社立足普定，服务“三农”、支持县域经济发展中发挥的积极作用给予充分肯定。同时，建议联社要创新小额贷款方式，扩大小额贷款服务面，努力满足农户和农村中小企业的贷款需求；要加大对不良贷款的清收力度；努力创建信用村、信用乡（镇）。六是听取审议县人民政府城建工作情况的报告。常委会充分肯定县人民政府在小区开发、小城镇建设、改善人居环境、基础设施建设等方面所取得的成绩。针对城镇功能体系还不够配套；规划编制工作滞后，城镇和乡村乱搭、滥建现象较为普遍等问题，常委会提出应加强县城、乡镇、村寨规划编制工作；整合资源和项目资金，尽可能减少重复投资、重复建设；加强对城管人员的职业道德教育和培训；尽快成立综合执法机构，并明确其责、权、利，全权处理相关事宜等。七是听取和审议县人民政府文化工作及普定一中申办省级示范性高中工作情况的报告。提出要挖掘、传承和发展普定县民族民间文化，鼓励全县人民为争创全国先进文化县而努力；做好一中的“申示”查缺补漏工作等建议，为全县文化教育工作健康发展助力。

为更好地推进民生问题的解决与落实，常委会还对一些重点领域开展调研和视察督促，如“四创”工作、农村危房改造、黔中水利枢纽、普安高速公路等重点工程建设情况；高度关注关系人民群众生命财产安全的重大突发事件，积极参与猫洞老鹰坡危岩，“3·25”、“8·20”移民聚访事件，“5·13”重大煤与瓦斯突出、“10·27”煤矿透水事故及“9·16”猫洞地质灾害的处置工作；积极开展“四帮四促活动”，14万余元的化处镇偏坡村“惠民桥”落成，常委会领导及办公室包保联系村村级经济发展思路初步成型，相关项目即将启动。

面对2010年初极为罕见的旱情，常委会组织机关全体干部职工向旱区捐款献爱心；常委会领导到抗灾前沿指导干部群众抗旱、备耕、保苗；协调部分物资慰问鸡场坡乡波大村困难党员；为坪上乡募集抗旱救灾资金6万余元等。积极参与和推进抗旱救灾、森林防火、春耕生产。

（三）加强对环境工作的监督，全力推进生态文明建设。常委会听取和审议县人民政府环境保护、节能减排工作情况的报告。肯定县人民政府高度重视环保工作，以转变发展方式为核心，以解决群众最关心、最直接的环境问题为抓手，以生态建设为重点，扎实推进环保工作。提出应进一步加大宣传，强化环境保护意识；进一步加大环保投人，为治理污染提供有力保障；进一步加强队伍建设，构建环保工作长效机制；进一步加快产业结构调整，从源头上减少环境污染等建议。积极促进全县经济社会可持续发展。

（四）切实加强对法律工作监督，全力推进依法治县进程。县人大常委会为维护人民群众的生命财产安全，发挥法律法规在保障地方经济社会发展中的重要作用，组织开展《城乡规划法》、《传染病防治法》、《环境保护法》贯彻实施情况的执法检查，在把握实情的基础上，向县人民政府提出应进一步采取切实有力措施，加大宣传力度，增强全民法治观念；要进一步加大执法力度，着力解决重点难点问题等建议。着眼于促进全县经济健康运行和社会各项事业稳步推进，组织开展“五五”普法工作情况、创建“平安普定”活动情况视察活动，并形成《关于对县人民政府开展“五五”普法依法治理工作情况的视察报告》、《关于对创建“平安普定”活动的视察报告》提交县人民政府进行整改落实。配合省人大常委会《屯堡文化遗产保护条例》的立法调研和市人大开展的《中华人民共和国人口与计划生育法》、《贵州省人口与计划生育条例》、《中华人民共和国消防法》、《中华人民共和国防洪法》、《循环经济促进法》等执法检查，促进相关工作的依法有序开展。

二、坚持科学决策，讨论决定重大事项

为确保作出的各项决议决定更加切合实际，更加符合普定经济社会的发展要求，县人大常委会坚持一切从实际出发，做到审议前深入调查研究，审议时认真论证分析，作出决定后跟踪督察。2010年，常委会审查批准县人民政府《2009年县级财政收支预算调整方案》、《关于2009年县级财政决算的报告》；批准《普定循环经济工业基地控制性详细规划》；决定批准《关于“普定县农村危房改造投资补助贷款”项目贷款本息偿还资金全额纳入县级财政预算的报告》、《普定县人民政府灾后重建项目资金贷款的报告》、《关于动支预备费的报告》、《关于融资解决普定循环经济工业基地工业大道项目建设资金问题的报告》、《关于土地储备贷款本息归还的报告》；批准《普定县2009年财政决算草案》。针对项目实施中存在的问题，提出进一步加强项目库建设、统筹规划、加快项目建设进度、提高项目资金使用效益、加大向上争取项目力度等建议。

三、严格依法办事，做好人事任免工作

县人大常委会坚持党管干部和依法任免相结合的原则，进一步完善任免程序，充分发扬民主，严格依法办事，对拟任免人员进行认真审议和表决。2011年任免县人民政府组成人员、常委会组成人员共21人；任免人民法院审判员、庭长、副庭长13人，人民检察院检察员4人；补选市人大代表1人，县人大代表1人。依法履行人事任免权。

四、做好信访工作，促进社会和谐稳定

高度关注社会和谐稳定，认真处理人民群众来信来访，是常委会依法履行职责的内在要求，也是了解民情和倾听民声的重要渠道。全年受理群众来信来访265件1451人次（其中，集体上访6件，126人次）。按照分级负责、归口办理的原则转交有关部门办理，基本做到件件有答复、事事有回音，积极化解不和谐因素，解决群众的合理诉求，为维护社会稳定、构建和谐普定作出了积极贡献。

五、进一步加强代表工作，充分发挥代表作用

（一）认真组织办理代表建议。县十五届五次会议期间，共收到代表建议、批评和意见59件。闭会后，常委会及时组织召开人大选联委与“一府两院”的代表建议“交办会”，对办复代表建议提出要求。为了更好地落实办复责任，常委会分管副主任及工作部门在“一府两院”办复过程中，多次对办复工作进行督查。在法定期限内，59件代表建议全部办复完毕。常委会于11月听取县政府关于办复情况的报告，代表们对办复工作表示较为满意。

（二）为代表开展活动创造条件。常委会每次组织对“一府两院”工作进行执法检查、视察或调研时，均邀请县人大代表参加，听取代表们的建议和意见。常委会会议审议各项工作报告时，邀请县人大代表列席会议，参予对报告的审议。

（三）认真组织代表视察。重视发挥代表作用，积极组织代表参加视察、执法检查、调研等多种形式的活动，拓宽代表的知情权和知政权。组织县人大代表对县“四创”工作进行视察，配合市人大组织的省、市人大代表对普定县“四创”和社会治安综合治理工作的视察，并形成视察报告提交县人民政府整改落实。

六、以提高依法履职能力为目标，进一步加强自身建设

县人大常委会坚持以提高依法履职能力和水平为目标，从加强自身建设入手，按照省、市和县委的安排部署，全面开展“创先争优”、“忠实践行宗旨，勤政廉政为民”、“三个建设年”、“四帮四促”及“五包三推进”等活动，通过加强学习培训，不断增强常委会组成人员的宗旨意识、大局意识、发展意识和责任意识，进一步坚定发展社会主义民主的决心和信心，提高依法履职的能力和水平。为进一步贯彻落实中央、省、市和县委精神，促进经济社会又好又快、更好更快发展，常委会坚持抓作风，抓建设，抓发展，抓落实，对事关改革发展稳定和人民群众切身利益的重大问题主动介入、积极参与，采取切实措施，努力推动全县发展环境不断优化，项目建设快速推进，使人大工作有机融入全县改革发展稳定大局，为促进发展助力。坚持全面推进机关思想建设、组织建设、制度建设、作风建设，不断提高机关办文办会办事的能力和水平，为依法履职提供更加优质高效的服务。

着眼于促进全县人大工作的整体推进与协调发展，常委会切实加强对乡（镇）人大工作的指导，协调解决部分乡（镇）人大的具体困难和问题，促进全县人大工作的整体推进，共同提高。

2011年主要工作任务

2011年是“十二五”规划实施的开局之年。做好2011年的各项工作，开好头、起好步，意义重大。常委会将以邓小平理论和“三个代表”重要思想为指导，深入贯彻落实科学发展观，坚持党的领导、人民当家作主、依法治县有机统一，紧紧围绕“加速发展、加快转型、推动跨越”主基调，紧紧围绕“抓机遇，提速度，上台阶”总方针，紧紧围绕“更好更快，提速升位”总要求，紧紧围绕工业化主导和城镇化带动战略，着力推进“十二五”规划的实施，着力提高监督实效，把坚持正确政治方向贯穿于依法履职的全过程，为促进全县经济社会又好又快、更好更快发展作出新的贡献。

一、加强和改进监督工作，促进全县重大决策部署的贯彻落实

按照围绕大局、突出重点、讲求实效的思路，依法履行好监督职责。切实加强对经济工作的监督，着力推动新一轮西部大开发和“十二五”的良好开局；继续加强对解决民生问题的监督，着力推进社会和谐；继续加强对审判和检察机关工作的监督，着力推进司法公正。

（一）加强对预算和经济工作的监督。一要通过听取审议县人民政府关于2011年上半年国民经济和社会发展计划执行情况和预算执行情况等报告、听取审议2010年县级财政决算及审计工作报告，审查批准2010年县级决算等，督促“十二五”开局之年各项主要目标任务的落实；检查工业化、城镇化建设措施和民生预算、民生财政和民生工程落实情况。二要通过重点听取审议县人民政府关于全县工业经济运行情况、招商引资等工作情况报告，组织好代表视察和调研，督促抓项目、抓招商引资工作，巩固农业基础地位，加快工业发展，扶持新兴产业。三要围绕全县改革发展稳定大局和群众切身利益相关的热点难点问题，代表批评、意见和建议涉及的问题，重点对城镇化带动战略及小城镇建设实施情况、农业产业经济带发展情况、气象工作开展情况、民族宗教工作开展情况等开展专题调研，帮助和促进有关重大问题的解决。

（二）加强对解决民生问题和司法工作的监督。一要集中力量，上下联动，检查药品管理法的实施情况，保障人民群众吃上放心安全药品；检查气象法的实施情况，充分发挥气象对生产生活的积极作用；检查宗教事务条例的落实情况，推进民族宗教工作健康发展。二要听取审议乡镇卫生院工作情况报告，检查乡镇卫生工作开展情况、存在问题，提高公共卫生服务水平，努力提高农村居民健康水平。三要听取审议县人民法院、县人民检察院有关工作情况的报告，认真做好人民群众对司法机关申诉意见的交办督办工作，维护人民群众合法权益，促进司法公正，化解社会矛盾。

（三）不断改进和完善监督方式。一是强化会前调研。列入常委会审议的监督议题，都要采取灵活多样的有效方式深入开展调研，形成不调研不上会的工作机制，使监督更具针对性。二是加强跟踪监督。督促“一府两院”认真研究办理常委会审议意见，推进一些重点、难点问题的解决。三是加强和兄弟县区监督工作经验的交流，不断提高人大监督工作水平。

二、创新代表工作方法，支持和保障代表依法行使职权

要围绕进一步激发代表依法履职的主动性、积极性和创造性，努力提高代表工作水平，更好

地发挥代表作用。

切实做好代表批评、意见和建议办理工作。通过牵头督办、分类督办、统筹督办相结合的办理工作模式，继续选择一批人民群众广泛关注的热点难点问题的意见和建议，分别由主任会议督办、工作委员会督办和代表跟踪督办。加强承办部门和代表的沟通，组织代表检查办理工作，增强办理实效，着力提高代表批评、意见和建议的落实率。认真办理好代表对人大工作提出的建议。

改进闭会期间的代表活动。通过跨行政区域、联组活动等方式，组织代表开展专题调研和视察，加强对代表小组活动的指导。

加强服务保障工作。保障代表知情权、参与权、表达权、监督权，做好代表培训工作，进一步密切常委会与代表的联系沟通。及时向代表寄发有关资料，拓宽代表知情知政渠道。认真组织代表列席常委会会议，邀请代表参加常委会组织的执法检查、听取审议专项工作报告等活动，认真听取并吸纳代表的意见和建议。开展走访代表、慰问有特殊困难代表的活动。加强对代表工作的宣传，不断营造全社会关心和支持代表依法履职的良好氛围。

三、不断加强自身建设，提高依法履职能力

加强常委会自身建设。按照县委十届十次会议精神，围绕全县“加速发展、加快转型、推动跨越”主基调，“抓机遇，提速度，上台阶”总方针，“更好更快，提速升位”总要求，大力加强作风建设，努力工作，做发展社会主义民主政治的实践者、探索者，做推动全县经济社会更好更快发展的实践者、探索者。大力弘扬调查研究和求真务实之风，开展重点课题调研，增强调研的针对性，使调研成为提高审议质量、推进常委会工作的重要途径。

加强各工作委员会工作。进一步加强对各工作委员会工作的领导，完善各工作委员会工作制度。各工作委员会要围绕常委会中心工作，配合做好专题调研工作，协助做好执法检查、听取审议专项工作报告等重点工作，确保全年工作任务顺利实施。办公室要加强与各工作委员会的沟通、协调与配合，搞好服务和保障，进一步形成在常委会领导下和谐有序、追比进位的工作氛围。

全面加强机关建设。围绕提高服务保障水平，发挥参谋助手作用，全面加强机关思想建设、组织建设、制度建设、作风建设，进一步推进机关效能建设，努力做到办事提速、高效，服务求好、创优，形成追求卓越、创先争优、干事创业的良好氛围。进一步加强和规范全县人大信息化建设。加强与宣传部门、新闻媒体和全县各乡（镇）人大的协同配合，切实提高宣传工作的实效，为人大工作提供更好的舆论支持。

做好县乡（镇）换届选举工作。要通过多种形式，组织学习、广泛宣传修改后的选举法，深刻领会选举法修改的主要精神，结合普定县今年换届选举工作实际，开展调查研究，积极提出意见建议。加强对乡（镇）人大换届选举工作的指导，确保换届选举工作任务的顺利完成。

普定县2010年国民经济和社会发展计划执行情况与2011年国民经济和社会发展计划草案的报告（摘要）

（2011年3月2日在普定县第十五届人民代表大会第六次会议上）

普定县发展和改革局局长　胡永国

一、2010年国民经济和社会发展计划执行情况

2010年既是“十一五”的收官之年，也是全县创建“文明县城、卫生县城、环保模范县、文化先进县”的“四创活动”启动之年。一年来，全县上下在县委的领导下，在县人大、县政协的监督和支持下，坚持高举邓小平理论伟大旗帜，通过深入实践科学发展观，以党的十七届五中全会、省委十届十次全会、市委二届十次全会精神为指导，围绕全县经济社会发展总体目标，克服百年一遇的特大旱灾和“5·13”、“10·27”安全生产事故的不利影响，按照年初计划，不断开拓进取，狠抓落实，完成各项工作任务，为“十一五”规划的顺利完成和“十二五”规划的顺利开局奠定坚实基础。

2010年全县生产总值实现304844万元，同比

增长12.23%，超额完成0.23个百分点，是“十五”期末的2.03倍。其中一产达到58149万元，同比增长5.2%，是“十五”期末的1.79倍；二产达到161433万元，同比增长13.23%，是“十五”期末的2倍；三产达到85262万元，同比增长15.11%，是“十五”期末的2.37倍。一二三产占生产总值的比例由“十五”期末的22:54:24调整为19:53:28，一二三产业结构进一步优化。全社会固定资产投资达130044万元，比上年增长51.94%，超额完成30.94个百分点，是“十五”期末的3.5倍。财政总收入实现45016万元，比上年增长17.39%，超额完成1.39个百分点，是“十五”期末的2.23倍，其中：县级财政收入实现27702万元，比上年增长32.34%，超额完成12.34个百分点，是“十五”期末的3倍。财政支出98090万元，比上年增长23.12%，是“十五”期末的3.79倍。全县实现社会消费品零售总额78715万元，比上年增长19.34%，超额完成4.34个百分点，是“十五”期末的3.6倍。农民人均纯收入达到3128元，同比增长14%。

（一）粮食生产抗灾夺丰收，实施“5522”工程取得新成效，农村工作全面推进

2010年年初，全县遭遇特大旱灾，夏粮减产高达51.57%，但通过采取各种积极有效的应对措施，多渠道筹集抗旱救灾资金282.62万元，解决抗旱用电6万度、抗旱用油15吨，投入机动抗旱设备2100台（套），农机具1300台，切实加大对秋粮生产的支持和投入力度，夺取秋粮丰收，秋粮增产7.86%，使得全年粮食产量达到12.9万吨的历史新高，比“十五”期末净增长11141吨，实现农林牧渔业总产值92752万元，比上年增长6.41%，是“十五”期末的1.8倍。

农业产业化顺利推进，“5522”工程建设取得新成效。2010年，全县已建成茶园5.33万亩，种植蔬菜8.56万亩、经果林4万亩、烤烟4811亩、中药材2000亩，建成养殖小区73个，生猪存栏达15.9万头，家禽存栏112.6万羽。已建成农民专业合作社44个。

农田水利基础设施建设力度继续加大，农业综合生产能力进一步提高。全年上级共下达水利建设投资3781.24万元，新建农村人畜饮水工程21处，解决农村15940人的饮水安全问题，建成引灌工程6处，新增、恢复灌溉面积1200亩，整修山塘5处，完成水库除险加固2处，新修灌溉渠道19.8公里，新增、恢复、改善灌溉面积4500亩，治理水土流失面积11平方公里。投资1400余万元的13个土地开发项目新增耕地达4980余亩。巩固退耕还林成果基本口粮田建设项目、石漠化综合治理试点县项目、农发项目投入农田水利基础设施建设的资金合计达1300余万元，建设任务全面完成。

完成营林生产任务34650亩。其中：2009年退耕还林工程配套荒山造林5000亩、巩固退耕还林成果经济林项目1110亩、补植补造23540亩。完成2010年退耕还林工程配套荒山造林封山育林5000亩。全县森林覆盖率达到40.6%。

完成爱德项目投资200万元。减少贫困人口6763人。全面启动249户1066人的易地扶贫搬迁工程。

（二）二产发展总体向好，三产增长加速

2010年全部工业增加值完成145826万元，较上年增长11.1%，是“十五”期末的1.95倍。其中省属及规模以上工业企业完成总产值191185万元，较上年增长0.29%，县属规模以上工业企业完成总产值125742万元，较上年增长27.02%，超宇粉煤灰水泥厂、华宇轻质建材、科利石膏建材等一批循环经济型工业企业成为县属规模以上工业企业新的亮点。建筑业成为二产又一个新的增长点，全年实现增加值15607万元，同比增长33.04%，投资拉动效应显著。

三产发展加速。2010年，由于投资拉动带动交通运输业的快速发展，批发零售、住宿餐饮更加繁荣，其他服务业快速增长，号营、讲义等乡村旅游示范景点的逐步形成规模，促进全县第三产业取得全面快速的发展，全年实现增加值85262万元，较上年增长15.11%。旅游经营收入达到4960万元，共计接待县境外游客10万余人次。社会消费品零售总额达到78715万元，较上年增长19.34%。通讯、金融、运输、餐饮等传统服务业也得到较快发展。

（三）重点项目建设进展顺利，固定资产投资取得重大突破

产业项目：西秀制药厂正在试产；黔中酒业有限责任公司二期建设项目已恢复1000吨生产能力，正在修建2000吨窖池；普定金铭科技工业园建设项目厂房已建完，设备调试完成，准备12月试产；安顺电厂50万吨/年高含碳量粉煤灰综合利用项目市发改委已备案，正在洽谈粉煤灰使用事宜及相关项目前期工作；安顺普定青山至太平及黄桶土地整治项目可研、初步设计已完成，向农

发行贷款1.98亿元资金工作已全面完成；普定县锌冶炼及深加工项目各项前期工作进展顺利。

社会发展项目：普定县人民医院标准化建设项目，内墙粉刷、外墙贴砖已经完成，整个工程基本完工；安顺市普定精神病院建设项目正在争取计划资金下达；普定县特殊教育学校建设项目正在开挖基槽；普定县博物馆文物库房工程三通一平结束，正在修筑围墙。

民生项目：普定县第二期廉租住房项目（楚子龙山）已建设完工；普定县第三期廉租住房项目（新林）的5#、6#、7#楼主体完工，正在安装室内水电，8#、9#楼主体完工，10#楼正在砌筑五层墙体；普定县第四期廉租住房项目（新林）的1#、2#、3#、4#楼孔桩开挖，5#、6#、7#、8#、9#楼毛石混凝土浇筑。廉租住房共五期，全部建成后达1051套。已建成经适房84套。全县农村危旧房改造全部完工，全县实施危改农户数达13986户。

城建项目：普定县生活污水处理工程已竣工托管运营；普定县生活垃圾卫生填埋工程正在进行填埋场进场道路建设及库区土建工程；普定县中心大道贯通工程一标段招标工程已完成1000米路基土石方工程，排水管安装已完成。第二标段开工建设，正在修建涵洞；普定县马场镇供水工程已完工；普定县新城区管网工程，可研已编制完成，已上报争取国家资金支持；普定县白岩镇供水工程，正在开挖管道沟槽及短沟，安装水管。安顺恒丰房地产开发有限责任公司建设项目、普定县双龙苑商住楼项目、普定县新城房地产开发公司新城名苑Ⅱ号楼工程项目等均在建设当中。

交通项目：安普高速公路于2009年10月28日开工建设以来进展顺利，普定境内已完成投资6亿多元。普定至安顺城市大道已委托长安大学编制项目可行性研究报告，线路选择方案基本确定；普定至织金高速公路建设相关前期工作正在有序推进。

农林水利项目：2008、2009年度的普定县石漠化综合治理项目工程已完工，2010年度任务已完成形象进度的85%；普定县红坪水库工程正在开展项目申报有关前期工作；涉及普定县化处镇、马场镇、坪上乡的29个村的农村安全饮水工程，正在修筑水池池盖，管线开挖结束，已进入安装阶段；普定县农村户用沼气池项目完成62户村民沼气池安装。

能源项目：安顺普定循环经济工业基地热动力车间建设项目省发改委同意开展前期工作，各项工作正在有序推进。

公检法司项目：普定县看守所建设项目正在进行三通一平建设。

以工代赈项目：2010年下达普定县的以工代赈项目16个，其中乡村道路建设项目12个，山塘整治、引水沟渠、防洪排涝项目3个，片区综合开发项目1个。项目总投资608万元，其中以工代赈资金投入548万元，省级配套35万元，县级配套25万元。总体工程形象进度达到65%。

易地扶贫搬迁项目：搬迁规模249户1066人，项目总投资675万元，其中中央预算内资金525万元，县级配套150万元。总体工程形象进度达到40%。

（四）财政收入加速增长，金融运行平稳

2010年全县财政总收入达45016万元，同比增长17.39%，其中地方财政收入达27702万元，同比增长32.34%。财政支出实现98090万元，同比增长23.12%。年末全县各金融机构存款余额243300万元，比上年增长5.89%，其中企业存款余额33461万元，比上年减少24093万元，储蓄存款余额121529万元，比上年增加24153万元。年末各金融机构贷款余额342314万元，比上年增长20.07%，其中短期贷款余额108019万元，比上年增加3078万元，中长期贷款余额233835万元，比上年增加54288万元。

（五）改革开放继续深化，发展环境进一步完善

各项改革扎实推进。财税机制、医药卫生、人事制度、文化体制、殡葬制度等改革有序推进，经济社会发展动力切实增强。投融资体制得以创新，通过担保中心与开发行、农发行共建的投融资平台作用日益明显。

投资环境进一步优化。一是成立优化投资发展环境领导小组，各成员单位（部门）严格按照“谁主管、谁负责”的原则，切实加强对本部门、本单位优化发展环境的组织领导，落实专人负责，加强对影响投资发展环境行为的协调和处理，督促检查业务窗口（大厅）的履职能力和服务水平；二是实行“企业安宁日制度”，把每个月的1～20日定为企业安宁日，杜绝不必要的接待应酬，帮助企业专心发展，为企业松绑；三是对一些重大项目实行适当减免或全面免除县级收取的行政事业性收费，切实减轻企业负担；四是强化法制工作职能，切实加强法制宣传与学习，狠抓《行政许可法》的学习贯彻落实。在县行政服务中心

（县招商局）设立投资环境投诉中心，为投资者提供投诉服务，对客商投诉的所有事件，严格按照普定县客商投资投诉管理办法限时受理；五是出台《普定县招商引资办法》（试行），让积极主动参与招商引资的群众和投资普定县的客商充分享受招商引资政策所带来的实惠，激发全社会主动参与招商引资工作的积极性，鼓励全社会参与全县的经济建设。

招商引资力度不断加大，县领导先后带队前往浙江、上海、厦门、重庆、广东、北京等地走访考察，先后洽谈普定县黔中酒厂项目、铅锌矿项目、管材生产项目等，深圳等地开展的招商活动效果明显，通过走出去、请进来、“节会”招商、定位定向招商、委托招商、网络信息招商、以商引商等方式，全面加强招商引资工作，2010年招商引资到位资金81000万元。

（六）各项社会事业稳步发展

将应用技术研究与开发经费248万元纳入财政预算，并全部拨付到位用于县级科技计划项目的实施；安排5万元的知识产权工作经费，确保知识产权工作的及时开展。全县培训示范基地技术人员600人次，向科技示范户发放1000余万元贷款，由科技示范户向周边农民提供技术、实地指导等服务，全县实施的科技富民强县项目《无公害优质肉猪养殖配套技术推广示范》，上半年已通过国家财政部、科技部验收。

坚持“巩固、深化、提高、发展”八字方针，办好“让人民满意的教育”。共实施15所农村薄弱学校改造工程，进一步加强教育基础设施建设。把县一中创办省级示范性高中作为全县的“十件实事”之一扎实抓紧抓好。认真落实教育优惠政策，寄宿生生活补助635.4万元，中职资助39.75万元，大学生助学贷款595万元，资助学生人数达10093人。义务教育阶段学生全部享受免费教科书。完成“十二五”教育事业发展规划编制。教师队伍建设再上新台阶，教学质量得到全面提高，德育教育、素质教育取得新成效，职业教育、成人教育、远程教育、学历教育及各种技能培训工作全面推进。

人口与计划生育工作进入新阶段。人口出生率为9.76‰，人口自然增长率控制在7‰以内，完成目标任务。常住人口符合政策生育率为95.39%，基本上实现手术零库存运行。向8315人次奖扶对象兑现各项奖扶资金300万余元，群众优生优育意识明显提高。

文体广电旅等基础设施建设加快，群众生活日益丰富多彩。穿洞博物馆文物库房建设顺利启动，7个乡镇综合文化站建设进展顺利，1095个自然村“村村通”广播电视工程已全部安装结束，44个行政村农民体育健身工程已完工，乡镇数字电视网络整体转换工作顺利推进，夜郎湖环湖路、哪叭布依风情园基础设施建设项目进展顺利，兴建体育场文化娱乐园。校园周边环境、网吧等公共服务场所整顿治理工作取得实效。成功举办“穿洞之光·斗牛大赛”、“穿洞之光·春节民族民间文化展演”、“穿洞之光·花灯大赛”等系列文化活动以及“雅阁杯”全市羽毛球邀请赛、“穿洞之光·黔中酒业杯”春节篮球锦标赛。

医疗业务、疾病预防控制、妇幼保健、卫生监督和食品药品监管等工作全面推进。农村新法接生率达到99.04%，婴儿死亡率为15.52‰，办理食品卫生许可证484个，检查各类食品经营户1200户次，新农合参合率达97.13%，参合农民341210人，筹集参合资金4776.94万元。县医院住院部综合大楼建设基本完工，马官镇、化处镇中心卫生院及126个村级卫生室建设进展顺利，3509户节能灶、20000户地氟病防治项目完工待验收。15种疫苗接种率除“乙肝及时”外全部达到90%以上，地方病、慢性病、传染病防治工作基本实现归口治疗和归口管理，传染病发病率下降37.9%。

积极争创“全国双拥模范县（城）”活动。稳步推进民族、宗教、共青团、妇联、工商联、侨务外事及档案史志等各项工作，实现各项社会事业协调发展。

（七）公共服务投入力度加大，和谐普定建设再上新台阶

累计征缴基本养老保险基金1910万元、基本医疗保险基金1846万元、工伤保险基金167万元、生育保险基金83万元、失业保险基金219万元，完成城镇职工基本养老保险11158人、基本医疗保险31270人、工伤保险7979人、生育保险11955人、失业保险8602人。完成下岗失业人员再就业1244人、劳务输出11000人、完成就业培训1212人，登记失业率4.23%，控制在4.5%的目标内。现有城市低保对象1252户2232人，全年发放城市低保金398.2万元；现有农村低保对象35558户、84445人，全年发放农村低保资金5020万元；对4643名农村医疗救助对象发放医疗救助金664.9万元；为84445名农村低保对象缴纳新型农村合作

医疗参合费254万元；发放城市医疗救助金14.2万元；为2232名城市低保对象缴纳城镇医疗保险费2.2万元；下拨救济款276.93万元、救济大米98.65万公斤、救灾帐篷300顶、救灾棉衣（被）8500件（床）等，涉及灾民29.7万人。

社会维稳工作切实有效。全年立刑事案件978起，下降9.86%，破案496起，现行案件破案率23.79%，受理治安案件1422起，查处率94.37%，调解民事纠纷501件。移民后期扶持工作深入开展，编制《普定县大中型水库库区和移民安置区基础设施建设和经济社会发展规划（2011—2015）》和《普定电站库区和移民安置区基础设施建设和经济社会发展规划（2011—2013）》，全年共投入移民发展资金279.5万元，移民生产生活条件进一步改善，移民群体上访事件得以妥善处理。

（八）“十二五”规划编制工作顺利开展，“规划纲要（草案）”编制完毕

认真开展“十二五”规划编制工作。充分发动社会各界人士积极为全县经济社会发展荐言献策。通过开展专题调研、召开座谈会等多种形式征求到关于全县“十二五”规划的意见和建议350余条，对编制好“十二五”规划起到极大的作用，达到集思广益、群策群力的效果。

在进行规划编制时，按照中央和省、市的要求，创新规划编制方式，努力提高规划的科学性、民主性，建立健全规划体系，建立规划编制的社会参与和论证制度，加强规划的审查管理，完善规划编制的协调衔接机制，认真做好全县“十二五”总体规划与省、市“十二五”总体规划的有机衔接。各部门积极参与，完成关系全县“十二五”期间经济社会发展全局的重点课题研究和专项规划的编制，在此基础上，完成《普定县国民经济与社会发展第十二个五年规划纲要（草案）》的编制工作。

通过2010年全县上下的艰辛努力，确保了“十一五”计划主要指标的全面实现。但是，应深刻地认识到：全县的经济发展依然十分脆弱，县域经济结构单一，基础设施建设建设依然严重滞后，生产生活条件相对落后，保障和改善民生任务艰巨，安全生产形势极其严峻，公共机构执行力和落实力有待加强。对于这些问题，我们将在今后的工作中认真研究，采取措施，切实加以解决。

二、2011年国民经济和社会发展主要目标和任务

根据县委十届十次全会的部署，结合“十二五”规划，拟定2011年全县经济社会发展主要预期目标如下：

——生产总值确保增长18%，达到35.97亿元，力争增长20%以上，达到36.58亿元左右；

——工业增加值确保增长20%以上，达到17.2亿元以上，力争增长22%，达到17.5亿元以上；

——全社会固定资产投资确保增长100%，达到26亿元以上，力争增长208%，达到40亿元以上；

——财政总收入和一般预算收入确保分别增长28.69%和20%以上，分别达到5.79亿元和2.68亿元，力争分别增长30%和23%以上，分别达到5.85亿元和2.75亿元；

——社会消费品零售总额确保增长20%，达到9.4亿元以上，力争增长26%，达到9.9亿元以上；

——农民人均纯收入确保增长16%以上，达到3600元以上，力争增长19%以上，达到3700元以上；

——粮食总产量与上年基本持平；

——煤炭产量确保实现230万吨，比上年增长54.6%，力争实现260万吨，比上年增长74.7%；

——招商引资确保到位资金达22亿元，比上年增长171.6%，力争到位30亿元，比上年增长270.4%；

——县城建成区面积增加1平方公里以上；

——居民消费价格总水平涨幅控制在4%左右；

——城镇确保新增就业3000人以上，力争达到5000人以上；

——城镇登记失业率控制在4.5%以内；

——确保减少贫困人口7000人以上，力争减少7200人；

——人口自然增长率控制在6.5‰以内；

——单位生产总值能耗、化学需氧量和二氧化硫排放量按市下达任务落实。

为实现上述目标，重点抓好以下工作：

（一）扎实抓好项目建设工作，努力实现固定资产投资增长取得新突破

紧紧围绕“项目建设年”的各项安排部署，扎实推进全县经济社会发展的项目建设工作。一是启动以工业基地大道、工业基地标准化租赁式

厂房、工业基地创业大楼等为代表的工业基地基础设施建设。二是积极配合做好安顺普定循环经济工业基地热动力车间建设项目的各项前期工作，争取8月份之前上马动工建设，配合业主单位争取玻璃厂项目尽快落户工业基地上马建设。三是继续推进安顺至普定高速公路建设，力争年底建成通车。配合做好普定至织金高速公路建设项目的各项前期工作，使之尽快上马建设。四是努力促进黄织铁路尽快建成通车。全力配合做好黄织铁路复线建设的各项前期工作，使之尽快立项并开工建设。五是配合做好黔中水利枢纽工程普定过境段的各项工作，确保该工程建设进展顺利。抢抓国家对贵州石漠化治理、水利建设、生态环境保护“三位一体”规划建设的机遇，全面改善全县经济社会发展的水环境。六是抓紧完善安顺至普定城市干道的各项前期工作，利用BT、BOT等模式尽快启动项目建设。七是按照“十二五”交通事业发展规划，大力推进县乡公路改造工作，组织实施好行政村通村路硬化或油化工作，继续实施农村通达工程，抓好通组公路建设。八是继续实施好石漠化综合治理试点项目、巩固退耕还林成果项目、土地开发整理项目等，加强封山育林、植树造林和天然林保护，形成有效的生态恢复和重建机制，促进生态环境与社会协调发展，切实提高农业综合生产能力。九是切实抓好教育、卫生、文体广旅、公检法司等方面的中央投资项目和社会捐赠项目的实施。十是完成中轴大道至火车站广场城市道路建设，启动县城中心广场建设，全面推进胡家洞路、红旗新村建设，完成顺时小区建设，继续推进马官、化处、白岩、马场、坪上、猴场等乡镇的小城镇建设。

进一步抓好在建项目的建设和管理，加快建设进程；深入做好已规划落实项目的前期工作，争取项目资金尽快落实到位，开工建设。加强和完善项目库建设，进一步搞好项目储备，力争有更多的项目挤进国家和省、市计划盘子，努力形成重点项目竣工一批——开工建设一批——储备一批——谋划一批的滚动发展格局，为固定资产投资稳定增长奠定坚实的基础，确保2011年实现固定资产投资26亿元，力争实现40亿元。

积极争取国家开发银行和农发行的支持，不断推进城镇公益性基础设施建设，鼓励县内各家银行支持和参与城镇开发和房地产业发展，形成固定资产投资新的增长点，不断拉动县域经济的发展。

（二）统筹抓好“三农”工作，促进农民增收取得新突破

认真贯彻落实2011年中央1号文件精神，继续坚持多予、少取、放活，加大对农业和农村的投入，扩大公共财政覆盖范围，强化对农村的公共服务。坚持规划先行，力争年内完成全县316个行政村的村庄整治规划。抓好试点示范，搞好典型引路，遵循“规划先行、群众自愿、政府支持、稳步推进”的原则，分类指导，有计划、有步骤地推进社会主义新农村建设。南部地区和北部较好的村寨要率先推进，寻求突破；具备一定条件的村要从实际出发，因地制宜，积极稳步推进；贫困乡村要从改善最基本的生产生活条件做起，下大力解决基本农田、道路、人畜饮水、沼气、改造茅草房、环境卫生等问题，为建设新农村打下基础。要从细节入手，整合防氟改灶、沼气等项目，实施改厕改圈工程，大力推广沼气建设和利用，切实解决农村环境“脏、乱、差”的问题。

继续推进农业产业化经营，大力实施“一乡一特、一村一品”，扩展“多乡一特、多村一品”，培育一批具有区域比较优势和较强竞争力的农业主导产业和产品。抓好免耕油菜、韭黄、板田大蒜、“特宝”西红柿、中药材、茶叶、烤烟等的种植推广，扩大规模，实现规模效益。

大力发展生态畜牧业，加强畜禽良繁体系建设，强化畜禽病防治工作，力争畜牧业增加值占农业增加值的比重提高1个百分点以上。千方百计加大奇秀乳业奶源基地建设投入力度。依托昌伟、柯托等养殖场，大力发展生猪规模化标准养殖场（小区）建设。加大力度推动肉牛养殖迈上新台阶。合理引导家禽养殖业迈上科学化、规模化、标准化、环保化新台阶，充分利用湾塘、水库、河沟等自然条件，大力发展鸭、鹅养殖。探索引进部分特种养殖。

加快农村集贸市场建设，进一步完善农产品购销体系建设，畅通农产品流通渠道。建立基本覆盖县、乡、村的农业专业合作经济组织，提高农民进入市场的组织化程度。培育壮大以粮油、蔬菜、畜产品为主要原材料的农产品加工龙头企业，拉长农业产业链条，提高农产品附加值。充分发挥农技、畜牧服务中心和农民技术员的作用，加强技术培训。进一步发挥银行、信用社等金融机构的作用，争取更多的资金注入，加快农业结构调整步伐。

进一步抓好新阶段扶贫开发工作，切实帮助

贫困群众改善基本生产生活条件、拓宽基本增收门路、提高基本素质，增强贫困地区自我发展能力。坚持分类指导、突出重点、因地制宜，采取项目带动、易地搬迁、长期救助等扶贫方式，切实搞好整村推进、产业化扶贫、劳动力转移培训等工作，稳定解决贫困人口温饱问题，完成249户、1066人的易地扶贫搬迁；组织实施农村劳动力就业转移培训5000人。确保净减少农村贫困人口7000人、力争减少贫困人口7200人。

大力支持农民工返乡创业和就业，积极发展中小型和微型企业，引导农村富余劳动力向二、三产业转移，抓好劳务输出，努力提高农民的工资性收入占比，认真落实各类强农惠农政策，积极探索农村集体和农民以土地、财产、劳动力等生产要素参与开发，千方百计促进农民增收。确保2011年农民人均纯收入增加500元以上，力争增加600元。

（三）狠抓平台建设和发展环境建设，力争实施工业化主导战略取得新突破

扎实规划建设好“一基地三园区”，搭建项目落户平台，创建产业集聚优势。一是推进安顺普定循环经济工业基地规划建设，全面启动基地基础设施建设，搞好项目的协调工作，抓好园区核心企业和主导产业项目的建设。二是加快金铭科技工业园区、黄桶综合物流园区和后寨轻工业园区的配套基础设施规划建设。三是要通过多渠道融资建设标准厂房用于租赁，为企业进入园区打造最佳的软硬件平台。

全面推进普定循环经济工业基地热动力车间建设项目的各项工作；继续帮助超宇、明达水泥、加气混凝土砖块生产企业、科利石膏建材、金铭塑材系列产品企业等做大做强。加快推进黔中酒业、西秀药业、奇秀乳业等轻工业的建设进程，大力推动农业产业化龙头企业的发展。

进一步做好煤炭资源勘探精查、规划和开采工作，引进和鼓励优强企业对煤矿企业进行大规模兼并重组，加快对现有煤矿企业的集团化整合力度，提高原煤生产能力。进一步加强管理，发挥好煤炭调运信息系统的作用，努力实现煤炭税费增收上台阶，2011年力争突破1.5亿元，力争达到2亿元。继续搞好协调服务，努力为企业排忧解难。

搞好黄桶综合物流园区的规划建设工作，依托黄桶铁路交通的便利条件，发展大物流，带动大工业，着力将“黄桶”打造成“金桶”。全面做好烟气脱硫和煤化工等重大项目的前期准备工作。加强园区道路、供电、供水、通信等基础设施建设，增强承接投资项目的能力。用好用活土地政策，盘活现有土地存量，确保新增工业建设用地的供地。2011年的工业增加值确保达到17.2亿元以上，力争达到17.5亿元以上。

（四）全力加大招商引资力度，确保开放带动取得新成效

一是开展专业化招商。在珠三角、长三角、京津唐等东部沿海发达地区建立招商引资联络处，组织和策划2~3次重大招商引资活动，搭建招商引资新平台。二是实行招商引资责任制。出台《关于进一步加强招商引资工作扩大开放的实施意见》和《领导干部带头招商引资的考核及奖惩办法》，建立健全招商引资考核奖惩制度，县四大班子领导带头招商，动员全民参与招商引资，确保招商引资实现到位资金22亿元，力争完成30亿元。三是推出优质招商项目。立足资源和区位，精心筛选一批符合国家产业政策、比较优势突出、市场前景广阔、综合效益明显的优质项目，加强与省内外的优强企业合作，大力发展高附加值型、资源依托型、劳动密集型项目。四是着力优化投资环境。全力打造廉洁高效的政务环境、公正公平的法治环境、规范守信的市场环境、安居乐业的生活环境，保护投资者合法权益。对行政事业单位及其干部职工违规干扰企业生产经营、服务不到位的行为，严格问责；对非法干扰企业生产经营的行为，严肃查处打击。大力发展非公有制经济、中小企业和本土企业，在政策和服务上给予积极支持。五是积极探索共招共建共享机制，大力发展“飞地”经济。

进一步加大对非公有制经济的扶持力度，支持非公有制经济加快发展。一是认真贯彻落实加快非公有制经济发展的有关政策措施，切实做到经营领域放开、准入条件放宽、市场门槛放低、发展空间放大，营造有利于非公有制经济发展的法制环境、政策环境、市场环境和投融资环境。二是营造非公有制经济发展的浓厚氛围。大力宣传鼓励非公有制经济发展的政策措施，在全社会形成加快发展非公有制经济的浓厚氛围。鼓励有特长、有闯劲的优秀人才创业经商，支持一批个体户、私营业主发展壮大。三是鼓励、支持和引导非公有制经济组织积极发展农副产品加工、储存运输等产业。引导非公有制企业增强技术开发和技术创新能力，提高品牌意识、竞争意识、纳

税意识、守法意识，把非公有制经济作为全县经济发展的新的重要增长点来培植，努力实现非公有制经济在总量和质量上的突破。

（五）全面推进各项社会事业，努力实现构建和谐普定取得新成效

进一步巩固“两基”成果，大力推进义务教育新标准，提高义务教育水平。统筹城乡教育协调发展，以义务教育均衡发展、完善教师队伍结构、中等职业教育、高中阶段教育、学前教育发展为重点，继续扩大教育资源供给，优化城乡义务教育资源配置，积极解决城镇中小学大班额问题。改扩建中小学7所、逐年修建教师周转房，解决农村教师住房难的问题、农村完小校舍建设。重点加强2所高中、1所职校的建设，力争普定县第一中学实现省级二类示范高中目标。加快学前教育发展，新建乡镇中心幼儿园3所。加强特殊教育建设。加强教师队伍建设，健全教育管理制度。建立财政科技投入稳定增长的机制，提高应用技术研究投入比例，引导和支持企业增加科技研发和创新投入，不断提高科技对县域发展的贡献率。

创新体制机制，优化人才环境，加强教育、科技、社会等各类人才队伍建设，建立完善人才评价机制和激励机制，大力营造人才发展的良好环境。进一步消除人才流动的城乡、部门、行业、身份、所有制等限制，疏通人才流动渠道，促进人才合理有序流动。围绕特色支柱产业发展需求，大力推进各级各类教育的改革和发展，强化职业培训，全面提高劳动者素质和职业技术驾驭能力。切实加强对企业人力资源规划工作的指导，整体推进各类工业人才队伍建设。加强对农民的教育培训，抓好农村人才队伍建设，积极参与市外人才市场运作，以政府为主导，企业为主体，多渠道、多形式、多手段引进人才。积极培育和发展县内人才市场。

按照“保基本、强基层、建机制”的要求，全面深化医疗卫生体制改革。积极推进医药卫生体制改革和基本公共卫生服务均等化，建立健全基本药物制度，推进公立医院改革，完善公共卫生服务体系。加强重大疾病、传染病、职业病和地方病的防治，大力提升疾病预防控制水平和突发公共卫生事件应急处置能力。改善基层医疗卫生条件，加强医疗卫生队伍建设，加快培养中、高级卫技人员和学科带头人，努力扩充高级人才和学科带头人队伍。

进一步加大统筹解决人口问题的力度，坚决降低和稳定低生育水平，大力提高出生人口素质和群众生殖健康水平，努力控制出生人口性别比的平衡，建立完善计划生育利益导向机制，加大对独生子女户和双女户家庭的奖励和扶助力度。加快完善计划生育服务体系。确保实现全县人口自然增长率控制在7‰以内。

大力发展劳动密集型产业和企业，加大财税、金融、产业等政策促进就业和创业的力度，努力增加就业岗位。大力支持自主创业、自谋职业，促进以创业带动就业，鼓励更多劳动者成为创业者。健全公共就业服务体系，建立统筹城乡劳动保障相适应的管理制度和服务体系，建立统一、规范的劳动力市场体系，积极开展多层次、多形式的职业技能培训。规范化协调劳动关系，化解矛盾，依法维护劳动者权益。做好就业困难人群、零就业家庭、城镇低保人口就业帮扶和复转军人、大中专毕业生就业安置、援助工作，引导鼓励外出务工人员回乡创业工作。

坚持广覆盖、保基础、多层次、可持续的方针，以社会保险、社会救助、社会福利为基础，以最低生活保障、基本养老保险、基本医疗保险为重点，以慈善事业、商业保险为补充，加快完善社会保障体系，扩大城乡社会保障覆盖面，提高统筹层次和保障水平。完善养老保障制度，继续抓好企业职工基本养老保险，加快新型农村社会养老保障制度建设。进一步完善城乡居民最低生活保障制度。健全城乡居民基本医疗保险制度，不断提高保障水平。

严格落实安全生产责任制，严防重特大安全事故的发生。大力宣传安全生产法律法规，不断增强安全生产意识。抓好煤矿企业、道路交通、水上运输等领域的安全整治，严厉查处安全生产违法违规行为，努力实现安全生产“双降”目标。

牢固树立“稳定压倒一切”的思想，全面落实社会治安综合治理的各项措施，严厉打击各类刑事犯罪活动，防范和打击邪教组织的破坏活动。认真贯彻《信访条例》，畅通信访渠道，加强矛盾纠纷调处工作，充分发挥乡镇矛盾调处中心的作用，努力把各类矛盾解决在基层、化解在萌芽状态。加强民族宗教工作，促进各民族团结进步。

普定县2010年财政预算执行情况与2011年财政预算（草案）报告（摘要）

（2011年3月2日在普定县第十五届人民代表大会第六次会议上）

普定县财政局局长　郑厚茂

2010年财政预算执行情况

2010年，财政总收入完成45016万元（不含列收列支安普路征地款，下同），为县级预算的101.20%，同比增长17.39%，增收6670万元。其中一般预算收入完成22359万元，为县级预算的101.23%，同比增长16.04%，增收3090万元；“上划增消两税”收入完成15052万元，为县级预算的87.24%；“上划所得税”收入完成2262万元，为县级预算的117.08%；基金收入完成5343万元，为县级预算的166.45%。完成财政总支出98090万元，完成调整预算的90.21%，比上年支出增长23.12%，增支18419万元，支出执行数未全面完成调整预算的主要原因是年内部分专款下达时间较晚，来不及拨付，列入结转下年支出。

财政总收入分部门完成情况：国税部门完成18608万元，为县级预算的89.47%；地税部门完成15914万元，为县级预算的103.85%；财政部门完成10494万元，为县级预算的125.51%。

2010年财政收支平衡情况：一般预算收入22359万元，基金收入5343万元，加上级各项补助75082万元、债券转贷收入730万元，总收入合计103514万元。财政支出98090万元，加上专项上解4489万元，总支出合计102579万元。收支相抵，当年结余935万元，加上年结余12688万元，减去结转下年安排支出10650万元后，预算净结余2973万元。

2010年主要工作

（一）突出增强财力，全力落实各项增收措施

紧紧围绕年度财税目标任务，密切注意重点税源变化趋势，实行动态管理，税收征管逐步实现规范化、制度化和精细化。通过采取“培财源，严征管，多争取”三管齐下，收入征管力度不断加强，实现财政收入稳定增长。

（二）突出科学发展，全力支持城乡经济建设

一是狠抓财源建设，加大项目争取力度。2010年申报“一事一议”项目112个，总投资2624.42万元，其中：县财政安排575.23万元，县级财政整合资金347.08万元，群众投工折资595.46万元，申请省级财政奖补金1106.65万元。二是加大“三农”投入力度，有力地支持农田水利、人畜饮水、新农村示范点和农村能源及现代农业建设等工程实施。三是加大对“农村危改”的投入和中小企业的扶持力度。通过“四台一会”融资平台，2010年全县农村危房改造项目融资3000万元，农户危房改造贷款163万元，为7户企业担保到位贷款2919万元。

（三）切实落实强农惠农政策

认真落实强农惠农政策，着力解决人民群众最关心、最现实的问题。2010年共发放惠农补贴资金6563.07万元，其中：种粮直接补贴资金75.19万元，农资综合补贴资金1892.8万元，退耕还林补贴资金2354.23万元，水库移民补贴资金761.91万元，家电下乡补贴资金218.09万元，汽车、摩托车补贴资金494.35万元，良种补贴766.5万元，切实把国家强农惠农政策落到实处，提高人民群众生活水平。

（四）突出改善民生，全力支持社会事业发展

通过调整和优化支出结构，将有限的财政资金投向民生之基的教育，民生之本的就业，民生之保的卫生，民生之安的社保，民生之盾的维稳，民生之助的文化等社会事业和基础产业。一是支持教育优先发展。2010年全县教育支出20144万元，同比增长32%。二是支持公共卫生体系建设，全县医疗卫生支出9374万元。全力支持健全城乡医疗救治制度，有效缓解“看病难，看病贵”的问题。三是支持社会保障体系的建设，全县社会保障和就业支出15449万元，按照“广覆盖，保基本，多层次，可持续”的原则，健全完善社会保障体系建设。2010年城镇低保支出576.9万元，农村低保6086.5万元，五保对象供养225万元。

四是支持公共安全体系建设，全县公共安全支出3684万元，增长14.98%，为促进社会和谐打下坚实基础。

（五）突出科学理财，全力推进财政改革创新，进一步巩固财政各项改革，注重改革的实效性和连续性

继续深化部门预算改革，规范预算编制程序，细化预算编制内容，完善支付管理，提高预算编制的准确性和完整性；继续深化国库集中收付改革，简化办事程序，完善工作流程，2010年，通过国库集中支付系统支付各类资金7766笔，支付资金额45901万元；继续深化政府采购改革，严格采购程序，符合公开招标要求的大宗采购项目进行公开，接受社会监督，全年完成采购预算8798.22万元，实现采购合同金额8348.91万元，节约资金449.31万元，资金节约率达5.11%，采购规模与2010年同期相比增加1515.02万元，增长22.17%；深化政府非税收入管理改革，严格执行《贵州省政府非税收入管理条例》，逐步实现政府非税收入管理的规范化、科学化；进一步加强国有资产监管，为堵塞国有资产管理漏洞，完善管理制度，凡涉及行政事业单位房屋、车辆等国有资产的处置，一律采取由县国资办委托中介机构进行评估、拍卖；以抓好“校财局管”、“院财局管”为突破口，理顺教育、卫生系统内部财务管理体制，全面加强教育、卫生财务科学化、精细化管理。

（六）突出依法理财，全力加强财政监督

严格执行《预算法》、《会计法》和《财政违法行为处罚处分条例》等，加大财政监督检查力度。2010年以“小金库”专项治理“回头看”工作为重点，切实加大“小金库”专项治理工作力度，认真开展“小金库”自查自纠“回头看”工作，并在此基础上组织力量对全县4个国有企业和5个社会团体进行重点查检，有力地维护财经秩序，进一步规范财务收支行为。

2010年，全县发生两次重大事故，严重影响财政收入，财政收支矛盾更加突出。在上级的关注和支持下，全县上下迎难奋进，最终圆满完成财政收支总体预算任务。

2011年财政预算（草案）

（一）2011年预算编制的指导思想

编制2011年预算的指导思想是：继续落实积极财政政策，认真履行财政促增长、调结构、保民生和保稳定的职能作用。高举团结、发展、奋斗的旗帜。坚持积极稳妥、留有余地的方针，合理安排预算收支规模。收入预算与2011年全县国内生产总值等经济社会发展指标相适应，支出预算坚持统筹兼顾和集中财力办大事的原则，有保有压。进一步优化支出结构，加大交通、水利等重大基础设施投入，加快发展工业化、稳妥推进城镇化，保障与改善民生，严格控制公用经费等一般性支出。坚持依法理财，坚持“透明、规范、协调、科学、高效、廉洁”的原则，推进财政科学化精细化管理，切实提高财政资金的使用效益。

（二）2011年全县财政收支预算安排

财政总收入57930万元，比上年完成数增长28.69%，增加12914万元。其中：一般预算收入26832万元，比上年完成数增长20%，增加4473万元；“上划增消两税”收入18073万元，比上年完成数增长20.07%，增加3021万元；上划所得税收入（60%部分）2448万元，比上年完成数增长8.22%，增加186万元，基金收入10577万元，比上年完成数增长97.96%，增加5234万元。

分部门组织收入预算安排是：国税部门组织收入22341万元，比上年完成数增长20.06%，增加3733万元。其中：县级收入3620万元，比上年完成数增长20.03%；增加604万元。地税部门组织收入20959万元，比上年完成数增长31.70%，增加5045万元。其中：县级收入19159万元，比上年完成数增长35%，增加4967万元。财政部门组织收入14630万元，比上年完成数增长39.41%，增加4136万元。

财政总支出91510万元，比上年预算数增长50.92%，增加30877万元，主要原因是上级补助及专款增加。

2011年预算平衡情况：一般预算收入26832万元，基金收入10577万元，加上级各项补助41342万元，上年结转10650万元，动用上年结余2878万元，总收入92279万元。支出合计91510万元，加定额结算上解116万元，减专项上解653万元，总支出92279万元。收支平衡。

完成2011年预算任务的主要措施

为完成2011年的预算任务，将重点抓好以下八方面工作：

（一）强化收入征管，确保应收尽收

进一步加大对重点税源的监控力度，拓宽税收征管渠道，强化税收征管工作，保证收入及时入库。加大对耕地占用税等零星税收和代扣代缴税收的征收力度。继续加强非税收入征管，重点对矿产资源补偿费、探矿权、采矿权使用费及价款收入、国有资源（资产）有偿使用收入等收入的排查，保证及时足额上缴国库。

（二）加大财源培植力度

继续全力帮助工矿企业走出困境，抓好重点项目建设，保证及时投产。加大招商引资力度，稳定经济运行，大力发展循环经济，促进矿产品深加工；通过整合矿产资源，走集团化、规模化发展之路，提高资源利用率；大力发展第三产业。

（三）积极争取上级专项资金

积极研究和把握国家和地方财政政策、投资重点方向，做好项目筛选、上报等各项工作，重点放在农业、教育、科技、文化、卫生事业发展，以及支持企业发展项目方面，着眼大项目，增强项目申报的针对性和命中率，力争项目争取工作再有新突破。

（四）着力推进“一事一议财政奖补”项目工作

进一步加大“一事一议”工程建设力度，加快农村基础设施建设步伐，更好促进农村民主政治建设和农村环境的不断改善，构建和谐新农村。2011 年“一事一议”项目 120 个，比上年增加 8 个；总投资 3066.65 万元，比上年增加 442.23 万元，其中：县级财政预算安排 907 万元，比上年增加 331.77 万元，县级财政整合资金 370 万元，比上年增加 22.92 万元，群众投工折资 620 万元，比上年增加 24.55 万元，申请省级财政奖补资金 1106.65 万元，与上年持平；受益人数 13 万，比上年增加 3.78 万人。

（五）合理调度资金，优化支出结构

坚持“保工资、保运转、保稳定、保发展”原则，进一步优化财政支出结构。要保证个人工资、补贴津贴、养老、干部、村干部的待遇及报酬、住房公积金等刚性支出需要；积极推进农业综合开发、扶贫开发，夯实农村经济发展基础。同时运用财政政策手段，引导社会闲散资金、信贷资金等投向农业产业，通过抓好示范带动，促进农业产业规模化发展和农民收入的增加；认真落实各项惠农政策；加大社会保障体系建设力度，推进公共财政建设步伐。

（六）推进财政改革，规范财政管理

要全面推进预算编制制度改革，加强部门预算，强化财政预算执行力，推进节约型财政建设；完善国库集中支付制度，进一步提高财政管理的规范性、有效性；要全面深化政府采购制度改革，不断扩大政府采购范围，切实发挥政府采购的调控职能；改革和完善县乡财政管理体制，调动乡镇搞好财源建设的积极性；健全和完善财政监督新机制，充分发挥财政监督职能作用。

（七）努力搭建融资平台，建设经济强县

盘活、打包存量资产，做大做强夜郎国有资产投资运营有限责任公司，创新财政资金引导、社会资本参与的融资担保机制，创造“绿灯”，寻找信贷政策支持的结合点；用好市国资公司支持循环经济园区的机遇，借助外力、互利双赢，为解决工业化、城镇化两大带动战略的资金问题打下坚实基础。

（八）围绕“三个建设年”活动，推进财政科学、精细管理

2011 年，全县财政部门将以开展“作风建设年、环境建设年、项目建设年”为主题，认真清理涉企收费，及时向社会公布取消行政事业性收费项目，努力营造招商引资促发展的良好政策环境。全县各级财政部门将切实转变工作作风，加强制度建设，努力做到依法办事、服务提质、效益提高、群众满意，不断推进财政管理科学化、精细化。

中国人民政治协商会议
第八届普定县委员会常务委员会工作报告（摘要）

（2011年3月1日在政协第八届普定县委员会第六次会议上）

普定县政协副主席　陈兴华

2010年工作回顾

一、加强学习、深化认识，切实提高履职能力

按照建设学习型机关的要求，县政协常委会始终把加强学习作为加强委员政治理论修养、提高履职能力的重要途径。除坚持每周二、五学习制度外，我们把学习贯穿政协工作的全过程，从而进一步提高对加强新形势下人民政协工作重要性的认识，增强做好政协工作的使命感和责任感。县政协还十分注重理论和实践相结合，把学习胡锦涛总书记在庆祝人民政协成立60周年大会上的重要讲话，党的十七大、十七届四中、五中全会精神以及中央、省委、市委、县委有关重要会议精神，把“创先争优”、“忠实践行宗旨、勤政廉政为民”和“四帮四促”、“三个建设年”等活动开展与政协工作有机结合，充分发挥理论学习对工作实践的指导作用。通过学习，使广大政协委员和机关工作人员进一步把思想和行动切实统一到县委的决策部署上，使政协工作始终做到与党委政府方向一致、目标一致、工作一致，为努力实现关键时刻“顶得上去、帮得上忙、管得上用”奠定坚实的思想政治基础，增强服务普定科学发展的自觉性和坚定性。

二、围绕县委、县政府工作中心，切实履行职能

一年来，县政协常委会始终紧紧围绕县委、县政府的工作中心，充分运用自身独有的统战性、民主性、协商性、广泛性等特点，积极为全县经济和社会事业的健康发展献计出力。

（一）紧扣全县经济社会科学发展的全局性问题，多层次开展政治协商。一是县政协八届五次全会期间，全体县政协委员认真讨论《政府工作报告》、《国民经济和社会发展计划执行情况的报告》和《财政预算执行情况的报告》，并围绕全县经济社会发展的大计和事关改善民生的问题进行充分协商，以高度的政治责任感和使命感为促进全县经济发展、构建和谐普定积极建言献策。会议期间，有6位政协委员就全县医务人才队伍建设、投资环境建设、乡（镇）计生干部队伍建设、旅游发展、农业产业化发展等专题发言，为县委、县政府科学决策提出意见和建议。二是常委会议重点围绕农业产业化发展、循环经济工业基地建设、财税征收、农田水利基本建设和抗旱救灾等进行专题协商讨论。三是主席会议重点围绕城市建设、县一中“申示”、文体广工作和穿洞文化内涵、国地税工作等开展协商讨论。此外，通过县政协主席列席县委常委会议，县政协班子成员参加县相关工作会议的方式，参与全县各项重要工作，积极履行政治协商职能。四是专门委员会重点围绕专题视察、反映社情民意进行协商讨论。一年来，有关专委就抗旱救灾、农田水利基本建设、农村金融为“三农”服务、循环工业基地等工作与有关部门开展对口协商活动，听取情况介绍，深入一线了解，积极提出意见建议，对推进部门工作，加快普定经济社会又好又快发展起到积极的促进作用。县政协领导和部分委员还通过参加县委、县政府组织的工作检查，就事关全县经济社会发展的大事、要事进行充分协商，提出有益意见和建议，为推进党政决策的科学化、民主化发挥积极作用。

（二）以干部群众关注的热点难点问题为重点，积极推进民主监督。一是抓好委员提案工作。八届五次全会期间，共收到委员提案55件，经审查立案53件。委员们围绕提高县城规划建设管理水平、农村环境保护、乡村公路建设、医疗卫生事业、茶产业发展、农民工就业创业等事关经济社会发展和人民群众生产生活的问题坦诚进言，提出建设性意见和建议。为提高提案办复率，主席会议选出重点提案，采取专门督办、协商督办、视察督办等形式，通过加强与承办单位的沟通协

调，切实推动提案的办理落实。提案办复率达100%，办理质量较往年有较大提高，提案人对提案办理结果多数表示满意。二是抓好社情民意工作。县政协把反映社情民意作为贴近群众、贴近现实、贴近生活的一项经常性工作来抓，委员们充分履职，深入了解民情，积极反映社情民意，促使一些热点难点问题得到较好的解决。三是抓好监督评议工作。县政协始终坚持“在参与中支持，在支持中服务，在服务中监督”的原则，切实发挥民主监督作用。积极推荐政协委员担任纪检、公安、检察机关及县人民政府有关部门的特约监督员；有的政协委员参加机关作风建设评议、机关效能督查、价格听证等活动。通过这些活动履行民主监督职责，如实反映情况，大胆提出批评和建议，促进有关部门作风改进和机关效能建设。

（三）立足于破解发展难题，充分发挥独特优势，深入开展参政议政。一是认真开展专题调研。县政协坚持把调查研究作为履行职能的基础。根据自身的特点和优势，找准角度，突出重点，按照“少而精”的原则精选课题，确保调研活动的质量。2010年，县政协常委会就“非公经济发展环境”、“农业产业化建设”、“返乡农民工创业”、“社会养老保险”等课题进行专题调研；各专委会也围绕全县经济建设的重点、关系民生的热点、群众关注的焦点精心选题，先后就“农发项目建设”、“农村金融服务”等课题组织委员开展调查研究，认真撰写调研报告。提出的意见、建议多数被有关单位和部门采纳，并转化为推动工作的具体措施。二是认真组织专题视察。2010年，县政协分别以主席会议、常委会议形式选择一些重点项目和社会关注的热点、难点问题开展专题视察。分别对校园周边环境整治、循环经济工业基地建设、国地税工作、抗旱救灾、普安高速公路建设、县人民医院建设、县一中申办省级示范性普通高中等专题进行视察，委员们通过实地考察、听取情况通报、召开座谈会等形式，在充分肯定成绩的同时，针对视察中发现的存在问题提出建设性的意见和建议，共形成调研报告、视察报告12篇，意见建议80余条，及时反馈到被视察单位并报送县委、县人民政府，推动和促进相关工作的开展。

三、发挥优势，多办实事好事

（一）加大智力支边工作力度，服务全县经济社会发展。我们充分发挥联系面广的优势，加强与省、市各民主党派和有关慈善机构的联系和交往，积极牵线搭桥，努力争取多方支持，开展智力支边活动：九三学社贵州省委为化处镇张家寨村捐赠价值3万余元的文化共享设备，为普定一中捐赠图书6000册；贵阳医学院附院副主任医师李鹏，为普定一中800余名高一年级学生举办“青春期常见心理问题”的科普讲座；民革贵州省委组织贵阳市六中11位优秀教师赴普定一中开展为期两天的名师送教活动；在全县遭受特大旱灾期间，九三学社安顺市委支援化处镇、猫洞乡、补郎乡等8个村的6905户受灾农户价值30余万元的矿泉水和方便面；邀请贵州大学的老师来普定县举办“石漠化治理”专题讲座。县政协加强与省、市民主党派的联系，主动争取民主党派及社会各界支持和帮助的做法，得到安顺市政协的肯定，在全市政协工作经验交流会上进行交流推广。

（二）关注民生，办实事办好事。协调资金30万元，帮助猴场乡猛架村危房改造集中建设点解决通电和街道硬化问题；协调资金31万元，帮助城关镇陇黑村修通入村公路；支持补郎中学资金1.5万元，对学校厕所进行改造，帮助师生改善教学环境；面对全县遭受的特大旱情，政协机关干部职工积极捐款，为抗旱救灾奉献爱心。按照县委要求，认真开展农村危房改造督促协调、“四帮四促”联系包保、“五包三推进”等各项工作。

（三）积极参与项目建设，为促进县域经济发展做出贡献。按照县委“一套班子、服务一个项目”的工作机制，政协领导班子成员深入基层，积极开展联系乡镇、联系项目、联系企业、联系部门、联系村组相关工作；有两名副主席参与普定一中申办省级示范性普通高中的准备工作；一名副主席负责“普—安”高速公路建设指挥协调工作、一名专委会主任负责顺时小区、物资路拆迁协调工作。

四、坚持团结和民主两大主题，助推构建和谐普定

我们始终坚持把团结和民主两大主题贯穿于政协各项工作之中，充分发挥政协包容性强、联系面广的优势，努力营造讲民主、求团结、促和谐的良好氛围。通过召开各族各界人士新年茶话会和中秋联谊会，增进与各界人士的团结与交往。及时处理人民群众的来信来访，做好协调关系、化解矛盾、理顺情绪、维护稳定工作。热情接待上级政协和省、市民主党派以及兄弟县（市、区）政协来普定视察和考察。继续加强与省内外友好

县（市、区）政协的联谊交往，安排政协委员分别参加在山西省阳高县和浙江省桐乡市召开的川、黔、浙、冀、豫、鲁、吉、蒙、晋九省十三县（市、区）政协横向联谊会和省、市政协的工作经验交流会，通过交流，取长补短、共同提高、开拓视野。同时，积极参与民族宗教事务相关工作，促进全县民族团结和经济社会协调发展。充分发挥文史工作“存史、资政、团结、育人”的作用，按照市政协关于征编《安顺文史资料·知青专辑（第十辑）》通知要求，积极组织采写稿件9篇，其中被选用7篇，完成《专辑》的征稿任务。30余万字的《普定县政协志》的编纂初稿已经完成。积极参与策划“穿洞文化旅游”、“屯堡花灯大赛”、“朵贝贡茶文化旅游节”等系列活动。文史资料工作得到切实加强。

五、加强自身建设，努力开创政协工作新局面

一是通过开展“创先争优、践行宗旨”活动，完善政协各项工作规章和制度，有效提高委员履职积极性，促进政协工作的制度化、规范化。二是更加重视发挥专委会的基础作用，密切各专委会与党委、政府相关部门的对口联系。三是加强政协机关建设，把“创先争优、践行宗旨”活动体现在促进科学发展、提高机关效能、切实做好政协工作之中。

八届五次会议以来，县政协常委会工作所取得的成绩，是中共普定委领导、县人民政府及其各部门大力支持的结果，是政协各参加单位和全体委员共同努力的结果。

回顾县政协常委会一年来的工作，虽然取得一定成绩，但是与新形势新任务的要求相比，我们的工作要适应新形势新任务的要求，在很多方面还需要进一步改进和提高，如：履行职能的方式方法有待进一步创新，民主监督的工作机制有待进一步加大，发挥政协界别优势和委员主体作用有待进一步提高，政协机关作风建设有待进一步加强。这些都需要我们在今后的工作中认真研究，切实加以改进。

2011年主要工作安排

2011年是中国共产党成立90周年，也是“十二五”开局之年，做好2011年的各项工作，对于“十二五”开好局、起好步具有十分重要的意义。在新的一年里，县政协常委会工作的总体要求是：坚持以邓小平理论和“三个代表”重要思想为指导，深入贯彻落实科学发展观，全面贯彻中共十七大和十七届四中、五中全会精神和省委十届十次、市委二届十一次、十二次、县委十届十次全会精神，在中共普定县委的领导和上级政协的指导下，紧紧围绕县委、县政府的中心工作和重大决策部署，切实有效地履行政治协商、民主监督、参政议政职能，为推动全县经济社会又好又快、更好更快发展作出新贡献。

一、继续加强理论学习，不断夯实履行职能的思想基础

一是把深入学习贯彻中共十七届五中全会和省、市、县委重要会议精神作为一项重要政治任务。二是继续把学习贯彻《中共中央关于加强人民政协的意见》和胡锦涛总书记在庆祝人民政协成立60周年大会上的重要讲话精神引向深入。三是进一步建立健全学习制度，切实加强学习的计划性和针对性，推动学习向长期化、经常化和规范化方向发展，着力打造学习型政协组织。

二、始终高举发展、团结、奋斗的旗帜，努力为全县经济社会又好又快、更好更快发展献计出力

一是要认真开展协商议政，积极建言献策。紧紧围绕“十二五”期间“加速发展、加快转型、推动跨越”的主基调和“更好更快、提速升位”的总要求，认真组织好常委会议、常委专题协商会议、情况通报会等；加强政协各专委会与党政有关部门的对口协商，切实开展多层次、多形式的协商议政活动。二是要深入开展视察调研，努力促进党政科学决策和民主决策。紧紧围绕县委、县政府中心工作和重大决策部署，紧扣工业化主导和城镇化带动战略的实施，紧密结合县委提出的“十大民生工程”建设，精心选择“十二五”规划中具有全局性、综合性和前瞻性的重大问题认真开展视察调研。三是要加强提案工作，充分发挥提案在政协履行职能中的重要作用。坚持“围绕中心、服务大局、提高质量、讲求实效”的提案工作方针，努力提高提案质量，着力提高提案办理质量，不断提高全县政协提案工作科学化水平。四是积极推进政协“三化”建设，努力推动参政议政成果转化。主动争取党委的领导和政府的支持，建立健全加强政治协商、推进民主监督、积极参政议政的各项制度，规范提案、建议案及视察调研报告的报送、跟踪和反馈程序，推动参政议政成果转化。

三、积极协助党委、政府做好新形势下的群

众工作，努力为“十二五”规划实施创造良好环境

按照中共中央对进一步做好新形势下群众工作的要求和省、市、县关于开展“三个建设年”和“四帮四促”、“五包三推进”活动的总体部署，组织政协委员深入到发展最需要、群众最需要的地方去，做好服务基层、服务群众、服务发展的工作，调动一切力量形成加强和改进新形势下群众工作的合力，为“十二五”规划的实施营造良好社会环境。一要充分发挥人民政协作为党委和政府联系群众的桥梁和纽带作用，大力宣传“十二五”规划的宏伟蓝图、目标任务和政策措施，把广大政协委员和各族各界群众的思想行动统一到中央、省、市、县委的重大决策与部署上来，把心思、智慧和力量凝聚到推动全县经济社会又好又快、更好更快发展上来，奋力推进全县经济社会的历史性跨越。二要高度关注民生，积极建言献策，为推动广大群众共享改革发展成果履职尽责。三要协助党委政府做好维护稳定的工作。四要切实搞好统一战线内部的团结和谐，努力形成心往一处想，劲往一处使的良好局面。

四、继续发挥优势、加强联络，积极协助党委、政府做好招商引资、扶贫开发和发展非公有制经济等方面的工作

一是协助党委、政府做好招商引资工作。要充分发挥政协组织联系面广的优势，积极参与项目建设年活动。二是协助党委、政府做好扶贫开发工作。深入开展智力支边和帮扶活动，着力提高贫困地区群众的自我发展、脱贫致富的能力。三是协助党委、政府做好发展非公有制经济方面的工作。进一步加强与非公有制经济人士的联系，发挥非公有制经济人士中政协委员的示范带头作用，引导广大非公有制人士通过技术创新、管理创新和转变发展方式不断做大做强企业，为实现全县经济快速增长作出积极贡献。

五、坚持以转变干部作风为抓手，切实加强政协自身建设

一要抓好政协机关建设。建立激励机制，努力营造干事创业的环境、求真务实的环境、团结和谐的环境、风清气正的环境，不断增强政协机关干部服务科学发展的能力和水平，加大政协机关干部交流力度，争取改善长期以来干部难进难出的局面。二要加强专委会建设。重视发挥专委会的基础作用，对各专委办工作进行目标量化，建立考核机制和办法，不断提高专委会工作质量。各专委会要密切与党委、政府相关部门的对口联系，要认真组织委员开展视察调研，选准课题，力争提出有见地、有分量、操作性强的意见建议，努力促进调研成果的转化运用。三要抓好委员队伍建设。要大力加强委员队伍建设，认真开展委员履行“五个一”活动，即每个委员每年至少提出一件提案、反映一条社情民意信息、参加一次视察调研、撰写或参与讨论一篇调研报告、为民办一件好事实事。切实发挥委员在本职工作中的带头作用、在政协工作中的主体作用、在界别群众中的代表作用。

专　文

在全县经济工作会议上的讲话（摘要）

（2010 年 1 月 28 日）

王　跃

2009 年经济工作回顾

（一）发展速度不断加快。2009 年，实现生产总值 25.89 亿元，同比增长 13.4%；财政总收入按老口径完成 4.0066 亿元，同比增长 15.21%，按新口径完成 3.8347 亿元，同比增长 10.26%，其中地方一般预算收入按新口径完成 1.9269 亿元；全社会固定资产投资完成 8.27 亿元，同比增长 21.09%；实现社会消费品零售总额 5.27 亿元，同比增长 27.6%；农民人均纯收入达到 2745 元，同比增长 10.2%；单位生产总值能耗下降 4.8% 左右；招商引资到位资金 6.9 亿元，同比增长 13.1%。

（二）发展质量不断提高。一是普定循环经济工业基地产业取得突破性进展。超宇、华宇、金鼎、科利和金铭二期等一批利用安顺电厂固体排放物和农业废弃物的循环工业企业建成投产或即将投产，循环经济日益壮大。二是以煤矿和铅锌矿为重点的矿产资源整合与深度开发取得实质性进展。华荣、向荣、肖家湾煤业等一批具备较强综合实力的矿产开发企业组建营运或加快建设，矿产企业整合技改不断深入，粗放的发展方式逐步转变。三是品牌建设迈出关键性步伐。黔中酒业列入贵州省白酒产业振兴计划，兴农化肥厂的“兴黔”商标被评为省著名商标，“朵贝御芽”荣获两项全国最高奖。

（三）经济结构不断优化。一是工业结构单一的状况明显改善。在原有煤炭、电力和建材工业健康发展的同时，西秀制药、黔中酒业、盛强食品等轻工业逐渐形成新的工业板块。二是农业产业化程度明显提高。“5522”工程全面实施，夜郎湖茶业和昌伟养殖场被评为市级龙头企业，奇秀乳业投产运行，茶产业发展逐步实现规模化、标准化，农业企业辐射带动能力不断增强。三是第三产业发展后劲增强。金融保险、邮政电信等产业发展良好，辞源、浦江等一批酒店建成开业，顺时等房地产开发项目建设加快，殡葬服务业正式起步，县城总规及控规、旅游发展规划和穿洞文化园控规通过评审，第三产业的多元化格局逐步形成。2009 年，三次产业结构比为 21.1∶53.9∶25.0。

（四）基础设施建设不断完善。普定至安顺高速公路和中轴大道至普定火车站贯通工程开工建设，黄织铁路普定段建设加快，小兴浪新桥和县城至补郎三条通乡油路建成通车，“两四”路普定段建设即将竣工，基本实现乡乡通油路或水泥硬化路。高洋引灌等水利工程建设加快，猛登水库除险加固工程即将竣工，黔中水利枢纽一期工程普定段前期工作有序推进；县城污水处理厂建成使用，颐景园小区垃圾中转站和县武装部搬迁工程已完工；物资路改造城市道路建设有序推进；县城垃圾填埋场基本完成征地工作，已投入前期工作经费 450 万元；电网改造工程加快推进，完成投资 9297 万元。新农村示范点建设成效明显，农业综合开发、退耕还林区基本口粮田建设、农田水利基本建设项目全面完成。

（五）民生问题不断改善。落实强农惠农政策，兑现各种涉农补贴补助资金 4700 余万元。“县为单位、整合资金、整村推进、连片开发”试点项目等扶贫工作扎实有效，净减少贫困人口 8400 人。完成 26 处农村饮水安全项目，有效解决 3.2 万人的饮水安全问题。高度重视和优先发展教育，“两基”复查顺利通过国检，“两免一补”和贫困生资助政策全面落实，县职教中心建设和党校搬迁进展顺利，12 所农村初中和农村薄弱学校改造工程竣工，县二中建设基本完工。加快完善社会保障体系和失业、工伤、生育等保险制度，城乡低保实现动态管理下的应保尽保，发放农村低保金 2700 余万元。出台《关于大力促进农民工返乡创业的实施意见》，帮助 200 余名返乡农民工创业和1万余名农村劳动力转移就业；采取各种措施解决城镇各类人员就业再就业，城镇登记失业率4.29%。加快县乡村三级卫生服务体系建设，县医院医技大楼建成启用，县医院住院综合大楼建设扎实推进；投入资金54万元加强甲型H1N1流感防控，未出现异常情况；新型农村合作医疗稳步推进，参合率达94.18%。争取新增中央投资项目59个，总投资9992.95万元。加大保障性住房建设，第一期经济适用住房和廉租房建成入住，2485户农村危房改造工程基本竣工，第二、三期廉租房建设顺利推进。

（六）和谐普定建设不断推进。计生创“国优”通过验收，获全国计划生育优质服务先进县称号，人口出生率9.17‰。出台《关于大力推进“构建穿洞文化谱系、打造穿洞文化品牌”的意见》，《穿洞之光》获贵州省首届农民艺术节民族民间文艺展演“黔穗”银奖。“整脏治乱”排全省第61位，城关镇文明社区被评为第三批“全国综合减灾示范社区”；民族宗教等工作成效明显，猴场乡被评为全国民族团结进步模范集体。“平安普定”创建工作扎实有效，确保“两会”和60周年国庆等各项重大活动期间的社会稳定，群众安全感测评满意度达86.7%，排全市第一。开展县委书记大接访活动，化解一批疑难信访积案。安全生产实现“双降”目标。集体林权制度改革确权发证率达96.4%，中科院地化所与普定县共建国家级喀斯特野外台站暨生态系统观测研究试验站，石漠化综合治理、沼气、易地扶贫搬迁等工作成效明显，普定被确定为全国林业科技示范县和贵州唯一的全国石漠化综合治理重点示范县。

2009年，全县经济形势好于预期，许多工作具有开创性，为今后的发展打下良好基础。一年来的工作不仅深化对加快科学发展、促进社会和谐的认识，从中得到许多体会。

一是必须坚持自加压力，排难而进。全县的发展与全国、全省、全市相比都存在不少差距，只有自加压力、排难而进，在面对困难时克服困难、在出现机遇时抢抓机遇、在发展过程中创造机遇，以高于全省、全市的速度加快发展，才能不断缩小差距。2009年，面对金融危机等不利因素的影响和严峻的经济形势，我们坚信越是面对困难和挑战，越要提振发展的信心，树立较高的目标，负重奋进，才能在克服困难之后抢占发展的制高点。按照“两个高于”的原则，把生产总值、财政收入、固定资产投资分别确定在11%、10%、18%以上，通过一年的努力，超额完成各项任务，许多工作取得新成效。

二是必须坚持改革开放，狠抓项目。当前和今后一段时期，投资仍然是全县经济发展的第一动力。在自身财力远远不济的情况下，必须牢固树立会抓项目就是会抓发展、大抓项目就是大抓发展的理念，深化体制机制改革，扩大对内对外开放，坚持国家投资、招商引资和社会融资一起抓，只要是符合国家产业政策和普定产业布局的项目，就要一抓到底、抓出实效。

三是必须坚持好字优先，能快则快。最大和最紧迫的任务是抢抓机遇、加快发展，早日改变贫穷落后的面貌。必须深刻认识发展对普定所具有的特殊意义，始终坚持好字优先、能快则快，善于抢抓机遇推动发展，尽快把经济实力和人民生活水平搞上去。但加快发展，绝不能不计成本，必须是建立在高质量、高效益的基础上的较快发展。既要重视发展速度问题，又要重视发展质量和效益问题，正确处理好经济发展与人口、资源、环境的关系，走人与自然协调的可持续发展之路。

四是必须坚持以人为本，构建和谐。发展的最终目的是满足人民群众的物质、文化和生态需要。越是困难的时候，越要坚持发展依靠人民、发展为了人民、发展成果由人民共享，尽可能把财政支出向“三农”倾斜、向民生倾斜，着力解决好基本养老、最低生活保障、教育、住房等一批惠及人民群众的民生大事，在发展中改善民生、保护环境、维护稳定，构建生产发展、生活富裕、生态良好的和谐局面。

认清形势，坚定发展的信心

在充分肯定成绩的同时，也要清醒地看到，全县经济社会发展中仍然存在着不少困难和问题：一是外部经济环境还存在诸多不确定因素，国内经济回升的内在动力不足，可能对全县经济发展带来影响；二是全县经济总量不大、经济结构不优、产业层次不高、发展方式粗放，对投资和资源依赖性强的经济特征还未根本改变；三是一些干部缺乏抓发展的信心、能力和干劲，执行力和落实力亟待提高，发展环境亟待改善；四是城镇化水平不高、城乡居民增收难度大。

虽然面临一些问题和困难，但也要看到许多有利因素：一是全国经济形势进一步好转，中央将继续实施积极的财政政策和适度宽松的货币政策，对西部地区、民族地区和贫困地区的投入将继续加大，并正在研究制定今后十年深入推进西部大开发的政策措施；二是“普安”高速的开工建设和黔中水利枢纽工程的实施，不仅使制约全县发展的交通瓶颈等硬件环境大幅改善，而且投资拉动对保持经济增长具有明显效应；三是普定循环经济工业基地基础设施建设正在加快，全县承接发达地区产业转移的能力和引力不断增强；四是超宇水泥、金铭二期、黔中酒业、西秀制药等一批企业陆续投产，将成为新的经济增长点；五是穿洞文化园规划建设，将有利于加快城镇发展，新增投资要素；六是通过学习实践科学发展观活动的开展，各级各部门进一步理清发展思路，完善发展措施，一系列加强效能建设、加快经济发展的政策措施和规划相继出台实施，增强加快发展的内在动力。

总的来说，2010 年将是机遇大于挑战，优势多于劣势的一年，一定要认清形势，坚定信心，牢牢把握发展的主动权，全力保持经济发展的良好态势。

2010 年经济工作的总体要求、主要目标和工作重点

2010 年，是“十一五”规划实施的最后一年，也是为“十二五”发展打基础的一年。做好全年的经济工作，对实现“十一五”目标、夯实“十二五”发展基础意义重大。2010 年经济工作的总体要求是：以科学发展观为统领，认真贯彻落实党的十七大和十七届三中、四中全会以及中央、省、市经济工作会议精神，继续坚持自加压力和两个“高于”的原则，突出一个重点（项目建设）、锁定两个目标（经济实力增强、城乡居民增收）、推进“三化”建设（新型工业化、绿色城镇化、农业产业化）、解决四个问题（优化发展环境、调整经济结构、着力改善民生、全面构建和谐），确保经济社会实现又好又快发展。主要目标是：生产总值增长 12% 以上，全社会固定资产投资增长 21% 以上，财政总收入增长 16% 以上（其中地方一般预算收入增长 20% 以上），社会消费品零售总额增长 15% 以上，农民人均纯收入增长 8% 以上，计生、就业、减排等指标达到省、市要求。

要实现全年预期目标，必须抓好以下工作。

（一）突出一个重点

投资、消费、出口被视为拉动经济增长的“三驾马车”。对全县而言，投资是拉动经济增长的重要力量，项目作为投资的重要载体，必须举全县之力抓好抓实。一是抓好项目规划。要结合“十二五”规划的编制，加强调查研究，从各级各类规划、国家产业政策和资金投向、重点项目安排和市场需求导向，以及全县资源优势和产业布局等方面谋划项目，争取在新一轮发展中普定县能有一批项目进入国家和省的发展规划。二是抓好项目储备。要超前谋划一批符合普定实际和国家政策的产业发展项目、生态建设项目、环境保护项目、民生工程项目。加强项目库的建设和管理，加大项目工作经费投入，做好项目前期工作，集中县内各方面人才、充分借用外智建立高水平、高质量的项目库，随时根据情况变化对库存项目进行调整充实，确保机遇一旦出现，就有项目能够对接。三是抓好项目申报。要认真研究中央、省、市的政策，加强与省市有关部门的对接协调，争取一批优势明显、带动力强、投资额大的项目。四是抓好项目招商。在采取传统方式进行招商的同时，要充分利用网络媒体等方式，加强项目的全方位推介，吸引更多的投资者。五是抓好项目落实。从 2010 年起，县委将项目工作纳入对乡镇和部门的年度目标考核内容，明确各自的职责和任务，各级各部门要进一步完善工作措施，创新工作机制，努力确保定下来的国家项目和引资项目按期落地、落地项目按期开工、开工项目按期建成使用或投产、投产项目按期达产增效。

（二）锁定两个目标

一是全面推进经济实力增强。要合理开发农业、矿产、文化、旅游等各种资源和产业，发挥比较优势，突出抓好主导产业，逐步形成专业化生产、特色化经营、社会化分工协作的经济发展格局，增强发展活力。抓住普定县作为省直管县财政管理方式改革试点机遇，争取对县的一般性转移支付和政策性资金用于县域的比例。通过加大招商引资力度等有效措施，鼓励、支持、帮助县内经济主体和公民利用各种方式创业，逐步建立创业型社会，调动一切积极因素将资源优势转化为经济优势，确保 2010 年确定的生产总值、财政收入、固定资产投资等指标如期实现，夯实发展基础，不断增强经济实力。

二是全面促进城乡居民增收。要把实现社会充分就业作为促进城乡居民增收的重要措施，大力发展就业经济和劳动密集型产业，以全面推进创业带动社会就业，以扩大社会就业带动城乡居

民增收；要通过加大扶贫开发力度，大力推动农村劳动力转移就业等，多渠道增加农民收入；要通过进一步发挥公共财政促进城乡居民增收的职能作用，依法保障农民的土地流转和征用收益；要进一步增强社会保障统筹协调能力，通过政策性收入、增加工资性收入、扩大财产性收入等方式，稳步提高城乡居民的收入水平和消费能力。

（三）推进“三化”建设

一是以加快建设普定循环经济工业基地为重点，全力推进新型工业化。各部门要认真按照《关于加快安顺普定循环经济工业基地建设的意见》，扎实抓好基地建设各项工作的落实，尽快争取省发改委对基地发展规划正式批复，全面推动基地基础设施建设和超宇等现有企业发展壮大，全面推动在建企业与落户项目加快建设与投产达产，全面推动安电三期立项批复工作和烟气脱硫产业等战略性项目落地实施，全面推动基地企业与安顺民用航空产业国家高技术产业基地开展广泛深入合作，促进基地5条循环产业链尽快形成。引进和鼓励优强企业对煤矿企业进行大规模兼并重组，提高煤炭资源开发水平和效益；加强对黔中酒业、西秀制药、向荣矿业、肖家湾煤业等企业的服务，引导和帮助金铭实业等符合条件的企业上市融资，鼓励和支持企业采取自建、联建等方式建立企业技术中心，不断提高科技创新和科技成果转换能力特别是循环经济关键技术的研发能力。把招商引资与壮大特色产业、园区建设和扩大对外开放相结合，走以企业为主体、以项目为载体、以政策和服务为辅助的招商引资路子，加快工业化进程。

二是以加快建设穿洞文化园为重点，全力推动绿色城镇化。要抓住安顺开展创建全国文明城市、国家卫生城市、国家环保模范城市“三创”活动的契机，启动全国文化先进县创建工作，扎实做好穿洞文化园的宣传推介及项目库建设，加快公益性项目申报和开发性项目招商，尽快进入实质性建设；要按照县城总体规划和旅游发展规划，注重在文化园的建设中突出地域特色、民族特色和文化特色，加大文化旅游资源和县城的保护、开发、建设力度，抓好县城卫生垃圾填埋场等基础设施建设和县城周边山头绿化、整脏治乱等工作；谋划“普安”高速沿线观光型经济林带，做好坪上申报生态示范乡工作，结合区位、文化、旅游、产业等优势，加快讲义等农业旅游示范点的发展，抓好小城镇建设规划或修编，着力打造一批特色鲜明、宜居宜业的小城镇；要按照文化是城镇灵魂、产业是城镇身躯、环境是城镇衣装的理念，高品位推进城镇发展，不断提升普定城镇形象和吸引力。

三是以加快实施“5522”工程为重点，全力推进农业产业化。大力扶持农业产业化龙头企业、农民专业合作社和专业经济协会，积极探索和认真总结公司带农户的发展模式，加快以茶产业为龙头的“5522”工程建设；加强扶贫开发、新农村建设等项目整合，为农业产业化发展配套建设相关基础设施，增强公共服务能力；抓好无公害、绿色、有机农产品产地认定和产品认证以及地理标志保护等工作，打造知名品牌；借鉴和总结成功经验，积极探索和推进农村土地流转，鼓励县外资金和县内资本进入农业产业领域，大力发展既有利于改善生态、又有利于农民增收，既有利于优化结构、又有利于耕地占补平衡的农业产业，提高农业产业的规模化、集约化和链条化水平。

（四）解决四个问题

1．优化发展环境。县委、县政府把2010年定为环境整治年，全县各级各部门要按照县委的安排部署，着力消除制约发展的各种障碍，营造良好的发展环境。一是要扎实抓好“普安”高速普定段等交通建设，黔中水利枢纽、人畜饮水安全等水利建设，石漠化综合治理试点等生态建设，做好相关项目规划和申报，不断改善县域发展的硬环境。二是要认真落实县委《关于加强机关效能的实施意见》和《普定县发展非公有制经济暨招商引资细则》等机制体制文件，切实解决办事难、办事慢的问题。三是要注重体制机制创新，抓紧制定出台《关于整治、改善经济发展软环境的实施意见》等优化发展环境的机制体制性文件，切实解决个别部门服务意识不强、个别干部工作作风不实、个别群众利益观念不正、个别企业履行责任不够的问题，努力营造人人招商引资、家家营造环境、村村谋求发展，厂地和谐、互利双赢的良好氛围。四是要加强督促检查，抓紧建立健全定期检查和专项督查各级重大决策部署执行情况的制度，紧紧盯住“不落实的事”，坚决查处“不抓落实的人”，确保各项决策部署落到实处。五是要抓好政府机构改革，从根本上提高政府的服务水平、服务质量和服务效能，改善县域发展的软环境。

2．调整经济结构。普定的资源禀赋，决定必须以工业经济为核心发展循环经济，围绕改善生态发展高效农业，围绕文化旅游发展第三产业，实现三次产业协调健康发展。一是优化产业结构。全县三次产业结构依然不尽合理，第一产业比重过大，第三产业比重不高。要以建设重要能源基地、新型建材基地为目标，进一步合理配置资源，优化工业内部结构；要以农业产业化为抓手，推动农业科技进步，加快农业结构调整，大力发展高效生态农业；要结合文化、旅游、区位优势和已形成的产业优势，积极鼓励和大力发展商贸餐饮、休闲娱乐、现代物流等服务产业，加快第三产业发展。二是优化产品结构。要结合资源优势，扩大现有优质产品、无公害产品、名牌产品规模，开发绿色食品、有机食品和特色产品，要通过大力发展特色经济，优化产品结构，提高产品附加值和市场竞争力。三是优化布局结构。在全力推进以循环经济工业基地为重点的南部经济区发展的同时，结合北部乡镇的资源优势，统筹谋划北部经济带发展，形成以煤炭、锌铅深度开发为主的支柱产业，协同推进全县经济发展。

3．着力改善民生。县委、政府经过慎重考虑，决定从2010年起不再采取“十件实事”的方式解决民生问题，将本着更加务实的态度、采取更加有效的措施、解决更加广泛的问题，切实提高民生水平。一是继续完善和落实好鼓励高校毕业生到基层就业的各项政策措施，做好城镇双失业职工和零就业家庭就业帮扶工作，加大对农民工和下岗失业人员的就业培训力度，千方百计扩大就业和再就业。二是在全面完成危房改造任务的同时，加快廉租房建设。三是实施好中小学校舍安全工程和标准化建设，抓好党校搬迁和职教培训中心工程，支持县一中申报省级示范性高中，进一步整合教育资源，优化中小学布局。四是继续扩大社会保障范围，做好下岗失业人员接续社会保险和城镇职工基本医疗保险统筹以及农村低保扩面工作，扩大城乡居民参加基本医疗保险覆盖面，进一步提高农村合作医疗参合率。五是加快推进基本医疗保障制度建设和村级公共卫生场所建设，建立健全公共卫生服务网络；抓好农村基层计划生育服务体系建设，统筹解决好人口和计划生育问题。六是加强农村公共服务体系建设，巩固提高和扩大文化体制改革成果，进一步满足人民群众精神文化需求。

4．全面构建和谐。一是牢固树立安全发展理念，强化安全生产基础工作，严格落实安全生产责任制，加大事故查处和责任追究力度，继续抓好以煤矿、非煤矿山、道路交通、烟花爆竹等为重点的安全生产监督管理工作。二是加强食品药品质量安全监管，建立健全食品药品安全保障体系，积极预防和妥善处置突发公共卫生事件。三是加强和改进信访工作，建立健全和创新维护社会稳定的工作机制，认真解决土地征用、房屋拆迁、库区移民、环境污染等方面群众反映强烈的热点难点问题。四是深入推进“平安普定”建设，高度警惕和严密防范各种敌对势力的渗透破坏活动，严密防范敌对势力利用人民内部矛盾制造事端；强化社会治安综合治理，深入推进社会矛盾化解、社会管理创新、公平廉洁执法，继续开展以“打黑除恶”为重点的严打整治专项行动，依法打击各种违法犯罪；扎实开展“平安乡镇”、“平安社区”、“平安企业”、“平安家庭”和“安全文明校园”创建工作，进一步提高群众安全感满意度，确保社会和谐稳定。

加强和改进党对经济工作的领导

各级各部门要紧紧抓住经济建设这个中心，把思想认识统一到县委、县政府确定的目标任务和工作重点上来，下大力气解决好认识不足、人才短缺、执行不力、落实不好的问题。

（一）解决好认识问题，为经济工作提供思想保障。长期以来，全县经济实力较弱，欠帐较大，尚有许多想办而没有实力办成的事，不能更大程度上满足广大人民群众日益增长的物质需要和精神需求，究其原因，就是发展滞后，缺乏强有力的经济支撑。只有加快发展，才能从根本上解决全县教育卫生、文化体育等基础设施建设和生态环境保护投入严重不足的问题；只有加快发展，把能源、旅游、文化等资源优势转化为经济优势，提高县域经济发展水平，才能为今后更好更快发展打下坚实基础；也只有加快发展，才能有效解决改革发展中出现的各种新情况新问题。我们要充分认识加快经济发展对普定的现实意义，切实增强加快经济社会发展的紧迫感和责任感，从根本上解决好对经济工作认识不足的问题，始终坚持全县上下一盘棋、拧成一股劲，在完成好各自工作的同时，加强配合，密切协作，形成全面加快经济发展的强大合力。

（二）解决好人才问题，为经济工作提供组织保障。当前，我们正处在改革发展的黄金机遇期，各项工作快速推进。但在实际工作中，懂经济、能够熟练运用市场经济规则想问题办事情的干部比较少，招商引资、资本运作、规划设计、城市管理、社会管理等方面的人才短缺，严重制约经济社会发展。要解决这些问题，必须建立健全人才引进和选拔培养机制。要本着发展需要什么就培训什么、干部缺什么就补什么的原则，切实转变培训理念，改变培训方式，注重从观念引导、技能提高等方面加强培训，着力培养一批服务经济社会发展的骨干人才。要在挖掘本地人才的同时，采取政策引才、产业引才、市场引才、环境引才等方式引进各类急需人才。要加强与省内外高等院校、科研机构的合作，大胆使用外部人才资源，做到“不求所有，但求所用”。要千方百计为各类人才创造展示才华、建功立业的平台，努力建设一支适应改革发展需要的人才队伍，增强各级组织的凝聚力、战斗力和驾驭经济工作的能力，切实为经济工作提供组织保障。

（三）解决好执行力问题，为经济工作提供制度保障。全面加强执行力建设，是党中央、国务院和省、市对领导干部提出的紧迫任务，是解决全县当前执行不力不强的迫切需要，是做好各项工作的关键，是确保各项任务完成的必然要求。一段时期以来，我们反复强调各级各部门要提高执行力，但这个问题始终没有得到很好解决，一些单位执行力较差甚至还有一些不执行的干部，这不仅反映出一个单位、一个部门的基本素质，也反映出这些单位、这些部门领导层工作能力和心态等方面存在的问题。各级领导干部要加强作风建设，在干事创业、转变作风、增长才干中提高执行力；各级各部门要把执行力建设与项目建设、招商引资、改善民生、构建和谐结合起来，认真研究制定和完善提高执行力的各项规章制度，切实做到事有专管之人、人有明确之责、责有限定之期，抓好绩效管理、平时考察和责任追究，着力解决好执行力不高的问题，为经济工作提供制度保障。

（四）解决好落实力问题，为全面完成各项任务提供根本保障。完成2010年经济社会各项目标，最终在于落实。各级领导干部要在加强调查研究、深化县情认识、自觉遵循和把握经济规律的基础上，运用正确的工作方法，统筹协调各方面利益关系，以身作则，率先垂范，不当“甩手掌柜”，不搞“上有政策、下有对策”；要带头干，抓紧干，定下来的事，就一定要千方百计把它干好，绝不能慢慢腾腾、疲疲沓沓、拖拖拉拉；要坚持高质量、高标准落实，为全面完成各项任务提供根本保障。

在全县经济工作会议上的讲话（摘要）

（2010年1月28日）

庞　琨

肯定成绩，把握形势

2009年，是全县经济社会发展较为困难、极不平常的一年。2008年底来势汹猛的国际金融危机，对全县经济社会发展的内外基础产生巨大的冲击。面对诸多困难，在县委的坚强领导下，在县人大、县政协的监督、支持和帮助下，全县上下一条心，紧紧抓住发展这个第一要务，“保增长、保民生、保稳定”，善于谋划，敢于负责，顽强拼搏，敢打硬仗，成效显著。

第一，工业化、城镇化、农业产业化发展步伐加快。工业发展方面：加强“一基地三园区”建设，为促进产业集聚发展搭建载体的同时，亲商安商富商，善待客商，实行一企一策，一事一议，强化政策扶持和服务，千方百计，百折不回，帮助企业解决融资、工程建设等推进过程中存在的种种问题，倾力非公经济发展，确保超宇水泥、普定轻质建材、黔中酒业、西秀制药、普盛煤矿等企业建成投产，金铭二期、科利新型建材、肖家湾煤矿等在建项目顺利推进，夯实工业经济发展基础，提升工业经济整体效益。特别是超宇水泥的建成投产，不仅初步形成煤电建材产业链，而且真切地看到发展循环经济的效益。城镇建设方面：把工业基地纳入县城总体规划并通过评审，启动中心大道延伸至火车站建设，加快工业园区与城市衔接互动；完成穿洞文化园区规划并通过评审，给城市注入文化元素，增强城市竞争力；妥善处置颐景园、顺时小区建设纠纷和建筑一公司、物资路、中心大道等城镇建设征地拆迁工作，大力推进城市配套工程建设，加快住宅小区建设，引导房地产市场健康发展。2009年，城镇固定资产投资完成57068万元，增长64.76%，其中：基本建设35683万元，增长126.33%；房地产开发4778万元，增长168.28%。积极探索失地农民安置，推进红旗小区建设；加大城镇建设用地清理力度，依法对安织、普化、中心大道“三条路”沿线建设用地进行清理，逐步解决城镇建设中多年积留的问题，为进一步搞活城市发展打下坚实基础。农业产业化方面：在稳定提高粮食产量的基础上，进一步推进“5522”工程，以茶产业、经果林和生猪产业为重点的农业产业化发展模式稳步推进，特别是多方关注的奇秀乳业投入生产，“朵贝”系列茶产品不断在国家级大赛中摘桂，夜郎湖食品有限公司和重华茶场规模超过500万元，农业龙头企业和农产品品牌的加快发展，为农业产业化发展提供强有力的支撑。

第二，交通、水利等经济社会发展基础条件取得实质性突破。普安高速公路开工建设，为实现普定县与安顺同城发展、融入贵阳城市经济圈，借助外力推动，避免边缘化提供现实保障；四条通乡油路的基本建成和“两四”路普定段的油路硬化、小兴浪新桥的建成投入使用，基本实现全县11个乡镇都通油路的目标，交通“瓶颈”的不断突破，使全县资源禀赋和区位优势化为经济优势逐步变成现实。黔中水利枢纽一期工程的开工建设，将有效保障县域及循环经济工业基地供水，切实解决工程性缺水对县域经济发展的制约。同时，石漠化和夜郎湖生态综合治理深入推进，国土资源开发整理和矿产资源精深勘查有序开展，节能减排、资源节约利用工作取得新进展，农业基础设施不断加强、新农村建设不断加快，农业农村生产生活条件进一步改善，一系列卓有成效的工作，为加快全县经济发展、社会进步注入新的活力。

第三，实施“七大民生行动计划”，一些事关人民群众切身利益的重大民生问题不断得到解决。实施义务教育阶段教师绩效工资制度，提高农村教师收入；县二中整体搬迁和县一中“申示”工作取得新进展；教育投入1.7亿元，比2008年增加2000万元，不断满足人民群众的教育需求。投入168万元启动7个乡镇综合文化站建设，积极构建公共文化服务体系，进一步满足人民群众精神文化需求。城镇登记失业率4.29%，支持返乡农民工200余人创业，带动就业8000余人。城镇低保和农村低保安排442.9万元和4398.9万元，比2008年增长60万元和2891.6万元，农村低保年人均补助标准从2008年的460元提高到580元；全年新农合参合率达94.18%，就医报销3100万元；城镇基本医疗29448人，就医报销1021万元；城乡医疗救助5355人，发放医疗救助金176.64万元；计生人均事业费县级达5.5元以上，乡镇达3.5元以上，发放计生奖励扶助和补助等58万余元，成功进入全国计划生育优质服务先进县行列。投入1.1亿元对2485户农村危房进行改造，竣工2413户，9807人住进新房；预计投入3300余万元，建设廉租住房587套，已竣工52套。全年发生各类事故29起，同比下降6.4%；死亡21人，同比下降30%，实现安全生产双降目标。2009年，全县安全感满意率达87.6%，排全市首位。

实践证明，不仅在以上三方面的工作中得到体现，也在中央新增投资项目落实“四个百分之百”、财政税收任务的超额完成、污水处理厂提前建成运行、殡葬改革取得突破、甲型H1N1得到有效防治、可处村老鹰坡危岩得到妥善处置等等一系列急难险重任务得以顺利推进上充分体现出来。2009年取得的成绩以及在工作中表现出来的精神，极大地提升全县人民抢抓机遇、加快发展的信心和决心，让全县干部职工和人民群众实实在在地看到普定发展的希望。当然，全县经济社会发展相对还很滞后，但是，只要不自甘落后、不亦步亦趋、不急功近利、不争论折腾，始终坚持经济落后工作不能落后的信念，始终坚持在经济社会发展大局中敏锐捕捉发展机遇，始终坚持从客观实际出发系统谋划可持续发展，始终坚持沿着正确的方向坚定不移地推进定准的事情，振奋精神，敢于负责、团结协作，一步一个脚印，把每一步都走踏实，完全可以无往而不胜，完全可以在短时期内推动各项事业迈上新台阶、努力实现全县经济社会发展的历史性跨越。

2009年，取得成绩是令人振奋和激动的，但是，要始终保持清醒头脑，正视全县经济社会发展的各项工作面临的困难和挑战。从大环境和宏观上看：当前县域内外经济形势依然严峻，发展基础不稳固，虽然国家在投资、财政等各项政策措施方面保持稳定性和连续性，但是经济发展过程中不确定、不可预料的因素，随时都可能对国家宏观调控措施产生较大影响，对工作提出更大更高要求，需要敢于和善于把握时机，增强敏锐性，灵活应对。从县域经济发展来看。一是缺少大项目带动、大企业支撑，工业化、城镇化、农业产业化发展层次较低，产业结构不合理，效益不高，经济总量小，财政收支矛盾突出；二是受地域条件的限制，南北发展不平衡，北部部分乡镇贫困面大，贫困程度深，发展相对困难。三是以县际公路、通村通组路、断头路、夜郎湖上一些桥梁、城乡饮水安全为重点的交通、水利基础设施建设还很滞后。四是农民持续增收困难很大，农业农村生产生活条件相对落后，就业、住房、教育、卫生、文化、社会保障等影响和制约人民群众生产生活质量的问题还没有得到切实解决，保障和改善民生任务艰巨。五是环境污染、地质灾害、安全生产、征地拆迁、水库移民等各种矛盾交织，影响社会稳定的不利因素不断增多，维护社会稳定压力增大。六是机制制度不健全，部分领域人才缺乏，执行力和落实力还不强，思想观念、政府职能亟待转变，和谐民风、和谐发展环境需待进一步营建。

当然，在正视问题和困难的同时，要看到与挑战并存的机遇，国家继续实施积极的财政政策和适度宽松的货币政策，继续实施又一个十年深入推进西部大开发的政策措施和中央1号文件的出台，加上工作积累和敢于胜利的精神，只要统一思想，坚定信心和决心，因势利导，乘势而上，完全可以使2010年的工作比2009年更出色。

2010年经济工作的主要任务

2010年经济工作的主要目标是：生产总值增长12%以上；固定资产投资增长21%以上；社会消费品零售总额增长15%以上；财政总收入增长16%以上；地方一般预算收入增长20%以上；农民人均纯收入增长8%以上；城镇登记失业率控制在4.5%以内；人口自然增长率控制在7‰以内；单位生产总值能耗比上年降低4.2%以上，化学需氧量和二氧化硫排放量分别下降7%和3.5%。

围绕以上目标，按照中央、省、市和县委的各项工作要求，2010年要重点抓好以下九个方面的工作：

（一）推进项目建设，增强发展后劲

项目是经济发展的载体，像我们这样一个“双欠”特征突出的县域，必须全力推进项目建设。项目来源于规划，这些年，我们在土地利用、县城发展、工业园区建设、农业基础设施建设、农业产业化经营、文化旅游、生态环境建设等方面做了大量规划工作，取得明显效果，特别是国家扩大投资规模的机遇，可以说，项目建设是“万事俱备、只欠东风”，而这个“东风”，就是我们对于项目建设的态度、决心和行动。2010年，要做好四件事：一是着力强化项目库建设。项目建设是关系到县域经济发展“生死存亡”的大事，在项目建设上我们已经处在一个比较被动的境地，到了时不我待之时，我们一定要增强危机意识、敏锐意识、机遇意识和责任意识，把项目库建设摆在工作的首位，使项目建设在短时期内见到“真金白银”，看到实在的内容。现在我们成立项目库建设领导小组，要进一步明确职责，尽快拿出方案，细化措施，予以实施。要有一个硬性要求，从2010年起，各乡镇、各部门必须保持自己的项目库里有2个以上最低做了初可研的项目，随时都能提得上来，推得出去。要建立项目建设人才网络和专家库，根据国家政策导向和普定实际来编制项目，充分发挥普定人脉资源来争取项目，确保项目编制的科学性、可操作性和项目落地的成功率。二是建立健全项目建设机制。要探索建立项目建设代办中心，明确一个专抓项目建设的工作机构；要认真总结以往项目建设中的经验教训，以工程领域突出问题专项治理为契机，在前期经费落实、项目生成、融资、推进、管理、评价、考核等方面建立制度保障，并逐步使之成为长效机制，切实解决迟滞项目建设的深层次问题。三是继续实施项目建设包抓包保和联席会议制度，团结协作，上争、内启、外引，上下内外联动，奋力推进项目建设进度。对于新建和在建项目，必须一抓到底，做到储备一批大项目、建设一批新项目、竣工投产一批好项目，形成项目建设梯次推进新格局。四是高起点、高标准做好“十二五”规划编制工作。要组织精干力量，立足当前，着眼长远，认真总结“十一五”规划工作实施的经验，深入调查研究，综合上情下情，内情外情，结合我们先前做好的各个领域的发展规划，超前部署、统筹安排、科学规划，为全县“十二五”经济社会又好又快发展提供有力的基础保障和支撑。

（二）推进产业优化升级，提升县域经济竞争力

第一，加快“一基地三园区”和北部片区矿

产资源综合开发带建设。坚持规模化、集约化、市场化的原则，强化园区的项目承载能力和配套服务功能，做强产业发展平台，促进同行业企业向园区集中，提升产业集聚效应和带动作用。一是要始终坚持普定循环经济工业基地龙头地位不动摇，倾力打造“循环工业基地”名片，把循环工业做成品牌。不断完善“循环工业基地”规划，渐次启动通电、通路、通水、信息、排污、土地平整“五通一平”建设；要坚持以“循环工业基地”为中心，以交通基础设施建设为重点，启动工业大道建设，规划“循环工业基地”经魏旗至民用航空高新技术产业基地、至开发区小屯公路建设；争取省、市支持，加强与邻县协调，力争对黄桶至丁旗公路进行改造，把“循环工业基地”与六枝至镇宁高速公路连接起来；配合抓好黄织铁路建设和黄桶经紫云至百色铁路建设前期工作，着力改善“循环工业基地”面貌和提升通达力。坚持资源节约和工业废弃物循环利用，在支持现有企业发展壮大的同时，力争安电三期尽早启动建设，积极引进烟气脱硫、煤资源综合开发利用、冶金等重大企业入驻，做大做强能源工业；要积极发展装备制造业，与安顺民用航空产业基地形成互动互补，提升“循环工业基地”吸引力。二是要在土地利用、规划编制、环境保护、给水供电、信息网络、道路交通建设等方面下功夫，加快金铭建材工业园区、后寨轻工业园区和化处农产品加工仓储园区建设，提升“三园区”的承接力。三是要以市委、市政府加大安顺北部片区矿产资源开发利用为契机，以煤炭、铅锌等矿产资源为重点，着力规划建设“普定北部片区矿产资源综合开发带”，为全县矿产资源集约化开发利用搭建载体，按照“优进劣退”和集团化的原则，加快北部片区煤炭等资源开发和煤矿整合步伐，不断把资源优势转化为经济优势。

第二，积极打造亿元企业。2009 年，克服重重困难，部分企业相继或即将建成投产。但是，这些企业像襁褓中的婴儿，需要更加精心呵护，才能茁壮成长。2010 年，一定要强化政策扶持和优质服务，继续实施一企一策，一事一议，推进超宇水泥、华荣矿业、向荣矿业、明达水泥产值超过亿元，金铭实业、黔中酒业、西秀制药、科利新型建材等企业向亿元企业靠拢，做大做强，着力打造一批亿元企业，提升企业规模和实力；要积极争取补郎及水母片区矿产资源综合利用等重大工业项目尽早开工建设，加快肖家湾煤矿建设进度，建设大煤矿、和谐矿、安全矿，大煤保大电，保持安顺电厂良好发展态势，做大做强煤电、建材、冶金、白酒、制药等主导产业，提升工业经济规模，促进县域经济不断发展壮大。

第三，大力发展服务业。要立足于全县特色产业和交通基础条件极大改善的预期，积极培育和建设建材、茶叶等专业批发市场和特色市场，实现大流通带动大市场；要着力引进物流服务企业，大力推行连锁经营、电子商务等现代流通方式，发展现代物流服务。要加强信息基础设施建设，优化网络布局，推进“三网融合”，发展信息服务；要以市场为导向，结合实际，创新和选择先进的经营方式，进一步改善消费环境，推进全县商贸流通业的健康、快速发展。要通过建立支农服务流通网络、增加农村金融服务网点和各类协会、合作组织，努力为农村提供优质生产资料和生活用品，积极发展农村服务业，继续推进“家电、摩托车、汽车下乡”和“家电以旧换新”工作，满足农村居民的服务需求。要不断完善《普定旅游总体规划》，加强旅游服务基础设施建设，增强旅游接待力；要大力发展乡村旅游、休闲旅游，加快发展金融、住宿、餐饮等旅游服务业。

（三）推进城镇建设，加快城乡一体化发展

要充分运用县城总规和土地利用总规修编的成果，以县城为中心，重点乡镇为重点，以“四创”工作为载体，着力推进城镇体系建设，增强城镇发展带动力。一是不断完善城市配套功能。在继续搞好县城周边山头绿化、完善污水管网建设的基础上，推进县城垃圾卫生填埋工程建设，让城市绿起来，靓起来；加快中心大道建设，加强城区道路改造，规划建设安普城市大道，提升城区通达力和与外部连接力；要立足于县城规划及内外交通网络，启动县城新客车站建设；要把县城饮水安全摆在突出位置，搞好县城供水工程规划，及时启动实施，切实解决县城饮水安全问题。要加大学校、医院、体育场等公共设施建设力度，不断满足城区居民对社会公共服务品的需求。二是积极稳妥地推进旧城改造，加快城市新区开发。要加快制定旧城区改造方案，及时启动老城区改造工作。继续加大“三条路”建设用地清理力度，进一步规范城镇居民建设用地行为，启动民间资本投入城市建设；要大力推进红旗安置小区建设，妥善解决城市建设征地拆迁遗留问题；继续推进顺时、颐景园、物资路、新林等住宅小区建设，加快完善配套设施；要注重新区商业基础设施和商业流通业的培育，加快新老城区的融合，努力建成一片，繁荣一片。三是加强城市管理。进一步加强规划执法和城市管理工作，加大对违法建设的打击力度，强化环境卫生、交通管理，不断规范市场经济秩序，提高城市综合执法和管理水平；坚持用市场化方法，盘活国有资产；抓好“城中村”和失地农民转为城市居民工作，积极吸纳有条件的农民工转为城镇居民，积极稳妥地推进城市户籍制度改革。四是把文化当作城市发展的灵魂来抓。要根据普定人文地域风情和历史文化，进一步挖掘和丰厚穿洞文化内涵，着力推进穿洞文化建设；要严格执行穿洞文化园区规划，逐步启动36个子项目建设；要以地方文化为切入点，在城市建设中渗入具有地方文化特色的标识，着力在城市发展中注入文化元素，提升县城品位，增强县城对外的吸引力。五是支持马官、化处、马场、白岩、坪上、猴场等重点乡镇小城镇建设，加快推进小城镇互动发展，增强城镇承接力和带动能力，以城带乡，以工促农，以城镇化、工业化发展助推“三农”问题的解决，统筹推进城乡一体化发展。

（四）推进农业结构调整，加快农业产业化发展

要紧紧围绕农业增效、农民增收这个中心，坚定不移地实施“5522”工程，抓好农业结构调整，促进农业产业化发展。一是继续实施粮食增产工程，稳定粮食产量，确保粮食安全；二是进一步加大“三农”投入，强化各项强农惠农政策落实，实施好整村推进、产业化扶贫、“县为单位、整合资金、整村推进、连片开发”、青岛对口帮扶、农业综合开发、退耕还林区基本口粮田建设、土地整理、村级公益事业“一事一议”等扶贫开发项目，推进林权制度、土地流转等农村综合改革，加大新农村建设力度，进一步改善农业农村生产生活条件，夯实农村经济发展基础。二是坚持以茶产业为重点，认真总结土地流转经验，鼓励大户种植和企业连片开发，力争茶园面积达5万亩；支持重华、夜郎湖食品等茶企业发展壮大，引导猫洞新民茶叶等农村专业经济合作组织健康发展，促进茶产业规模化生产、集约化经营；要充分利用“朵贝”这一茶叶品牌的集聚力，统一品牌，同时，加强以“朵贝”茶为重点的茶文化建设，提高品牌效应，提升茶产业经济和社会效益。三是以奇秀乳业、盛强食品、昌伟良种猪等涉农企业为重点，积极带动奶牛、肉牛、生猪等养殖，加快发展生态畜牧业。四是积极发展以白旗韭黄、西红柿等鲜活农产品冷藏和低温仓储、运输为主的冷链物流系统，提高农产品冷藏保鲜能力与市场供应能力。五是以全县白酒、制药产业发展为契机，探索推进高粱、中药材种植，积极拓展农业经济增长点，用工业化发展方式来推进农业产业化发展。

（五）推进交通、水利等重大基础设施持续改善，不断夯实经济社会发展基础

全力配合搞好普安高速公路及安顺西绕城高速公路建设的征地拆迁工作，完成路基工程量50%以上，力争2年建成通车。完成鸡场坡至马场、县城至补郎、“两四”路油路改造工程，加强坪鸡、马场、木浪等夜郎湖上几座大桥的通行监管，加大农村道路管护力度，保持县域道路交通畅通；要立足实际，启动化朵公路建设，加快编制鸡场坡—龙场—化处公路和搞好夜郎湖上桥梁建设规划，争取“十二五”初期启动建设，促进南北互动发展；要积极配合争取普织高速公路及早开工建设。全力配合抓好黔中水利枢纽工程普定段建设，着力保障发展和生活用水；完成纳雍支和杨柳水库除险加固工程，推进鸡场坡、马场片区等农村安全饮水工程建设，大力推广集中式片区供水模式，解决5万余人饮水安全；力争白岩镇供水工程早日开工建设，实施城关贯城河河道治理工程；继续实施好红坪水库、高洋引水工程编制规划，加大申报力度，争取进入国家和省的规划盘子，不断突破工程性缺水制约，着力解决广大人民群众饮水难、灌溉难等问题。继续推进电力设施建设，进一步夯实发展基础。

（六）推进生态环境保护和建设，加快清洁发展、循环发展和安全发展

普定县是典型的喀斯特石漠化山区，又是安顺城区居民饮水源地，生态脆弱，生态环境保护和建设压力很大。一方面，要加快夜郎湖生态环境综合治理编制规划，力争项目工程纳入省级统筹，尽快启动各项治理工程。另一方面，启动水母河流域治理，加快中科院普定喀斯特生态系统观测研究站建设，扎实推进石漠化综合治理工程。再一方面，坚持不懈地推进植树造林和天然林保护、退耕还林、公益林、经果林等林业重点工程建设，大力开展封山育林，抓好森林防火和森林有害生物防治工作，严禁乱砍滥伐，切实加强林地资源保护，努力提高全县森林覆盖率。同时，

继续推进殡葬改革，加快墓地园区建设，杜绝乱埋乱葬，避免墓地与耕地争地现象。

要按照清洁发展、循环发展的要求，大力建设资源节约型、环境友好型社会。一是严格环境准入，从开发和建设的源头控制新的环境污染和生态破坏；二是突出抓好重点行业、重点企业的节能管理和技术改造，全面完成节能减排目标任务；三是以普定循环经济工业基地为载体，加快大宗固体废弃物综合利用，大力发展循环经济；四是继续抓好沼气池建设，着力搞好后续服务，提高沼气池利用率，积极推行沼肥施用，有效治理农村面源污染；五是加强夜郎湖、火石坡等饮水源地和农村居民取水点的环境保护和水质监测，确保城乡居民饮水安全。

要进一步强化安全生产“两个主体责任”、“三项建设”和“三项行动”，深入开展煤矿、非煤矿山、道路交通等重点领域安全专项整治，加强食品药品质量监管，最大限度遏制安全事故发生，积极预防和妥善处置公共卫生事件，推动安全发展。

（七）推进以民生为重点的社会事业全面进步，加快和谐普定建设

要以人民群众最关心、最直接、最现实的利益为切入点，重点抓好五件事：一是坚持公平公开公正原则，抓好城乡困难群众生活保障和城乡居民住房保障工作。要实行动态管理，分类施保、应保尽保、应退尽退，坚决查处低保工作中的违法违纪行为，建立科学规范、公正高效、可持续的城乡低保制度。要继续加大农村危房改造和廉租房等保障性安居工程建设力度，进一步扩大保障面，不断改善城乡住房困难群众的住房条件。二是实施更加积极的就业政策，鼓励自主创业，加强劳动技能培训，推动剩余劳动力转移就业，支持农民工返乡创业，千方百计稳定和扩大就业。三是大力推进教育、卫生、计生、文化、体育等各项社会事业全面发展，努力办人民群众满意的教育，努力为群众提供安全、有效、方便、廉价的医疗卫生服务，努力满足人民群众精神文化需求。四是强化社会管理，切实抓好人民群众来信来访、社会治安综合治理等工作，妥善处置移民安置、城镇征地拆迁、地质灾害、环境污染等引发的各类矛盾纠纷，维护社会和谐稳定。

（八）推进改革开放，激活县域内部动力和借助外力发展

第一，不断深化各类改革。继续深化财税制度改革，严格财政预算管理，优化支出结构，保障重点支出。要加强财源建设，促进财政增收，增加民生投入；要建立健全经济运行预警机制，提高经济发展的预见性；要强化资金运行管理，确保资金运行安全。要积极稳妥推进政府机构改革，基本完成事业单位岗位设置，全面推行事业单位人员聘用制度改革。

第二，诚信招商、勤政富商、廉政安商、善待客商。要充分利用中介机构、商会、行业协会等经济组织推行委托招商和代理招商，动员和组织各地有识之士帮助招商，充分调动现有成功企业以商引商的积极性，扩大和延伸招商平台，大力宣传产业发展政策措施和区域优势，建立健全产业服务机制，强化普定循环经济工业基地的带动作用，促成有相关带动能力的大型企业落户。要结合全县资源特点、产业方向和基础，进一步加大配套企业的引进力度，争取以企业间合作方式完成金铭建材工业园建设，逐步实现资源互补、相互促进、内部循环的企业生产格局。要对现在至今后所签约的大项目实行跟踪调度，落实责任，严格考核，抓好已签合同项目的落地实施，使更多的合同项目真正转为开工建设项目，切实提高签约项目的资金到位率、履约率和开工率。

第三，支持非公经济发展壮大。要有针对性地制定相关政策措施，优化投资环境，引导非公企业提档升级，扩大规模，转变方式。支持非公企业建立现代企业制度、争创知名品牌，鼓励非公经济进入商贸流通业、基础设施建设和农产品加工领域，引导、挖掘各种资源，激活各类资本。要实施企业家培养工程，加强企业家队伍建设，努力提高企业家驾驭企业发展的本领。要认真落实促进非公经济发展的各项优惠政策措施，千方百计帮助非公企业突破土地、融资等要素制约，不断发展壮大非公经济。

第四，积极融入区域发展。要充分发挥普定的区位和资源优势，采取贴进安顺中心区发展战略，把普定打造成为黔中城市群的重要支撑点和贵阳城市经济圈的重要节点，努力使普定成为安顺区域经济发展核心板块增长极的第三极，融入区域发展，借助外力做大做强。

（九）推进软环境建设，进一步优化发展环境

第一，要解放思想。要勤于学习、善于思考，脚踏实地，少说多干、埋头苦干。无论遇到什么问题，落实到谁的头上，都要敢挑敢干，敢于负责，千方百计采取措施予以解决。要为干事创业

的同志撑腰打气，营建甘于奉献、勤政廉政的干事创业环境。刚性的政策，是要用柔性的办法予以实施，只要从党的宗旨出发，有所为，有所不为，凡事问心无愧，思想就能解放，机制就能创新，束缚就敢突破。

第二，要加强政风建设。要不断完善乡镇考核机制，探索建立健全部门年度目标考核制度，充分调动乡镇和部门的主动性、积极性和创造性；要加大“三集中、三到位”（即部门行政审批服务职能向一个处室集中，部门行政审批服务处室向行政服务中心集中，部门政务公开内容向中心集中；部门行政审批服务事项进行政服务中心落实到位，部门对窗口工作人员授权到位，部门政务公开内容在中心公开到位）改革力度，进一步深化行政审批制度改革，加快政府职能转变，努力提高依法行政、为民服务的水平。要大力推行政务公开，让政府公共权力始终置于“阳光”之下，不断打造廉洁高效的现代服务型政府，努力形成人人想发展、个个促发展的良好态势，努力打造发展快、实力强、后劲足的良好局面。

第三，要加强和谐民风建设。要注重全社会思想道德教育，广泛开展社会公德、职业道德、家庭美德教育，努力把合乎时代要求的道德观念和法制观念灌输到广大社会成员的头脑中，积极开展文明家庭、文明社区、文明单位、文明村寨、文明乡镇等各项创建活动；要切实加强反腐倡廉建设，坚决反对拜金主义、享乐主义和极端个人主义，打击各种消极腐败行为，树立政府良好形象；要严厉打击各种黑恶势力，除恶扬善，维护社会公平正义，努力营造崇尚廉洁、崇尚科学、崇尚法制、崇尚发展、崇尚和谐的民风，为经济社会的发展创造良好的社会环境。

第四，要加强人力资源建设。人力资源是第一资源，要眼睛向内，盘活人力资源内存。一方面要加强培训，提升现有人力资源素质；另一方面要建立健全人力资源网络，建立人脉资源“关系库”、“智库”，共谋普定发展大计，加快县域经济发展。要建立健全人力资源引进机制，花大力气，打破时间、空间和机制限制，眼光向外，吸引县外优秀人才，提升人才的数量和质量。

（十）立足当前，扎实做好年初各项工作

第一，要努力实现“开门红”。要早研究、早安排、早部署，各项工作要一把手负总责，分管领导具体抓，务求做到事事有人抓、事事有人管、事事有人负责，始终把握工作主动权，增强工作预见性，加强统筹协调，努力实现各条战线的“开门红”。

第二，要抓好今冬明春的农业生产。要搞好技术指导和服务，加强越冬作物田间管理，引导农民扩大粮食、蔬菜等农作物春播面积；要大力推进今冬明春基本农田水利建设，认真做好动物疫病防治和植树造林、发展后续林等工作，加强森林疫病防控和防火监管，巩固和扩大生态林业建设成果。

第三，要认真抓好维护社会稳定工作。毫不松懈地强化安全生产责任落实，深入细致地开展安全生产隐患排查治理，重点加强对煤矿、交通运输、烟花爆竹、危险化学品、砂石厂等行业的监管和排查，强化对商场、学校、娱乐场所、集市等公众密集场所的安全防范工作，特别要加强食品药品监管，坚决遏制各类安全生产事故的发生。要加大节庆期间的社会治安综合治理工作力度，加强应急值班值守，有力处置各类突发事件，确保春节和国家、省、市、县“两会”期间的社会稳定。

第四，要勤政廉政，厉行节约。要认真贯彻落实党风廉政建设的各项要求，树立过紧日子的思想，大力弘扬艰苦奋斗、勤俭节约的优良作风。要把心系群众、服务人民、真抓实干、务求实效、秉公用权、生活正派作为勤政廉政的准则，大力倡导节约光荣、浪费可耻的新风尚。要坚决制止利用公款进行高消费、相互宴请和巧立名目乱花钱等各种铺张浪费行为，坚决查处收受物品、礼金、有价证券和支付凭证等违规违纪行为。

第五，要妥善安排好人民群众的生产生活。要把群众冷暖挂在心上，落实到行动上，深入贫困地区和困难企业，帮助困难群众和企业职工解决实际问题。要认真开展送温暖和贫困党员慰问等活动，对农村和城镇特殊困难群体，要在春节前做好相关工作，切实给贫困地区、贫困群众更多实在的关心和帮助。各乡镇、各部门要精心部署，统筹安排，注重特色，城乡互动，搞好节庆文化活动，丰富人民群众的文化生活，让全县人民过上一个欢乐、祥和的春节。

在县委十届十次全会第二次全体会议上的总结讲话（摘要）

（2010年12月17日）

庞　琨

一、正确处理好三个关系，着力解决三大矛盾

一是正确处理好速度与质量的关系，着力解决资金不足和建设用地的矛盾。

这次全会提出，到2020年实现经济总量在2010年基础上翻两番，全县经济发展超过全省经济发展平均水平，达到经济强县目标，实现与安顺市区同城化、一体化发展。其中，到“十二五”期末，实现五个翻番：即GDP实现60亿元，比2010年翻一番以上；财政总收入达10亿元以上，比2010年翻一番以上；农民人均纯收入达6000元以上，比2010年翻一番以上；固定资产投资累计达150亿元以上，确保比“十一五”翻两番，力争达到200亿元以上；县城面积由现在的5平方公里扩大到10平方公里，比2010年翻一番以上，力争扩大到15平方公里。全县城镇化率达40%左右。要实现这些目标，必须坚持“好”字优先、能快则快、又好又快、更好更快发展的原则。必须高度重视工业化、城镇化建设的速度与质量，坚持落实工业化主导战略与城镇化带动战略相结合，抓工业化和城镇化的同时，突出把基础设施和社会服务配套建设放在第一位，把提升宜居宜业指数理念融入规划建设，进一步完善工业园区和城镇功能，提高综合承载能力，使工业化城镇化速度与城镇创造就业、接纳人口、提供公共服务和城市综合管理能力相协调。

近年来，普定县在投融资体制创新方面和土地储备方面做一些尝试，但总量少，投资主体单一、效益不高，土地利用不足等问题仍然没有得到很好解决，这已经成为制约全县工业化城镇化建设的瓶颈。要解决这些难题，要进一步创新体制，拓宽投融资渠道；强化土地利用总体规划的整体控制作用，加大违法占地清查和闲置用地的收回力度，严禁违法用地、粗放用地；要提高土地利用率，用好城乡建设用地增减挂钩政策，加强土地开发整理，增加建设用地规模，促进城乡用地布局合理，创新方式方法，积极争取用地计划，争取有更多的项目能够得到国家和省、市支持，为工业化、城镇化建设腾出更多的用地空间。

二是正确处理好建设与管理的关系，着力解决拆迁安置和农民市民化的矛盾。

目前，全县工业化城镇化建设管理滞后，严重影响园区建设和城市品位的提升和对外形象的展示。为此，在加快工业化城镇化建设的同时，必须加强管理，进一步理顺城市管理体制，重心下移、立足基层，细化职责，明确各级权限，充分调动街道、社区在城市管理中的积极性，形成统一领导、分级负责、条块结合、以块为主的城市管理格局；切实运用法律手段加强城市管理，强化日常巡查机制和责任追究，积极推进城市管理，加大查处违法建筑力度，逐步实现管理精细化和全时段全方位覆盖；要继续以“四创”工作为抓手，深入开展“整脏治乱”专项行动，全面提高环境卫生、道路交通、流动人口、社区服务等综合管理水平；进一步健全应急预警管理机制，加强治安防控体系建设，提高快速处理各种突发性公共事件的能力。

在推进工业化城镇化过程中，稍有不慎我们就会遇到很多拆迁难题和矛盾，引发不稳定因素。工作中要做到“三个到位”：一是宣传到位。要通过动员会、听证会、规划执法宣传会等形式宣传房屋拆迁相关法律法规、拆迁补偿政策，让被拆迁人对居住环境有比较直观的认识，提高被拆迁户配合做好拆迁工作的自觉性。二是政策到位。要高度重视弱势群体的切身利益，健全完善拆迁保障机制，补偿安置工作要兼顾原则性和灵活性，要用好用足政策，让拆迁对象“愿意迁、有着落”。三是执法到位。要依法加大行政执法力度，统一规范拆迁秩序。对被拆迁人的不合理要求，不能作不符合规定的许愿和乱开口子。同时，针对工业化城镇化过程中的农民市民化，要能突破体制机制，作好充分准备：一是认真落实相关政策措施，深化户籍制度改革，放宽准入条件和迁移限制，降低农民进城门槛，让农民“进得来”。二是进一步探索建立城乡统一的住房、就医、义

务教育、计划生育和社会保障制度，消除城乡政策差距，提高农民进城的积极性和主动性。三是进一步探索在城镇有稳定收入和固定住所的农民以土地换社保，以住房换城市经济适用房等办法，真正实现“落实保障、土地置换、户籍转型”三联动。四是创造更多的就业岗位，扩大就业容量，避免出现分散的农村贫困户变成聚集的城市低保户。

三是正确处理好重点与整体的关系，着力解决干部队伍建设和人才匮乏的矛盾。

从发展规律和财力来看，全县工业化、城镇化建设必须坚持重点突破与整体推进相结合。县城及县城周边基础设施较好、经济规模较大、吸纳就业能力较强、聚集效益高，要重点加快建设，壮大实力，增强辐射带动。乡镇条件不及县城，要结合区位条件、优势特色和现有基础加快推进，更好地发挥吸纳农村劳动力、繁荣农村经济、促进农民增收的作用。各级各部门要切实树立城乡统筹发展的理念，把工业化城镇化和新农村建设结合起来，破除就城镇论城镇、就农村论农村的城乡二元分割发展思维，进一步改善农村生产生活条件，促进城乡一体化，实现城乡共同繁荣。

工业化城镇化离不开人才支撑，干部队伍建设和人才的合理利用、充分利用，直接关系到工业化城镇化建设的好坏，关系到工业化城镇化能否快速推进。目前，全县规划、建设、管理等方面人才匮乏，严重阻碍工业化城镇化进程。因此在选择干部上“凭能力不论资历、凭实绩不论关系、凭德才不论亲疏”，要紧抓“培养、吸引、使用”三个关键环节，拓宽选人用人渠道，创新人才使用机制，切实为全县工业化城镇化快速推进提供更加强力的人才支撑。

二、扎实做好三项工作

2010年以来，各级各部门坚持一手抓抗灾救灾和灾后重建，一手抓社会经济发展，全县经济实现平稳增长，但工业经济增速放缓，农业生产受自然灾害影响，农民增收压力大，安全形势不容乐观。各级各部门要集中精力，全力做好以下工作：

一要强力推进“三个建设年”和“四帮四促”活动。把“三个建设年”、“四帮四促”活动和实施“十大民生工程”与开展解决信访维稳工作“五包三推进”有机结合，围绕“转变作风、提高效率、服务基层、推动跨越”主题，大兴解放思想、开拓创新之风，大兴求真务实、真抓实干之风，大兴团结民主、和谐共事之风，大兴艰苦奋斗、廉洁从政之风；带头推进作风建设、环境建设和项目建设，带头深入企业、深入项目、深入农村、深入社区，着力解决人民群众生产生活和经济社会发展中面临的实际困难，千方百计办好顺民意、解民忧、惠民生的实事，千方百计推动经济社会又好又快、更好更快发展。

二要大力改善民生，抓牢安全生产。以实施“十大民生工程”为突破口，千方百计促进就业，强力推进保障性住房建设，加大农村危房改造力度，进一步理顺合作医疗和巩固“两基”提高，加快县城扩容建设，切实解决群众就业、就医、教育和住房困难等问题。要抓好地质灾害隐患点的排查治理，高度重视灾后重建，加快受灾群众住房和公益设施以及安置点水、电、路、通信等基础设施建设。2010年，全县安全工作与上年相比，特别是受远洋煤矿“5·13”事故，大坡煤矿“10·27”事故等的影响，安全生产事故起数上升112.5%，死亡人数上升176.4%，形势严峻。各级各部门要高度重视，继续深化煤矿、非煤矿山、道路交通、工程建设、校园及校园周边治安秩序等重点行业领域的专项整治工作，严防重特大安全事故发生。

三要认真抓好“十二五”规划编制的落实。要结合全县发展目标和定位，立足经济社会发展的阶段性特征，围绕加快转变经济发展方式这一主线，抓好“十二五”规划编制的落实。要加强与省、市对接，用好项目经费，抓紧落实一批事关全局的大项目、好项目，争取及时进入市、省和国家“十二五”规划的盘子。

全面贯彻落实工业化主导和城镇化带动战略 为更好更快建设经济强县而努力奋斗（摘要）

——在县委十届十次全体（扩大）会议上的报告

（2010年12月17日）

彭贤伦

一、关于县委十届八次全会以来的工作

（一）强化理论武装，在解放思想中统一思想、解决问题

县委常委会高度重视政治理论学习，带头学习、宣传党的基本理论和路线、方针、政策，认真学习领会中央、省、市的重大决策部署、重要会议精神和领导同志的重要讲话，在思想上始终同党中央保持高度一致。坚持县委中心组学习制度，全年组织集中学习8次，深入学习贯彻中央、省、市的重大会议精神，坚决拥护和执行中央、省、市的各项重大决策部署。通过学习，县委常委会在三个方面形成共识。一是在加快发展上形成共识。高举发展、团结、奋斗的旗帜，统一思想、集中心思、凝聚力量，加快发展，明确“十二五”时期抓机遇、提速度、上台阶的基本思路，按照“更好更快、提速升位”的总要求，正在制定“十二五”规划（纲要）。二是在全力维护稳定上形成共识。牢固树立“稳定是第一责任”意识，妥善处理“3·25”、“8·20”移民聚访事件和“5·13”、“10·27”煤矿安全事故以及“9·16”猫洞地质灾害造成的影响。三是在狠抓落实上形成共识。组织召开县委十届九次全会，全县深入学习实践科学发展观活动总结大会、信访维稳工作会议、乡（镇）党委书记乡（镇）长工作会议、畜牧业发展大会以及开展“三个建设年”、“四帮四促”活动和实施“十大民生工程”动员部署大会等重要会议，下发《关于全力维护社会和谐稳定的实施意见》、《关于深化人口和计划生育综合改革推进“两个统筹”的意见》、《关于普定县人民政府机构改革的实施意见》、《关于加大统筹城乡发展力度进一步夯实农业农村发展基础的实施意见》等文件，分别就涉及全县改革发展的重大问题作出安排部署。

（二）努力克服各种不利因素的影响，奋力保持经济社会又好又快发展

一年来，全县不仅经历特大干旱，还发生“5·13”、“10·27”等重大事故。面对非常严峻的形势和非常艰难的局面，县委常委会团结带领全县各族干部群众围绕年初确定的奋斗目标，紧紧抓住发展这个第一要务，积极抢抓中央实施积极的财政政策和适度宽松的货币政策等机遇，努力克服经济社会发展中的种种困难，奋力保持经济社会平稳较快发展。据初步统计，2010年前三季度实现全县生产总值18.2亿元，同比增长10.8%，预计实现生产总值30亿元，同比增长12%以上；预计实现农民人均纯收入3000元以上，同比增长10%以上；1~11月，财政总收入和地方财政收入分别完成3.73亿元和2.2亿元，预计完成财政总收入和地方财政收入4.5亿元和2.77亿元，分别比上年增长17%和32.4%；预计完成全社会固定资产投资13亿元，比上年增长60%以上。农业生产形势总体稳定，粮食总产量达12.91万吨，比上年增长2.2%；工业发展实现突破，超宇水泥等一批企业已建成投产，预计全年实现工业总产值33.6亿元；旅游、文化、金融等服务业继续保持良好发展势头。加大统筹城乡发展力度，城乡改革和城镇化发展协调推进，社会主义新农村建设扎实有效。以交通和水利为重点的基础设施建设步伐加快，“普安”高速进展顺利，黄织铁路进度加快，实现乡乡通油路（硬化路）和村村通公路；全年已解决1.6万农村人口饮水安全问题。节能减排、环境保护和生态建设全面推进，石漠化综合治理项目全面完成。重点领域和关键环节改革进展顺利，招商引资成效明显。

（三）切实保障和改善民生，促进社会和谐

始终坚持把保障和改善民生、提高各族人民群众的生活水平作为一切工作的出发点和落脚点，大力发展以民生为重点的社会事业。坚持统筹经

济社会发展。继续抓好扶贫开发，强力推进产业化扶贫，预计减少贫困人口6600人；加大教育投入，1~11月教育支出达1.7亿元，全面推进教育事业发展，高度重视和大力支持普定一中申报省级示范性高中工作；进一步加大人口计生工作力度，扎实巩固“全国计划生育优质服务先进县”成果；认真落实和实施积极的就业政策，千方百计稳定和扩大就业，预计新增就业2327人；完善覆盖城乡居民的社会保障体系，提高城乡低保标准；推进医药卫生体制改革，加强医疗卫生基础设施和服务体系建设，认真实施国家基本药物制度，促进基本公共卫生服务均等化；加快保障性住房建设，扎实推进农村危房改造，已完成危房改造10540户。扎实推进“四创”工作开展，努力营造良好发展环境。深入开展“平安”创建工作，加大社会治安综合治理力度，积极预防和妥善处置群体性事件和突发公共事件，进一步抓好新形势下的信访维稳工作，切实维护社会稳定和国家安全。

（四）不断提高依法执政、民主执政、科学执政水平

不断完善县委常委会工作规则，坚持重大问题、重大事项、重要工作和大额度资金（资产）处置集体研究、专家咨询、民主决策、科学决策。

支持县人大及其常委会依法行使职权，努力改进代表工作，切实增强监督实效。支持人民政协依法履行职责，坚持重大问题在决策前进行民主协商制度。大力推进深化行政管理体制改革工作，推进依法行政，强化行政执法监督。大力推进深化司法体制机制改革工作，加强对司法权力的监督制约，加大对政法部门的领导和支持，提高政法队伍整体素质。进一步加强工、青、妇、残工作。加强和改进新形势下的统战工作、工商联工作和新社会阶层人士、党外知识分子工作，加强党外代表人士队伍建设。坚持和完善民族区域自治制度，全面贯彻党的民族、宗教政策。坚持党管武装，积极支持驻县军（警）部队建设，加强国防后备力量建设，扎实做好“双拥”工作。

（五）坚持团结稳定鼓劲，不断加强和改进宣传思想文化工作

始终坚持正确的舆论导向，深入开展社会主义核心价值体系宣传教育，加强思想道德建设。坚持团结稳定鼓劲，牢牢把握社会舆论引导主动权，加大重大新闻宣传和舆论引导力度，加强网络宣传管理和新闻发布工作。积极开展道德模范评选表彰和思想道德实践活动。举办“多彩贵州”普定系列活动，承办贵州省首届县级优秀文工队文艺调演。以“继承创新、唱响做亮”为主题，扎实推进文化体制改革和文化产业发展。加快公共文化服务体系建设，大力实施文化信息资源共享、广播电视“村村通”等文化惠民工程。

（六）加强党的基层组织建设和自身建设，不断提高党的执政能力

始终坚持党要管党、从严治党的方针，坚持以改革创新精神加强和改进基层组织建设，不断提高党的执政能力，筑牢基层战斗堡垒。加强领导班子和干部队伍建设，着力完善领导班子建设各项措施。举办周末领导干部大讲堂，组织开展“千名党员下基层”活动，举办乡、科级干部培训班8期，培训406人次。加强党的基层组织建设，扎实开展“创先争优”和“践行宗旨”活动。继续深化干部人事制度改革，积极开展副科级干部公推直选、“公开选拔副科级领导干部”等工作。统筹抓好人才队伍建设。深入推进反腐倡廉建设，扎实开展专项治理活动，着力解决损害群众利益的突出问题，加大违纪违法案件查处力度，党风廉政建设和反腐败工作形势总体趋好。

切实加强县委常委会自身建设，认真执行民主集中制，坚持重大问题集体讨论、集体决定。严格执行党风廉政建设责任制，自觉遵守领导干部廉洁从政的各项规定，巩固和发展求真务实、勤政为民、开拓进取的工作局面。

在总结成绩的同时，县委常委会还面临着不少困难和不足。主要表现在：一是理论学习有待进一步加强，要紧密联系基层工作的实际，切实解决好在“学中干”与“干中学”的问题；二是干部作风有待进一步深入。一方面要认真做好议大事、解难题的工作，另一方面要认真解决好深入实际、率先垂范的问题。三是要切实解决经济总量小、经济结构单一、发展速度慢等方面的问题，要不断深化县情认识，不断推进县域经济又好又快、更好更快发展。四是正确处理改革、发展、稳定的关系，切实解决信访维稳问题突出、安全生产压力大等方面的问题。

希望同志们对县委常委会工作提出意见和建议，帮助把工作做得更好。

二、全面落实工业化主导和城镇化带动战略，建设经济强县

这次全会将要审议通过《中共普定县委、普定县人民政府关于落实工业化主导和城镇化带动

战略建设经济强县的实施意见》，等一会，庞琨同志将对《实施意见》作出说明。下面，我就全面落实工业化主导和城镇化带动战略、建设经济强县，实现加速发展、加快转型、推动跨越，讲三点意见：

（一）落实工业化主导和城镇化带动战略建设经济强县的必要性和重要性

党的十六大明确我国到2020年全面实现小康社会的目标，就是要达到“经济更加发展，民主更加健全，科教更加进步，文化更加繁荣，社会更加和谐，人民生活更加殷实”的小康社会。从现在起到2020年，只有10年的时间。在这样一个短暂的时间里，普定要全面实现小康目标，跟上全国、全省、全市步伐，必须找到一条适合普定发展的富民强县之路。县委常委会提出落实工业化主导和城镇化带动战略、建设经济强县，并以此推进县域经济社会加速发展、加快转型、推动跨越，符合普定县情，符合全县人民的强烈期盼。

1. 落实工业化主导和城镇化带动战略、建设经济强县，是加快普定实现全面小康的现实需要

实践证明，工业化是实现现代化不可逾越的历史阶段；城镇化是实现现代化的必由之路。经济兴，百业兴。没有工业化和城镇化的加速发展，不可能建成经济强县，更不可能实现全面建设小康社会目标。

2. 落实工业化主导和城镇化带动战略、建设经济强县，是缩小与周边县（区）差距特别是发达地区发展差距的必然选择

1999年，普定在全省88个县（市、区）中经济总量（GDP）排列第38位，到2009年下降到第46位。排位逐年后移的原因，除自然、历史的因素以外，其中一个主要的原因是投入不足，工业化和城镇化成为区域发展中的“短板”。因此，只有加快工业化和城镇化进程，落实好工业化主导和城镇化带动战略，建设经济强县，才能逐步摆脱县域经济逐年“拖后”的尴尬局面。

3. 落实工业化主导和城镇化带动战略、建设经济强县，是实现全县城乡统筹协调发展的战略举措

经济总量小、人均收入低、经济结构单一、经济社会发展极不平衡是普定最为突出的县情特征之一。正是如此，使普定长期难以摆脱“农业小县、工业弱县、财政穷县”的落后面貌。为此，只有认真落实以工促农、以城带乡，不断增加人民群众的收入，建设经济强县，增强人民群众的自信心和自豪感，才能促进全县经济社会又好又快、更好更快发展。

（二）落实工业化主导和城镇化带动战略建设经济强县的主要措施

1. 必须坚持规划引领

规划是加快工业化和城镇化进程的龙头，决定着工业化和城镇化发展的方向与水平。必须立足当前、着眼长远，坚持做到以规划引领全县工业化和城镇化科学、有序、协调发展。一要高起点规划，健全完善规划体系。要按照县委、政府《关于落实工业化主导和城镇化带动战略建设经济强县的实施意见》确定的总体思路和发展目标，以及五年“再造一个普定”，十年建成“经济强县”的要求，科学编制好“十二五”规划，进一步完善《普定县城总体规划》和编制《普定县工业发展规划》，加快编制各项配套规划以及小城镇和乡村建设规划。二要高标准实施，进一步优化空间布局。一是抓好以县城为中心，以黄桶、太平、马官、化处、白岩为重要节点的板块布局，其中，把县城、黄桶、太平建设成为重要的农村人口向城镇转移的重要聚集地。二是抓好以“安普”高速公路及安顺西绕城高速公路、“安普”城市大道、黄织铁路、黄河（黄桶到河口）铁路等重要干线以及乡际公路的轴线布局，形成工业化和城镇化相互衔接、互为依托的“点—轴”发展格局。三要高质量管理，严格规划监管。要按照“规划一张图、审批一支笔、建设一盘棋、管理一条龙”和法制化、公开化、程序化的原则，维护规划的权威性和严肃性。坚持规划的集中统一管理，完善公众参与、专家评审、政府审批的规划审批制度。

2. 必须强化产业支撑

加快工业化和城镇化进程、建设经济强县，促进城乡协调发展，必须强化产业的支撑作用。要从实际出发，结合资源比较优势，加快构建结构合理、布局优化、各产业协调发展的特色产业体系，以产业发展加快推进工业化和城镇化进程。

一要以加快建设普定循环经济工业基地为重点，全力推进新型工业化。工业化是城镇化的基础和前提，是推进城镇化和城乡协调发展的重要动力。要立足于做大做强工业，壮大城镇经济，促进城镇化加快发展。抓好循环经济工业基地规划调整完善，加快基地水、电、路、厂房等基础设施建设，抓紧完善基地核心区功能；抓好安电三期、氯碱法烟气脱硫、金铭实业、超宇水泥、

黔中酒业、石油天然气综合开发、煤及煤化工等重大项目，大力培育食品、药品、新型建材等产业；推进冶金、煤及煤化工等循环经济产业链建设。高水准科学规划建设以黄桶为中心、化处站和普定站为节点的现代仓储物流基地，把黄桶打造成名副其实的“金桶”。

二要加快实现与安顺市区同城化、一体化步伐。抢抓全省功能区划把普定列入重点开发区域的机遇，高水平、高品位、高质量建设“六个一”工程，实施以县城为中心，县城周边中心集镇和特色乡镇为节点的城镇带动战略，有计划、有步骤地逐步推进全县符合条件要求的乡（镇）实现镇改办、乡改镇工作，着力打造一批工业重镇、商贸重镇、文化旅游重镇，促进城乡一体化发展。

三要用工业化理念指导农业，大力推进农业产业化。全力加快设施农业、生态农业、观光农业、品牌农业、科普农业的发展，促进农业的集约发展，把大量劳动力从农业生产中转移到二、三产业中去，增加农民收入。

此外，要加快发展以旅游业为龙头的服务业，提升城镇化水平。加快发展现代物流、金融保险、农业服务、交通运输等面向生产的服务业和住宿餐饮、商业购物、文化娱乐等面向民生的服务业。把推进工业化和城镇化与提升农业产业化和现代服务业有机结合起来。

3．必须善于破解发展难题

一要破解土地制约难题。土地是发展的根本，没有可利用土地，企业无法“落地”、基础设施无法推进、城镇无法拓展，无论是推进工业化还是城镇化，首先必须解决用地问题。一方面要通过项目用地申报等有效途径积极争取用地指标，另一方面要按照占补平衡的原则，充分利用造地、土地整理、增减挂钩等政策，提高土地集约利用水平。要统筹全县土地利用总体规划修编，合理安排工业发展用地和城市建设用地，要按照每年收储2000亩以上的目标，强化土地收储和土地开发，为全县工业化和城镇化发展用地提供保障。二要破解资金不足的难题。普定县属国家新阶段扶贫开发重点县，农民收入低，财力薄弱，发展主要依靠投资拉动，而仅靠国家的投资是难以加快发展的，投资的重点还得依靠信贷支持。因此，要努力搭建融资平台，在增强现有国有资产投资运营有限责任公司融资能力的同时，要积极引进有实力的担保机构，提升融资承载能力；要充分利用好省政府与国家开发银行签订的发展战略协议，积极主动加强沟通联系，争取信贷支持。

4．必须实施项目带动

要牢固树立“抓项目就是抓经济、抓项目就是抓发展、抓大项目就是抓大发展”的理念，把项目建设作为“更好更快、提速升位”的主战场，以闯的魄力、抢的意识、争的劲头、拼的勇气，集中一切优势力量，集中一切资源要素，采取一切有效措施，千方百计上项目，上大项目、上好项目，为加快推进工业化和城镇化进程提供重要支撑。一要围绕加快推进工业化和城镇化进程，突出抓好项目的谋划和储备，着力规划一批投资规模大、带动能力强的产业类、民生类大项目、好项目，加快项目库特别是重点项目库建设，抓紧开展项目前期工作，搞好项目可研分析，把项目做深、做细、做成熟，力争形成“开工一批、建设一批、投产一批、储备一批”的项目接续机制。二要建立起与实施工业强县和城镇化带动战略相适应的产业发展体系，突出抓好现有项目建设，努力破解项目审批、征地拆迁、资金筹措等难题，推进在建、拟建项目特别是重点项目尽快投产达产，形成投资规模。通过引进项目、引进投资，尽快改变全县工业经济总量小、占比低、投资少、增长慢的状况，尽快改变全县城镇人口少、城镇化率低的状况。三要建立健全重点项目建设、固定资产投资、招商引资工作责任制，加强督查指导，加大责任追究力度，全力推进项目落实，推动工业化城镇化发展。四要从项目规划、引进、落地、建设到投产、达产，进行全程跟踪服务，责任到人，任务到人，力求做到引进一个项目，带动一项产业，拓宽一个市场，富裕一方百姓。

5．必须不断加强基础设施建设

要继续把加强基础设施建设放在优先位置，作为扩大投资的重要领域，按照加大力度、增加投入、坚持不懈、适度超前的原则，加快构建功能配套、安全高效的现代化基础设施体系。一要积极配合做好黄织铁路复线、黄河（黄桶到河口）铁路等各项前期工作，抓好“安普”城市大道、“普织”高速公路建设，加快县城道路和通乡通村道路新建或改造，加快构建综合、立体、快捷的现代交通体系，形成四通八达、覆盖城乡的综合交通网络。二要加快循环经济工业基地道路、电网等基础设施建设，着力改善加快工业化发展的硬环境。三要加快解决工程性缺水的瓶颈制约，坚持水利建设、生态建设、石漠化治理“三位一体”，统筹协调推进。积极配合抓好黔中水利枢纽工程各项工作，合理建设一批水利重点工程，完善农业、农村、工业和城乡生产、生活用水工程体系。四要加快信息基础设施建设。重点建设好城乡宽带网络、无线通信、下一代互联网等综合信息基础设施，推进电信网、广播电视网和互联网“三网”融合发展。特别要提高农村和边远地区的信息网络普及水平，基本实现自然村和交通沿线通信信号全覆盖。五要加快电力电网建设。要大力发展清洁、节能电力项目。结合能源基地建设，完善重点输电通道和联网工程；加强农村电网改造升级，提升农网供电可靠性和供电能力，保证农村用电安全。

6．必须坚持深化改革、扩大开放

发展的动力来自改革，发展的源泉来自开放。必须坚定不移地深入实施开放带动战略，以招商引资为重点，以创新体制机制和改善投资环境为突破口，全面提高对外开放水平，千方百计扩大引资规模，以改革促开放，以开放促发展。一要坚决革除自我封闭的思想，牢固树立大开放、大发展意识；坚决革除怕担风险、求稳怕乱的思想，牢固树立敢为人先、开拓创新的意识；坚决革除等、靠、要的思想，牢固树立积极引资、主动服务的意识；坚决革除地方保护主义和部门利益至上的思想，牢固树立全局观念和整体意识。二要实行全方位、宽领域的对外开放，坚持对外开放与对内搞活并举，“引进来”与“走出去”相结合，突出优势产业和特色产业的招商引资，使招商引资由工业向服务业、农业、基础设施、生态环境建设等领域拓展。三要大力发展非公有制经济。营造各种所有制经济依法平等使用生产要素、公平参与竞争、同等受到法律保护的体制环境，积极引导和鼓励非公经济、民间资本以独资、控股、参股等多种方式，参与土地整治、矿产资源勘探开发、特色经济发展和城镇化建设。四要营造对外开放的良好环境。努力营造亲商、安商、富商的发展环境，坚持招商引资引领工业化和城镇化发展，通过各种渠道和各种方式，加大对外宣传和推介力度，广泛调动全社会参与招商引资的积极性和主动性，提高招商引资实效。要突出园区招商、以商招商、小分队招商等，采取多种形式努力扩大招商引资成果。

7．必须全力维护稳定和安全生产

历史经验表明，没有一个和谐稳定的社会环境，要加快经济发展，特别是要实现经济健康协调发展是不可能的。要加强和改进信访维稳工作，建立健全和创新维护社会稳定的工作机制，落实好信访维稳事项“包保”责任，认真解决土地征用、房屋拆迁、库区移民、环境污染等方面群众反映强烈的热点难点问题。深入推进“平安”创建活动，深入推进社会矛盾化解、社会管理创新、公正廉洁执法，继续开展以“打黑除恶”为重点的严打整治专项行动，依法打击各种违法犯罪活动，进一步提高群众安全感和满意度。必须牢固树立安全发展理念，强化安全生产基础工作，严格落实安全生产责任制，继续抓好以煤矿、非煤矿山、道路交通、烟花爆竹、人员密集场所等为重点的安全生产监督管理工作。加强食品药品质量安全监管，建立健全食品药品安全保障体系，积极预防和妥善处置突发公共卫生事件，确保社会稳定。

（三）高举发展、团结、奋斗的旗帜，为落实工业化主导和城镇化带动战略、建设经济强县而努力奋斗

落实工业化主导和城镇化带动战略、建设经济强县，实现又好又快、更好更快的发展目标，关键在领导，核心在落实。必须高举发展、团结、奋斗三面旗帜，切实把思想统一到发展上，把心思集中到发展上，把力量凝聚到发展上，加强领导、明确责任，解放思想、真抓实干，改进作风、狠抓落实。

第一，继续解放思想。全县各级各部门特别是领导干部要继续解放思想，在解放思想中统一思想，在解放思想中开拓创新，在解放思想中真抓实干，千方百计加快发展。要通过解放思想，破除因循守旧、墨守成规的守旧观念，增强机遇意识和创新意识，只要是对党的事业有利、让人民群众受益的事，看准了就大胆地试、大胆地干，敢为人先、敢开先河，敢打特色牌、敢走特色路。要通过解放思想，破除自怨自艾、消极悲观的自卑心理，增强信心、增长志气，敢于正视困难、敢于迎接挑战，自觉主动到条件艰苦、环境复杂、矛盾集中的地方去破解难题、推动工作。要通过解放思想，破除小进则满、小富即安的自满心理，破除求稳怕乱当“太平官”的思想，牢固树立不发展不行、发展慢了也不行、不坚持科学发展更不行的理念，敢于创先争优、敢于赶超进位。

第二，加强干部队伍建设。要按照“团结、务实、勤奋、廉洁”的要求，大力建设高素质的发展型领导班子和干部队伍。坚持“以发展论优

劣、凭实绩用干部、看德才定去留”和“凭能力不论资历、凭实绩不论关系、凭德才不论亲疏”的用人导向，鼓励探索、崇尚实干，支持创业、宽容失误，在干事创业中培养、发现和使用干部，使想干事的有机会、会干事的有舞台、干成事的有地位，努力建设适应加快发展需要的高素质干部队伍。对工作不在状态、推动发展不力、打不开工作局面的，进行诫勉谈话或组织调整；对不作为、乱作为的要给予通报批评、组织处理、纪律处分直至司法处理。

第三，加强人才队伍建设。从实际情况看，在实际工作中，懂经济、能够熟练运用市场经济规则想问题办事情的干部比较少，招商引资、资本运作、规划设计、城市管理、社会管理等方面的人才短缺，影响和制约加快发展。要解决这些问题，必须建立健全人才引进和选拔培养机制。要本着发展需要什么就培训什么、干部缺什么就补什么的原则，切实转变培训理念，改变培训方式，注重从观念引导、技能提高等方面加强培训，着力培养一批服务经济社会发展的骨干人才。要在挖掘本地人才的同时，采取政策引才、产业引才、市场引才、环境引才等方式引进各类急需人才。要加强与省内外高等院校、科研机构的合作，大胆使用外部人才资源，做到“不求所有，但求所用”。要千方百计为各类人才创造展示才华、建功立业的平台，努力建设一支适应改革发展需要的人才队伍，增强各级组织的凝聚力、战斗力和驾驭经济工作的能力，切实为加快发展提供组织保障。

第四，要敢于担当，狠抓落实。各级部门特别是领导干部要严格遵守政治纪律，增强全局意识和责任意识，带头贯彻执行各项决策部署。围绕“更好更快、提速升位”，既要有思路、有部署，又要出实招、见实绩；既要自己带头干，又要完善执行机制、督办机制抓落实。要大力倡导“察实情、办实事、求实效”的工作作风，深入基层、深入企业、深入项目调查研究，多为企业和群众办实事、办好事，进一步密切党群干群关系，在一线上抓落实，在吃苦中抓落实，在解决矛盾中抓落实。坚持一切从实际出发，尊重客观规律，反对坐而论道、反对主观臆断、反对“花拳绣腿”，着重研究和解决实际问题。要敢于担当、敢于负责，营造“先干不争论、先试不议论、先做不空论”的舆论氛围，鼓励广大干部群众放开手脚大胆干、抢抓时间拼命干、聚精会神奋力干，在真抓实干中统一思想、在真抓实干中解决问题、在真抓实干中创新发展、加快发展。要严肃责任追究，始终做到发展压力级级传递、工作动力层层提升，确保各项决策部署执行到位、落到实处。要围绕当前和今后一段时期的各项工作，坚持正面搞宣传，依靠典型做引导，使先进典型立得起、叫得响、推得开，在全社会尽快形成你追我赶、加速发展的舆论氛围。

2010 年大事记

1 月

4 日 普定县"县为单位、整合资金、整村推进、连片开发"试点工作调度会召开。

＊ 县长庞琨到高速公路协调领导小组办公室检查指导工作。

＊ 化处镇政务服务中心正式运行。

4 日至 6 日 县委、县政府针对猫洞乡可处村老鹰坡危岩灾害隐患情况，组织召开地质灾害隐患处置协调会、可处村群众大会及地质灾害处置专题会议，研究部署可处危岩排险、危房鉴定与赔付及可处村发展等事宜。7 日，施工单位进场施工排险。22 日，老鹰坡危岩排险首爆成功。30 日，县领导在可处村组织召开现场会，安排部署拟赔付方案等工作。3 月 3 日，市国土局领导检查老鹰坡现场危岩排险进展。

5 日 全县项目库建设座谈会召开，听取各乡镇、各部门项目库建设工作情况汇报。

＊ 市民政局局长郭连和到普定县检查低保扩面工作。

6 日 由市第三次全国文物普查工作领导小组采取听汇报、查资料、实地检测等方式对普定县"三普"实地文物调查阶段工作进行检查验收。

＊ 召开县城"三条路"清理工作协调会。

＊ 市委组织部参观团到马官镇二官经果林参观。

7 日 县委、县政府召开《普定年鉴（2010 卷）》编纂工作会议，全县各乡镇、各部门办公室主任或年鉴撰稿人 140 余人参加会议。

＊ 省民政厅纪检组长钟海洋带队到化处镇慰问，市民政局局长郭连和等陪同。

＊ 普定县建设领域安全专题暨 2010 年第一次质量安全消防工作会议召开。

8 日 普定县召开 2010 年第一次安委会（扩大）会议。

＊ 南京南瑞集团团总支在普定一中举行优秀贫困学生捐资助学仪式，6 名优秀贫困学生共获捐款 4880 元。

9 日 《穿洞之光》赴省演出庆功会召开，2009 年 10 月，普定县组队代表安顺市赴贵阳参加全省首届农民艺术节，获黔穗银奖和特别组织奖。

＊ 马场镇发生一起故意伤害致人死亡案件，一砖厂工人被厂长殴打后邀约父兄五人将厂长杀伤致死，县公安局刑侦大队仅用 2 小时迅速破案，抓获全部犯罪嫌疑人。

10 日 昌伟良种猪养殖场举行开业庆典，省农委总畜牧师龙敖，省科技厅农村处处长景滨南，市政协副主席何志习，市畜牧局局长冯朝生，雨瑞集团安顺黄瀑公司总经理陈克建，县领导王跃等出席。

＊ 县公安局在县城西门广场开展以"危难见真情，请拨 110"为主题的爱民实践宣传活动。

11 日 全县村级公益事业"一事一议"工作会议召开。

12 日 全县新农合"以卡代证"工作试点会议在白岩镇召开。

＊ 全县第二轮矿产资源整合会议召开，部署加强煤矿越层越界开采监管、推动资源枯竭煤矿整合等工作。

＊ 市殡葬改革工作检查组到普定检查殡葬改革工作。

13 日 省检察院检务监察组到县法院开展检务监察整改落实工作。

14 日 中共普定县委十届八次全体会议召开。县委书记王跃代表县委常委会作题为《以"三服务两满意"为目标努力提高选人用人公信度》2009 年度干部选拔任用专题报告、《以科学发展观为统领不断开创党建工作新局面》2009 年度党建工作专题报告和《抢抓机遇谋发展继往开来谱新篇——在县委十届八次全体会议上的工作报告》。

＊ 中共普定县第十届纪律检查委员会第五次全体（扩大）会议召开。县纪委书记吕恩华代表县纪委常委会作题为《深入推进党风廉政建设和反腐败斗争，为加强和改进党的建设、"发展循环经济、构建和谐普定"提供坚强保证》的工作报告。

＊ 市检查组到普定检查农村危房改造工作。

15 日 市政府纠风办检查组到普定检查元旦、春节期间治理公路"三乱"工作。

16 日 国家环保部总量司副司长刘炳江、环保部西南督察中心副处长马仁波及脱硫专家方海珍等到安顺电厂检查污染物总量减排情况。

18 日　全市国民经济核算及非普查年份第三产业调查会议在普定县召开，全市 8 个县（区）统计局（经济发展局）负责人、负责 GDP 核算工作的人员和负责第三产业调查工作人员参加会议。

*　县长庞琨到超宇水泥厂、科利新型建材厂调研。

19 日　《安顺市普定县循环经济工业基地控制性详细规划》通过市政府组织的审查。

*　省、市目标考核组抽查普定县安全生产工作，对安全生产目标完成情况进行考核。

*　由县委组织部和扶贫办联合主办的县党建暨新农村建设示范村村干部培训正式开班。全县 35 个县级党建示范村，19 个新农村示范村的支书共 72 人参加培训。

*　全县政法系统举办“创平安普定、建和谐家园”迎春晚会，省公安厅政治部有关领导，县领导杨波等与千余名观众共同观看晚会。晚会对全县“平安杯”征文和书画展获奖的作者进行颁奖。

20 日　全县第三批学习实践活动整改落实阶段工作推进会召开。

*　全县召开工程建设领域突出问题专项治理工作会议。

*　市林业绿化局局长徐钰检查普定县森林防火工作。

*　县公安局下发通知，在办理户籍业务中，取消向群众收取准迁证、迁移证、户口簿的工本费，率先推行“办户口不花钱”的惠民措施。

21 日　全市森林防火“村为主”现场会在普定县召开，副市长、市森林防火指挥部指挥长山林，省森林防火指挥中心副主任、防火办主任徐宁，县委书记王跃，安顺市林业绿化局局长徐钰等领导出席会议。

*　县领导王跃、金晓明、冯建役等到猴场乡、补郎乡，为离退休老干部、贫困老党员、退伍老军人和返乡农民工、“五好”基层党组织送去节日慰问和新春祝福。

*　全县政法系统迎春联欢晚会在县会展中心礼堂举行。

22 日　国家发改委农经司林业处博士宋元媛、国家林业局治沙办治沙处处长林琼到普定县对荒漠地区石漠化综合治理试点项目建设情况进行调研。

*　普定县召开 2009 年度纪检监察工作情况通报座谈会。部分县纪委委员、党代表、人大代表、政协委员、离退休老同志、县直有关部门负责人及县纪委监察局各室负责人参加座谈会。

*　普定县召开中青年优秀专业技术人才座谈会，来自教育、农业、林业等行业的 7 名中青年优秀人才，结合实际，共商发展。县委书记王跃，县委常委、组织部长金晓明向 7 名中青年优秀专业技术人才发放人才津贴和慰问费。

*　普定县举办第一期“科学发展村干部论坛”，来自全县 11 个乡镇的 30 余名村党支部书记交流发展经验。

*　县城垃圾填埋场建设会议召开，解决进场道路设计变更等相关事宜。

*　全县农村低保核查扩面工作紧急会议召开。

24 日　省公安厅治安总队等级达标验收组对白岩派出所、坪上派出所达标工作进行检查验收。

25 日　普定县 2010 年“三胞”亲属迎春座谈会召开。

26 日　县人大常委会主任杨崇刚到坪上乡对 5 个村的 7 名老党员和贫困党员进行慰问。

*　县长庞琨到化处镇嘎打、沙木、长青、新寨等村对 9 名贫困老党员进行慰问。

*　全县第一次消防联席会议召开。

27 日　市委组织部部长管群到白岩镇慰问困难群众及敬老院老人。

*　县委副书记胡晓兰到夜郎湖环湖村寨慰问 15 户贫困群众代表。

*　普定县煤炭资源开发、整合工作会议召开。

27 日至 28 日　贵州省全国第三次文物普查验收组对普定县第三次全国文物普查实地文物调查阶段成果进行检查和验收。

28 日　全县经济工作会议召开，会议总结 2009 年经济工作，部署 2010 年经济工作，提出 2010 年经济工作的主要目标，对 2009 年度综合目标考核先进乡（镇）进行表彰。

*　省、市、县妇联到全国美德在农家示范点白岩镇讲义村开展“关爱母亲送温暖”活动。

*　全县“四创”工作动员大会召开。县领导杨崇刚、庞琨、徐天成等出席。

*　普定县召开天保工程护林员培训会议。

*　市农发行为蒙佐村送去文件柜、椅子、电脑、电视等办公设备，为贫困户送去大米、菜油等。

28日至2月3日 县政府组织安监局、交通局、海事处、公安局、旅游局、畜牧局、消防队、城关镇、坪上乡、龙场乡等组成专项行动小组，在城关镇等7个沿湖乡镇开展夜郎湖水上交通安全专项行动。

29日 普定县定点屠宰场举行开业庆典。市政协副主席、工商联主席、安顺兴伟公司董事长王伟，市政协原副主席、市总商会会长赵致中，市总商会副会长王恒、杜周明，市商务局副局长李成文，县领导王跃、杨崇刚、徐天成等出席。

* 县地税局获省地方税务局和省人力资源保障厅联合授予“集体三等功”称号。

30日 市长罗宁到扶贫联系点猴场乡就当地开展学习实践科学发展观活动和“三农”工作等进行调研。

* 普定县举行“文明出行·平安春运”启动仪式活动。

31日 省龙头企业评审小组对普定长青公司、重华公司进行省级龙头企业初评。

* 县领导吕恩华、张明友、李生科等到坪上乡开展“廉政春联进万家——义务书写春联活动”。

1月 县委书记王跃率有关部门负责人到龙场乡、马场镇、鸡场坡乡调研。

* 省发改委对普定县荒漠地区石漠化综合治理试点项目建设情况进行检查。

* 县工商行政管理局组织编纂的《普定县工商行政管理志》开始发行，这是全县第二轮修志工作启动以来首部出版发行的部门志书。

2月

1日至2日 县领导王跃、杨崇刚、庞琨、徐天成等分别率团到普安高速公路建设协调办、安顺电厂、超宇水泥厂、江城煤矿、污水处理厂、朵贝重华茶叶公司、昌伟养殖场、双阳总厂、金铭实业有限公司、龙腾铁合金厂、黔中酒厂、普定一中、普定电站、大洞口监狱、华荣集团、向荣公司、化处矿、铁路护路办太平岗点、西秀药业、华宇建材公司等慰问。

2日 普定县举行楚龙子山经济适用住房、廉租住房申购、租用抽签仪式，县纪委、县公证处相关工作人员现场监督、公证，346户申购者和租用者参加。

3日 县四大班子领导到县人武部、消防大队、县中队、太平中队、看守所、戒毒所、先进基层派出所慰问，并看望公安英烈属、优秀干警代表。

* 县人大常委会主任杨崇刚到坪上乡慰问困难群众及敬老院老人。

* 全县安全生产工作会议召开。

* 全县2009年中央新增投资项目及2008年退耕还林基本口粮田建设项目调整会议召开。

4日 占地20余亩的县人武部新营区落成典礼举行。市委常委、军分区政委王万杰，参谋长王星柏和县领导王跃、杨崇刚、庞琨、徐天成等出席。

* 县长庞琨主持召开县机构编制委员会会议。

* 省环境保护厅相关人员到普定县污水处理厂进行现场检查。

5日 省直党建扶贫工作队座谈会召开，县四大班子领导和18名队员进行座谈。

7日 省文联“送欢乐·下基层”文化惠民活动在普定县马官镇举行。省文联党组书记、副主席李碧川，省文联党组副书记、副主席刘世杰等省文联、省文化厅领导及县领导杨崇刚、庞琨、徐天成等出席。

* 县委召开常委会议，分析旱情，决定从县财政中拿出70万元为抗旱救灾铺路。

* 全县总投资14万余元，总面积3165m^2的城区道路交通标示、标线施划工程全部竣工验收。

8日 普定县2010年新春团拜会在辞源酒店举行。

* 省广播电视局局长李新民到普定县就基层广播电视工作进行调研。

* 全县2010年度财政工作会议召开。

9日 全县电煤保障工作会议召开，安排督查县城春节前安全工作落实情况。

9日晚 普定县“工行之春”春节联欢晚会在体育场举行，县四大班子领导及上万名群众观看晚会。县委书记王跃致新春贺辞，县长庞琨主持晚会开幕式。

10日 全县2010年度人口和计划生育工作会议召开。县领导王跃、庞琨等出席。会议听取《明确目标，创新举措，全力推动全县人口计生工作跨越发展》的工作报告，对2009年度人口和计划生育综合治理及计划生育优质服务工作先进单位进行表彰，并与各乡镇党委、政府签订2010年度人口和计划生育目标管理责任书。

* 普定县召开社会治安综合治理暨社会治安重点地区排查整治工作会议。

* 全县移民工作紧急会议召开。

11 日 普定县在西门广场举办义务送春联活动。县书协会员为群众书写春联800余对。

* 全县森林防火工作紧急会议召开。

12 日 县领导王跃、杨崇刚、庞琨、徐天成等深入县医院、110处警中心、计妇中心、东华警务区、城管大队、电视台、气象局、自来水公司、电力公司、移动公司、电信公司、邮政局等单位走访慰问一线工作人员。

19 日 普定县在城关镇干坝村斗牛场举行首届“穿洞文化杯”斗牛大赛。此次大赛有来自贵州、广西、云南等省（区）60余头“牛王”参赛。

20 日至 21 日 县委、县政府召集农业、林业、扶贫、水利等相关部门开展抗旱工作专题研究会议，成立抗旱工作领导小组，科学制定抗旱救灾工作方案。

21 日 毕节地委书记秦如培、地区行署副专员谭亚林率毕节地区党政代表团到安顺市，共商交通建设大计，在普定县签订两地关于启动赤水至望谟高速公路普定至织金段前期工作框架协议。市委书记陈坚出席座谈会。市委副书记、市长罗宁，市委常委、市委秘书长陈好理，副市长山林等陪同考察，山林主持座谈会，并代表市政府与毕节地区行署签订框架协议。

* 为期4天的“黔中酒业杯”篮球邀请赛在普定县篮球馆举行，来自普定各乡镇的13支球队及珠江啤酒队、平坝阳光公司队、平坝大龙发爆破公司队参加竞技。珠江啤酒队卫冕本次“黔中酒业杯”篮球赛冠军。

* 县委中心组集中学习《中共中央国务院关于加大统筹城乡发展力度进一步夯实农业农村发展基础的若干意见》（中发〔2010〕1号）、《中共中央办公厅国务院办公厅转发〈中央政法委员会、中央维护稳定工作领导小组关于深入推进社会矛盾化解、社会管理创新、公正廉洁执法的意见〉的通知》（中办发〔2009〕46号）。

* 市委、市政府批准《普定县人民政府机构改革方案》。

22 日 全县抗旱救灾动员大会召开。

* 普定县召开茶叶、经果林种植抗旱促收紧急动员大会。在城关镇青山经果林造林点和化处镇张家村茶叶种植点开展抗旱试点示范活动。

22 日至 23 日 由县委、县政府主办，县文体广局、民宗局承办的“穿洞之光”民族民间文化展演在西门广场举行，来自全县11个乡镇的100余支民间文艺队参加。

23 日 普定“穿洞之光”新春书画摄影展举行。展出书画、摄影作品130余件。

* 县长庞琨，县委常委、副县长刘周高到市委汇报普定县水电站库区移民安置遗留问题。

24 日 普定县召开垃圾填埋场建设专题会议，确定招标代理单位。

24 日至 25 日 由中共安顺市委宣传部、中共普定县委、普定县人民政府主办的“华荣杯”全市第二届屯堡花灯大赛在中国民间文化艺术之乡马官镇举行。市委常委、宣传部长颜学丽，副市长张宜微，市政协副主席贺未泓，县人大常委会主任杨崇刚，县长庞琨，县政协主席徐天成等出席开幕式。来自西秀区、镇宁、紫云及普定的74支代表队参加比赛。马官镇马堡农民艺术团表演的《携手共建新农村》和《踩倒妹小脚》分别获金扇奖和金灯奖。

25 日 普定县召开治理工程建设领域突出问题工作推进会。

* 全县工矿企业复工复产既电煤保障工作会召开。

26 日 市委书记陈坚，市委副书记张力，市委常委、市委秘书长陈好理，副市长山林深入普定县农业生产一线，实地查看旱情，指导抗旱工作。

26 日至 27 日 普定县举办灯谜竞猜活动，共设各类灯谜3000余条。

2 月 市林改办组成验收组对普定县集体林权制度主体改革进行检查验收。普定县作为安顺市首个迎检的林改非试点县，以98.4分的综合评分通过验收，首家完成集体林权主体改革。

* 普定县举行“扬正气，促和谐”廉政公益广告进机关、进农村、进社区、进家庭、进学校、进企业巡回展。

* 普定县古建筑群4处、近现代重要史迹1处等列入市人民政府公布第三批市级文物保护单位。截至2010年2月末，全县文物保护单位29处，其中国家级1处、省级3处、市级7处、县级18处。

3 月

1 日 县委书记王跃、县长庞琨率相关部门负责人到龙场乡、马场镇、补郎乡、猫洞乡、白岩镇，深入田间地头查看旱情。

＊　普定县召开第十五届人大常委会第二十七次会议。会议听取和审议县人民政府工作报告（讨论稿）；审议全县2009国民经济和社会发展计划执行情况与2010国民经济和社会发展计划（草案）报告；审议全县2009财政预算执行情况及2010财政预算（草案）报告；听取和审议县人大常委会工作报告（讨论稿）；听取和审议全县第十五届人民代表大会第五次会议议程（草案）。

＊　全县抗旱救灾紧急工作会议召开。

2日　副市长山林到普定处理水电站库区移民问题。

＊　县直机关干部职工捐款支援抗旱救灾，当日上午收到捐款93988元。

＊　普定县水电站库区移民上访处置工作会议召开。

＊　普定县部署南方石化勘探开发公司赴普开展油气勘探工作相关事宜。

3日　县长庞琨率经贸、环保、城建等部门负责人到龙潭耐火材料厂、金铭型材厂、嘉琪水泥厂、超宇水泥厂、县城中心大道延伸段建设工地和龙场乡打磨冲煤矿等企业了解节后生产情况。

＊　全县地税工作会议召开。

＊　省法院法警总队队长吴洪胜到县法院检查办案工作区建设情况。

4日　市委常委、市纪委书记李志强到白岩镇调研。

＊　市人大常委会副主任、县委书记王跃到猫洞乡贵丰生态园、鹏飞茶叶专业合作社、新民村茶叶协会专题调研茶产业发展。

＊　省国土厅、市国土局专家到马官镇确定地质勘查点。

＊　市教育局成人与职业教育检查组到普定县教育培训中心检查，对职业教育办学作指导。

5日　中共普定县第十届纪律检查委员会第六次全体会议召开。会议回顾总结2009年全县党风廉政建设好反腐败工作，部署2010年工作任务。

＊　普定县举行庆祝“三八”妇女节竞技活动，县委副书记胡晓兰、县人大常委会副主任徐家英、副县长刘敏、县政协副主席杨敏及100余名妇女参加竞技活动。

6日　安顺市首次“两项制度”衔接试点工作产业发展培训会在普定县白岩镇双坑村召开，市、县相关部门负责人及双坑村村民代表100余人参加。

8日　副市长山林调研普定县水电站库区移民遗留问题。

＊　省扶贫办巡视组到白岩镇检查“两项”制度落实情况。

＊　普定县召开茶青收购加工座谈会。

8日至11日　政协第八届普定县委员会第五次会议召开。来自全县的163名政协委员出席会议，20余名特邀代表、42名列席人员列席会议。市政协副主席何志习，市委统战部副部长伍明芹，县委书记王跃、县人大常委会主任杨崇刚、县长庞琨以及县四大班子其他领导出席开幕式。县政协副主席陈兴华向大会作政协第八届普定县委员会常务委员会工作报告，县政协副主席熊光辉作政协第八届普定县委员会常务委员会关于八届四次会议以来提案工作情况的报告。会议审议通过中国人民政治协商会议第八届普定县委员会第五次会议关于提案审查情况的报告、中国人民政治协商会议第八届普定县委员会第五次会议决议。

9日　普定县水电站移民维稳工作会议召开。

9日至12日　普定县第十五届人民代表大会第五次会议召开。会议应出席代表202名，实际到会代表198名。与会代表认真听取和审议县政府工作报告、2009年国民经济和社会发展计划执行情况与2010年国民经济和社会发展计划草案报告、2009年财政预算执行情况及2010年财政预算草案报告、《普定县人民代表大会常务委员会工作报告》、《普定县人民法院工作报告》、《普定县人民检察院工作报告》。

10日　市扶贫办到普定调研扶贫开发工作。

11日　省编委办副主任陈玉芬到普定征求《贵州省机构编制委员会办公室关于乡镇机构改革的指导意见（草案）》的意见建议。

＊　以市政府督查室主任曾德虎为组长的市委、市政府考核考评组，对普定县2009年度经济社会发展主要指标完成情况进行考核考评。

＊　由市发改委、农业局、林业局、水利局、畜牧局等部门专家组成的石漠化试点工程验收组，对普定县石漠化综合治理试点工程进行年度验收。

＊　根据黔人通（2008）328号文件和安市人登（2010）6号文件《关于普定县政府事业单位及部门所属事业单位参公登记的批复》，县城建监察大队52名干部职工全部纳入参照《公务员法》管理。

12日　省财政厅到普定县马官镇举办农村财会人员财政支农政策培训。

＊ 普定县马官镇组织 50 名有丰富跳戏经验的“土专家”召开屯堡地戏发展研讨会。

＊ 全县“村村通”广播电视建设工程会议召开。

13 日 全市茶产业工作现场会在普定县召开，市农委主任郭昌华，县领导刘周高、苏远平出席。

＊ 市政法委检查组到马官镇检查综治维稳工作。

14 日 普定县在县城西门广场举行“3·15”主题宣传活动，县政协主席徐天成、县人大常委会副主任徐家英等到现场指导，宣传部、工商局、文体广局、公安局、农业局、烟草公司等 20 余家成员单位负责人参加宣传活动。

15 日 县长庞琨到化处镇视察旱情，指导抗旱工作。

＊ 全县 2010 年消防工作会议召开。会议传达 2010 年全县社会消防工作实施意见，通报 2009 年社会消防目标考核情况，对全县 2009 年度社会消防先进单位和个人进行表彰，签订 2010 年社会消防目标责任书。

＊ 全长 33 公里的“化朵”（化处至朵贝）公路播仁至戛打段开工建设，县长庞琨出席开工典礼。

＊ 中共普定县委建立警示诫勉工作联席会议制度。

16 日 县委出台《关于进一步加强惩治和预防腐败体系建设的实施意见》。

17 日 全县地氟病防治会议召开。

＊ 《普定县关于强化纪检监察机关应对突发事件（事故）职能作用的实施意见》出台。

18 日 省农科院专家为普定县城关镇陈家寨村送来 40 亩地的抗旱辣椒新品种。

＊ 预师三团官兵到普定县马官镇长坡村，帮助群众打井抗旱。

＊ 县政府召开全县煤矿驻矿员工作会议。

20 日 全县抗旱救灾工作会议召开。

截至 20 日 普定县多渠道筹集资金 748.79 万元用于抗旱救灾。

21 日 市人大常委会副主任、县委书记王跃到猫洞乡抵挡村、吭州村，猴场乡猛架小学，补郎乡等灾区视察指导抗旱工作，看望坚守在抗旱一线的干部群众，为灾区群众送去救灾物资。

22 日 全县土地开发利用专题汇报会召开。

＊ 对全县 317 个行政村村干部 2009 年工作进行业绩考核。

22 日至 23 日 县长庞琨率县政府办、人武部、发改、水利、农业、林业、气象、消防等部门负责人，到鸡场坡乡、城关镇、龙场乡视察旱情指导抗旱，并查看鸡场坡乡、城关镇炮点建设情况，协调落实龙场乡英子村人饮工程建设。

23 日 普定县水电站库区移民维稳工作会议召开。

＊ 市新增中央投资项目建设领导小组到普定检查指导工作。

＊ 市经贸委到普定检查冬季安全生产专项行动开展情况。

24 日 市人大常委会主任何述祥率市交通局、市发改委等部门负责人到猴场乡老甲寨村调研。

＊ 市委常委、副市长王廷恺到普定县调研水电站移民遗留问题。

＊ 上海乳腺疾病专家刘幼玉到普定县人口和计划生育妇幼保健中心开展“乳腺疾病知识”专题讲座。

＊ 省军区工兵团 10 余名官兵在团长李刚带领下，赴普定县白岩镇、猫洞乡开展抗旱救灾工作，为 1 万余名村民送去 1200 桶纯净水。

＊ 贵州煤监局、盘江煤监分局对红岩煤矿安全设施设计进行审查验收。

＊ 在安顺市“大旱无情·人间有爱”抗旱救灾募捐晚会上，普定县现场举牌捐赠 56 万元。

＊ 县人大常委会主任杨崇刚到坪上乡检查抗旱工作。

＊ 全县抗旱救灾信息报送工作会召开。

24 日至 4 月 1 日 县人口和计划生育妇幼保健中心对县城辖区内幼儿园开展春季健康体检工作。

25 日 省移民局局长王运政、副局长陈万桥，市长罗宁、副市长山林等率市移民局、市公安局等单位对引子渡、梭筛电站移民提出诉求进行现场解释和答复。

＊ 省农委抗旱保春耕调研指导工作组到普定开展调研和指导抗旱工作。

26 日 全县领导干部大会和抗旱救灾工作紧急会议召开。

＊ 全县农村工作暨抗旱救灾工作会议召开。

＊ 县委常委、纪委书记吕恩华组织人员为猫洞民族中学 900 余名师生送去 6 吨饮用水。

＊ 普定县旱育秧集中育苗现场会在马官镇号营村召开。

27 日 县政协主席徐天成，县委常委、副县长秦占奎、黎廷宇，县人大常委会副主任张明友、徐家英到补郎乡督导抗旱救灾及春耕生产工作。

28日　市人大常委会副主任、县委书记王跃率县水利局、农业局负责人到化处镇视察抗旱救灾工作，为沙包小学送去2000余瓶矿泉水。

*　全县抗旱保春耕紧急工作会议召开，市农委副主任齐维学出席。

29日　县长庞琨率发改、农业、水利、农办等部门负责人，到龙场乡、马场镇、鸡场坡乡指导抗旱救灾工作。

30日　全县降了一场难得的春雨，对严重的旱情及森林火险起到一定程度缓解。

*　全县深入学习实践科学发展观活动总结大会召开，市委第二巡回检查组组长李宏到会指导。

*　市编办到马官镇荷包村联系党建扶贫工作。

*　全县烟叶生产抗旱工作会议召开。

31日　县委中心组集中学习《中国共产党党员领导干部廉洁从政若干准则》、《胡锦涛、贺国强同志在第十七届中央纪律检查委员会第五次全体会议上的讲话》等内容。

*　县长庞琨到补郎乡检查抗旱救灾工作。

*　历经两天两夜，行程千里，青岛市邦家租赁服务有限公司向普定县猫洞乡赠送价值8万元的50吨矿泉水。

*　省移民局、贵阳水利勘测设计院、市移民局调研组调研普定县水电站移民遗留问题。

*　省教育厅抗旱救灾工作检查指导组到普定县猫洞中学、白岩中学检查指导学校抗旱救灾工作，并当场支持猫洞中学抗旱救灾资金3万元。

*　省发改委投资处到普定循环经济工业基地调研，并到坪上乡、补郎乡、白岩镇指导抗旱救灾工作。

4月

1日　市新增中央投资、工程建设领域突出问题专项治理工作领导小组到普定检查工作。

*　全县民政暨殡葬改革工作会议召开。

2日　市人大常委会副主任、县委书记王跃送矿泉水到坪上乡沙戈、硝硐2所小学。

*　贵州好一多乳业有限公司到龙场乡索桥村考察选点，拟建存栏500头奶牛养殖基地。

*　普定县在东华山烈士陵园举行悼念革命烈士活动，市人大常委会副主任、县委书记王跃在悼念仪式上讲话，县长庞琨主持悼念仪式。

*　召开县城中心大道开发建设相关事宜会议。

3日　市农委主任郭昌华到普定县城关镇新街村、猫洞乡柯拖村视察旱情，指导抗旱保春耕工作。

*　县长庞琨接受中央电视台到马官镇号营村采访抗旱保春耕工作情况，当日中央电视台午间新闻栏目播出。

*　县委常委、纪委书记吕恩华为猫洞乡受重灾的抵挡村、吭州村780户3000余名群众送去20余吨饮用水。

*　县委常委、政法委书记、公安局长严俊到马官镇上堡村指导抗旱救灾工作，并看望慰问正在打井的地质队员及群众。

4日　北京国防科技大学专家组到普定县鸡场坡乡缺水最为严重的那兑村长冲组，现场为群众宣讲抗旱期间饮水安全及卫生知识。

*　普定县预防森林火灾共建绿色家园文艺宣传巡回演出在西门广场举行。

5日　县长庞琨为化处镇沙包、米润、腊柳等小学500余名学生送去75件矿泉水，鼓励学生勇于面对困难，努力学习。

6日　市妇联主席李朝华、县委副书记胡晓兰，将4.5万瓶矿泉水送到城关镇长田村。

*　全县第二季度安委会（扩大）会议召开。

*　县长庞琨、市烟草局副局长郭毅到猴场乡开展抗旱救灾并现场办公。

*　全县2010年卫生工作行风建设暨基本公共卫生服务均等化项目启动会召开。

*　县政府召开土地卫片执法检查工作会议。

7日　贵州农经网、省气象局、贵州移动公司为白岩镇薛家村送去矿泉水近5000瓶，并把贵州农经网的信息大篷车开到村里，对村民进行科技培训。

*　县委副书记胡晓兰率县扶贫办、经贸局负责人，到城关镇下大坝村、龙场乡大坝村检查指导抗旱救灾工作。

*　县委常委、常务副县长杨波到龙场乡，就抗旱保水工作进行调研。

*　《安顺日报》采访组到城关镇、马官镇、化处镇、龙场乡采访抗旱救灾工作。

8日　农业部抗旱保春耕科技服务贵州分团在农业部科技发展中心副主任、团长聂善明带领下，对普定县抗旱保春耕进行科技培训。

* 省总工会党组书记、副主席姚亚非，省总工会党组成员、省党建扶贫工作队队长杨再春等到普定县猫洞乡开展党建扶贫工作调研。

* 市委副书记、市长罗宁率市农委、扶贫、畜牧和涉农金融单位负责人深入昌伟养殖场调研。

* 市政协主席韦林到普定县调研抗旱救灾工作。

* 全县“四创”工作推进大会召开。会议通报 2009 年整脏治乱工作情况，传达《安顺市“三创”工作责任追究办法》。

* 县人大常委会主任杨崇刚率建设系统到坪上乡，捐赠抗旱救灾款 59640 元，为 42 户五保户和孤儿解决每户 200 元的水网串家管、水表等费用。

* 县红十字会把江苏省苏州市红十字会捐赠的 10 吨矿泉水分送到坪上乡、马场镇饮水困难群众手中。

* 全县工程建设领域专项治理工作会议召开。

* 湖南高尔夫考察团到青山公园考察。

9 日 省人大常委会副主任顾久到普定县马官镇开展屯堡文化遗产保护条例立法调研。

* 市政协副主席何志习、县政协主席徐天成、市圣泉饮用水公司经理尹建发、红十字会代表及 10 余名武警官兵到猫洞乡月亮、吭州 2 村，为群众送去 1000 桶纯净水。

* 省委宣传部团支部、贵州信息港团支部到普定县化处镇戛打、腊柳和沙包 3 所小学赠送价值 1 万余元的电脑等办公设备、文化体育用品及 120 件矿泉水。

* 省总工会到普定调研工会固定资产及企业工会工作情况。

* 市总工会主席张慧芳到普定县猫洞乡、白岩镇进行救灾帮扶，捐款 2 万元。

* 县政府召开会议，专题部署电煤供应工作。

* 全县第二季度消防联席会议召开。

* 全县铁路护路联防第 15 轮承包总结表彰暨第 16 轮承包工作会议召开，市铁路护路办常务副主任吴旭出席会议。会议对全县铁路护路联防第 15 轮承包工作进行总结，就第 16 轮承包工作进行安排部署，签订铁路护路联防第 16 轮承包工作目标责任书，表彰马官镇综治办等 7 个先进集体和汪启祥等 12 名先进个人。

* 城关镇二小特邀深圳再东文化传播有限公司心灵感恩教育讲学团到校开展感恩教育宣讲。

10 日 省委宣传部团支部、贵州信息港团支部与县宣传文化系统干部职工开展“立足机关、情系基层、重在执行”主题座谈会。

* 全县计妇资源整合工作会议召开。

* 国电安顺发电有限公司向马官镇杨柳、湾河、太平 3 村捐赠 10 台抽水机、300 升柴油、抽水管子、阀门等抗旱设施设备。

11 日 全县 2010 年抗旱救灾促进就业专场招聘会在西门广场举行，县长庞琨主持，市人大常委会副主任、县委书记王跃，县政协主席徐天成等出席。市人力资源和社会保障局局长罗锡明到现场作指导，西秀区、开发区、镇宁县、关岭县等县区人事劳动和社会保障局负责人应邀带队参加。

* 普定县组织开展“城市化与健康”主题活动，展出展板 20 余块，发放宣传资料 1 万余份，出动宣传车 10 余辆，义诊 200 余人次。

12 日 由省林业厅副厅长沈晓春任组长的省政府督查组到普定县督查抗旱救灾及春季农业生产工作。

* 全县农村危房改造“整县推进”工作启动大会召开。

* 第十五届县人民政府第四次廉政工作会议召开。

* 全县“五五”普法总结验收暨“法制县”创建活动动员大会召开。

* 县政协主席徐天成到猴场乡民族煤矿调研安全生产工作。

* 县消防大队组织官兵到白岩镇十二营等村送水 3 车 16.5 吨。

13 日 市委副书记张力到普定县调研指导抗旱救灾工作。

* 全县 2010 年教育工作暨县一中申办省级示范性高中工作会议召开。

* 县政协主席徐天成率部分政协委员，就普定县水利工程、农发项目建设及抗旱救灾等工作进行视察。

* 普定县组织工程建设领域突出问题专项治理领导小组成员单位、项目建设单位负责人及县纪委监察局全体干部职工集中收看《重药治顽症》专题片。

* 武汉市捐赠的 11052 瓶矿泉水由坪上乡民政工作人员分发给硝硐和果陇片区中心小学。

＊ 县公安局法制室党支部、补郎派出所党支部全体党员和武警中队官兵捐资1500元，购买60箱1440瓶矿泉水，送到补郎小学师生手中。

14日 县长庞琨深入西秀制药厂、黔中酒业、维德斯医疗器械制造厂、闽光电石有限责任公司、金铭实业有限公司等工业企业调研。

＊ 天龙山寺筑路修庙工程开工典礼仪式在马官镇下坝村举行，来自毕节、六盘水、安顺等各界人士参加开工典礼，并现场捐资献爱心。市佛教协会会长上通下瑞大和尚、县劳促会会长刘兆奇为工程开工奠基。

截至14日 全县投入抗旱救灾资金达1333.43万元，其中中央、省级投入311.5万元，市级投入143万元，县级财政投入147.4万元，群众自筹671.6万元，社会捐赠59.93万元，临时解决20万人口、5.9万头大牲畜的饮水困难。

15日 贵州亿通投资担保有限公司等贵阳市企业界爱心人士到普定县部分学校开展送水活动，捐赠瓶装矿泉水30吨2300余件。

＊ 市民委主任杨晓曼及市编办领导到马官镇荷包村开展帮扶工作，为该村送去抗旱慰问资金5000元。

＊ 县工商联代表县非公经济企业组织运水车4辆、运水3.6吨为龙场乡沙子村群众排忧解难。

＊ 普定召开迎接省“三项检查”工作会议及重点工程建设领域工作汇报会，就危房改造、廉租房、中心大道、垃圾填埋场、污水处理厂等重点项目建设提出要求。

16日 在2010年第十七届上海国际茶文化节上海茶业·茶乡旅游博览会上，普定县选送参赛的“朵贝御峰”、“绿茶·扁型”、“绿茶·卷曲型”获“中国名茶”评选3项金奖。

＊ 全县2010年宣传思想工作会议召开，会议就2010年全县宣传思想工作进行安排；通报全县农村宣传文化阵地建设管理使用情况；对2009年全县宣传思想工作先进乡镇、“整脏治乱”专项行动先进集体，《普定》报、普定县广播电视台优秀通讯员进行表彰。

＊ 全县金属、非金属矿山关闭工作会议召开。

18日至20日 天津市河东区委组织部到普定县进行为期5天的考察，县长庞琨等领导参与座谈。

19日 省政协副主席、九三学社主委刘鸿庥在九三学社贵州省专职副主委姜刚杰、秘书长张伟云，市政协主席韦林，副主席、九三学社主委贺未泓，县政协主席徐天成等陪同下，到化处镇沙包村帮助群众开展生产自救，为993名群众发放矿泉水6951瓶、方便面20853袋，并捐赠现金2万元。

＊ 全县2010年人事劳动和社会保障工作会议召开。

20日 市委常委、常务副市长杨梦龙，市长助理王婷，市教育局局长陈新芽到化处镇调研农村基础教育设施建设。

＊ 以市委宣传部副部长郑汝林为组长的检查验收组对普定县“五五”普法工作进行检查验收。

21日 经省直党建扶贫工作队联系，中铁五局向普定县捐赠抗旱救灾资金40万元和33600瓶矿泉水。省总工会副主席程安，省总工会党组成员、经审委主任、省直党建扶贫工作队队长杨再春，中铁五局工会副主席王敏华，县人大常委会主任杨崇刚、县长庞琨等出席捐赠仪式。

＊ 中国人寿贵州分公司抗旱扶贫暨中国扶贫基金会“甘霖行动”安顺捐赠仪式在普定县白岩镇举行，为该镇500名贫困学生捐助9万元。

＊ 市政法委检查组到马官镇检查社会治安排查整治工作。

21日至23日 武警安顺市支队100余名官兵到化处镇与群众一道种植茶叶200余亩。

22日 县领导王跃、庞琨、刘周高、齐毅、黎廷宇、苏远平等到朵贝茶基地，对武警官兵进行慰问，并送去猪肉、矿泉水等慰问品。

＊ 省农委调研组到普定调研巩固退耕还林成果专项规划相关项目建设情况。

＊ 市安监局到普定指导安全生产大检查工作，并对安监局机构改革“三定方案”拟订进行调研。

＊ 县长庞琨到白岩镇、猫洞乡就企业安全生产工作进行调研。

23日 省安全生产督查组到普定检查安全生产工作。

＊ 全县2009年返乡农民工创业总结暨表彰会召开。

＊ 省、市农村信用联社负责人将普定县在云南创业务工人员自发为家乡筹集的抗旱救灾款6330元，送到鸡场坡乡那芮村群众手中。

25日 中央新增投资扩大内需第14检查组到

普定县，就扩大内需促进经济增长政策落实及治理工程建设领域突出问题工作情况进行专项检查。

* 中科院、省发改委、省科技厅专家组到普定城关镇陈家寨村、陈旗村调研石漠化治理情况及观测示范站工作。

* “多彩贵州踏春行”大型采访活动到普定县循环经济工业园，对园区内的华宇轻质建材有限公司、超宇水泥有限公司、国电安顺发电有限公司进行采访。

26 日 省扶贫办“两项制度衔接”交叉检查组到白岩镇双坑村检查验收工作。

27 日 省总工会党组成员、机关党委书记朱永安到普定调研工会组建、职工培训、公益性人员安排、组织覆盖等工作。

* 普定县电站库区移民工作会议召开。

* 县长庞琨、副县长刘和邦率安监、煤炭、财政、经贸、交通等部门负责人到坪上乡煤管站、金鑫煤矿，鸡场坡乡长兴、普盛、莆和煤矿、向荣矿业，马场镇煤管站、大坡煤矿，龙场乡莆龙煤矿检查安全生产，就煤炭税费征收工作进行调研。

* 县公安局被中华全国妇女联合会及全国维护妇女儿童暨平安家庭创建协调组表彰为“全国维护妇女儿童合法权益先进集体”。

* 举行 2010 年全县干部理论学习考试。全县各级党政机关、企事业单位、人民团体在职干部职工、学校教职员工，中央、省、市驻县单位干部职工 7000 余人参加考试。

* 县烟草局为鸡场坡乡那构村、红岩村送去抗旱救灾抽水水管 1650 米、电线 300 米。

28 日 省政协经济委员会副主任赵松恒到普定县循环经济工业基地调研。

* 省、市安全检查组检查普定县安全生产工作。

* 普定县 2010 年度防汛抗旱工作会议召开。

* 全县第六次人口普查暨第二次经济普查总结表彰会召开。

* 全县“院财局管”、医药卫生体制（基本药物制度）改革工作会议召开。

* 城关镇二小组织开展“情系玉树，奉献爱心”抗震救灾活动，募集到师生及部分社会爱心人士捐款 6087 元。

29 日 县长庞琨主持召开县机构编制委员会会议。

* 普定县首家由返乡农民工创办的劳保用品厂在县印刷厂开业。

30 日 普定县政法工作会议召开。会议总结 2009 年全县政法及信访工作，安排部署 2010 年工作；通报 2009 年度各乡镇政法综治维稳反邪教工作目标考核情况，对钟忠等 37 名见义勇为先进个人和县委办等 5 个社会治安综合治理先进单位进行表彰。

* 县烟草局到白岩镇金叶希望小学，为学生们送去员工捐赠的矿泉水 50 件。

4 月 全县矿山储量动态监测管理工作会议召开。

5 月

1 日 县委、县政府成立以县委常委、副县长刘周高为组长，县纪委、组织部、县委办、县政府办为成员的联合督查组，对全县 11 个乡镇春耕生产及地质灾害监控工作进行督查。

4 日 市移民办到普定调研黔中水利枢纽工程工作进展情况。

* 县交警大队在县城 6 所学校的 9 个主要交通路口开展交通秩序维护和安全保畅工作，纠正违停车辆 60 余辆次。

4 日至 5 日 普定县白岩中学开展纪念“五四”运动 91 周年暨人口文化进校园系列活动。

5 日 省直目标办主任廖冀翔率省政府第六次人口普查第一督查组到普定县督查人口普查工作。

* 省农工委委员、省农委党组成员、省纪委农工委书记胡红霞到普定调研蔬菜生产。

* 国家开发银行贵州省分行考察普定农村危房改造相关贷款事宜。

* 市财政局到化处镇张家村查看该村基础设施建设及公益事业建设情况，现场解决“一事一议”财政补助 12.6 万元完善该村基础设施建设。

* 普定县学校、幼儿园及周边治安环境秩序整治会议召开。

6 日 全县工程建设领域突出问题专项治理排查专题会议召开。

* 全县精神病患者调查及维稳工作会议召开。

* 县劳促会到鸡场坡乡，就农村富余劳动力引导转移就业等进行调研。

7 日 黔中水利枢纽普定县境内工程建设启动。

* 全县学习实践活动办公室工作总结座谈会召开。

* 全县旱灾夏接秋缺粮需救助调查工作会议召开。

10日 以市政协原副主席杨冠奕为组长的市委勤政廉政巡视组对普定县坪上乡勤政廉政建设工作进行巡视。

* 市政府调查组到普定调查超宇、金鼎两家企业矛盾纠纷问题。

11日 市委常委、常务副市长杨梦龙率市政府办、发改委、工信委、政务局、工商局、国税局等市直相关部门负责人到普定县，就普定循环经济工业基地建设情况进行调研。

* 县委常委会决定对全县11个乡（镇）村镇建设管理所人员编制管理问题重新进行规范，核定27名事业编制纳入财政全额预算管理。

* 副县长刘和邦主持召开县人武部征地遗留问题协调会，要求依法保障群众的合理诉求。

11日至15日 《普定年鉴》编辑出席在山东省济南市举行的第十二届全国年鉴学术年会。

12日 省移民办、市移民办、普定县委、县人民政府就处理引子渡电站猫洞乡库岸失稳问题召开协调会议。

* 普定电站库区移民处理遗留问题工作座谈会召开，省移民局局长王应政出席会议并讲话。副市长山林、市移民局、市农委、市水利局、市民政局、市发改局、市财政局负责人及县领导王跃、庞琨等参加。

13日21时40分 猫洞乡远洋煤矿发生1起煤与瓦斯突出事故。市委、市政府，县委、县政府迅速启动两级应急预案。市委书记陈坚，市委副书记、市长罗宁，市委常委、副市长王廷恺，市人大常委会副主任、市总工会主席、县委书记王跃，副市长罗荣彬，县长庞琨等领导及相关部门负责人第一时间赶赴现场，组织指挥救援。省委书记、省人大常委会主任石宗源，省委副书记、省长林树森，省委常委、省委秘书长张群山立即作出重要指示，要求争分夺秒、全力以赴，尽最大努力抢救井下被困人员，认真做好善后工作，查清事故原因，总结教训，切实加强安全生产工作。副省长孙国强立即率省政府办公厅、省安监局、省煤监局、省监察厅、省能源局、省总工会等有关部门负责人赶赴事故现场。为深刻吸取这次事故教训，加强全县安全生产工作。14日，全市煤矿安全生产紧急现场会议在远洋煤矿召开。15日，全县煤矿安全生产现场会在猫洞乡召开。20日，全县部署煤矿安全生产检查相关工作。21日，召开全县“5·13”煤与瓦斯重大责任事故警示暨作风教育整顿大会，会上传达市委、市政府关于进一步加强安全生产的通知；宣读“5·13”重大责任事故问责决议和“5·13”相关人员任免职务的通知，猫洞乡、鸡场坡乡、县纪委、组织部、安监局、煤炭局、长兴煤矿等分别作表态性发言。25日，全县“5·13”事故煤矿停产后复工复产工作会议召开，要求县相关部门、煤矿企业按煤矿安全生产规程开展全面检查，加强内部安全生产监管，切实担负安全生产主体责任。6月29日，全县安全生产委员会紧急（扩大）会议召开。9月26日9时48分，猫洞乡远洋煤矿因不具备安全生产条件被炸封关闭。副省长孙国强亲临炸封现场。

14日 省教育工委副书记、省教育厅党组副书记陈光文深入普定县新房小学、化处中学、欣蕾幼儿园、化处小学检查指导学校、幼儿园安全工作。

* 省法制生活报社、市政法委到化处镇慰问“和谐之家”。

* 全市农村危房改造工程现场会在普定县召开，副市长罗建强、市长助理王婷出席。

* 县红十字会携黔发家私在县城西门广场开展“全友”心连心情系玉树大型抗震救灾募捐义演，收到捐款5990元。

17日 县人口计生局、计生协会联合举办“责任与奉献”村级计生专干讲述暨知识竞答比赛活动。

* 县防汛指挥部组织有关部门对汛前安全生产工作进行检查。

17日至19日 由县政法委牵头，公安局、卫生局、交通局、交警大队、消防大队、城管大队、文体广局、环保局、水利局等部门抽人组成6个督查组，分别对11个乡镇学校、幼儿园及周边治安环境秩序整治工作进行督查。

18日 国家环保部成都监测中心、省环保厅和市环保局相关人员检查县城污水处理厂。

* 引子渡电站库区移民处理遗留问题工作会议召开。

* 全县以工代赈项目督促会召开。

19日 普定县马官中学举办首届校园文化艺术节。

20日 普定县成立引子渡水电站移民遗留问题清理核查工作组。

21日 全县创先争优活动和践行宗旨教育动员部署会议召开。

* 市委宣传部社科联社调研组到马官镇调研农村思想建设工作。

21日至23日 普定县举行第二批县级中小学骨干教师第一阶段集中培训。

22日 普定县引子渡电站移民工作处理遗留问题调查复核工作组第一次会议召开。

23日14时39分许 中铁二局黄织铁路项目部1辆架桥机在黄织线16KM+160M（普定段）处铺设轨道时发生侧翻，致5人死亡、3人受伤。市委书记陈坚，市委常委、常务副市长杨梦龙，副市长罗荣彬、张宜微到事故现场处置，并到医院看望受伤人员。

* 化处镇举办以“宣传人口计生政策、建设和谐美好化处”为主题的纪念计生协会成立30周年暨《公开信》发表30周年文艺汇演。

24日 县长庞琨到马场镇、鸡场坡乡调研农业生产工作。

* 县公安局交警大队与教育部门组织全县校车驾驶员及校方负责人开展交通安全教育活动。

24日至25日 鸡场坡中学举办以“人口·环境·家园”为主题的首届校园文化艺术节。

25日 省水利厅专家马明先、潘秋林等到普定县，就猛登水库除险加固工程之溶洞建设方案进行检查指导。

* 县长庞琨，县委常委、常务副县长杨波率县综治、教育、公安、安监及城关镇有关负责人，深入城区中小学、幼儿园检查校园及周边治安环境秩序整治工作。

* 全县2010年重点传染病防控及妇幼卫生工作会议召开。

26日 全县“四创”志愿服务行动启动仪式在县城西门广场举行。

27日 县第十五届人大常委会第二十八次会议召开。

* 市妇儿工委成员单位负责人到化处镇水母小学慰问，送去图书和体育用品。

* 全县电网建设改造工作会议召开。

28日 县委中心组专题学习干部选拔任用工作四项监督制度。

* 县委常委、副县长刘周高及相关部门负责人出席育英幼儿园20周年庆典活动。

* 普定县召开2010年地氟病防治工作会议，对地氟病防治项目实施工作进行安排部署。

29日 省交通厅到普定检查普安高速公路建设情况。

* 县公安、城建、工商、计生、水利、农业、畜牧、整治办等单位联合在西门广场开展社会治安综合治理宣传活动。

30日 普定水电站移民遗留问题清理核查工作组成立，12个调研工作组就普定电站库区和移民区的经济社会发展情况进行调研。

31日 由省防汛办常务副主任赵云等组成的验收组，到普定县就山洪灾害防治试点项目工程进行验收。

* 全县2010年度人口计生半年形势分析暨第三季度调度会召开。

* 县委副书记胡晓兰率县妇联、团县委负责人到城关镇地坝小学慰问，为26名留守儿童、1名孤残儿童、13名贫困儿童送去价值4000余元的书包、文具盒、雨伞、笔记本等，送学校价值3000余元的象棋、电子琴、跳绳等。

* 全县2010年高考、中考工作会议召开。

* 全县粮油保供稳价工作会议召开。

5月 以市财政局副局长吴强为组长的市检查验收组对普定县便民利民党务政务综合服务中心（站、点）建设工作情况进行检查验收。

6月

1日 省长助理郝嘉伍率黔中水利枢纽工程建设局、省水利水电勘测设计研究院、省移民局负责人到普定县调研黔中水利枢纽工程灌区工作。

* 市打击煤矿安全生产非法违法违规行为专项行动检查组到普定检查工作。

* 化处镇人口早期教育及独生子女培养工作示范点在欣蕾幼儿园正式揭牌。

2日 省政协科教委主任郭勇到普定县调研农村学前教育发展情况。市政协副主席何志习、贺未泓，县领导徐天成等陪同。调研组实地查看白岩镇阳光宝贝幼儿园、讲义育英幼儿园、县幼儿园。

* 武汉督察局建设用地检查组赴普定督察。

* 以市人大常委会副主任陈其勇为组长的调研组到普定调研《防洪法》贯彻实施情况。县领导杨崇刚等陪同。

* 市人大常委会副主任、市总工会主席、县委书记王跃到县二中、实验学校、马官中学、育英幼儿园、马官小学和地球村网吧检查校园及

周边治安环境秩序整治工作。

＊ 第二轮市直机关单位选派年轻干部到普定县乡镇帮助工作座谈会召开，来自市供销社的杨俊等8位同志及有关乡镇党委书记参加座谈。

＊ 普定县中小学生“祖国好·家乡美”经典诗词朗诵比赛活动在县职中举行。

3日 市人大常委会副主任罗定怀率执法检查组对普定县贯彻实施《消防法》情况进行执法检查。县领导杨崇刚等陪同。

＊ 普定县第九个“全国安全生产月”活动部署暨安全生产领域打非专项行动启动仪式举行，县长庞琨出席并讲话。

＊ 县禁毒大队在西秀区七眼桥镇二铺村抓获1名网上通缉特大在逃犯。

＊ 县新华书店、县教育局到龙场乡沙子小学举行资助贫困学生捐赠仪式，捐赠1批学习用品。

4日 全县农村危房改造“整县推进”工作会议召开。会议传达《贵州省农村危房改造工程党政领导干部问责办法》，通报贵阳市农村危房改造工程“整市推进”验收会精神。

＊ 县离退局组织副县级以上离退休干部集体学习中组部关于《党政领导干部选拔任用工作有关事项报告办法（试行）》、《地方党委常委会向全委会报告干部选拔任用工作并接受民主评议办法（试行）》、《市县党委书记履行干部选拔任用工作职责离任检查办法（试行）》等文件精神。县委常委、组织部长金晓明参加。

＊ 龙场小学教师骆鹏飞被安顺市社会治安综合治理委员会授予“维护社会治安见义勇为先进个人”称号。

5日 市煤矿专项督查组对普定县煤矿进行督查。

7日 全县组织工作推进会召开。

＊ 县长庞琨到化处镇播咱村、熊家林村检查农村危房改造工作。

＊ 普定县召开“稻水象甲”紧急防控会议。

8日 省农委副主任景亚翔到马官镇羊寨村就新农村试点工作建设情况进行调研。市农委副主任全胜文、县政协副主席陈兴华等陪同。

＊ 普安高速公路建设工作会议召开。会议通报普安高速公路建设进展情况，安排部署下阶段工作，明确要求施工纪律。

＊ 坪上乡沙戈片区举办安全生产知识“村为主”抢答赛，沙戈等5村群众、师生组建11个队参加。

8日至12日 市公安局治安支队、网监支队到普定县，对11个派出所大情报系统建设、应用等工作进行督导检查，慰问基层一线民警。

9日 国家开发银行总行评审三局评审组到普定调研搭建银政合作平台、支持农村危房改造相关事宜。

＊ 市人大常委会副主任、市总工会主席、县委书记王跃到白岩镇断桥村，猫洞乡木耳村、龙场村查看稻水象甲疫情。

＊ 县政协主席徐天成率部分政协委员对县一中申办省级示范性高中工作情况进行视察。

9日至10日 普定县发放出租车燃油补贴。

10日 市委常委、宣传部长颜学丽率督查组到普定县，就“四创”工作进行专项督促指导。

＊ 市人大常委会副主任、市总工会主席、县委书记王跃接受《安顺日报》、安顺电视台、安顺市人民广播电台记者采访全县“四创”工作。

＊ 市政协民族宗教界部分委员在市政协副主席何志习、贺未泓带领下，到普定县视察殡葬改革工作。县领导徐天成等陪同。

＊ 市关工委主任潘德林到鸡场坡乡对茶叶加工企业和种茶大户举办茶叶专题培训，赠送自编《安顺茶叶生产技术》读本等。

＊ 凌晨3点，补郎乡木浪村村民王朝品在村公路上收留5名离家出走女儿童。

11日 县政协第八届二十次常委会召开。

＊ 全县构筑社会消防安全“防火墙”工程暨建筑消防设施专项治理工作会议召开。

＊ 普定县出台《关于严格禁止领导干部、国家公职人员大操大办酒席的暂行规定》。在“四创”工作中，全县以整治“酒风”为载体，大力倡导健康文明节俭的社会风气。

＊ 化处镇返乡农民工褚永洪获“全国创业之星”荣誉称号。

12日 普定县创建省级双拥模范城（县）动员大会召开。

＊ 省高级法院原院长谢锦汉到县法院调查走访。

＊ 县领导庞琨等到白岩镇断桥村查看稻水象甲疫情。

＊ 市中心血站与县爱卫办联合举行世界第七个“献血日”无偿献血活动。

13日 普定县在西门广场开展“安全生产宣传咨询日”活动。活动突出“安全发展、预防为主”的主题。安监、综治、公安、消防、电力、卫生等35个安委会成员单位参与，现场发放各类安全生产宣传资料15000余份。

＊ 市政府副秘书长李猛到普定调研电煤供应工作。

18日 全县稻水象甲防控工作紧急会议召开。

19日 省财政厅到普定县马场镇检查工作。

20日 化处镇邀请高级农技师唐承成对镇政府干部，各村（居）支书、主任进行稻水象甲防治现场培训。

21日 县长庞琨到龙场乡、马场镇、鸡场坡乡、城关镇检查道路及水上交通、地质灾害防治及汛期防洪等工作。

＊ 化处镇开展铁路护路宣传活动。

22日 普定县耐火材料厂获全国模范职工小家称号，市总工会党组成员、经审委主任陈艳到耐火材料厂授牌。就困难职工帮扶中心、明达水泥有限公司、猫洞乡高龙煤矿、耐火材料厂等企业职业病危害防治、厂务公开工作进行检查。

＊ 县长庞琨到城关镇长田村检查农村危房改造建设、水上交通安全等工作。

＊ 县关工委龙海明等到坪上乡坪上中学、坪上小学、硝硐小学举办法制讲座，参加师生达1500余人。

23日 省政协副主席陈海峰、市长罗宁到普定调研教育工作。

＊ 全市“6·26”国际禁毒日精品文艺宣传活动在马官镇举行。活动以“依法禁毒，构建和谐”为主题，省公安厅禁毒总队队长、省禁毒办副主任文发祥，市委常委、市委政法委书记、市公安局局长、市禁毒委副主任周云，县长庞琨及市禁毒委成员单位负责人、县四大班子有关领导出席活动。并举行发放禁毒标识书包、禁毒万人签名、观看禁毒图片展等活动。

＊ 猴场中学举行第三届校园文化艺术节。市政协副主席何志习、市政协民族宗教社会联谊委员会主任李宏出席开幕式并参加射弩比赛开箭仪式。

23日起 普定县组织“四创”联合督查组对各单位部门和乡镇存在的群众“最不满意问题”进行督查督办。

24日 省人大教科文卫委员会主任委员李先忧到普定县，就《贵州省安顺屯堡文化遗产保护条例（草案）》征求意见和建议。

＊ 省环保厅副厅长姜平率省联合检查一组，对普定县波玉河小流域治理以及2009年新建机耕道、小水窖、引水渠、沼气池等完成情况进行检查。

24日至26日 县长庞琨到广州招商引资，洽谈黔中酒业二期项目事宜。

25日 全县“四创”工作再推进大会召开。会议传达21日全市“三创”工作电视电话会议精神，安排部署全县“四创”工作。

＊ 全县防汛抗旱工作会议召开。

26日 由县象棋协会主办、龙场乡承办的全市象棋邀请赛在波玉山庄举行。来自安顺、西秀、普定、镇宁的4支队伍40名象棋爱好者参加比赛。安顺、镇宁分别获第一、第二名。

28日 省红十字会、市政府、市红十字会参加普定县实施“央企援助基金”人畜饮水项目开工暨“春雨行动”礼包发放仪式活动，为受援群众代表发放“春雨礼包”。

＊ 全县庆祝建党89周年暨“七一”表彰大会召开。对50个“五好”基层党组织、30名优秀共产党员、10名优秀党务工作者和5名“十佳”村党支部书记进行命名和表彰。市人大常委会副主任、市总工会主席、县委书记王跃，县人大常委会主任杨崇刚，县长庞琨，县政协主席徐天成等出席。

＊ 县长庞琨，县委常委、副县长刘周高到鸡场坡乡、马场镇、龙场乡等视察洪涝灾害、水田栽插和受灾情况。

＊ 中纪委监察部命名的2010年第一批50个全国廉政教育基地之一、“市级廉政教育示范基地——普定建国中学旧址”授牌仪式在普定一中举行。县委常委、纪委书记吕恩华为普定一中授牌并讲话。

＊ 猫洞乡组织开展妇科病普查普治工作。

29日 省环保厅到城关镇陈家寨村对落实2009年度“以奖促治”政策情况、项目建设情况进行检查。

＊ 全县普通高中课程改革实验工作启动会召开。

＊ 普定县举办强化网吧管理工作培训会议，全县30余名网吧从业人员和执法人员参加培训。

30日 市环保局局长张明到安顺电厂进行排污专项检查。

＊ 普定县委党校与贵阳市委党校建立干部教育培训合作关系，决定将贵阳市委党校拓展训练中心作为普定党校干部教育训练基地之一。

30日至7月1日 市人大常委会副主任、市总工会主席、县委书记王跃，县长庞琨等率县国土、水利、民政、安监等相关部门负责人，分成4个组，赴11个乡镇对矿山、水库、河道、地灾点等进行检查，并现场安排部署地质灾害防治和汛期防洪工作。

截至6月底 全县“两税”税收总额完成262万元，比上年同期净增158万元，增幅151.92%。其中契税收入192万元，比上年同期净增89万元，增长86.41%；耕地占用税收入70万元，比上年同期净增69万元。

6月 2010年普定县1178名学生参加高考，170辆出租车参加高考直通车活动，免费接送考生。

* 县卫生局委托安顺大众招标有限公司组织1577台的省柴节煤炉招标会，让农户得到更多实惠。

* 鸡场坡乡建成人口与计划生育养老安福关爱中心。

* 龙场乡查处并取缔1家非法制造、组装易燃易爆物品气体打火机作坊。

7月

1日 市委常委、副市长王廷恺到夜郎湖检查堤坝安全工作。

* 县长庞琨到城关镇陇戛岩脚、龙飞砂石厂、青山村和城西小河检查指导地质灾害防治和县城防洪工作。

* 安顺市首个县级党建网站——普定党建网（http：//www. pddj. gov. cn）正式开通。

* 普定县“忠实践行宗旨，勤政廉政为民”暨庆祝建党89周年硬笔书法展览在县城西门广场和县委大院开展。

2日 市民委主任杨晓曼到白岩镇讲义村，开展纪念建党89周年活动。

* 县长庞琨接受《国际日报》高级记者张志鸿采访。

* 全县民族宗教工作会议召开。

* 清华大学远程——普定县“园区建设与县域发展”干部专题培训班在县委党校开班。

* 普定第四期中青班学员参与“四创”工作系列宣传活动。

3日 全县校园安全工作紧急会议召开。

* 县羽毛球协会举办“汤臣倍健”营养健康产品全县羽毛球联谊赛。

4日 普定籍艺术家袁熙坤被联合国环境规划署授予“环保艺术大师”称号，这是联合国环境署首次设立该奖项。

4日至7日 县委常委、常务副县长杨波参加上海世博会贵州馆“安顺活动周”宣传活动。

6日 省移民局调研组向引子渡库区普定移民作政策解释工作。

* 由贵州省文明办秘书组、协调组组成的检查调研组，到普定县检查2009年中央文明办、教育部、文化部赠送电脑项目和省文明办支助基层文明活动中心项目实施情况，并开展基层精神文明调研。

* 县委常委、纪委书记吕恩华为普定县第四期中青年干部培训班全体学员作如何认真学习贯彻实施《廉政准则》党课辅导。

7日 中国红十字基金会项目管理部副部长付阳、社会监督巡视员王瑄到普定县，对“央企援助基金”抗旱救灾项目落实情况进行检查。

* 县长庞琨主持召开会议，安排国家开发银行2000万元汛期地质灾害贷款项目实施工作。

8日 全县2010年村级公益事业建设“一事一议”财政奖补扩大试点工作会议召开。2010年，拟扩大选取全县11个乡镇76个村123个项目作为村级公益事业建设“一事一议”财政奖补试点，总投资2857万元。

* 县长庞琨到县城北门、城关镇天王旗村和白岩镇管大村、十二营村、薛家村普安高速公路建设工地，就房屋拆迁、安全生产等工作进行调研。

8日至9日 全县教师继续教育工程接受市级评估验收。

9日 当代贵州杂志社第四党支部全体党员到普定县开展主题实践活动。

* 贵阳勘测设计院、黔源电力公司到猫洞乡现场考察引子渡电站猫洞乡库区库岸失稳情况。

* 市编委批准设立普定县文化市场综合执法大队（普定县旅游执法大队）。

* 市安全生产“打非”检查组检查普定县“打非”工作。

* 县检察院向白岩镇魏旗小学51名特困留守儿童送去价值2000余元的书包、铅笔、文具盒、作业本等学习用具。

* 龙场乡组织开展“7·11”世界人口日宣传活动。

＊ 审核全县 317 个行政村村干部 2009 年工作业绩考核等次，落实奖励资金 70.68 万元。

10 日 县委常委、组织部长金晓明到鸡场坡乡果骂村烂田组实地查看灾情。

12 日 北京林业大学水保学院副院长朱清科教授、南京林业大学副校长薛建辉教授率北京林业大学、南京林业大学、内蒙古农业大学、东北林业大学、中国林科院资源昆虫研究所、中国林科院亚林所、湖北林科院、陕西省治沙研究所、贵州林科院等 10 余家科研院所的 32 位教授、专家到普定县考察退耕还林（还草）困难地造林及石漠化综合治理成果。

＊ 全县农村低保规范化建设活动推进会召开。会议传达林树森省长关于农村低保工作的讲话精神，县委常委、副县长刘周高与各乡镇及有关部门签订《2010 年度普定县农村低保工作目标管理责任书》。

＊ 城关镇举办防氟改良炉灶产品展示会，在全县率先拉开 2010 年地氟病防治项目“炉灶改革”帷幕。

12 日至 13 日 马场镇组织开展辖区内“摩托车下乡”市场专项整治。检查摩托车配件经营户 6 户，取缔无合法相关手续从事“家电下乡”摩托车配件经营 4 户，查缴摩托车零部件 3 件，机油 8 瓶，立案调查 2 户。

13 日 县农办、财政等部门组成项目小组，对 2009 年度全县农业综合开发项目进行验收。

＊ 普定县召开引子渡移民工作座谈会。

＊ 全县机构编制委员会会议召开，讨论政府机构改革实施意见（草案）。

14 日 县烟草专卖局“星期三学校”把“四创”工作搬上讲台。

15 日 全县政府机构改革工作会议召开，组织实施县级政府机构改革。市人大常委会副主任、市总工会主席、县委书记王跃作讲话，县长庞琨主持会议，县人大常委会主任杨崇刚、县政协主席徐天成、县委副书记胡晓兰等出席。县委常委、常务副县长杨波宣读《中共普定县委普定县人民政府关于普定县人民政府机构改革的实施意见》；县委常委、组织部长金晓明宣布县政府机构改革涉及县管干部任免名单。县委委员、候补委员，县人大、县政府、县政协领导班子成员，县人民检察院、县人民法院负责人，县纪委常委，县人大、县政协秘书长或办公室负责人及县人大工作委员会、县政协专门委员会负责人，县委各部办委、各人民团体主要负责人，县级国家机关各部门党政主要负责人及班子成员，县属副科级以上事业单位、县属国有企业主要负责人，各乡镇党委、政府主要负责人，垂直管理部门主要负责人，副县级以上离退休干部参加会议。

＊ 省总工会到普定县总工会进行半年工作督查和调研。

15 日起 猫洞乡组织 5 个党员干部宗旨教育活动服务队 60 余名乡机关党员和部分教师党员进村入户，开展“入民宅、查民情、知民苦、解民忧”活动。

16 日 县委中心组第四次集中学习暨县委常委（扩大）会议召开，专题学习中央和省委西部大开发工作会议精神。

＊ 副市长罗荣彬、市国土局李全绥局长到明达水泥厂检查地质灾害情况。

＊ 市中级法院党组书记、院长黄建忠到普定县法院白岩法庭、补郎法庭进行调研。

＊ 县长庞琨到补郎乡本杰村调研新农村建设工作。

17 日 市委书记陈坚率市直相关部门负责人，深入猫洞乡就引子渡电站库岸失稳情况等工作进行检查调研。

＊ 天台山杯 · 2010 安顺市山歌大赛在平坝县天龙镇举行，来自全市不同县区、不同民族的 28 队屯堡山歌、17 队布依族山歌、14 队苗族山歌、1 队仡佬族山歌和 6 队汉族现代山歌共 66 支代表队参加，普定县组织 8 支代表队参赛，分别获 2 个三等奖和 1 个优秀奖。

＊ 白岩镇一棵树村农民自发组织、自发创办的农民艺术团挂牌成立，县政协副主席李生科为艺术团成立揭牌。

18 日 鸡场坡乡利用星期天邀请安顺培军炉具有限公司、阳光贸易有限公司、百灵达新技术有限公司等商家将铁炉、电饭锅、电饭煲等地氟病防治项目产品进行展示，供广大农户自主选购，并给予补助。

20 日 省直党建扶贫工作队及黔东南州丹寨县县、乡、村三级领导干部 70 余人在省水利厅副厅长鲁红卫带领下，到普定县考察工作。

＊ 省计生委“三新”工作检查组到普定检查工作。

＊ 市人大常委会副主任王兴志率队到普定检查《中华人民共和国档案法》贯彻实施情况。

＊ 普定县举行 2010 年“三支一扶”服务期

满志愿者欢送座谈会。

* 普定县老协（老体协）工作会及现场会在城关镇天王旗村召开。

21日 县消防大队长杜吉桑率16名官兵赶赴城关镇黄家桥村，成功救助2名下水游玩被困少年。

* 龙场乡靛山村高坡组路段出现山体滑坡，5000余方土石坍塌，导致普定至马场公路中断。经县交通局公路管理人员5个多小时紧急抢修后通车。

* 由“四创”办牵头，全县文学爱好者20余人齐聚研讨创作“四创”歌词。

22日 县长庞琨主持召开2010年第三次县长办公会议，专题研究2011年项目申报和“十二五”规划编制工作。

截至22日 全县农村危房改造“整县推进”试点工程投入财政资金234.36万元，农户自筹5591.7万元。

23日 司法部派遣赴黔服务法律援助志愿者毛洪涛律师到普定开展为期1年的法律援助志愿服务。

* 国家开发银行贵州分行行长王永进和市委常委、常务副市长杨梦龙调研普定农村危房改造、循环经济工业基地建设。

* 普定县上半年经济运行情况分析会议召开。

* 普定电力公司施工人员冒着大雨抢修因山体滑坡造成10kv明达I回线路受损工作完工，及时恢复明达水泥厂的正常用电。

24日 国家林业局退耕办到普定检查工作。

26日 县政府机构改革国有资产及档案管理工作会议召开。

* 省移民局副局长陈万桥、贵阳勘测设计院和黔源电力公司负责人、市移民局局长胡震、副局长胡绪波到普定调研引子渡库岸失稳及维稳问题。

截至26日 全县7月降雨量与历年同期比较偏多54%，部分乡镇多次出现暴雨，导致部分农作物受灾，沟渠毁坏、路沿垮塌等。

27日 普定县“两项制度”有效衔接扩大试点工作暨强农惠农资金专项检查工作会议召开。市扶贫办副主任滕代刚出席。

* 县财政局开展农村综合改革暨农村综合改革政策培训，各乡镇财政所长，村党支部书记、村委会主任、报账员等180余人参加培训。培训内容涉及村级报账员业务知识、村集体经济组织会计制度、村级财务管理工作难点问题及“一事一议”财政奖补等。

28日 县科协组织三块田村蔬菜种植协会到城关镇陇嘎村，为村民培训蔬菜种植技术，指导村民科学种植。

* 省国土厅执法检查组到普定检查工作。

* 普定县“创先争优”暨“忠实践行宗旨、勤政廉政为民”活动推进会召开。

* 全县农村公路“十二五”规划审查会召开。

29日 普定县第十五届人大常委会第二十九次会议召开。会议听取和审议《普定县信用联社支持“三农”发展工作情况报告》，听取和审查《普定县人民政府2009年财政决算草案》、《普定县审计局关于2009年财政预算执行和其它财政收支审计工作情况的报告》，听取和审议县人民政府贯彻实施《中华人民共和国传染病防治法》及疾病预防控制工作情况报告，听取和审议县人民政府《关于灾后重建项目资金贷款的报告》、《关于动支预备费的报告》。

* 市纪委检查组到普定县，检查农村“三资”监管、机关行政事业单位贯彻执行中央、省、市关于厉行节约相关规定情况。

* 普定县召开2010年上半年县情通报会。

* 普定县召开第六次人口普查阶段工作会议。

30日 县四大班子领导组成两个慰问团，分别对县人武部、消防大队、太平中队、武警中队和老复退军人重点优抚对象进行慰问。

* 贵州省工商联扶贫与社会服务部、省扶贫办社会扶贫处联合到普定县龙场乡索桥村调研“村企共建”工作。

7月 市委常委、副市长王廷恺率市政府办、市防汛抗旱办等部门，赴普定水电站检查指导防汛工作。

* 县交警大队结合开展“道路交通打非”专项行动，采取宣传与整治并举方式，大力整治假牌假证、无牌无证、故意遮挡或污损车牌、不按规定安装号牌及酒后驾驶等交通违法行为。

* 县环保局、工商局、城建监察大队及“四创”办等部门联合执法，对颐景园小区的源丰酒楼油烟污染问题进行现场整治处理。

* 县检察院组织20余名干警走上街头巷尾，开展“法律宣传进万家”主题实践活动，发放法

律知识宣传单、便民卡等资料 3000 余份，现场解答法律、接受咨询 300 余人次。

＊ 化处镇为“和谐之家”建立健康档案。

8 月

1 日 普定县“四创”文艺巡回宣传首场演出在西门广场拉开序幕。

2 日 普定县 2010 年公开选拔 8 名乡科级领导干部工作正式启动。

3 日 普定县召开朵贝古茶树资源鉴选与扩繁利用研究项目启动会，中国茶科所曾建明教授、贵州省茶科所所长陈正国、安顺市茶办主任李亚林参加会议。

＊ 省发改委到普定检查中央投资项目工作。

＊ 市人大常委会副主任廖晓龙率市直相关部门负责人到普定县，就 2010 年上半年国民经济计划执行情况、财政预算执行情况进行调研。

＊ 全县第三季度安委会全体成员（扩大）会议召开。

＊ 县人大代表、政协委员、人民监督员实地视察县检察院运用“附条件不起诉”办理的 1 起滥伐林木案件。

4 日 普定县农村危房改造“整县推进”调度会在猫洞乡召开。

＊ 普定县召开 2010 年度茶产业发展工作安排部署大会。

5 日 市人大常委会副主任陈其勇率市直相关部门负责人到普定调研农业产业结构调整工作。

＊ 省委宣传部副部长周晓云到普定县化处镇化处村农民多功能信息服务站、朵贝茶文化和市爱国主义教育基地普定一中文庙等进行考察。

＊ 普定县特邀省“十二五”规划编制方面专家举办专题讲座。

＊ 普定县茶产业暨“县为单位、整合资金、整村推进、连片开发”试点工作会议召开。

＊ 县委常委、常务副县长杨波，县人大常委会副主任、县危改办主任张明友到龙场乡，实地查看岩上村集中建房点，对后续管护及配套设施提出意见建议。

＊ 全县强农惠农资金专项清理和检查工作会议召开。

截至 5 日 普定县“四创”志愿者达到 4500 名。

6 日 普定县召开“小金库”专项治理暨清理党政机关庆典、研讨会、论坛活动和干部职工借欠公款（公物）会议。

＊ 贵州天力节能科技有限公司为坪上乡送去 438 台节煤炉。

＊ 县城建监察大队对县城区饮食商铺门前油污进行集中整治。

7 日 国家发改委西部开发司巡视员张亚舟、调研员唐明龙到化处镇检查普定县 2008 年度退耕还林补植补造工程、基本口粮田项目建设工程。

＊ 普定县卫生和食品药品监督管理部门到鸡场坡乡开展“送医送药下乡”活动。

8 日 副县长刘和邦到龙场乡煤洞村调研，实地查看莆龙煤矿开采引发的地质灾害。

9 日 县委副书记胡晓兰、县人大常委会副主任张明友到城关镇检查指导农村危房改造工作。

＊ 普定县革命遗址普查工作领导小组会议召开。

10 日 市委副书记张力到普定县调研农资市场连锁经营网络及农村专业合作经济组织建设工作。

＊ 普定县农村资金、资产、资源监督管理动员工作会议召开，市纪委副书记袁化龙到会指导。

11 日 原海关党组成员、副关长尹树兴、贵阳海关第九支部（机关服务中心党支部）书记焦民、机关党委副书记谢德俭到猫洞乡看望慰问留守儿童。

＊ 国务院法制办到普定调研。

＊ 团市委、金星啤酒集团到普定县鸡场坡乡播简村对贫困大学生杨林进行家访。

＊ 市政府督查室到普定县督查保障性住房建设情况。

12 日 普定县 2010 年烟叶收购工作会议召开。

＊ 普定县利和小额信贷有限责任公司资助贫困大学生捐赠仪式举行。

13 日 市纪委副书记袁化龙到普定就开展惩治和预防腐败体系建设暨党风廉政建设情况进行督查。

＊ 普定县召开黔中水利枢纽工程征用土地补偿听证会。

＊ 全县移民工作会议召开。

14 日 普定县 2010 年事业单位公开招聘工作人员笔试在县实验学校举行，423 名考生参加笔试。

15 日　普定县在县委大院举行向舟曲受灾群众捐款仪式，全县 66 个单位 1000 余名机关干部职工捐款 112480 元。

＊　省疾病预防控制中心受普定理智轻型环保建材厂委托，对该厂进行职业病危害因素现场监测。

＊　县委书记彭贤伦到马官镇检查指导工作。

16 日　市禁毒办副主任、市禁毒支队支队长华勇对普定县城关镇 2008 年以来毒情重点整治工作进行检查验收。

＊　普定县召开创建规范守信市场环境工作会议。

＊　县人口计生局组织开展科技大练兵活动，分笔试、技能操作、现场答题。全县 12 个代表队参加角逐，补郎队获一等奖。

17 日　省安监局事故调查处处长卿启超率省专项行动煤矿督查组，重点对 8 月 9 日全省安全生产电视电话会议后，普定县贯彻落实 2 个会议及 5 个文件精神情况进行专项督查。

＊　省政府“打非”专项督查组到普定县督查“打非”工作。

＊　国家开发银行贵州分行到普定洽谈贷款支持农村危房改造和中小企业发展相关事宜。

17 日至 18 日　县委书记彭贤伦到城关、补郎、猴场、龙场、猫洞等乡镇调研。

18 日　全县财税收入工作会议召开。

＊　猫洞乡新民茶叶生产专业合作社党支部举行党员公开承诺大会。

19 日　市政协副主席、市委统战部部长涂新善等到普定县就上半年统战工作进行调研。

＊　省教育厅基建处处长邹联克到普定检查普定一中“申示”工作。

＊　由县公安局交警大队牵头，团县委配合的青年志愿者交通秩序维护行动举行。

＊　县经贸局和团县委发起的全县企业人士爱心助学募捐座谈会举行。

20 日　全县“四创”工作领导小组全体会议召开。

＊　贵州省留学联议会培训班学员 40 余人考察中国科学院普定喀斯特生态系统观测研究站。

＊　县政协主席徐天成率县政协第八届委员会部分委员视察普安高速公路项目建设工作。

＊　普定县处理引子渡电站遗留问题紧急会议召开。

20 日至 21 日　国家林业局天保中心森林资源培育处处长傅丽文及西北林业调查规划设计院工程师王一玉、胡冰花代表国家林业局对普定县 2010 年度天保工程实施情况进行核查。

21 日　国家文物局专家组对申报第七批国保的马场镇营盘袁氏宅院进行现场复核考察。

＊　县委中心组举行第六次集中学习。

23 日　省监狱局后勤处到普定考察黔中水利枢纽工程占用太平监狱土地及补偿情况。

＊　普定县召开公共机构节能暨 2010 年中央财政补贴高效照明产品推广工作会议。

24 日　兴伟集团公司春晖大学圆梦奖学金颁发仪式在普定一中举行。

＊　全市病虫害防控工作现场会在马官镇号营村召开。

＊　市统计局局长罗吉红检查普定县人口普查工作。

＊　市国土局副局长李建国到普定检查土地整治工作。

＊　普定县召开“县为单位、整合资金、整村推进、连片开发”试点工作会议。

25 日　市委常委、市纪委书记李志强到马官镇、化处镇调研。

＊　全县领导干部会议召开。传达 8 月 24 日市委常委（扩大）会议和市委书记陈坚的讲话精神，省委书记栗战书，省委副书记、省人民政府党组书记赵克志在 8 月 21 日下午全省领导干部大会上的讲话精神。

＊　市新增中央投资建设领导小组检查组组长岳衔等到县住建局等单位检查工作。

＊　普定县启动“幸福快车”捐资助学活动，帮助陈建刚、王枭、王雄 3 名贫困生完成大学梦。

26 日　普定县“我为四创歌一曲”歌词征文评选揭晓，《美丽普定是我家》等 11 篇歌词分获一、二、三等奖和优秀奖。

27 日　市政协副主席、市委统战部部长涂新善率部分市政协委员到普定县，视察供销合作社改革发展情况，到太平农场中药材种植示范基地、猫洞乡新民茶叶专业合作社实地查看。

＊　普定县举行“2010 年兴教助学奖学”大会，全县 155 名学子得到不同程度资助，金额总计 14.6 万元。

＊　县地税局召开民主评议基层站所面对面评议大会。

＊　县自来水公司党支部举行“创先争优、践行宗旨教育”活动暨党的知识抢答赛。

28日　普定县召开国有企业改革改制退休职工座谈会。

29日　日本学术振兴会、日本早稻田大学非常勤讲师松浦智子，崎玉大学文学博士、中国语文学特别研究员柴崎公美子到马官镇，开展民俗民间文化学术调研。

＊　白岩镇讲义村作为全省20余个参评的新农村建设示范点之一，以89.15分通过省农委、省旅游局联合组成的全省休闲农业和乡村旅游示范点初评验收。

30日　市委书记陈坚到普定县调研循环经济工业基地及交通、物流规划建设等工作。

＊　县委书记彭贤伦主持召开县委常委会，传达贯彻全省领导干部大会、省委常委（扩大）会议和市委常委（扩大）会议精神。

＊　普定县在全市率先成立综合应急救援大队，由县公安、消防、武警、安监等20余家单位抽选180余名业务人员组成，以火灾、安全事故、地质灾害抢险、群众遇险抢险、电力抢险、交通抢险、通信应急等10余个专业救援为基础。

＊　市直赴普定党建扶贫工作队到龙场乡靛山村为大学生黄娅赠送助学金1000元及部分生活用品，筹集资金2000元帮扶残疾家庭学生、残疾学生2名，帮扶困难危改户20户。

＊　县宣传文化系统就宣传思想文化工作如何围绕中心、服务大局，结合当前实际，展开大讨论。

31日　县委书记彭贤伦深入县二中、实验学校检查。

＊　县长庞琨到化处镇检查学校开学工作和农村危房改造推进情况。

＊　县政协主席徐天成，副主席、县委统战部部长陈兴华到龙场乡检查农村危房改造工作。

＊　市第一巡视组对普定县卫生工作进行巡视检查。

8月　普定县图书馆被评为国家县级三级图书馆。

＊　“普定在线”（http//www.gzpdzx.com/）进入试运行阶段。

＊　普定县2010年度以工代赈集中片区项目——《普定县马官—白岩片区综合开发项目实施方案》获市级批复。

＊　普定农贸公司投入15万元对农贸市场活禽宰杀区域进行重新规划管理，改善市场环境和卫生状况。

＊　普定县人口普查办组织普查人员到省、市参加人口普查知识培训。

＊　县农机中心联合县妇联及12家农机具代理商，在各乡镇举办农机技术培训班，并对补贴农户农机具使用、维护及农机具代理商经营情况等进行抽查。

＊　城关镇在2010年村卫生室建设项目中引入招投标机制。

9月

1日　全县农村危房改造“整县推进”调度会在白岩镇召开。

＊　县人大常委会组织30余名十五届县人大代表视察“四创”工作。

＊　县长庞琨、副县长刘和邦到县安监局、工业经贸局、国土局调研。

2日　省、市非煤矿山、烟花爆竹“打非”专项执法检查组到普定县检查工作。

＊　市人大常委会副主任陈其勇到普定县检查《防洪法》贯彻实施情况。

＊　市对普定县强农惠农资金工作进行专项检查。

3日　德国学者不莱梅应用科技大学工商管理学院伦德博士到普定县考察旅游资源。

＊　省文化市场稽查总队队长韩豫黔、市文化和体育局副局长、纪检组长王洪勇及遵义县文化市场综合执法大队等到普定县就文化市场综合执法情况进行联合检查。

＊　县委书记彭贤伦为县委党校“县域经济与招商引资”清华大学远程培训班学员授课。

＊　县委书记彭贤伦到黔中酒业有限公司、金铭实业有限责任公司、超宇水泥厂、安顺电厂调研。

＊　县政协主席徐天成到化处镇，就小城镇建设、招商引资工作进行调研。

＊　县领导刘周高、苏远平、陈兴华等到夜郎湖景区高家坡渡口、翻水滩等河段全面检查指导水上交通安全工作。

＊　县委常委、副县长刘周高到白岩镇指导农村危房改造工作。

5日　县委常委、副县长刘周高参加贵州省五大名茶评审工作会议。

6日　普定县污染减排暨环保创模推进会召开。

＊ 县人大常委会主任杨崇刚、副主任张明友到坪上乡督查农村危房改造工程进展情况。

＊ 县长庞琨到鸡场坡乡长兴煤矿、普盛煤矿、普定向荣矿业和补郎乡东光煤矿调研。

＊ 县政协主席徐天成率政协各专委主任，对补郎乡危房改造工作进行督查。

＊ 市验收组对普定县第二轮村级组织活动场所建设进行验收。

＊ 普定县2010年度质量兴县工作领导小组会议召开。

＊ 全县人口普查综合培训会召开。

7日 县委书记彭贤伦、县长庞琨等县四大班子领导组成调研组，围绕工业经济发展、基础设施建设、农业产业化发展，深入普安高速二工区十二营互通点、金铭型材实业有限公司、华宇轻工业有限公司、朵贝重华茶叶有限公司、化处长青茶叶有限公司、化处火车站货运场等考察调研。

＊ 省农村危房改造领导小组第二检查组到普定县，就2010年农村危改工程进行交叉检查。

＊ 市安监局局长陆宗林到普定检查工作。

8日 县委书记彭贤伦到猴场乡、补郎乡检查农村危房改造工作。

＊ 市茶叶协会会长黄生忠任组长的名茶评审小组到普定县，就评选朵贝茶参评省五大名茶作指导。

＊ 普定县召开2010年秋季动物防疫暨秋种工作会议。市畜牧兽医局副局长陈应久，市动物疫病预防控制中心主任滕传孝到会指导。

8日至9日 县委书记彭贤伦、县人大常委会主任杨崇刚、县长庞琨、县政协主席徐天成等分别率慰问组前往11个乡镇中小学、县直属学校看望慰问29名长期在一线从事教育工作的优秀教师、先进教育工作者、贫困教师代表。

9日 全市拘留所对社会开放现场经验交流会在普定县拘留所举行。

9日至10日 以市扶贫办主任金建设为组长的市检查验收组对普定县“县为单位、整合资金、整村推进、连片开发”试点项目实施工作进行检查验收。

10日 在普定一中创办72周年之际，由全国政协常委、著名“肖像外交大使”、普定籍著名雕塑艺术家袁熙坤先生为该校创办人伍效高先生所塑铜像落成并揭幕。

＊ 普定县召开工程建设领域突出问题专项治理工作会议。

＊ 县环保林业局召开民主评议基层站所面对面评议大会。

10日至16日 普定县第四期中青年干部培训班学员到华东考察学习。

11日 县长庞琨主持召开普定县“十二五”规划座谈会。

＊ 普定县利用赶集天在西门广场为适龄儿童、返乡儿童、流动儿童免费接种麻疹疫苗。

＊ 普定县“四创”“七进”文艺巡回宣传演出落下帷幕。

12日 县人武部、县人防办在西门广场联合开展以“居安思危、勿忘国耻、强我国防”为主题的第10个国防教育宣传周活动。

13日 县委书记彭贤伦主持召开2010年第15次县委常委（扩大）会议。

14日 省检察院反渎局局长周小军到县检察院就反渎职侵权工作中存在的困难进行调研。

＊ 省委组织部干部一处处长助理路喜宏等对普定县干部人事档案目标管理工作进行检查验收。

＊ 全县保密工作暨保密法规培训会议召开。

＊ 全县清理非法办学情况工作会议召开。

14日至16日 县长庞琨带队到湖南省怀化市考察工业园区和物流园区建设。

15日 县政协主席徐天成率政协委员视察全县“四创”工作。

＊ 县委常委、副县长刘周高到鸡场坡乡就茶叶种植、管护、烤烟收购等工作进行调研。

＊ 普定县坪上乡肢体残疾人李德贵获贵州省第四届残疾人美发组技能比赛第一名，马官镇肢体残疾人杨琼慧获贵州省第四届残疾人刺绣组技能比赛第三名。

＊ 猴场乡举行财政所国有房地拍卖会。

16日 5时、8时10分、12时30分，猫洞乡龙场村小洞坡相继发生3次较小规模滑坡。县领导密切关注，各部门通力合作，及时将10万元应急资金，饮用水、食品、60顶救灾帐篷、100床棉被迅速送达灾区；县民政部门划拨10万元救灾款和2万公斤救灾大米，用于解决灾民安置、生活等困难，确保灾民的吃、穿、住、医等。对龙场村高窝组、对门寨到来格小学上学须经滑坡处的14名学生，县教育科技局就近安排到新明小学就读。省领导高度重视，省委副书记、代省长赵克志批示：“今晚11点40接报，已派国土厅朱立军同志连夜赶去普定县，组织抢险，转移灾民，搞好生活补助，确保人员安全和社会稳定。全省要举一反三，排查隐患，保护人民生命安全。请陈坚，罗宁同志做好相关工作。”省民政厅启动自然灾害应急救助Ⅳ级响应，部署救灾应急措施，向普定县紧急划拨 30 万元救灾应急资金，用于受灾群众生活救助和转移安置。

* 市人大常委会副主任、市总工会主席王跃到普定调研公路建设情况和县工业园区下步物流规划路网规划情况。

* 县领导胡晓兰、金晓明、陈兴华等对全县抗日老战士、离退休老干部和“三胞”亲属 70 余人进行慰问。

* 市编委批准设立普定县民政执法大队。

* 普定县马官镇马官村花灯艺术团应邀参加“2010 中国贵州黄果树瀑布节‘唱山祭水’大典”开幕式演出。

16 日至 19 日 普定县举行第三届人口文化节。

17 日 县政协第八届委员会第 21 次常委会召开。

* 省“农村危房改造”检查组检查马官镇农村危房改造工作。

* 县政协举办中秋联欢晚会。

* 普定县召开“人力三轮车是否保留”听证会。

18 日 普定县 2010 年公开招考乡科级领导干部笔试举行，499 名考生参加 8 个副科级领导职务的角逐。

* 县委常委、副县长黎廷宇组织县相关中层干部参加中国科学院华南植物园有关生态保护、水土保持方面的科技支撑计划项目培训。

18 日至 19 日 全县组织 6 支地戏队参加“永峰杯·2010 安顺地戏大赛”。

19 日 普定县举办以“参加五大名茶评比，为‘朵贝御峰’喝彩”为主题的“万人品茗”暨“五大名茶”评审宣传活动。

20 日 市委、市政府组成的市“十二五”规划调研组到普定县调研。

21 日 县公安局在县强制戒毒所举办以“以人为本、构建和谐’为主题的“迎中秋、颂国庆”文艺汇报演出活动。

* 全县 2010 年国教委工作会议召开。

22 日 普定县物流基地建设专题会议召开。

25 日 县工商、公安、教育等部门组成的校园周边检查组，对白岩镇、猫洞乡中小学、幼儿园周边环境整治情况进行巡回检查。

26 日 县供电局员工周光荣个人油画展举行开展仪式。

27 日 市人大常委会副主任、市总工会主席王跃到普定县黄桶物流园区调研。

28 日 县第十五届人民代表大会常务委员会第 30 次会议召开。会议听取和审议《普定县人民政府元至 8 月国民经济和社会发展计划及后四个月工作安排情况的报告》、《普定县人民政府元至 8 月财政预算执行及后四个月工作安排情况的报告》、普定县人民政府《关于 2009 年以来劳动和社会保障工作情况报告》。

30 日 县委中心组集中（扩大）学习省十一届人大四次会议精神。

* 县委副书记胡晓兰到县安监局调研。

* 白岩镇供水工程正式开工建设。

9 月 省文物督察组到普定开展文物执法巡查和专项督察工作。

* 普定县开展形式多样的“四创”志愿服务活动。

* 县自来水公司安装监控设备保供水安全。

* 普定县对 300 名学校安保等公益性岗位人员进行业务培训。

* 化处镇水母村至戛卧村“幸福大道”正式开工。

10 月

4 日 市委书记陈坚、市长罗宁到普安高速公路普定段白岩镇十二营等施工现场调研。

6 日 省安监局、盘江煤监分局组成的省安委办督查组到普定县督查国发〔2010〕23 号和省政府黔府发〔2010〕13 号文件的贯彻落实情况，深入猫洞乡高龙煤矿和坪上乡莆坪煤矿进行现场检查。

8 日 召开全县安全生产工作紧急会议。会议传达省委书记栗战书，省委副书记、省长赵克志在全省安全生产工作紧急电视电话会议上的重要批示精神，安排部署第四季度安全生产工作。

8 日至 9 日 由省扶贫办项目处处长罗有铭，副处长雪瑞伟、王明富等组成的省检查验收组对普定县“县为单位、整合资金、整村推进、连片开发”试点项目进行检查验收。

9 日至 12 日 县工商局在全县辖区开展不合格化肥专项检查行动。

10日 普定县人口普查宣传月启动仪式在西门广场举行。

* 普定县在西门广场开展“节能减排”知识宣传志愿者服务暨“创建低碳家庭、共享绿色时尚生活”主题活动启动仪式。

11日 省、市第六次人口普查督查小组到普定县督查指导人口普查工作。

* 普定县第二次民族团结进步表彰大会召开。

* 全县农村危房改造“整县推进”调度会在坪上乡召开。

* 普定县召开远程教育工作推进会，传达全市远教工作会议精神和县委组织部关于对远程教育工作成绩突出的站点和个人实行经费“以奖代补”的决定。

12日 2010年全县乡镇党委书记、乡镇长工作会议召开。会议分析总结1至9月份全县经济社会运行情况，研究部署后3个月各项工作任务。

13日 县长庞琨到县城中心大道建设工地检查工程进展情况。

* 全县第八届村（居）民委员会换届选举工作会议召开。

* 县委常委、副县长刘周高到夜郎湖调研渔业安全生产管理工作。

* 《安顺日报》、安顺电视台、安顺人民广播电台等媒体到普定县对在创先争优活动和践行宗旨教育中涌现的先进典型进行采访报道。

14日 普定县获全市老干部业务知识竞赛二等奖。

* 第六次全国人口普查全县工作督促推进会召开。

14日至15日 县委书记彭贤伦率队到罗甸考察敬老院、危房改造等工作。

15日至20日 县委书记彭贤伦率队到北京、江苏、昆山等地考察城市化建设和农业产业化。

15日至22日 县委党校举办2010年第五期干部自主选学“新闻发言人”专题培训班，50名干部报名参加学习。

16日 在安顺市2010年市级农业产业化经营重点龙头企业颁奖会上，普定县4家茶业企业成功入选。

* 普定县召开2010—2011年度冬春修农田水利基本建设工作会议。

* 县离退局组织开展“重阳节”老年人灯谜竞猜活动。

17日至31日 普定县组织选送56名领导干部赴清华大学参加公共管理高级研修班学习。

18日 以省林业厅高级总工程师聂朝俊为组长的省政府检查组，到普定县检查秋季农业生产工作。

* 市纪委、发改局、广播电视局等组成的验收组对普定县20户以上自然村“村村通”广播电视建设工程进行验收。

* 普定县2010秋冬农机作业演示现场会在白岩镇举行。

19日 县政协主席徐天成到马官镇马堡村调研蔬菜生产工作。

19日至20日 省远程教育工作督导检查组到普定县督导检查远程教育工作。

20日 市委常委、市纪委书记李志强等到普定县指导案件查办工作及落实中纪委9号、10号文件精神情况。

* 省、市扶贫办领导检查普定县劳动力就业转移及产业化培训工作。

* 市综治办、安监局、食品卫生监督所、教育局等单位组成联合检查组，到普定县检查学校安全工作。

20日至11月14日 县长庞琨参加“全省贫困县主要领导科技农业管理赴欧培训班学习”。

21日 省建设厅纪检书记李一民到普定县检查指导农村危房改造工作。

22日 市计划免疫规划检查组到普定县检查工作。

24日 市移民局局长胡震到普定县调研移民工作。

25日 市纪委常委、监察局副局长王勇等到普定县检查“四创”政务环境建设情况。

* 普定县召开2010年征兵工作会议。

26日 省财政厅农发项目评审中心主任管玉振率省财政厅工作组到普定县检查整合支农资金发展茶产业工作。

* 省农机中心检查普定县农机管理工作。

* 全市农村党风廉政建设工作会议在马官镇召开，市委常委、市纪委书记李志强出席，会议由副市长山林主持。

* 县委副书记胡晓兰带队到织金县考察学习安全生产体制建设工作。

* 普定县肢体残疾人张振浪获贵州省第四届残疾人运动会象棋团体金牌。

27日 7时40分，马场镇大坡煤矿发生一起透水事故。造成 12 人死亡，1 人受伤。27 日 18 时 22 分接到事故报告后，县委、县政府立即启动《普定县突发公共事件总应急预案》、《普定县矿山事故救援应急预案》，县委书记彭贤伦率县四大班子领导及相关部门负责人赶赴现场，全力组织开展抢险救援工作。事故发生后，副省长孙国强，市委书记陈坚，市长罗宁等省、市领导及相关部门负责人随即亲临事故现场指导抢险救援。28 日，县四大班子领导及各单位部门负责人在普定分会场出席全市安全生产紧急电视电话会议。当日，全县安全生产紧急工作会议在马场镇召开，县委书记彭贤伦作重要讲话。30 日，普定县矿山企业安全生产工作紧急会议召开，会上通报马场大坡煤矿透水事故情况及全市安全生产电视电话会议精神，同时传达《普定县关于进一步加强煤矿安全监管的通知》、《关于印发普定县煤矿安全质量标准化工作实施方案的通知》。

28 日　市委督查组到普定县检查指导创先争优和践行宗旨教育活动。

＊　县地税局在全县范围内对具有开具网络发票的 59 户纳税户进行学习培训。

29 日　县委常委、常务副县长杨波到县一中督察“申示”工作开展情况。

＊　县国税局召开特邀监察员座谈会，新聘 7 名特邀监察员。

30 日　全县中小学生“四创”征文评选结果揭晓。《赠人玫瑰手余留香》、《人人参与共建美好家园》等 24 篇文章分获一、二、三等奖和优秀奖。

31 日　普定县在西门广场开展冬季征兵宣传活动。

＊　化处镇组织安监等部门联合开展安全专项检查活动。

10 月　贵州茅台酒销售公司在普定县开展为期 1 周的茅台酒打假维权宣传活动。

＊　在安顺市纪念中华人民共和国成立 61 周年暨中共中央 9·25《公开信》发表 30 周年大型文艺汇演比赛中，县人口计生局选送、马官镇马堡农民艺术团表演的花灯小戏《月米酒儿香又甜》获第一名。

＊　普定县爱卫办、疾控中心及四创办联合，综合防治室内蟑螂“德国小蠊”。

＊　县实验学校开展“日行一善”活动。

＊　城关三小开展“小手拉大手”志愿服务活动，助推“门前三包”责任落实。

11 月

1 日　县委中心组集中学习十七届五中全会、省委十届十次全会和全省工业发展大会精神。

＊　普定县第六次全国人口普查正式登记启动仪式在西门广场举行。

＊　县领导徐天成、张明友、王正东等到补郎乡调研。

2 日　县委常委、常务副县长杨波到补郎乡莆浪煤矿检查安全生产工作。

2 日至 6 日　县委组织部到马官镇、鸡场坡乡等乡镇对村级换届情况进行调研。

3 日　由省发改委、省社科院、省政府政研室、省商专等部门成员组成的省“十二五”规划专家组到普定调研，对全县加快城镇化、工业化、实现与安顺同城化建设提出指导性意见。

3 日至 4 日　县领导刘周高、苏远平率督查组分赴猴场、猫洞等 8 个产茶乡镇对 2010 年全县茶产业工作进行督促检查。

4 日　市政协主席韦林视察普定循环工业基地建设情况。

＊　全县重点行业领域火灾隐患排查整治推进会暨第四季度消防联席会议召开。

5 日　市专家组到普定县一中检查指导创办省级示范性高中工作。

＊　全县非煤矿山安全生产工作会议召开，贯彻落实《国务院关于进一步加强企业安全生产工作的通知》精神。

6 日　普定县 2010 年公开选拔乡科级领导干部面试在县委八楼进行，笔试入围的 42 人参加面试。

＊　全县煤矿安全生产工作会议召开。

8 日　市人大常委会主任何述祥，市委常委、副市长王廷恺，市政协副主席、市委统战部部长涂新善到普定检查指导贯彻落实十七届五中全会、省委十届十次全会及省委书记栗战书，省委副书记、省长赵克志在安顺调研时的讲话精神。

＊　县委书记彭贤伦到县人武部，看望慰问征兵体检工作人员和应征青年，检查指导征兵工作。

9 日　省委常委、省纪委书记宋璇涛率省委调研督查组到普定县，就贯彻落实十七届五中全会、省委十届十次全会精神，“十一五”全县经济社会发展情况，“十二五”规划编制情况以及开展惩治和预防腐败体系建设暨党风廉政建设责任制落实情况等工作进行调研督查。

＊ 普定县“公推直选”龙场乡政法委书记。

＊ 普定县召开第八届村（居）民委员会换届选举工作培训会。

＊ 马场镇组织专项检查组对该镇下坪村烟花爆竹传统制作土炮进行拉网式检查，捣毁烟花爆竹制作“黑作坊”2个。

10日 安顺军分区司令员龚益全到普定县视察征兵工作。

＊ 全县农村危房改造“整县推进”第四次调度会在龙场乡召开。

11日 由陕西省畜牧局局长石兴武任组长的国家农业部检查组到普定县检查动物防疫工作。

＊ 省政府调研督查组到普定县进行调研督查。

＊ 市工信委、市安监局、市公安局组成的市煤矿专项督查组到普定县督查工作。

＊ 补郎乡组织全乡7个煤矿和9个非煤矿山业主进行职业病防治调查业务知识培训。

12日 在市关工委主任潘德林、副主任陈安良，市委组织部副部长、市委离退休干部工作局局长吴贤仁带领下，全省青年茶农骨干培训班专家学员140余人到普定县猫洞乡新民茶场、化处镇重华茶叶育苗基地进行实地考察学习。

＊ 县委书记彭贤伦主持召开县四大班子领导联席会议。传达省委常委、省纪委书记宋璇涛在安顺、普定调研督查时的重要讲话精神；听取《普定县土地总体规划修编工作进展情况汇报》，就《中共安顺市委关于制定安顺市国民经济和社会发展第十二个五年规划的建议（讨论稿）》提出意见和建议。

＊ 市编办对普定县循环经济工业园区及乡镇机构改革工作进行调研。

＊ 全县安全生产工作紧急会议召开。

13日 副省长孙国强带队到普定检查安全生产工作。

＊ 省移民局总经济师李静仁到普定县检查移民工作。

＊ 县委书记彭贤伦到猫洞乡普鑫煤矿、元江煤矿对停业整改工作进行检查，到城关镇、白岩镇对普安公路沿线蔬菜、经果林种植等农业结构调整进行视察。

13日至16日 由省文化厅主办，省群艺馆、中共普定县委、普定县人民政府承办的贵州省县级优秀文工队文艺调演在普定县举办。凯里、丹寨等14个县级优秀文工队480余名演职人员参加。

14日 中国著名战略策划机构，中国本土咨询业的领跑者和领先品牌王志纲工作室调研组到普定县调研，帮助指导全县“十二五”科学规划。

15日 省委巡视组在普定县开展巡视工作见面大会召开。市委常委、市纪委书记李志强到会指导。

16日 黔中水利枢纽灌区征地拆迁工作现场会召开。

＊ 省移民局领导到普定县检查黔中水利枢纽普定段征地拆迁工作情况。

＊ 市委副书记张力就扶贫开发工作到普定县调研。

＊ 副市长罗荣彬到普定检查安全生产工作。

17日 省专家组张佩玲等对普定县“十一五”中小学教师继续教育工程进行评估验收。

＊ 副市长罗建强到普定县调研垃圾填埋场、廉租房建设和农村危房改造工作。

＊ 县政协主席徐天成、副主席王正东到补郎乡江城煤矿和顺时煤矿督查煤矿安全生产工作。

＊ 普定县召开冬季林业生产暨森林防火工作会议。

18日 59名省、市人大代表对普定县“四创”暨社会治安工作进行视察。

＊ 全县安全生产教育整顿活动动员大会召开。

＊ 县人口普查办公室组织人员进行人口普查登记质量验收，11个乡镇人口普查登记质量全部合格。

19日 全县信访维稳责任包保工作会议召开。

21日 省环保厅纪检书记庄振莉到普定县就环保机构改革进行调研。

22日 省委副书记、省长赵克志到普定县调研。

23日 省委巡视组就化处镇经济社会发展情况进行巡视。

＊ 省法律援助工作管理处到普定检查法律援助经费及中央转移支付经费使用情况。

＊ 市人大副主任王兴志到普定县调研“一法一条例”及人口计生工作。

＊ 市检查组到普定检查考核社会消防安全“防火墙”工程。

＊ 县委常委、副县长刘周高，政协副主席杨敏率县安监局、县工业贸易局有关负责人，到

鸡场坡乡长兴煤矿检查安全生产工作，发现长兴煤矿停产整顿期间违规生产，当场上锁关闭。

* 市人民医院 20 名医护人员组成医疗志愿服务队，利用赶集日到猫洞乡为群众开展健康检查和义诊活动。

* 由县科协组织的科普大篷车进校园活动在县炽章中学举行，展出科普展具 22 件和 3D 科普展板 72 幅。

24 日 县科协完成中国科协、华硕集团资助的“华硕科普图书室”1 个，收藏科普图书 13000 册。

24 日至 26 日 省委政研室机关党委副书记黄朝章等到普定县就第二轮村级组织活动场所建设进行检查验收。

25 日 副市长罗荣彬到猫洞乡检查落实远洋煤矿炸封筹备工作。

* 县长庞琨到化处镇检查莆华煤矿、豫安煤矿整改工作。

* 县政协主席徐天成到马官镇调研小城镇建设工作。

* 县委副书记胡晓兰到坪上乡荔上煤矿进行督查调研。

26 日 九三学社贵州大学社员专家刘济明等到普定就石漠化治理举行专题讲座。

* 普定县第十五届人大常委会第 32 次会议召开。会议审议通过县人民政府《关于贯彻实施〈娱乐场所管理条例〉情况及 2009 年文化工作情况的报告》、《关于创建贵州省级示范性高中工作情况的报告》、《关于县十五届人大五次会议代表建议、批评和意见办理情况报告》，县人民政府贯彻实施《中华人民共和国环境保护法》情况及环境保护、节能减排工作情况的报告，《关于融资解决普定循环经济工业基地工业大道项目建设资金的报告》、《关于对彭贤伦同志代表资格审查的报告》。

* 由团县委主办，县人力资源和社会保障局、朵贝重华茶叶有限责任公司、县电视台协办，县住房和城乡建设局团总支承办的首届“朵贝重华杯”青年创业大赛开赛。王亚林、柴华等 6 名参赛选手获最佳创业奖，叶玉发、尹春等 15 名选手获创业鼓励奖。

27 日 经省文化厅公布，普定县非物质文化遗产项目《苗族射弩》、《阿江〈口弦〉》代表性传承人王仁爱、杨国芬获省级传承人称号。

29 日 县领导彭贤伦、杨崇刚、吕恩华、杨波、金晓明、严俊等到政法系统调研，看望慰问部分政法工作者。

* 省政府农村低保督查组到普定县检查农村低保工作。

* 全县公共卫生绩效工资改革工作会议召开。

* 县发改局在城关镇天王旗村开展农户科学储粮仓发放启动仪式。

30 日 省新闻出版局副巡视员刘筱平率省校园及周边环境检查组到普定县检查学校及周边治安综合治理目标管理工作。

* 普定县举行贯彻落实《安顺市行政效能监察办法》和改善发展环境宣讲报告会，市纪委副书记、监察局长张干作主题宣讲。

* 省移民局领导到普定县调研指导移民工作。

11 月底 全县 11 个乡镇、327 村（居）残疾人基层组织建设工作通过省、市残联检查验收。

11 月 普定县 2010 年岩溶地区石漠化综合治理试点工程初步设计获省级批复。

* 县委书记彭贤伦到普定一中检查创办省级示范性高中工作。

* 普定县查处违规操办酒席的教师 29 名。

* 县创卫办组织县疾控中心等相关单位对县城及周边鼠、蚊、蝇、蟑螂的密度和分布情况进行为期 3 天的全面监测。

* 团县委选派杨小飞等 6 名青年蔬菜种植能手到上海种都种植园，参加为期 7 天的先进蔬菜种植技术培训。

* 城关镇多举措全力整治农贸市场“脏、乱、差”现象。

* 坪上乡举办为期 2 天的“农村残疾人实用技术培训班”。

12 月

1 日 市委书记陈坚到普定县调研。

* 副市长罗荣彬到补郎乡检查煤矿安全生产工作。

* 县委常委第 22 次会议召开，传达学习省委书记栗战书在省委第 88 次常委会上的重要讲话精神和《中共贵州省委贵州省人民政府关于开展作风建设年、环境建设年、项目建设年的决定》、《中共贵州省委关于在全省领导干部中开展“四帮四促”活动进一步做好新形势下群众工作的意

见》，听取《关于制定普定县国民经济和社会发展第十二个五年规划基本思路》，讨论关于加快发展生态畜牧业的实施意见（讨论稿）、拟建县文化中心广场和三星级宾馆选址、胡家洞小区广场方案，研究部署关于在全县实行野外禁火、近期对外招商引资等工作。

* 普定县危房改造工作者22人到罗甸、余庆等地参观学习。

2日 县委中心组举行集中（扩大）学习，邀请山东德衡律师集团高级合伙人、副主任、2010年“1+1”中国法律援助行动律师志愿者毛洪涛作行政法律知识专题讲座。

* 全县畜牧发展工作大会召开。

3日 市教育局组织有关专家对普定一中申报省级示范性高中相关工作进行预检。

* 县长庞琨到鸡场坡乡向荣矿业、雷家桥煤矿等企业检查安全生产工作。

4日 普定县开展“12·4”全国法制宣传日活动，展示宣传版面数10块，发放宣传资料3万余份，解答法律咨询2000余人次。

5日至7日 普定县仙马苗族射弩手王仁爱、李贵福代表贵州省参加在贵阳举行的2010年全国射弩邀请赛。王仁爱获民族标准弩男子立姿第三名，传统弩混合团体第三名，标准弩混合团体第三名，传统弩男子跪姿第五名，传统弩男子立姿第六名。李贵福获男子标准弩跪姿第四名，传统立姿第四名，传统弩跪姿第四名。

6日 市政协副主席刘飞到普定调研。

* 县领导彭贤伦、杨波、冯建役、王正东等到金融系统调研。

* 县第十五届人大常委会第33次会议召开。会议决定任命齐维林、胡绪波2位同志为县人民政府副县长。

* 县长庞琨、副县长齐维林到鸡场坡乡向荣矿业、雷家桥煤矿就企业发展、安全生产工作开展调研。

* 全县茶叶生产工作推进会在马场镇召开。

* 全县召开2010年农民工工作督查汇报会。

6日起 县网监大队民警对全县网吧进行公共安全隐患排查。

7日 县第十五届人大常委会第34次会议召开。会议听取和审议县人民政府《关于土地储备贷款本息归还的报告》；听取并审议通过《普定县人大常委会对〈关于土地储备贷款本息归还的报告〉的审查决定》。会议依法补选彭贤伦同志为安顺市第二届人民代表大会代表。

* 省环保厅调研组到普定县调研环保机构编制工作。

* 普定县组织召开“两违”清理工作培训会议。

* 普定县召开县一中“申示”工作督战会。

8日 省住房和城乡建设厅厅长李光荣到普定县调研。

* 市委副书记、市长罗宁到帮扶点猴场乡开展“四帮四促”活动。

* 安顺军分区后勤规范化建设观摩活动在普定县举行。

* 市人大常委会副主任、市总工会主席王跃到马官开展“四帮四促”活动。

* 副市长罗荣彬到明达水泥厂开展“四帮四促”活动，并到龙场乡菁龙煤矿检查安全生产工作，协调处置地质灾害问题。

* 普定县开展“三个建设年”、“四帮四促”活动和实施“十大民生工程”动员部署会议召开。

* 全县野外用火管理大会召开。

9日 县领导彭贤伦、庞琨、胡晓兰、齐毅、姜开贵、冯建役、苏远平、齐维林、陈兴华等分别深入联系点开展“四帮四促”活动，走访基层干部群众，为帮扶点办实事，了解企业发展现状，为企业发展出点子、解难事。

* 省政府督查组督查普定县巩固退耕还林成果工作。

* 省气象局、省妇联、团省委联合在普定县化处镇化处村贵州农经网多功能信息服务站开展“关爱农村留守儿童活动”，活动主题为“贵州农村留守儿童关爱网——爱心桥”。

10日 市委常委、副市长王廷恺率市委督查组到普定县督查指导工作。

* 副市长罗荣彬率队到普定县检查安全生产工作，对安顺电厂三期煤炭资源现状及开采储量进行调研。

* 市扶贫办青岛项目督查组长胡明到马官镇玉屯村，对该村40万元青岛扶贫项目实施情况进行督查。

11日 中央电视台国际频道《走遍中国》栏目到普定县马场镇，实地拍摄闻名中外的马场石产生、发展、收藏等过程专题片。

* 普定县举行冬季新兵入伍欢送大会。

13日 县委常委会批准《普定县乡镇机构改革方案》和《普定县乡镇机构改革实施意见》。

* 普定县农村危房改造“整县推进”第11次调度会召开。

* 县茶叶产业协会正式成立，选举产生第一届会长、副会长。

14日 市农广校专家到普定县城关镇三块田村，为当地菜农开展技术培训。

15日 普定县召开“三个建设年”及“四帮四促”活动动员部署会。

15日至16日 省林业厅政策法规处处长杜群红带队对普定县集体林权制度改革工作进行验收。

16日 全县移民工作大会召开。

* 县委书记彭贤伦到马官镇下坝村就新农村建设工作进行调研。

* 县人大常委会主任杨崇刚到坪上乡哈呼村开展“四帮四促”活动。

17日 中共普定县委十届十次全体（扩大）会议召开。县委书记彭贤伦代表县委常委会向全委会作题为《全面贯彻落实工业化主导和城镇化带动战略为更好更快建设经济强县而努力奋斗》的报告。全会审议通过《中共普定县委普定县人民政府关于落实工业化主导和城镇化带动战略建设经济强县的实施意见（草案）》。

* 贵州省首个群众文化活动“小戏小品”示范基地在“中国民间文化艺术之乡”普定县马官镇正式授牌。省群众文化艺术馆副馆长古莉向马官镇授牌。

* 副市长罗荣彬到莆龙煤矿检查安全生产工作。

* 安顺市对普定县殡葬改革和低保规范化建设工作进行目标考核。

18日 市委、市政府批准《普定县乡镇机构改革方案》。

20日至23日 以省教科所所长张庆肃为组长的省级示范性普通高中评估专家组对普定一中“申示”工作进行第一次评估。

20日至26日 全县选派40名站点操作管理员参加省级远程教育培训。

21日 县领导彭贤伦、胡晓兰、冯建役、陈兴华等到明达水泥厂调研。

22日 县委书记彭贤伦到龙场乡煤洞村就地质灾害问题现场办公。

22日至24日 县城建监察大队对城区市政设施受损情况进行统计。

24日 全县烟叶生产暨烟叶基础设施建设工作会议召开。

27日 鸡场坡乡那兑村、高坡村村委会“海选”试点工作取得成功。

29日 普定县深圳招商项目推介暨投资项目签约仪式在深圳深航国际酒店举行，县委书记彭贤伦、县长庞琨携20余个项目到深招商。签约项目16家，总投资105.48亿元。

* 全县召开引子渡电站移民“处遗”个人补偿资金兑现工作会议。

30日 县政协举行各族各界新年茶话会。

* 市编委批准设立普定县安全生产监察大队和普定县猛登水库管理所。

31日 县长庞琨率队到邮政存储所、农行普定支行、农发行普定支行、商行普定支行、工业经贸局、国税局慰问。

* 市煤矿关闭工作督查组到普定县开展煤矿关闭督查工作。

* 县食品安全协调委员会组织县卫生药监局、工商局、质监局等部门，对食品安全进行质量监督检查。

12月 普定县29位副县级以上领导干部带头建立“四帮四促”活动联系点。

* 普定县革命遗址普查工作通过市委党史研究室检查验收。

* 化处镇举办农业产业化技能培训班。

* 县民政局会同有关部门安排资金320万元，重点解决困难群众冬令期间生活困难。

* 县总工会“两节”期间帮扶慰问324名困难职工和农民工。

* 鸡场坡乡对300余名农民进行农业产业化技能培训。

（《普定年鉴》编辑部）

县概况

基本情况

【普定简介】 普定县位于贵州省中部偏西，隶属安顺市，东与安顺市西秀区、开发区、平坝县毗邻，南与镇宁县、六盘水市六枝特区相接，西靠六盘水市六枝特区，北抵毕节地区织金县。县城距安顺28公里。县域行政辖区东西长51.4公里，南北宽40公里，总面积1090.49平方公里。行政区划为5镇6乡，7个社区居委会、3个居委会、317个行政村。喀斯特面积占全县总面积的84.27%，森林覆盖率35.6%。

【经济概况】 2010年，全县实现生产总值（GDP）304844万元，按可比价格计算，比2009年增长（以下简称“增长”或“下降”）12.2%。其中，第一产业实现增加值58149万元，增长5.2%，拉动GDP增长1个百分点；第二产业实现增加值161433万元，增长13.2%，拉动GDP增长6.6个百分点；二产中，工业实现增加值145826万元，增长11.1%，拉动GDP增长5个百分点，建筑业实现增加值15607万元，增长33%，拉动GDP增长1.6个百分点；第三产业实现增加值85262万元，增长15.1%，拉动GDP增长4.6个百分点。第一、二、三产业对GDP的贡献率分别为8.2%、54.1%、37.7%。三次产业结构比为19%、53%、28%。实现财政总收入45016万元，增长17.4%，其中地方财政收入27702万元，增长32.3%。完成全社会固定资产投资130044万元，增长51.9%。实现社会消费品零售总额78715万元，增长19.3%。全县金融机构各项存款余额243300万元，增长5.9%。各项贷款余额342314万元，增长20.1%。农民人均纯收入3128元，比上年净增383元，扣除物价因素，实际比增长11.6%。全县完成粮食总产量129073吨，增长1.6%。

【旅游资源】 地处贵州西线旅游中心的普定县，境内山川秀美，旅游资源丰富。境内的古迹、名胜、洞穴与红枫湖、黄果树、龙宫、织金洞等一批国家级风景名胜区连成一片。省级风景名胜区夜郎湖蜿蜒42公里，水域面积21平方公里，湖光山色让人流连忘返，集山、水、林、洞、民族风情为一体，已成为旅游休闲的好地方。“讲义——号营”景点为全国农业旅游示范点，还有“云中大草原”——猴场乡普屯坝草场、重荫山杜鹃湖、原始森林丰林火焰山等景点。境内16000多年历史的穿洞古人类文化遗址被誉为“亚州文明之灯”，城关莲花古洞、化处空山、马官玉真寺、马场西堡屯、猴场“平讼摩崖”石刻、东华山“大明定南所”石刻等景点饱含厚重的历史文化元素。汉、苗、布依、仡佬等民族和谐共存，共同缔造普定丰富多彩的多元文化形态。

【农业气候及特产】 普定气候宜人，属亚热带高原季风湿润气候，全年气候温和，冬无严寒，夏无酷暑，春干秋凉，无霜期长，雨量充沛，日照少，辐射能量低。年平均气温15.1℃，年平均降水1378.2毫米，属全省三大降雨中心之一。农业气候具有春长、夏短、秋早、冬暖的特点。得天独厚的地理气候和土壤条件造就了众多的农副特产。朵贝贡茶历史悠久（清代为皇室贡品），鸡场雾茶绿色生态，茶产品已获“中国国际茶叶博览会金奖、银奖”和“贵州省农产品展销会名优特产品”等多个称号。白旗韭黄、坪上冰脆李、马场水磨面等农副特产闻名遐迩，优质大米、板田大蒜、免耕油菜、西北部马铃薯等无公害农产品备受市场青睐。

【交通状况】 普定交通便捷，境内公路东西纵横，南北延伸，距黄果树机场20公里、贵阳龙洞堡机场110公里，贵昆铁路、株六复线铁路穿境而过，黄（桶）织（金）铁路在县城有一个客货站，省道安织公路经过县城，乡村公路四通八达，普定至安顺高速公路已启动修建。

【自然资源】 普定矿产资源丰富，已探明的主要矿藏有煤、铁、铅锌、大理石、石膏、石灰石、耐火粘土等10余种，煤炭是主要矿产，预测储量53.28亿吨，分布于补郎向斜、白果寨向斜、轿子山、六枝向斜等4个构造单元。普定煤炭煤质好，发热量高，现已探明储量7.8亿吨。普定已建成装机容量120万千瓦的现代化火电厂——安顺发电厂，年煤炭需求量400万吨，安顺发电厂成为国家西电东送的重点工程。早在20世纪90年代，普定就建成乌江干流上第一座梯级水电站——普定水电站，该电站大坝是中国第一座靠碾压混凝土自身防渗的大坝，源源不断的电能输往东部地区，普定已成为名副其实的黔中电力重镇。

县委、县政府重视招商引资工作，新项目不断落户普定。普定循环经济工业基地规划待省批复，控制性详细规划编制通过市级评审；金铭建材工业园、后寨轻工业园、化处农产品仓储园建设稳步推进，以“一基地三园区”为载体的工业经济发展平台进一步夯实；超宇水泥厂、电厂粉煤灰综合利用、加气混泥土生产、华宇轻质建材、黔中酒业、西秀制药等项目建设稳步推进。

【民族人口】 2010年年末全县总人口45.96万人，其中非农业人口3.3644万人，耕地面积1.67万公顷。普定县是一个多民族聚居地区，汉族为全县总人口的80%左右，人口较多的少数民族有苗族、布依族、仡佬族、彝族等。

（《普定年鉴》编辑部）

【2010年普定县气候概况】 2010年平均气温15.7℃，比常年偏高0.6℃，年降水量1213.3毫米，比常年偏少164.9毫米，年日照时数为1319.0小时，比常年偏多154.1小时。年内有4天暴雨，分别出现在6月28日，7月6日、21日，9月10日。极端最高气温出现在9月21日为31.8℃，最低气温出现在12月17日为-1.9℃。

2009年8月中旬至2010年5月全县出现连续无降水的特重级旱灾。直到6月下旬出现强降水才解除持续已久的严重旱情。6月24日，鸡场坡乡出现94.5毫米暴雨，造成部分村寨农田被冲毁，部分水稻、烤烟被淹。据调查统计，该乡受灾人口4500人，农作物受灾面积120公顷，成灾面积80公顷，其中烤烟受灾50公顷，水稻受灾30公顷，直接经济损失20余万元；28日全县8个乡镇降暴雨，由于降水强度大（其中鸡场坡乡降127.8毫米大暴雨），部分乡镇遭受洪涝灾害袭击，全县受灾人口8500人，农作物受灾面积280公顷，房屋损坏15户23间，倒塌1户1间，造成直接经济损失75万余元，鸡场坡乡灾情较为严重。6月、7月、9月出现4次暴雨天气过程，其中2次暴雨过程的范围和强度都较小，未成灾。9月至11月出现5次“秋绵雨”天气过程，对水稻收割、翻晒入仓及秋季作物生长十分不利。11月22日出现初霜，接近常年。

2010年1月至3月，月降水量特少、湿度小、气温特偏高，由于蒸发量特偏大，形成历史同期罕见的“秋、冬、春”连续旱灾，旱灾级别特重级，创下有气象资料记录以来同期最严重旱灾的历史记录。

2010年全县气温偏高，降水偏少，且分布很不均匀，其中1月、2月、3月特少，4月、5月、6月、8月偏少，7月、9月偏多，12月正常，全年分别受“秋、冬、春”连续旱灾、暴雨、“秋绵雨”等灾害天气影响，特别是2009年8月中旬至2010年5月持续出现的旱情实属历史罕见，给全县工农业生产生活带来严重影响，导致大量山塘、水库干涸，河流断流、干枯，人畜饮水困难，城镇供水不足；造成农业严重损失，小季作物大面积绝收，果树、经济作物大片枯死，牲畜无饮用水。出现跨季度、跨年度的夏秋连旱叠加冬春旱，给全县经济社会发展和人民群众生产生活造成极大影响。属罕见且极不正常的年份。

（梁兴华）

国民经济和社会发展概况

普定县2010年国民经济和社会发展统计公报

（普定县统计局2011年3月30日发布）

2010年，全县人民在县委、县政府的领导下，以邓小平理论和“三个代表”重要思想为指导，深入贯彻落实科学发展观，全面贯彻中央、省、市的各项政策措施，努力克服旱灾和各种困难，国民经济保持平稳较快增长，社会事业全面进步。

一、综合

初步核算，全年实现生产总值（GDP）304844万元，按可比价格计算，比上年增长12.2%，其中，第一产业实现增加值58149万元，比上年增长5.2%，拉动GDP增长1个百分点；第二产业实现增加值161433万元，增长13.2%，拉动GDP增长6.6个百分点；二产中，工业实现增加值145826万元，增长11.1%，拉动GDP增长5个百分点；建筑业实现增加值15607万元，增长33%，拉动GDP增长1.6个百分点；第三产业实现增加值85262万元，增长15.1%，拉动GDP增长4.6个百分点。第一、二、三产业对GDP的贡献率分别为8.2%、54.1%、37.7%。三次产业结构比为19%、53%、28%。

二、农业和农村经济

全年农、林、牧、渔业总产值93157万元，可比价比2009年增长7.1%，其中农业产值47699万元，增长2.8%；林业产值1160万元，增长22.6%；牧业产值41583万元，增长11.2%；渔业产值1952万元；增长11.8%。全年粮食总产量达到129073吨，增产2048吨，增长1.6%。

全年粮食作物播种面积332320亩，比2009年增加4768亩，油料作物种植面积107727亩，增加760亩，蔬菜种植面积73564亩，增加22137亩。

主要农产品产量如下表：

名称	绝对数（吨）	比上年增减（±%）
粮食总产量	129073	1.6
夏粮	6469	-51.6
秋粮	122604	7.9
油料作物	3412	-63.5
油菜籽	2846	-67.9
花生	398	14.0
烤烟	713	9.9
水果	2565	-6.6
茶叶	86	21.1
蔬菜	136017	68.2

全年肉类总产量19870吨，比2009年增长2.9%，年末大牲畜存栏数87261头，比2009年增加3413头，增长4.1%，生猪存栏数170852头，比2009年增加14844头，增长9.5%。

主要畜产品产量和牲畜存栏头数如下表：

名称	单位	绝对数	比上年增减（±%）
当年出栏肉猪	头	185233	3.5
肉类总产量	吨	19870	2.9
禽蛋产量	吨	1082	-22.6
大牲畜年末存栏数	头	87261	4.1
其中：牛	头	78514	5.1
生猪年末存栏数	头	170852	9.5
羊年末存栏数	只	5072	4.4

年末全县拥有农业机械总动力19.8万千瓦，比2009年增长13.8%，年末有效灌溉面积12560公顷。

三、工业和建筑业

全年实现全部工业总产值350882万元，其中全部规模以上工业完成产值316927万元，全部规模以上工业增长速度7.5%；县属规模以上工业完成总产值125742万元，完成增加值34497万元，比2009年增长27%；规模以下工业完成总产值33955万元，全部规模以上工业产品产销率达到97.6%。

主要工业产品产量如下表：

产品名称	计量单位	产量	比上年增减（±%）
原煤	万吨	148.8	-24.1
水泥	万吨	141.6	59.9
发电量	万度	727558	0.9
火电	万度	698545	0.6
水电	万度	29013	9.8
铁合金	吨	20847	-19.8

全年2家资质等级四级以上建筑业完成总产值1430万元，比2009年增长28.8%，实现增加值429万元，比2009年下降49.6%，完成房屋施工面积20756平方米，比2009年下降38.2%，房屋竣工面积16746平方米，比2009年下降16.4%。

四、固定资产投资

固定资产投资创历史新高。全年完成全社会固定资产投资130044万元，比2009年增长51.9%。

2010年固定资产投资情况如下表：

指标	绝对数（万元）	比上年增减（±%）
全社会固定资产投资	130044	51.9
一、城镇投资	74311	23.9
基本建设	50975	33.5
更新改造	13442	-14.64
房地产	9894	107.1
二、农村非农投资	36833	358.9
三、农村私人投资	18900	7.5

五、商业贸易

消费品市场繁荣稳定。全年实现社会消费品零售总额78715万元，比2009年增长19.3%。分城乡市场看，县的零售额41876万元，增长15.2%，县以下的零售额36839万元，增长24.4%。分行业看，批发零售贸易业零售额73078万元，增长19.6%，住宿餐饮业零售额5637万元，增长15.9%。

六、交通运输和邮电通信业

交通运输和邮电通信业稳步发展，全年交通运输客货运周转量均比2009年增长。

各类运输完成的客货运周转量如下表：

	绝对数	比上年增减（±%）
货物周转量（万吨/公里）	19579	21.8
公路	19553	21.8
水运	26	23.8
旅客周转量（万人/公里）	17741	9.4
公路	17635	9.1
水运	106	7.1

全年实现邮电业务总收入7532万元，比2009年增长6.1%。其中电信业务收入7029万元，增长5.2%；邮政业务收入503万元，比2009年增长21.5%。年末全县电话总用户125185户，新增11117户，其中固定电话用户19547户；电讯手机用户21367户；移动电话用户84271户，新增7098户；互联网用户5812户。

七、财政金融和保险

全年实现财政总收入45016万元，比2009年增长17.4%，其中地方财政收入27702万元，比2009年增长32.3%，地方一般预算收入22359万元，增长16%。全年财政总支出98090万元，增长23.1%，其中一般公共支出、教育支出、卫生经费支出分别为11393万元、20024万元、9374万元，分别比2009年增长2.2%、31.6%、-13.1%。

年末全县金融机构各项存款余额243300万元，比年初增加13526万元，增长5.9%，其中储蓄存款121529万元，比年初增加24153万元，增长24.8%。各项贷款余额342314万元，比年初增加57215万元，增长20.1%。

保险业全年保费收入2125万元，比2009年增长8.1%。其中财产保险保费收入581万元，下降19.4%；人寿保险保费收入1544万元，增长24.1%。全年保险赔付支出662万元，比2009年增长15.3%，其中财产保险赔付支出398万元，下降14.8%；人寿保险赔付支出264万元，增长146.7%。

八、教育、卫生

全县有小学校176所，其中教育部门办175所，民办1所。有普通中学15所，其中高中2所，初中13所，教育部门办14所，民办1所。普通中学在校学生人数23022人，比2009年增加754人；小学在校生人数48553人，比2009年减少3698人。初中和小学入学率分别为103%，99.43%，辍学率分别为2.25%、0.04%。

年末全县有乡卫生院以上卫生机构22个，其中医院6个，卫生院11个；有病床794张，卫生技术人员671人。新型农村合作医疗参合人数341210人，参合率97.13%，参合率比2009年提高2.95个百分点。

九、人口、人民生活

年末全县有户籍人口45.96万人（公安年报数），人口出生率12.2‰，符合政策生育率94.5%。

城乡居民收入稳定增长。全县在岗职工年平均工资27898元/人，比2009年增长15.9%。农民人均纯收入3128元，比2009年净增383元，扣除物价因素，实际比2009年增长11.6%。

十、劳动就业和社会保障

按劳动统计口径计算，年末全县有从业人员13059人，其中在岗职工12946人，比2009年增加923人，年末从业人员劳动报酬35130万元，比2009年增长3.3%。

劳动和社会保障体系建设进一步得到加强，新增城镇就业人员2327人，其中解决就业困难人员公益性岗位811个，转移农村劳动力就业11000人。城镇职工基本养老、基本医疗、失业、工伤、生育保险参保人数分别达到11158人、31270人、8602人、7979人和11955人，超额完成市政府下达的任务数。

年末全县有敬老院10个，床位240张，入住人数130人。城市低保对象2178人，共发放城市低保金443.51万元；农村低保对象84445人，共发放农村低保金5020万元；发放五保供养金199.4万元。

十一、环境保护和安全生产

环境保护工作以“狠抓污染防治，促进污染减排”为主线，加大“三同时”制度执行情况检查力度，加强老污染源的治理在日常监察的基础上重点推进各类专项检查行动。共接到群众投诉17件。其中水污染4件，噪声污染3件，大气污染10件，处理率100%。审批新建、改扩建项目环境影响报告表10个，其中上报市局审批1个，县环保局审批9个；办理环境影响登记表60个，其中房屋类47个，水利类3个，其他10个；竣工验收项目14个，其中市环保局验收2个，县环保局验收12个。建设项目环评率100%，“三同时”执行率100%。

安全生产工作形势严峻。全年共发生安全事故28起，比2009年下降3.4%，死亡48人，比2009年多死亡27人，同比上升128.6%。其中煤矿安全事故6起，死亡37人，比2009年同期多死亡31人。

全省群众安全感满意度测评中，全县群众满意率89.47%，同比上升1.87个百分点，继续保持全市排名第一。

注：1. 本公报中数据系年度初步统计数。2. 生产总值、工农业总产值、增加值绝对数用当年价格计算，增长速度用可比价格计算。3. 常住人口数据待第六次人口普查正式公报发布时公布。

普定县2010年国民经济和社会发展主要指标统计表

指标名称	单位	绝对数	较上年增减（±%）
一、生产总值	万元	304844	12.20
其中：第一产业	万元	58149	5.20
第二产业	万元	161433	13.20
第三产业	万元	85262	15.10
二、粮食总产量	吨	129073	1.60
其中：夏粮	吨	6469	-51.60
秋粮	吨	122604	7.90
三、油菜籽产量	吨	2846	-67.90
四、年末大牲畜存栏数	头	87261	4.10
年末生猪存栏	头	170852	9.50
出栏肉猪	头	185233	3.50
肉类总产量	吨	19870	2.90
五、农林牧渔业总产值	万元	93157	7.10
六、农村居民人均纯收入	元	3128	11.60
七、全部工业增加值	万元	145826	11.10
其中：县属规模以上工业增加值	万元	34497	27.00
八、全县固定资产投资	万元	130044	51.90
九、社会消费品零售总额	万元	78715	19.30
十、财政总收入	万元	45016	17.40
其中：地方财政收入	万元	27702	32.30
十一、财政总支出	万元	98090	23.10
十二、年末金融机构各项存款	万元	243300	5.90
其中：储蓄存款	万元	121529	24.80
十三、年末金融机构各项贷款	万元	342314	20.10
十四、年末耕地面积	亩	250164	
其中：水田	亩	107044	
旱地	亩	143120	
农民人均占有耕地	亩	0.61	
十五、年末常住人口（公安年报数）	万人	45.96	
人口出生率	‰	12.2	

（资料提供：普定县统计局）

组织机构及负责人名录

说明：姓名后有“＊”号的，是2010年内因提职、调职、离职、换届、机构调整和退休及其他原因而去职的；没有“＊”号的为年底仍在职；此名录仅供参阅，不作确定级别、待遇等用。

中国共产党普定县委员会

书　记：王　跃＊（8月离职）
　　　　彭贤伦（8月任职）
副书记：庞　琨　胡晓兰（女）
常　委：吕恩华　杨　波（苗族）
　　　　金晓明　刘周高　严　俊（黎族）
　　　　姜开贵（12月3日任职）　齐　毅
　　　　黎廷宇（挂职，1月25日任职）
　　　　杨再春（挂职，4月26日任职）
　　　　舒　猛（挂职，4月26日任职）

中国共产党普定县委员会工作部门及所属机构

中共普定县委办公室
主　任：姜开贵
副主任：刘应洪　支　宇　黄朝阳　黄家勇
县委常委秘书：胡　恒
　　县委督查室
　　主　任：康建艇（苗族）
　　县委保密委员会办公室（县国家保密局）
　　主　任（局长）：陈其松
　　县委办公室机要局（县委密码工作领导小组办公室）
　　局长（主任）：何　彬

中共普定县委组织部
部　长：金晓明
副部长：甘贤林　徐启才
　　　　徐　兵（白族）　龚　勋
部务委员：刘舟国
组织员办主任：余国富
远教办主任：丁　杰

中共普定县委宣传部
部　长：贾正宁＊（3月8日离职）
　　　　姜开贵（12月3日任职）
副部长：毛　蕴　高开鹏
　　《普定》编辑部
　　总　编：贾正宁＊（3月8日离职）
　　副总编：陈登祥
　　普定县精神文明建设指导委员会办公室
　　主　任：高开鹏
　　副主任：左　俊
　　中共普定县委对外宣传工作办公室（县政府新闻办公室）
　　主　任：毛　蕴

中共普定县委统一战线工作部
部　长：陈兴华
副部长：王德刚（苗族）　毛国亮　汪朝友
　　　　王永田（布依族）
　　中共普定县委台湾工作办公室（县政府台湾事务办公室）
　　主　任：毛国亮

中共普定县委政法委员会
书　记：严　俊（黎族）
副书记：何应超　张　勇＊（12月31日离职）
　　综治办
　　主　任：何应超
　　副主任：夏永松
　　维稳办
　　主　任：张　勇＊（12月31日离职）
　　副主任：姜德华

中共普定县委离退休干部工作局
局　长：甘贤林
副局长：王德学
　　普定县老年大学
　　校　长：张真山

中共普定县直属机关委员会
书　记：包维华
副书记：杨　敏（女）

中共普定县委党校（县行政学校）
党校校长：金晓明
行政学校校长：杨　波（苗族）
常务副校长：吴先友
副校长：张富朝

普定县机构编制委员会办公室
主　任：杨从富

副主任：邓安明

普定县事业单位登记管理局

局　长：李大勇

普定县关心下一代工作委员会

第一主任：金晓明

主　任：杨德富（苗族）

副主任：严　俊（黎族）　徐家英（女）

刘　敏（女）　李生科　甘贤林

罗承英（女）　杨德炳　王兴盛（布依族）

杨兴和　龙海明　胡基秀（女）

金祥秀（女）　王兴亚

普定县机关服务中心

主　任：黄家勇（彝族）

副主任：卢明胜（布依族）　陈锦江

中国共产党普定县纪律检查委员会

书　记：吕恩华

副书记：赵亚滨（女）　何德贵

常　委：李允辉　方　勇

纪检监察二室

主　任：伍庭彬

党风廉政室

主　任：谢　毅（白族）

信访室

主　任：李安俊

案件审理室

主　任：杨　荣

执法监督室

主　任：胡从江

普定县第十五届人大常委会

主　任：杨崇刚

副主任：冯建役　黄克让＊（11月退休）

张明友　徐家英（女）　苏远平（彝族）

委　员：（按姓氏笔画排列）

王正东　邓道恒　田玉刚　张　涛

张亚玲（女）　陈　波＊（1月25日离职）

徐启才　陈登荣＊（1月离职）

罗忠友　徐　娟（女，白族）

陶兴凯　程　瑜（女）

普定县人大常委会工作部门、专门委员会

办公室

主　任：陈　波＊（1月25日离职）

副主任：陈兴伦

财政经济与环境资源保护工作委员会

主　任：邓道恒

科教文卫工作委员会

主　任：徐　娟（女，白族）

内务司法与民族宗教工作委员会

主　任：陶兴凯

农村经济工作委员会

主　任：张亚玲（女）

选举任免联络工作委员会

主　任：罗忠友

普定县人民政府

县　　长：庞　琨

副 县 长：杨　波（苗族）　刘周高

黎廷宇（挂职，1月25日任职）

熊永刚（苗族）　刘　敏（女）

刘和邦　齐维林（12月3日任职）

吴国虹＊（布依族，11月23日离职）

汤　力（挂职，4月25日任职）

何　隽（挂职，10月13日任职）

胡绪波（挂职，12月3日任职）

县长助理：吴　俊

普定县人民政府工作部门

普定县人民政府办公室

主　任：熊晓春

副主任：熊家荣＊（7月14日离职）

周贤宾＊（7月14日离职）

胡　军＊(7月14日任职,11月23日离职)

肖　颖（7月14日任职）

县政府常务秘书：王红英（女）

普定县应急管理办公室

主　任：熊晓春

副主任：田庆益

普定县人民政府法制办公室

主　任：周贤宾

副主任：董　翔

普定县人民政府督查室
主　任：刘勇建
普定县人民政府侨务外事科
科　长：肖　颖＊（7月14日离职）
普定县全民国防教育委员会办公室
副主任：张　烨＊（7月14日离职）
普定县人民防空（交通战备）办公室
主　任：伍春宪
副主任：陈文努

普定循环经济工业基地管理处
处　长：庞　琨
副处长：吴　俊

普定县发展和改革局
局　长：吴　俊
副局长：章京明　王泰琼（女）　陈发勇
（以上3位同志7月14日任职）
伍云富＊（布依族）　康文华＊
张朝文＊　邱正良＊　陈　俊＊
张运福＊（以上6位同志7月14日离职）

普定县工业和经济贸易局（煤炭管理局）
局　　长：梅世海（5月13日任职）
党组书记：吴福兴（7月14日任职）
副 局 长：伍云富（布依族）　唐　玲（女）
杨雪峰（苗族）
（以上3位同志7月14日任职）
胡运泽＊（5月13日离职）
何朝江＊（7月14日离职）
华　伟＊（7月14日离职）

普定县教育和科技局（知识产权局）
局　　长：梁明霞(女，布依族，7月14日任党组副书记、局长；12月任党组书记)
党组书记：黄小平＊(7月至12月任党组书记，12月离职)
副 局 长：徐泽琳　陈登权　陈开智
高凤鸣（女，白族）
（以上4位同志7月14日任职）
普定县第一中学
校　长：朱怀智
普定县第二中学
校　长：吴超志＊（7月14日离职）
陈登权（兼）

普定县民族事务局（宗教事务局）
局　长：王永田（布依族）
副局长：杨　芬（女，苗族）　吴成龙（布依族）

普定县公安局
局　长：严　俊（黎族）
政　委：韦永豪（布依族）
副局长：汪依民（布依族）　唐　渊
黄经纶（土家族）　张　伟
王　睿（挂职，5月20日任职）
政工监督室
主　任：吴海波
交通警察大队
大队长：邱梦飞
教导员：皮晓红
指挥中心
主　任：蒋朝晖
教导员：熊成文（12月31日任职）
刑事侦查大队
大队长：汪　虹
教导员：陈直友（12月31日任职）
冉　堃＊（12月31日离职）
国保大队
大队长：黄华红
教导员：罗　璇（女）
治安管理大队
大队长：董　奎
教导员：曹正权
禁毒大队（县禁毒委员会办公室）
大队长（主任）：贺光国（布依族）
教导员：孙辉尧（12月31日任职）
陈直友＊（12月31日离职）
警务保障室
主　任：龚启旺
公共信息网络安全监察大队
大队长：郭元林
教导员：华逢德
出入境管理大队
大队长：张仕敏（女）
看守所
所　长：汪俭宁
教导员：严润祥
拘留所
所　长：陈　鹏
教导员：江红星

城关镇派出所
所　长：赵　刚（12 月 31 日任职）
　　　　李兴武＊（5 月 20 日离职）
教导员：郭邦平
马官镇派出所
所　长：李　剑（12 月 31 日任职）
　　　　赵　刚＊（12 月 31 日离职）
教导员：蒋松涛（白族）
化处镇派出所
所　长：冉　堃（12 月 31 日任职）
　　　　孙辉尧＊（12 月 31 日离职）
教导员：伍　胜（布依族）
马场镇派出所
所　长：贺承松
教导员：高守东＊（12 月 31 日离职）
　　　　唐　健（12 月 31 日任职）
白岩镇派出所
所　长：刘丰胜
教导员：唐　健＊（12 月 31 日离职）
　　　　高守东（12 月 31 日任职）
龙场乡派出所
所　长：李　剑＊（12 月 31 日离职）
　　　　王成宇（白族，12 月 31 日任职）
教导员：刘青松
鸡场坡乡派出所
所　长：杜　辅
教导员：张　松
坪上乡派出所
所　长：黄定松
教导员：罗　艳（女）
补郎乡派出所
所　长：王成宇＊（白族，12 月 31 日离职）
　　　　李庆云（12 月 31 日任职）
教导员：华逢元（12 月 31 日任职）
　　　　李庆云＊（12 月 31 日离职）
猫洞乡派出所
所　长：饶茂华
教导员：李　胜（12 月 31 日任职）
　　　　熊成文＊（12 月 31 日离职）
猴场乡派出所
所　长：李玉祥（12 月 31 日任职）

普定县监察局
局　长：赵亚滨（女）
副局长：李允辉　方　勇

普定县民政局
局　长：柯曾国
党组书记、副局长：黄仕慧（女，7 月 14 日任职）
副局长：李仁龙　王天舒（7 月 14 日任职）
　　　　吴有云＊（8 月离职）

普定县司法局
局　长：王荣华
副局长：康登寿
政工科
科　长：李　慧（女）
依法治理办公室
主　任：张大勇＊（8 月离职）

普定县财政局
局　长：郑厚茂
副局长：张载锦（女）　罗光忠　张　卒（女）
　　　　褚永红
普定县国库收付中心（会计核算中心）
主　任：张载锦（女）
总会计师：尹术芳（女）
普定县基层财政管理局
局　长：陈化鹏
普定县国有资产投资营运有限公司
董事长：郑厚茂
总经理：褚永红

普定县人力资源和社会保障局
局　长：徐　兵（白族）
副局长：张家勇　朱　穆　胡宜春
　　　　（以上 3 位同志 7 月 14 日任职）
县社会保障事业局
局　长：夏景行（6 月 18 日任职）

普定县国土资源局
局　长：杨　阳
副局长：李东海　肖石森　徐书刚
　　　　（以上 3 位同志 7 月 14 日任职）

普定县住房和城乡建设局（城市综合执法局）
局　长：华逢松（7 月 29 日任职）
副局长：王　竞　杜守勇　陈　静（女）
　　　　（以上 3 位同志 7 月 14 日任职）
　　　　熊晓东＊（7 月 14 日离职）
　　　　刘大飞＊（7 月 14 日离职）

普定县城建监察大队
大队长：刘大飞

普定县交通运输局
局　长：李大勇（7月29日任职）
副局长：张慎平（回族）　张启洪
　　　　罗吉祥（以上3位同志7月14日任职）

普定县水利局
局　长：华逢松＊（7月29日离职）
　　　　黄　平（7月29日任职）
副局长：黄朝友（7月14日任职）
　　　　张　航＊（7月14日离职）
普定县自来水公司
经　理：董　华

普定县农业局（畜牧兽医局、扶贫开发办公室）
党组书记：林　龙（7月14日任职）
局　长：张晓阳（7月29日任职）
副局长：郑亚平　谭兴华　徐　亮
　　　　何恒泉（以上4位同志7月14日任职）
　　　　陈　波＊（7月14日离职）
　　　　易　忠＊（7月14日离职）

普定县环境保护和林业局
局　长：朱贵江＊（5月20日离职）
　　　　夏德刚（7月任职）
副局长：康必友　杨德超　杜守明　梅　勇
　　　　（以上4位同志7月14日任职）
　　　　吕忠曜＊（7月14日离职）

普定县文体广电旅游局（新闻出版局〈版权局〉）
副局长：帅　昕（主持工作）　吴　俊
　　　　聂岚天（女）　杜　萍（女）
　　　　熊辅佐（以上5位同志7月14日任职）
　　　　李发雯＊　陈　勇＊（布依族）
　　　　林朝凯＊（以上3位同志7月14日离职）
普定县广播电视台
台　长：杜　萍（女）
副台长：齐维良

普定县人口和计划生育局
局　长：李兆颖（女）
副局长：黄小华（7月14日任职）　张　雷

普定县卫生和食品药品监督管理局
局　长：皮定华（7月29日任职）
党组书记、副局长：黄　凯（7月14日任职）
副局长：程　晓　王恩舜　欧　娅（女）
　　　　张怀刚（以上4位同志7月14日任职）
普定县人民医院
院　长：吴　磊
普定县中医医院
院　长：高凤云（女，白族）
普定县卫生监督所
所　长：曹时贵
普定县疾病预防控制中心
主　任：杜　坤

普定县审计局
局　长：徐　琼（女）
副局长：周焕祥　支宗洪

普定县统计局
局　长：高　励（女，布依族）
副局长：王荣兴＊（苗族，7月14日离职）
　　　　幸幼健（7月14日任职）
　　　　陈　静＊（女，7月14日离职）

普定县安全生产监督管理局（县安委办）
局　长（主任）：徐东风＊（5月17日离职）
　　　　　　　　朱贵江＊（5月20日任职，12月31日离职）
副局长（副主任）：张　勇（主持工作，12月31日任职）
　　　　　　　　李守文（7月14日任职）
　　　　　　　　袁东风＊（苗族，7月16日离职）
　　　　　　　　范涛宏＊（7月16日离职）

普定县档案局（党史研究室、地方志编纂委员会办公室、县档案馆）
局　长（主任、馆长、党组副书记）：
　　　　王建红（女，布依族）
党组书记、副局长（副主任、副馆长）：刘欣聿（女，7月14日任职）
副局长（副主任、副馆长）：刘仁涛
副局长：汤金德＊（7月14日离职）
普定县信访局
局　长：熊家荣
副局长：王定明＊（布依族，7月14日离职）

陈　明（布依族）

普定县供销合作社联合社
主　任：杨良晶＊（7月14日离职）
　　　　董　文（7月14日任职）
党组书记：杨良晶＊（7月14日任职）
副主任：潘祖国＊（7月14日离职）
　　　　黄家兴＊（彝族，7月14日离职）

普定县教育培训中心
主　任：刘海光
副主任：王永国

普定县农业机械服务中心
主　任：易　忠＊（7月14日离职）
　　　　陈　波（7月14日任职）
副主任：饶茂祥＊（7月14日离职）
　　　　赵　洪（白族，7月14日任职）
　　　　姚成林（7月14日任职）

普定县人民政府行政服务中心（县招商局）
主　任（局长）：钟　声
副主任（副局长）：方维洪　黄　芳（女）

普定县地方海事处
处　长：吴文龙

普定县岩溶研究办公室
主　任：徐泽琳
副主任：肖克华　熊武健　张光富

普定县水利水电工程移民局
局　长：王定明（8月2日任职）
党组书记：赵光胜（7月14日任职）
副局长：周启发　曹正国　孙　明
　　　　（以上3位同志7月14日任职）

普定县重点项目协调管理办公室
主　任：吴　俊
副主任：康文华＊（7月13日离职）
普定县扶贫开发外资项目管理中心（普定县世界银行项目办公室）
主　任：赵　洪（白族）
副主任：高开平　王　俊

普定县爱德项目办公室
主　任：汪朝友
副主任：高　颖　方维洪　李大伟

普定县老龄工作委员会办公室
主　任：杨林华

普定县爱国卫生运动委员会办公室
主　任：张　京（女）

中国人民政治协商会议第八届普定县委员会

主　席：徐天成
副主席：陈兴华　王正东　熊光辉（苗族）
　　　　李生科　杨　敏（女，苗族）
常　委：（按姓氏笔画排列）
　　　　王德刚（苗族）　卢启程　朱代荣
　　　　伍润宪　华德贵　牟锦翠（女）
　　　　杨雪峰（苗族）　吴思科（布依族）
　　　　周贤宾　周盛雕　郑秋萍（女）
　　　　郭盛富（仡佬族）　唐　玲（女）
　　　　唐承成（女）　黄　华（女）
　　　　黄克让　韩钊武　廖俊平（布依族）
秘书长：李显忠

中国人民政治协商会议普定县委员会工作部门、专门委员会

办公室
主　任：李显忠
提案法制委员会
主　任：王发军（苗族）
副主任：张耀邦
经济科技委员会
主　任：方德伦
副主任：袁　英（女）
宣教文卫体委员会
主　任：罗才林
民族宗教社会联谊委员会
主　任：洪国华

智力支边办公室

主　任：徐文忠

副主任：张一琼（女，侗族）

工商联及群众团体

普定县工商业联合会（商会）

会　长：王正东

副会长：马自力　熊远华（女）　柯木坤

韩钊武　朱　勇　王开龙

齐　林（布依族）　陈怀能

秘书长：马自力

普定县总工会

主　席：冯建役

副主席：徐庆翠（女）　牟锦翠（女）

经费审查委员会

主　任：王　璐

中国共产主义青年团普定县委员会

副书记：张　涛

普定县妇女联合会

主　席：程　瑜（女）

副主席：黄　华（女）

普定县文学艺术界联合会

主　席：杨天福

普定县残疾人联合会

理事长：刘祥富

副理事长：饶茂明　胡小元（不驻会）

普定县红十字会

会　长：熊永刚（苗族）

副会长：陶玉万

普定县科学技术协会

主　席：范涛松

副主席：刘祖凤（女）

普定县计划生育协会

会　长：杨凤娥(女,苗族,县人口计生局党组成员)

副会长：叶　职（12月31日任职）

普定县人民法院

院　长：卜吉康

副院长：杨　轩　张步红　张　兵　钱　辉（女）

政工科

科　长：宋启浪*（5月20日离职）

张和中（5月20日任职）

副科长：王咏梅（女，5月20日任职）

纪检组

组　长：孙庆国*（5月20日离职）

副组长：陈　航（5月20日任职）

执行局

局　长：杨雪冰（5月20日任职）

马官法庭

庭　长：卢颂辉*（5月20日离职）

周盛雕（5月20日任职）

马场法庭

庭　长：黄朝东*（5月20日离职）

甘守平（5月20日任职）

白岩法庭

庭　长：杨　萍*（女，5月20日离职）

赵厚培（5月20日任职）

补郎法庭

庭　长：李发昌*（5月20日离职）

曹正刚（5月20日任职）

普定县人民检察院

检察长：杜学坤

副检察长：龚开荣　崔新平（女）

政工科

科　长：黄恒生

纪检组

组　长：杨国景（苗族）

反贪污贿赂局

局　长：杨天友

中国人民解放军普定县人民武装部

部　长：翟长禹

政　委：齐　毅

副部长(兼军事科科长)：

薛　平*（3月离职）

吴名进（3月任职）

政工科
科　长：项　勇
后勤科
科　长：肖劲松
军事科
参　谋：周　昌

中国人民武装警察部队 普定县消防大队
（普定县公安消防大队）

大队长：杜吉桑
教导员：周　华
副大队长：黄　彬

中央、省、市驻县单位

贵州省太平监狱
党委书记、监狱长：潘江明
党委副书记、政委：付　国
政治处主任：薛集庆
纪委书记：贺成伟
副监狱长：汤永勇　吴忠纯　孙正利

国电安顺发电有限责任公司
总经理：李占平
党委书记：刘宏林
副总经理：胡军学　赵秀梅（女）
　　　　　王雁生　张金星
党委副书记、纪委书记：杨　勇（苗族）
总工程师：胡军学
总会计师：赵秀梅（女）

普定县地方税务局
局　长：胡　嵌
副局长：王刚强　刘杰夫　张　萍（女）
党组成员、党总支书记：郑焕志

普定县国家税务局
局　长：徐建东
副局长：喻德祥（8月任职）
　　　　朱贵田　康仪勇　帅　勐*（8月离职）
纪检组长：廖元青（8月任职）
　　　　　罗　琦*（布依族，8月离职）

普定县工商行政管理局
局　长：吴亚庆
副局长：杨培东
纪检组长：谭继亮

普定县质量技术监督局
局　长：蒋　华（3月17日任职）
副局长：姜　慧（女）
　　　　江燕磊（10月12日任职）

中国南方电网贵州电网公司普定电力公司
经　理：肖祖才*（3月离职）
　　　　杜　勇（3月任职）
副经理：肖建忠　陈开喜

普定县烟草专卖局（公司）
局　长（经理）：周　波
纪检组长（支部书记）：陈德刚
副经理：王国江　方红凯　金立志（1月任职）

普定县气象局
局　长：吴　龙
副局长：李长波

普定县邮政局
局　长：华小祥

安顺市住房公积金管理中心普定县管理部
主　任：陈国柱

贵州省电信有限公司普定县分公司
总经理：康登相
副总经理：柴　鸿　董天良*（7月离职）
　　　　　丁显文（7月任职）

贵州省移动通信有限责任公司普定分公司
经　理：李时闻*（10月离职）
　　　　王　铜（9月任职）
经理助理：黄小毕
中国联合网络通信有限公司普定分公司
副总经理：王天飞

中国人民银行普定县支行
副行长：张永彪（主持工作）
勾青松　邹祖辉

中国银监会安顺银监分局普定办事处
副主任：李盛康（主持工作）

中国工商银行股份有限公司普定支行
行　长：徐　俊*（3月离职）
副行长：李　静*（女，3月离职）
见习副行长：宋　戈（2月任职）
内控专管员：张明霜（女）

中国农业银行普定县支行
行　长：严章平*（1月离职）
副行长：刘影川（1月任职，主持工作）
赵廷恩

中国建设银行股份有限公司普定支行
行　长：潘　辉（8月26日任职）
副行长：吴玉贤*（4月16日离职）
王　鑫（10月20日任职）
监察特派员兼风险经理（副行级）：
郭　丽（女，10月20日任职）
行长助理：骆　昕（女，4月16日任职）

中国农业发展银行普定县支行
行　长：宋　永
副行长：李福明

普定县农村信用合作联社
理事长：王亚秋
主　任：陈明龙
副主任：伍朝益
监事长：胡发寿

中国人民财产保险股份有限公司普定支公司
经　理：褚　学
副经理：蒋昌波

中国人寿保险股份有限公司普定支公司
副经理：伍　芳（女）
中国太平洋财产保险股份有限公司普定支公司
经　理：付选芳（女）

中石化贵州安顺普定石油支公司
经　理：姚光永*（3月离职）
何明胜（4月任职）

贵州盐业（集团）普定有限责任公司
经　理：姚海平（1月任职）
副经理：傅　珊（女）

安顺市商业银行普定支行
行　长：张　丹

乡　镇

城关镇

党　委
书　记：李正权
副书记：杨　斌（苗族）
人民代表大会
主　席：李正权
副主席：黄　芳（女）
人民政府
镇　长：杨　斌（苗族）
副镇长：支启胜　罗文娜（女）　赵美健
袁　超
镇长助理：张蓝艺
纪　委
书　记：甘贤彬
政法委员会
书　记：董开义
人民武装部
部　长：梁　飞

马官镇

党　委
书　记：张发刚
副书记：徐开琳
人民代表大会
主　席：张发刚
副主席：刘　俊
人民政府
镇　长：徐开琳
副镇长：廖安宁（布依族）　贺成艳（女）
洪国豇　侯泽明

纪　委
书　记：程正权
政法委员会
书　记：王国富
人民武装部
部　长：张　荣

化处镇

党　委
书　记：胡永国
副书记：杨　波
人民代表大会
主　席：胡永国
副主席：高守林
人民政府
镇　长：杨　波
副镇长：陈云兵　谢　敏（女）
　　　　任　红　马战停（3月9日任职）
纪　委
书　记：李永富
政法委员会
书　记：洪　义
人民武装部
部　长：谢　华*（苗族，5月8日离职）

马场镇

党　委
书　记：李　强
副书记：吴能正*（布依族，10月28日离职）
　　　　胡　军（主持政府工作，11月23日任职）
人民代表大会
主　席：李　强
副主席：王成武
人民政府
镇　长：吴能正*（布依族，10月28日离职）
副镇长：陈恒莲（女，壮族）　熊　峰
　　　　段　炼
纪　委
书　记：刘润喜
政法委员会
书　记：赵玉祥*（10月28日离职）
人民武装部
部　长：覃远鹏（苗族）
镇副科级党建指导员：李焕进

白岩镇

党　委
书　记：杨　虹
副书记：刘坤鹏
人民代表大会
主　席：杨　虹
副主席：程文武
政　府
镇　长：刘坤鹏
副镇长：邓　荣　汪　洋
　　　　胡绪琼（女）　杨大盛
镇长助理：滕　静*（挂职，5月离职）
纪　委
书　记：潘胜金
政法委员会
书　记：杨昌华（苗族）
人民武装部
部　长：张振军

龙场乡

党　委
书　记：张庆元
副书记：欧文海
人民代表大会
主　席：张庆元（3月31日任职）
副主席：冯　松
人民政府
乡　长：欧文海
副乡长：黄明伦（仡佬族）　王　芸（女）
　　　　王正仁　王　俊
纪　委
书　记：杨兴学（苗族）
政法委
书　记：刘　贤（5月20日任职）
人民武装部
部　长：王　勇

鸡场坡乡

党　委
书　记：杨　帆（苗族）
副书记：伍廷辉
人民代表大会
主　席：杨　帆

副主席：叶　职*（12月31日离职）

人民政府

乡　长：伍廷辉（3月31日任职）

副乡长：杨光勋（苗族）　袁光婷（女）

　　　　王　伟（苗族）　张相鸿

纪　委

书　记：杨德猛

政法委员会

书　记：袁亚男

人民武装部

部　长：张　伟

坪上苗族彝族布依族乡

党　委

书　记：班建林（布依族）

副书记：张永江（彝族）

人民代表大会

主　席：班建林（布依族）

副主席：赵　会（女）

人民政府

乡　长：张永江

副乡长：马永鑫　叶先勇　陈　阳

纪　委

书　记：韩兴能

政法委员会

书　记：张　辉（彝族）

人民武装部

部　长：彭军民（仡佬族）

补郎苗族乡

党　委

书　记：贺正慧（女）

副书记：陈　勇（苗族）

人民代表大会

主　席：贺正慧（女）

副主席：董有功

人民政府

乡　长：陈　勇（苗族）

副乡长：王德祥　陈　熙　吴大勇

　　　　韦　波（布依族）

纪　委

书　记：祖大江

政法委员会

书　记：陈　平（黎族）

人民武装部

部　长：高　峰

猴场苗族仡佬族乡

党　委

书　记：徐志敏

副书记：谢　华（苗族）

人民代表大会

主　席：徐志敏

副主席：罗　铃

人民政府

乡　长：谢　华（苗族，3月31日任职）

副乡长：杨　芳（女，苗族）

　　　　伍文荣

纪　委

书　记：黄　明（土家族）

政法委员会

书　记：叶胜红

人民武装部

部　长：李安达

猫洞苗族仡佬族乡

党　委

书　记：吴科龙

副书记：李兴武（苗族，主持政府工作，5月20日任职）

　　　　杨华献*（苗族，5月14日离职）

　　　　杨　靖（挂职，5月任职）

　　　　卢富华　王卫民　郑信祥　胡赤兵

　　　　（以上4位同志挂职，4月26日任职）

党建副书记：黄朝阳*（8月3日离职）

人民代表大会

主　席：吴科龙

副主席：李成兵

人民政府

乡　长：杨华献*（苗族，5月14日离职）

副乡长：刘成慧（女）　华时权

纪　委

书　记：侯　洪

政法委员会

书　记：陈　健

人民武装部

部　长：潘仁平（布依族）

2010年度普定县村（居）委会名录

城关镇（辖6个社区居委会、46个村委会，281个村民组，镇政府驻塔山社区居委会）

村（居委会）名称	支书	主任	村（居委会）名称	支书	主任
西安社区居委会	郑　云	郑　云（兼）	南华社区居委会	杨友富	龚　誉（女）
东华社区居委会	雷光荣	洪秀珍（女）	文明社区居委会	彭大福（苗族）	杨永达
塔山社区居委会	张跃光	董友福	穿洞社区居委会	王一书	熊　刚
陈家村	陈登阁	陈发恒	新房村	何玉忠	陈怀金
抄子村	赵广祥	杨仕康	老马台村	陈恒芬（女）	王明权
川甲村	张兴林	张松林	龙上村	董开义	董开林
对门山村	潘锡波	潘光庆	龙下村	陈发明	金兴有
朱官村	李守龙	张应芬	新街村	杨光权	汪绍勇
陇黑村	胡兴洪	孙保仁	新堡村	吴琼熙（女）	王尚信
柴兴村	王帮华（布依）	卢帮举（布依）	陈旗村	张顺文	张顺礼
下大坝村	叶德光	吴有明	马槽井村	黄成刚	张克文
岩脚村	李贵定	张凡敏（女）	斗蓬村	王玉明（布依）	罗大义（布依）
褚家山村	杨光明（苗族）	杨再祥（苗族）	后寨村	韦学平(布依,兼)	韦学平（布依）
董家庄村	金啟兰（女）	张富玉	青山村	伍廷洪	曹正刚
木乃村	华逢才	华时伦	新林村	姚仕权	廖志林
三岔村	温云发	李成富	人民村	付大宪	贺承宪
长田村	廖正健（布依）	叶志有	解放村	韩武琼（女）	张家仁
陇戛村	王发勇（布依）	王忠德（布依）	红旗村	胡应昌	贺正祥
地坝村	廖忠会	陈其汝	南门村	马绪洪	赖永祥
旧院村	夏　敏（女）	李祥忠	跃进村	王顺祥	温国祥
石头村	徐永福	徐永福（兼）	东风村	蒋海啸	安国雄
天王旗村	胡应发	张振兴	朝阳村	夏永权	徐艳祥
烂坝村	何　萍（女）	何泽林	李打村	蔡昌华	张　龙

（续表）

村（居委会）名称	支书	主任	村（居委会）名称	支书	主任
豹子坡村	陈云厚	陈从林	阿岩村	毕会普	王大平
三棵树村	杨天明	杨大信	赵家田村	赵中刚	赵应青
后山村	胡　松	陈关武	三块田村	齐绍忠	杨大明

马官镇（辖1个社区居委会、1个居委会、32个村委会，252个村民组，镇政府驻马堡居委会）

村（居委会）名称	支书	主任	村（居委会）名称	支书	主任
太平社区居委会		谢子海（侗族）	马堡居委会		黄明金
马堡村	将祥升	丁显勇	六谷村	伍丽红（布依）	伍定礼（布依）
马官村	洪福兴	周　忠	太平村	吴琼莲（女）	康　杰
高羊村	吴德书（布依）	杨洪德	水坝村	肖安学	郑泽华
山脚村	姚世洪	吴顺熙	长坡村	余万祥（兼）	余万祥
中坝村	吴德威	吴春熙	张官村	汪俭兴	汪希洋
下坝村	叶道德	丁尚勇	小河村	何华林	谌洪思
贾官村	卢兴相	支定荣	皮官村	姚　盾	石国贤
号营村	肖国昌	侯泽突	上堡村	孙兴成	刘周兴
荷包村	张克蕊（女）	张克蕊（女，兼）	下堡村	杨应荣	方志富
大兴村	伍文明（布依）	吴恩富（布依）	段桥村	伍朝坤	詹世刚
羊寨村	郭　勇	潘勇金	杨柳村	廖安鹏	陈文荣
玉堡村	杜昌平	杜德达	湾河村	张天元	卢国勤（布依）
玉屯村	罗炳林	皮怀刚	偏杨村	杨从祥	杨恩元
破头村	罗炳林	罗启洪	余官村	刘　昕	潘发才
田官村	刘泽建	范永祥	薛家村	伍仕高（布依）	伍学明（布依）
二官村	胡　超	胡善贵	冯家村	张　华	徐修贵

化处镇（辖1个居委会、34个村委会，135个村民组，镇政府驻化处居委会）

村（居委会）名称	支书	主任	村（居委会）名称	支书	主任
化处居委会	唐承恩	陈　宽	杉木村	张胜富（兼）	张胜富
化处村	胡雪咚（镇干部）	陈正忠	沙包村	叶发贵	李　俊
胡家湾村	熊玉虎（镇干部）	欧发言（助理）	田坝村	郑晰和	郑泽和
化处新寨村	马晓东（镇干部）	叶德明（助理）	后山村	刘厚学（镇干部）	曾　波* 孟航勇（镇干部）
熊家林村	张克奇	卢凤翎（助理）	烂坝村	龚和林	卢启刚(助理,布依)

（续表）

村（居委会）名称	支书	主任	村（居委会）名称	支书	主任
林改村	卢昌友	卢光学	苑坝村	梅德本	梅世怀
播仁村	李开祥	王英言	硐口村	黄永俊	徐文贵
张家寨村	王正富（镇干部）	张应宽（助理）	火把村	褚永梅	李德洪
水井村	董开明	李国忠	下水母村	姜华昌	褚仁能
戛打村	卢明胜（布依）	卢颂华（主任助理，布依）	水母新寨村	石维友	李全伦
水母村	徐章洪	王正权＊（助理）	播咱村	董开明	周云相
老水母村	张翠华（镇干部）	刘毓祥	朵贝村	张振龙（镇干部）	张振龙（镇干部，兼）
戛卧村	袁有开	刘厚平（助理）	下纸厂村	叶世明	邓国强
陶家村	江燕达	邓发国（助理）	播改村	罗永华（镇干部）	陈胜凯
焦家村	张克奇	张克奇（兼）	岩峰村	张怀胜	陈家和（助理）
偏坡村	张克奇	沙　锦（助理）	长箐村	张克瑞	张振彪
白果村	侯泽富（镇干部）	李世金	腊柳村	黄一玉（女）＊张胜富	周德贵
米润村	赵明友＊叶发贵	郭少龙			

马场镇（辖1个居委会、39个村委会，205个村民组，镇政府驻马场居委会）

村（居委会）名称	支书	主任	村（居委会）名称	支书	主任
马场居委会	龚晓燕＊何元俊	罗亚飞	波那村	何少文＊杨培立	徐文伦＊曾加龙
马场村	黄建新＊张　华	张　华＊张功权	新寨村	龚永江＊胡廷璋	赵德文
岩脚村	张振刚＊张家胜	周光耀＊郭　峰	马路关村	郭正凯	蔡昌荣＊胡从照
那亥村	朱仲桃＊朱仲勋	高克祥＊胡洪祥	烂坝村	陶玉方	陶玉方＊陶书荣
新柴村	刘洪文	刘洪文	田坝村	周保平＊周亚军	王良太＊周　超
松林村	林启春	赵庆禄＊林启春	半厢村	刘顺发＊李应权	陈祖伦＊周启祥
红岩村	张尚文＊张　松	杨仕兴＊翟　鸿	三合村	邓祖雄	刘坤恒＊邓祖雄
白秧村	潘光辉＊张永福	潘光辉＊张永福	梅子关村	任德刚	胡洪春
猪场村	谢克阳	李从仁＊代顺昌	滕家村	滕仕品	滕仕发＊滕　鹏
云盘村	袁明林	严达刚	龙潭村	王　勇＊周发栋	陈仕强＊卢林刚
下关村	龙家权	龙德志	湾寨村	李从荣	李德才＊王兴祥
三岔村	沙科忠（仡佬）＊陈有国	陈有国＊朱高文	下排村	曾家胜＊张明德	郭正权
土牛村	陈仕康＊陈　诚	陈学礼＊陈　诚（兼）	李家村	王明秀（女）	李从高＊尚荣华
下坪村	彭清贤	胡洪应＊彭清开	半坡村	林朝云＊彭忠德	林朝虎
毛栗村	代定友	代定友（兼）	那细村	乔传学	乔传学（兼）

（续表）

村（居委会）名称	支书	主任	村（居委会）名称	支书	主任
上官村	刘洪云	孙　智	挖龙村	王明显＊王剑平	王剑平（兼）
大坟坡村	刘兆文＊刘兆荣	刘兆荣＊杨大忠	大坟坝村	高开文	王家龙＊卢凤祥
店子村	谭有富	谭有富＊陈　辉	党固村	何应禄	匡荣斌＊何应禄（兼）
落龙村	袁　盟＊袁熙俊	袁熙俊（兼）	杜家村	袁廷刚	江燕云
岩上村	江其礼＊任天忠	任天忠＊任天学	垭口村	朱明学	袁　星

白岩镇（辖26个村委会，191个村民组，镇政府驻白岩村）

村（居委会）名称	支书	主任	村（居委会）名称	支书	主任
邓家村	邓道贵	邓道忠	黄毛村	陈向益	陈向益
前寨村	陈兴明	周荣许	讲义村	王光旭（苗族）	文发祥（白族）
白岩村	杨崇元	杨　浪	魏旗村	罗仕云	陈廷凤（女）
高羊村	罗仕友	罗仕友（兼）	沙戈村	梅德祥	梅德祥（兼）
老龙村	杨　莲（女，苗族）	上德成	高坡村	夏德元	夏中会
王家村	吴启荣	吴启荣（兼）	新寨村	孙庆刚	杨正高（苗族）
李后村	夏连龙	夏连仁	白旗村	杨守宪	杨守荣
龚家村	龚昌富	龚　平	管大村	高仁彪	高诗鹏
林角村	夏忠良	汪朝顺	梅家村	熊天友（苗族）	王道洪
双坑村	黄　勇	黄　勇	田坝村	姜国松	姚美元
段桥村	谢进文（苗族）	段周文	一棵树村	齐少学	周开军（仡佬族）
薛家村	王明栋	陈秀芬（女）	打油村	肖广剑	赵正志
管小村	郭家猛	郭国生	十二营村	吴大祥	罗进芬（女，苗族）

龙场乡（辖32个村委会，169个村民组，乡政府驻龙场村）

村（居委会）名称	支书	主任	村（居委会）名称	支书	主任
新中村	孙家祥	李文华	水潮村	张庆平	张庆品
岩上村	陈仕祥	陈兴福	煤洞村	管荣辉	张家庆
索桥村	张克敏	张克敏（兼）	龙场村	余朝明	李　潮
新桥村	杨友华	杨兴祥	波堕村	李同森	李同森（兼）
大桥村	黄家宁	徐文科	小窑村	张振华	李永国
牛角村	龙庆华	谢国华	靛山村	褚永元	王玉贵
平桥村	王国荣	杨　华	窑一村	张显伦	张显伦（兼）
贡达村	王龙发	陈　跃	窑二村	袁熙辉	袁德科

（续表）

村（居委会）名称	支书	主任	村（居委会）名称	支书	主任
磨雄村	江国福	江国福（兼）	马落村	金运洪	赵友昌
上羊村	马国勇	赵明勇	波利村	田庆林	李迪宽
大树村	方志贵	方志贵（兼）	黄店村	蒋相春	蒋相春（兼）
骂渡村	陈良学	杨永富	大地村	张家文	王石学
那茨村	彭良文	张太兴	大坝村	胡兴政	胡洪怀
糯石村	陈士学	鞠大兴	沙子村	王兆顶	王兆顶（兼）
马路村	何其昌	李文富	竹林村	李成举	李建寿
英子村	李　维	张家发	新华村	张振慧	杨德明

鸡场坡乡（辖24个村委会，159个村民组，乡政府驻鸡场村）

村（居委会）名称	支书	主任	村（居委会）名称	支书	主任
红岩村	周元胜	周元胜（兼）	那芮村	程泰雄（那芮高坡联合支部书记）	支启达
羊场村	张振道	曾应龙（主任助理）	落东村	甘忠义	李荣珍（女）
后寨村	张清敏	张怀富	高坡村	程泰雄（那芮高坡联合支部书记）	王德方
果骂村	程国才	彭端勇	波大村	龚洪定	李树恒
骂若村	张仕荣	张朝俊	柴家村	支友发＊何　云	粟志龙（主任助理）
长坡村	王朝贤	黄益学	那构村	杨兴龙	周训祥
鸡场村	杨启友	雷家炳	龙井村	赵光龙	何明贵（主任助理）
纳支村	袁　平	张家祥	那兑村	伍朝学（布依族）	张　刚
播简村	杨志文（苗族）	袁明富	那贝村	陈宗礼	陈宗礼（兼）
纳黑村	何忠权	程星运	煤洞村	李树忠	杨光连
砂岩村	张明政	张正义	肖家村	李树华	葛永国
白桥村	朱科明	杨祥厚	新寨村	陈　宙	程天贵（主任助理）

坪上苗族彝族布依族乡（辖25个村委会，124个村民组，乡政府驻大哪村）

村（居委会）名称	支书	主任	村（居委会）名称	支书	主任
坪上村	田庆福	王绪贵	岩上村	郭家友	郭家友（兼）
石板村	刘兴华	刘兴华（兼）	沙戈村	王学军	王学军（兼）
小河村	周小杰	罗德宽	丰林村	龙光英	杨厚权
对门村	罗堂政	卢凤贤	木桥村	颜兴伍	杜守学
和平村	胡　勇	杨永祥	蒙佐村	贾正昌	徐启会

（续表）

村（居委会）名称	支书	主任	村（居委会）名称	支书	主任
双喜村	徐文玉	徐文彬	硝硐村	胡国光	熊家伟
陇箐村	张　云	王登祥	革渣村	黄本才	骆进福
青平村	杨庆祥	李忠贤	哈呼村	黄本勤	张富林
果陇村	李德荣	李成开	毛栗村	贾友发	贾友政
白水村	杜永祥	闵泽进	鱼塘村	常礼权	马庆福
糯东村	程永兴	龚泽华	大哪村	郑太洪	王　松
坪寨村	吴兴鹏＊彭　鑫	罗兴荣	哪叭岩村	李远林	刘成祥
七　村	彭志彦	杨德洪			

补郎苗族乡（辖16个村委会，106个村民组，乡政府驻补郎村）

村（居委会）名称	支书	主任	村（居委会）名称	支书	主任
补郎村	何恩荣	胡德华	干河村	王国胜	罗优胜
龙昌村	胡皇亮	陈登发	大陇村	张瑞富	刘洪明
木浪村	张林松	黄仕伍	下坝村	吴家海	
羊地村	苏兴德		等堆村	杨发荣（苗族）	杨兴佑（苗族）
上寨村	杜　松	刘德兴	火田村	熊帮权	赵　耀
猛戛村	周宇鸿	肖兴祥	本杰村	贾友华	周禄富
石阶村	张清礼	李发富	赶坝村	李志权	田　俊
翁卡村	王瑞品		大田村	徐艳飞（女）	方德洪

猴场苗族仡佬族乡（辖17个村委会，113个村民组，乡政府驻猴场村）

村（居委会）名称	支书	主任	村（居委会）名称	支书	主任
猴场村	宋德忠	梁小平	沙子坡村	程开林	李祥富
后冲村	龙大伦	龙大伦（兼）	小谷毛村	费天华	王文义
格道村	童兴权	徐　勇	大地村	王定友	史洪先
跌牙冲村	李玉香	李玉香（兼）	杉树冲村	汪发明	汪发明（兼）
老甲寨村	罗清权	李玉刚	猛正村	宋　凯	王德成
漏寨村	龙大权	涂永鹏（苗族）	猛舟村	刘家义	潘祖庆
煤冲村	郭加祥	罗福万	猛架村	刘　嘉	刘　嘉（兼）
水落洞村	何云方	杨华富（苗族）	杨家寨村	杨立顺（苗族）	杨立顺（苗族，兼）
仙马村	杨金凯（苗族）	涂文江（苗族）			

猫洞苗族仡佬族乡（辖26个村委会，201个村民组，乡政府驻月亮坡村）

村（居委会）名称	支书	主任	村（居委会）名称	支书	主任
犁口村	潘祖德	陈秀明	吭州村	杨友生	张光福
普祥村	王俊龙（苗族）	胡绪超	新民村	谢国兰（女，苗族）	汪俭华
坝奶村	许定波	许启胜	龙场村	潘胜刚	王胜朝（苗族）
补堆村	胡绪兵	牛定权	月亮村	金跃成	赵家寿
坝务村	胡　晓	胡　晓（兼）	又奋村	谢兴江（苗族）	谢兴福（苗族）
中孟村	王敏（女，苗族）	张厚明	大地村	王有德	郭钦荣
大坝村	张相勇	牟　勇	抵当村	杨朝仁（苗族）	杨提华（苗族）
可处村	刘家权	韦学友	来格都村	王贵兴（苗族）	谌晓松
轿岩村	刘德军	侯德江	来腰鼓村	罗帮明	李兴权（苗族）
补龙村	杨开明	罗启明	木耳村	李其方	万德元
螳螂村	范寿江	金跃行	柯托村	兰　华	穆　广
猫洞村	邹元合	彭文祥	窝子村	方维涛	黄怀信
干子羊村	张行龙	张相权	石板村	郭成洪	支　艳（女）

说明：1. 2010年，普定县行政区划无变更。截至12月31日，全县共2个乡，4个民族乡、5个镇，7个社区居委会，3个居委会，317个村委会，1936个村民组。

2. 在2010年内因提职、调职、免职和退休及其他原因而去职的，加“*”注明。各村（或居委会）的支书、主任名录由各乡镇党政办提供，《普定年鉴》编辑部汇总。

政　　治

中共普定县委员会

2010年11月22日，省委副书记、省长赵克志（右二）在普定县循环经济工业基地调研。
（县循环经济工业基地　提供）

【综述】　2010年，中共普定县委克服经济社会发展中的各种困难和问题，实现经济持续发展、社会持续进步、人民生活持续改善，发展态势良好，为“十二五”开好局、起好步奠定坚实基础。

【经济建设排难前进】　2010年，面对重大旱灾，“5·13”、“10·27”2次煤矿重大安全事故，“9·16”猫洞地质灾害等自然灾害和重大灾难事故，全县各级各部门和广大人民群众排难前进，经济建设取得较好成绩，完成2010年年度计划，实现“十一五”规划各项目标。全年实现生产总值30.48亿元，比2009年增长12.2%；实现财政总收入4.5亿元，同比增长17.4%，其中地方财政收入2.77亿元，同比增长32.3%；实现农民人均纯收入3128元，同比净增473元，同比增长11.6%；全社会固定资产投资突破13亿元，同比增长51.9%；实现社会消费品零售总额7.87亿元，同比增长19.3%；招商引资实际到位资金8.1亿元，同比增长14.8%。农业生产形势总体稳定，粮食总产量达12.91万吨，同比增长1.6%；工业发展实现突破，全年实现工业总产值35.1亿元，完成增加值14.58亿元，同比增长13.2%；旅游、文化、金融等服务业保持良好发展势头。

【基础设施和重点项目建设顺利推进】　完成一批通乡油路改造，新建和完善一批通村公路，实现乡乡通油路（硬化路）和村村通公路；“普安”高速公路建设顺利推进，“普织”高速公路正在进行可研，黄织铁路进入收尾阶段，过境的黄威（黄桶至兴义威舍）、黄河（黄桶至云南河口）、黄百（黄桶至广西百色）等铁路项目已列入贵州省和铁道部“十二五”建设规划；“安普”城市大道、黄桶物流园、6×35万千瓦的循环工业基地热动力车间项目（安电三期）列入省“十二五”规划，金铭实业二期完工待投产；西秀制药、黔中酒业、华荣集团、明达水泥、向荣矿业等一批基地外企业陆续建成投产。完成一批病险水库除险加固、土地开发整理和农田水利建设等工程，解决11万余人口饮水安全问题。国家重大科研项目“岩溶山地石漠化坡耕地整治与高效生态农业技术集成与示范”和石漠化综合治理等一批生态环境保护项目全面推进。电力、信息等设施日趋完善。县城污水处理厂投入运行，垃圾卫生填埋场建设加快；县武装部新营区、县城一批公用建筑和商住小区相继建成使用，县城中心大道延伸段建设稳步推进，马官、化处、马场、白岩等小城镇建设步伐加快，城镇化水平明显提高，城镇化率达到29%。

【民生问题和社会事业显著改善】　农村危房改造完成总任务的95%，超过1.1万户，超市下达任务4000余户，入住率超过75%；廉租房等一批中央投资项目均按要求建成使用和有序推进。以新农合、地氟病防治为重点的卫生工作深入推进，县医院医技大楼投入使用、住院综合大楼主体工程正在建设。县乡村三级公共卫生服务体系基本建成，农村低保、城市低保、“新农合”实现全覆盖，并按照政策提高标准。殡葬改革工作初见成效。“两基”攻坚和“普实”成果不断巩固，县一中申创省级示范性高中取得阶段性成果。人口计生工作扎实推进，“全国计划生育优质服务先进县”成果得到巩固。农村劳动力转移就业、返乡农民工创业、就业困难人员再就业等工作扎实有效，全面解决零就业家庭就业和城乡居民社会保障问题，2010年新增就业2327人；扶贫开发成效明显，全年减少贫困人口6763人。乡镇综合文化站、农民体育健身工程、农家书屋、文化资源共享工程等覆盖面不断扩大，实现广播电视村村通。天然林资源保护、退耕还林成果巩固、石漠化综合治理有力推进，集体林权制度改革通过省政府验收。易地扶贫搬迁、沼气建设等有序推进，节能减排任务全面完成。

【妥善处理社会矛盾，全力维护社会稳定】 制定出台“五包三推进”工作制度，实行信访维稳工作包保责任制，积极妥善处理各种社会矛盾和历史遗留问题。移民遗留问题逐步得到解决，引子渡电站库区移民遗留个人实物指标部分调补资金得到兑现；《普定电站库区和移民安置区基础设施建设及经济社会发展规划》已上报省移民局审查，省政府分管领导作出重要批示；移民反映提出的相关个案包括宅基地问题、安置问题、生活困难问题等逐步得到解决。开展副县级以上领导挂牌接访活动，处理因改革改制和其他方面带来的一批上访问题。深刻吸取煤矿安全生产责任事故教训，强化安全生产基础工作，严格落实安全生产责任制，加强安全生产监管，坚决遏制安全事故的发生，安全生产被动局面得到扭转。扎实推进依法治县工作，“五五”普法工作顺利通过市级验收，民主法制工作进程全面推进。深入开展“平安普定”创建活动，着力解决群众反映强烈的治安突出问题，群众安全感满意度排全市第一。

【开展“践行宗旨”和“创先争优”活动】 广泛开展以便民利民为中心的各项工作。启动“三个建设年”、“四帮四促”和“十大民生工程”为主要内容的“鱼水工程”，全县各部门分别开展履职公开承诺，完成第八届村（居）民委员会换届选举；在“践行宗旨”和“创先争优”活动中，县四大班子领导深入基层、深入一线，切实解决群众关心的热点、难点问题。举办周末领导干部大讲堂和乡、科级干部培训班，进一步提高领导干部素质和实际工作能力；组织开展“千名党员下基层”等活动，进一步密切党群干群关系。积极开展副科级干部公推直选、公开选拔等工作，扎实有效推进人事制度改革。认真落实《党员领导干部廉洁从政若干准则》，深入推进反腐倡廉建设，扎实开展重点工程领域等专项治理活动，着力解决损害群众利益的突出问题，加大违纪违法案件查处力度，党风廉政建设和反腐败工作形势总体趋好。

（何　鹏）

【2010年县委表彰与奖励】 2010年，县委表彰与奖励的先进单位及个人如下：

1月28日，县委、县政府作出《关于表彰2009年度综合目标考核先进乡（镇）的决定》，对全县11个乡镇进行表彰。其中镇建制类一等奖：马官镇、白岩镇；二等奖：化处镇、城关镇；三等奖：马场镇。乡建制类一等奖：补郎苗族乡、猴场苗族仡佬族乡；二等奖：鸡场坡乡、龙场乡、坪上苗族彝族布依族乡；三等奖：猫洞苗族仡佬族乡。

4月30日，县委、县政府作出《关于表彰2009年度社会治安综合治理工作先进单位的决定》，授予县委办、县扶贫办、县人事劳动和社会保障局、县工商局、县人口计划生育局五个单位为“社会治安综合治理先进单位”称号。

4月30日，县委、县政府作出《关于表彰钟忠等同志见义勇为先进个人的决定》，对钟忠、骆鹏飞、张胜富、李兴、张克奇、徐章洪、张克瑞、陈鸿、李世金、牟锦珍、杨从昌、杨从先、杨恩贵、王开荣、任天卫、任天彩、管世能、白辉文、白辉光、李安贵、徐昆、徐虎、徐章明、石龙云、李永华、王长发、刘海洋、张流波、张振虎、张彪、李勇、魏德志、吴德荣、李昌鑫、郭满洪、郭正兴、张家林等37名见义勇为先进个人进行表彰。

5月21日，县委、县政府作出《关于表彰2007—2009年度“文明单位、文明村镇”的决定》，授予中共普定县委办公室等21个单位“文明单位”称号、城关镇等14个村镇“文明村镇”称号。文明单位为：中共普定县委办公室、普定县人大常委会办公室、普定县人民政府办公室、政协普定县委员会办公室、中共普定县纪律检查委员会（监察局）、中共普定县委组织部、中共普定县委宣传部、中共普定县委政法委、普定县公安局、普定县人民检察院、普定县财政局、普定县烟草专卖局、普定县农业局、普定县人事劳动和社会保障局、普定县委党史研究室（政府地方志办公室）、普定县第一中学、普定县人民医院、化处镇播咱小学、城关镇第三小学、白岩镇中心小学、鸡场坡乡鸡场小学。文明村镇为：城关镇、化处镇、猴场苗族仡佬族乡、城关镇天王旗村、马官镇马官村、化处镇水母村、马场镇党固村、白岩镇薛家村、龙场乡平桥村、坪上乡坪上村、鸡场坡乡羊场村、补郎乡本杰村、猴场乡仙马村、猫洞乡又奋村。

6月28日，县委作出《关于命名“五好”基层党组织和表彰优秀共产党员、优秀党务工作者、

“十佳”村党支部书记的决定》，对坪上苗族彝族布依族乡党委等50个符合“五好”基层党组织进行命名表彰，授予何明凤等30名党员“优秀共产党员”称号，授予黄芳等10名党务工作者“优秀党务工作者”称号，授予胡运法等5名村党支部书记“十佳村党支部书记”称号。“五好”基层党组织为：坪上苗族彝族布依族乡党委、县法院党总支、县人事劳动和社会保障局党总支、县人大机关党支部、县纪委（监察局）党支部、县委党校党支部、县委宣传部党支部、县自来水公司党支部、县国土局党支部、县审计局党支部、县电视台党支部、县编办党支部、县公安局拘留所和戒毒所联合党支部、城关镇新堡村党支部、城关镇人民村党支部、城关镇烂坝村党支部、城关镇二中党支部、城关镇西安社区党支部、马官镇张官村党支部、马官镇马堡村党支部、马官镇断桥村党支部、马官镇计生卫生党支部、化处镇沙包村党支部、化处镇化处新寨党支部、化处镇党群党支部、化处镇化处片区教育党支部、马场镇云盘村党支部、马场镇那细村党支部、马场镇党固村党支部、马场镇教育党总支部、白岩镇双坑村党支部、白岩镇邓家村党支部、白岩镇政府三支部、龙场乡平桥村党支部、龙场乡财贸党支部、龙场片区教育支部、鸡场坡乡鸡场村党支部、鸡场坡乡果骂村党支部、鸡场坡乡农企党支部、坪上苗族彝族布依族乡小河村党支部、坪上苗族彝族布依族乡党群支部、补郎苗族乡大陇村党支部、补郎苗族乡党群二支部、补郎苗族乡中学党支部、猴场苗族仡佬族乡仙马村党支部、猴场苗族仡佬族乡猛舟小学党支部、猫洞苗族仡佬族乡木耳村党支部、猫洞苗族仡佬族乡教育党支部、猫洞苗族仡佬族乡新民茶叶专业合作社党支部、猫洞苗族仡佬族乡派出所。优秀共产党员为：城关镇劳保所副所长何明凤、城关镇龙潭小学校长付显义、城关镇阿岩村党支部副书记王兴华、城关镇党委委员、副镇长支启胜、马官镇党政办主任王明荣、马官镇农业服务中心主任侯泽龙、马官镇号营村妇女主任刘刚雁、化处镇安监站负责人管军、化处镇戛卧村报账员、计生专干洪波、化处镇焦家村党支部书记、村委会主任张克奇、马场镇计生办主任刘颉、马场镇党政办负责人包葵阳、白岩镇党建办负责人杨晓辉、白岩镇土管所工作员杨荣益、龙场乡党政办负责人、波利村党支部书记田庆林、龙场乡新华村党支部书记张振慧、鸡场坡乡纳支村科技示范户晏新闻、坪上苗族彝族布依族乡组宣统干事赵华东、坪上苗族彝族布依族乡小河村党支部书记周晓杰、补郎苗族乡党委委员、副乡长吴大勇、猴场苗族仡佬族乡党委委员、纪委书记黄明、猫洞苗族仡佬族乡木耳村科技副主任王建斌、猫洞苗族仡佬族乡党政办负责人王庆龙、县畜牧局畜禽品种改良站站长朱明贵、县二中教师郭振航、县文体广局工作员龙飞、县城建监察大队副大队胡林长、县人事劳动和社会保障局就业办主任周世文、县纪委信访室主任李安俊、县公安局治安大队户政中队长胡慧。优秀党务工作者为：城关镇人大专职副主席黄芳、马官镇党建办负责人张华、化处镇党委委员陈发霄、白岩镇党委委员、政法委书记杨昌华、龙场乡党委委员、妇联主任彭军南、坪上苗族彝族布依族乡团委副书记吴立辉、补郎苗族乡党委委员、副乡长王德祥、猴场苗族仡佬族乡党委委员、组宣统干事郑庆和、县农业局党总支组织委员杨谧、县计生局党支部组织委员霍礼芬。“十佳”村党支部书记为：城关镇天王旗村党支部书记胡运法、马官镇荷包村党支部书记张克蕊、化处镇播咱村、水井村党支部书记董开明、补郎苗族乡等堆村党支部书记杨发荣、猴场苗族仡佬族乡后冲村党支部书记龙大伦。

9月29日，县委、县政府、县人民武装部作出《关于通报表彰全县双拥工作（军〈警〉民共建）先进单位和先进个人的决定》，对在双拥工作和军（警）民共建活动中作出突出成绩的城关镇人民政府、普定县公安消防大队等先进单位和杨艳等先进个人进行表彰。双拥工作先进单位为：城关镇人民政府、普定县公安消防大队、县人武部政工科、县委办、县财政局、马官镇人民政府、县民政局。军（警）民共建先进单位为：武警普定县消防中队、武警普定县中队、武警太平五中队、普定县一中、城关镇文明居委会、西安居委会、穿洞居委会。先进个人为：城关镇社会事务办主任杨艳、中共普定县委办主任姜开贵、城关镇党委书记李正权、马官镇党委书记张发刚、县民政局副局长李仁龙、县中医院院长高凤云、县工商局注册股股长李菊华、县人力资源和社保局军转办工作员李明一、武警普定县中队班长潘云生、普定县一中政教主任冯文、县医院办公室工作员吕晶晶、普定县公安局城关派出所教导员郭帮平、马场镇人武部副部长侯奇、龙场乡社会事务办主任张丽萍、化处中学教师包维光。

10月11日，县委、政府作出《关于表彰普定县第二次民族团结进步先进集体、先进个人的决定》对在加快少数民族和民族地区经济社会发展，巩固和发展各民族平等、团结、互助、和谐的社会主义民族关系方面做了大量工作的先进集体和先进个人进行表彰，先进集体：中共城关镇党委、中共马官镇党委、中共猴场苗族仡佬族乡党委、中共坪上苗族彝族布依族乡党委、城关镇后寨民族小学、白岩镇工商所、白岩镇人民法庭、猫洞苗族仡佬族乡国土所、补郎苗族乡人民法庭、猴场苗族仡佬族乡派出所、猫洞苗族仡佬族乡司法所、坪上苗族彝族布依族乡派出所、县委组织部、爱德项目办、县信用联社、县文体广旅游局、县民政局、县人力资源和社保局、县统计局、县气象局、城关镇新堡村党支部、马官镇湾河村党支部、白岩镇双坑村党支部、化处镇嘎打村委会、龙场乡平桥村党支部、鸡场坡乡红岩村党支部、猫洞苗族仡佬族乡抵挡村党支部、补郎苗族乡等堆村党支部、猫洞普茂煤矿、补郎兴源煤矿。先进个人：何平、杨艳、杨再祥、伍丽红、卢国群、王兴国、谢敏、廖茂红、潘祖升、王春、杨兴芬、包葵阳、乔传学、王明兴、王鸿、王国荣、黄家宁、杨文、王贵友、谢国兰、李刚、支艳、涂从伟、刘嘉、苏勤勇、杨光勋、伍朝学、廖俊平、龙勤信、金雪桥、路媛、田庆益、张一琼、廖前智、杨晓英、张雷、王华、李彪、张克尚、王道忠、伍云富、杨雪松、伍德厚、贺光国、谢国松、高颖、张一涛、潘云生、梁兴华。

（《普定年鉴》编辑部）

2010 年重大会议概况

【县委十届八次全会】 1月14日，中国共产党普定县第十届委员会第八次全体会议召开，听取王跃代表县委常委会关于2009年度干部选拔任用工作、基层党建工作专题报告及县委全年总体工作情况报告，审议通过《中共普定县委贯彻落实党的十七届四中全会精神大力加强干部队伍建设实施意见》和《中共普定县委贯彻落实党的十七届四中全会精神进一步加强和改进新形势下党的基层组织建设的实施意见》。

会议认为，县委常委会坚持按照“围绕经济抓党建，抓好党建促跨越”的思路，全县经济建设、政治建设、社会建设、文化建设和生态文明建设取得新进展，迈上新台阶。

会议指出，转变发展方式，破解发展难题，实现跨越式发展，关键在党，关键在人。要围绕“发展循环经济，构建和谐普定”目标，实现新型工业化、绿色城镇化和农业产业化，推动科学发展、促进社会和谐，必须坚持党要管党、从严治党；坚持抓基层打基础不放松，围绕中心、服务大局、拓宽领域、强化功能，进一步巩固和加强党的基层组织，不断增强生机与活力，使党的基层组织充分发挥推动发展、服务群众、凝聚人心、促进和谐的作用，使广大党员牢记宗旨、心系群众。

会议强调，党的基层组织是党的全部工作和战斗力的基础，是落实党的路线方针政策和各项工作任务的战斗堡垒。基础不牢，地动山摇。要按照科学发展观要求，从思想政治建设、优化领导班子结构、民主集中制、后备干部队伍培养、作风建设等方面入手，加强领导干部队伍建设；从扩大党组织覆盖面、推进党组织工作创新、增强队伍生机活力、建设高素质基层党组织带头人队伍、构建城乡统筹的基层党建新格局等方面入手，进一步加强和改进新形势下党的基层组织建设，夯实党执政的组织基础。

【县纪委十届五次全会】 1月14日，县第十届纪律检查委员会第五次全体（扩大）会议召开。全会审议通过吕恩华代表县纪委常委会作题为《深入推进党风廉政建设和反腐败斗争，为加强和改进党的建设、“发展循环经济、构建和谐普定”提供坚强保证》的工作报告。

会议要求全县各级党委、政府、纪检监检机关要认真学习贯彻中央、省、市、县八个重要会议精神，进一步增强抓好党风廉政建设和反腐败斗争的信心和决心。通过扎实有效的学习，做到思想武装有新加强、工作思路有新定位、工作方法有新改进、工作部署有新举措、工作作风有新转变、精神状态有新气象。

会议强调，深入推进全县反腐倡廉建设各项工作，必须在狠抓执行政治纪律、确保政令畅通、干部作风建设、干部教育、管理和监督、干部廉洁自律、查办案件、惩防体系建设等方面狠下功夫。进一步抓好中央《工作规划》和省委《实施意见》、市委《实施方案》、县委《实施细则》的贯彻落实。继续深化行政审批、干部人事、财政管理等重点领域和关键环节的改革，加大工程建设项目招投标。坚持从实际出发，围绕深化重点领域和关键环节改革，加强反腐倡廉制度建设。

坚持和完善反腐败领导体制和工作机制，按照《普定县反腐败工作协调议事暂行办法》，加强各乡镇各部门纪检监察机关之间的协调配合；加强纪检监察机关与政府职能部门之间的协调配合；加强纪检监察机关与审判、检察、公安、审计等执纪执法机关以及组织人事部门之间的协调配合；创新工作机制，增强反腐倡廉工作合力，加快推进惩治和预防腐败体系建设。

【全县经济工作会议】 1月28日，全县经济工作会议召开。

会议指出全县经济社会发展面临的困难和挑战。从大环境和宏观上看：当前县域内外经济形势依然严峻，发展基础不稳固，虽然国家在投资、财政等各项政策措施方面保持稳定性和连续性，但是经济发展过程中不确定、不可预料的因素，随时都可能对国家宏观调控措施产生较大影响，这对我们的工作提出了更大更高的要求，需要我们敢于和善于把握时机，增强敏锐性，灵活应对。从县域经济发展来看。存在以下不足：缺少大项目带动、大企业支撑，工业化、城镇化、农业产业化发展层次较低，产业结构不合理，效益不高，经济总量小，财政收支矛盾突出；受地域条件的限制，南北发展不平衡，北部部分乡镇贫困面大，贫困程度深，发展相对困难；以县际公路、通村通组路、断头路、夜郎湖上一些桥梁、城乡饮水安全为重点的交通、水利基础设施建设还很滞后；农民持续增收困难很大，农业农村生产生活条件相对落后，就业、住房、教育、卫生、文化、社会保障等影响和制约人民群众生产生活质量的问题还没有得到切实解决，保障和改善民生任务艰巨；环境污染、地质灾害、安全生产、征地拆迁、水库移民等各种矛盾交织，影响社会稳定的不利因素不断增多，维护社会稳定压力增大；机制制度不健全，部分领域人才缺乏，执行力和落实力还不强，思想观念、政府职能亟待转变，和谐民风、和谐发展环境有待进一步营建。

会议提出2010年经济工作的主要目标：生产总值增长12%以上；固定资产投资增长21%以上；社会消费品零售总额增长15%以上；财政总收入增长16%以上；地方一般预算收入增长20%以上；农民人均纯收入增长8%以上；城镇登记失业率控制在4.5%以内；人口自然增长率控制在7‰以内；单位生产总值能耗比上年降低4.2%以上，化学需氧量和二氧化硫排放量分别下降7%和3.5%。

会议确定2010年重点抓好九个方面工作：推进项目建设，增强发展后劲；推进产业优化升级，提升县域经济竞争力；推进城镇建设，加快城乡一体化发展；推进农业结构调整，加快农业产业化发展；推进交通、水利等重大基础设施持续改善，不断夯实经济社会发展基础；推进生态环境保护和建设，加快清洁发展、循环发展和安全发展；推进以民生为重点的社会事业全面进步，加快和谐普定建设；推进改革开放，激活县域内部动力和借助外力发展；推进软环境建设，进一步优化发展环境。

会议对2009年度综合目标考核先进乡（镇）进行表彰，王跃、庞琨分别代表县委、县政府与各乡镇签订2010年度乡（镇）综合目标管理责任书。

【全县“四创”工作动员大会】 1月28日，全县“四创”工作动员大会召开。

县委副书记胡晓兰传达中共普定县委、普定县人民政府《关于成立普定县创建全国文明县城、国家卫生县城、国家环保模范县、全国文化先进县工作领导小组的通知》，县委常委、宣传部长贾正宁对全县“四创”工作进行全面安排部署，县长庞琨作动员讲话。

会议明确提出县“四创”活动分项目标规划：通过11年的努力获全国文明县城称号；通过7年的努力，获国家卫生县城荣誉称号；力争在2016年取得国家卫生县城称号后，启动国家环保模范县城申报工作，2017年成功申报国家环保模范县城；2010年至2011年，在巩固和深化省级文化先进县创建成果的基础上成功申报全国文化先进县。

庞琨强调，“四创”工作意义重大，任务艰巨，时间紧。全县各级各部门要立即行动起来，万众一心、众志成城，努力争创“全国文明城市”、“国家卫生城市”、“国家环保模范城市”、“国家级文化先进县”。

【全县学习实践活动总结大会】 3月30日，全县深入学习实践科学发展观活动总结大会召开。市人大常委会副主任、县委书记王跃作重要讲话，县委副书记、县长庞琨主持会议，市委第二巡回检查组组长李宏到会作指导。

王跃指出，普定县作为中央学习实践活动办公室重点联系单位、省委第三批学习实践活动试点县，按照“党员干部受教育、科学发展上水平、人民群众得实惠”的总要求。在学习实践活动中，全县上下坚持把理论武装贯穿活动始终，提高思想认识，形成发展共识；各级党组织通过开展重大问题调研、社情民意调查等工作，进一步理清发展思路；坚持把突出实践特色贯穿活动始终，切实解决影响和制约科学发展的突出问题，以实实在在的成效取信于民，让人民群众真切感受到学习实践活动带来的新变化；夯实基层基础，增强组织活力，坚持把学习实践活动与学习贯彻党的十七届四中全会精神紧密结合起来，为不断开创党的基层组织建设新局面和建设善于推动科学发展、促进社会和谐的高素质干部队伍作出重要部署；始终坚持把发展作为第一要务，紧紧围绕经济社会发展这个中心，坚持以科学发展观为指导，切实加大项目建设，优化产业结构，转变发展方式，统筹城乡发展，让人民群众共享科学发展成果；扎实开展体制机制“废、改、立”工作，全县共废除制度63个，正在修改161个，新建140个，推行发展循环工业经济、化解矛盾构建和谐、扩大党内基层民主等一批服务科学发展、促进社会和谐的制度机制，为促进普定科学发展创造良好的政策制度环境。

王跃要求，全县上下要以此次活动为契机，把学习实践活动的认识成果、思想成果、实践成果和制度成果充分运用到今后科学发展的实践中去，坚持深化学习、注重实践，进一步巩固和扩大学习实践活动成果；加快经济发展方式转变，大力推进普定经济社会又好又快发展。

王跃强调，全县各级党组织要结合当前形势和工作实际，深入学习实践科学发展观，为推动普定科学发展、和谐发展、跨越发展作出新的更大贡献。

李宏对普定学习实践活动取得的成效给予充分肯定：整个学习实践活动主题突出、特色鲜明、领导有力、工作扎实，赢得广大人民群众广泛认可和好评，基本实现提高思想认识、解决突出问题、创新机制体制、促进科学发展和加强基层组织的目标。

【县第十五届人民政府第四次廉政工作会议】 4月12日，普定县第十五届人民政府第四次廉政工作会议召开，会议的主要任务是深入贯彻落实十七届中纪委五次全会、国务院第三次廉政工作会议和省纪委十届五次全会、省政府第三次廉政工作会议、市纪委二届五次全会及市政府第四次廉政会议精神，总结2009年、部署2010年政府系统反腐倡廉工作。县领导庞琨、吕恩华、杨波、刘周高等出席。会议由杨波主持。

会上，县监察局、发改局、财政局、建设局等部门结合自身工作实际进行发言。会议指出，过去的一年，全县政府系统认真贯彻标本兼治、综合治理、惩防并举、注重预防的方针，深入贯彻落实党中央、国务院、省委、省政府、市委、市政府、县委关于反腐倡廉的部署和要求，紧紧围绕保增长、保民生、保稳定这条主线，坚持把反腐倡廉作为加强政府自身建设、提高政府执行能力和公信力的重大任务来抓，严格执行党风廉政建设责任制，大力加强执法监督和行政效能监察，着力解决人民群众反映强烈的突出民生问题，坚决查处腐败案件，依法惩处腐败分子，政府廉政建设和反腐倡廉工作取得新成绩。

庞琨指出，2009年9月以来，普定县遭受严重干旱，要坚持把全力打赢抗旱救灾硬仗作为2010年政府系统廉政勤政工作的重要任务，要切实转变和改进工作作风，全力以赴投入抗旱救灾工作。要增强大局意识和责任意识，强化抗旱救灾资金使用监管，确保在抗旱救灾款物按要求及时到位。要严肃纪律，坚决依法依纪、从严从重查处抗旱救灾中的违法违纪行为。

庞琨强调，要突出重点，抓好落实，深入推进反腐倡廉工作。加强扩内需保增长各项政策措施的监督检查，加强重点领域监管，大力解决群众反映强烈的突出问题，强化政风政纪和制度建设，规范各类庆典活动，完善财政预算制度，推进预算公开透明。要强化乡镇政府及各工作部门的责任，切实加强行政问责，着力形成齐抓共管的工作格局，严格“四创”工作责任追究，坚决查办违纪违法案件，强化反腐倡廉教育，筑牢拒腐防变的思想道德防线。

【“五五”普法总结验收暨“法制县”创建活动动员大会】 4月12日，普定县召开“五五”普法总结验收暨“法制县”创建活动动员大会，会议的主要任务：进一步做好普定县“五五”普法依法治理总结验收和各项准备工作，以优异的成绩迎接省、市检查验收；全面启动法治县创建活动，为促进全县经济社会协调发展，构建平安普定、和谐普定创造良好的法治环境。

县委常委、常务副县长杨波主持会议。会议传达《普定县“五五”普法依法治理总结验收工作实施意见》和《关于开展依法治县创建活动的实施意见》。

会议要求，要进一步统一思想，加强领导，切实增强对这次“五五”普法总结验收暨法治县创建活动工作的重要性和紧迫性认识。

会议强调，各部门要按照普定县依法治县领导小组《关于开展依法治县创建活动的实施意见》精神，切实抓好依法治县创建活动各项工作的落实。

会议要求，各部门要抽调相关工作人员，组成专门工作队伍，按时完成“五五”普法依法治理工作资料的查缺补漏和档案规范化工作，以更高的标准、更高的质量迎接省、市的检查验收。

【全县政法工作会议】 4月30日，全县召开政法工作会议，县领导王跃、庞琨、严俊、冯建役、熊光辉等出席。会议由县委常委、常务副县长杨波主持。

会议总结2009年工作并安排部署2010年政法和信访工作；通报2009年度各乡镇政法综治维稳反邪教工作目标考核情况，对钟忠等37名见义勇为先进个人和县委办等5个社会治安综合治理先进单位进行表彰。

会上，庞琨代表县人民政府与11个乡镇以及县综治委5个专门领导小组签订2010年全县综治工作目标责任书。

王跃指出，2009年，全县政法部门按照“保增长、保民生、保稳定”的总要求，围绕新中国成立60周年安全保卫这条主线，深入推进“平安普定”建设和司法体制机制改革，扎实开展“严打”斗争和重点整治，强化涉法涉诉、重信重访排查化解和执法监督工作，政法工作取得成效。

王跃要求，突出重点，统筹推进全县政法工作。深入推进社会矛盾化解、社会管理创新、公正廉洁执法，正确处理好重点和全盘的关系，统筹做好维护国家安全和社会稳定工作，统筹推进司法体制和工作机制改革。

王跃强调，要加强党对政法工作的领导，加强政法部门自身建设，积极落实各项保障措施，全力维护社会和谐稳定；要始终坚持以科学发展观为指导，进一步完善工作措施，创新工作思路，落实工作责任，努力开创政法工作新局面，为构建和谐普定、促进全县经济社会更好更快发展作出新的更大的贡献。

【全县政府机构改革工作会议】 7月15日，全县政府机构改革工作会议召开。县四大班子出席会议，县长庞琨主持会议。

县委委员、候补委员，县人大、县政府、县政协领导班子成员，县人民检察院、县人民法院负责人，县纪委常委，县人大、县政协秘书长或办公室负责人及县人大工作委员会、县政协专门委员会负责人，县委各部办委、各人民团体主要负责人，县级国家机关各部门党政主要负责人及班子成员，县属副科级以上事业单位、县属国有企业主要负责人，各乡镇党委、政府主要负责人，垂直管理部门主要负责人，副县级以上离退休干部参加会议。

县委常委、常务副县长杨波宣读《中共普定县委普定县人民政府关于普定县人民政府机构改革的实施意见》；县委常委、组织部长金晓明宣布县政府机构改革涉及的县管干部任免名单。

市人大常委会副主任、市总工会主席、县委书记王跃在会上强调，要提高认识，抓住关键，统筹安排，精心组织，全面推进政府机构改革的各项工作，努力建设人民满意的政府，为推动普定经济社会又好又快发展提供可靠的组织保障和人才支撑。

王跃指出，深化政府机构改革是加强新形势下政府自身建设的迫切需要，是完善社会主义市场经济体制的必然要求，是推动全县经济社会又好又快发展的重要保障，全县各级党委、政府和广大干部要统一思想、提高认识，切实增强深化政府机构改革的责任感和紧迫感，坚定改革信心，强化责任意识，狠抓工作落实，积极稳妥地推进政府机构改革，真正构建充满活力、富有效率、更加开放、有利于科学发展与社会和谐的体制机制，为全县经济社会又好又快发展创造良好的体制机制环境。

王跃要求，全县各级各部门要抓住关键，把握重点，紧密结合实际，转变政府职能，突出服务重点；优化组织结构，规范机构设置；强化落实责任，改进管理体制；严格机构编制管理，健全监督机制，全面推进政府机构改革的各项工作。

【全县领导干部会议】 8月25日，全县领导干部会议召开，传达贯彻全省领导干部大会和市委常委（扩大）会议精神。县委、县人大、县政府、县政协等县四大班子领导出席会议。县人武部部长，县人民法院院长，县人民检察院检察长，县委各办部委、县级国家机关各部门、各人民团体、县直各企事业单位、驻县各单位、县人大各工委、县政协各专委主要负责人，各乡镇党委、政府主要负责人参加会议。县委书记彭贤伦主持会议。

彭贤伦指出，全县各级各部门和广大干部群众要把思想统一到中央、省委、市委的决策部署上来，认真学习贯彻好全省领导干部大会和市委常委（扩大）会议精神，扎实推进全县经济社会又好又快发展。

彭贤伦强调，全县各级各部门要讲政治、识大体、顾大局，自觉把思想和行动统一到中央的精神上来，坚决拥护中央的决定和部署；要自觉接受以省委书记栗战书为“班长”的省委领导，切实维护省委的权威，认真落实省委的各项决策，确保政令畅通；要在省委的坚强领导下把思想统一到发展上、把心思集中到发展上、把力量凝聚到发展上，做到不动摇、不懈怠、不折腾，全力保持全县经济社会发展的良好势头，维护团结和谐稳定的良好局面，让中央放心，让省委放心，让市委放心，让全县人民满意；要抢抓中央深入实施西部大开发战略的重大机遇，按照“指标不减、目标不松”的原则，以只争朝夕的精神，认真落实好各项工作，确保全面完成2010年经济社会发展目标任务。

彭贤伦要求，要以求实创新的精神，深入贯彻市委二届十一次全体（扩大）会议精神，抓好优势产业，加快城镇化进程，促进城乡协调发展，努力夯实普定发展基础；要切实关注民生问题，做到动真的来实的，尽力提高老百姓幸福指数，绝不能让老百姓穿不上衣、吃不上饭、住不上房；要深入排查调处各类矛盾纠纷，妥善处置移民遗留问题和下岗职工再就业等问题；要着力抓好安全生产工作，有效防范各类重大安全事故发生；要加强社会治安综合治理，深入推进平安普定建设，切实增强人民群众安全感；要大力加强领导班子和干部队伍建设，不断提高推进科学发展、促进社会和谐的水平。

【全县安全生产工作紧急会议】 10月8日，全县安全生产工作紧急会议召开。县长庞琨作重要讲话，常务副县长杨波主持会议。

会议传达学习省委书记栗战书，省委副书记、省长赵克志在全省安全生产工作紧急电视电话会议上的重要批示及省、市相关文件及会议精神。县安委办通报前三季度安全生产情况，安排部署第四季度安全生产工作。县工业经贸局、交通运输局、公安局就近期开展的隐患排查和“打非”专项工作总结及2010年后三个月工作安排进行交流发言。

庞琨强调，要以省委、省政府主要领导的重要批示作为抓好当前安全生产工作的统领，严格按照10月6日全省安全生产工作紧急电视电话会议安排部署，加强对照检查、指导督促、整改落实；加强领导，强化责任，推进全县安全生产态势稳定好转；大力推进安全生产制度创新，切实保障安全发展。

庞琨要求，全县各级各部门要统一思想，集中心思，凝聚力量，千方百计抓好安全生产，为实现2010年和“十一五”目标任务，促进全县经济社会又好又快、更好更快发展提供安全保障。

【全县第二次民族团结进步表彰大会】 10月11日，全县第二次民族团结进步表彰大会召开。县领导彭贤伦、杨崇刚、徐天成、冯建役、熊永刚、杨敏出席。市民委主任杨晓曼到会作指导，县委副书记胡晓兰主持会议。

大会回顾总结2004年全县第一次民族团结进步表彰大会以来民族团结进步工作取得的成绩和经验，研究和部署今后一个时期民族团结进步工作，对猴场苗族仡佬族乡党委等30个民族团结进步先进集体、廖茂洪等49名民族团结进步先进个人进行表彰。

彭贤伦要求，各级党委、政府要充分认识做好民族工作的重大意义，把中央提出的要求与部署落到实处。要进一步增强做好民族工作责任感和使命感；加强民族团结进步宣传教育，打牢各民族团结进步思想基础；加快民族地区经济社会发展，不断强化民族团结进步事业物质保障；大力发展社会事业，着力保障和改善民族地区生产生活条件，使少数民族群众更好地享受发展成果；认真贯彻落实党的民族政策，巩固和发展各族群众团结和谐的良好局面。

【全县乡镇党委书记、乡镇长工作会议】 10月12日，全县乡镇党委书记、乡镇长工作会议召开。县四大班子领导出席。会议由县委副书记胡晓兰主持。

会议主要任务：分析总结2010年1至9月份全县经济社会运行情况，研究部署后三个月各项工作任务。

11个乡镇主要负责人，县发改局、统计局、工业经贸局、交通运输局、住建局、农业局、财政局主要负责人作会议发言。

庞琨总结三个季度以来的工作，分析存在问题，对下步工作进行详细安排。要求全县各部门要立足当前，攻坚克难，全面完成全年目标任务，即：加快工业经济增长速度；继续保持固定资产投资更快增长；扭转农业经济下降局面；抓好招商引资工作；促进居民消费快速增长；强化财税征管；抓好安全生产和维护社会稳定；加强督查调度。要着眼长远，科学谋划，编制好“十二五”发展规划。

彭贤伦作题为《高举旗帜、真抓实干，全面推进普定经济社会又好又快更好更快发展》的讲话。2010年1至9月，全县经济社会在克服困难中前进、在解决突出矛盾中加快发展，预计实现地区生产总值17.6亿元，同比增长10.43%；预计实现全部工业总产值24.6亿元，其中规模以上工业企业完成总产值22.6亿元，增长速度13.37%，比上月回升4.89%；实现社会消费品零售总额4.15亿元，同比增长15.3%；完成财政总收入2.8亿元，同比增长14.72%；农民人均现金收入2276元，同比增长10.9%。

彭贤伦指出，总结三个季度工作，有五个方面经验和体会：自加压力，形成加快发展的浓厚氛围；团结共事，形成加快发展的强大合力；思路和方法创新，形成引领发展的强大动力；解放思想、开拓奋进，形成抢抓争上的良好环境；求实真干，形成带头争先抓落实的良好风气。

彭贤伦强调，全县各部门要高举“发展、团结、奋斗”的旗帜，把思想统一到发展上，把心思集中到发展上，把力量凝聚到发展上，扎实抓好当前工作，确保完成全年各项目标任务；要科学谋划“十二五”发展规划，提前抓好2011年工作安排，进一步转变作风，真抓实干，全面推进经济社会实现又好又快、更好更快发展。

【县委常委会第22次会议】 12月1日，县委常委第22次会议召开。传达学习省委书记栗战书在省委第88次常委会上的重要讲话精神和《中共贵州省委贵州省人民政府关于开展作风建设年、环境建设年、项目建设年的决定》、《中共贵州省委关于在全省领导干部中开展“四帮四促”活动进一步做好新形势下群众工作的意见》、市委二届十二次全体（扩大）会议和市委书记陈坚在会上的重要讲话精神；听取《关于制定普定县国民经济和社会发展第十二个五年规划基本思路》和县纪委关于贯彻落实中纪委〔2009〕9号、10号文件情况汇报；讨论关于加快发展生态畜牧业的实施意见（讨论稿）、拟建县文化中心广场和三星级宾馆选址、胡家洞小区广场方案；研究部署关于在全县实行野外禁火、近期对外招商引资等相关工作。县委书记彭贤伦主持会议。

彭贤伦强调，各级党员领导干部一定要统一思想、提高认识，深入贯彻落实上级会议文件和领导讲话精神，切实增强发展意识、忧患意识、大局意识、责任意识和主体意识。紧紧抓住“十二五”期间中央实施新一轮西部大开发和新阶段扶贫开发、东部产业转移、普定在国家和省两级主体功能区规划中被列入重点开发区域以及作为黔中经济区未来的增长极和重要能源基地、央企扩张的战略机遇，加速发展、加快转型、推动跨越，提高普定县工业化和城镇化水平，促进城乡统筹协调发展，逐步实现与安顺同城化、一体化建设，推动全县经济社会又好又快、更好更快发展。

彭贤伦要求，全县上下要紧密结合“四创”和“创先争优、践行宗旨”活动的开展，按照省委关于开展“三个建设年”的决定，大力加强思想建设、组织建设、作风建设和党风廉政建设，充分发挥各级党组织的战斗堡垒作用和广大党员的先锋模范作用，团结带领群众，把思想统一到发展上、心思集中到发展上、力量凝集到发展上来，通过五年时间，努力实现再造一个普定的目标。

【全县畜牧发展工作大会】 12月2日，全县畜牧发展工作大会召开。会议传达市委书记陈坚在全市畜牧业发展工作会议上的讲话精神及《中共普定县委办公室普定县人民政府办公室关于加快发展生态畜牧业的实施意见》，意见明确全县发展生态畜牧业的指导思想、目标任务、规划布局、管理措施。会上昌伟良种猪养殖场、伍氏蛋鸡场、柯托养猪协会作交流发言。

县委书记彭贤伦指出，加快畜牧业发展是壮大县域经济、促进农民增收的重要措施，是优化农业经济结构、实现可持续发展的重要载体。全县各部门要充分认识加快生态畜牧业发展的重要意义，增强紧迫感和责任感，坚定发展信心和决心，因地制宜，科学规划，强力推进畜牧业持续、快速、健康发展。

彭贤伦要求，要明晰思路，突出重点，围绕六大产业支撑，建设生态经济示范性工程，加快转变畜牧业发展方式。

彭贤伦强调，要加强组织领导，强化管理，加大投入，团结一致，扎实工作，不断开创畜牧工作新局面，促进全县农村建设和农业农村经济持续发展。

【县十五届人大常委会33次会议】 12月6日，普定县第十五届人大常委会第33次会议召开。县人大全体常委会组成人员出席。会议由杨崇刚主持。

县长庞琨，县人民法院院长卜吉康，县人民检察院检察长杜学坤列席。

庞琨宣读关于提请任命齐维林等同志职务的议案。

会议决定任命齐维林、胡绪波两位同志为普定县人民政府副县长。

【全县移民工作大会】 12月16日，全县移民工作大会召开。县四大班子领导出席，县委副书记胡晓兰主持会议。会议的主要任务：贯彻落实省委、省政府、市委、市政府《关于进一步加强移民工作的意见》等文件精神，紧密结合"四帮四促"和"三个建设年"活动，以"四帮四促"和"五包三推进"为抓手，建立移民工作长效机制，落实移民工作包保责任制，贴近安置区，贴近库区，贴近移民，努力促进库区和移民安置区稳定和谐发展，确保移民增收、生产发展、文明和谐。

会上传达《中共普定县委办公室普定县人民政府办公室关于对移民工作实行联系（包保）责任制的通知》；通报《普定县引子渡电站移民工作相关问题的调查复核报告》和《普定电站移民遗留问题清查情况报告》。

彭贤伦指出，全县各部门和广大干部职工要正确把握当前形势，进一步提高认识、统一思想，勇于担当重任，切实增强做好移民工作的信心和决心，努力开创移民工作新局面，促进全县社会和谐、政治稳定、经济发展。

彭贤伦要求，全县各部门和广大干部职工要结合当前正在开展的"三个建设年"和"四帮四促"活动，带着感情和激情，积极深入基层、深入村寨、深入移民家中，坚持做好包移民村发展、包移民增收、包政策法规宣传、包稳控疏导、包排除矛盾隐患工作，主动做移民群众的知情人、贴心人，充分争取移民群众的信任、理解和支持，扎实推进和谐库区、和谐村寨、和谐社区建设。同时，要整合项目资金，做好充分准备，超前部署普定电站移民扶持开发工作试点。

彭贤伦强调，全县各部门和广大干部职工要牢记守土有责、守土尽责和宗旨意识，积极创先争优，围绕稳定、顾全大局，统筹兼顾抓好各项工作。要严肃工作纪律，强化工作督查，确保把包保移民工作做成民心工程、德政工程，努力实现库区和移民安置区和谐发展、快速发展，促进全县经济社会跨越式发展，力争实现再造一个新普定的目标。

【县委十届十次全会】 12月17日，县委十届十次全体（扩大）会议召开，县委书记彭贤伦代表县委常委会作《全面贯彻落实工业化主导和城镇化带动战略为更好更快建设经济强县而努力奋斗》的专题报告。

2010年12月17日，中共普定县委十届十次全体（扩大）会议召开。（陈登祥 摄）

会议分析县委常委会面临的困难和不足：理论学习有待进一步加强，要紧密联系基层工作的实际，切实解决好在"学中干"与"干中学"的问题；干部作风有待进一步深入。一方面要认真做好议大事、解难题的工作，另一方面要认真解决好深入实际、率先垂范的问题；要切实解决经济总量小、经济结构单一、发展速度慢等方面的问题，要不断深化县情认识，不断推进县域经济又好又快、更好更快发展；正确处理改革、发展、稳定的关系，切实解决信访维稳问题突出、安全生产压力大等方面的问题。会议审议通过《中共普定县委普定县人民政府关于落实工业化主导和城镇化带动战略建设经济强县的实施意见（草案）》，并就落实工业化主导和城镇化带动战略建设经济强县的必要性、重要性和主要措施进行深入剖析。

县长庞琨作总结讲话，针对工业化、城镇化建设中亟待解决的一些问题和当前工作，强调正确处理好三个关系，着力解决三大矛盾：即正确处理好速度与质量的关系，着力解决资金不足和建设用地的矛盾；正确处理好建设与管理的关系，着力解决拆迁安置和农民市民化的矛盾；正确处理好重点与整体的关系，着力解决干部队伍建设和人才匮乏的矛盾。强调扎实做好三项工作：即强力推进"三个建设年"和"四帮四促"活动；大力改善民生，抓牢安全生产；认真抓好"十二五"规划编制的落实。

（《普定年鉴》编辑部）

中共普定县委办公室工作

【综述】 2010年，县委办公室围绕县委中心工作，创新工作思路、改进工作方式和工作手段，提高工作质量和效率，全面完成各项工作任务。2010年获中共贵州省委办公厅表彰为先进单位，安顺市委、安顺市人民政府表彰为市级文明单位，在全市党办目标考核中获综合目标考核一等奖。

【提高干部职工素质】 坚持集中学习与自学相结合，深入学习邓小平理论、“三个代表”重要思想、科学发展观等理论，学习十七大和十七届四中、五中全会精神，学习政治、经济、社会、文化、科技以及各种业务知识。通过学习，县委办公室队伍综合能力、服务本领得到提高。

【提高工作质量和效率】 按照“实事求是，与时俱进”宗旨，强化效率观念，克服“旧、满、慢、怕、懒”的思想，形成“严、细、快、实、勤”作风，工作中做到早介入、早思考、早准备、早操作，保持高效率工作态势，确保县委日常工作高效运转。

【履行参谋助手职责】 坚持以党委、基层、部门、人民群众满意为标准，提高服务水平。在处理文字、信访、会务、接待、后勤等工作方面，坚持认真负责、精益求精，从细节入手，精心组织、周密安排、严格按程序开展工作。

【创新工作方法与督查工作】 把督促检查重点放在县委重要工作部署和重大决策的组织落实，综合运用联合督查、实地督查、随机督查等手段，采取情况通报、责令整改等措施，增加督查工作实效；对上级领导及县领导的批示件，做到正确领会领导意图，严格办理程序，明确责任分工，量化办结任务和办结时间。采取“交办时明确提出个体办理要求”、“办理中详细了解进度情况”、“到期前电话提醒催办”、“逾期及时通报”等方法，加大对批示件办理的督查力度，对久拖不决的批示件，做到“紧盯不放，一抓到底”，直至问题得到全面解决。实行严格回访制度，确保批示件办理不留后遗症。全年办理省、市、县领导批示件68件，批转处理68件，办结率100%。编撰《普定督查》26期、《督查专报》23期，全面完成工作任务。

【深入开展调查研究】 以突出时代性、规律性和服务性为重点，深入基层、深入群众，加强调查研究与其他工作有机结合，着力抓好决策调研和决策服务。参与电站移民遗留问题调研工作，历时三个多月编制《普定电站库区和移民安置区基础设施建设及经济社会发展规划（2011—2015)》；组织调研撰写《安顺市“十二五”规划文稿起草调研普定县相关工作情况》、《省委政研室“培育黔中经济区调研”普定书面调研材料》、《市委二届十一次全会文稿起草调研工作普定县有关情况》、《昆山和栖霞考察报告》等调研报告，2010年普定被列为“省委决策调研工作重点联系县”。

【全方位提供高质量信息】 围绕“紧贴中心、服务决策、加强调研、提高质量”的工作思路，努力开发深层次、高质量信息，为县委决策提供全方位、多领域、多角度的信息服务。围绕热点、难点问题收集编写综合信息，使县委的重大决策、重大活动情况得到及时上报，制约全县发展的一些问题得到及时反映，工作中的好做法、新经验得到及时推广。2010年编发《普定信息》5期，报市信息149条，《专报信息》125条，报省重大紧急信息10条（篇）、省《县域动态》栏目14条（篇)，省市采用6条（篇），省、市领导批示40余人次。

【依法治密及规范管理】 深入开展“五五”普法保密法制宣传教育，提高广大领导干部的保密意识；依法治密，加强对保密工作的指导；加强保密工作制度化建设步伐，完善各项规章制度。

【做好机要密码工作】 强化密码干部队伍的思想、纪律、作风建设，抓好干部队伍的思想政治建设。坚持24小时值班制度，做到保证密码通信工作安全、及时、畅通。加强规划，积极推动系统信息化建设工作。认真做好信息安全，落实密码安全保护措施，切实提高信息系统的安全水平。

（何　鹏）

组　织

【综述】 2010年，县委组织部严格按照中央、省、市、县有关文件及组织部长会议精神，强化责任、狠抓落实、组织工作不断推进，为推动全县经济社会又好又快、更好更快发展提供坚强组织保证。

【选配干部班子】 坚持德才兼备、以德为先的选拔任用干部标准，全年任免科级干部170余人次、科员及股级干部92人次。结合“科学规范和有效监督县委书记用人行为”试点工作开展，全县公开选拔8名乡科级领导干部，在龙场乡开展公推直选政法委书记工作。

【加强干部队伍建设】 研究制定《中共普定县委关于贯彻落实党的十七届四中全会精神大力加强干部队伍建设的实施意见》，在坪上等四个民族乡分别推荐提拔1名副科级干部；认真落实《关于实行党政领导干部问责的暂行规定》，对“5·13”事故、“10·27”事故涉及的6名县管干部、1名股级干部进行责任追究；激励关心优秀年轻干部，安排乡镇和部门的30名年轻后备干部进行双向挂职锻炼；严格条件和程序，办理干部调动22人次，干部退休18人，因公出国政审3人次；完成乡镇党政正职抗旱救灾专题鉴定材料的收集、整理、上报及政府机构改革等工作。

【干部监督工作】 严格执行四项监督制度，用《干部任用条例》规范干部选拔任用的每道关口和每个环节，确保县委提拔的干部票决率达100%，对拟提拔干部均按规定进行公示，对非选任制的干部实行试用期。配合上级组织部门抓好“科学规范和有效监督县委书记用人行为”试点工作及“一报告两评议”工作。对工作履职不到位、考核考评达不到要求的21名干部改任非领导职务。

【党建工作】 坚持书记抓、抓书记，逐级落实党建工作责任。制定《中共普定县委关于贯彻落实党的十七届四中全会精神进一步加强和改进新形势下党的基层组织建设的实施意见》。创新组织设置，探索建立党总支统筹农村工作模式，建立村片区党总支13个，联合党支部9个，协会党支部49个；发展党员565人；对317个村的党支部书记、村委会主任进行考核，落实奖励资金70.68万元；完成全县乡镇、村便民利民服务中心（站、点）的建设和81个村级组织活动场所改扩建任务；完成35个省、市级“五好”基层党组织、3个抗旱救灾先进基层党组织和3个抗旱救灾优秀共产党员的申报工作；开展命名50个县级“五好”基层组织、30个优秀共产党员、10个优秀党务工作者、5个“十佳”村党支部书记评选工作，并在“七·一”进行表彰。

【党内关怀工作】 春节期间，拨出14.32万元慰问帮扶困难党员774户，拨出91.61万元解决988名离任村干部生活困难问题，为60岁以上农村老党员交1份合作医疗费。

【远程教育工作】 抓好“三个一批”远程教育示范带动工程，投入10余万元新建水母、讲义、索桥等示范点，全县建学用成果转化示范基地74个，示范户446户。

【干部教育培训及人才服务工作】 通过在县委党校开办培训班、委托清华大学培训、到实践基地参观、干部在线学习等形式，全年举办各种培训21次，对1373名科级干部、村干部、党员等进行培训。完成省第十批科技副职和市第八批科技副职到任后的信息采集工作和7名安顺市中青年优秀专业技术人才和2名市管专家的考核；组织开展2010年度科技人才资助专项资金申报工作；在11个乡（镇）建立人才工作服务站。

2010年10月18日，在清华大学开办普定县首期领导干部公共管理高级研修班。（龚启波 摄）

【组织自身建设工作】 开展“组织部长下基层”、“讲党性、重品行、作表率”、“创先争优”等活动，认真开展调查研究、谈心谈话、结对帮扶等工作。全年开展调研活动60余次，与900余名干部、党员、群众进行谈心谈话，与23名困难党员群众结成帮扶对子；定期组织组工干部对各种文件会议精神、有关法律法规进行学习，订购20余种报刊、书籍给组工干部自学；完成10个制度的“废、改、立”工作，要求组工干部自觉遵守上下班等各项规章制度，严格执行组工干部“十严禁”纪律要求；建立大组工网、党建网及视频会议室。通过各种网络宣传、向媒体报送稿件、制作展板和手册、发放调查问卷、与党员干部群众座谈交流等方式，不断加大组织工作宣传力度。

（龚启波）

宣传思想·精神文明建设

【综述】 2010年，全县宣传思想文化战线坚持围绕中心、服务大局，坚持解放思想、实事求是、与时俱进，坚持贴近实际、贴近生活、贴近群众，着力建设社会主义核心价值体系，着力巩固壮大主流思想舆论，着力推进改革创新，着力推进文化大繁荣大发展，努力提升文化软实力，不断提高宣传思想文化工作科学化水平。立足优化城乡发展环境，提高城乡文明程度、公民整体素质，按照“四年规范管理”的要求，继续深化“整脏治乱”专项行动和“满意在普定”主题活动的开展，不断拓宽创建内涵和扩大创建范围，从集中整治向规范长效管理合理转变，城乡环卫水平和文明程度进一步提高，精神文明建设总体呈现良好势头。

【理论武装】 深化县委中心组学习内容。县委中心组全年集中学习10次，主要学习《中共中央国务院关于加大统筹城乡发展力度进一步夯实农业农村发展基础的若干意见》、十七届五中全会精神、《中央政法委员会、中央维护稳定工作领导小组关于深入推进社会矛盾化解、社会管理创新、公正廉洁执法的意见》、《中国共产党党员领导干部廉洁从政若干准则》、《胡锦涛、贺国强同志在第十七届中央纪律检查委员会第五次全体会议上的讲话》等精神，扩大学习十一届人大四次会议精神、栗战书同志《在省十一届人大四次会议第二次全体会议上的讲话》、赵克志省长到安顺调研时的重要讲话精神和《近期需要抓好的重点工作》文稿、《在省委第88次常委会议上关于开展“三个建设年”的讲话》、《中共贵州省委贵州省人民政府关于开展作风建设年、环境建设年、项目建设年的决定》、《中共贵州省委关于在全省领导干部中开展“四帮四促”活动进一步做好新形势下群众工作的意见》等，邀请省专家到普定作《普定县“十二五”规划编制知识讲座》，特别邀请2010年“1+1”中国法律援助行动律师志愿者毛洪涛律师为科级以上领导干部举办行政法律知识专题讲座，进一步提高领导干部对依法行政、依法治县的思想认识。加强中心组学习的规范化和制度化建设，充分发挥县委中心学习组的示范带动作用，以县委中心组学习的方式方法规范乡镇、部门党委（党组）中心组的学习，加强对各乡镇、县直各部门党委（党组）中心学习组的督促、检查、指导，使乡镇、部门党委（党组）中心学习组学习规范化、制度化建设稳步推进。扩大理论学习覆盖面，增强广大干部职工理论素养。年初下发《关于2010年干部理论学习的安排意见》文件，对干部理论学习内容、要求、考核等作具体安排。在县委组织部的配合下，4月25日，举行全县干部职工理论学习考试，副县级以上领导干部撰写调研报告。干部理论学习考试全县参考人数7587人，参考率99.99%，及格率99.87%。作好理论交流，推进理论研讨。结合“四创”和“创先争优”等工作的开展，组织撰写理论调研文章。副县级以上领导干部围绕“四创”开展和党建工作，结合各自分管工作实际，撰写调研报告42篇。

【新闻宣传与舆论引导】 大力宣传中央、省、市和县委、县政府每个时期的中心工作。深入学习宣传贯彻党的十七大、十七届三中、四中全会精神，将精神落实到实现全县经济社会发展历史性跨越的实践中去；深入宣传科学发展观，宣传“五个统筹”、“五个坚持”的基本要求；全面宣传发展是富民兴普的第一要务，在《普定》报、普定县广播电视台开办“发展循环经济·构建和谐普定”、“四创在线”、“抗旱救灾”、“创先争优”、“双拥工作”、“人口普查”“又好又快更好更快发展”、“农村危房改造”、“四帮四促”活动、“深入开展‘三个建设年’活动”等栏目，与公安、工商等部门分别联办“金色盾牌”、“红盾在你身边”等栏目。做好重要会议、重点工作、重大任务、重要活动的宣传报道。结合创先争优和践行宗旨教育活动、民主评议基层站所、“整脏治乱”专项行动和“四创”工作的开展，深入宣传其根本目的、重大意义、目标要求、好做法、好经验和取得的成效以及先进典型。《普定》报特别推出专辑，做好县委十届八次全会、普定县第十五届人民代表大会第五次会议、政协第八届普定县委员会第五次会议、全县经济工作会议、全县农村工作会议等宣传报道。合理推进新闻宣传舆论制度建设，促进新闻宣传舆论工作健康稳步发展。全年《普定》报编辑出版48期、100余万文字和610余张图片，内容涵盖全县经济社会发展的方方面面；普定电视台完成《普定新闻》节目制作240期，播出稿件1500条，开设“创先争优、践行宗旨”、“抗旱保民生”、“四创进行时”、“四创曝光台”、“农村危房改造”、“深入开展三个建设年活动”、“深入开展四帮四促活动”等专栏。配合全县宣传工作的重点，围绕创先争优、“四创”、抗旱救灾、春节系列活动等，进行重点报道；完成省台用稿5条，市台用稿70余条，市台用稿数居全市各县区第二名。做好抢险救灾舆论引导工作。在抗旱救灾工作中，深入灾害最严重的地方采访。在“5·13”矿难、马场镇大坡煤矿透水事故、猫洞乡龙场村小洞坡发生山体滑坡等突发事件中，迅速作出反映，进行正确的舆论引导。

4月16日，召开2010年全县宣传思想工作会议。

（骆世明　摄）

【对外宣传工作】　按照“服务经济、促进开放、扩大影响、树立形象”的外宣宗旨，全面客观地向外界介绍全县推动科学发展、促进社会和谐的新进展和新成效。充分发挥以《普定》编辑部、普定广播电视台、普定县信息中心为框架核心的“一报、一台、一网”对外立体宣传平台作用，大力提升普定整体形象，外宣效果明显。中央电视台、新华网、贵州日报等媒体经常派出记者到普定采访，刊发文字稿件600余篇，图片80余张、电视新闻70余条，特别是《一切为了民生》、《夜郎湖畔劲吹文明风》、《文化发展战略激荡校园活力》、《马官花灯闹新春》、《试点“试”出石漠化山区好光景》、《安得广厦千万间，安居农户笑开颜》等专版和《普定文化寻根》等专题片，向外界展示普定、宣传普定、推介普定。结合全市第二届花灯艺术大赛、普定“穿洞之光”春节系列活动、普定斗牛大赛等重大文化艺术活动，邀请外界媒体对活动盛况进行宣传报道。设计制作全市第二届花灯艺术大赛专辑光碟等初级外宣产品，广泛与外界先进外宣媒体进行交流合作。为切实加强对外宣传力度，由省委宣传部无偿投资建设“普定在线”网站并投入运行。配合县委党校举办为期5天的新闻发言人培训班，提高全县新闻接待能力。

【文化艺术工作】　主办全市第二届花灯艺术大赛，开展“穿洞之光”春节系列文化活动，指导各乡镇开展好春节群众文化活动。举办工行之春·普定春节联欢晚会和穿洞之光系列斗牛大赛、民族民间文化展演、华荣杯花灯大赛、组织参加“天台山杯”·2010安顺市山歌大赛、2010“多彩贵州”小品大赛、“永峰杯”2010安顺屯堡地戏大赛等活动，承办“全省县级文工队文艺调演”活动，丰富城乡人民群众的精神文化生活。

文艺创作顺利推进，文艺队伍不断壮大。全年在《词刊》、《贵州作家》、《贵州日报》、《书法报》、《广播歌选》等全国有影响或有一定知名度的报刊杂志上发表各类文艺作品45件。40余件摄影作品入展省、市举办的各类摄影展。

精心指导文化活动开展。除对县级文化活动精心策划和组织开展外，还指导马官禁毒文化节、化处人口计生专题文艺汇演，马官中学、鸡场坡中学、猴场中学、城关三小等校园文化艺术节等成功举办。在多彩贵州小品大赛安顺赛区选拔赛中，县选送的《瞧之两口子》等5个小品，被评委高度看好。在“天台山杯”·2010安顺市山歌大赛，普定获2个三等奖、2个优秀奖和1个组织奖；在“永峰杯”2010安顺屯堡地戏大赛中，普定县获男子集体优秀奖1个，少儿集体优秀奖1个，4人获个人表演奖。

文化市场管理规范。文化市场管理工作坚持“一手抓繁荣，一手抓管理”的方针，积极开展“扫黄打非”、保护知识产权、净化社会文化环境等工作。对网吧、歌舞娱乐场所联合检查4次，出动车辆10辆次、执法人员98人次，处罚5户接纳未成年人网吧；对21家网吧常规检查与突击检查120次，出动车辆66辆次、执法人员421人次。以开展“打黄扫非”、“反盗版百日行动”为主线，协调教育、消防、公安、工商等部门联合检查4次，出动车辆12辆次、执法人员65人次；采用集市检查和常规检查相结合，对11个乡镇共检查52次，出动车辆31辆次，出动执法人员150余人次，收缴淫秽光碟200余张，盗版碟2500余张，非法盗版物60本，低俗音像制品250张；在法制宣传周发放宣传资料2300余份；对3家印刷厂和全县境内打字复印店检查5次，出动车辆18台次，出动执法人员50人次。

【非物质文化遗产普查申报及文物普查保护工作】　完成《贵州西路花灯》、《仙马苗族射弩》、《仙马苗族古歌》、《仙马阿江〈口弦〉》等非物质文化遗产项目代表性传承人文本8个。全县文物普查工作录入不可移动文物点288处，其中复查43处，新发现245处，内容涵盖古遗址、古墓葬、古建筑、石窟寺及石刻、近现代重要史迹及代表性建筑和其他文物。完成“玉真山寺”、“云盘袁氏建筑”和“文昌阁”的国保申报工作。

【“两馆”工作取得新进展】 全年接待读者2600余人次（其中图书借阅1080人次，电子阅览室15200人次），图书流通10000册次，向读者推介优秀图书12期300册次，整理图书上架1280册，解答读者咨询1100余人次，发放读者卡800个，散发宣传资料2500余份。针对“共享”资源的特点，制定“文化共享助春耕”、“推进学习型党组织建设”等实施方案，采取制作横标、发放资料、组织讲座等形式开展服务活动。

【大力发展体育文化事业】 群众体育工作有序开展，竞技体育工作跃上新台阶，体育建设项目工作规范有序，体育协会工作正常开展。举办庆元旦象棋比赛、政法系统第四届警体运动会、雅阁杯全市羽毛球大赛、穿洞文化杯斗牛大赛、穿洞之光·黔中酒业杯春节篮球锦标赛、庆“三·八”体育活动、职工乒乓球、羽毛球比赛。组队参加全市乒乓球团体赛，县代表队获体育道德风尚奖；参加全市民族体育射弩测试赛，县代表队获立姿项目第一名、第二名、第四名，获跪姿项目第二名、第三名和第五名；参加全市第二届跆拳道锦标赛，县代表队获7块金牌、7块银牌、6块铜牌和5个第五名的成绩。组织实施城关镇龙上村、龙下村和操子堡村3个农民体育健身工程项目。指导成立县武术协会，老年体育协会、羽毛球协会、象棋协会、信鸽协会等，利用各种契机组织开展体育活动，丰富城乡群众体育文化生活。

【推进文化体制改革工作】 完成县图书馆、文化馆、文物管理所“三项制度”改革，根据事业单位内部绩效工资改革的要求步骤，对三个单位工作人员全部实行聘用上岗，人事制度、收入分配、社会保障等方面作明确要求，进一步优化内部管理，提升服务水平。制定《普定县广播电视台宣传与经营分离改革方案》，将广告部由电视台剥离出来，成立普定县荧河广告有限责任公司，代理广播电视台的广告业务。从大学毕业生中招聘8名新闻采编人员和2名播音主持人，解决专业技术人员紧缺问题。扩大电视台新闻节目容量，从7月实现每周5期新闻节目播出，8月初起确保每周5期新闻节目在县级《新闻荟萃》栏目中播出，节目制作质量和水平均有明显提高。出台《文化市场综合执法改革方案》，积极推进全县文化市场综合执法机构改革工作，挂牌成立普定县文化市场综合执法大队。以穿洞文化公司为主体，规划设计建设普定县穿洞文化游乐城，现已开工建设。积极争取各级文化产业发展资金助推文化产业发展。将普定县穿洞文化游乐城项目、夜郎湖中心区文化旅游产业开发项目、青山湿地体育公园项目、荧河广告有限责任公司“影像制作中心项目”申报省、市级文化产业发展专项资金；出台《普定县文化体制改革、文化产业发展专项资金管理使用暂行办法》，规范文化产业发展专项资金的审批程序和拨付渠道；对全县民族民间文化表演团体进行综合调研，对市场运行效果好的马官马堡农民艺术团进行重点扶持，艺术团排练的花灯小品《夫妻灯王》在2010年多彩贵州小品大赛上获优秀奖。穿洞文化园建设完成《穿洞文化园发展战略定位暨项目策划》和《穿洞文化园控制性详细规划》的编制工作，投资1197万元的园区主干道项目、投资200万元的穿洞文物修复中心项目已开工建设。推进穿洞文化组团中夜郎湖周边村寨文明生态旅游示范项目建设，投资206万元完成哪叭布依文化风情园基础设施建设；投资100万元启动7.52公里环湖路建设。

【干部队伍和机构建设】 大力加强宣传思想文化单位领导班子思想政治建设和能力建设，把宣传思想文化单位领导班子建设成为坚定贯彻落实科学发展观的领导集体。加强宣传思想文化人才队伍建设，充分调动广大宣传思想文化干部的积极性和主动性，注重中青年干部的实际工作锻炼，宣传思想文化工作队伍建设进一步得到加强。成立“创先争优”活动和“忠实践行宗旨、勤政廉政为民”教育活动领导小组，领导干部深入基层调研，带头撰写调研报告。广泛征求各方意见，仔细查找影响和制约宣传思想工作健康发展的突出问题，形成高质量的领导班子分析检查报告，指明宣传思想文化工作今后的努力方向。坚持每周一次的政治理论和业务学习。学习党的方针政策和政治理论，通报单位工作的运转情况，安排部署近期工作。先后组织宣传思想干部到北京、广州等地学习考察，组织7名中层干部到县委党校参加“清华大学教育扶贫远程教学”干部学习培训班学习，组织1名干部参加中青班学习，不断为宣传干部队伍，特别是基层干部队伍提供学习的机会和舞台，提高业务能力和水平。对“创先争优”活动和“忠实践行宗旨、勤政廉政为民”教育活动、全市第二届花灯大赛等重大题材进行及时、准确、全面的宣传报道，使新闻宣传队伍得到实际锻炼，宣传工作更加贴近群众、贴近实际、贴近生活。招聘两名公益性岗位人员充实办公室工作。加强内部管理，严肃纪律制度，形成团结、务实、高效、创新的工作氛围。

【“整脏治乱”专项行动和“满意在普定”主题活动】 健全领导责任机制。把“整脏治乱”、“满意在普定”作为一把手工程，对工作抓得不好、力度不到位的，坚决实行领导诫勉谈话和“黄牌”警示责任追究。健全联席会议制度。每年召开1次动员会、每半年召开1次推进会、每季度召开1次领导小组成员联席会。健全举报公示制度，接受群众监督。健全目标考核制度，把“整脏治乱”、“满意在普定”工作纳入年度目标管理。健全督查督办制度，对单位、部门工作中存在问题的，实行“四张牌”督查程序。健全属地责任制度，将各级驻县单位、垂直管理部门列入县总体工作安排，统一部署、统一督促考核。健全重点区域整治分段划片责任制度。投入8000余万元加强基础设施建设。结合实行财政奖补“一事一议”政策，在全县深入推进“四在农家”创建活动，启动创建“全国文明县城、国家卫生县城、国家环保模范县、全国文化先进县”（简称“四创”）工作。以“整脏治乱”、“满意在普定”、“四在农家”为基础性工作，以创建“全国文明县城”为总目标，实现“整脏治乱”、“满意在普定”、“四在农家”和“四创”工作的良性互动。

【“双先”评选工作】 从3月份开始，文明办协同县关工委开展评选表彰关心下一代先进单位和先进个人的工作，对各级从事关心下一代工作的先进单位和个人进行评选表彰，总结关心下一代工作的成绩经验，形成青少年时时受教育、处处得关爱的工作合力。

【宣传月、宣传周的工作】 3月以来，开展第九个“公民道德宣传月”活动，对活动内容作详细的安排部署，把每一项活动具体到责任单位的主要领导，明确活动内容，规定活动时限，开展以弘扬爱国主义为核心的民族精神、以改革创新为核心的时代精神等各类道德实践活动。协调县教育和科技局组织全县学生开展周末“整脏治乱”大扫除和“绿色校园”活动；积极开展好青少年爱国主义教育读书活动，掀起又一轮建设文明、秀美、和谐普定的新高潮。

【开展“3·15”系列活动】 开展“3·15”大型宣传活动，县委宣传部、农业局、司法局等28个部门单位的200余名干部职工参加，发放宣传资料18类57000余份，摆放宣传展板22块，出动宣传车5辆，现场解答群众各类咨询9000余人次，集中销毁收缴的价值12万余元的伪劣香烟、劣质食品、假酒、假手机等。

【“西部开发助学工程”申报工作】 按省、市文明委要求，对2000年至2007年全县享受贵州省“西部开发助学工程”资助学生的就业情况进行调查统计。经过学校推荐、层层选拔，县文明委、县教育和科技局联合进行入户调查。把2名品学兼优、家庭贫困的初中生送入贵州省西部开发助学工程贵阳实验三中“宏志班”学习，为1名品学兼优、家庭贫困的大学生成功申报西部开发助学工程受助对象，并获项目资助。

【开展“三·八”妇女节系列活动】 组织全县各行业的50余名女干部在宣传文化中心举行座谈会，县卫生局组织各医院举行护理技能操作比赛和各种娱乐活动，开展“亿万妇女学法律、家庭平安促和谐”为主题的“三·八”维权周活动、“双合格”家庭教育实践活动和帮教活动，发放《法律援助条例》、《公证法》、技术与识字读本、禁毒知识、“119”消防知识等宣传资料2000余份，咨询解答900余人次，印发“致全县留守儿童父母的一封信”2000余份，到戒毒所为女吸毒人员送去日常生活用品和营养品，针对空巢老人、残疾人等特殊群体开展“和谐贵州三关爱”绿丝带志愿服务行动等。

【开展“祖国好·家乡美”等主题活动】 加强和改进未成年人思想道德建设工作，结合“四创”工作实际，在全县中小学开展“祖国好·家乡美”、“五个一”主题实践活动。重点围绕“五个一”开展，即“做一件礼物感恩父母”、“想一句感言献给老师”、“发一条短信激励同学”、“写一篇诗文赞美家乡”、“诵一章经典歌颂中华”。充分发挥学校的主渠道作用，发挥学校、家庭、社会“三结合”教育网络的纽带作用，活动评出一等奖1名、二等奖2名、三等级3名，其余为优秀奖，报最佳孝心礼物8件送市参加优秀作品展示。在县职中举行“祖国好、家乡美·经典诵读”选拔赛。

组织县城各中小学及乡（镇）中学、中心小学学生观看省教育厅和省广电局向全省中小学生推荐的优秀影片《走路上学》、《建国大业》、《金色记忆》等，学生受到很好的启发和教育。

全县中小学组织开展“传唱优秀童谣，做有道德的人”网上签名寄语活动。全县20000余名学生参与签名寄语。一些优秀童谣如《忙坏老出租》、《两只小狗》、《橘子船》、《十朵花九个瓜》、《抖空竹》、《汉字谣》、《小鸟》、《过生日》、《一本书两扇门》、《国徽》、《小企鹅上学》等，在全县各中小学校园内被广为传唱。

在全县中小学、幼儿园发动结对帮扶，教师通过家庭走访、与留守儿童家长电话联系等方式，了解留守儿童、孤残儿童生活情况。为2500余名受灾儿童、3600余名贫困留守儿童、400余名孤残儿童送去学习用具。

开展“净化社会文化环境家庭护卫行动”等贴近家庭所需、符合青少年家庭特点、适合青少年家庭参与的实践活动，动员家长、青少年共同抵制淫秽色情和低俗有害信息，努力做净化社会文化环境的参与者、文明生活的建设者、优秀品德的践行者。

组织干部职工和师生到烈士陵园开展扫墓活动，引导人们在缅怀先辈的情怀中认知传统、尊重传统、继承传统、弘扬传统，培养干部职工及学生增进爱国、爱党、爱社会主义情感。

【文明单位创建工作】 组织开展县级文明单位、文明乡镇、文明村、文明示范窗口的创建评选工作，县文明办对申报单位进行梳理并进行资格审查，批准命名县级文明单位21个、文明村镇14个、文明示范窗口11个，推荐文明单位12个、文明村镇6个、文明示范窗口4个参加市级评选。

【阵地建设】 做好穿洞遗址、渡功亭、东华山烈士陵园、县一中文庙等爱国主义教育基地的维护和利用工作，完善宣传文化中心的设备清理和配置；协调有关部门做好县青少年活动中心、白岩镇精神文明活动中心、龙场乡精神文明活动文化站的建设工作；抓好已建和在建“农民文化家园”的管理、使用和建设；完成“绿色电脑进西部”各项相关工作，进一步完善农村基层精神文明文化阵地建设。

【组织参与全省第二届道德模范推荐工作】 在《普定》报、县电视台公布评选标准和推荐办法，广泛发动群众参与。县组委会办公室推荐出“助人为乐模范”1名、“见义勇为模范”1名、“诚实守信模范”1名、“敬业奉献模范”2名和“孝老爱亲模范”2名上报参评。

（骆世明）

统一战线

【综述】 2010年，县委将统战工作纳入对乡镇年度工作目标考核，向县委常委会汇报工作3次。统战理论纳入县委中心组学习内容，多形式组织中心组成员学习统战理论及统战工作相关文件；建立县委常委联系党外干部制度，县委常委分别联系26名副科级以上的党外干部。

【开展“忠实践行宗旨、勤政廉政为民”教育等活动】 5月21日，县委统战部召开统战支部“忠实践行宗旨、勤政廉政为民”教育动员会。以金铭公司和耐火材料厂为重点，在非公企业党组织中开展“创先争优，促进发展”等活动。

【党外干部工作】 完善对党外后备干部的建档建卡跟踪管理，加强党外后备干部培养、选拔、推荐工作。12月，配合县委组织部完成副科级党外干部明确享受正科级待遇人选的推荐考察，4名党外科技副乡（镇）长试用期间履职情况考察工作。

【非公经济建设工作】 安排顺时房开公司韩钊武、顺达汽车修理场陈怀能等4名非公有制经济代表人士到省社会主义学院学习，组织开展贵州省第四届创业之星评选和推荐工作；加强对工商联党组的领导，开展新经济组织中党的基层组织挂、靠、派、建工作；认真组织非公有制经济人士开展树立和践行社会主义核心价值体系、“致富思源、富而思进”、“光彩事业”、“回报社会感恩行动”等活动。干旱灾害期间，组织非公企业为龙场乡沙子村群众送去饮用水100余吨，有10名非公企业老板与10名农村困难老党员、老模范、老军人结对帮扶；加强与煤炭、运输、屠宰、糖烟酒、装饰装璜、餐饮、生猪养殖等行业组织的交流沟通，引导他们解决发展中遇到的困难。

【民族政策与帮扶工作】 贯彻落实党的民族政策，在少数民族聚居的村开展民族团结示范村建设试点和“电脑农业”试点；争取南京爱德基金会项目援助200万元，投入猴场苗族仡佬族乡经济社会发展项目建设；参与筹备7月和10月召开的全县民族工作会议和第二次民族团结进步表彰会。

【宗教工作】 贯彻落实《宗教事务条例》，加强对宗教事务的依法管理和对宗教界人士的爱国主义、社会主义教育；组织全县宗教团体负责人、宗教活动场所负责人和宗教教职人员开展《宗教事务条例》培训，指导和督促爱国爱教团体做好自身建设，完善有关制度，团结和带领信教群众遵守国家的法律法令，依法开展正常宗教活动；组织开展“创建和谐寺观教堂”活动，促进宗教与社会和谐发展。7月下旬，指导县基督教爱国会在马官镇荷包山堂点举办“普定县基督教第二期义工培训班”，9月指导全县4个天主教堂点完成换届；充分发挥“三级网络”作用，拓宽信息情报来源，加强信息情报和宗教来信来访工作；建立统战民族宗教工作联席会议制度，完善宗教领域群体性突发事件应急处置预案。

【对台及海外统战工作】 贯彻落实党的台侨政策，春节和中秋节分别对“三胞”亲属开展慰问，详细了解他们在外亲人情况，鼓励他们加强与海外亲友的联络，帮助海外亲人了解家乡发展变化。5月，配合市侨联完成普定县华商投资情况调研；7月，配合市国家安全局完成全县涉台婚姻摸底调查，对全县118户台湾同胞、港澳同胞以及海外侨胞的亲属完善建档建卡管理资料。认真处理台属来信来访，接待来访台属8人（次）。积极配合上级有关部门开展对台交流，组织入岛（台湾）宣传提供相关资料收集整理工作。

【统战宣传及信息调研】 2010年，撰写《统战信息》12期，被《贵州政协报》、《统一战线·凝聚力》、《普定》等报刊采用7篇（条）。

【做好县委、县政府安排的各项工作】 按照县委、政府关于部门联系农村危房改造工作安排，到城关镇斗蓬村开展协调和督促工作，23户危房改造农户任务完成22户。开展“四帮四促”活动，到所联系包保的白岩镇十二营村开展村情调查和政策宣传，落实统战部领导班子成员和共产党员与该村困难党员结对帮扶责任。认真落实《中共普定县委普定县人民政府关于扎实开展作风建设年、环境建设年、项目建设年活动的通知》精神，上报《普定县统战部开展作风建设年实施方案》、《普定县统战部开展环境建设年实施方案》、《普定县统战部开展项目建设年实施方案》。做好部门包保移民村工作，到联系包保的化处镇水母村对普定电站移民19户84人的生产生活状况进行调研，明确帮扶困难移民户包保责任。

（杨　晶）

政　法

【综述】 2010年，普定县政法、综治、维稳工作以创建“平安普定”为载体，以构建稳定和谐社会为目标，不断深化社会治安综合治理及平安建设各项工作，实现社会政治稳定，为经济发展创造和谐稳定的社会治安环境和公平正义的法制环境。全市年终目标考核，普定县名列第一。人民群众安全感上升，省对县区进行安全感测评，普定县群众安全感率为89.47%，同比上升1.87%，超过全省平均水平，排名全市第一。

【三项重点工作】 全县政法综治维稳工作以提升人民群众安全感和提高平安建设知晓率为重点，坚持“打防结合、预防为主、专群结合、依靠群众”的方针，在深入推进社会矛盾化解工作中，政法部门认真做好积案清理，加强涉法信访长效机制建设。加强基层基础，调整充实乡镇综治工作中心工作人员，做好预防处置和加强调处对接工作，建立人民调解、行政调解、司法调解和仲裁调解相结合的“大调解”工作体系；在社会管理创新工作中，建立流动人口服务管理信息系统，推进户籍制度改革，解决流动人口就业、医疗、子女就业等问题，开展特殊群体服务管理，建立危害社会倾向等人群的有效管理机制，开展治安重点地区排查整治、“两新”组织和“虚拟社会”的组织管理；推进公正廉洁执法工作，加强执法能力建设，强化执法水平提升，提高执法公信力。建立干警执法档案，开展案件评查，完善案例指导制度，推进阳光执法，落实错案通报和错案追究制。

【召开全县政法工作会议】 4月30日，召开全县政法工作会议，会上表彰先进单位、个人和“见义勇为”先进人员，兑现乡镇政法、综治、维稳、反邪目标考核奖励，签订2010年度综治工作各项目标责任书。乡镇按照“横到边、纵到底”的要求，层层签订目标责任书。制定和落实综治工作领导责任查究制和“一票否决权”。综治平安建设工作经费投入力度加大，县乡两级按照人均1元的综治及平安创建经费纳入同级财政预算。

【严打整治工作】 全县各级政法机关严厉打击各种严重暴力犯罪和危害人民群众安全感的多发性犯罪，重点打击杀人、爆炸等严重暴力犯罪、有组织的团伙犯罪、黑恶势力犯罪、“两抢一盗”等多发性侵财犯罪以及毒品犯罪。开展社会治安严打整治专项行动，强化命案侦破、禁毒人民战争，打击“两抢一盗”和拐卖儿童妇女等各种专项斗争，严厉打击各种严重违法犯罪活动，有效遏制严重刑事犯罪高发势头。

【两个排查工作】 开展排查调处矛盾纠纷、排查整治治安混乱地区和突出治安问题的“两个排查”活动，加强学校、企业、重点工程及周边等重点地区、部位的治安排查整治。宣传发动31次，排查2600次，出动车辆300余台次，发动干部群众3万余人次，打击整治犯罪嫌疑人39人，其中流窜作案17人，无业人员22人，青少年8人，成功处置群体性事件3起，参与处理猫洞乡“5·13”煤与瓦斯突出、“10·27”马场镇大坡煤矿透水安全生产事故。县级挂牌重点整治乡镇2个（马场镇、猫洞乡），市级挂牌整治的城关镇，认真梳理，查找原因，制定整治方案，落实责任单位及责任人。毒情重点乡镇落实综合整治措施，效果明显，马官镇投入经费10万余元全力打造禁毒宣传精品乡镇。

【社会治安防控体系网络建设工作】 按照治安防范社会化、专业化、网络化、信息化要求，巩固和壮大防范力量，全面整合防范资源，以提高技防水平为重点，构建以人防为基础、物防为依托、技防为补充，覆盖全面、整体联动、防范严密、控制有效的治安防控体系，提高动态环境下预防和控制犯罪的能力。马官镇在村级主要路段安装视频监控。结合社区治安协管（综治专干）、社区戒毒专职人员社会公益性岗位的开发使用，在已有81名村级综治协管员的基础上，2010年招聘120名村级综治协管员充实村级综治力量。

【综治平安建设工作】 制定2010年度平安建设规划及实施方案，明确“平安乡镇”、“平安社区”、“平安村寨”、“平安企业”、“安全文明校园”、“平安家庭”等创建考核标准。坪上乡把平安创建与安全生产有机结合，推行村为主，开展平安和谐“三区”建设，实行月查季评，夯实创建基础；化处镇深入开展平安村寨创建“村为主”；马官镇开展“八好两到位”创建活动；城关镇把“平安家庭”创建与创“零发案小区”有机结合。有的乡镇把平安创建与社会主义新农村建设、基层组织建设“三联创”、“与文明同行、满意在普定”和“四创”等结合起来开展工作。县综治委与各专门领导小组及办公室签订目标责任书，明确工作职责，提高社会服务与管理水平。加强对流动人口、刑释解教人员、吸毒人员、社会闲散青少年、“两新”组织、虚拟社会等的服务管理工作；加强普法依法治理，积极推进“法律六进”活动，充分发挥法制副校长的职能作用，抓好以青少年为重点的全民法制宣传教育。

【维护稳定和国家安全工作】 加强国家安全人民防线建设，强化情报主导警务机制建设，探索建立覆盖重点地区、部位、人群的群众性信息员队伍，深入开展敌情排查分析，努力获取深层次、内幕性、行动性情报信息；强化专案侦查和防范控制工作，加强对“法轮功”人员的教育转化、侦查控制和帮教回访，严密防范和打击境外间谍情报、境内外敌对势力、敌对分子、“法轮功”邪教组织、地下宗教势力等的渗透捣乱破坏活动；摸索对敌斗争的新特点、新变化，加强对县境外非政府组织、县内民间组织涉外活动和民族宗教事务的管理；加强互联网管理，防范和打击敌对分子利用信息网络进行的各种危害活动；加强隐蔽斗争协作，防止暴力恐怖事件的发生。先后对全县的突出矛盾纠纷及不稳定因素进行全面排查，共排查重大不稳定因素34件，对可能发生进京、赴省、到市上访的矛盾纠纷和重大隐患进行全面排查，制定工作预案，做好稳控工作。开展“平安和谐三区”建设，推进公安警务、治安防范、纠纷调处、情报信息、人口管理、法律宣传、处置群体性事件等“七进三区”工作；实施《普定县社会风险评估机制》，从源头上预防和减少矛盾纠纷。按照“属地管理、分级负责”、“谁主管，谁负责”和“依法、及时就地解决问题与疏导教育相结合”的原则，严格执行责任制和责任追究制。

【综治维稳中心工作】 整合综治、人民武装、安监、信访、派出、司法、法庭、劳动、民政、国土等单位力量，开展矛盾纠纷排查化解和排查整治治安混乱地区、突出治安问题。2010年，各乡镇综治工作中心共接访、排查各类矛盾纠纷230件，调处成功180件，调处成功率81.74%；排查治安混乱地区34处，落实整治34处，整治改变33处；排查治安突出问题39起，落实整治改变37起。

【涉法涉诉信访工作】 2010年，全县政法部门接待各类来信来访226件，属涉法涉诉、重信重访案件245件，其中中央交办8件，办结6件。对涉法涉诉、重信重访案件按照“一个领导，一班人马，一套方案，一查到底”的工作思路，落实领导包案制度，发放涉法涉诉救助资金9万余元。开展清理涉法涉诉积案活动工作，县直政法部门经常与县委、人大、政府、政协联系沟通，按照四个统一的标准，做好调查摸底工作，对2009年12月31日前的来信来访案件逐一排查，登记汇总，对政法机关有效裁决、处理决定或信访办理结论不服的一律纳入登记清理范围，对尚未息诉罢访的涉法涉诉信访案件查明情况。统一使用中央政法委设计开发的统计软件，将排查出来的24件涉法涉诉案件录入涉法涉诉信访信息管理系统，对排查出来的积案进行化解，化解18件，达75%，完成100件案件开展案件评查。

【加强综治平安建设宣传力度】 为努力扩大平安创建覆盖面，提高人民群众平安建设知晓率，制作10万幅“创建平安普定，构建和谐社会”宣传画，发放到各家各户进行宣传。在5月综治宣传月活动中，深入推进“三项重点工作，创建公平正义的法治环境”为主题，以构建社会主义和谐社会为目标，开展政法综治维稳和平安建设宣传活动，发放各类宣传资料8万余份。

【政法队伍建设】 组织全县政法机关和政法干警开展“牢固树立社会主义法治理念，忠实践行执法为民宗旨，保障经济社会又好又快、更好更快发展大讨论活动”；认真履行干部协管职责，做好政法干部管理工作，参加2010年县法院中层干部考察工作；对涉及政法干警违法违纪的举报线索，认真登记，建好政法干警违法违纪人员档案，按照领导批示做好督办或转办工作。

【铁路护路联防工作】 4月，召开全县第十五轮铁路护路承包及2009年总结表彰会，加强铁路护路保安培训，加大宣传和巡逻力度，恢复马官镇段桥岗点建制，新招聘5名铁路护路保安。全年县境内铁路沿线无刑事案件、治安案件及意外伤亡事故，铁路护路联防工作受到省、市表彰。

【流动人口管理工作】 全面开展流动人口排查清理工作，全年清理暂住人口4187人，房屋出租户1163家。对42家特种行业，7处公共场所的421名从业人员核实身份，及时采集相关信息和录入工作，建立本辖区流动人口管理工作相关制度。

【预防青少年违法犯罪工作】 深入推进“为了明天——预防青少年违法犯罪工程”，重点做好全县闲散青少年、流浪未成年人、外出务工人员留守在家的未成年子女、服刑在教人员的未成年子女等的教育、管理、服务和救助工作。贯彻落实民政部、中央综治办等十九部门联合下发的《关于加强流浪未成年人工作的意见》，大力推进未成年人救助保护中心和管理信息网络平台建设，严厉打击幕后控制，操纵流浪未成年人乞讨和教唆流浪未成年人犯罪的行为。做好对有严重不良行为青少年和闲散青少年的教育、管理工作。多方筹资，对全县大、中、小学优秀贫困学生进行帮助，全年捐款31.7万余元，资助106名大学贫困新生，43名贫困中小学生。化处镇创建“和谐之家”，收留37名留守儿童和孤儿。

【刑释解教人员安置帮教工作】 加强和改进全县刑释解教人员安置帮教工作，做好刑释解教人员的就业指导和职业培训，抓好“两释”人员的来信来访工作。化处镇建立刑释解教人员帮教安置基地，解决10余名“两释”人员的就业问题。2010年全县有刑释解教人员188人，安置160人，帮教28人。

【学校、幼儿园及周边治安秩序整治工作】 5月5日，召开全县学校、幼儿园及周边治安环境秩序工作会议，市人大副主任、县委书记王跃作动员讲话，并与各乡（镇）党委书记及21个相关单位签订目标责任书。下发《中共普定县委、普定县人民政府〈关于全县学校、幼儿园及周边治安环境秩序整治的实施意见〉》。加强学校值班保卫队伍建设。全县每所寄宿制学校均配备3名以上保安人员，乡镇中心小学配备1～2名保安人员、公路沿线村级完小及幼儿园配备1名保安人员，签订协议、制定保安工作制度、明确工作职责。全县配备中小学保安130名。在县一中，县二中及实验学校片区分别设立警务室，实行24小时值班巡逻；全县所有寄宿制学校和城区内所有中小学、幼儿园均按要求安装监控设备，增强学校技防能力。2010年全县22所中小学（幼儿园）安装监控设备的经费为75万元，县一中投资4.2万元安装报警系统。加强消防安全工作，增加学校经费投入，配备必需消防设施和消防器材，保持消防通道畅通；加强学生消防安全教育，增强学生消防安全意识；组织消防逃生演练，提高师生自救自护能力。加强校园周边治安秩序整治，净化校园周边环境。落实中小学周边200米范围内不得开设营业性网吧和600米范围内不得设置彩票经营场所的规定。卫生、城管、安监等部门对全县学校周边娱乐场所、网吧、游戏机室和饮食摊点清理整顿，清理6个固定饮食摊点，对4个无卫生许可证当场责令停业，取缔流动无证饮食摊点11个。加强对容易肇事肇祸精神病人的管控和收治，全年全县容易肇事肇祸的精神病人92人，住院治疗15人，其余77人均得到有效管控和收治。

【见义勇为工作】 2010年，表彰2008年见义勇为人员9名，其中4名获市级表彰；调查复核乡镇报送2009年见义勇为13名人员和2个集体的先进事迹材料，拟对12名见义勇为先进个人和2个先进集体进行表彰。加大见义勇为宣传力度，4月，将杨庆怀等省级见义勇为先进个人颁奖光碟在普定电视台滚动播放；配合省、市综治办做好全国“见义勇为英雄”吴梅到上海整容的联络、服务和宣传工作。5月宣传月期间，印发《普定县见义勇为人员表彰奖励办法（试行）》宣传资料1万余份。

（汪启祥）

离退休干部工作

【综述】 截至12月20日，全县离休干部有40人（男39人，女1人），其中行政单位19人，事业单位11人，企业单位10人。按参加革命时间划分，抗日时期7人，解放战争时期33人；按享受待遇划分，副厅级1人，副县处级25人，科级14人。抓好老干部政治待遇和生活待遇工作，成立离退休党支部1个，新建老干部活动中心已投入使用。

【落实老干部政治待遇】 1月和7月，组织离休老干部和担任过副科局以上实职的退休干部召开2009年县情通报会和2010年上半年县情通报会，通报普定县2009年和2010年上半年的社会经济发展、新农村建设和“十件实事”的落实情况，县委书记王跃就老干部工作作重要讲话，回答老干部们关注的问题。县委书记王跃、县长庞琨带领四大班子领导，分别看望、慰问退休干部和抗日时期参加革命的离休干部。离退局在国庆节、中秋节、老年节等重大节日走访慰问老干部，全年探望住院老干部40人次，慰问老干部150人次，妥善处理5位离休干部去世后的安抚工作和遗孀生活费、医药费工作。走访慰问离退休老干部，坚持做到“四个到位”，即老干部生病住院看望到位，老干部活动时服务到位，老干部过生日时祝贺到位，老干部去世时悼唁到位。组织离休干部和副县级以上的退休老领导参观镇胜路坝陵河大桥和关岭县国家地质公园。每月15日，组织老干部学习党的路线、方针、政策和省、市有关文件，为老干部订阅老年刊物《晚晴》239份。

【落实老干部生活待遇】 及时发放离休费、特需费、健康休养费、冬季取暖费、高龄补助费、知补费、福利费、抗日战争老干部增发的生活费。协调安顺七三医院、三〇二医院、普定县人民医院和普定县中医院，简化老干部就医程序，优先接待诊疗，住院记帐治疗。易地就医的实报实销，重大病情拨专款异地医治，全年为老干部报销医药费90万元。上门为老干部发放特需费、冬季取暖费、福利费，审核和报销医药费23万元。

【加强离退休干部党组织建设】 截至12月20日，成立离退休干部党支部13个，各支部工作制度、支部班子健全，并明确1名在职干部担任党支部委员或联络员。

【老干部活动中心建设】 2010年，省、市、县三级财政投入120万元，新建老干部活动中心，建筑面积1091平方米，已投入使用。中心内设报刊阅览室、书画室、多功能厅、台球室、乒乓球室、会议室、羽毛球场、休息室等，安装空调、饮水机、电脑等设备。重新规划老干部活动中心布局，投资40万元新建羽毛球场和网球场；投资10万元扩建两个封闭式门球场。

2010年11月，投资120万元的老干部活动中心建成并通过验收。（县老干局　提供）

【丰富老干部业余活动】 组织老干部参加安顺市老干部业务知识竞赛，普定县代表队取得第二名。老年节组织老干部参加灯谜活动，100余名老干部参加。

【关心下一代工作】 2010年，关工委分别到县看守所、太平监狱、安顺劳教所和戒毒所，对普定籍劳改劳教和戒毒人员进行帮教，了解他们的思想状况，发放196份问卷调查表。关工委组成爱国主义教育宣讲团开展爱国主义教育宣讲活动，分别到炽章中学、三小、城关镇一中、县二中等学校进行宣讲，参加听课人数5000余人。在清明节期间，关工委组织革命传统教育宣讲组，到东华山烈士陵园对参加扫墓的干部、职工、学生和人民群众作革命传统教育报告。县关工委邀请市关工委领导、市茶叶专家、省农科院蔬菜专家到化处镇、马场镇、坪上乡、鸡场坡乡对茶叶、蔬菜栽培、生产技术进行现场指导。全面开展创建“三无三有”（无辍学、无不孝子女、无犯罪，青年有技术、少年有文化、青少年有礼貌讲文明）

活动。在城关镇文明、塔山、东华、南华、西安、穿洞社区和马官镇太平社区开展以“五好”为主要内容的关心下一代工作先进社区活动，深入社区了解吸毒青少年、劳释人员、失辍学儿童，并对社区青少年进行思想道德、理想信念、科普知识和法制宣传教育。

【老年大学工作】 截至12月，普定县有老年大学1所，乡镇村老年学校10所，有学员1000余名。县老年大学被命名为全市示范性县级老年大学。办学围绕“增长知识、丰富生活、陶冶情操、促进健康、服务社会”的宗旨开展教学工作，积极宣传党的方针政策。开设音乐、舞蹈、器乐、摄影、门球、花灯、太极拳、腰鼓、乒乓球、时事政治等课目，有学员290人。

【老年体育协会工作】 截至年底，全县有老年体育协会、老年象棋协会、老年钓鱼协会、老年歌唱团、诗词楹联书画协会、羽毛球协会、门球协会、老年陀螺协会等团体，有1200余人次参加。县老体协春节期间，在星光之家开展老年门球、男女乒乓球、象棋、麻将、跳棋、篮球12码投篮等比赛活动，有200余位老人参加；3月6日至11日，举办全市门球邀请赛，西秀区、煤勘队、安大厂等九支代表队参加比赛；3月15日至19日，对11个乡镇太极拳、揉力球进行辅导培训；11月25日，组队参加安顺市第十届老年人运动会，其中门球队获第二名，乒乓球队获男子团体第四名。

（何朝海）

机构编制

【综述】 机构改革前，全县有政府工作部门27个，政府议事协调机构的常设办事机构2个，政府直属事业机构5个，党委直属事业机构1个。机构改革后，设立政府工作部门23个（含后来省追加的1个，以下同）、政府直属事业单位2个、政府其它机构1个。政府工作部门即：县人民政府办公室、发展和改革局、教育和科技局、工业和经济贸易局、民族事务局（宗教事务局）、公安局、监察局（与纪律检查委员会机关合署办公，列入政府工作部门序列，不计政府机构个数）、民政局、司法局、财政局、人力资源和社会保障局、国土资源局、林业局、环境保护局、住房和城乡建设局、交通运输局、农业局、水利局、文体广电旅游局、卫生和食品药品监督管理局、人口和计划生育局、审计局、统计局、安全生产监督管理局；政府直属事业单位即：水利水电工程移民局、档案局；政府其它机构即：供销合作社联合社。政府工作机构比改革前减少10个，主要体现在：撤销政府工作机构4个（物价局、粮食局、科学技术局、乡镇企业局）；议事协调机构2个（农业办公室、扶贫开发办公室）；政府直属事业单位2个（畜牧兽医局、旅游发展局）；党委直属事业单位1个：党史研究室（地方志编纂委员会办公室）；上级下划单位1个：食品药品监督管理局。

【乡镇机构改革】 完成《普定县乡镇机构改革方案》、《普定县乡镇机构改革实施意见》的拟定，并报市委、市政府批准。

【机构管理】 2010年，全县有党政机关机构155个，其中县委工作部门8个，县委归口管理部门2个，人大工作机构6个，政府工作部门23个（含公安局、司法局），乡镇机关工作机构111个，政府工作部门比2009年少3个。撤销政府工作机构4个（物价局、粮食局、科学技术局、乡镇企业局），增加安全生产监督管理局。

新设机构8个（含内设机构，下同），撤销机构7个，即：设立县纪检监察举报中心（非公有制经济发展侵权投诉中心）、普定县信访投诉受理中心（普定县信访信息中心）、县委党校增设电教室、猛登水库管理所、普定县文化市场综合执法大队（普定县旅游执法大队）、普定县民政执法大队、普定县安全生产监察大队、农业综合执法大队；撤销农业执法大队、畜牧执法大队、教育督导室、森林防火指挥部办公室、防汛指挥部办公室、人才工作协调办公室、普定县文化广播电视稽查队。将教育督导室、森林防火指挥部办公室、防汛指挥部办公室、人才工作协调办公室作为党政机关的内设机构。

【人员编制管理】 党政机关行政编制828名（不含政法专项编制），其中县级行政编制397名，乡镇行政编制431名，机关工勤人员编制131名，与2009年相比，行政编制增加12名，机关工勤编制增加5名。实有人员1139人，其中县级799人（政法344人），乡镇340人；2010年全县事业单位458个，事业编制6777名，实有人数5898人。其中县级事业编制6237名，实有5478人，乡镇事业编制540名，实有420人。

【创新管理工作】 按照“注重增收节支和解

决有人办事”及“机构编制管理向经济、民生部门倾斜”原则，在推进政企分开、政资分开、政事分开、政府与市场中介组织分开方面采取如下措施：即通过职责界定，减少微观管理事务和具体审批事项，进一步确立企业的投资主体地位，更好地发挥市场机制对经济活动的调节作用，如发展和改革局。下放管理权限，将涉农的具体职能交给乡镇管理，农、林、牧等部门只进行业务指导。理顺管理体制关系，将一些职能交叉、重叠的部门合并，减少办事环节，如文体广电旅游局。清理具有行政职能的事业单位，实现职能的归并，如政府教育督导室。清理议事协调机构，进一步规范机构编制管理；改进直接面向基层和群众的“窗口”机构的服务与管理，健全办事制度和程序，公开办事依据，简化办事流程，转变管理方式和工作作风。在政府政务服务中心建立政务服务大厅。重新规范乡（镇）村镇建设管理所人员编制管理问题。

【事业单位法人登记工作】 全年应参加年检的法人单位63个，实际年检58个，年检率92.1%，合格率100%。对年检合格的法人单位和变更法人单位的变更事项按时在县政府网站进行公告。

【其他工作】 制定《普定县编委办践行宗旨教育实施方案》、《普定县编委办“四创”工作实施方案》、《普定县编委办作风建设实施方案》、《普定县编委办项目建设实施方案》、《普定县编委办环境建设实施方案》以及限时办结制度。开展创先争优、“五包三推进”等活动，深入党建扶贫村——鸡场坡乡播简村对贫困党员进行慰问和开展村级科学发展观活动等工作。

（董　刚）

机关党建

【综述】 2010年末，机关党委管辖有部门机关党委1个（工商局机关党委），党总支21个，党支部135个（其中离退休干部党支部9个），党员1935名。其中预备党员13名。开展“创先争优”、“践行宗旨”教育、“三个建设年”、“四帮四促”活动，制定下发《2010年县直机关党建工作要点》，扎实推进机关党的思想、组织、作风、制度和反腐倡廉建设。

【党员教育管理工作】 开展“创先争优”和“践行宗旨”教育活动。制定教育活动方案，召开县直机关2010年党建工作会议，深入推进基层党组织“创先争优”和“践行宗旨”活动。157个党（总）支部结合机关党建工作实际，提出各自的活动主题，开展“创先争优”和“践行宗旨”活动。扎实开展“三个建设年”、“四帮四促”活动。制定《开展“作风建设年、环境建设年、项目建设年”活动工作实施方案》和《机关党委领导干部开展“四帮四促”活动进一步做好新形势下群众工作的实施方案》。组织党员干部多次到联系的坪上乡小河村了解村情，明确班子成员和党员干部结对帮扶联系户。

【基层组织建设工作】 及时调整党组织设置，指导党（总）支部成立、换届工作。县直机关党组织全面实行“公推直选”，批准成立党总支1个，党支部3个；撤销党总支1个，党支部6个；指导3个党总支和16个党支部换届。提高党务干部业务水平，促进党建工作规范化。购买《学习型党支部建设》、《深入开展创先争优活动学习读本》、《党的基层组织工作热点疑点要点500问》等党务业务书籍600册，发给县直机关各党（总）支部，要求各党（总）支部认真组织党员干部学习，特别是党务干部要认真学习党支部工作业务知识，进一步提高党务工作水平。抓好入党积极分子培训，做好发展党员工作。举办第二十一期入党积极分子培训班，参加培训30人。全年发展党员13名，其中女党员2名，占发展数的15%，35岁以下的11名，占发展数的85%，均为大专以上学历。更新完善党员信息库，加强党员动态管理。规范和完善县直机关党组织和党员信息库建设，围绕“快、准、全”的原则，及时安排部署各基层党组织填报党组织党员信息，安排专人专机进行录入维护。做好党费收缴工作。对2009年度收缴的党费及时全额上交县委组织部并进行通报公布，要求各党支部每月向党员收缴党费，每季度向机关党委上交党费，不按规定收缴党费的支部，作为不能评选先进基层党组织的依据之一。党费收缴实行专人专管，每半年向县委组织部上交1次，年终一次性结清。做好党内关怀工作。春节期间慰问高龄党员、特困党员、特困群众等23户，慰问金4600元。对生前履行党员义务、支持党支部工作的死亡党员进行悼念及对家属进行慰问，送花圈及慰问金200元。全年悼念死亡党员17名及慰问其家属，慰问费等5100元。抓好“五好”基层党组织建设。2010年获省级“五好”基层党组织命名1个、市级5个、县级11个；获市级抗旱救灾优秀共产党员表彰1名，县级优秀共产党员表彰6名，优秀党务工作者表彰2名。6月29日，召开县直机关总支书记座谈会，会上17名预备党员进行入党宣誓，新党员代表发言，部分总支、支部书记进行党建工作交流发言。截至12月31日，有80个支部1049名党员参加民主评议，评出优秀党员109名，合格党员928名。加强党组织书记抓党建工作，下发《县直机关党组织书记抓党建工作述职报告制度（试行）》，明确财政局、国税局、地税局、工商局、农业局、住建局等6个总支为2010年度向机关党委和党员大会述职报告试点工作，其余党组织书记向机关党委进行书面述职报告。

【中心工作】 组织单位职工学习“四创”文件精神，制定工作方案，对县直机关“四创”自愿者进行登记汇总上报，及时向县“四创”办反映工作情况。严格工作人员值班、领导带班制度，从严要求干部职工下班要断开电源、网线等安全隐患，增强安全责任感，随时听从县委政府调遣。抓好包村工作，经常与龙下村联系沟通，帮助解决力所能及的事情。春节期间从紧张的办公费中拿出3000余元慰问龙下村贫困党员、老党员、双女结扎户和特困群众，1000元赞助村老年人座谈会。按照“四帮四促”移民包保工作要求，组织人员多次到“四帮四促”联系点坪上乡小河村了解村情、到移民工作联系的白岩镇薛家村了解移民情况，并确定领导班子成员及党员干部帮扶联系户。

【关心下一代工作】 开展“围绕创先争优、积极捐资助学”、“抗旱救灾爱心送水”等活动，筹集资金44万余元，组织“爱心送水队”送水1400余吨、引水管320米，慰问贫困学生、留守儿童524人，慰问普定外出务工农民及家属56000余人，粮食1.62万公斤等，编发工作简报5期，办青少年园地专刊12期等。

（杨　敏）

党校（行政学校）

【综述】 2010年，通过“公推直选”，完成校党支部换届选举工作；完善多媒体教室，配备摄影、摄像设备，添置教学、办公用微机，新增学校图书500册，配齐教职人员，完成2000余册存书微机编录任务；撰写理论文章3篇，公开发表2篇；创办校刊《普定干部教育》3期；完成《中共普定县委党校志（1980—2008年）》编纂任务；完成党校迁建前期准备工作；参与全县“四创”活动、政策理论、法律法规的宣讲，开展农村党建扶贫工作；启动“三个建设年”、党校中专体制评估准备、党校（行政学校）“十二五”发展规划等工作。

2010年12月9日，县委党校召开学习传达全县“三个建设年”、“四帮四促”活动部署大会精神暨动员部署会议。（县委党校　提供）

【开展“创先争优、践行宗旨教育”活动】 5月27日，召开全校创先争优、践行宗旨教育活动动员部署会，制定《县委党校创先争优活动暨践行宗旨教育实施意见》。组织集中学习10次，其中专题讲座3次，学习讨论5次；编印《简报》10期，报刊、网站采用文章或信息简报10篇，制作宣传展板1块，出黑板报2期，创办《普定干部教育》3期，每期都开辟“忠实践行宗旨、勤政廉政为民”栏目。集体签订《党员承诺书》，将承诺内容公布在公告栏、简报、校刊上，接受社会群众监督。开展“一名教师一堂名课”主题实践活动，把学习载体确定为“五学”，即以多种活动形式开展经常学；实现教学科研一体化，以科研转型促进学；借鉴以往成功经验，利用师资优势，宣讲服务辅导学；搭建自主选学、网络学习平台，加大网络学习和远程教育，构建平台帮助学；积极推进研讨式、案例式、体验式、互动式教学，探索干部教育培训的新模式和新途径，改革教学创新学。开展“创先争优”“七个一”系列党建活动。即开展1次重温入党誓词活动；开展1次“党内关怀”活动；出1期宣传板报；开展1次党性教育；读1本好书；上1次党课；开展1次警示教育和爱国主义教育。组织开展“《廉政准则》、规范从政行为、促进科学发展”主题活动。在创先争优活动中，党校支部获县级“先进基层党组织”称号。

【发挥职能，开展干部教育培训】 举办乡镇医疗卫生管理、县域经济与机遇、城乡规划与新农村建设、以人为本与依法行政、园区建设与县域发展、人力资源与组织行为、县域发展与招商引资、中青年后备干部、新闻发言人、县直机关单位入党积极分子培训班等10期，培训干部550余人。多形式组织教学模式，开辟学员论坛、探索案例式教学、组织学员收看党风廉政警示教育片，开展《廉政准则》学习及测试、到遵义等地接受革命传统教育；组织学员参观考察社区、县内农业示范园、工业园区及沿海发达地区；组织学员到贵阳市委党校作拓展训练。

【加大管理人员及师资培训力度】 选派6名教师参加县内各类培训班跟班学习、5名干部分别参加市委组织部干部自主选学5个专题培训班学习、2名干部参加组织部在清华大学举办的首期领导干部公共管理高级研修班学习，2名校领导参加全市领导干部理论在线学习。

【完成函授教育收尾工作】 做好函授各班次的面授教学、期末考查和毕业考试。组织2008级法律本科班和“村大班”的毕业论文撰写和毕业答辩。

（陈大章）

党史·地方志

【综述】 2010年，党史研究室、地方志办公室深入学习《地方志工作条例》和《贵州省地方志工作规定》。工作中创新思路，克难攻坚，使党史研究、地方志编修、年鉴编纂等业务工作有效开展。开展纪念《地方志工作条例》颁布实施4周年和《贵州省地方志工作规定》颁布实施2周年活动；向全县各部门发放《“光辉历程”——庆祝新中国成立60周年暨普定改革发展30年征文作品集》；完成革命遗址普查工作；派员参加第十二届全国年鉴学术年会，并提交论文；开展调查研究和修志工作督查；完成《普定年鉴（2008卷）》的发行工作，编辑完成《普定年鉴（2009卷）》，编辑《普定年鉴（2010卷）》；编发《普定史志通讯》，加强史志工作宣传；加强机关自身建设，完善硬件设施，参加县委开展的“创先争优”教育活动，开展“四创”工作。

【深入开展“创先争优”活动】 5月25日，制定《普定县史志办关于在本办党支部和党员中深入开展创先争优活动的实施意见》，在本办党支部和党员中开展以创建先进基层党组织和争当优秀共产党员为主要内容的创先争优活动。把开展教育活动与贯彻落实党的十七大及十七届五中全会提出的一系列战略举措结合起来，把党史部门“存史、资政、教化、服务”的宗旨贯穿活动的始终。同时，认真组织干部职工进行政治理论学习，参加2010年全县干部理论考试。重点学习党的十七大、十七届五中全会精神、学习贯彻省委十届十次全体（扩大）会议精神，《科学发展观重要论述摘编》，学习以个人自学为主，结合集中辅导培训学习、专家辅导、讨论交流等方式进行。

【编辑《中国共产党普定县历史大事记（1978~2008）》】 按照《中共普定县委办公室关于印发〈中国共产党普定县历史大事记（1978~2008）〉编纂工作实施方案的通知》要求，积极向各部门、各乡镇收集、征集资料，开始进行党史大事记编辑工作。

【革命遗址普查工作】 1月，全省革命遗址普查工作动员部署会议后县史志办及时将会议精神向县委分管党史工作的领导汇报，组织召开县史志办干部职工会议，积极研究普定县革命遗址普查工作的初步打算。5月11日至18日，派员参加“贵州省革命遗址普查专题培训班”。6至7月制定普查方案，成立县革命遗址普查工作领导小组。8月初，县委召开全县革命遗址普查领导小组会议，专题研究全县革命遗址普查工作。会后，进行全县革命遗址普查摸底工作。9月，县革命遗址普查工作进入实地普查阶段，经普查组对9个乡镇30个普查点逐一进行实地勘察、核对、分析，最终确定21个（其中全国革命遗址5个、贵州省革命遗址13个、其他遗址3个），选用图片40张，并对每一个革命遗址提出维修保护措施和开发利用方面的建议。11月12日，按照有关要求及时向市委党史研究室报送普查结果。

【二轮地方志编纂工作】 县委、县政府在继续将乡镇志编纂工作纳入乡镇年终目标考核，要求各乡镇年底前完成乡镇志编修工作。组织开展部门志、乡镇志编纂业务指导和审查工作，对公安、工商、军事、农村信用合作等11部志稿，提出修改意见。截至年底全县规划的90部志稿（部门志、乡镇志）完成初稿30余部。《普定县工商志》、《普定县军事志（1991~2005）》、《普定县农村信用社志》、《普定县工商联（商会）志》等相继出版发行。

【年鉴工作】 年初，完成《普定年鉴（2008卷）》的发放工作。1月7日，县委、县政府召开《普定年鉴（2010卷）》编纂工作会议，启动《普定年鉴（2010卷）》编纂工作，会议印发《〈普定年鉴（2010卷）〉编纂工作方案》、《〈普定年鉴（2010卷）〉编写规范》等业务文件。1月起，《普定年鉴（2009卷）》进入统稿、编辑阶段。11月，完成送审稿，交印刷公司公开出版。派出2名年鉴编辑参加5月11日至15日在山东济南举行的“第十二届全国年鉴学术年会”，提交论文《地方综合年鉴条目编写存在的问题及对策》，向山东省史志办赠送《普定年鉴》2007卷、2008卷。

【发挥“存史资政”功能】 2010年，为20余个单位提供《普定县志》，为200余个单位提供《普定年鉴》，提供资料查阅和复印50余人次。

【对外宣传工作】 2010年，《普定史志通讯》出刊1期，分“史志工作动态”、“读志用志”、“修志知识选登”、“史海钩沉”、“文件选登”等栏目，编发稿件12条，计1万余字。《通讯》向县四大班子全部领导，省、市史志机构，全县所有部门和11个乡镇赠阅。同时，积极组织本系统有关稿件向外投寄，加强普定史志工作的对外宣传。全年在《中国地方志》、《年鉴信息与研究》、《党史工作信息》、《贵州地方志简讯》、《贵州地方志网》、《普定》报、普定电视台、《普定信息》等媒体上发表史志新闻信息、文章20余篇（条），提高社会对史志工作的知晓率和支持率。

【扎实开展县级文明单位创建等活动】 在保持“第一批市级文明机关”和“市级文明单位”称号的基础上，积极开展创建2007至2009年度文明单位创建活动，强化职能作用，积极服务社会。坚持办事公开、方便群众的原则。服务社会做到“三个热”（即热爱、热情、热心）。5月21日，被县委、县政府表彰为“2007—2009年度文明单位”。2月8日，开展“千名干部大深入、走村入企办实事”活动，全办人员到帮扶村——龙场乡马路村走访慰问马普贤等6名贫困老党员，并为村党支部办实事。在抗旱救灾工作中，解决龙场乡马路村抗旱工作经费1000元，用于购买水管解决人畜饮水困难。

【搞好政务公开】 及时更新普定县史志网，提供便民服务、部门职能介绍、服务指南、法规文件介绍、政务动态、业务学习、资讯参考等信息，方便办事人员。

（《普定年鉴》编辑部）

机　要

【综述】 2010年，县委机要局以纪念密码工作创建为契机，认真贯彻中央关于加强新形势下密码工作的《决定》、贵州省委关于加强新形势下密码工作的《决定》及相关密码工作条例，理顺密码工作管理体制，加强干部队伍建设，以密码工作规范化管理为重点，着力提高密码通信、密码管理、信息化密码保障及党委系统信息化网络建设。

【认真开展纪念通信工作创建活动】 组织学习机要干部先进事迹，观看教育片《忠魂》，加强机要工作优良传统教育。强化机要干部队伍思想、纪律、作风建设。参加省、市组织的纪念机要工作创建80周年征文活动，组织4篇征文上报。

【抓好网络通信工作】 严格执行24小时值班制度、节假日领导带班制度和日常值班督促检查制度。抓好密码通信的译传办理演练工作，积极参与应急机要通信演练5次。组织开展“优化工作流程，提高工作时效，保证工作质量的电报”精品年活动，进一步提高电报办理的时效性和准确性，切实做好紧急、重要电报的办理工作。

【抓好机要工作安全管理】 健全密码安全保密机制，完善和落实密码安全保密责任制。加强机要工作管理制度，层层签订保密责任书，切实将机要工作安全保密落实到单位和个人。认真开展保密大检查活动，重点检查本单位各种文件管理、通信设备管理、安全防范设施、工作环境安全、网络安全防范措施等情况，并将自查情况上报主管部门。加强内部电报存放归档管理，积极参与保密局对全县涉密文件及移动存储介质保密检查，按照《普定县电报使用和管理规定》文件要求对所涉密电报的单位和部门进行检查，检查结果满意。

【系统信息化网络建设工作】 完善党委办公网站设备，加强县委办网站管理、维护和网页内容更新工作。落实内网使用相关规定，协助县纪委入网建设、县委组织部建立全国“组织网”入户及内网建设工作。严把网络安全维护、管理、审核关，做好信息安全，落实密码安全保护措施，切实提高信息系统的安全水平，协助保密局开展保密安全检查工作。

【加强密码干部队伍建设】 加强密码干部的思想建设、作风建设和能力建设，开展“学先进、赶先进”的主题宣传教育活动，组织机要干部学习密码系统立功人员的先进事迹。加强密码干部管理，制订《普定机要干部管理有关规定》、对工作目标进行细化，完善奖罚措施，落实责任制，强化对机要干部八小时以外的管理。抓好业务培训，2010 年，选派 2 人到云南和北京参加培训。开展机要干部的政审工作，通过实地走访和发函协查，对全局 5 名干部进行政审。

（廖安辉）

保 密

【综述】 2010 年，全县保密工作贯彻和落实《中共中央关于新形势下保密工作的决定》和新修订的《中华人民共和国保守国家秘密法》，立足实际，在充分调查研究和征求各保密委成员意见的基础上，制发《普定县 2010 年保密工作计划》，明确工作重点，统一思想，提高认识，大胆探索，扎实工作，全面完成县委、政府安排的各项工作任务和上级保密部门下达的工作目标，全年均未发生失泄密事件。

【做好“五五”普法检查验收】 做好“五五”保密法制宣传教育检查验收工作，撰写“五五”保密法制宣传教育工作总结，为研究制定“六五”保密法制宣传教育规划打好基础。

【开展形式多样的保密法制宣传教育】 9 月 14 日，召开全县保密工作暨保密法律法规培训会议，94 人参会。全县有 72 个单位通过不同形式开展保密宣传。悬挂大幅宣传标语及大型电子广告牌 49 幅（条），40 个单位举办保密宣传专栏（黑板报），5 个单位通过办公网进行保密知识宣传、《普定报》、普定电视台等新闻媒体刊登保密宣传标语。各单位认真组织学习新修订的《中华人民共和国保守国家秘密法》；6 月 15 日至 22 日，根据中共安顺市委保密委员会办公室、安顺市国家保密局《关于开展全市保密承诺书签订人员知识竞赛活动的通知》要求，下发《中共普定县委办公室关于开展全县保密承诺书签订人员知识竞赛活动的通知》，开展保密人员知识竞赛活动，其中乡科级以上领导干部 317 人，一般涉密人员 203 人，发放试卷 520 份，收回 520 份，98～100 分的 516 人、69～96 分的 4 人。同时，充分发挥党校保密教育主阵地作用，在举办各类干部培训班上，都把保密法规知识纳入教学内容。

2010 年 9 月 14 日，召开全县保密工作暨保密法规培训会议。（杨金勇 摄）

【加强保密法律法规知识培训】 9 月 14 日，举办一期保密法律法规知识培训班。各单位办公室主任、分管领导及部分副县级领导共 94 人参加培训。对新修订的《中华人民共和国保守国家秘密法》相关条款、涉密载体的制作、传递、归档、销毁和管理知识进行详细讲解，针对当前涉密计算机网上泄密的主要特点，重点对涉密计算机禁止上国际互联网和上国际互联网的计算机不得处理涉密信息等规定作全面解释和说明。对建立健全涉密计算机安全管理制度和涉密载体管理制度进行深入讲解。

【开展保密警示教育】 7 月 14 日，传达学习中保办、国家保密局《2009 年泄密事件情况通报》，县委副书记胡晓兰要求大家要认真学习，引以为戒，结合实际抓好保密工作，把保密工作贯穿于本单位本部门业务工作的始终，进行经常性的督促，坚决杜绝失泄密事件的发生；开展面向社会各层面的保密宣传教育活动，扩大保密工作的影响面，主要是张贴宣传标语，举办宣传栏、黑板报等。

【加强督促检查和推进依法行政】 加强对国家统一考试的保密管理和监督。5 月 6 日，县保密局对县招生办高、中考试卷保密室进行保密安全检查，要求县招生办要完善规章制度，加强物防、技防和人防工作，确保高、中考期间试卷保密室的安全。6月7日，组织参加高考工作的相关人员进行保密知识培训和保密安全教育。6月，分别派出2名保密干部共4人（次），对普通高考、中考的考务工作人员进行保密培训，签订保密协议书，督促县教育局完善《考务工作保密制度》，强调在安全保密工作的各个环节和管理上，必须严格按照保密管理的有关规定执行，完善保密防范措施，落实各项保密规章制度，坚决杜绝失泄密事件的发生。5月至11月，参与普定县面向全市范围内招聘事业单位工作人员的招考工作、面向全县在职教师招考到县城内缺编学校任教考试、村管所从事制度改革工作人员考试、公开选拔乡科级领导干部考试工作，派出保密干部全程参与保密监督管理，确保考试公平公正。

【加强对印刷、复印、打字、废旧行业的保密检查】 制发《关于成立普定县集中清理取缔涉密文件资料交易工作领导小组的通知》，3月12日至15日、11月5日至7日分别组织保密、公安、工商等单位对印刷复印、废品收购站（点）等特殊行业的联合执法检查，检查营业性打字复印店18家（2次），印刷厂2家（2次），废品收购站（点）11家（2次），网站3个。检查中，均未发现在网上交易涉密文件，未发现任何单位和个人将涉密文件资料到营业性的打字复印店复印，未发现有非法收购承印国家秘密文件资料的情况。

【加强对保密要害部门、部位的保密管理】 转发安市保办通字《关于开展保密要害部门、部位清理核定工作的通知》，各单位、各部门按照文件要求，切实采取措施，立即对本单位、本部门的保密要害部门、部位开展清理和核定，按时将《安顺市保密要害部门部位清理核定工作统计表》、《确认保密要害部门部位申请书》报送县保密局备案。

【抓好对单位定密工作的指导】 加强定密工作常态化，随时进行定密指导，了解各单位执行定密工作基本原则、程序、方法和步骤的情况。部分重点单位制定有《定密工作领导责任制》，在文稿起草、确定密级、领导审核把关签字等环节上，都规定相关的职责。定密工作责任制的建立，避免定密工作中随意定密、密级偏高等问题，保证定密工作的严肃性和准确性。

【加强涉密计算机信息系统及互联网等管理】 3月至11月，对互联网等公共信息网络进行10次保密技术检查，均未发现单位处理涉及国家秘密信息的情况；涉密计算机信息系统均未与互联网相连，建有公共信息网络的单位，制定有上网信息保密审查制度，均未发现任何失泄密事件。各单位按照有关保密法规、规章和标准完善网上泄密处置预案，未发现有违反保密法律法规规定的情况。涉密计算机系统未与互联网相连，都安装有防火墙，未与公共信息网及互联网相连，单机未上互联网，设置有开机密码；明确具体人员进行管理；重要部门部位规章制度完善，一些重要部位安装必须的保密技术防范设备。

【抓好国家秘密载体监销的保密管理】 按照国家秘密载体销毁工作中的有关规定，各单位将需要销毁的国家秘密文件资料和内部刊物逐一进行登记造册，经主管领导签字审核批准后，送交县保密局进行清点核实，由2名保密干部押运到市局指定的纸厂进行监销。需要销毁的磁介质载体，必须进行登记造册，经单位主管领导审核签字批准后，送交县保密局进行清点核实，由县局押运到安顺市国家保密局，由安顺市国家保密局进行销毁。检查中未发现有私自销毁国家秘密载体的情况。按照《中共安顺市委保密委员会办公室安顺市国家保密局关于开展涉密载体清理检查的通知》要求，全县72个单位进行自查，将2009年以来的上岗人员和近三年内的离岗人员都全部纳入范围涉密载体清理。个人未持有涉密载体。各单位个人持有的涉密文件资料和个人存储的非工作需要的涉密电子文档都得到清理；各单位的涉密载体需要留存的，都按照相关档案工作中的有关规定进行登记、编号，建立留存存档。

【抓好保密工作信息反馈】 及时将开展保密工作的相关材料报送省、市国家保密局，报送的保密工作信息被省《保密工作通报》采用3条。

（杨金勇）

机关事务管理

【全面推进党风廉政建设】 党支部组织党员干部、非党员领导干部和入党积极分子认真学习中央两个《条例》和《关于建立健全教育、制度、监督并重的惩治和预防腐败体系实施纲要》，教育干部职工坚持标本兼治、综合治理、惩防并重、注重预防，倡导求真务实、勤俭办事风气，坚决反对铺张浪费、奢靡之风，树立“讲思想、讲正气、讲奉献”机关形象。

【抓好党员发展工作】 党支部坚持“积极、慎重”方针和“公平、公正、公开”原则，积极培养入党积极分子，严格按照组织程序发展党员，重视对入党积极分子的教育培养和考察工作，在日常工作和生活中加强党的优良传统教育，提高对党的性质、纲领、宗旨、任务、组织原则和纪律的认识，明析党员义务和权利，端正入党动机，全年发展入党积极分子3名。

【履行保卫职责】 2010年，接待来访群众4000余人次，10人以上30人以下来访事件70余起，接待30人以上80人以下来访人员30次，清理晚上在县机关大院内打架、酗酒、逗留人员42次。

【文件交换工作】 加大对保密法规、网络知识、电子政务、公文处理、电子显示等方面业务知识的学习，充分发挥文件交换站对外窗口作用，维护中心良好形象。全年完成文件交换15.6万份，其中文件6.46万份，信息、调研6.28万份，急件2.4万份，密件0.46万份，会议通知263次，涉及13150单位（次），电子显示大屏内容78份。

【加强综合管理】 落实社会治安综合治理目标管理责任制和消防安全责任制，提高机关大院部门、单位安全责任意识，强化安全检查和督促整改制度，切实维护机关大院安全；强化保洁人员管理，保证机关大院及县委综合大楼卫生环境干净整洁；加强后勤服务意识，提前做好节假日期间及大型活动会场布置等工作；维护好县委综合大楼电梯和水电设施，确保正常运行。

【节能减排工作】 成立节能减排工作领导小组，安排人员具体负责全县节能减排统计及改造工作；规范报送表格，制定《旧、失灵仪表及照明设备表》、《2005年信息采集表》、《2009年信息采集表》、《2010年信息台帐》。对县委大院内（包括县委综合大楼、宣传文化中心、县委招待所）各类废、旧、失灵仪器、更换灯具、延时开关进行统计，做好预算工作。

【党建扶贫工作】 党支部成员多次深入白岩镇梅家村调查了解该村情，结合该村实际，因地制宜，研究近期发展规划、帮助解决问题、制定帮扶措施。2010年，中心党支部到梅家村10余次，办实事好事2件，投入资金1000余元，涉及群众20余人次。

（邓 烨）

普定县人大常委会

【综述】 2010年，县人大常委会召开普定县第十五届人民代表大会第五次会议、10次县人大常委会会议，听取和审议“一府两院”有关法律法规的贯彻实施及专项工作报告19个，做好县人民政府组成人员、常委会组成人员、县人民法院审判员、庭长、副庭长，县人民检察院检察员、市人大代表、县人大代表的任免及补选工作，组织县人大代表和省、市人大代表视察活动，开展执法检查工作。

【加强经济工作的监督】 听取和审议普定县人民政府关于普定县2010年1—8月国民经济和社会发展计划执行情况及后4个月工作安排报告。提出应加大农业投入，积极引导农业产业结构调整和社会主义新农村建设，增强农业抗风险能力，确保农业增产，农民增收，农村发展；应采取强有力措施，进一步抓好安全生产工作；强力推进项目建设，加快在建和新建项目建设进度，落实项目工作责任制，改进招商引资工作方式，完善招商引资工作的体制机制，拓展招商引资渠道，不断增强投资对经济增长的拉动作用；认真组织编制普定县“十二五”规划等建议。听取审议县人民政府关于2009年全县财政决算草案、2010年1—8月财政预算执行情况及后4个月工作安排的报告，审议批准2009年县级财政决算和2010年县级财政预算调整方案。同时，听取审议县人民政府2009年财政预算执行和其他财政收支的审计工作报告。提出要进一步加大宣传，规范财务管理、提高预算安排的合理性和执行的透明度；加强对预算执行的审计监督，强化部门预算的责任意识，切实维护财政预算的严肃性；要强化会计集中核算和国库统一支付制度，认真执行基本建设投资管理程序，建立项目跟踪检查和效益评价制度，促进项目的有效实施并发挥项目应有的作用；加大责任追究力度，切实维护财政资金的安全运行和领导干部的廉洁从政等建议。加强“县为单位、整合资金、整村推进、连片开发”试点工作等重点项目的监督，促进全县经济社会健康发展。

【加强对民生问题监督】 听取和审议县人民政府关于劳动和社会保障工作情况的报告。针对全县就业困难、劳动力供求矛盾突出等问题，提出加大宣传，提高广大劳动者和用人单位的法律意识；落实好政策，确保就业再就业工作顺利进行；扩大社会保险覆盖面，完善社会保障体系建设；加大职业培训力度，提高劳动者的劳动技能；加强劳动合同的监管，保障劳动者的合法权益等建议。听取审议县人民政府财政扶持资金“整村推进、连片开发”试点工作实施情况报告。针对因旱情影响，茶叶、经果林种植等项目实施难度大等问题，建议狠抓灾后重建、规划设计解决工程性缺水项目、适当放宽项目采购手续，制定切合普定实际的项目采购实施方案、加大对技术人员业务技能的培训力度等。听取审议县人民政府2010年农村低保核查扩面工作情况报告。针对极少数包村干部进村指导入户调查工作力度不够、从事农村低保工作人员严重不足、存在优亲厚友现象等情况，提出应加强学习培训，增强低保管理人员“以人为本、为民解困”的宗旨意识和“坚持原则、依法办事”的责任意识；不断完善和强化管理，坚持“三公开”原则，建立违规违纪责任追究制；建议增加一定编制，着力解决有人办事的问题；加强宣传力度，严格动态管理，严格资金发放。听取审议县人民政府疾病预防控制工作情况报告。建议加大宣传力度，增强全民的防病保健意识；加强疾病预防控制体系建设，整合卫生资源，优化配置，加强现有专业技术人才的合理调配使用；加强医德医风建设，提高医务人员的服务意识等。听取县农村信用合作联社支持“三农”发展工作情况报告。建议县农村信用联社创新小额贷款方式，扩大小额贷款服务面，努力满足农户和农村中小企业的贷款需求；加大对不良贷款的清收力度；努力创建信用村、信用乡（镇）。听取审议县人民政府城建工作情况的报告。针对城镇功能体系还不够配套；规划编制工作滞后，城镇和乡村乱搭、滥建现象较为普遍等问题，提出应加强县城、乡镇、村寨规划编制工作；整合资源和项目资金，尽可能减少重复投资、重复建设；加强对城管人员的职业道德教育和培训；尽快成立综合执法机构，并明确其责、权、利，全权处理相关事宜等。听取和审议县人民政府文化工作及普定一中申办省级示范性高中工作情况的报告。提出挖掘、传承和发展普定县民族民间文化，鼓励全县人民为争创全国先进文化县而努力；做好一中“申示”查缺补漏工作等建议，为普定县文化教育工作健康发展助力。并对民生问题重点领域开展调研和视察督促，如“四创”工作、农村危房改造、黔中水利枢纽、普安高速公路等重点工程建设情况；高度关注关系人民群众生命财产安全的重大突发事件，积极参与猫洞老鹰坡危岩，“3·25”、“8·20”移民聚访事件，“5·13”重大煤与瓦斯突出、“10·27”煤矿透水事故及“9·16”猫洞地质灾害的处置工作；开展“四帮四促活动”，投资14万余元建化处镇偏坡村“惠民桥”。组织机关全体干部职工向旱区捐款，常委会领导到抗灾前沿指导干部群众抗旱、备耕、保苗，协调部分物资慰问鸡场坡乡波大村困难党员，为坪上乡募集抗旱救灾资金6万余元等。

【加强法律监督工作】 组织开展《城乡规划法》、《传染病防治法》、《环境保护法》贯彻实施情况执法检查，在把握实情的基础上，向县人民政府提出应进一步采取切实有力措施，加大宣传力度，增强全民法治观念；加大执法力度，着力解决重点难点问题等建议。为促进全县经济健康运行和社会各项事业稳步推进，组织开展“五五”普法工作，视察创建“平安普定”情况，形成《关于对县人民政府开展“五五”普法依法治理工作情况的视察报告》、《关于对创建“平安普定”活动的视察报告》，提交县人民政府整改落实。配合省人大常委会《屯堡文化遗产保护条例》立法调研和市人大开展的《中华人民共和国人口与计划生育法》、《贵州省人口与计划生育条例》、《中华人民共和国消防法》、《中华人民共和国防洪法》、《循环经济促进法》等执法检查，促进相关工作依法有序开展。

2010年12月6日，普定县第十五届人大常委会第33次会议召开。 （陈登祥 摄）

【加强环境监督工作】 听取和审议县人民政府环境保护、节能减排工作情况的报告，提出应加大宣传，强化环境保护意识；加大环保投入，为治理污染提供有力保障；加强队伍建设，构建环保工作长效机制；加快产业结构调整，从源头上减少环境污染等建议，积极促进普定县经济社会可持续发展。

【坚持科学决策讨论决定重大事项】 2010年，审查批准县人民政府《2009年县级财政收支预算调整方案》、《关于2009年县级财政决算的报告》；批准《普定循环经济工业基地控制性详细规划》；决定批准《关于“普定县农村危房改造投资补助贷款”项目贷款本息偿还资金全额纳入县级财政预算的报告》、《普定县人民政府灾后重建项目资金贷款的报告》、《关于动支预备费的报告》、《关于融资解决普定循环经济工业基地工业大道项目建设资金问题的报告》、《关于土地储备贷款本息归还的报告》；批准《普定县2009年财政决算草案》。加强项目库建设，统筹规划、加快项目建设进度，提高项目资金使用效益，加大向上争取项目力度等建议。

【人事任免工作】 坚持党管干部和依法任免相结合的原则，完善任免程序，充分发扬民主，严格依法办事，对拟任免人员进行认真审议和表决。全年任免县人民政府组成人员、常委会组成人员21人；任免人民法院审判员、庭长、副庭长13人，人民检察院检察员4人；补选市人大代表1人，县人大代表1人。

【做好信访工作】 建立信访督办排查制度。重视集诉、群访。重大信访案件，主任或分管副主任亲自抓，重点办理群众反映强烈的突出问题和带有普遍性的问题。2010年，受理群众来信来访265件1451人次（其中集体上访6件，126人次）。

【加强代表工作】 普定县第十五届人民代表大会第五次会议期间，收到代表建议、批评和意见59件。闭会后，县人大常委会及时组织召开人大选联委与“一府两院”的代表建议“交办会”，对办复代表建议提出要求。为更好地落实办复责任，常委会分管副主任及工作部门在“一府两院”办复过程中，多次对办复工作进行督查。在法定期限内，59件代表建议全部办复完毕。县人大常委会于11月听取县政府关于办复情况的报告，代表们对办复工作表示较为满意。组织对“一府两院”工作进行执法检查、视察或调研，邀请县人大代表参加，听取代表们的建议和意见。常委会会议审议各项工作报告时，邀请县人大代表列席会议，参与报告的审议。组织代表参加视察、执法检查、调研等活动，拓宽代表的知情权和知政权。组织县人大代表对县“四创”工作进行视察，配合市人大组织的省、市人大代表对全县“四创”和社会治安综合治理工作的视察，并形成视察报告提交县政府整改落实。

【加强自身建设】 开展“创先争优”、“忠实践行宗旨，勤政廉政为民”、“三个建设年”、“四帮四促”及“五包三推进”等活动，全面推进机关思想建设、组织建设、制度建设、作风建设，不断提高机关办文办会办事的能力和水平，为依法履职提供优质高效的服务。促进全县人大工作的整体推进与协调发展，切实加强对乡（镇）人大工作的指导，协调解决部分乡（镇）人大的具体困难和问题，促进普定县人大工作的整体推进和共同提高。

（覃远雁）

普定县人民政府

【经济社会发展指标完成情况】 2010年，全县生产总值实现304844万元，同比增长12.23%，超额完成0.23个百分点，是“十五”期末的2.03倍。其中一产达到58149万元，同比增长5.2%，是“十五”期末的1.79倍；二产达到161433万元，同比增长13.23%，是“十五”期末的2倍；三产达到85262万元，同比增长15.11%，是“十五”期末的2.37倍。一二三产占生产总值的比例由“十五”期末的22:54:24调整为19:53:28，一二三产业结构进一步优化。全县社会固定资产投资130044万元，比2009年增长51.94%，超额完成30.94个百分点，是“十五”期末的3.5倍。财政总收入实现45016万元，比2009年增长17.39%，超额完成1.39个百分点，是“十五”期末的2.23倍，其中县级财政收入实现27702万元，同比增长32.34%，超额完成12.34个百分点，是“十五”期末的3倍。财政支出98090万元，同比增长23.12%，是“十五”期末的3.79倍。全县实现社会消费品零售总额78715万元，同比增长19.34%，超额完成4.34个百分点，是“十五”期末的3.6倍。农民人均纯收入达到3128元，同比增长14%。

【加大项目建设力度】 牢固树立抓项目就是抓发展理念，紧紧抓住项目建设这个“牛鼻子”，以项目建设促进投资，拉动经济增长。交通、水利等重大项目按计划推进，普安及安顺西绕城高速公路普定段工程形象进度完成40%，黄织铁路普定段工程进入收尾阶段，黔中水利枢纽一期工程普定段开工建设；普织高速公路、黄织铁路复线、黄威铁路前期工作有序开展。民生、社会事业、农业基础、产业发展等项目加快实施。建设乡村公路、廉租住房、农村危房改造、异地扶贫搬迁等民生项目扎实推进；特殊教育学校、普定博物院文物库房等社会事业发展项目开工建设，以工代赈、农业开发、巩固退耕还林成果、石漠化治理等农林水利项目建设进度加快，四批扩大内需新增中央投资项目基本完工。华荣、永峰、向荣、金铭、黔中酒业等企业投资不断加大。截至11月，城镇固定资产投资完成5.86亿元，农村非农户固定资产投资完成4.65亿元，分别增长12.38%和530.39%。基本完成“十二五”规划。认真总结“十一五”规划实施经验，立足实际，着眼长远，多方征求意见，编制完成“十二五”规划草案。

【大力实施工业化主导和城镇化带动战略】 普定循环经济工业基地控制性详细规划通过市级审查并实施，园区连接安顺民用航空高新技术产业基地和安顺西部新城、六枝至镇宁高速公路的“三条路”以及工业大道、安顺电厂三期列入“十二五”规划。超宇水泥、普定华宇轻质建材、科利新型建材等新建企业生产稳定。黔中酒业、西秀制药、金铭实业二期投入生产。向荣矿业日选4000吨锌改扩建项目顺利推进，加快推进华荣矿业、永峰矿业煤矿企业兼并重组。2010年，全县工业企业预计完成总产值33.6亿元，其中全部规模以上工业企业预计完成总产值31.5亿元，预计实现增加值12.23亿元，同比增长8%。完善《普定县县城总体规划（2008—2025）》、《普定定南新城控制性详细规划》。完成定南新城19.06公顷的修建性详细规划，征用城市新区中心大道两旁土地870亩，确保新区建设用地需求。《化处镇城镇总体规划》通过审查。加快颐景园、顺时、智盛、中心大道等住宅小区建设，胡家洞片区、红旗安置小区建设按计划推进，农具厂、老豆腐厂等城镇国有资产不断盘活。截至11月，普通商品房屋销售面积5.19亿平方米，销售额1.04亿元，同比分别增长295.54%和236.11%。加强“四创”工作，加快安织、普化和中心大道“三条路”建设用地清理，启动“违法用地、违规建房”清理，加大城区环境治理力度，加强市民的文明教育，城市面貌进一步改善。普安城市大道前期工作顺利开展，普定与安顺城区同城化发展步伐加快。城乡消费市场较为活跃，建成“万村千乡”农家店80个，完成“家电下乡”销售1779.8万元；汽车、摩托车下乡销售4233.45万元。全县注册登记个体工商户5852户，从业人员7776人，资金额达1.5亿元；各类企业429户，注册资金6亿元。全年城镇、乡村消费品零售总额同比分别增长10.68%和22.42%。加大招商引资力度，截至11月，累计引资25.7亿元，实际到位及累计转结13.13亿元。加大对非公企业支持力度，通过县信用担保中心搭建银企合作平台，融资2000余万元，推动非公经济加快发展。

【农业农村经济保持稳定增长】 2010年，面对旱灾，全县上下紧紧围绕粮食不减产农民不减收目标，一手抓抗旱救灾和恢复重建，一手抓生产发展，秋粮产量12.26万吨，同比增长7.86%，弥补夏粮损失。全年粮食产量12.9万吨，同比增长1.61%。落实强农惠农政策，助推农业农村经济发展。截至11月，发放各类强农惠农补贴资金6311.33万元，农民政策性收入稳定增长。实施“一事一议”、中低产田改造、土地整理、退耕还林巩固、整村推进、社会帮扶、粮食增产、农技服务及培训等项目，加大村庄整治力度，全面推进新农村建设，减少贫困人口0.62万人。坚持以茶叶、蔬菜、药材、生猪为重点，采取公司+基地+农户模式，支持涉农企业、种植养殖大户和农民专业合作社发展壮大，加快农业规模化、集约化发展。全县茶园5.33万亩，蔬菜种植8.56万亩，药材种植5000亩，生猪存栏15.9万头；全县涉农企业32家，农民专业合作经济组织44个。夜郎食品有限公司和长青绿色科技有限公司的茶产品在“上海国际茶文化节”中获3个金奖。

【加强财税征管，财政收支稳定增长】 推进乡财县管、支农整合试点和非税收入、“收支两条线管理”等各项改革，加强征管、堵塞漏洞、清缴欠税、惩治腐败，认真治理小金库，促进财税增收。严格财政预算，调整支出结构，大力压缩一般性支出，民生支出不断增加。

【大力实施“九大民生工程”】 加强实施社会保障工程，城镇职工基本养老、基本医疗、失业、工伤、生育保险参保人数分别达到11158人、31270人、8602人、7979人和11955人，超额完成市政府下达的任务数。农村低保补助标准提高到1198元/年，全年发放农村低保金5020万元，城市低保金398.2万元，基本实现动态管理下的应保尽保。出台《普定县城乡困难群众临时救助办法》和《城乡医疗救助办法》，发放城乡医疗救助金679.1万元。积极完善农村五保供养政策，全年发放农村五保供养金179.2万元。实施就业促进工程，城镇新增就业2327人，完成目标任务数的169.85%。登记失业率4.23%，控制在4.5%以内。完成就业培训1212人，转移农村劳动力就业11000人。加大公共就业服务工作力度，为城乡就业困难人员提供公益性岗位811个，企业就业岗位3000余个，全年无新增“零”就业家庭。实施百姓安居工程，投入资金3.2亿元，实施农村危房改造“整县推进”。农村危房改造12264户，竣工10985户，7823户3万余人住进新房。大力实施城镇保障性住房工程，强力推进廉租住房建设，基本建成二期4栋217套，三期6栋278套主体工程基本完工，四期10栋579套完成工程量60%，五期542套开工建设。实施教育助学工程，教育事业健康发展。普定一中创办省级示范性高中通过省专家组初评。改造薄弱学校16所。义务教育阶段学生免费发放教科书，发放初中寄宿生生活补助635.4万元；中职生补助39.75万元；完成大学生助学贷款1091人，贷款595万余元。清退单位借用教师266人，规范学校教师管理，加大城镇中青年教师到农村支教力度，促进教育资源均衡发展。全县参合农民341210人，参合率97.13%。开工建设126个村级卫生室，县医院住院大楼主体工程完工，医疗卫生基础设施建设切实加强。深化医药卫生体制改革，全面实施国家基本药物制度，基本药物目录实行“零”差率销售。完成地氟防治项目2万户，加大传染性疾病防控和食品药品监控力度。继续推进乡镇计妇资源整合工作，巩固提高“计划生育优质服务县”成果。2010年，人口出生率9.76‰，符合政策生育率95.39%。实施文化体育工程，开工建设7个乡镇综合文化站，建成114个农家书屋，完成44个农民体育健身工程，1095个自然村实施“村村通”广播电视工程，农村文化体育基础设施建设得到加强。承办全省首届县级优秀文工团文艺调演，贵州省群众艺术馆授予马官镇全省“小戏小品”示范基地称号。积极开展屯堡花灯大赛、羽毛球赛、篮球锦标赛等各类文化体育活动，不断满足人民群众精神文化需求。实施环境治理工程，完成营造林3.465万亩，实施重点公益林区划界定，林业用地面积69.05万亩，森林覆盖率35.6%。严格环境准入，从源头控制新的环境污染和生态破坏；突出抓好重点行业、重点企业的节能管理和技术改造；加大县城污水处理和农村面源污染治理工作力度，单位能耗下降4.5%以上，全面完成“十一五”节能减排目标任务。实施饮水安全工程，争取各类水利建设资金3781.24万元，建成农村饮水安全工程21处，解决15940人的饮水安全问题；建成引灌工程6处，新增、恢复灌溉面积1200亩。实施平安普定工程，共立刑事案件978起，刑事立案总数下降9.86%。破现行案221起，破隐积案162起，协外破案113起，现行破案率23.79%。加强社会治安综合治理，招聘学校安保人员130名，综治协管人员120余名。2010年，全省群众安全感满意度测评，群众满意率89.47%，同比上升2.87个百分点，位居全市第一。按照“尊重历史、立足现实、注重长效、妥善处理”的原则，抓好引子渡电站、普定电站移民等遗留问题的有效解决。

2010年12月8日，省住建厅厅长李光荣（右二）到普定调研。（胡德江 摄）

【扎实开展“创先争优”和“践行宗旨”活动】 扎实开展“创先争优”和“忠实践行宗旨、勤政廉政为民”教育活动，进一步强化宗旨意识，逐项解决特别是近期能够解决的突出问题；对于近期不能解决的，纳入中长期规划，逐步予以落实，切实兑现承诺，巩固和扩大学习实践科学发展观活动成果，政府执行力得到提高。按照《关于普定县人民政府机构改革的实施意见》文件精神，完成县政府机构改革，启动乡镇机构改革，精简机构，提高行政效率。推进民主法制建设，自觉接受县人大及其常委会的法律监督、工作监督和县政协的民主监督，认真办理人大代表的意见、建议、批评51件和政协委员的提案55件。加强党风廉政建设，强化监察工作，立案54件56人，结案53件55人，涉及金额66.31万元。党纪处分45人，政纪处分12人，收缴违纪金额5.8万元，挽回经济损失27.89万元。加强审计监督，审计总金额20.8亿元，查处管理不规范资金2.1539亿元，核减工程价款552.48万元。

（胡德江　周树平　卢仁强　贺成艳）

【2010年县人民政府常务会议概况】 1月13日，县长庞琨主持召开第一次县长办公会。研究决定县教育和科技局关于城关镇长田小学教师政策外生育的处理建议，县煤炭局关于对煤炭调运信息管理系统升级改造，县文体广局关于申请解决原电视台自收自支事业人员社会保险，县电力公司关于结算县委、政府综合大楼机关公用电费及廉租房电力配套工程费，县畜牧局关于申请拨付村级防疫员工资，县清理规范建设用地领导小组办公室关于《普定县人民政府关于“三条路”违法违规建设的具体处理办法》，县国土局关于剥运建设项目占用耕地的耕作层作为土地开发项目土壤改良等事宜。

3月4日，庞琨主持召开第二次县长办公会议。听取县人事劳动和社会保障局关于公开招聘就业困难人员到公益性岗位就业的工作汇报，县建设局关于调整贵州夜郎湖茶业有限公司地块用地性质请示，县征地办关于红旗安置小区建设有关事宜，化处镇党委、政府关于化处至朵贝公路建设有关事宜，县司法局关于解决司法行政人员统一着装经费请示，县教育和科技局和普定一中关于普定一中申办省级示范性高中等情况汇报，决定和原则同意所汇报的工作。

7月22日，县长庞琨主持召开第三次县长办公会议，听取县监察局关于给予2名人员开除公职处分、县住房和城乡建设局关于对《安顺市普定县定南新城PD01/02/05/06/09地块修建性详细规划》进行审批请示、县文体广旅局关于报请市人民政府审批《普定县旅游业发展规划》和报批《普定县穿洞文化园控制性详细规划》、县消防大队关于成立普定县综合应急救援大队、县安监局关于《煤矿驻矿安全督查员划转工作实施方案》和煤矿安全监管人员下井补助、县国土资源局关于确定城镇土地调查工作范围及经费和拨付普定县土地利用总体规划修编工作经费、县公安局关于“六普”户口整顿所需经费、县编委办关于政府机构及简称、县财政局关于2000万元防洪救灾贷款使用、县发改局关于2011年中央预算内投资计划申报项目等情况汇报，决定和原则同意所汇报工作。

9月20日，县长庞琨主持召开第四次县长办公会议。听取县监察局关于对2名人员违纪处分、县自来水公司修建供水服务中心、县住建局关于请求解决购置洒水车经费和关于出具农机修造厂地块规划设计条件、县卫生局关于县疾控中心搬迁有关工作、县农业局关于开展渔业人工增殖放流、县水利局关于城关镇防洪工程建设、县移民工作组关于解决引子渡电站普定库区移民遗留问题所需经费、县国土局关于办理引子渡移民宅基地使用证等情况汇报，决定和原则同意所汇报工作。会议还研究处理《关于中央扩大内需促进经济平稳较快发展政策措施贯彻落实情况及实施效果的审计调查报告》涉及的有关问题。

10月25日，常务副县长杨波主持召开第五次县长办公会议。听取县卫生和食品药品监督管理局关于增加村医补助和关于解决乡镇卫生院实施基本药物制度县级配套经费、县人力资源和社会保障局关于公共卫生与基层医疗卫生实施绩效工资实施办法等情况汇报，原则同意所汇报工作。会议还研究讨论普定县城关镇防洪工程建设及关于解决火石坡水库引洪渠垮塌冲毁农田赔偿农户资金的情况报告。

10月31日，常务副县长杨波主持召开第六次县长办公会议。会议对“10·27”事故进行总结反思。会议决定，“10·27”事故善后处理工作由刘周高和熊永刚牵头负责，刘和邦、汤力牵头具体负责，县政府办、安监局、工业经贸局等配合调查组开展工作，资料工作由熊晓春负总责，刘和邦继续分管安全生产工作。强调认真思考和努力探索新形势下如何抓好全县的安全生产，加强停产整顿期间安全生产工作，强化工作纪律。

11月8日，常务副县长杨波主持召开第七次县长办公会议。学习十七届五中全会、省十届十次会议及全省工业发展大会会议精神，听取县循环经济工业园区管理处关于普定县循环工业大道项目建设资金有关问题、县农业局关于解决蔬菜产业发展物资补助经费、县环境保护和林业局关于解决安普公路经济产业带经费、县国土局关于解决普定富民轻型节能环保建材厂扶持补助资金和关于解决1000吨“气调保鲜库”项目建设用地及普定县黔龙茶业有限公司用地申请等情况汇报，决定和原则同意所汇报相关工作。

12月3日，县长庞琨主持召开第八次县长办公会议。听取县监察局关于给予马官镇卫生院原院长开除公职处分、化处镇关于该镇总体规划（2010～2025）、县交通运输局关于普定车站实行封闭式运行管理、县住建局关于设立县政府投资项目代建中心、县民政局关于解决县殡仪馆及县级经营性公墓建设有关问题、县供电局关于生产基地建设用地、县政府办关于聘请县政府煤矿安全监察专员、县水利局关于普定县第一次全国水利普查工作经费及机构人员、县环保林业局关于解决野外用火管理工作经费、县卫生监督局关于追加拨付2010年新型农村合作医疗县级补助资金等情况汇报。讨论处理所汇报工作相关事宜。学习省委、省政府关于在2011年开展作风、环境、项目“三个建设年”的决定和市政府行政监察“五个制度、两个办法”。

12月27日，县长庞琨主持召开第九次县长办公会议。听取县发改局关于《普定县国民经济和社会发展第十二个五年规划纲要（草案）》、县住建局关于普定宾馆选址及建筑设计方案、县财政局关于2011年财政预算编制等情况汇报，原则同意所汇报各项工作和研究处理涉及问题。

（卢仁强）

【2010年县政府表彰与奖励】 2010年，县政府表彰和奖励先进单位和个人如下：

2月2日，县政府作出《关于对2009年度安全生产工作先进单位、先进个人进行表彰的通报》，对2009年度安全生产工作先进单位、先进个人进行表彰。先进单位分别为乡（镇）考核奖6个：一等奖化处镇；二等奖猴场乡、白岩镇；三等奖马场镇、鸡场坡乡、马官镇。工作奖城关镇、补郎乡、坪上乡、猫洞乡、龙场乡。安全生产先进单位13个：政府办、监察局、安监局、煤炭局、国土局、交通局、财政局、公安局、水利局、海事处、总工会、交警大队、电力公司。安全生产先进个人31名：孟兴、叶道品、管军、王良虎、王德庆、王波、黄维旭、陶凯、张洪运、华刚、熊甫丽、幸幼安、艾仕国、朱穆、顾明璐、杨耀、刘勇建、严宁、杨波、张克尚、周克钦、张振勇、朱秋、熊德光、王明江、吴兴东、邹宇、肖祖才、胡从江、皮晓红、韦永富。

3月21日，县政府作出《关于对2009年度社会消防安全工作先进单位和先进个人进行表彰的通报》，对2009年社会消防安全工作先进单位和先进个人进行表彰。消防安全工作先进乡（镇）：一等奖城关镇，二等奖补郎乡，三等奖化处镇、鸡场坡乡。消防安全工作先进单位：一等奖县烟草公司，二等奖县电力公司，三等奖县卫生局。消防安全工作先进个人：县政府办秘书科贺承艳、城关镇安监站熊甫丽、城关镇派出所袁颜、县卫生局张克尚。

4月6日，县政府作出《关于对2009年度卫生工作综合目标考核结果进行奖励的通报》，对2009年度卫生工作成绩突出的乡（镇）进行奖励。一等奖坪上乡、白岩镇、马场镇，二等奖化处镇、补郎乡、龙场乡、城关镇、猴场乡、鸡场坡乡，鼓励奖猫洞乡、马官镇。

4月9日，县政府作出《关于对2009年农村危房改造工作中的先进集体及先进个人进行表彰的通报》，对农村危房改造工作取得显著成绩的先进集体和个人进行表彰。危房改造先进集体：一等奖龙场乡人民政府；二等奖马官镇人民政府、白岩镇人民政府；三等奖猴场乡人民政府、化处镇人民政府、补郎乡人民政府。危房改造先进个人：黄家林、王贵勇、王天荣、董天平、韩彦、杨亚、刘嘉（猴场乡猛架村支书、主任）、张克奇（化处镇焦家村支书、主任）。

7月22日，县政府作出《关于对2009年度茶叶种植先进乡镇（大户）进行表彰的决定》，对2009年度茶叶种植工作完成较好的乡镇（大户）进行表彰。一等奖猫洞乡；二等奖鸡场坡乡、马场镇；三等奖化处镇、坪上乡、龙场乡。

7月22日，县政府作出《关于对先进茶叶企业进行表彰的决定》，对在2010年4月第十七届上海国际茶文化节“中国名茶”评选，获绿茶“扁型”茶金奖和“卷曲型”茶金奖的普定县长青绿色产业科技有限公司和生产绿茶“朵贝御峰”，获第十七届上海国际茶文化节“中国名茶”评选金奖的普定夜郎湖食品有限公司进行表彰。

12月24日，县政府作出《关于对2010年度烟叶生产目标考核结果进行奖励的通报》，决定对2010年度各种烟乡（镇）人民政府进行奖励。鸡场坡乡计划任务4800担，实际完成5331.6担，产值4084696.65元，实现税收863444.7元，奖励86344.5元；马场镇计划任务1580担，实际完成2450.3担，产值1824240.41元，实现税收385160.9元，奖励38516元；猴场乡计划任务2400担，实际完成2307.6担，产值1588888.22元，实现税收334325.11元，奖励33432.5元；龙场乡计划任务1250担，实际完成1059.1担，产值767655.58元，实现税收161894.2元，奖励16189

元；补郎乡计划任务520担，实际完成539.6担，产值363816.74元，实现税收76478元，奖励7647.8元；城关镇计划任务450担，实际完成545担，产值366683元，实现税收77073.26元，奖励7707元。

（《普定年鉴》编辑部）

普定县人民政府办公室工作

【机构调整及主要职责】 12月8日，根据《中共普定县委普定县人民政府关于普定县人民政府机构改革的实施意见》，设立普定县人民政府办公室，作为协助处理县人民政府日常工作的机构。

机构设立后，其职责调整为：取消已由县及县以上人民政府公布取消的行政审批事项；强化服务职责，加强应急、调研、督查和信息工作，增强全县经济社会发展的宏观把握和指导，监督全县政府系统信息公开工作职能，进一步发挥参谋助手和运转枢纽作用；加强防空防灾一体化建设职责。

机构设立后，其主要职责为：协助县人民政府领导同志处理日常工作；根据有关法律、法规和政策，协助县人民政府领导同志抓好政策指导和组织协调工作。负责县人民政府会议的会务工作，协助县人民政府领导同志组织实施会议议定事项；负责县人民政府重大活动的组织安排。承办上级党委、政府及其各部门和县委、县人大常委会交给县人民政府办理的有关事项。处理各乡（镇）、县政府各部门报送县人民政府的文电；组织起草或审核以县人民政府、县人民政府办公室名义制发的公文；指导全县政府系统的公文处理工作。根据县人民政府领导同志的指示，对各乡（镇）和县政府各部门之间出现的争议问题提出处理建议，报县人民政府领导同志决定。负责督促检查县人民政府重大决定、重要工作部署及县人民政府领导同志批示的贯彻执行情况。根据县人民政府的工作重点和县人民政府领导同志的指示，组织专题调查研究，信息收集分析，提出决策参考和建议。负责办理县及县以上人大代表建议和县及县以上政协委员提案，并督促检查建议、提案落实情况。负责县人民政府信息公开工作，指导、监督全县政府信息公开工作；负责全县政府系统政务信息化规划、建设、技术与安全保障；指导全县政府系统办公室政务信息化工作；负责指导全县政府系统门户网站的建设和管理工作。协助县人民政府领导同志组织处理需由县人民政府直接处理的突发事件和重大事故；收集并及时向县人民政府领导同志报告重要情况，协助处理各乡镇、各部门向县人民政府反映的重要问题。负责接待上级政府及其部门和市内外人民政府副处级以上公务人员。协助县委、县人民政府领导做好有关外事接待工作。贯彻执行应急管理法规、政策和规划，指导、督促应急管理体系建设；负责接收、汇总、研判、报告突发事件有关信息，汇总、处理应急管理工作有关信息；负责协助县领导处理特大、重大及敏感突发事件；负责县政府总值班工作，并指导、督促全县政府系统值班工作。办理县人民政府领导同志和上级业务主管部门交办的其他事项。根据县委、县人民政府的安排，管理普定循环经济工业基地管理处、县全民国防教育办公室（以下简称县国教办）、县政府法制办公室（以下简称政府法制办）、县外事侨务办公室（以下简称外事侨务办）、县人民政府突发公共事件应急管理办公室（县人民政府总值班室）（以下简称政府应急办〈总值班室〉）、县人民防空办公室（县交通战备办公室）（以下简称县人防办）、县人民政府行政服务中心（县招商局）。

机构设立后，县人民政府办公室设县政府督查室、秘书股、信息调研室、建议提案股、行政股、县政府电子政务办公室6个内设机构。

独立对外开展业务工作，党务和后勤工作由县人民政府办公室统一管理的机构：

普定循环经济工业基地管理处：根据《关于设立普定循环经济工业基地管理处的批复》（安市编〔2008〕142号）精神，设立普定循环经济工业基地管理处，为县人民政府派出机构，内设综合办公室，正科级建制。其主要职责为负责普定循环经济工业基地的统一规划、统一招商、统一开发、统一管理。组织编制和实施开发建设总体发展规划、控制性详细规划。拟定和组织实施工业基地产业发展规划、产业政策和资源综合利用措施，经批准后组织实施。拟定工业基地持续、科学发展的规范性文件，牵头协调各职能部门履行好建设工业基地的职责。提出工业基地有关行政管理办法及优惠政策建议。组织协调工业基地水、电、路、气、通讯等基础设施项目的建设、经营和管理。负责工业基地内项目报建的核准、备案等工作，督促协助基地内企业技术改造项目的上报、审批、核准、登记、备案，指导工业企业的技术创新、引进。按照总体规划和土地利用规划，依法开发和利用基地内的土地。承办县委、县人民政府及上级业务主管部门交办的其他工作。综合办公室主要职责为协助安排好各项中心工作，积极组织参与各项调查研究，做好各种资料的收集、整理、分析和信息传递工作。起草管理处各项规章制度、规范性文件、年度工作计划和工作总结，做好工业基地简报、信息和各种资料的收集整理和编辑发布工作，配合统计部门抓好主要经济指标统计工作，加强对各项工作的督促、检查和落实。负责管理处各种重要会议和重大活动的组织、筹备、接待等工作。承办管理处领导交办的其他工作。

县国教办（正科级）主要职责：贯彻执行国防教育方针、政策和法律法规；拟订全县国防教育工作规划，统筹安排全县全民国防教育工作；指导、协调各乡（镇）、各有关部门依法开展国防教育工作；负责国防教育的宣传工作；负责国防教育基地的申报、管理工作；预算、管理和使用国防教育经费；承办县委、政府和上级国防教育部门交办的其他事项。

县人防办（正科级）主要职责：贯彻执行人民防空、国防交通的方针、政策和法律法规；拟定人民防空发展规划、建设规划和年度计划；承担人民防空组织指挥工作；负责全县人民防空工程建设和管理；负责开展人民防空宣传教育工作，组织指挥防空演练；负责收取人防工程易地建设费，编制全县人防经费预算并对经费使用情况实施监督检查；承办县委、县政府、县人民武装部、县国防动员委员会和上级主管部门交办的其它事项。

政府法制办（正科级）主要职责：指导、协调、督促和检查全县依法行政工作，提出推进依法行政的具体措施和工作建议；调查研究全县依法行政和政府法制建设中出现的新情况、新问题。负责县人民政府行政规范性文件的起草、审查、修改、解释及监督实施；负责县人民政府各工作部门、各乡（镇）人民政府行政规范性文件备案审查工作。承担县人民政府法律顾问室日常工作；为县人民政府重大经济、社会管理活动提供法律咨询和法律服务，承办县人民政府的有关法律事务。组织、指导、协调、全县行政执法监督工作，对各级行政执法机关执法活动进行监督。办理县人民政府行政复议、行政应诉、行政赔偿事项；指导、监督全县行政应诉、行政赔偿工作。承办县委、县人民政府及上级主管部门交办的其它工作。政府法制办内设综合法规股、复议应诉股。

政府应急办（总值班室）（副科级）主要职责：负责统筹管理县人民政府总值班室及“县长热线办公室”工作，负责县政府总值班室工作，指导、督促全县政府系统值班工作；提出全县应急管理的规划建议；组织编制突发性公共事件总体应急预案和审核专项应急预案，协调指导应急预案体系和应急体制、机制、法制建设，指导应急管理体系和应急管理平台建设；负责协助县领导处置特大、重大及敏感突发事件，指导特大、重大及敏感突发事件的预防预警、应急演练、应急处置、调查评估、信息发布、应急保障和救助救援等工作；负责接收、汇总、研判、报告突发事件有关信息，汇总、处理应急管理工作有关信息；负责县人民政府有关应急管理方面的文电和会务工作；组织开展应急管理方面的交流与合作；负责县人民政府有关应急管理决定的督查工作；承办县人民政府及其办公室领导交办的其它事项。

县外事侨务办公室（副科级）主要职责：贯彻执行党和国家有关外事、侨务工作的方针、政策和法律、法规以及省、市、县有关外事侨务工作的规定、指示；制定全县外事工作规划和计划；负责全县重大外事、侨务事务及接待工作；管理有关外事、侨务事务；审核、申报有关人员出国手续；承办县人民政府领导交办的其它事项。

机构设立后，县人民政府办公室行政编制37名（含县领导编制7名，普定循环经济工业基地管理处单列行政编制7名），其中循环经济工业基地管理处处长1名（县人民政府县长兼任），循环经济工业基地管理处专职副处长1名（可配备副县级干部）；县人民政府办公室主任（政府应急办主任）1名，副主任6名（含兼职），县国教办主任或副主任1名，循环经济工业基地管理处综合办公室主任或副主任1名，政府法制办主任1名、副主任1名，县人防办主任1名、副主任1名，外事侨务办主任1名，政府应急办专职副主任1名（副科级），政府督查室主任1名（副科级），政府电子政务办公室主任1名（副科级），政府常务秘书1名（副科级）；股级职数6名（含政府法制办内设机构股级职数2名）；机关工勤人员编制10名。

【勤练内功塑形象】 以“内强素质、外塑形象”为目标，以服务领导、服务基层、服务群众为宗旨，全力打造团结务实、高效协作、纪律严明、行事果敢、服务有力的坚强集体。强化责任意识，牢固树立一丝不苟的精神，字斟句酌办文、细致周密办会，严谨办事，科学合理利用休息时间，充分提高工作水平；树立“学习型机关”理念，力求做到减少应酬多读书、静下心来多思考、挤出时间多学法，努力提高政策水平；切实转变思维方式，善于“关起门来当领导、模仿领导想问题”，从宏观上、整体上、大局上思考问题，真正发挥参谋助手作用；切实强化语言表达能力，多形式、多渠道提高文秘队伍文字功底，不断提高业务素质；坚持立说立行、速决速行、雷厉风行的工作作风。做到说了就算、定了就干、干就干好，努力克服“不推不动”、“不催不办”的惰气，杜绝轻松工作、不抓落实、推诿扯皮等现象；心往一处想、劲往一处使，紧紧围绕各项工作目标，加强沟通、分工协作、相互支持，思想同心、目标同向、工作同步；坚持廉政勤政，自觉加强党性修养，团结共事，强化精品意识，坚持自我加压，永不满足，挑战自我，超越自我，努力追求一流水平、打造一流团队、创造一流业绩。

【创新措施强管理】 坚持当好领导的“千里眼”和“顺风耳”，整合信息资源，加强信息采集、归类、报送和管理，编发《政务信息》28期350余条，应急信息87期，政府门户网站发布信息1600条；坚持开放搞政研、随时围绕重点难点问题开展调研，撰写调研报告15篇，省、市调研刊物刊载6篇。积极探索建立基层督查网络，有效整合督查力量，实施有重点督查和积极延伸督查领域，探索建立秘书跟踪督办、领导批示督查事项机制，实行联合督查、定期汇报和研究督查工作的方式，坚持协调各方，着力增强督查工作主动性，有效确保县委、县政府中心工作的落实。重点对项目建设、大事实事难事进行定期督查，及时通报，对“一事一议财政奖补”、退耕还林后续产业、石漠化治理、危房改造等重大事项和群众反映强烈的矿群纠纷、行路难、就医难等民生问题进行专项督查，编辑督查情况通报20期，推动工作落实，维护社会稳定，促进发展大局。严格“首问责任制”，落实股室干部职工信访责任，做到关键时刻及时补位、相互帮助，耐心作上访群众思想工作，急群众所急、想群众所想，积极帮助上访群众协调有关部门解决实际问题，畅通上访群众合理诉求，落实信访转办件34件。构建“大应急”格局。改进应急值守机制，实行24小时应急值班。加强应急物资管理和调配，进一步完善全县总体应急预案和公共突发事件应急救援预案。全年处理各类应急事项56件，编辑应急信息87期。

【优化服务保运转】 提高公文写作水平，强化日常培训，全年起草各类文件415份，领导讲话、工作报告、调研报告等270余份。认真做好各类会务筹备工作，先后承办政府全体会、廉政工作会、常务会、专题会等307次，会务秩序井然。周密细致收发文件，运转各类公文744件，确保公文高效、快捷、安全、规范运转。从严从紧管后勤，坚持把钱用在刀刃上，开源节流，增收节支，完善会议接待、采购申报、车辆维修等制度，极力改善办公条件，美化办公环境。行政支出虽同比增长30%，但承接会务和各类接待同比增长40%以上。

【各项工作见成效】 全面推进依法行政，清理规范文件20045份，办理行政复议案件3件。改进政府门户网站管理机制，全年主动公开政务信息1600条，网站点击数超过1065万余人次，位于全市前列。强化日值班和信息报送，实行节假日领导带班值守制度，加强各类信息综合研判、处理和报送，有效促进上下级工作衔接。全力推进“创先争优”、“四帮四促”等活动，到联系点开展帮扶活动67人次，帮助城关镇烂坝村、化处镇沙包村、火把村解决实际困难30余起。

【以人为本促发展】 完善赶超激励机制，对办公室内部及重点股室工作进行量化分解，将责任落实到股室，促进全办人员不断自我加压，不断形成赶、学、争、超的良性竞争氛围。关注全办职工的困难和进步，组织开展形式多样的座谈会、联谊会和关爱、慰问老同志等活动。坚持按照以德为先、德才兼备原则拓展办公室优秀人才上升渠道，积极创造优秀人才脱颖而出的良好环境，确保能干事、干成事的人不吃亏。全年有1人走上办公室中层领导职位，1人参加乡科级干部选拔，1人从乡科级副职晋升到乡科级正职。在抓重点工作的同时，坚持科学谋划、统筹安排，侨务外事、人防国教、档案管理、驾驶员管理等工作有序推进。

（胡德江　周树平　卢仁强　贺成艳）

民　政

【综述】 2010年，普定县民政工作坚持“以民为本，为民解困”宗旨，围绕“维护民利、解决民生、落实民权”的基本工作主线，结合深入学习实践科学发展观的总要求，按照“创先争优”、“忠实践行宗旨”的总体日标，有计划、有步骤地扎实开展民政工作。

【机构调整及主要职责】 12月8日，根据《中共普定县委普定县人民政府关于普定县人民政府机构改革的实施意见》，设立普定县民政局，为县人民政府工作部门。

机构调整后，其职责调整为：取消已由县及县级以上人民政府公布取消的行政审批事项；加强社会救助职责，统筹城乡社会救助体系建设；增加促进慈善事业发展，组织社会捐助工作职责；增加推动社会工作人才队伍建设和相关志愿者队伍建设工作职责；增加负责防灾减灾工作职责。

机构调整后，其主要职责为：贯彻执行国家、省、市有关民政工作的法律法规和方针政策；起草民政工作规范性文件草案，拟订全县民政事业发展规划，年度计划及措施并组织实施。依法对社会团体、民办非企业单位进行登记、管理和监察。负责拥军优属、优待抚恤、烈士褒扬工作和相关人员的伤残审核上报工作；拟订地方性优待抚恤办法；指导全县烈士纪念建筑物建设和管理工作。负责退伍义务兵、转业士官、复员干部的接待、接收安置工作；负责移交地方政府安置的军队离退休干部、退休士官、无军籍退休退职职工的接收安置工作。提出救灾工作建议；组织、协调救灾工作；建立自然灾害救助应急体系，组织核查、评估、发布灾情；管理、分配救灾款物并监督使用；组织、指导救灾捐赠工作。拟定全县救助办法、规划和标准；建立健全全县社会救助体系；负责城乡最低生活保障、农村五保供养、城乡医疗救助、临时救助和生活无着人员救助工作；指导全县城乡低收入家庭的核定和农村社会救助对象的认定工作。负责全县村、社区居民委员会、乡（镇）行政区划的设立、撤销、命名、更名、隶属关系变更、政府驻地迁移和行政区划变更的审核上报工作；负责全县地名管理工作；负责本县与相邻县（市、区）行政区域界线的勘定和管理工作。指导城乡基层群众自治组织建设、城乡社区建设和社区服务体系建设；提出加强和改进城乡基层政权建设的建议，推动基层民主政治建设。拟定全县社会福利事业发展规划；负责社会福利机构建设和福利彩票发行管理工作；贯彻促进慈善事业发展的政策，组织、指导社会捐助工作；指导老年人、孤儿和残疾人等特殊群体权益保障工作。负责婚姻登记、殡葬管理、救助管理和儿童收养工作，推进婚俗和殡葬改革，指导婚姻、殡葬、收养、救助服务等机构的管理工作。负责县民政事业经费管理工作；指导、监督全县各项民政事业经费管理工作。会同有关部门拟订社会工作发展规划和政策，推进社会工作人才队伍建设和相关志愿者队伍建设。承办县人民政府和上级民政部门交办的其他事项。

机构调整后，县民政局设办公室、优抚安置股（县退伍军人和军队离退休干部安置领导小组办公室）、拥军优属拥政爱民工作领导小组办公室、救灾股、基层政权和社区建设办公室、民间组织管理股（普定县民间组织管理局）6个内设机构。人员编制和领导职数为机关行政编制10名，其中局长1名，副局长2名；股级职数6名；机关工勤人员编制2名。

其他事项为：普定县老龄工作委员会办公室设在县民政局，承担县老龄委员会的日常工作，正科级建制，由县财政全额预算管理。主要职责为：拟定全县老龄工作发展实施办法；督促、检查县老龄工作委员会决定事项的落实情况；联系、协调各成员单位老龄工作；调查研究全县老龄工作情况；承办县老龄工作委员会交办的其他事项。核定县老龄工作委员会办公室事业编制3名，其中主任1名（兼），专职副主任1名。编制结构为管理人员3名。

根据市编委办《关于设立普定县民政执法大队的批复》（安市编〔2010〕116号）精神，设立普定县民政执法大队，为县民政局所属正股级事业单位，由财政全额预算管理。主要职责为：贯彻执行民政工作的有关法律法规，依法对违反《殡葬管理条例》、《社会团体登记管理条例》、《地名管理条例》、《民办非企业单位登记管理暂行条例》等法律法规的行为进行查处；制止违法丧葬活动；对殡葬服务工作进行监督、加强管理；负责县城区地名标牌的维护，查处污损、破坏地名标志的行为；完成县民政局交办的其他工作任务。核定事业编制5名，其中大队长1名，副队长1名。编制结构为管理人员5名。

【城市低保】 严格执行《城市居民最低生活保障条例》及《贵州省城市居民最低生活保障办法》，坚持公开、公平、公正原则，实行动态管理下应保尽保。现有城市低保对象1252户，2232人，累计发放城市低保金398.2万元。

【农村低保】 2010年，全县农村低保对象

35558户84445人，县级财政匹配农村低保金520万。开展农村低保核查扩面工作和农村低保规范化建设工作，规范农村低保制度，完善农村低保档案，并将农村低保标准调整为1198元/年，低保对象由2009年的18194户40739人增加到35558户84445人，对低保对象中的“三无人员”、独双户、单亲家庭、老年人、重残人员、患重大疾病人员及在校学生等特殊困难人员实行分类施保，每年增发保障标准的20%。全县人均基本补助480.2元（不含增发补助部分），年人均综合补助593.8元（含增发补助部分），全部实行社会化发放，全年发放农村低保资金5020万元。

【城乡医疗救助】 规范城乡医疗救助制度，完善城乡医疗救助工作，县人民政府出台新的《普定县城乡医疗救助实施办法》，按新标准和要求安排部署城乡医疗救助工作。对4643名农村医疗救助对象实施救助，发放农村医疗救助金664.9万元；为84445名农村低保对象缴纳新型农村合作医疗参合费254万元；对城镇患重大疾病困难群众173人实施救助，发放城市医疗救助金14.2万元；为2232名城市低保对象缴纳城镇医疗保险费2.2万元。

【敬老院建设及五保供养】 2010年，全县有敬老院10所，同时新建化处镇敬老院1所。完善农村五保供养政策，严格按规定确定供养对象，年初对全县农村五保户重新进行调查排摸，重新审核确定集中供养对象130人，年供养标准1500元；分散五保供养对象1967人，年供养标准800元。全年发放农村五保供养金179.2万元。

【灾情情况】 2010年，受各种自然灾害尤其是旱灾影响，全县累计受灾人口29.7万人，农作物受灾面积17780公顷，农作物成灾面积16733公顷，绝收面积11403公顷，造成直接经济损失30161万元，其中农业直接经济损失22073万元。

【因灾倒损民房恢复重建】 全年解决因灾倒损民房恢复重建住房40余户，补助资金42.4万元；补郎乡干河村别筛组发生地质灾害隐患，解决紧急转移安置补助款1.6万元。

【加强救灾款、物使用和管理】 根据各乡（镇）灾情发生的种类、时段、破坏程度，有计划实施重点救助，保障灾民基本生活。全县下拨救济款276.93万元，救济大米98.65万公斤，救灾帐篷300顶，救灾棉衣（被）8500件（床），救济矿泉水2100件，救灾水袋100个。救灾款物使用始终坚持“四公开、一监督”制度，定期公布下拨救灾款物的数量、对象，接受群众监督；要求乡（镇）社会事务办报销及时，手续完备，帐目清楚，健全救灾款物的监督管理制度。

【春荒（冬令）灾民生活救助】 开展春荒灾民生活缺粮情况调查，分片对11个乡镇进行指导，协同乡镇社会事务办入村入户调查、掌握春荒期间灾民生活情况、缺粮情况，建立《需救济人口台帐》（电子版）和调查档案。完善春荒灾民生活救助方案，落实灾民救助卡管理制度，每月及时报送救灾资金使用月报表。

【救灾捐赠】 2010年，累计接收社会捐款72.9万余元，其中抗旱救灾捐赠款60万余元，甘肃舟曲泥石流捐赠款11.5万余元，青海玉树地震1.4万余元。

【社会临时救助】 认真贯彻落实《救助管理办法》和《实施细则》，积极开展救助管理工作，加大社会临时救助力度，不断完善社会救助管理制度。全年救助过境麻风病人120余人，救助临时困难人员240余人，救助流浪儿童2人，累计发放救助款1.8万余元。

【优待抚恤】 元旦、春节期间，县委、政府主要领导带队，开展驻县军（警）部队和优抚对象慰问活动，为在乡老复员军人、伤残军人、三属”人员、带病回乡退伍军人、军属等优抚对象发慰问品。将全县1866名重点优抚对象纳入新型农村合作医疗，缴纳新型农村合作医疗金6.188万元。按照省市文件精神，从2010年10月1日起提高优抚对象抚恤补助金和发放一次性价格临时补贴，全年发放抚恤补助金660.77万元。完成审核全县44名特困企业退伍军人的生活医疗困难工作，发放生活医疗困难补助费8.8万元。组织开展清明节期间到烈士陵园进行扫墓活动，组织机关干部职工和学校师生打扫烈士陵园，整修烈士墓。纪念活动中，请县关工委的领导作革命传统和爱国主义教育，使所有参加纪念活动的人牢记革命先烈遗志，继承革命传统，发扬革命精神，切实增强责任感和使命感。按时按标准发放优待金，2010年普定农村义务兵优待金标准为2745元/人年，城镇义务兵优待金标准为2745元/人年。切实采取有效措施解决在乡老复员军人住房困难，解决29户在乡老复员军人住房困难问题，住房困难补助费13.3万元。

【接待安置】 2010年，报到2009年冬季退伍士兵95人。其中：回农村安置72人，列入城镇安置14人，列入垂直部门安置的城镇安置5人，伤残军人1人，二等功1人，三期士官2人。根据普府通〔2009〕6号文件精神，列入城镇退役士兵已办理自谋职业14人，发放自谋职业一次性经济补助费35.5万余元。完成列入安置的1名伤残军人、1名立二等功和2名三期士官的安置工作。对农村籍士兵，积极开发军地两用人才，根据他们在部队所学的专业，积极推荐就业。

【双拥工作】 开展省级双拥模范县创建申报工作，成立创建领导小组，建立县委常委双拥联系点制度，调整军（警）民共建点，全县各双拥成员单位、街道、驻县部队和社区、村（居）委会都建立健全双拥工作机构或服务组织，并有专（兼）职工作人员。紧密结合形势和任务的需要，开展形式多样、内容丰富的国防和双拥宣传教育，营造良好双拥工作氛围，增强全县军民的国防观念和双拥意识。以“四创”（创建“全国文明县城、国家卫生县城、国家环保模范县、全国文化先进县”）为载体，开展具有特色、富有成效的军（警）民共建活动。坚持“议军会”和现场办公制度，积极开展群众性拥军、“节日”拥军活动。2010年，县人民政府投入创拥经费20万元，支持驻县部队建设投入近400万元，创建办制作大型喷绘宣传标牌50余块，制作电杆宣传标牌170块，悬挂布标上百幅，书写标语400余条，编发《双拥工作简报》70期，部门、乡镇、驻军创办双拥宣传专栏60期。县双拥办组织编撰《普定县拥军优属拥政爱民文件资料汇编》和《普定县双拥工作剪影》画册一套100余册，分发到驻军和各有关单位。

【重视目标考核，强化督促检查】 将村务公开工作纳入对乡镇社会事务办的目标考核。各乡镇成立村务公开领导小组，并积极开展工作。县村务公开领导小组成员单位制定和完善各项职责，明确分工，加强对村务公开监督、管理、指导力度。加大村务公开民主管理工作督查指导力度，定期不定期组织开展检查、抽查，发现问题及时解决，确保村务公开工作全面推进。全县有87个村的村务公开栏达到8平方米以上，各乡镇对村务公开工作进行督查55次，对部分村进行满意度测评，群众满意率为88.5%。全县317个村，2010年累计村务公开3245期（包括临时性公开），村村建有村务公开档案资料。

【社区建设】 按照上级业务部门要求，认真开展“和谐社区”创建活动，通过社区自评，七个社区都在500分以上，达到一类社区标准。

【“难点村”治理】 制定普定县村务公开民主管理“难点村”治理工作方案，认真排查村情，全县11个乡镇317个村，6个乡镇存在“难点村”8个，其中属于环境脏乱差，村容村貌差的5个，其他难点问题的3个。对环境脏乱差、村容村貌差的“难点村”，采取制定村规民约，约束村民养成良好的生活习惯，改变乱堆乱放的随意行为；加强与相关业务部门协调联系，争取改厕改圈、沼气池修建等项目。新寨村共改厕75个、改圈20个、修建沼气池81个。合理规划，确定垃圾堆放固定场所。积极推进危房改造工作，村容村貌逐步改善。对3个涉及村民与周边煤矿纠纷的村，加强与煤炭行业主管部门和乡镇的协调，促成村民与矿方就相关问题达成协议。来格都村117户村民房屋重建和66户房屋维修、下纸厂村个别村民搬迁建房、磨雄村218亩水田改旱地补偿和人畜饮水等问题都得到及时解决。

【第八届村（居）民委员会换届选举】 全县第八届村（居）民委员会换届选举工作10月13日启动，印发《关于成立普定县第八届村（居）民委员会换届选举工作指导组的通知》、《普定县人民政府关于印发普定县第八届村（居）民委员会换届选举实施方案》、《关于严格第八届村（居）委会换届选举工作纪律要求的通知》、《关于做好普定县第八届村（居）民委员会换届选举前村级财务审计工作的通知》等相关文件，保障第八届村（居）民委员会换届选举工作顺利进行。12月28日，全县327个村（居）民委员会除4个因故推迟选举外，其余323个村（居）顺利进行选举。

【殡葬改革】 2010年，县政府与各乡镇、14个职能部门签订《殡葬管理目标责任书》，具体明确责任。充实殡葬工作队伍，招聘公益性岗位殡葬协管员11人。完善相关殡葬管理措施制度，按规定火葬范围内火化率达100%，县城界定区域范围内人员死亡基本在临时集中治丧点治丧。加强丧事活动管理，加大规范治丧力度，严禁乱停乱放，全年集中治丧64例，城区无占用公共场所、院落小区、沿道占道治丧现象。实施火化遗体96具，其中非公职人员火化9具。全年解决治丧补助26户1.65万元，解决火化补助9户1.8万元。加强对乱埋乱葬的治理，严禁在公路沿线、风景区等区域新（扩）建坟墓，对禁葬区2009年10月10日以后新增坟墓进行清理，撤除一座新增坟墓。规范丧葬用品市场的管理，清理取缔墓碑坟石加工销售场所8处。加强公墓的管理和建设，各乡

(镇)明确划定农村公益性公墓墓地,县政府拨出11万元补助每个乡镇1万元。建设村级公益性公墓,申报办理县级经营性公墓建设。开展殡葬改革宣传,利用宣传车、市场赶集、广播、电视、报刊以及县城西门大屏幕电视墙等广泛宣传,开展集中宣传25场次,发放宣传资料4万余份。

【加强民间组织管理】 全县登记社团43个,民办非企业7个(其中2010年登记1个)。对应年检的37个社团和6个民办非企业进行年检,年检合格社团32个、合格民办非企业6个。严格登记审查监督和管理,严把登记审批关,符合《条例》规定的按规定进行登记,不符合规定的,一律不予登记。2010年注册登记社团1个。按照省、市相关部门要求,开展新社会组织党建工作和“社会组织学习实践科学发展观活动”,2010年县民政局获省学习实践领导小组、民政厅“学习实践活动指导工作先进单位”,白岩镇白旗绿色蔬菜发展协会获“学习活动先进单位”。开展社会团体“小金库”专项治理。按全县“小金库”治理方案,35个社团进行自查,县领导小组组织对5个社团进行重点检查。调查统计三无(无人员、无场所、无资金)社团5个。

【婚姻登记】 按照《婚姻法》、《婚姻登记条例》及《民政部婚姻登记暂行规范》要求,扎实做好婚姻登记工作。当事人提供的证件、证明材料等齐全的,当场予以办理,对当事人欠缺证件、证明材料等要件的向当事人说明理由,发给不予办理登记通知单。截至12月10日,全县办理结婚登记2785对,其中办理结婚登记2210对,离婚登记179对,补领结婚证70对,全县出具无婚姻登记证明260份。

【开展婚姻登记档案行政执法检查活动】 根据黔民办函《转发民政部办公厅国家档案局办公室关于开展民政档案行政执法检查的通知》,开展婚姻登记档案管理自查活动,建立完善档案管理负责制,明确各项职责,将档案管理工作落到实处,保障档案管理工作的顺利开展。根据《贵州省民政厅关于印发〈贵州省民政系统行风建设示范单位创建活动暂行办法〉的通知》,开展创建民政系统行风建设示范单位工作,进一步加大基础设施建设投入,不断提升服务质量和管理水平,努力营造良好的工作环境,把创建活动和开展“四创”活动紧密结合起来,在行风建设中取得显著成效,服务意识明显加强,服务质量进一步提高。

【区划地名管理】 2010年,完成接边县的第二轮边界年检工作和全县地名数据库信息录入工作,高度重视边界纠纷和矛盾的排查调处,认真摸底排查本辖区内的边界纠纷和矛盾隐患,积极配合相关单位和部门将不稳定因素解决在基层、解决在萌芽状态。全年未发生因边界纠纷和矛盾的群众性事件。

【加强民政干部队伍建设】 全年集中培训民政干部5次,各股室专题培训10次;参与乡镇对村干部进行的业务培训,培训率达98%。坚持全局干部职工每周一次法律、法规和有关理论与业务知识学习,进一步提高民政干部队伍的综合素质。招聘公益性岗位低保协管员27名,其中县局低保办5名,11个乡镇每个乡镇2名;招聘公益性岗位殡葬协管员11人。

【纪检监察】 公示栏按月或季度对低保资金、医疗救助资金等进行公示。开展季度执法监察,采取不定期的检查方式对各乡镇社会事务办救灾款、物发放管理、村务公开、民主决策和民主管理情况进行监督检查。制定信访制度,明确领导干部信访接待要求,对群众反映的热点、难点问题,按政策法规给予答复处理,把矛盾和问题化解在基层。

【民政信息宣传和信息化建设】 开展民政工作调研,上报民政工作信息35篇;开展局域网建设,用电子邮件和网络向省、市报送民政工作进展情况。做好民政卫星视频系统的维护,按照市民政局的要求上报参会情况。订阅《中国社会报》、《中国民政》、《乡镇论坛》、《社区》、《公益时报》等报刊。

【福利彩票发行】 全县设福利彩票投注站点22个,其中县城14个,乡镇8个。2010年电脑票销售574万元,比2009年同期增长38.8万元。即开票销售88.3万元,同比增长增长27.3万元。

【慈善事业】 在文明社区启动爱心慈善超市试点,建立爱心慈善超市,12月中旬给低保对象代表发放优惠购物卡49张4900元,共26户49人低保对象得到扶持。

(姚 松)

人事劳动·社会保障

【机构调整及主要职责】 12月8日,根据《中共普定县委普定县人民政府关于普定县人民政府机构改革的实施意见》，设立普定县人力资源和社会保障局，为县人民政府工作部门。

机构调整后，其职责调整为：取消已由县及县以上人民政府公布取消的行政审批事项；将原县人事劳动和社会保障局境外就业介绍机构资格认定、审批和监督检查等职责划入县工业和经济贸易局；加强统筹机关企事业单位人员管理职责，完善劳动收入分配制度，充分发挥人力资源优势；加强统筹城乡就业和社会保障政策职责，建立健全从就业到养老的服务和保障体系；加强统筹人才市场与劳动力市场整合职责，加快建立统一规范的人力资源市场，促进人力资源合理流动、有效配置；加强统筹机关企事业单位基本养老保险职责，逐步提高基金统筹层次，推进基本养老保险制度改革；加强促进就业职责，健全公共就业服务体系，建立城乡劳动者平等就业制度，促进社会充分就业；加强组织实施劳动监察和协调农民工工作职责，切实维护劳动者合法权益。

机构调整后，其主要职责为：贯彻执行国家、省、市人力资源和社会保障法律法规和方针政策；研究起草人力资源和社会保障工作的相关制度和措施；拟订全县人力资源和社会保障事业发展规划和年度计划并组织实施和监督检查；承担全县人力资源和社会保障统计综合管理与分析工作。负责促进就业工作。拟定统筹城乡的就业发展规划，贯彻落实就业援助制度；完善和实施职业资格制度，统筹建立面向城乡劳动者的职业培训制度；会同有关部门拟订高技能人才、农村实用人才的培养和激励措施；负责引进境外人才在本县就业的管理工作。完善公共就业服务体系，建立统一规范的人力资源市场，促进人力资源合理流动、有效配置。统筹建立覆盖城乡的社会保障体系。组织实施城乡社会保险及其补充保险的政策和标准；贯彻执行机关企事业单位和其他社会组织、社会成员的基本养老保险和基本医疗保险政策；落实社会保险关系转续政策；会同有关部门拟订社会保险及其补充保险基金管理和监督制度并组织实施；组织编制全县社会保险基金预决算草案；按规定做好社会保险基金保值增值的监督管理工作。负责就业、失业、社会保险基金预测预警和信息引导，拟订应对预案，实施预防、调节和控制，保持就业形势稳定和社会保险基金总体收支平衡。贯彻执行机关、事业单位人员工资收入分配制度改革的相关政策，建立机关企事业单位人员工资正常增长和支付保障机制；贯彻执行机关企事业单位人员福利和离退休政策、企业职工工资收入的宏观调控政策，完善最低工资制度和工资支付保障机制；参与劳动模范评定工作。会同有关部门指导事业单位人事制度改革，组织实施事业单位人员管理政策；制定机关工勤人员管理办法并组织实施；参与人才管理工作，贯彻执行专业技术人员管理和继续教育政策；牵头推进深化职称制度改革工作，负责高层次专业技术人才选拔和培养工作；归口管理外来专家和出国（境）人员培训工作。执行军队转业干部安置政策和安置计划，贯彻落实部分企业军队转业干部解困和稳定政策，负责自主择业军队转业干部管理服务工作。负责行政机关公务员、参照公务员法管理的事业单位工作人员和聘任制公务员综合管理，贯彻执行有关人员调配政策和特殊人员安置政策；会同有关部门组织落实国家荣誉制度、政府奖励、表彰制度。贯彻落实公务员行为规范、职业道德建设和能力建设政策以及公务员职位分类标准和管理办法的实施细则，依法对公务员实施监督；负责配合相关部门组织全县公务员、参照公务员法管理单位工作人员考试录用的相关工作；负责组织公务员考核培训工作。执行公务员申诉控告制度和聘任制、公务员人事争议仲裁制度，保障公务员合法权益。组织实施公务员奖惩政策；负责公务员信息统计管理工作。会同有关部门拟定农民工工作规划，负责农民工相关政策措施的落实，协调解决重点难点问题，维护农民工合法权益。统筹实施劳动争议、人事仲裁制度；完善劳动关系协调机制；督促落实消除非法使用童工政策和女工、未成年工的特殊劳动保护政策；组织实施劳动监察，协调劳动者维权工作，依法查处有关案件。执行基本医疗保险、工伤保险、生育保险支付标准、诊疗项目、用药及服务设施范围等管理办法；负责拟定医疗机构与定点药店费用结算审核等管理办法并监督执行；负责基本医疗保险就医管理和监督工作，负责医疗保险基金支付方式改革工作；监督执行医疗制度改革的相关政策。受理涉及人力资源和社会保障的信访事项，会同有关部门协调处理有关人力资源和社会保障方面的重大信访事件和突发事件。承办县人民政府和上级业务主管部门交办的其他事项。

机构调整后，县人力资源和社会保障局设办公室、公务员管理办公室、录用调配与考核任免奖惩股、事业单位管理股、工资福利股、劳动关系与劳动监察股、基金监督股、调解仲裁管理股8

个内设机构。其人员编制和领导职数为机关行政编制13名，其中局长1名，副局长2名；股级职数9名；机关工勤人员编制2名。

其它事项为：高等学校毕业生就业管理的职责分工。毕业生离校前的就业指导和服务工作，由县教育和科技局负责；毕业生离校后的就业指导和服务工作，由县人力资源和社会保障局负责。保留县劳动保障监察大队，为县人力资源和社会保障局管理的正股级事业单位，由县财政实行全额预算管理。核定事业编制6名，其中大队长1名，副大队长1名。编制结构为管理人员5名，工勤人员1名。

【就业形势基本稳定】 2010年，全县城镇新增就业2327人，完成目标任务1370人的169.85%，其中下岗失业人员再就业1244人，完成目标任务400人的311%；高校毕业生就业587人，完成目标任务400人的146.75%。就业困难人员再就业1244人（劳动保障协理员109人，公益性岗位1135人），完成目标任务300人的414.67%。就业转失业同比增幅8.15%，控制在15%以内。登记失业率3.88%，控制在目标任务数4.5%以内。

【就业培训】 全年完成就业培训1212人，完成目标任务1050人的115.43%。农村劳动力转移培训1040人，完成目标任务950人的109.47%，再就业培训172人，完成目标任务100人的172%。其中：计算机操作员（初级）培训592人，白酒酿造工（初级）培训41人，驾驶员培训（初级）培训224人，动物疫病防治（初级）培训55人，茶叶加工员（初级）培训180人，家畜饲养员（初级）培训60人，加工中心操作工（初级）培训60人。

【转移农村劳动力就业】 采取“亲邻相邀，以老带新”的自发输出和相关部门组织输出相结合等办法，加强与青岛等沿海地区的劳务输出协作，全年转移农村劳动力就业11000人，完成目标任务6500人的169.23%。建立零就业家庭就业援助的长效机制，实现零就业家庭动态清零。

【公共就业服务】 4月11日，在西门广场举办主题为“抗旱救灾、促进就业”的大型就业服务专场招聘会，县内33个机关事业单位开发811个公益性岗位，34家省外和本地企业提供3000余个就业岗位，1万余人参加应聘，2845个劳动者和用人单位初步达成就业意向，公益性岗位报名人数1083人。

【社会保险补贴】 全年全县申请灵活性就业社会保险补贴31人，补贴资金9.66万元。

【其他优惠政策扶持】 全年全县享受公益性岗位补贴1293人，岗位补贴资金579.125万元，社会保险补贴资金331.7万元；职业培训补贴193.386万元；职业技能鉴定补贴6.028万元；扶持公共就业服务补贴资金5.85万元。

【社会保险扩面征缴】 2010年，城镇职工参加基本养老保险人数11165人，占市人民政府下达任务数10494人的106.39%，其中企业及灵活就业人员4117人（参保企业离退休916人），占市人民政府下达任务数4096人的100.51%。基本养老保险基金征缴1928万元，占市人民政府下达任务数1881万元的102.5%，其中企业及灵活就业人员1619万元，占市人民政府下达任务数1574万元的102.86%。基本医疗保险参保人数31746人（参加城镇职工基本医疗保险人数11743人，参加城镇居民医保人数20003人），占市人民政府下达任务数30700人的103.41%。基本医疗保险基金征缴1918万元，占市人民政府下达任务数1700万元（含居民医保）的112.82%。完成工伤保险参保7580人，占市人民政府下达任务数5800人的131.48%，其中农民工参加工伤保险人数5345人，占市人民政府下达任务数4500人的118.78%。工伤保险基金征缴173万元，占市人民政府下达任务数118万元的146.61%。生育保险人数11972人，占市人民政府下达任务数11280人的106.13%。生育保险基金征缴85万元，占市人民政府下达任务数73万元的116.44%。城镇职工参加失业保险人数8632人，占市人民政府下达任务数7775人的111.02%。失业保险基金征缴232万元，占市人民政府下达任务数115万元的201.74%。

【新农保启动基础工作】 成立新型农村社会养老保险试点工作领导小组，制定工作方案，积极开展新农保试点县资格申报工作。2010年全县农村人口前期摸底调查工作结束，完成基础数据统计。

【待遇审核】 全年办理城镇职工基本医疗保险住院医疗费审核报销1122人次、特定门诊审核报销24人次；城镇居民基本医疗保险审核报销1328人次；生育保险审核报销75人次、工伤保险审核报销32人次。支付医疗保险金712万元（其中城镇职工医疗保险640万元，城镇居民医疗保险72万元）、工伤保险82万元、生育保险11万元。发放养老保险金690万元、失业保险金5万元。

【特殊慢性病认定】 全年受理并组织700余

名参保人员申请特殊慢性病的认定工作，通过医院进行统一体检，最终确定符合补助人员230人。

【稽核工作】 全年对县内10个参保企业进行缴费基数及人数进行稽核，确保年度社保基金应收尽收。

【医疗保险个人账户管理】 按时足额划转城镇职工医疗保险个人账户及特殊慢性病医疗补助，年初为15名办理异地就医的参保人员汇转个人账户基金5万余元，方便异地就医人员在居住地的门诊就医和购药需求。通过12333短信平台，方便医疗保险参保人员查询医疗保险个人账户余额，改善社会保险政策宣传的效果。

【定点医疗机构和定点零售药店的管理】 受理定点药店申报3家，审核批准3家，签订管理协议3家。联合物价、药品和食品监督等部门，对全县医疗保险定点零售药店进行2009年年终考核检查，对考核优秀的药店给予免收年度药品刷卡保证金的奖励，对考核不合格的药店责令停业整顿，整顿不合格则予以取消定点资格。

【养老保险关系接续转移】 全年办理养老保险关系接续转移64人次，其中省外转入44人次，转移基金10.22万元，转出20人次，转移基金2.04万元。

【企业退休人员的社会化管理】 企业退休人员管理率100%。年初对全县纳入社会化管理的企业离退休人员770人、企业军转干部16人进行春节慰问。

【劳动保障监察执法】 组织宣传《劳动法》、《劳动合同法》、《就业促进法》、《劳动争议调解仲裁法》、《劳动保障监察条例》、《工资支付暂行规定》等有关法律法规和政策，发放宣传资料3000余份。开展农民工工资支付情况专项检查，共检查用人单位157户，涉及劳动者3298人（其中农民工2311人），责令1户用人单位补发76名农民工工资20万元；全县抽调检查的人员47人，组织召开现场咨询活动4场，散发宣传资料5000余份，现场咨询180余人次；组织各乡镇劳动保障事务所人员进入辖区、用工单位散发宣传资料1500余份；补签订劳动合同130余份。受理拖欠工资案件5件，结案5件，涉及劳动者126人，为农民工追讨工资51.0589万元。完成劳动用工年检3户，涉及劳动者200人。接待来访群众277人次，排解劳动纠纷12起，涉及劳动报酬20余万元。贯彻执行贵州省建筑企业务工人员工资支付保障金制度，累计收取28个工程项目务工人员工资支付保障金65.96万元，退还22个工程项目务工人员工资支付保障金86.62万元，专户累计余额219.12万元。

【劳动争议调解仲裁】 督促基层劳动争议调解组织，加挂“劳动争议调解委员会”牌子，切实发挥基层调解组织作用。举办“普法服务直通车”培训，17户企业的管理人员40余人参加培训。开展农民工劳动合同签订“春暖行动”，检查各类用人单位26户，涉及农民工1393人，督促3户用人单位与76名农民工签订劳动合同，7户用人单位为519名农民工建立劳动合同管理台账备案，5户用人单位为52名农民工参加工伤保险。加大劳动（人事）争议案件处理力度，处理劳动争议案件结案25件（其中案外调解2件），以仲裁调解及撤回仲裁申请方式结案14件，仲裁裁决方式结案9件，结案率达99.9%，处理金额78.31万元。

【工伤认定】 全年接待工伤事故来访110余人（次），收到工伤认定申请表59份，通过调查，符合条件办理并下《工伤认定书》54人，办理5人。

【公务员队伍建设和事业单位管理】 全面完成市局规定时间内的2009年人才资源统计工作，完成县机关、事业单位2009年度考核和统计上报工作，考核机关人员1680人，事业单位专业技术人员4792人，事业单位职员640人。完成全县政府系统公务员统计上报工作，涉及52个部门600余人。补充登记县物价局公务员6人。完成2009年“一村一名大学生工程”，选聘高校毕业生34人进村（社区）工作、完成高校毕业生到村任职19人的签约派遣工作。完成2010年选聘高校毕业生到村任职考察工作，考察高校毕业生35人，合格32人。完成全县乡（镇）村管所及原国土局矿办人事制度改革岗位竞聘工作，聘用27名自收自支人员纳入财政预算管理。完成2010年普定县公开招聘事业单位工作人员工作，事业单位招聘专业技术人员45人。组织全县事业单位4914人参加《创新能力考试》。事业单位岗位设置完成备案核准岗位6152个。

【全面推进机关事业单位工资收入分配制度】 按时完成2009年度机关事业单位工资年报统计汇总上报工作。审批转正定级工资57人，确定新参加工作人员试用期工资11人，职务（岗位）变动改办工资65人，学历晋升改办工资21人，出具工资介绍函167个。审批岗位设置后工资改办2500余人。按干部管理权限办理退休审批手续74人。办理机关（参公）、事业单位年度考核正常晋升工资7013人（其中机关〈参公〉单位年限滚动晋升级别工资66人，正常晋升级别档次工资1529人），事业单位正常晋升薪级工资5418人。办理机关、事业单位遗属补助3户3人，办理机关、事业单位死亡职工一次性抚恤费9人。制定公共卫生与基层医疗卫生绩效工资实施办法，审批公共卫生与基层医疗卫生基础性绩效工资458人。按月保质保量完成机关、事业单位318户工资基金审核、管理等常规工作及与工资业务有关的其他工作。

【全面深化职称制度改革】 组织和申报非公有制企业职称评审，50人获初级职称、1人获中级职称、7人获高级职称；开展事业单位职称评审工作，338人获初级职称、139人申报中级职称、30人获高级职称。

2010年8月30日，省人事厅有关领导检查县人事劳动和社会保障局优质服务窗口创建工作。

（许　东　摄）

【打造优质服务窗口】 在就业服务大厅设综合服务、就业失业登记、职业培训、职业介绍、补贴申报、劳动监察等窗口，为办事人员提供优质服务。从工作制度、工作职责、服务规范、服务纪律、办事流程等方面严格要求，推行“首问责任制”、“服务承诺制”、“限时办结制”、“责任追究制”、“文明办公制”等服务制度，提高工作人员的办事效率和服务质量。

【乡土人才建设】 积极推进乡土人才培训，制作介绍蜡画课件1个。在乡土人才示范基地白岩镇讲义村组织两期蜡画专业的乡土人才培训，培训108人。推荐5名乡土人才参加省人力资源和社会保障厅组织的营销专业培训。2名优秀乡土人才获省人力资源和社会保障厅表彰。

【打造宣传阵地】 坚持以“宣传国家政策、交流工作经验、提升职工素质、树立单位形象、促进科学发展”为宗旨，大力加强宣传工作。截至12月，编辑《普定人力资源和社会保障》内刊（月刊）38期，文字160余万字，图片1200余张，选登法律法规及相关文件45个，调研文章40篇，论文23篇，文艺副刊43篇，信息1100余条。被各级报刊、电视台和网站采用100余篇（条）。

（赵德仁）

民族宗教事务

【机构调整及主要职责】 12月8日，根据《中共普定县委普定县人民政府关于普定县人民政府机构改革的实施意见》设立普定县民族事务局（普定县宗教事务局），为县人民政府工作部门。

机构调整后，其职责调整为：取消已由县及县以上人民政府公布取消的行政审批事项；增加促进建立和完善少数民族事业发展综合评价体系，推进民族事务服务体系和民族事务管理信息化建设职责；加强对民族法律法规、民族政策和少数民族发展相关规划贯彻执行的督促检查职责；加强协调推动有关部门履行民族工作相关职责；加强对民族理论、民族政策和民族问题的综合调查研究职责；加强管理少数民族语言文字工作，指导少数民族语言文字的翻译、出版和民族古籍的搜集、整理、出版工作职责；增加宗教事务行政执法工作职责；加强指导普定县天主教爱国委员会、普定县基督教教务管理委员会、普定县基督教三自爱国会，依法履行管理职责。

机构调整后，其主要职责为：组织开展民族理论、民族政策和民族工作重大问题的调查研究，提出有关民族工作的政策建议。负责协调推动有关部门履行民族工作的相关职责；指导全县民族工作，促进民族政策在经济发展和社会事业有关领域的实施、衔接。贯彻执行民族政策、法规和规定，保障少数民族合法权益；协调指导民族乡行政管理条例的贯彻落实。提出协调民族关系的工作建议，协调处理民族关系中的重大事项；参与协调民族地区社会稳定工作，促进各民族共同团结奋斗、共同繁荣发展。参与拟订少数民族和民族地区经济社会相关领域的发展规划，拟订少数民族事业专项规划并监督检查实施，促进建立和完善少数民族事业发展综合评价监测体系，推动民族事务服务体系和民族事务管理信息化建设。研究少数民族和民族地区经济发展、社会事业方面的问题并提出建议，参与协调民族地区科技发展和经济技术合作有关工作。积极宣传党的民族政策、民族法律法规和民族基本知识，承办县人民政府民族团结进步表彰活动相关事宜，参与组织协调民族乡重大庆典活动。管理少数民族语言文字工作，指导少数民族语言文字的翻译、出版和民族古籍的搜集、整理、出版工作。参与拟订少数民族人才队伍建设规划，联系少数民族干部，协助有关部门做好少数民族干部的培养、教育和使用工作。研究宗教工作状况，负责宗教动态和信息的汇总、分析，提出处理宗教领域问题的建议；拟订贯彻宗教事务工作法律法规的实施意见，并组织实施，负责宗教法律法规和政策执行的督促检查及宣传教育工作。依法履行宗教事务管理职责，保护公民宗教信仰自由和正常的宗教活动，维护宗教界的合法权益，促进宗教关系和谐；处理宗教事务的重大事件，防范利用宗教进行的非法、违法活动，抵御境外利用宗教进行的渗透活动。指导宗教团体依法依章开展活动，支持宗教团体加强自身建设，推动宗教团体在宗教界开展爱国主义、爱社会主义、拥护祖国统一和民族团结的自我教育，负责办理宗教团体需由政府解决或协调的相关事务和行政许可监管工作；指导构建和谐宗教场所，负责宗教工作队伍和有关人员的培训工作；指导宗教界对外以及对港澳台的宗教交往活动，参与涉及宗教的对外宣传工作。承担宗教事务行政执法监管工作。承办县委、县人民政府、安顺市民委、市宗教局交办的其他事项。

机构调整后，县民族事务局（县宗教事务局）设办公室、民族宗教股2个内设机构。其人员编制和领导职数为机关行政编制6名，其中局长1名，副局长2名；股级领导职数2名；机关工勤人员编制1名。

【召开民族团结进步表彰大会】 2010年10月12日，普定县召开第二次民族团结进步表彰大会，表彰30个先进集体和49名先进个人。

【开展创建“和谐寺观教堂”活动】 组织县天主教爱国会和基督教“三自”爱国会制定创建“和谐寺观教堂”评选办法，完成2010年度评比表彰全国创建和谐寺观教堂先进集体和先进个人的推荐审查工作。对城关天主教堂、城关基督教堂、城关龙华寺、马官荷包山基督教堂进行创建和谐寺观教堂达标考核工作。

（王永田）

信访

【综述】 2010年，接待群众来访218批（次）、2632人（次）。其中初访144批（次）、815人（次）；重访74批（次）、1817人（次）；个访143批（次）、283人（次），集体访75批（次）、2349人（次）。从反映内容上看：纪检监察39批、219人；政法6批、14人；劳动社保18批、266人；教育4批、15人；卫生计生8批、20人；组织人事2批、10人；交通能源环保8批、62人；民政16批、55人；农村农业4批、53人；国土资源水利林业75批、1665人；城乡建设24批、129人；其他14批、124人。受理信访问题22件，其中交办、转办上级来信来函6件，回复5件，1件正在协调处理之中；立案调处16件，已回复13件，3件正在协调处理之中。

【县委、县政府高度重视信访工作】 按照《中共中央国务院关于进一步加强新时期信访工作的意见》、《中共中央办公厅国务院办公厅转发中央处理信访突出问题及群体性事件联席会议〈关于领导干部定期接待群众来访的意见〉等三个文件的通知》，出台《信访工作安排意见》、《关于县四大班子、法检“两长”公开挂牌接待群众来信来访时间安排的通知》等信访工作文件；召开县集中处理信访突出问题及群体性事件联席会议和信访维稳工作会议，传达上级相关文件和会议精神、通报工作情况、安排部署信访工作。

【信访信息收集、上报和反馈】 2010年，普定到市上访群众113批、558人；赴省集体上访4批、255人；进京非正常上访9批、28人。有关乡镇、单位均能及时赶到现场开展工作，协助接访，负责将上访人员接回当地，并采取有力措施避免发生重复越级集体上访。全年向县委、县政府报告重大信访情况7次，撰写26期信访信息上报，有5期得到市信访局转发。

【重要会议及重大活动期间工作】 在全国“两会”、省“两会”、上海世博会期间、广州亚运会及广州亚洲残疾人运动会期间，派员外出驻守，做好越级上访上员的劝返工作，圆满完成重要会议及重大活动期间各项工作任务。

【矛盾纠纷排查及信访积案清理化解工作】 按照中办、国办《关于把矛盾纠纷排查化解工作制度化的意见》，切实开展矛盾纠纷排查调处工作。坚持定期通报制度，每月通报一次群众上访反映的矛盾纠纷情况；每季度将群众到市、赴省、进京集体上访和非正常上访的情况向县委、县政府及有关部门进行通报；及时对群众上访信息进行分析整理，向分管领导和有关部门通报。积案清理化解工作以2009年“信访积案清理化解年”活动中尚未完全解决和化解的信访积案为重点，再次进行全面梳理，排查出各类信访积案3件。3件积案均有县领导组织调处，其中1件为县委书记亲自组织调处，截至10月底，所有积案全部化解。

【加强信访信息系统信访队伍建设】 将信访投诉受理中心（普定县信访信息中心）的组建工作纳入重要议事日程,“中心”的办公设备购置纳入2011年的财政预算,“中心”机构人员得到充实。

（李正府）

档案工作

【机构调整及主要职责】 12月8日，根据《中共普定县委普定县人民政府关于普定县人民政府机构改革的实施意见》，组建普定县档案局，加挂“中共普定县委党史研究室”、“普定县地方志编纂委员会办公室”、“普定县档案馆”牌子，为县人民政府直属事业单位。

机构调整后，其职责调整为：将原县档案事业局（县档案馆）的职责划入县档案局；将原县委党史研究室（县人民政府地方志办公室）的职责划入县档案局。

机构调整后，其主要职责为：贯彻执行国家有关档案、党史、地方志工作的法律法规和方针政策；协调全县档案、党史研究和地方志工作。制定全县档案、党史、地方志工作的发展规划、年度计划和规章制度并组织实施。对全县党的机关、人大机关、政府机关、政协机关、乡镇机构、群众团体、企事业单位、民营企业、重大建设项目的档案工作进行监督和业务指导，依法查处档案违法行为。接收和收集全县的档案、党史、地方志、地情资料，并承担整理和编辑工作，保管对国家和社会有保存价值的档案。向上级业务部门和有关部门提供全县档案、党史、地方志和县情的主要资料；编写普定县党史、党的活动、大事记和地方志综合年鉴；编辑审核有关党史、地方志信息、整理地方旧志。大力开发档案与史志资源，组织编纂史料，为社会提供档案利用服务；收集有关部门公开文件，依法向公民、法人或者其他社会组织提供政府公开信息服务；配合有关部门开展相关社会教育服务工作。开展党史研究和读志用志工作。充分发挥党史“以史鉴今、资政育人”的作用和地方志“存史、资政、教化”的作用，并与开展全县档案理论与档案技术研究、档案宣传和档案教育培训等工作相结合，为改革开放和经济建设服务。拟订全县档案信息化建设规划，管理档案资源信息库；监督和指导全县电子文件档案的管理工作。对所保存的档案及资料严格按照规定整理和保管，确保馆藏档案史料的安全完整。对全县经济社会发展历程中有影响的历史事件、历史文化、重要人物等资料进行征集、保存和管理，抢救濒临失传、破损的政治、经济、文化历史档案资料，为编纂史料、地方志、地情图书服务。承担县党史工作领导小组、县地方志编纂委员会的具体工作，承办县人民政府和上级业务部门交办的其他工作。

机构调整后，县档案局（党史研究室、地方志编纂委员会办公室、档案馆）设办公室、档案业务指导股、党史股、年鉴编纂股、档案管理股、现行文件阅览中心、地方志编纂股7个内设机构。其人员编制和领导职数为事业编制21名（含工勤编制2名），其中局长（主任、馆长）1名，副局长（副主任、副馆长）1名；股级职数7名。

【加强各项基础业务建设】 建立“普定县档案行政执法责任制”，对行政执法依据进行梳理登记，明确行政执法事项，行政执法责任人，行政执法区域等。印发《关于开展档案行政执法检查的通知》，成立由人大教科文卫委员、县委、县政府督察室、县政府法制办、县档案局组成的档案行政执法检查组，对县教育和科技局、农业局开展档案行政执法检查工作。做好机关单位《文件材料归档范围和保管期限表》的编制、审批工作。贯彻落实国家档案局修订后发布的《机关文件材料归档范围和文书档案保管期限规定》，推动机关抓好文件材料归档范围和保管期限划分工作。2010年所有机关单位报送《文件材料归档范围和保管期限表》，审批50个单位。根据县委、县人民政府《关于普定县人民政府机构改革的实施意见》和中共普定县委办公室、普定县人民政府办公室《关于在政府机构改革中加强档案管理工作的通知》精神，拟定《关于进一步做好政府机构改革中档案管理工作的几点补充意见》，对档案的归属、流向、档案全宗号的变更作了详细规定，对国税局、林业局、环境保护局、发展和改革局、纪委监察局等单位的档案收集、整理、保管、移交工作进行业务监督指导。帮助整理县发改局档案118盒，目录1盒，并接收进馆。整理国税局文书档案500余卷（盒），征管档案200余盒。接收乡企局档案160卷、农办档案196卷、纪委档案58卷70盒、政府办机构改革印模26枚。提供利用档案资料1820卷（盒），查阅会计凭证档案215卷（盒），土地纠纷18卷，编史修志315卷，工作查考18卷，现行文件9件，其它1254卷。接待查阅档案458人、190次，复印摘录档案资料300页。严格库房管理，加强安全防范意识。每天进行库房温湿度调节，作好记录，掌握库房温湿度变化情况，发现问题，及时解决。3月，争取财政5万余元经费，购置39个铁皮档案柜，档案保管更为安全。完成3个省级、18个市级重点建设项目建设档案登记工作，继续做好新农村建设示范点（城关镇地坝村）、“三农”档案工作联系网点（马官镇马官村、马官镇号营村、城关镇红旗村）的档案指导工作。

【做好档案十二五规划工作】 以档案馆库功能建设、档案现代化建设、档案法制建设、档案工作新领域建设、档案基础业务建设、档案队伍建设为抓手，提高档案队伍的整体素质，培养较高专业素养档案干部队伍；加强档案工作基础业务，开拓档案工作新领域，加大依法治档力度，加快档案信息化建设步伐，最大限度地为社会提供有效服务；建立文档一体化与办公自动化管理系统、基本实现档案工作现代化。

（徐　露）

移民工作

【机构调整及主要职责】 12月8日，根据《中共普定县委普定县人民政府关于普定县人民政府机构改革的实施意见》，设立普定县水利水电工程移民局，为县人民政府直属事业单位。

机构调整后，其职责调整为：将县水利局大中型水利工程移民安置工作的管理和监督职责划入县水利水电工程移民局；加强对大中型水利水电工程移民安置和后期扶持的监督职责。

机构调整后，其主要职责为：贯彻执行国家和省、市关于大中型水利水电工程移民工作的方针、政策和法律、法规、规定，研究起草相关措施并组织实施。组织开展县内大中型水利水电工程对所在地综合影响的对策研究，及时向县委、县人民政府反映情况，提出建议。负责对县内大中型水利水电工程移民安置规划大纲和移民安置规划的编制，与项目法人和移民安置地政府签订移民安置协议，组织实施移民安置验收和评估。组织全县大中型水利水电工程移民后期扶持规划、基础设施建设和经济发展规划的编制与实施；组织开展移民后期扶持政策实施情况的管理、上报和监测工作。监督、检查有关移民工作法律法规的贯彻执行情况，对违反移民工作条例的行为上报县人民政府或上级行政主管部门实施处罚。负责安排全县大中型水利水电工程移民安置、后期扶持资金和物资，并对资金和物资使用情况进行检查、监督和上报，负责小型水库移民专项资金的管理、安排、检查、监督。负责组织全县大中型水利水电工程移民工作的干部、移民群众的培训和宣传教育，协调解决移民工作中的重大问题。承办县人民政府和上级业务主管部门交办的其他工作。

机构调整后，县水利水电工程移民局设办公室、政策法规股、后期扶持股3个内设机构。其人员编制和领导职数为事业编制12名（含工勤人员编制1名），其中局长1名，副局长2名；股级职数3名。

【处理引子渡电站移民遗留问题】 配合编制《乌江三岔河引子渡水电站库区移民遗留问题处理报告》，通过省级初步审查及正式审查，报国家有关部委审批。12月，《安顺市人民政府关于做好引子渡水电站移民遗留问题处理移民个人补偿资金兑现的实施意见》下发后，普定县以普办通字〔2010〕88号文件下发实施意见，认真仔细计算移民个人补偿资金，将实物指标、补偿范围、补偿标准、补偿金额、补偿方式、补偿程序等有关内容向移民群众进行3榜公示，由移民户及涉淹户户主签字认可，确保移民个人补偿资金公开、公平、公正、合理、合法。

【启动引子渡电站库岸失稳综合整治】 2010年，为贯彻落实4月8日在安顺召开的引子渡水电站普定县猫洞乡库岸边坡稳定问题处理协商会议、6月18日在贵阳召开的乌江三岔河引子渡水电站建设征地移民安置遗留处理报告审查会议精神，由于引子渡水库水位涨缩等因素，造成猫洞乡普祥村烂坝组、大坝村河边组、坝奶村地坝组存在滑坡隐患问题，涉及99户387人。7月9日，中国水电顾问集团贵阳水电勘测设计研究院、贵州黔源电力股份有限责任公司、安顺市移民局、普定县人民政府再次深入现场进行仔细勘查，召开引子渡水电站普定县猫洞乡库岸失稳问题处理工作协调会议专题研究，确定将猫洞乡普祥村烂坝组78户289人、大坝村河边组21户98人拟定列入库岸失稳处理程序。贵州黔源电力股份有限责任公司预拨200万元启动资金启动实施，对普祥村烂坝组78户289人、大坝村河边组21户98人实行搬迁避险，对坝奶村地坝组32户142人，因影响尚不明显，暂列为留观区。涉迁农户住房的新址技术选址、宅基地的征用、“三通一平”等工作按《整治方案》实施。

【编制移民发展规划】 根据国务院《大中型水利水电工程建设征地补偿和移民安置条例》、《国务院关于完善大中型水库移民后期扶持政策的意见》、省关于编制上报《大中型水利水电工程库区和移民安置区基础设施建设和经济发展规划(2011—2015)》有关事项的通知等文件和省、市移民工作会议精神，配合各相关部门对引子渡电站、普定电站库区和移民安置区的经济社会发展、社会事业建设、基础设施建设等情况进行调研，围绕普定县国民经济和社会发展“十二五”规划，按照坚持突出重点，统筹兼顾，村级直接受益，群众直接得实惠，优先解决移民群众生产生活中突出问题的原则，编制《普定县大中型水库库区和移民安置区基础设施和经济社会发展规划(2011—2015)》。规划项目590个，涉及基本口粮田建设、农村饮水安全、通村通组路建设、机耕道建设、新农村建设、产业发展等，规划资金33694.05万元。按照5月12日省移民局在普定召开的处理普定电站遗留问题研讨会精神，组织低保及困难群众救助、住房困难群众、养老保险、基础设施和异地搬迁（下设7个调研小组）、农业产业发展及劳动力转移培训、农业补贴等6个专题调研组，深入库区和移民安置区进行了3个月的调研。根据调研成果编制《普定水电站普定县库区移民遗留问题三年扶持规划（2011—2015)》。规划项目663个，涉及通村通组路建设、农村饮水安全、机耕道建设、“五小”产业发展、村庄整治、异地搬迁、住房建设、农业综合直补、农村最低生活保障等方面，规划资金117951.42万元。

【移民示范新村建设】 投入资金20万元，在城关镇青山村实施综合办公楼附属设施建设及周围环境整治；投入资金15万元，在城关镇陈家村梭筛自然村实施2470平方米的组内道路硬化。

【后期扶持结余资金项目建设】 2009年省下达给普定县的后期扶持结余资金建设项目，总投资244.5万元，在城关镇青山村硬化道路5条2150米，修机耕道3条1920米，改厕200个，修灌溉渠道710米，新增梨园种植面积500亩，对主体街道进行亮丽建设等16个子项目全面完成。

【后期扶持结余资金申报工作】 拟定马官镇余官经张官至薛家公路3.2公里，投资70万元；猫洞乡普鑫煤矿至烂坝公路2公里，投资15万元；猴场乡猛架村煤腰至汤奶公路3.6公里，投资25万元；猫洞乡猛舟村大沟治理1500米，投资30万元项目上报。

【维护移民群众社会稳定】 普定电站移民，由于搬迁时期长，搬迁背景特殊，矛盾比较突出；引子渡电站移民，由于同期建设的洪家渡电站调整概算补偿，心态极不平衡。为化解、消除移民群众心中的疑虑，维护好移民及涉淹群众的社会稳定，促进移民及涉淹群众的经济社会和谐、健康发展。5月，抽调财政、审计、纪委、移民、发改等部门的35位同志，分别成立“引子渡电站移民遗留问题清理核查工作组”及“普定电站移民遗留问题清理核查工作组”，对两个电站移民搬迁安置情况、安置补偿补助政策执行情况、各种实物指标核定情况、补偿款兑现落实情况等进行全面清理核查。清查结果分别于8月、12月以县政府文件印发至各乡镇、各部门，向两个电站移民群众公布。8月至10月，成立12个移民政策答疑工作组，分别到引子渡电站移民户家中，给每户移民户发放实物指标补偿补助标准清单、县人民政府致移民的公开信及移民户实物指标兑现情况表，并对引子渡移民反映的12个问题逐一作解释和答复，对127个信访件逐一进行书面回复，印制《普定电站移民工作宣传手册》1000份、《引子渡水电站移民遗留问题处理移民个人补偿资金兑现工作宣传提纲》1000份，将有关政策宣传到两个电站移民户。

【移民适用技术培训】 2010年组织移民劳动技能、就业技能、劳动力转移培训2期，主要以种养业适用技术技能为培训内容，共培训移民530人次，提高参训移民的劳动技能，增强移民的增收能力。

【解决移民遗留问题】 县移民局、住建局、国土局、农业局等部门积极配合、加强协调沟通，为137户引子渡电站移民办理《农村集体宅基地建设使用证》、《土地承包经营权证》或《房屋产权证》，有效解决引子渡电站移民长期反映而未得到解决的遗留问题。

【为移民办实事好事】 协调投入后期扶持结余资金150万元、应急补助结余资金95万元、县财政移民专项资金140万元，分别在库区和移民安置区建提灌站2个，新修、维修、硬化通村通组路（机耕道）29800米，新建水池500立方米、增加引水管道15000米，为3个村500余人解决人畜饮水困难问题，修复引水沟渠3条4200米，修建排洪沟1条500米，对学校进行附属设施建设及球场硬化1处。

（方友明）

中国人民政治协商会议普定县委员会

【综述】 2010年，中国人民政治协商会议普定县委员会坚持团结和民主两大主题，紧紧围绕“发展循环经济，构建和谐普定”，推进经济社会发展这个中心任务，关注民生，促进和谐，解放思想，切实履行政协职能。

【加强学习提高履职能力】 结合“忠实践行宗旨，勤政廉政为民”教育活动，采取制定计划系统学、检查指导督促学、专题辅导深入学、交流心得互相学的方式，组织委员和机关干部深入学习党的十七届四中、五中全会精神和人民政协理论及经济、法律、现代科技等方面的知识，认真学习胡锦涛总书记在庆祝人民政协成立60周年大会上的重要讲话，学习《党章》、《中共中央关于加强和改进党的作风建设的决定》、《中国共产党党员领导干部廉洁从政若干准则》、《中共中央关于进一步加强干部管理的意见》，省、市、县委全委（扩大）会议精神等，努力实现关键时刻顶得上去、帮得上忙、管得上用，增强服务普定科学发展的自觉性和坚定性。

【围绕中心推动科学发展】 组织政协委员认真听取县政府工作报告和计划、财政报告，围绕促进农民增收、生态环境保护、社会稳定等问题进行充分协商讨论，积极建言献策，提出协商意见。常委会议重点围绕农业产业化发展、循环工业基地建设、财源征收等进行专题协商讨论；主席会议重点围绕城市建设和县一中申示开展协商讨论；专门委员会重点围绕专题视察、反映社情民意进行协商讨论。专委对抗旱救灾、农田水利基本建设、农村金融为“三农”服务、循环工业基地等有关工作与有关部门开展对口协商活动，听取情况介绍，深入一线了解，积极提出意见建议。县政协领导和部分委员还参加县委、县政府召开的各种会议和组织的检查活动，并就事关全县经济社会发展的大事、要事提出意见和建议。

进一步加强提案工作，商请县委、政府有关领导督办政协重点提案，完善政协领导牵头督办重点提案，建立各专委会对口联系督办提案、提案委员会回访跟踪督办提案的机制，不断加大提案督办力度，推进一些重大发展问题和社会问题的切实解决。不断提高提案质量和服务质量，公开向社会征集提案线索，推进提案公开工作，建立完善提案办理反馈机制，建立提案工作评价体系，推动提案由数量型向质量型转变、提案办理由答复型向落实型转变、提案服务由单一服务型向综合服务型转变。八届五次会议以来，收到委员提案55件，立案52件，立案率94.45%，其中科教文卫类的17件，占立案总数的32.6%；基础设施、城建环保类的10件，占立案总数的19.2%；三农类的2件，占立案总数的3.8%；政法公安、综合治理、安全生产、道路交通类的7件，占立案总数的13%；整脏治乱类的3件，占立案总数的5.7%；关注民生、社会保障类的8件，占立案总数的15.3%；综合类6件，占立案总数的11.5%，提案办复率为100%。发挥委员视察在民主监督中的积极作用，2010年组织调研视察活动60余次，其中专项调研视察有农业产业化发展、水利基础设施建设、抗旱救灾、普安高速公路建设、普定一中申办省级示范性高中、“四创”工作、2010年税收完成情况等。参与县委、政府组织的各类廉政督查和政风行风评议活动，不断扩大民主监督的范围和层次，把参与、支持、服务、监督有机统一起来，推动乡镇和部门工作开展。全年县政协领导和专委同志参与全县工作督查和检查活动70余人次。

认真组织专题调研，分析农业产业化基础，指出存在问题。从围绕主导产业，选准做大做强龙头企业，充分做好各类支农项目的结合。加大对农民专业合作社的培育和发展，鼓励、支持、培养农民经纪人真正成为农民增收的带动力量，加强对合作社规范发展的引导。建立长效机制，支持土地流转，推进农业产业化发展等5个方面提出意见建议。参与农业产业结构调整的包片工作，配合省、市政协开展循环工业基地、农村金融为

"三农"发展的支持、进城务工农民等情况调研。

【凝聚各方面智慧和力量】 坚持民主、团结两大主题，充分发挥政协包容性强、联系面广优势，汇聚各方力量，促进社会各界大团结、大联合。召开各族各界人士新年茶话会和中秋联谊会，增进各族各界人士的团结与交往。县政协的每次重要会议和活动，县委、政府主要领导出席，介绍全县经济社会发展情况，倾听委员意见。协助党委、政府做好维护团结稳定、促进全县社会经济发展的各项工作。参与普安高速公路的征地协调、抗旱救灾、安全事故协调处理、村（居）换届、"四帮四促"等。及时处理人民群众的来信来访，做好协调关系、化解矛盾、理顺情绪、维护稳定工作。坚持走出去、请进来战略，加强与省、市各民主党派和县内各人民团体、工商联的联系和交往。充分重视和保障县内各人民团体、工商联和无党派人士参政议政的积极性。继续加强与省内外友好县（市、区）政协的联系和交往。全年分别派员参加在山西省阳皋县和浙江省桐乡市召开的川、黔、浙、冀、豫、鲁、吉、蒙、晋九省（区）十三县（市、区）政协横向联谊会和省、市政协的工作经验交流会，共同探讨政协工作，相互交流、取长补短、共同提高、开拓视野。积极参与民族宗教事务的相关工作，促进全县民族团结和经济社会协调发展。切实加强文史资料工作，充分发挥文史工作"存史、资政、团结、育人"的作用。根据市政协关于征编第九辑《安顺文史资料》"安顺知情专辑"的通知，推选拟入选人物名单，落实撰稿作者，采写知青稿件9篇，完成本辑文史资料征稿任务。主持召开穿洞文化内涵研讨会，完成30余万字的《普定县政协志》的编纂工作。

【发挥优势关注民生】 继续加强与中央、省、市各民主党派和有关慈善机构的联系和交往，积极牵线搭桥，促进社会经济协调发展。九三学社省委为化处张家寨村捐赠价值3万余元的文化共享设备、捐赠普定县一中图书6000册，并请来贵阳医学院附院副主任医师李鹏，为800多名高一年级学生举办"青春期常见心理问题"的科普讲座；通过民革贵州省委组织贵阳市六中11位优秀教师到普定县第一中学开展为期两天的名师送教活动，使师生们受益匪浅；旱灾期间，积极协助市九三学社为化处镇、猫洞乡、补郎乡8个村6905受灾农户发放救灾物资，共发放矿泉水48335瓶，方便面145005袋；为补郎中学改厕争取资金1.5万元，改善师生们的学习生活环境；九三学社省委请来贵州大学教授为相关部门负责人和11个乡镇的科技副乡镇长百余名进行"石漠化治理"专题讲座，并到中国科学院普定喀斯特生态系统观测研究站城关镇陈家寨示范区进行调研。积极协调相关部门落实资金近30万元，帮助猴场乡猛架村危房改造集中建设点解决通电和街道硬化。

（刘兴福）

中共普定县纪律检查委员会（县监察局）

【综述】 2010年，纪检监察工作坚持标本兼治，综合治理、惩防并举、注重预防的方针，抓好《建立健全教育、制度、监督并重的惩治和预防腐败体系实施纲要》、《建立健全惩治和预防腐败体系2008—2012年工作规划》的贯彻落实，履行党章赋予职责，切实维护党的纪律，充分发挥职能作用，立足实际、突出重点、开拓创新、狠抓落实、整体推进。

【召开县纪委十届六次全会】 3月5日，组织召开县纪委十届六次全会。会议深入贯彻党的十七大和十七届四中全会、十七届中央纪委五次全会，省委十届七次全会、十届省纪委五次全会，市委二届十次全会、二届市纪委六次全会和县委十届八次全会精神。回顾总结2009年全县党风廉政建设和反腐败工作，研究部署2010年工作任务。全会审议通过县委常委、县纪委书记吕恩华代表县纪委常委会所作的《全面贯彻中央、省、市纪委全会精神，扎实推进全县反腐倡廉建设，为"发展循环经济，构建和谐普定"提供坚强的纪律保证》的工作报告。县委书记王跃出席会议并作重要讲话。市纪委纪检二室王保林主任到会指导，杨崇刚、庞琨、徐天成等县四大班子领导出席会议，各乡镇党委书记、县直部门、单位，市驻县单位的主要负责人参加会议。全会集中传达学习《中共安顺市委关于开展警示诫勉工作的实施意见》精神。

【召开全县纪检监察工作推进会议】 3月27日，组织召开全县纪检监察工作推进会议，县委常委、县纪委书记吕恩华主持会议并讲话，县纪委常委出席会议，各乡镇纪委书记、委局各室负责人参加会议。会上，传达学习全市纪检监察工作会议精神，县纪委常委就分管工作作进一步安排部署。会议明确全年工作任务，要求按照市纪委监察局下达的2011年工作目标任务，围绕考核目标，加强案件查办、特色工作、信息调研等工作。

【抓好督查落实】 重点加强对中央扩内需、保增长、保稳定、保民生重大决策部署贯彻落实情况和省委、省政府关于对涉农专项资金管理使用情况的监督检查。重点查项目开工、查进度、查质量、查安全、查公开、查备案、查管理、查责任、查资金使用、查存在问题整改情况等。抓县直各部门新增中央投资项目实施情况和涉农专项资金使用情况的公开工作，督促各单位在本单位进行公开的同时，由纪委监察局集中在县委大院政务公开栏进行公开，并逐步将项目和资金使用情况在政府网站上公开，广泛接受群众监督，防止违法违纪行为发生，确保工程开工率、配套资金到位率、问题整改率三个100%。治理工程建设领域突出问题：突出对政府投资项目特别是扩大内需项目进行排查，针对排查中发现的问题，制定和完善整改措施，落实整改责任，及时进行整改。加强对重点部位和关键环节的制度建设，坚持实体性制度与程序性制度并重，注重制度之间的配套衔接，增强制度的针对性、系统性和有效性，最大限度地减少滋生腐败的机会。同时，加大案件线索排查力度，对检查中发现的问题，认真研究，扎实做好案件线索的收集和排查。通过公布投诉举报电话、电子邮箱等多种形式，畅通信访举报渠道，扩大案件线索来源。治理土地管理和矿产资源开发领域突出问题：加大经营性土地使用权、探矿权、采矿权出让的监管，对2006年以来全县实施采矿权招标、拍卖、挂牌出让制度的执行情况进行专项清理。积极引导广大干部群众从遵纪守法和反腐败的高度认识经营性用地招拍挂工作。深入开展经营性土地使用权招拍挂出让情况执法监察工作。认真搞好县级砂石、页岩矿产招拍挂工作，深入开展国土资源领域腐败问题治理。

【推进专项治理】 深入治理教育乱收费。组织七部门对182所学校进行检查，未发现截留、挤占、滞留、挪用等现象。加大治理医药购销和医疗服务不正之风的工作力度。督促物价部门加大对医疗服务、药品价格等项目的检查。同时对县医院、中医院等医疗机构进行专项检查，督促实施药品正规招标采购，确保让老百姓用上放心药。扎实开展食品、药品安全监管督查工作。深入开展治理超限运输，巩固公路无“三乱”成果。切实减轻农民负担。严格执行上级确定的“四项纠正”；围绕农村义务教育经费管理使用、城乡居民最低生活保障、社会救助体系、新型农村合作医疗、城市医疗保障等重大民生问题加强监督检查；加强医德医风建设；规范涉及农民负担的行政事业性收费管理，治理涉农乱收费；坚决纠正和查处截留挪用、克扣政府支农惠农资金等损害农民利益的行为。查处侵害农民和进城务工人员利益问题。做好清理规范评比达标表彰工作，开展对节庆、庆典、论坛清理。抓好规范公务员津补贴。加强抗旱救灾工作监督检查，确保抗旱救灾各项措施落到实处和抗旱救灾款物专项专用。督促相关部门扎实抓好财政税收征收工作，确保全年财政税收工作完成。继续推进煤炭税费流失专项治理。采取有效措施，从源头上、制度上加强对煤炭税费流失的治理。采取驻站监督与昼夜巡查相结合，把查岗、查站、查矿、查卡、查车有机结合，制定切实可行的工作计划，扎实有效开展工作。继续开展“小金库”专项治理。认真抓好党政机关、事业单位“小金库”治理“回头看”，深入开展社会团体、国有及国有控股企业“小金库”专项治理工作。加强危房改造工作的监督检查。对安全生产法律法规执行情况进行监督检查，加大责任事故调查处理力度，坚决查处失职渎职和事故背后的腐败行为。对猫洞远洋煤矿“5·13”煤与瓦斯突出事故、马场大坡煤矿“10·27”透水事故进行调查及事故分析，对相关责任人进行问责处理。把治贿工作同党风廉政建设项目同部署、同落实、同检查，坚持标本兼治、综合治理的方针，充分治理重点领域，加强部门沟通协调，形成查办案件的整体合力。查处商业贿赂案件2件，涉及人员5人（其中正科级2人，股级2人），涉及金额共计44.67万元。

【查办案件有突破】 加强信访举报工作。接待受理群众来信来访电话举报121件（次），涉及副科级以上领导干部28件，一般干部27件，其他人员66件。办理信访初查54件，转立案54件，信访了结22件，信访待了结24件。坚决查处违纪违法案件。立案54件56人，结案53件55人，结案率98%。涉及乡科级干部7人，一般干部7人，其他人员39人。党纪处分45人，政纪处分12人。

涉及金额66.31万元，挽回经济损失27.89万元。创新办案方式，推行异地交叉办案，建立纪委常委包乡镇，各室主任助乡镇办案机制，继续实施《普定县反腐败工作协调议事暂行办法》，加强与检察、审判、公安、审计等执纪执法机关查办案件协作配合，严肃查处违法违纪案件以及损害群众切身利益的案件；严肃查处破坏改革发展环境、严重扰乱市场经济秩序的案件。重视和发挥查办案件在治本方面的作用。对典型案件，实行“一案一议”和“一案一剖析”、“一案两报告”制度。坚持以查促教，以查促管，以查促建。认真抓好自办案件的审理工作。受理各类申诉案件2件2人，均维持原处分决定。办理申请解除行政处分29件29人，申请恢复党员权利4件4人。

【筑牢思想防线】 打造廉政教育“五廉”品牌，认真开展党风党纪教育活动。学廉：通过党委（党组）理论学习中心组、县委党校（行政学校）及其他各类干部培训等形式，学习贯彻省、市构建惩防体系工作会议及廉政工作会议精神，研究构建工作思路和方法。说廉：县委书记、县纪委书记等分别为党员领导干部上党课，县委书记、纪委书记、组织部长与新任职干部逐一开展廉政谈话，及时敲响警钟，防微杜渐。邀请市纪委领导为全县纪检监察干部、县委党校等举办学习《廉政准则》辅导讲座。读廉：通过“一报一台一网络”新闻媒体开辟“廉政动态”、“监督检查”等专题或专栏，大力宣传反腐倡廉建设的重要意义。在县图书馆开设廉政书架，利用各类廉政教育书刊、资料及阅读网络反腐倡廉文章，开展多形式的“读书思廉”活动。看廉：成功将普定建国中学旧址申报为全市廉政教育基地，组织副科级以上领导干部观看《情暖万家》、《重药治顽症》等电影及专题片，组织500余名干部参观原建国中学旧址、太平监狱等市、县廉政教育基地，发挥典型人物、典型案件的示范、警示作用，以案明纪，大力培育弘扬正气、尚廉倡廉的社会风尚，增强党员干部拒腐防变的警觉性。同时，借助网络，有重点、有针对性地发布相关的廉政资料、信息报道、正反典型案例、廉政测试题目等内容，为干部职工进行上网学习构建了平台。述廉：乡镇、部门党组织负责抓好本乡镇、本部门民主生活会及干部述职述廉，尤其是加强对掌握各种行政审批权、执法权、监管权和其他掌握人、财、物权的干部的反腐倡廉教育。各党组织通过召开民主生活会等形式，认真查找廉洁方面存在的问题，加以整改。深入推进廉政文化“六进”活动，营造反腐倡廉浓厚氛围。出版反腐倡廉专刊。连续3年组织县领导带队到全县11个乡镇进行义务书写、赠送廉政春联50000余副，惠及30000余户干部群众；组织全县干部职工参加《廉政准则》知识测试，强化广大干部职工的廉政意识；举办“扬正气、促和谐”廉政公益平面广告展览，分别到机关、学校、农村等进行巡回展出10余次；开展“忠实践行宗旨，勤政廉政为民”硬笔书法邀请展，编印作品集，作为廉政教育的读本。多形式开展党风廉政建设宣传教育。出台《关于加强廉政文化建设的实施办法》，通过电子屏幕滚动播出廉政祝福语、利用手机短信平台发送廉政短信、出版黑板报“廉政专刊”、发送廉政日历、廉政灯谜竞猜、编排及演出廉政花灯、小戏等形式，大力传播廉政文化。

【优化发展环境】 加强领导干部作风建设。结合“创先争优”、“忠实践行宗旨、勤政廉政为民”、“三个建设年”等活动的开展，各部门相继建立一系列加强内部管理、方便群众办事的规章制度，探索和建立、规范机关干部职工的公务行为。深入学习贯彻《廉政准则》，纠正领导干部配偶及子女违规经商办企业及违规收受礼金、有价证券、支付凭证、干股等行为，着力解决经济发展软环境、“四创”工作政务环境中存在的突出问题，着力营造“党风正、政风清、民风和”的社会环境。出台《中共普定县委关于开展机关作风整顿提高机关工作效率的实施意见》，成立以县委常委、县纪委书记为组长的工作领导小组，通过定期和不定期、明察与暗访相结合的方式，深入开展督促检查，实施跟踪问效。要求各乡镇、部门着眼于培养脚踏实地、求真务实、真抓实干、廉洁高效的工作作风，行政执法部门、窗口服务部门的工作流程更加贴近、服从、服务于企业和群众。一些单位、部门工作中秉承便捷高效的工作理念，想方设法为服务对象提供优质高效服务。建立作风建设长效机制。实施县级领导联系乡镇和重点企业、科局包村帮扶、机关党支部与农村党支部结对子等措施使全县大部分党员干部能深入企业、农村基层一线，倾听群众呼声，帮助企业、群众解决实际困难和问题，出台《关于加强机关效能建设的实施意见》。贯彻落实厉行节约八项要求，狠刹大操大办酒席之风，出台《严格禁止领导干部、国家公职人员大操大办酒席的暂行规定》，推行领导干部、国家公职人员操办婚丧酒席“事前申报、事后回复、群众监督”制度，对29名违反规定办酒席的国家公职人员分别进行诫勉谈话、通报批评、行政警告等处理。建立便民利民服务站，采取由村干部轮岗值班，大学生“村官”坐班，村卫生室代班，公布服务人员电话号码等方式，把老百姓需要到乡（镇）、县里办理的事项集中起来，由村级服务人员代其办理；同时，在乡（镇）、县的便民利民服务站把各项常规工作整合，明确相关业务人员在服务站坐班集中办公，切实为村级办事人员及老百姓做好服务、办好事情。制作发放便民利民服务卡（册），让老百姓办事心明白。建立便民利民服务队，让老百姓办事少跑腿。强化政务环境建设，深入推进环境建设、效能建设及“四创”工作。按照“转变作风、提高效率、服务基层、推动跨越”的要求，成立县环境建设年、效能建设及政务环境创建领导小组，在企业设立发展环境监测点，明确相关部门的工作职责，落实任务分解，精心打造廉洁高效的政务环境，积极营造良好的经济发展环境，做到亲商、爱商、安商，为企业发展提供良好的服务。采取有力措施集中抓好环境建设，组织33家政府职能部门和11个乡镇集中开展公开服务承诺，努力营造宽松和谐、优质高效的发展环境。严格执行县委《关于加强机关效能建设的实施意见》、政府《关于政府机关效能监察实施方案》，重点对新增中央投资项目，涉农专项资金使用及县委、县政府的重大决策部署实施效能检查，督促机关和部门提高办事效率，改进服务和管理。抓节日期间廉洁自律工作。大力弘扬艰苦奋斗、勤俭节约的优良传统和作风，增强党员干部特别是党员领导干部的法纪观念和廉洁意识，保持和发扬艰苦奋斗和勤俭节约的优良传统。提高党员干部抵制拜金主义、享乐主义和奢靡之风的意识。配合做好省委巡视组到普定巡视和市委巡视组对坪上乡进行勤政廉政巡视工作。

【规范行使权力】 认真贯彻《廉政准则》，对照《廉政准则》中8个方面的“禁止”和52种“不准”进行自查，全县1000余名党员干部向县委进行书面廉政承诺。开展《廉政准则》辅导讲座、组队参加全市学习贯彻《廉政准则》电视竞答赛，举行《廉政准则》考试。贯彻落实“四项监督机制”，严格执行《党政领导干部选拔任用工作责任追究办法（试行）》、《党政领导干部选拔任用工作有关事项报告办法（试行）》、《地方党委常委会向全委会报告干部选拔任用工作并接受民主评议办法（试行）》、《市县党委书记履行干部选拔任用工作职责离任检查办法（试行）》，加强干部选拔任用工作全过程的监督，将组织监督与民主监督、过程监督与效果监督有机结合，提高干部选拔任用工作的科学化、规范化水平，进一步提高选人用人公信度。加强对领导机关、领导干部特别是乡镇、部门领导班子主要负责人的监督和对重要领域及关键环节权力行使的监督。开展乡、科级领导干部述职述廉评议、重大事项报告以及群众评议等监督；全面开展乡科级干部“五廉工程”、基层站所负责人和村干部述职述廉工作。推行“村级重大事务民主决策”、“党员首议制”和“勤政廉政监督中心”、“村民票决制”、“党员议事日”等机制，真正落实群众的知情权、参与权和管理权。深化党务、政务、村务、厂务公开。制发《普定县政务公开工作实施意见》及年度《政务公开量化考核标准》，严格对乡镇、部门政务公开工作开展专项考核，不断完善政府信息公开渠道，接受社会各界和人民群众的监督。

【抓好源头治理】 深化干部人事制度改革。对副科级干部公开招考、事业单位招考、公益性岗位人员招聘等工作进行全程监督，把好组织考察提拔人员的廉政关，推进行政审批和社会体制改革。对政府原44个部门行政审批事项和行政事业性收费项目进行清查，保留审批事项282项、收费项目147项，取消收费项目1项。贯彻执行《普定县人民政府行政决策程序暂行规定》、《普定县行政执法过错责任追究暂行办法》，加强决策执行监督，确保政府重大决策的顺利实施。深化财政体制改革。积极抓好支农资金、扶贫资金、涉农专项资金的监督检查，开展对部门预算、国库集中收付、政府非税收入和“收支两条线”规定执行情况的监督检查；推进“校财局管”、“院财局管”工作。大力规范政府采购工作，严格执行《普定县政府采购治理工作实施方案》。2010年，政府采购计划资金额为5366.27万元，实际采购资金额为5199.96万元，节约采购资金166.31万元。开展村级“一事一议”财政以奖代补试点村督查。推进投资和金融体制改革。健全投资项目监管制度，会同相关部门制定《普定县政府投资项目管理办法》，建立投资项目责任追究制度；加强对扩大内需新增投资项目监管，严格执行《普定县新增中央投资项目监督检查暂行办法》。采取抓组织协调和督促检查、抓好项目报备制度、抓好项目公开、抓好责任追究等措施，促进县属新增中央投资项目顺利实施；切实加强投资项目招投标监管。稳步推进司法体制和工作机制改革，严格执行“五部门联席审计制度”。制定普定县领导干部任期经济责任审计结果公开问责评议办法、审计结果运用办法、审计结果整改督查暂行办法，推进和加强审计结果运用。探索农村“三资”管理新模式，在全县整体推进“三资”管理委托服务试点工作，积极探索农村“三资”管理的有效途径，成功运用网络版软件对全县村级“三资”进行管理。治理土地管理和矿产资源开发领域突出问题，加大经营性土地使用权、探矿权、采矿权出让的监管，对2006年以来全县实施采矿权招标、拍卖、挂牌出让制度的执行情况进行全面的专项清理；与县检察院、县国土资源局开展国土领域腐败问题专项治理工作。2010年，参与经营性土地招拍挂出让12宗。严肃村（居）委会换届选举工作纪律，出台《关于严格第八届村（居）民委员会换届选举工作纪律要求的通知》，确保第八届村（居）委会换届顺利进行。

【提高纪检干部素质】 开展主题实践活动。在学习实践科学发展观活动中，突出实践特色，指导乡镇纪委深入开展“做党的忠诚卫士、当群众的贴心人”主题实践活动，提高纪检监察干部队伍整体素质和工作水平。开展“创先争优”、“忠实践行宗旨，勤政廉政为民”教育，巩固和扩大学习实践科学发展观活动成果，贯彻中纪委关于“五严守、五禁止”的规定，切实解决党员干部党性党风党纪方面群众反映强烈的突出问题。抓好班子和干部队伍建设，营造团结进取、干事创业、务实高效的良好氛围。注重干部培养锻炼，组织10名干部参加中纪委纪检监察部培训中心、清华大学、市委、县委党校等培训学习，切实增强履职能力。开展安全文明办案培训班，逐步提高干部队伍业务素质和办案能力。加强机关建设，贯彻落实中纪发、黔纪发文件精神，设立普定县纪检监察举报中心（县非公有制经济发展侵权投诉中心），增加5个编制，配备办公办案装备，增加办公办案经费，切实加强县级纪检监察机关建设。

（甘　决）

工商联及群众团体

普定县工商业联合会（商会）

【综述】 2010年，普定工商联（商会）围绕县委、县政府中心工作，积极为会员、非公有制企业服务，解决实际问题，被安顺市工商业联合会（总商会）评为先进单位。

【积极参政议政】 两会期间，非公有制和无党派委员，就政府、法院、检察院工作报告，财政预决算报告，政协常委工作报告，政协提案工作报告等进行认真讨论，充分发表意见。会议期间，针对人民群众关心的热点、难点问题，写出有建设性的提案和议案。积极参与全县十二五规划的编制和讨论工作。

2010年4月15日，普定县商会组织车队参与抗旱救灾。（县工商联　提供）

【感恩回报社会】 开展非公有制经济代表人士回报社会感恩行动，副会长韩钊武、朱勇、陈怀能、齐林、王开龙，常委廖兆洪、汪朝阳等慰问老党员、老模范、老复退军人10余人，慰问金及物资1万余元。组织发起抗旱救灾活动，屠宰同业公会、顺达汽车修理场等非公有制企业积极响应，主动承担救灾任务。成立送水运输队，到龙场乡沙子村抗旱救灾。到猫洞乡可处老鹰岩地质灾害爆破点慰问一线干部职工，送去价值3万余元的肥猪5头、鲜肉2000余斤。

【编纂《普定县工商业联合会（商会）志》】 按照县委和县政府要求，认真查阅历史资料、档案、走访老领导、老同志，几易其稿，多次会议、多次修改、完成1931—2008年普定县工商业联合会（商会）志的编纂和印刷工作。

【完成工商联会员重新登记工作】 7月，正式启动工商联会员重新登记工作。经过半年的走访，座谈，查阅资料，完成工商联会员的重新登记工作。重新登记会员186名，其中企业会员41名，团体会员6名，个人会员53名。

【推荐全国全省创业之星评选工作】 非公有制企业帅翔土石方工程爆破有限公司法人代表褚永洪受到国家级表彰，被评为全国创业之星。盛祥食品有限公司法人代表任明屹，金铭塑钢厂法人代表荆三铭受到省政府的表彰，被评为省级创业之星。

【做好非公经济人士职称评定】 配合劳动人事和社会保障局完成2010年度非公有制企业人士的晋升职称评定工作。全县有78人参加非公有制企业职工晋升职称申报评审，其中高级职称14人，中级职称12人，初级职称52人。

（马自力）

普定县总工会

【综述】 2010年，县总工会围绕“六个着力”、“六个统一”工作目标，以办好工会“大学校”为切入点，努力发挥工会“连心桥”、“娘家人”作用，切实维护职工群众的合法权益，抓好“两个普遍”工作推进，提高服务职工群众水平。

【工会组织建设与发展】 制定《百日建会集中行动的工作方案》。坚持“党建带动工建，工建服务党建”的工作思路，开展全县行政机关，事业单位和各类企业组建工会组织，对工会组织建设情况进行全面清理和整顿。根据地税纳税、工商注册，经济普查的企业状况进行比对核实，召开乡镇工会和县直有关部门工作会议，部署和安排建会工作。抓好企业工会组织建设整顿与完善，加强对未建立工会企业的指导，帮助企业做好工会组织的选举工作；加强对企业工会组织软弱涣散的整顿，对没有正常开展工作的工会组织进行换届。2010年，新组建工会组织42个，发展会员

4081人。其中企业3000余人，机关446人，事业635人。按时完成市总工会下达的目标任务，实现“双措并举，二次覆盖”，扩大工会组织覆盖面。

【加强工会干部培训】 制定《工会干部培训计划》，选派3名工会干部参加清华行政研讨班学习、6名工会干部参加省总工会组织的学习、1名工会干部参加县委党校为期3个月的培训，组织全县基层工会干部采取以会代训方式培训学习，培训86人次。

【推进厂务公开工作】 制定《厂务公开民主管理工作实施方案》，对厂务公开内容、形式、程序、时间进行规范，确保厂务公开工作在企事业单位落到实处。2010年，全县规模以上企业全部建立职代会制度。依据《劳动合同法》、《公司法》等法律，深入20余家企业开展厂务公开检查。

2010年4月8日，省总工会党组书记、副主席姚亚非等一行到猫洞乡月亮村研究村民饮水问题。

（县总工会 提供）

【扎实开展各种活动】 制定“四创”工作方案，加强“四创”宣传活动，确保“四创”活动全面推进。出台《县总工会教育宣传活动方案》，组织广大职工参与党的知识和有关法律法规学习。组织8万元资金，为职工订阅工人日报110份，劳动时报300份。加强职工思想道德和文明素质建设，有针对性开展职工理想信念、爱国主义、集体主义和社会主义荣辱观教育，引导广大职工做爱国、敬业、诚信、友善合格公民，广泛开展“工人先锋号”、“职工之家”、“职工小家”、“五一”劳动模范等评选活动。2010年普定县耐火材料厂烧成车间获中华全国总工会“职工小家”称号，何仕燕、王仁爱获省“五一”劳动模范称号，胡得全等6人受到市总工会表彰。丰富职工文化生活，增强职工的身体素质，筹资5000元，举办全县职工羽毛球和乒乓球比赛活动。加强工会信息宣传力度，全年撰写信息十五期48篇，分别向劳动时报，安顺报，普定报，市总工会报刊和普定政务发稿。筹集2.86万元资金为职工增订新年挂历1500份，为自来水公司和猫洞乡高龙煤矿进行职工书屋挂牌和送书。积极做好自来水公司、猫洞乡高龙煤矿申报职工书屋单位工作，省总工会在2010年1月命名县自来水公司职工书屋之家，配送价值4000余元的书籍。8月份县供电局挂贵州省职工书屋牌子，给猫洞乡高龙煤矿送书465册。

【健全困难职工档案】 深入各乡镇、企业和厂矿对特困职工和农民工进行调查摸底，确保慰问金发放到位、帮扶慰问到位。全年筹集资金12.09万元，帮扶慰问困难职工、农民工736人（其中劳动模范10人、国有改制破产企业下岗职工551人、农民工175人）。继续开展与特困职工、农民工和困难党员、劳动模范的结对帮扶活动，完善班子领导走访慰问制度。开展党员“一对一”帮扶活动，帮扶职工、农民工8户；积极参与举办招聘会，与国安电厂、黔中酒业公司、华宇轻型材料公司联系，为下岗职工寻岗200个；开展城镇下岗职工、农民工技能培训，配合劳动等部门举办17期培训班，培训下岗失业职工、农民工1210人，发放培训资料12000余册；接待下岗失业职工、农民工求职登记、提供用工信息和就业介绍服务1210人；抓好公益岗位的管理和招聘工作，在原招聘9名公益岗位人员的基础上，2010年又招聘12名公益岗位人员，分派到各乡镇和四家企业；加强对特困企业职工、农民工情况建档工作，建立特困职工、农民工档案2374个；开展“金秋助学”和“奖学”活动，对全县74名考上大学和高中的困难学子、优秀学子进行一次性的“助学”和“奖学”，发放“助学”和“奖学”金3.03万元。

【加强法律法规宣传】 全年接待职工、农民工来信来访17件、20余人次，通过和有关部门配合，反映问题得到及时妥善解决。全年职工法律援助中心接待职工法律咨询20件，为申请法律援助职工起草法律文书3份，帮助农民工协调处理追讨工资4件，追讨欠薪100余万元；参与查处清理拖欠农民工工资问题，处理劳动纠纷欠薪案件10余起，追讨拖欠农民工工资80余万元，涉及农民工200余人；配合人力资源和社会保障局抓好企业职工《基本养老保险关系转移接续暂行办法》和

《城镇居民基本医疗保险》等相关宣传，发放《安顺市实施工伤保险暂行办法》、《企业参加社会保险宣传资料》、《关于城镇企业职工基本养老保险关系转移接续暂行办法宣传提纲》和《致学生家长的一封信》等宣传资料3000余份；加强劳动合同、集体合同的签订和续签工作，配合劳动部门做好“春暖行动”和“彩虹行动”计划的开展，签订职工劳动合同1584份，新签和续签平等协商集体合同71家。

【创建“劳动关系和谐企业”】 按照企业依法规范生产、经营、管理，积极履行法律责任和社会责任标准，在8家企业启动“劳动关系和谐企业”创建工作，开展“劳动关系和谐企业”评比，授予普定电力公司、中国移动通信集团贵州有限公司普定分公司、普定县联合物资经营有限责任公司三家企业普定“劳动关系和谐企业”荣誉称号，给三家企业授牌、发放奖金各1000元。推荐县供电局到市参加“劳动关系和谐企业”评比，并获表彰。

【弘扬劳模精神】 春节期间，组织看望10名生活比较困难的劳模，发放劳模慰问金3000元；组织召开部分劳模代表座谈会，参与县统战部、县工商联开展“回报社会、感恩行动”，促进困难劳模帮扶工作。

【抓好安全生产督查】 深入开展“安全生产大督查”活动，制定工作方案，积极参与做好企业安全生产和职业病防治工作。开展安全生产月和安全生产周宣传活动，与政府和县直有关部门联合举办《安全生产法》、《职业病防治法》咨询活动，发放安全宣传资料1000余册。参与全县安全生产大检查13次，提出整改措施3条，调处安全事故7次。组织企业职工参加“安康杯”竞赛活动，111个单位参加，参赛职工4000余人。

【加强女职工组织建设】 加强工会女职工组织建设，组建率100%；抓好《女职工专项集体合同》签订工作，维护女职工合法权益；建立下岗女职工、困难单亲女职工、女劳动模范的基本情况档案资料，深入开展“两节”等送温暖帮扶救助活动，对生活特别困难的女职工、女农民工、单亲职工子女、计划生育先进户、双女结扎户给予帮扶；“三八”期间，组织全县各行业女职工委员会开展庆祝活动。在马官镇组织的活动中，县总工会法律援助工作者为80余名妇女干部进行妇女维权知识宣传，现场讲解老人维权、妇女维权、儿童维权等典型案例；开展“女职工素质提升工程”和“创造新岗位、创造新业绩、创造新生活”为主题的女职工建功立业活动。

【加强经审工作】 制定《普定县总工会2010年经审工作安排意见》，建立下审工作制度，年初对县总工会2009年财务情况进行审计。开展同级工会和下级工会帮扶救助等各类专项资金的审计监督，防止专项资金被挤占、挪用；加强工会经审组织建设，在组建工会和换届选举时，坚持经审委与同级工会委员会同时考察、同时报批、同时选举产生，确保经审工作的正常开展。

【抓好财务建设】 对单位的人事工资审批管理进行统计，按时上报财务报表、预决算和人事统计报表；抓好本级固定资产管理工作，强化县工会资产的监督管理，严格控制资产的报损审批，确保资产安全。制定《关于申请维修工人俱乐部办公楼所需经费报告》上报省总工会、市总工会和县委；抓好下级工会财务指导工作，保证《工会财务管理制度》的执行；配合经审委做好下级工会经费审查和指导财务工作规范化管理；参与市总工会组织的新旧会计制度衔接问题处理的财务培训，使用新的会计制度财务软件进行核算，严格财务考核标准；规范税务代收工作，配合税务部门做好全县税务代收征管信息化的衔接工作，制定全县行政事业单位计拨工会经费及规范税务代收工会经费报告，确保代收经费增长；做好财政划拨经费的收缴，确保拨交经费收入增长；搞好本级年度收支预算管理，做好增收节支和乡镇工会经费预决算指导监督和审批工作，做好本年度的预算工作，严格按预算开支。

【创新工会发展】 拟定工会创新工作方案（公益性岗位工会干部派驻社区企业抓服务），确保创新工作见成效。参与社区、企业宣传工会工作；按照《中国工会法》、《中国工会章程》，配合社区、企业抓好基层工会组织建设，做好“党建带工建，工建服务党建”党工共建工作；摸清社区、企业工会会员情况，做好工会会员管理；做好新经济组织的调查摸底，及时为新经济组织组建工会；加强工会组织的有形化建设，抓好各种制度的建设落实，严格按照建好工会组织台账要求进行规范；发挥工会“大学校”作用，帮助引导社区、企业抓好工会会员学习，全面提高广大职工群众的法律意识，切实维护好广大职工的合法权利；抓好厂务公开民主管理工作，宣传贯彻《企业民主管理条例》，按照企业厂务公开民主管理的要求，加强对企业厂务公开民主管理的督促指导，确保企业厂务公开达100%；抓好社区、企业平等协商集体合同和女职工特殊专项合同的签定工作，督促用人单位依法维护好广大职工的合法权益；抓好社区、企业劳动保护监督工作，加强对职工、农民工劳动保护的督查，督促企业改善职工生产、生活环境，增加职工福利待遇；抓好社区、企业的困难职工和农民工的调查摸底工作，帮助他们解决实际困难，招聘公益性岗位人员进驻部分企业。

【县委、政府中心工作】 认真落实县委、县政府关于抗旱救援紧急会议精神，帮扶坪上乡陇箐村抓抗旱救援工作；参加市总工会组织抗旱救灾再行动捐赠会，组织职工捐款93020元，劳动模范捐款1500元；做好后靠移民的思想工作和农民工维权的工作，防止群体性事件及上访；抓好"四创"工作，及时成立工作小组，制定方案，利用电子显示屏加强"四创"工作宣传；参与有关部门综治、禁毒宣传3次，发放综治、禁毒宣传资料5000余份；深入帮扶村，实际调查了解村情、校情和计划生育工作，确保包村工作落到实处。

（王正勇）

中国共产主义青年团普定县委员会

【概况】 2010年，团县委下辖基层团支部369个，"两新"团组织35个，团员总数12182人。

【组织青年志愿者抗旱救灾】 3月22日，青年抗旱救灾突击队启动仪式在县宣传文化中心举行，全县各部门、县直中学近200青年和团员参加。成立以消防、移动、自来水等有关部门和全县团员青年组成6支青年抗旱救灾突击队，向群众送水。

【完成抗旱救灾小水利工程】 3月，协调共青团湖北省武汉市委、共青团安徽省芜湖市委、共青团天津市塘沽区委、共青团安徽省黄山市委、共青团江苏省苏州市委等资助40余万元为普定修建抗旱救灾人饮工程5处：鸡场坡乡肖家村抗旱救灾人畜饮水建设工程、白岩镇十二营村抗旱救灾人畜饮水建设工程、补郎乡等堆村高寨组人饮工程、龙场乡人畜饮水工程、马场镇杜家村人畜饮水工程。

【希望工程】 协调社会各界爱心人士，筹集资助款1.75万元，帮助35名初、高中学生每人500元。与县工业经贸局共同发起"圆梦大学"爱心资助活动，华荣矿业、明达水泥等6家企业共资助6.7万元，资助34名优秀贫困学生；与教育局、县一中共同协调联系兴伟公司出资25万元资助县一中30余名品学兼优，家庭贫困的大学新生。11月，联系南瑞集团团支部捐资0.96万元资助普定一中9名贫困学生。

2010年8月27日，普定县召开兴教助学奖学会议。 （团县委 提供）

【两新基层团组织建设】 4月22日，普定县羽毛球协会团支部成立，成为普定县首个青年自主组织团支部。全年成立35个两新组织团支部，35岁以下青年1470人，其中团员青年651人。

【开展"四创"志愿者工作】 截至8月5日，招募"四创"志愿者997名，服务项目包括爱心互助、大型活动、扶贫助学、交通秩序、生态建设等。8月19日，共青团普定县委和县公安局交警大队联合组织20名交通安全青年志愿者在城区开展"文明交通安全行"服务活动。

【举办第三届人口文化节】 9月18日，由县人口和计划生育暨"三结合"领导小组主办，共青团普定县委承办普定县第三届人口文化节系列活动，"阳光女孩"才艺展演活动收到良好效果。共青团普定县委、县妇联和县人口计生局联合主办以"牵手蓝天下、温暖你我他"为主题的全县留守儿童运动会，11个乡镇22支代表队参加。

【举办青年创业大赛】 11月26日，共青团普定县委主办，县人力资源和社会保障局、县朵贝重华茶叶有限责任公司、县电视台协办，县住房和城乡建设局团总支承办首届"朵贝重华杯"青年创业大赛开赛，县委副书记胡晓兰，共青团安顺市委副书记黄小兵、各有关部门领导和贵州省青年创业导师、普定县朵贝重华茶叶有限责任公司董事长汪朝祥出席。全县21名正在创业、想创业青年参加当天比赛，比赛分创业计划书设计展示、创业思想讲述、创业疑难问答三个部分，全面考察参赛选手创业计划设计能力、创业思想可行性、创业的市场预测能力。

（吴立辉）

普定县妇女联合会

【加强教育培训】 2010年，根据广大妇女实际要求和生产发展需要，开展科学技术培训。培训35期，参训人员4638人，其中妇女2258人，发放种植、养植、农作物病虫害防治资料4000份。

【帮扶工作】 全年帮扶345名妇女，帮扶计生户286户，与33户签订帮扶目标责任书；帮扶16名贫困党员，联合县计生局、安顺阳光妇科医院为11个乡镇、县直机关、企事业单位开展“关爱女性健康”免费体检活动，200人参检。

【开展关爱母亲送温暖活动】 配合省、市妇联到全国美德在农家示范点白岩镇讲义村开展关爱母亲送温暖“三个一”活动，为10名贫困母亲发放“品牌中国·母亲基金”项目援助款共计8000元；发放农村实用技术与识字、妇女维权和小额信贷宣传资料300份。

【开展“六一”关爱慰问活动】 5月31日，县委副书记胡晓兰率县妇联到城关镇地坝小学开展“六一”关爱行动慰问，为26名留守儿童、1名孤残儿童、13名贫困儿童学生赠送书包、文具盒、雨伞、笔记本等价值4000元的学习及生活用品，赠给学校价值3000元的象棋、电子琴、跳绳。

【做好来信来访工作】 2010年，接待来访39件，婚姻家庭类21件，占53.8%；劳动权益类9件，占23.1%；人身权益2件，占5.1%；财产权益类1件，占2.6%；文化教育类1件，占2.6%；综合类5件，占12.8%。结案38件，结案率97.4%。

【开展第三期中国妇女社会地位调查】 抽调2名工作人员参加省妇联举办的培训班学习，对4个乡镇5个村进行妇女社会地位调查，完成调查问卷75户，其中个人主问卷71份，老年专卷4份，儿童专卷21份，流动附卷14份，高层人才附卷3份，全部被访者中女性35人，涉及样本居委会问卷1份，村委会问卷4份。

【加大法律法规宣传】 开展全体干部职工《廉政准则》知识测试，加强“三八”维权周宣传活动。发放《降低孕产妇死亡率和消除新生儿破伤风信息》、《劳动法》、《婚姻法》、《农民工维权手册》、《双合格》家庭教育宣传实践活动等资料40000份，咨询700人；发放《禁毒法》、《外出务工人员禁毒教育手册》、《国务院法律援助条例》、《贵州省法律授权条例》、《法律知识问答》、《中华人民共和国禁毒法》宣传画等宣传资料1000份；发放《妇女权益保障法》宣传资料1000份。

【开展创先争优活动】 贯彻落实县委文件精神，开展以“服务中心、服务基层、服务妇女群众、促进经济发展、促进社会和谐”的三服务、两促进活动。向中国儿童少年基金会争取援助抗旱基金1万元，为猴场乡猴场小学、猫洞乡补堆小学、大地小学送去矿泉水9090瓶。开展“平安家庭”创建活动，全年创建“平安家庭”8000户，挂牌8000户。

（袁道萍）

普定县文学艺术界联合会

【综述】 2010年，县文联贯彻落实科学发展观，坚持“二为”方向和“双百”方针，发挥文联“联络、协调、指导、服务”职能作用，广泛宣传推介普定“穿洞”特色文化，促进经济社会又好又快发展。

【重视提高思想素质】 努力在打造穿洞文艺品牌上寻找工作思路，举办“穿洞之光”书画摄影展、组织县音协、舞协配合县委宣传部举办“穿洞之光”文艺汇演等系列活动。制定人才培养、精品创作、促进文艺活动开展、发展协会组织、推进文化产业发展等方面的新举措，增强科学发展意识、提高科学发展能力、探索文艺科学发展规律、建立科学发展体制。坚定自觉地为县委、县政府工作大局服务，牢牢把握正确导向，努力发挥先进文化的引领作用。拓展文联工作、提升文联形象、扩大文联影响，切实抓好党的建设和干部队伍建设，提高文联工作的能力和水平，使文联成为宣传思想文化战线的重要组成部分。

【开展各种文艺活动】 1月25日至2月11日，县文联策划并分别组织县书协、美协人员到补郎、化处、猫洞、白岩等乡镇开展为广大老百姓义务书写送春联活动，为老百姓书写赠送春联近2000付，在大旱之年的春节为老百姓送上一份爱心。2月7日，邀请并配合省、市文联，到马官镇开展以“文艺下基层，欢乐进万家”为主题的大型文艺活动，为当地老百姓义务书写春联600余付，其中科普方面的100余付，为当地百姓义务拍送全家福照片100余张。

2010年1月31日，县文联组织送春联下乡活动。
（甘　决　摄）

2月21日至3月1日，在宣传文化中心策划举办“穿洞之光”新春书画摄影展活动，展出书画摄影作品150幅。展览的书画作品以大作品为主。此次展出的作品同往年相比，在视觉效果、整体水平和质量方面都有一定的提高。组织县文学协会会员深入抗旱救灾第一线，了解抗旱救灾情况，撰写各类新闻稿件50余篇分别在《普定》报、《安顺日报》、《贵州日报》等新闻媒体上刊登。组织三次书画笔会活动，为安顺市承办的全省“黔冠杯”首届书法篆刻精品展及省文化厅“第二届美术专业比赛”活动组织作品。在“黔冠杯”首届书法篆刻精品展中，张宏荣的小楷书法作品获二等奖，李生科、张振忠、吴贤、甘决、李永富、王光伟、杨天福获优秀奖。6月，响应安顺爱心网络公司组织的文艺助残活动，组织10件书画作品参加活动，作品拍卖后将全部用于资助残疾人。7月1日，配合县纪委、组织部举办“忠实践行宗旨，勤政廉政为民”硬笔书法展览。围绕“忠实践行宗旨，勤政廉政为民”和庆祝建党90周年为主题，收到作品600余件，展出作品230余幅。反映各级党组织立党为公、执政为民的新风尚和广大党员情系基层、为民服务的新形象。9月，在全县第三届人口文化节开展期间，县书协、美协、摄协认真组织100余件“人口文化”的专题书画摄影作品，在县西门广场展出。配合坪上乡举办第三届全省散文大赛，组织省内外文学作者到坪上乡采风，收到县内外作品60余件，初评工作已完成。组织第七届穿洞文艺政府奖的登记与评审工作。将评出的穿洞文艺政府奖及提名奖人员，报县政府审核批准后，在2010年大型的春节系列活动中进行颁奖。编辑《穿洞文艺》第九期，突出地方性和艺术性，加重厚度，提高质量，大16开本不变的基础上，从过去的80页增加到100页，彩插从过去4页扩到8页。认真组织《普定县文联志》的编纂工作，已完成初稿。本着尊重历史、内容详实的原则进行内审。

【抓好文艺队伍建设】　制作各艺术协会的《会员证》、《会员入会申请表》、《会员作品情况登记表》，逐步建立完善的会员档案，规范对文艺人才资料的管理，以便更好地加强和各文艺会员的沟通与联系，开展文艺活动，培养优秀文艺人才，打造文艺精品。据初步统计，全年全县文艺作者作品入选（展、刊）国家级刊物、展览等21件，省级102件，市（地）级80余件。在全省“黔冠杯”书法篆刻小精品展中，有8人入展。

（彭志兴）

普定县红十字会

【综述】　2010年，县红十字会以“保护人的生命和健康、改善最易受损害群体境况”作为工作的出发点和工作目标，按照“树立形象，建设队伍，提高能力，夯实基础，加快发展”的工作思路，宣传红十字法律法规和红十字运动基本知识，在走访慰问、社会募捐、备灾救灾、现场救护培训、基层组织建设、配合开展无偿献血和动员捐献造血干细胞血样、争取项目和救灾救助款物、学校红十字会建设、开展人道关爱进社区等方面取得较好的成绩，获安顺市红十字会年终目标考核二等奖。

【宣传红十字相关知识】　在“5·8”世界红十字日、“6·14”世界献血者日，九月份的“世界急救日”、“12·1世界艾滋病日”期间，向群众宣传《中华人民共和国红十字会法》、《中国红十字会章程》、《贵州省红十字会条例》、地氟病预防知识、无偿献血、捐献造血干细胞血样、防灾避险知识、艾滋病防治等知识宣传。全年开展大型宣传活动5次，发放各类宣传资料33000余份。

【走访慰问活动】 元旦、春节期间，开展“红十字博爱送万家”活动，将66袋大米、棉被65床，旅游鞋16双送到全县3个乡镇7村（居）的部分困难群众（包括麻风病患者）家中，走访慰问72户288人。配合贵州省红十字会在鸡场坡乡开展集中慰问活动，给部分困难群众送去服装30箱，大米5吨，棉被300床，家庭包50个，慰问物资价值15万余元。支持补郎乡棉被100床，慰问困难群众83户185人。

【开展灾区和县内旱灾募捐活动】 青海省玉树县发生7.8级地震和普定遭受严重旱灾后，积极组织社会各界募捐，发出倡议书3200余份，接收向青海玉树地震灾区捐款32386元，县内抗旱救灾捐款14193.70元。

【备灾救灾和救助】 2010年，面对全县严重旱情，争取中国航空工业集团公司捐赠抗旱救灾人畜饮水工程款200万元及春雨礼包600份。实施人畜饮水工程项目26个，涉及7个乡镇27个村（组）。发放春雨礼包600份（大米30吨，食用油600桶），救助11个乡镇困难群众827户3260人；争取到省内外捐赠矿泉水40吨，解决18所边远学校师生和2个村（组）群众的饮水困难；争取到苏州市红十字会捐赠给10名困难小学生救助款（第二期）4000元。

【现场救护培训】 全年组织开展现场救护培训3期，培训教师69人，学生1530人，农村居民500余人，超额完成上级分配培训900人的任务。

【基层组织建设】 调整充实乡镇红十字会人员，抓好基层组织发展工作。全年发展基层组织12个（学校红十字会3个，村级红十字会9个），发展会员2860人，其中成人会员850人，青少年会员2010名，招募红十字注册志愿者158名。

【参与无偿献血和动员捐献造血干细胞血样】 配合县献血办开展大型宣传活动1次，发放无偿献血宣传资料300余份，参与动员452名机关干部、学生、社会爱心人士进行无偿献血，献血量为603个单位1260600毫升。动员63名捐献造血干细胞血样志愿者参加捐献造血干细胞血样，其中57人成功捐献造血干细胞血样285毫升，超市红十字会分配备样采集入库任务17人。城关镇党政办任亮捐献的血样与某患者高配成功，成为普定县首例高配成功的捐献志愿者。

（县红十字会）

普定县残疾人联合会

【春节慰问残疾人】 元旦、春节期间，投入资金1万元，慰问90户贫困残疾人。

【抗旱工作】 深入受旱灾严重乡（镇）调查灾情，投入2.1万元对受灾比较严重的猫洞、补郎等8个乡（镇）210户重度残疾人给予饮水困难补助。

【残疾人居家服务】 对90户重度贫困残疾人的基础信息进行数据录入和核准，按每年补助500元标准进行居家服务补助，补助4.5万元。

2010年5月13日，县残联组织开展慰问残疾人活动。 （县残联 提供）

【开展第20次全国“助残日”活动】 5月18日，开展以宣传残疾人法律法规为主题的全国“助残日”活动，悬挂宣传标语5条、组装宣传车1辆，通过安顺日报，安顺电视台、西门广场电子大屏幕对“助残日”活动进行宣传报道；参与市残联在“助残日”期间对龙场乡部分贫困残疾人慰问。

【残疾人基层组织建设】 投入资金10万元完善11个乡（镇）和327村（社区）标识牌上墙、档案资料整理、办公用品购置等工作，通过省市残联检查验收。

【残疾人康复】 发放贫困残疾人康复用品用具50余件，完成白内障手术40例。

【残疾人劳动就业】 截至12月15日，征收残疾人就业保障金41万元；推选符合条件的5名残疾人到福建莆田福利企业就业，6名残疾人到华夏职业技术学校、安顺福利厂参加残疾人技能培训。在坪上乡举办一期残疾人种植培训班，培训105名城镇残疾人、125名农村残疾人，投入资金3万余元。

【残疾人运动】 推选优秀残疾人参加贵州省第四届残疾人运动会和技能大赛，坪上乡肢体残疾人李德贵获贵州省第四届残疾人美发组技能比赛第一名，马官镇肢体残疾人杨琼慧获贵州省第四届残疾人刺绣组技能比赛第三名，肢体残疾人张振浪获贵州省第四届残疾人运动会象棋团体金牌。

【残疾人危房改造】 投入资金12万元，对全县55户贫困残疾人进行房屋维修和改造，对政府危改补助的困难残疾人给予整合补助。

【第二代中国残疾人证办理】 全年办理第二代残疾人证5000个。

【农业产业结构调整】 投入资金6万元完成农口部门集团承包农业产业结构调整工作。

（赵正洪）

普定县计划生育协会

【完善自身建设】 2010年，按照上级文件要求，县计生协会列为群团序列参公管理独立设置正科级单位，抓住这一机遇，着力解决机构、编制和人员配置等问题，进一步完善县、乡镇、村级企业、流动人口计生协会组织网络。全县有乡级计生协会11个，村级计生协会325个，企业协会9个，流动人口协会6个，会员45532人。向县委常委会汇报计生协会工作，从乡镇选调业务能力强、工作态度踏实的乡镇分管计生工作领导担任县计划生育协会专职副会长，充实县计生协班子。

【创新宣传教育理念】 以“婚育新风进万家”及“关爱女孩行动”为载体，组织“阳光女孩”才艺展示活动；指导乡镇、村组建人口文化宣传队，自编自演文艺节目；开展春节、“5·29”计生协会活动日、“7·11”世界人口日等重大节日集中宣传活动，弘扬人口文化，倡导婚育新风；举办“我是怎样当会长的”村级计生协会会长工作、“责任与奉献”村干部怎样开展村级计生工作比赛，展示村干部开展计生工作新风貌、新风采。在白岩中学、鸡场坡中学等学校开展“人口文化进校园”活动，丰富素质教育内涵，让学生从娱乐中获取人口文化知识，增强国情国策意识。

2010年5月23日，普定县化处镇举办纪念计划生育协会成立30周年暨《公开信》发表30周年文艺汇演。

（任启鑫 摄）

【加强示范带动和帮扶】 抓好基层“会员之家”建设，按照计生协会“五有”（有活动场地、有服务项目、有活动制度、有宣传队伍、有文体器材）标准，指导规范“会员之家”建设。按照先行试点、总结经验、分类指导、分步实施、整体推进的工作思路，在讲义村、王家村、播咱村、天王旗村、荷包村、褚家村、本杰村等11个行政村积极探索和巩固“支部加协会、建设新农村”、“三新”示范点建设试点工作。围绕群众需求，拓展服务领域，创新服务手段，加强新农村建设，帮助群众走少生快富之路。如马官镇号营村支部、计生协会带领140余户村民养猪，马场镇的云盘村党支部和计生协会带领该村计生户新建大棚蔬菜50个，白岩镇讲义村支部，计生协会利用本村地处风景区的优势，探索发展农家乐和乡村旅游相结合，带领10余户计生户办起农家乐，增加村民收入。认真调查研究人口老龄化问题，在鸡场坡乡建立人口与计划生育养老安福关爱中心，重点解决无儿户、子女不在身边的独双户的养老问题。开展农村实行计划生育的困难家庭社会扶助活动，关心计划生育困难家庭的生产、生活、生育和生殖健康。争取“幸福工程”项目资金20万元，投放到城关、马官、白岩、坪上等乡镇，帮扶独生子女户、双女绝育户、计生户发展服务业；开展“万千财富”行动，县、乡镇两级协会深入基层调查，进一步摸清全县“独双”特困户10户，争取上级计生协“万千财富”助学资助金3900元，为全县首期10名大、中、小学生发放救助。

【夯实基层群众自治工作】 建立健全“两委

负总责、协会当骨干、家庭为中心、群众做主人”的基层群众自治工作机制，动员组织广大群众参与基层群众自治制度建设，参与社会管理和公共服务，反映群众诉求、维护群众合法权益，帮助群众解决生产、生活、生育方面的困难和问题。以“提供服务、反映诉求、规范行为”为主题，建立计生协民主参与和民主监督小组，广泛收集群众意见和建议，积极参与基层人口计生事务的管理与监督，达到群众“自我教育、自我管理、自我服务、自我监督”的目的。

【开展群众需求调查研究】 深入基层调查研究，广泛收集群众需求信息，并进行梳理、汇总、分析，制定工作整改方案，及时调整强化工作措施，不断满足群众在人口计生工作中日益增长的服务需求。开展问卷调查和面对面征求意见，根据育龄群众生殖健康方面的服务需求，配合县人口计生局对全县机关企事业单位400余名已婚育龄妇女开展免费健康检查。

【探索建立贫困母亲致富机制】 实施“幸福工程”项目，严格遵循“小额贷款、直接到户、滚动运作、自愿入股、带动致富”的救助原则，及时将“幸福工程”救助资金发放到位。为探索“幸福工程”项目资金由分散投资型向集中利用型转变，集中力量办实体，在白岩镇讲义村建立人口计生培训中心，优先吸纳贫困母亲利用“幸福工程”救助金自愿投资入股，签订入股合同，年底兑现分红，带动贫困母亲发展产业，增加收入。

（陈　海　董有志）

军　事

人民武装部建设

【综述】　2010年，县人武部按照“事事讲政治，扎实抓训练，从严抓管理，科学搞建设，末端抓落实”的思路，完成各项工作任务。

【思想政治建设】　落实党委中心组理论学习规定，抓好学习科学发展观实践活动。抓好“弘扬战区五种精神，忠诚履行历史使命”、“艰苦奋斗，献身使命”主题教育，开展培育核心价值观教育活动，打牢“忠诚于党、热爱人民、报效国家、献身使命、崇尚荣誉”的思想基础；贯彻落实民主集中制，深入开展“知恩保持事业心，知责保持进取心，知足保持平常心”教育，加强党委班子自身建设。开展“月读一本书、月撰一篇文、月建一次言、月献一个策”的“四个一”活动。参加省军区、军分区《纲要》集训，认真贯彻集训精神，进一步提高干部职工按纲抓建的能力素质。全年部领导辅导授课5次，组织理论考核2次，干部职工及民兵撰写心得体会28篇，班子成员形成调研报告6篇。

【军事斗争准备工作】　落实《战备工作条例》，完善作战预案和各类应急预案。按照新军事训练与考核大纲要求，采取基地驻训方式，组织民兵应急分队和县医疗救护、通信保障、公路运输等勤务保障队伍348人。扎实开展民兵军事训练，主要进行共同科目、警棍盾牌术、防暴队形展开、轻武器射击、民兵政治教育和体能等内容的训练。组织民兵200余人进行实弹射击，经考核，合格率95%。首长机关完成共同科目训练40天，参训率97%，合格率100%。围绕“三个紧贴”，落实“三个联系”，坚持“三个优先”，实现“三个转变”思路，完成民兵整组任务，调整民兵干部36人。扎实开展征兵工作，完成114人兵员征集任务。

【加大正规化管理】　扎实开展“学法规、严纪律、查隐患、纠歪风”、“精诚团结干事业，齐抓共管保安全”、“增强党性、严守纪律”专项教育整顿及“回头看”活动，以新条令为依据，以纲要为抓手，下大力抓好倾向性问题整治工作，着力强化“实事求是查找问题、知耻后勇正视问题、忠诚履职解决问题”的观念，营造“我的安全我负责，单位安全我尽责，他人安全我有责”的良好氛围。组织学习各级安全稳定电视会议精神，抓好所属人员的保密教育、安全常识教育，开展“条令学习月”教育整顿和“狠刹五股歪风”专项整治活动，签订干部车辆使用承诺书，深入开展安全隐患排查。学习《省军区营门卫兵执勤规定（试行）》，制定营门卫兵遇袭应急预案，规范营门卫兵执勤秩序。落实军地隐蔽斗争协作机制，加强与地方职能部门联系，定期互通情况，实现信息资源共享。加强民兵情报信息网建设，加强退役人员的教育管控，确保敏感时期、重大活动和核心部位、重点目标的安全。

【后勤保障工作】　调整健全安全管理、武器装备、保密工作等组织，修订完善安全预案。以筹备军分区贯彻落实《全面建设现代后勤纲要》试点任务为契机，抓医疗保障、公务用车、物资管理、营房维修等“十化一改”任务落实，承办军分区后勤规范化建设现场观摩会活动。严格财经纪律，加强经费管理监控，不断提高管理质量和保障效益。继续开展建设“节约型”军营活动。搞好基本建设、财经法规、预算执行和领导干部经济责任审计，确保资金运行安全。

【参建参治工作】　抗旱救灾期间，投入经费3万余元，组织民兵预备役人员为群众送水2千余吨，新修水渠2000余米，组织干部、职工向灾区捐款1万余元。出动民兵510余人（次），扑灭大小山火36次。出动民兵230余人（次），配合相关部门参与猫洞乡可处村危岩处置维稳行动、移民群体性上访维稳处突行动、猫洞乡远洋煤矿等矿难救援维稳任务。出动民兵280人（次），参与全县“四创”活动、禁毒宣传活动。落实普定县争创“双拥模范县”动员大会精神，抽调专人到县双拥办公室参加创建双拥模范县活动准备工作，组织干部职工及预备役民兵广泛开展“不忘革命烈士、关爱烈士亲属、帮助退伍军人”活动。

【处突维稳工作】　地质灾害导致猫洞乡可处村老鹰岩山体崩塌，危及可处村300余户近2000余口村民生命财产安全。组织县民兵应急分队60人参加猫洞乡可处村老鹰岩处突维稳行动，重点做好老百姓劝解支持和配合县委、县政府组织的施工行动，防止群体事件冲突，确保人民生命和财产不受损失。

【新营区落成】 2月4日，县人武部新营区正式落成，军分区司令员龚益全、政委王万杰、参谋长王星柏、政治部主任刘俊、后勤部长吴尊元和县委书记、人武部第一书记王跃、县长庞琨等军地领导参加落成典礼。新营区建筑总面积6984平方米，总投资约1500余万元，于2009年12月新营区主体工程全面竣工。

【安顺军分区后勤规范化建设观摩活动】 12月8日，军分区在普定县人武部组织开展“安顺军分区后勤规范化建设观摩活动”。军分区司令员龚益全、政委王万杰、后勤部部长吴尊元，各县（区）人武部部长、后勤科长和出纳，干休所所长和助理员及县委、县政府主要领导出席观摩活动。实地参观县人武部后勤战备训练管理、经费物资管理、生产生活管理、设施设备管理及“三室一库”建设成果，观摩民兵应急骨干分队野营保障、战场救护等后勤专业课目演示。通过观摩学习，促进军分区（人武部）后勤建设走上制度化、规范化、正规化轨道，全面提高军分区（人武部）多样化军事后勤保障能力。

2010年12月7日，安顺市军分区首长带各县（区）人武部主官参观普定县人武部新营区。

（县人武部　提供）

【抗旱救灾行动】 在抗旱工作中，县人武部及11个基层武装部组织民兵1.3万人次，灌溉受灾农作物12935亩、帮助农民收割庄稼29395亩、修建水窖93个、储水池74个、拦水坝4个，救治病人12名，协助地方卫生部门向受灾群众发放药品价值4200余元，帮助民政部门向灾区困难群众送粮64575公斤。

【开展民兵整组工作】 围绕“三个紧贴”，落实“三个联系”，坚持“三个优先”，实现“三个转变”的思路，完成民兵整组任务。以完成“应急”、“应战”任务为核心，紧贴县情、民情、灾情；联系单位，联系家庭，联系本人，切实掌握民兵的流动信息、思想信息、工作信息；按照先编基干民兵，后编普通民兵，先编重点队伍，后编一般队伍，先编退伍军人，党团员，技术骨干，后编其他适龄青年的原则，实现编组规模由过去按行政单位平均分配实现向重要目标，公路沿线和重点单位倾斜，编组对象由过去以编常驻人口为主实现向相对稳定的外来人员拓展，编组手段由过去传统模式实现向信息化管理模式逐步过渡的转变。

（周　昌）

人民防空与交通战备

【综述】 抓“四创”工作。参与抗旱救灾、再就业招聘工作，招聘公益性人员2人。投入8万余元购买新的警报器、电控器、维护警报设备。根据省指示，从2010年开始将原定每年10月29日全省警报器信号试鸣演练活动，改为每年9月18日进行。

【落实政府效能建设】 实施《普定县防空袭预案》，抓警报器维护保修，坚持不定期检查，参加全省警报器信号试鸣演练活动合格率100%，完成冬季征兵工作。

【开展人民防空宣传】 开展“9·18”全民国防教育宣传月，举办“全民国防教育日”、“人民防空法”、“人防音响警报试鸣演练”活动，发放《国防》、《人防知识》手册书、传单3000余册（份），《人防、交战政策法律》宣传展出图板24块、挂“勿忘‘9·18’人民防空警钟长鸣!”等布标9条幅。利用普定报、电视台、广场大屏幕宣传“全民国防教育日”和向全县人民群众发放通告，播放国防教育战斗片和《唐山大地震》、《防御空中空袭》片等。

（伍春宪　陈文努）

法　　制

审　判

【综述】　2010年，县人民法院坚持“三个至上”指导思想，围绕“忠实践行宗旨，公正为民司法”主题，紧扣“社会矛盾化解、社会管理创新、公正廉洁执法”三项重点工作，履行职责。开展“法律文书质量年”、“清理超审限积案”、“清理涉诉信访积案”、“百千万活动”等专项活动，加强审判和执行工作，抓队伍建设和基层基础建设，各项工作取得新进展。全年受理各类案件1408件，审执结1384件，结案率98.3%。

【刑事审判】　贯彻宽严相济刑事政策，充分发挥刑事审判职能，严惩刑事犯罪，维护社会稳定。2010年，受理刑事案件142件，审结139件，结案率为91.89%。判处5年以上有期徒刑的55人，判处3年以上5年以下有期徒刑的26件35人，判处3年以下有期徒刑、拘役、管制的88件127人，免予刑事处罚2件4人。

【民事审判】　依法处理事关经济社会发展与社会和谐稳定的各类民事纠纷案件，积极维护社会稳定，促进经济平稳较快发展。全年受理民商事案件989件，审结973件，结案率为98.38%。加大简易程序的适用范围，加快办案节奏，提高办案效率，民商事审判简易程序适用率达87%。继续作好诉讼调解工作，全年以调解方式结案380件，以撤诉方式结案260件，调解率达39.05%，撤诉率达26.72%，调撤率达65.77%。实行判后答疑制度，着力提高服判息诉率，调解率和撤诉率同比上升4.5%和0.72%。

【行政审判】　发挥行政审判职能，监督、支持和维护行政机关依法行政，切实保护行政管理相对人的合法权益。全年受理行政案件17件，审结17件，结案率100%。行政审判工作中探索、引入和完善协调机制，通过协调方式化解行政机关和行政管理相对人之间的矛盾。坚持惩罚和教育相结合的原则，对接受处罚、配合执行工作的当事人，积极建议行政机关放弃部分处罚，促使当事人自觉履行义务。

【执行工作】　贯彻落实中央政法委《关于切实解决人民法院执行难问题的通知》精神，完善执行措施，规范查封、冻结、评估、拍卖等程序，完善相关制度，制裁规避执行行为；完善指定执行、交叉执行、联合执行、委托执行、提级执行等统一管理，统一协调的执行工作机制，进一步破解“执行难”问题机制性障碍；配合有关部门建立健全执行威慑机制，防止被执行人隐匿、转移财产，迫使被执行人自动履行人民法院生效裁判；加强对无财产可供执行案件的调研。2010年，受理执行案件259件，执结254件，结案率98.07%，执结标的1390万元；清理执行积案6件，执行标的额为48万元。

【涉法涉诉信访】　采取包案、案件协调、提供司法救助等措施，进一步加强涉法涉诉信访工作。开展“清理涉诉信访立积案”专项活动，认真清理涉诉信访案件、案件质量评查上诉案件40件。开展院长“大接访”活动，院领导定期到信访接待窗口接访上访人员，了解民意，解决问题，努力让当事人息诉息访。

2010年8月26日，县法院领导班子进村入组调研。　（蔡　波　摄）

【审判监督】　积极应对新民诉法实施后的审判监督工作，依法妥善处理各类申诉案件，正确引导当事人进行申诉复查，做好当事人的息诉息访工作；对当事人提出合理不合法的利益请求，协调有关部门妥善处理；规范申诉处理程序，把立案申诉信访工作与审判监督工作有机衔接起来，坚持依法纠错原则，正确区分维护司法既判力与保护当事人合法权益关系。全年受理申请再审案件1件，经审理维持原判。

【法律文书质量专项治理】 组织开展法律文书质量专项治理，制定可行方案，提高法律文书质量。

【超审限积案清理】 全年清理出超审限积案25件，截至9月30日全部审结。清理案件中，不存在“玩忽职守，曲法弄权，敲诈勒索”问题。

【基础设施建设】 抓好“两庭”建设工作，坚持“两便”和“三个面向”原则，合理调整人民法庭布局。紧紧抓住中央政策机遇，努力推进人民法庭“五化”建设。拟新设立和建设化处、坪上2个人民法庭计划上报国家发改委，2010年新建马官法庭办公楼投入使用。加强物质装备建设，不断改善执法办案条件，法院机关开通内部局域网，建成数字化审判法庭，审判信息化水平进一步提高。

（李发昌）

检　察

【综述】 2010年，县人民检察院深入推进“社会矛盾化解、社会管理创新、公正廉洁执法”三项重点工作，紧紧围绕“保增长、保民生、保稳定”工作大局，结合“恪守检察职业道德、促进公正廉洁执法”主题实践活动，坚持“强化法律监督、维护公平正义”的检察工作主题，忠实履行法律职责，以维护人民利益为根本、维护社会公平正义为核心、维护社会和谐为目标，努力开展各项工作。

【创新监督机制】 探索贯彻宽严相济刑事政策工作机制和办案方式，结合开展规范执法行为教育活动，从机制上保障和促进宽严相济刑事政策的落实。积极探索“附条件不起诉”新路子，结合宽严相济刑事政策，全年对轻微犯罪无逮捕必要而决定不捕青少年等犯罪嫌疑人17人，决定作不起诉6人，纠正漏诉嫌疑人1人；加强与公安机关、人民法院等部门的沟通协调，共同研究解决在贯彻宽严相济刑事政策中出现的新问题，统一对政策界限的认识和执法尺度。

【开展各项专项活动】 结合“恪守检察职业道德、促进公正廉洁执法”主题实践及“反特权思想、反霸道作风”教育活动，组织全院干警进行深入学习和实践，查找工作中存在的不足，加以整改。要求全体干警树立宗旨意识，工作中做到为民执法、秉公执法，廉洁从检，敢于并善于监督，从政治思想和业务能力两个方面提高干警整体素质。年初，检察院被县委评为2007—2009年度“文明单位”。深入推进“社会矛盾化解、社会管理创新、公正廉洁执法”三项重点工作实施，全院各部门从全局和战略的高度，统一思想，充分了解社会矛盾化解是基础，社会管理创新是动力，公正廉洁执法是根本，深刻认识到“三项重点工作”与检察工作息息相关、密不可分，切实增强做好“三项重点工作”的自觉性和坚定性，切实推进“三项重点工作”。探索新思路、新举措，找准突破口，开展好检察业务工作，充分发挥职能作用，不断扩展工作新途径，确保检察工作为社会稳定和社会经济发展服务。控申部门开展“检察长亲自带领带案下乡开展下访巡访”，公诉部门开展“附条件不起诉试点工作办法”等，收到较好的效果。全面推动各项检察业务工作深入开展，上半年邀请县人大代表、政协委员、人民监督员26人到院视察开展“三项重点”工作情况和反渎职侵权工作。

【业务工作开展情况】 全年受理案件线索15件，经初查，决定立案7件11人。其中贪污案2件3人，行贿案5件8人，大案4件7人，所立案件全部侦查终结并移送起诉，结合办案为国家挽回经济损失60余万元，有力打击商业活动领域的经济及职务犯罪，增强检察机关办案法律效果和社会效果。受理各类渎职侵权案件线索4件，初查4件，初查率100%。经初查，立案3件4人，其中立滥用职权案1件1人，玩忽职守案2件3人，侦查终结并移送起诉2件3人。按照“反腐倡廉、打防结合、标本兼治的原则”的总体思路，开展对重点行业、重点工程等的预防工作。结合查办典型职务犯罪案件开展预防调查4次，形成专题报告3篇（其中1篇调查报告报县委领导批准转发各乡镇组织学习），拟写案件分析材料13份，向有关单位发检察建议10份。开展法制宣传和警示教育工作，与县地税局签订联系协调制度1个，多次到各乡镇、县有关单位、太平监狱等开展以“依靠群众，反腐倡廉，服务大局”为主题的宣传活动，发放宣传资料1800余份，接待法律咨询38人次，联系县电力公司、地税局等单位到太平监狱开展警示监狱活动4次，到地税、卫生系统等单位上法制课6次；组织建设局、水电局等单位开展对施工单位进行行贿犯罪档案查询67次。受理各类刑事报捕案件119件209人，经审查决定批准逮捕

109件190人，不捕8件17人，提请单位撤回2件2人，增捕2人，审结率、准确率均为100%，无超时违法违纪现象。全年办理立案监督案件9件15人，其中公安机关不应当立案而立案的案件6件11人，应当立案而不立案的3件4人。对重大刑事犯罪案件及自侦案件及时派员提前介入3件8人。全年受理各类刑事移送起诉案件144件249人，退查重报案件47件109人，其中公安移送129件230人，自侦部门移送15件19人。经审查，起诉到同级法院128件209人，移送市检察院审查起诉15件29人，退回公安补充侦查43件105人，公安撤案2件9人，不诉3件6人，案件审结率为100%，起诉准确率100%。出庭支持公诉95件，运用简易程序35件，收到判决124份197人。拟发检察建议2份，发出纠正违法通知书16份，已纠正，纠正漏诉1人。受理各类民事行政申诉案件20件，立案8件，不立案1件，转其他部门办理11件。立案的8件案件中，2件向市院提请抗诉，均被市院支持；4件作不提请抗诉决定；2件作终止审查决定，此6件均作息诉工作，审结率100%。办理市院交办案件5件，其中建议市院向省院抗诉4件（2件获市院支持），建议市院不提请抗诉1件，提出检察建议1件。清理检查羁押人员即将到期案275件411人，向办案部门发《预警告知书》197份246人，提出口头催办意见98件165人。开展减、假、保工作，审查发现监狱拟报的部分服刑人员减刑幅度不符合相关政策，建议监狱改变减刑幅度，得到采纳。控申部门受理人民群众来信来访72件96人。对受理的72件案件中，控申部门依法办理案件10件12人，其余60件均按规定及时转本院有关部门和其他单位处理。举报中心受理人民群众举报线索40件，均作初核，2件由控申部门初查，其余均转本院有关部门和其他单位进行处理。按照上级院的安排，对2名举报有功人员进行奖励；对12名被举报人，及时采取措施，查清事实，使其受到刑事追究和受到党政处分；对4名刑事受害人及家属，对照文件精神进行刑事救助，支付救助金人民币2000元。采取对受害人或当事人进行救济等方式，成功化解3起老上访案件。抓好干警的职级晋升、司法考试等工作，2010年司法考试中，过C照1人，C照转A照1人。召开检委会25次，议案53件，按时填报检察委员会会议纪要53份（次）。开展人民监督员对“附条件不起诉”听证会1次。

2010年4月15日，县检察院组织召开调研、信息写作培训会议。 （县检察院　提供）

【抓好基础设施和队伍建设】　围绕检察队伍“三位一体”建设要求，大力加强基础设施建设和科技强检工作。强化对现有计算机、多媒体软件应用和管理，较好地实现科学技术在检察业务中的应用，不断提高办事效率和办案质量；加强政工、纪检职能作用，切实抓好干警的学习教育，努力提高干警政治思想素质和业务素质；切实抓好纪律作风教育整顿工作，增强责任意识和大局意识。强化职责管理和岗位培训，按照“治贪、治懒、治庸”作风整治要求，重点对“乱作为”、“不作为”、“不文明”等行为进行查摆和整治，促进队伍作风建设；加强后勤保障工作，合理用好中央政法经费专款专用，努力争取县委、政府支持，切实保障办案用车、办公设备等问题，确保各项检察业务工作的正常运转。

（常国平）

公　安

【综述】　县公安局以创“平安普定”、“和谐普定”为契机，深入推进公安信息化建设、执法规范化建设和构建和谐警民关系“三项建设”，组织开展命案侦破、打黑除恶、打击“两抢一盗”犯罪、打击偷牛盗马犯罪、打击经济犯罪、禁毒、治爆缉枪等专项整治，确保社会治安大局持续稳定；开展“平安创建”活动，深入实施社区和农村警务改革，着力构建社会治安防控网络，不断加大巡逻防范力度，实现动态环境下对社会治安局势有效控制，增强人民群众安全感；组织开展火灾隐患和道路交通安全隐患排查整治，为普定经济社会发展和人民群众生产生活提供良好保障和服务。2010年各项工作取得明显成绩，在安顺市开展群众安全感测评中，普定县群众安全感为89.47%，名列全市第一。

【维稳工作】 2010年，全县移民处遗问题、非正常死亡、矿群厂群纠纷引发的群体性事件不断增多，各种社会矛盾化解难度增大，围堵政府机关、阻断公路交通、聚众上访滋事等群体性过激行为呈上升趋势。面对严峻维稳形势，坚持稳定压倒一切的方针，通过提升研判预警能力、提升舆论引导能力、提升应急处突能力、提升对敌斗争能力四个方面工作的开展，确保全县社会大局持续稳定。加强情报信息收集，将收集情报信息的触角直接伸到群众中去，形成面宽、线长的情报信息网络，初步建立以指挥中心、国保大队、网监大队等部门为主的信息研判机制，指挥中心编发上报《信息快报》52期、国保大队编发上报《国保信息》51期、网监大队编发上报《普定网络舆情动态》14期，及时、准确上报各类可能影响社会稳定的情报信息，为领导决策提供可靠依据，掌握维稳工作主动权。关注社情舆论和网络媒体舆情，及时发现和正确处置老鹰坡阻工事件、夜郎湖移民堵路事件、“6·22”案件等热点、敏感事件；全年发生各类群体性事件12起，其中30至50人的3起，50至100人的8起，100以上的1起，群体性事件发生数同2009年相比上升140%。严厉打击县境内邪教组织活动，查获“法轮功”宣传光碟17张，宣传品16册，查获“门徒会”邪教违法人员2人，行政拘留2人。

【刑事犯罪工作】 对刑事犯罪保持严打高压态势，全年破案496起，摧毁团伙35个，抓获团伙成员143人，破获团伙案件192起。刑事拘留犯罪嫌疑人266人，报捕237人，批捕215人，移送起诉237人。侦破命案7起，其中破现行命案4起，现行命案破案率100%，抓获现行命案逃犯10人。破获“两抢一盗”案件358起，摧毁盗窃、抢劫、抢夺团伙27个，抓获团伙成员110人，破团伙案180起。其中破获偷牛盗马案件15起，打掉偷牛盗马团伙2个，抓获犯罪嫌疑人9人。破获盗窃破坏“三电”设施犯罪案件14起，摧毁“三电”犯罪团伙1个，抓获团伙成员9人，破案11起。破获拐卖妇女案件破获1起，抓获犯罪嫌疑人1人。认真开展打击假发票、假币、银行卡犯罪等专项行动，全年破获经济案件1起，挽回经济损失25000余元。抓获网上在逃人员93名，抓获未上网历年逃犯67名。

【禁毒工作】 紧紧围绕遏制毒品来源、遏制毒品危害、遏制吸毒人员滋生三大重点，深入开展“打团伙、破大案”，“打零包、端窝点”，“创无毒、还净土”等专项行动，将毒品案件办理、吸毒人员收戒等任务分解到各执法办案单位，形成禁毒工作全警参与的良好格局，促进禁毒人民战争的深入开展。全年破获毒品案件45起，其中特大案件3起，缴获毒品海洛因1175.55克，抓获犯罪嫌疑人46人，捣毁贩毒团伙3个，抓获处理吸毒人员161人，有效打击各类毒品违法犯罪活动。侦破“6·6”何斌特大贩毒案，缴获毒品海洛因351.9克。加强禁毒宣传工作，在马官镇举行“6·26”国际禁毒日宣传活动，5000余名群众接受禁毒知识教育，省、市禁毒委及相关成员单位参加活动。全年禁毒教育基地接待参观群众1万余人次。

【治安管理】 参与重大会议及节假日期间的安保工作。开展社会治安重点地区排查整治、校园周边秩序整治、涉枪涉爆专项整治行动、流动人口和房屋租赁整治工作等一系列专项行动，下大力整治全县治安突出问题，维护全县社会治安秩序。全年查处治安行政案件1342起，处理行政违法人员1513人。其中行政拘留134人，罚款95人，警告295人，其它处理989人。

社会治安重点地区排查整治：组织警力对全县各乡镇、各大中企业周边进行排查，先后确定12个重点区域进行整治。如坪上派出所将辖区赌博活动列为重点整治对象，10月28日在该乡硝洞村成功打掉一赌博团伙，抓获参赌人员7人，收缴赌资2万余元。

涉枪涉爆整治工作：对全县9家涉枪单位进行逐枪逐人检查、137家涉爆单位和两家涉剧毒化学品单位，坚持月检查制度，督促落实安全防范措施。

特种行业管理：严格落实实名制登记管理制度和定期检查制度，进一步创新管理方法，探索信息化、网络化管理措施，加强监管力度，提高管理水平。

人口管理：加强实有人口、流动人口、重点人口、房屋租赁、特业场所的管理力度，全年纳入综合信息系统管理的出租房屋1163户，流动人口4187人。创新流动人口管理方法，猫洞派出所创建厂矿企业“网上警务室”，利用互联网对辖区厂矿企业暂住人口、流动人口进行管理服务。

窗口服务：全年各派出所和治安大队户政窗口受理上传正式身份证23586张，办理临时身份证3173张，上报年龄变更168人，民族更正388人，办理户口准迁证351份，受理印章刊刻申请127份。出入境管理窗口办理出国（境）证件435人，录入登记到临时住宿的境外人员24人次，管理常住境外人员2人。

安全保卫：上海世博会和广州亚运会安保工作期间，加大对各类重点人员的信息采集、录入工作，按要求落实管控措施，有效防止辖区重点人员到上海、广州上访或滋事。认真开展背景审查工作，完成30余名申请人的审查任务。严格按照要求完成“两会”、贵州省旅游节、全县第三届人口文化节、第六次全国人口普查期间的安全保卫工作，完成6次省、市主要领导、考察团来普定开展调研考察活动的安全保卫任务。

校园安全：针对2010年全国相继发生几起严重侵害师生安全的恶性案件，县公安局采取在学校、幼儿园内长期设立执勤点，安排警力长期入驻校园内部开展安全防范。加大放学、下晚自习等重点时段的巡逻力度，深化校园周边不安定因素排查化解，加强校园内部安全管理和防范，严打涉校刑事案件等工作措施，防止恶性涉校案件发生。

【抢险救援】 参与“5·13”猫洞远洋煤矿煤与瓦斯突出事故、“10·27”马场大坡煤矿透水事故的抢险救援、善后处理和案件调查工作。

普定县公安局召开2010年法制理念教育大讨论活动动员会议。（县公安局 提供）

【队伍管理】 坚持党委中心组学习制度，做到学习内容、人员、时间、记录四落实。加强班子建设，严格贯彻落实《四项监督制度》，班子成员分工明确、团结协作、求真务实，重大问题和决策集体研究。全年协助组织部门考察提拔7名副科级领导干部，调整民警岗位9个，其中调整副科级领导干部岗位5个，进一步优化队伍结构，加强所队室班子建设。重视发展党员工作，制定发展党员规划。2010年，考察4名预备党员转正，培养积极分子3人，改选1个基层党支部。加强基层所队行风建设，广泛开展民主评议基层所队工作，将11个派出所纳入重点评议对象，积极开门评警，接受群众监督，纠建并举，增强为民服务宗旨。加强党风党纪教育，严格责任，认真分解、落实党风廉政建设责任目标任务，将党风廉政建设纳入年终目标绩效考核。各单位结合“树立理念、践行宗旨、保障发展”大讨论活动，深入学习《廉政准则》以及县委关于禁止大操大办酒席进行敛财相关规定，提高全局民警特别是领导干部的廉洁从政意识。拓宽监督途径和方式，利用征求意见箱、QQ警务、网上警务室等形式，公布监督举报电话、服务方式和办事流程，广泛接受社会监督。开展“大走访”爱民活动，积极引导广大党员民警，大力营造“三看三比”、“三牢记三争先”、创建“五好”基层党组织和争当“五个模范”优秀党员的创先争优良好氛围。全年民警走访困难群众800余人，为群众办好事、办实事300余件，化解矛盾纠纷82起，捐赠慰问物资达6万余元。在抗旱救灾工作中，局领导带头深入灾区，察民情、解民忧，民警捐款捐物，发放慰问资金及财物等，价值10万余元。在创先争优活动中，县公安局先后获“全国维护妇女儿童合法权益先进集体”、“全省机关党建工作先进党委”、“普定县2007—2009年度文明单位”、“2009年度全市征兵政审先进单位”等表彰。刑侦大队获“全省爱民实践活动先进集体”及全市“青年文明号”，出入境大队获“全县文明示范窗口单位”，禁毒大队、猫洞派出所党支部分别获市委及县委命名的“五好基层党组织”，5名干警立个人三等功1次，1名民警受公安部表彰，2名民警受省级表彰，6名民警分别受市、县级表彰。

【从优待警】 高度重视从优待警工作，重视民警身心健康，为全局200余名民警开展健康体检，积极为因公受伤的5名民警申请移动V网“伤残救助金”；在局域网上开设“民警交流平台”，拓展和丰富“队伍建设网评系统”；列支3万余元，为全局民警、职工办理意外伤害保险。关爱离退休老民警及困难民警，对英烈属、遗属、离退休干部、困难民警发放慰问金1万余元，组织

2名功模赴上海进行疗养，组织看望慰问10余名因病住院民警。全年组织34名民警参加晋司及晋督培训，为26名民警申报警衔，落实全局民警每月480元的加班补助，完成149名民警的职务序列套改工作。申请公益性岗位，招聘67名辅警充实基层警力，为12名民警家属解决就业困难。处理上级督办案件2件，接受群众投诉8件，受理并处理维权案件2件。

【宣传警营文化建设】 树立“大宣传”观念，制定宣传工作意见，正确引导舆论导向，坚持内部宣传鼓动与外部宣传发动同步，最大限度地强化公安宣传功能。2010年，有1条信息被中央电视台采用播放，4条信息被省级电视台采用播放，11条信息被市级电视台采用播放；28条信息被省、市级媒体刊载，59条信息被县级媒体刊载。

【社会管理创新】 充分利用网络资源，在“三基工程”建设中创建派出所“QQ警务”平台，受到省、市公安机关领导肯定，并在全省范围内推广使用。针对乡镇企业流动人口管理难问题，依托“QQ警务”平台，指导猫洞派出所首创企业网上警务室，全方位管理流动人口，为流动人口提供优质服务工作，创新做法在全县、全市得到推广。完善各种信息网络建设，依靠局自身建设力量，自主设计安装、调试，建成局强制隔离戒毒所视频监控系统和县看守所视频监控系统，进一步提高监所管理规范化和科技化水平。

全县2010年度公安民警信息化应用培训开班。

（县公安局　提供）

【三项建设】 信息化建设和应用：信息化硬件建设有所改善，民警微机拥有率达到120%以上，数字证书发放率和使用率达到100%，11个派出所的视频会议系统建设全部完成，公安四级网从2兆提升为10兆，信息化硬件建设保证了当前公安工作的需求。“大情报”报警平台24小时专人专机值守全面落实，全年核对1739条重点人员基础信息，核对工作中抓获网上在逃人员4名，抓获吸毒人员2名；签收处置各类预警信息2292条，抓获在逃人员3人，查获吸毒人员6名。信息研判预警工作得到规范，成立情报信息中心，专门负责“大情报”系统建设应用工作和信息研判工作；从指挥中心、网监等部门抽人组成督导组，对全局的“大情报”建设及应用开展督促指导，促进全局信息化建设及应用工作。完成全县网吧二代证刷卡上网系统安装，实现全县旅店业、网吧等特业场所联网管理。网监、治安和各派出所认真组织开展“一日三查”，保证住宿、上网实名制的落实，为“大情报”建设应用和破案追逃工作打好基础。组织全局民警开展“大情报”系统应用专题培训，民警信息化应用意识、应用技能得到加强和提高。执法规范化建设，依托公安警综平台，大力推进执法信息化建设，统筹建立起执法信息网上录入、执法流程网上管理、执法活动网上监督、执法质量网上考评的执法办案新机制，实现公安机关执法活动内部横到地、竖到底、全面覆盖的信息化网络结构。构建和谐警民关系：结合“四创”工作开展，大力强化爱民、为民工作，构建和谐警民关系，力所能及为群众做好事。开展“走千家、进万户、访平安、促和谐”为主题的“大走访”实践活动，组织民警进村入户了解民情，为群众办好事、实事300余件，捐赠慰问物资6万余元。开展抗旱救灾，组织民警多次深入灾区，用消防车、卡车向偏远山区运水救灾，帮助群众协调修建水堤水坝材料，组织民警捐款捐物2.4万余元。出台惠民措施，减轻群众负担，取消各户政窗口向群众收取的准迁证、迁移证、户口簿三种证件的工本费。

【道路交通管理】 2010年，交警部门以整治客车超员、超速、酒后驾驶、无证驾驶、疲劳驾驶等交通违法为重点，开展“道路交通打非专项行动”、“涉牌涉证集中整治”、“酒后驾驶专项治理”等18次道路交通违法集中整治行动，查处交通违法3011起。全年道路交通事故实际发生数为217起，死亡30人，伤176人，经济损失50余万元，与2009年相比，死亡人数下降20%。

【消防安全管理】 坚持“预防为主、防消结合”的方针，大力整治火灾隐患，组织各派出所加强消防安全基础工作，确保全县火灾形势的基本稳定。全年发生火灾事故8起，死亡1人，直接财产损失134750元。与2009年相比，火灾起数上升33%，伤亡人数持平，直接财产损失上升221.35%。

（熊成文　杨德波）

司法行政

【综述】　2010年，县司法行政工作按照构建和谐社会的总要求，围绕推进“社会矛盾化解、社会管理创新、公正廉洁执法”三项重点工作，坚持“五个必须”、“五个注重”原则，扎实推进各项目标任务完成。

【机构调整及主要职责】　12月8日，根据《中共普定县委普定县人民政府关于普定县人民政府机构改革的实施意见》，设立普定县司法局，为县人民政府工作部门。

机构调整后，其职责调整为：取消已由县及县级以上人民政府公布取消的行政审批事项；增加指导监督管理全县社区矫正工作职责；增加指导监督管理司法鉴定工作职责；加强组织实施法律援助工作职责。

机构调整后，其主要职责为：贯彻执行司法行政工作的方针政策并承担相应责任；制定司法行政工作的中长期发展规划和年度计划并组织实施。承担依法治县工作领导小组的具体工作，拟订全县普及法律常识规划并指导组织实施；指导、协调和督促全县各乡镇、各行业法制宣传、依法治理工作和对外法制宣传。负责指导监督管理全县律师、公证工作和司法鉴定工作并承担相应责任。参与有关规章草案的起草修改工作。负责监督管理全县法律援助工作。指导、监督、管理基层司法所建设和人民调解、法律服务及市场管理工作。负责组织、指导、监督全县安置帮教工作和社区矫正工作。负责全县司法行政系统计划财务装备工作。负责全县司法行政队伍建设和思想作风、工作作风等建设。承办县委、县人民政府和上级司法行政部门交办的其他事项。

机构调整后，县司法局设政工科（警务科）、办公室（行政审批服务室）、法制宣传教育股、律师公证工作管理股、法律援助工作股（法律援助中心）、基层工作与社区矫正股6个内设科室。其派出机构为：设11个司法所，即普定县司法局城关司法所、普定县司法局马官司法所、普定县司法局化处司法所、普定县司法局马场司法所、普定县司法局白岩司法所、普定县司法局龙场司法所、普定县司法局鸡场坡司法所、普定县司法局坪上司法所、普定县司法局补郎司法所、普定县司法局猴场司法所、普定县司法局猫洞司法所。司法所在辖区内主要承担职能为指导管理人民调解工作，参与调解疑难、复杂民间纠纷；承担社区矫正日常管理工作，组织开展对非监禁服刑人员的管理、教育和帮助；指导管理基层法律服务工作，开展法律援助工作；协调有关部门和单位，开展对刑释解教人员的安置帮教工作；组织开展法制宣传教育工作；组织开展基层依法治理工作，为乡镇人民政府依法行政、依法管理提供法律意见和建议；协助基层政府处理社会矛盾纠纷；参与社会治安综合治理工作；完成上级司法行政机关和乡镇人民政府交办的维护社会稳定的有关工作和其它法律事务。其人员编制和领导职数为政法专项编制32名（局机关18名，司法所14名），其中局长1名，副局长2名，政工科科长1名（副科级）；股级领导职数16名（含司法所所长或副所长职数11名）；机关工勤人员编制2名。

组织村民学习法律法规知识。

（县司法局　提供）

【“五五”普法及法制宣传】　将普法依法治理工作纳入全县经济社会目标考核，督促普法依法治理成员单位，按照目标要求，查缺补漏，对全县“五五”普法依法治理工作进行总结，完成检查验收。全年办理法制宣传专栏156期，制作宣传展板295块，开展法制培训121次，订购法律书籍70套，送法下乡、镇、村36次，编印宣传资料31种，印发各种宣传资料24900余份，开展法律咨询50场（次）；抓依法治理典型45家、民主法制示范村90个；上法制课85场（次），送法进社区8次、进校园15次，组织“3·8”维权周、

"3·15"消费者权益保护日、"6·26"禁毒、"12·4"宣传活动各1次，开展综治宣传月活动等，受教育人数达19万余人次。

【人民调解和规范化建设】 人民调解工作经费列入财政预算，加强矿区、库区、工区"三区"人民调解工作。按照"五有、四落实、六统一"要求，加快人民调解工作规范化建设步伐。在11个乡镇司法所统一悬挂标识牌，统一上墙制度和相关工作流程、公示资料，解决11个乡镇司法所人民调解桌椅，对11个乡镇人民调解员进行培训。全年排查民间纠纷552件，调解民间纠纷501件，调解成功率90.8%。其中司法所排查矛盾纠纷104件（其中婚姻家庭纠纷15件；相邻侵权纠纷15件；债权债务纠纷20件；损害赔偿纠纷23件；土地承包经营权纠纷20件；拆迁纠纷5件，矿山开发赔偿纠纷2件，其他纠纷4件），调解成功97件，调处成功率93%，移交有关部门处理5件，防止民转刑3件3人。

【安置帮教和社区矫正】 2010年，按照中办、国办转发《关于进一步加强刑满释放解除劳动教养人员安置帮教工作的若干意见》和最高人民法院、检察院和公安部、司法部《关于在全国试行社区矫正的意见》，开展安置帮教和社区矫正工作。1月26日到太平监狱对普定籍服刑人员进行帮教和慰问。与法院等有关部门配合，对社区矫正对象和2009年以来的"两劳"人员进行摸底调查，全县有社区矫正对象62人，按照1人1档建立专门档案，将城关、马官作为社区矫正工作试点。11月，成立普定县社区矫正工作委员会，正式启动和开展社区矫正工作。

【法律服务】 开展"法律援助大回访"活动，抓法律援助工作培训，加强法律援助站点协调、联络工作。强化法律服务工作的监督、指导及管理，积极组织引导律师、公证等法律服务工作者，依法履行代理、辩护、公证等职责。2010年7月，受司法部、团中央委派，"部级优秀律师事务所"山东德衡律师集团高级合伙人毛洪涛律师赴普定开展法律援助志愿行动，时间为1年。扎实开展法律援助工作，案件数量和质量都得到提升。全年办理各类法律援助案件107件：其中刑事案件9件，民事案件42件，公证法律援助案件15件，非诉讼代理41件，代写法律文书68份，开展宣传2次，接待法律咨询1098人次，为群众挽回经济损失200余万元；办理各类公证128件；律师办理刑事辩护4件，民事案件20件，行政案件2件，担任法律顾问7家。援助中心办理标的案，为受援人唐某挽回损害赔偿金86余万元。

【其他工作】 抽调工作组参加猫洞乡可处村老鹰坡危岩及地质灾害处置工作，到现场宣传地质灾害及突发事件的有关法律法规。抽调1名人员参加老鹰坡危岩及地质灾害的协调；参与梭筛和引子渡电站移民集聚县委大院和阻塞交通事件法制宣传；抽调5名人员参加猫洞"5·13"煤与瓦斯突出和"10·27"马场大坡煤矿透水事故善后工作处理，1名局领导负责电厂遗留问题的协调处理工作；参与龙场乡危房改造，参加全县综治、平安建设、禁毒等工作。

（梅培霞）

太平监狱

【综述】 太平监狱以维护监狱安全稳定为首任，以制度化管理为抓手，以目标绩效达标、争取进步为目标，扎实工作，监管安全稳定，干警队伍素质不断提高，后勤保障工作切实加强，公司超额完成生产任务，完成省监狱局下达的各项工作任务，2010年终目标绩效管理考核获省监狱局进步奖。

2010年12月3日，县地税局到太平监狱开展警示教育活动。 （县地税局 提供）

【监管安全稳定工作】 加强与武警部队"三共"建设活动，实现无袭警、无暴狱、无罪犯非正常死亡、无罪犯脱逃、无重大疫情发生的监管改造工作。监狱与监狱局投入66万元，用于改造各监区安全设施。

【工作调研】 贯彻"首要标准"，摸清刑释人员生存状况，组织人员对2006年至2009年普定籍刑释人员进行调查，撰写调查报告。调查86人中，重新违法犯罪有7人。通过对近几年刑满释放人员调查，大部分刑满释放人员能遵规守纪，实现就业，有近一半人与家庭关系不是很和睦，在监狱所学技术应用较少，政府相关职能部门管理帮教力度不够，安置帮教工作还需要社会各部门密切配合，有待加强。

【推进社会帮教】 全年接待六盘水市、普定县政府各部门等11个单位1500余人次进行警示教育，利用警示教育进行帮教罪犯85人，签定帮教协议1084份，占押犯总数的55%。

【监区文化建设】 在春节、国庆节组织篮球赛、拔河比赛，监区每月组织一次文体活动。自办《育新小报》12期，各监区自办墙报、黑板报12期，在法定假日出专刊7期。开阔罪犯文化视野，为罪犯订阅《贵州日报》、《安顺日报》、《贵州监狱工作报》。

【刑罚执行工作】 抓好狱务公开，成立狱务公开领导小组，发放《贵州省监狱管理局狱务公开手册》，做到干警和罪犯人手一册，不断提高监狱工作透明度。全年严格按程序审批月表扬9136人次，评出监狱改造积极分子721名，组织推评省级改造积极分子22名，评出综合记功112名，监狱表扬59名，办理3批551名罪犯的提请减刑，办理保外就医6人。

【生活卫生保障工作】 2010年，面对严重干旱，在生活物资价格大幅上涨情况下，采取措施积极应对，争取上级13万元资金支持，确保罪犯生活。

【开展立功创模活动】 2月9日，对工作成绩突出的3个先进集体和78名先进个人进行表彰。2名干警被司法部评为全国先进工作者，2名干警在“监管安全隐患排查整治专项活动”中被局党委授予三等功，9名干警连续三年考核优秀被授予三等功。

【监狱体制改革和布局调整建设】 与普定县电力部门商榷进行电网改造，移交地方部门管理，用电质量得到有效保障。监狱医院积极转型，不再承担办社会职能，医生坐诊监区医务室。监狱财务变二级为一级管理，实行预算管理，理顺财务管理关系，监狱财务科获监狱局财务决算二等奖，公司财务科获黔新集团财务快报编制上报工作三等奖。加快推进布局调整建设，四监区二期工程于8月顺利开工；监狱改扩建工程选址、规划、科研、环评，已报省发改委通过，投资1.1亿元。

【公司运行质量良好】 按照“监企分开、收支分开、全额保障、规范运行”要求，建立和完善公司生产经营制度。按时上缴职工养老保险费、工伤保险费等各项费用，足额支付退休职工养老金及在职工人工资，全年工人各项工资性开支近240万元；利用地缘优势引入资金300余万元，联合建成年产10万吨的洗精煤加工厂；年初淘汰宝石加工项目，积极引进电子元件、毛织加工项目，解决监狱85%以上的在押罪犯的劳动岗位。全年公司总产值1199万元，完成总公司下达产值任务760万元的147.23%；劳务纯收入600万元，完成总公司下达纯收入任务550万元的109%。按月按时向总公司足额上缴各项费用，公司生产经营迈入规范运行轨道。

【提升后勤保障能力】 年初，经监狱党委决定免费为干警提供工作餐，全年监狱投入88万元；解决单身干工住房困难，监狱专题调研，拨出资金1万元将监狱医院用房改造成单身宿舍，将散住单身干警集中入住，修建干警洗浴室。

（太平监狱）

经济管理与监督

发展和改革

【机构调整及主要职责】 12月8日，根据普定县人民政府办公室《关于印发普定县发展和改革局主要职责内设机构和人员编制规定的通知》，设立普定县发展和改革局，为县人民政府工作部门。普定县实施西部大开发战略工作领导小组办公室、普定县铁路建设工作领导小组办公室设在发展和改革局。

机构调整后，其职责调整为：取消已由县及县以上人民政府公布取消的行政审批事项；将县发展和改革局工业和信息化管理的有关职责划给县工业和经济贸易局；将原县物价局、原县粮食局的职责划入县发展和改革局；将原县经济贸易局承担的节约能源综合协调和原县环保局承担的污染减排综合协调职责划入县发展和改革局，负责节能减排的综合协调和全社会公共节能工作；深化投资体制改革，减少微观管理事务和具体审批事项，进一步确立企业的投资主体地位，更好地发挥市场机制对经济活动的调节作用；进一步加强对经济社会发展的总体指导和综合协调，抓好区域经济调节；加强对粮食（含食用油）战略性问题的研究，进一步深化粮食流通体制改革，完善粮食储备体系，健全粮食监测预警体系和应急机制，加强对粮食购销和地方储备粮管理的指导协调，提高县级粮食供应的保障能力。

机构调整后，其主要职责为：拟订并组织实施国民经济和社会发展规划和年度计划。统筹协调经济社会发展，研究分析经济形势，提出国民经济发展、价格总水平调控和优化重大经济结构的目标，提出综合运用各种经济手段和政策的建议，受县人民政府委托向县人大提交国民经济和社会发展计划报告。负责监测宏观经济和社会发展态势。承担预测预警和信息引导的责任，研究经济运行、总量平衡、经济安全和总体产业安全等重要问题并提出建议；负责协调解决经济运行中的重大问题，调节经济运行；负责组织重要物资的储备和紧急调度。负责汇总分析财政、金融等方面的情况。参与拟定财政政策、货币政策、土地政策的实施办法，综合分析财政、金融、价格政策的执行效果，监督价格政策的执行；负责全口径外债的总量控制、结构优化和监测工作；承担社会信用体系建设和社会信用信息数据库的有关工作。承担指导推进和综合协调经济体制改革的责任。研究经济体制改革和对外开放的重大问题，组织拟订综合性经济体制改革方案，协调有关专项经济体制改革方案，会同有关部门做好重要专项经济体制改革之间的衔接，指导经济体制改革试点和改革试验区工作。承担规划重大建设项目和生产力布局的责任。拟订全社会固定资产投资总规模和投资结构的调控目标及政策措施，衔接平衡需申请国家和省、市以及安排县投资和涉及重大建设项目的专项规划。安排县级财政性建设资金。按县人民政府规定权限审批、核准、备案固定资产投资项目、外资项目、境外资源开发类投资项目和用汇投资项目并组织项目申报；指导和监督国外贷款建设资金的使用，引导社会资金用于固定资产投资的方向，提出利用外资和境外投资的战略、规划、总量平衡与结构优化的目标和政策措施；核准或审核上报外商投资项目和境外投资项目；实施重点项目管理，开展重大建设项目稽察；指导工程咨询业发展。推进经济结构战略性调整。组织实施综合性产业政策，负责协调第一、二、三产业发展的重大问题并衔接平衡相关发展规划，做好与国民经济和社会发展规划、计划的衔接平衡；协调农业和农村经济社会发展的重大问题；统筹服务业发展，会同有关部门拟订服务业发展规划，指导行业协会改革和发展；组织拟订现代物流业、高技术产业发展、产业技术进步的规划；协调解决重大技术装备推广应用等方面的问题。承担协调实施主体功能区规划并进行监测评估。组织实施区域协调发展和西部大开发的战略、规划和重大政策，拟订相关规划；组织协调重大基础设施项目的前期工作；提出城镇化发展规划，负责地区经济协作的统筹协调。拟订重要战略物资储备规划。负责组织重要战略物资的收储、动用、轮换和管理；组织拟订粮食粮油产业化发展规划、粮食市场体系建设与发展规划、粮食体制改革建议。负责社会发展与国民经济发展的政策衔接。组织拟订社会发展规划和年度计划，参与拟订人口和计划生育、科学技术、教育、文化、卫生、体育、广播影视、民政等发展措施，推进社会事业建设；提出促进就业、调整收入分配、完善社会保障与经济协调发展的建议，协调有关就业、收入分配和社会保障的重大问题。推进可持续发展战略。负责节能减排的综合协调工作，组织拟订发展循环经济、全社会能源资源节约和综合利用规划及政策措施并协调实施，参与编制生态建设、环境保护规划，协调生态建设、能源资源节约和综合利用的重大问题，综合协调环保产业和清洁生产促进有关工作。起草国民经济和社会发展、经济体制改革和对外开放的规范性文件；指导和协调招投标工作。组织编制国民经济动员规划、计划，研究国民经济动员与国民经济、国防建设的关系，协调相关重大问题，组织实施国民经济动员有关工作。综合分析气候变化对经济社会发展的影响，组织拟订应对气候变化的规划措施并协调实施。统筹交通运输、城市轨道交通和邮政发展规划与国民经济和社会发展规划、计划的衔接平衡；综合分析交通运输、城市轨道交通和邮政运行状况，规划有关重大项目的布局，协调有关重大问题，提出有关政策建议；负责境内交通基础设施项目建设的综合协调管理工作。统筹工业、信息化发展规划与国民经济和社会发展规划、计划的衔接平衡；规划重大产业基地和重大工业项目布局；协调重大技术装备推广应用和重大产业基地建设。组织拟订能源发展规划，协调解决能源发展和体制改革中的重大问题，拟订有关改革方案；组织实施能源行业标准；负责能源监测预测预警，发布能源信息；负责能源行业节能减排和资源综合利用；指导协调农村能源发展工作；参与煤炭体制改革有关工作。按规定权限审批、审核或报批能源重大投资项目；参与能源运行调节和应急保障；牵头组织开展能源合作，协调能源开发利用工作。协同有关部门对能源行业安全生产进行监管，参与协调能源行业重特大安全事故抢险救灾和调查处理。拟订石油储备规划并组织实施。监测石油市场供求变化，按规定权限审批或审核石油储备设施项目；负责核电管理，拟订核电发展规划、准入条件、具体实施办法并组织实施，提出核电布局和重大项目审核意见，参与组织协调核电科研工作。负责组织征收能源价格调节基金，提出资金使用和管理建议。负责管理、指导、监督价格工作。拟订和调整由县管理的重要商品价格和重要收费标准；审批收费项目；组织开展有关价格、收费监督检查工作，依法查处价格、收费违法行为；负责价格预测、监测和监审，发布价格公告；指导协调行业价格，开展价格信息、成本调查服务。草拟粮食宏观调控、总量平衡和粮食流通中长期规划及年度计划并组织实施；组织实施粮食流通体制改革；提出现代粮食流通产业发展规划的建议。承担全县粮食供应监测预警和粮食应急保障工作职责，负责组织开展粮食市场调控供应；认真贯彻落实国家粮食最低收购价等政策，切实组织粮食产销合作工作。提出县级储备粮规模建议；承担县级储备粮行政管理职责；会同有关部门拟订县级储备粮轮换计划并监督实施；指导县储备粮管理和农村科学储粮工作；指导和协调管理好代储的中央、省、市级储备粮油；负责粮油储藏新技术和新标准的推广应用工作。认真组织执行粮食流通法规和有关政策并开展监督检查；拟订粮食流通、粮食库存监督检查制度并组织实施；负责对粮食收购、储存环节的粮食质量安全和原粮卫生进行监督管理；负责粮食收购许可工作。负责粮食流通行业管理，草拟粮食流通行业发展规划并组织实施，组织建立和完善全县粮食宏观调控供应体系建设；指导粮食流通科技进步、技术改造和新技术推广工作；负责全县社会粮食流通统计和供需平衡调查工作；指导粮食企业开展产业化经营；负责监管粮食行业安全生产工作。承担保障驻普部队军粮供应工作；负责组织救灾救济等政策性粮食供应。组织实施粮食财务会计制度的执行，指导和监督国有粮食企业财务工作，管理粮食财务和直属企业的国有资产，负责粮食收购资金及各项费用、补助、基金、各项专款的协调和管理。拟订粮食市场体系建设与发展规划并组织实施；编制粮食流通、仓储、加工设施建设规划，监管有关粮食流通设施投资项目。承担安顺普定循环经济工业基地重大产业发展规划与全县国民经济和社会发展规划衔接；研究工业基地内经济和综合发展的重大问题，提出相关政策建议；按照有关规定和权限负责工业基地内基本建设项目的投资备案、审批、申报，协助基地内各类重大建设项目的监督管理工作；安排政府投资的基本建设资金和投资计划；指导和监督贷款建设资金的使用；指导和监督政策性贷款的使用方向，负责政府出资重大建设项目的稽查工作；与上级业务部门协调好基地建设相关的工作。承办县人民政府及上级业务主管部门交办的其他事项。

机构调整后，县发展和改革局设办公室、国民经济综合股、投资和社会事业股（县国民经济动员办公室、县招投标领导小组办公室）、农村经济股、价格监督检查股（县价格监督检查局）、收费价格管理股、仓储管理与粮食流通股、县项目建设管理办公室8个内设机构。其人员编制和领导职数为机关行政编制16名，其中局长1名，副局长2名，县实施西部大开发战略工作领导小组办公室专职副主任1名，县铁路建设工作领导小组办公室专职副主任1名，县项目建设管理办公室主任1名（副科级）；股级职数8名。机关工勤人员编制3名。

机构调整后，县发展和改革局与其它部门的职责划分为：县发展和改革局负责节能的综合协调工作；县工业和经济贸易局负责工业和信息化行业的节能工作。县发展和改革局负责能源项目的规划、申报、立项等工作；县工业和经济贸易局负责运行管理、生产调度等工作。县发展和改革局负责编制重要工业品、原材料和重要农产品的进出口总量计划上报；县工业和经济贸易局负责计划下达后的组织实施。县发展和改革局负责对污染减排规划、计划及项目实施情况进行监督检查，对跨区域重大违法违规案件进行协调处理。县环境保护和林业局负责组织污染减排规划、计划及相关政策的实施，开展污染减排监测，污染治理、综合利用等信息服务体系建设，负责污染减排违法违规行为的调查处理。运输体系规划分工。由县交通运输局牵头，会同县发展和改革局、铁道等部门建立综合运输体系协调配合机制。县交通运输局会同有关部门组织编制综合运输体系规划，承担涉及综合运输体系规划有关重大问题的协调工作。县发展和改革局负责综合运输体系规划与国民经济和社会发展规划的衔接平衡。

【产业结构调整投资项目】 2010年，黔中酒业有限责任公司（二期）项目总投资5000万元，完成投资3000万元，恢复1000吨生产能力、2000吨窖池修建完工；循环经济工业基地金铭科技工业园建设项目总投资30000万元，厂房已建，设备陆续进场，进入安装阶段；安顺电厂50万吨/年高含碳量粉煤灰综合利用项目计划投资4000万元，省发改委已备案，正在洽谈粉煤灰使用事宜及相关项目前期工作；安顺电厂三期续建项目总投资450000万元，省发改委同意开展项目前期工作；计划总投资26400万元，占地面积1511亩的普定青山至太平及黄桶土地整治项目可研已完成，已进入初步设计编制阶段。

【新增中央投资项目】 2010年，累计完成新增中央投资项目资金5320.24万元，其中国家资金3111.32万元，地方配套1157.92万元，其他投资1051万元。12月底，90%的项目已竣工。

【社会事业发展】 投资350万元县一中“申报示范性高中”校内体育基础设施项目已开工建设、140万元校内儒臣楼修复和校门修建工程，已进入招投标程序；总投资2380万元县人民医院标准化建设项目完成三层吊顶，内墙粉刷完成，外墙砖完成50%；国家投资3000万元安顺市普定精神疗养中心建设项目资金已下达，进入招投标程序，该项目占地100亩，建筑面积10800平方米；国家投资560万元普定县特殊教育学校建设项目资金已下达，集教学、康复、生活用房面积共3210平方米，项目已进入招投标前期工作；国家投资200万元普定县博物馆文物库房工程，建设规模为文物库房1000平方米及配套设施，项目开工建设；国家投资410万元普定县看守所建设项目资金已下达，建筑面积4000平方米，进入招投标程序。

【城市（镇）化项目建设】 总投资3228万元的县城污水处理项目于2009年8月开工建设，续建竣工已托管营运；总投资3894万元的县城生活垃圾填埋工程资金已下达，正进行填埋场道路建设及库区土建工程；总投资7004万元的县城中心大道贯通工程第一标段招标工程已完成1000米路基土石方及排水管建设，第二标段开工建设；总投资260万元（其中国家160万元，县级配套100万元）的普定县马场镇供水工程已竣工交付使用；总投资606万元的白岩镇供水工程正在建设中；总投资808万元的普定县新城区管网工程资金已下达，进入项目招投标程序；预计投资300000万元的安顺至普定高速公路2009年12月开工建设，计划2011年底通车；预计投资155801万元的普定至安顺城市大道正在进行项目前期准备工作，预计2011年夏季开工建设；黄织铁路项目建设已进尾声，预计2011年通车。

【惠民项目建设】 2010年，普定县以工代赈项目16个，其中乡村道路建设项目12个，山塘整治，引入沟渠，排涝防洪项目3个，片区综合开发项目1个，项目总投资608万元，其中国家以工代赈资金548万元，上级配套35万元，县级配套25万元，截至12月初累计完成投资223.9万元。异地扶贫搬迁项目：国家投资675万元，项目计划搬迁249户1066人，其中主体住房建设125户，住房累计完成7500平方米，其余尚在建设中；总投资1340万元的普定县第三期廉租房项目建设进展顺利，5、6、7、8、9#楼主体完工，10#楼完成主体80%。第四期廉租房项目：总投资3000万元，建房579套，建筑总面积28950平方米，已开工建设；2010—2011年，国家投资8636.88万元，农户自筹32263.4万元，实施普定县农村危房改造项目，惠及农户11573户；抗旱救灾工作，争取上级抗旱资金180万元，及时解决了部分乡村群众急需的人畜饮水困难问题；石漠化综合治理试点项目：2010年，总投资880万元，其中国家投资800万元，地方自筹80万元，2010年11月全部完工。计划投资4400万元，新建库194万立方米，设计灌溉面积5500亩，解决17400人18700头牲畜用水问题，渠系配套13.22千米的普定县红坪水库建设项目已上报，待国家相关部门审批。

【“十二五”规划编制工作】 委托贵州省科学院编制《普定县“十二五”规划纲要》，报县委常委会讨论通过，形成初稿，同时广泛征求意见，待2011年两会审议通过实施。

（刘应翠）

招商引资

【优化发展环境】 成立优化投资发展环境领导小组，严格按照“谁主管、谁负责”的原则，切实加强对本部门、本单位优化发展环境的组织领导，落实专人负责，加强对影响投资发展环境行为的协调和处理，督促检查业务窗口（大厅）的履职能力和服务水平。实行“企业安宁日制度”，将每月1至20日定为企业安宁日，杜绝不必要的接待应酬，帮助企业专心发展。对一些重大项目实行适当减免或全面免除县级收取的行政事业性收费，切实减轻企业负担。切实加强法制宣传与学习，狠抓《行政许可法》的学习贯彻落实。在县行政服务中心（县招商局）设立投资环境投诉中心，为投资者提供投诉服务，对客商投诉的所有事件，严格按照普定县客商投资投诉管理办法限时受理。从政策、法律等方面坚决维护投资者的合法权益。

【建立长效激励机制】 出台《普定县招商引资办法》（试行），调动社会各方面力量参与普定社会经济建设，鼓励和吸引国内外客商投资普定。

【加强项目跟踪服务】 邀请重庆工商大学专家团对普定产业发展进行规划，优化产业发展结构。按照“洽谈一批、储备一批、开工一批、投产一批”的招商战略思路，做好招商项目资料的收集、整理包装、项目建议书的编制、签约项目的跟踪服务等工作。对在建、新开工项目进行跟踪管理，建立项目跟踪台帐，随时掌握项目进度。建立招商引资项目档案，搞好投资项目的统计工作，分析招商引资工作动态，找问题，查不足，提出存在的问题和对策建议。2010年，全县已投产项目有贵州超宇水泥有限公司、贵州黔中酒业有限公司、安顺西秀制药有限公司、科利新型材料有限公司、华宇轻质建材有限公司等；已签约项目有煤化工建设项目、穿洞文化园区开发项目、瓷砖生产项目、黄桶物流园区建设项目、金铭建材科技工业园开发项目、金属冶炼项目等；储备项目有安电三期项目、循环经济工业园区基础设施建设项目、年产500吨浮法玻璃生产线、烟气脱硫等项目。

【实施“走出去、引进来”战略】 2010年，县领导带队前往浙江、上海、厦门、重庆、广东、北京等地走访考察、洽谈了普定县黔中酒厂项目、铅锌矿项目、管材生产等项目。12月29日，县委书记带队到深圳开展招商项目推介暨投资项目签约仪式，来自香港、台湾、广东、福建等地客商160余人参加，签约项目18个，签约资金115.48亿元。积极创造条件，邀请贵州福建商会、重庆天然气有限公司、深圳国际旅游开发有限公司等优势客商来普定考察洽谈投资事宜。利用“上海首届长三角产业转移项目洽谈会”、“第十四届中国东西部合作与投资贸易洽谈会”的契机，大力宣传、展示、推介普定，发放招商引资宣传画册上万册。多渠道、全方位开展招商活动，在杭州、温州、苏州、重庆、厦门、广州、深圳等地成立办事处，负责招商宣传和联络工作，搭建对外招商平台。县人民政府网站主页设置招商专栏，全面反映普定县的投资优惠政策、招商动态。

【实行项目推进机制】 实行县领导联系跟踪项目制度，定期到企业调研，了解企业在洽谈、施工或经营中的情况，帮助协调有关部门解决企业在生产经营中遇见的问题和困难，促进项目的顺利实施。重大项目实行“三边六个一”推进机制，即“边规划、边报批、边实施”，“一个项目、一个领导、一个责任人、一套工作班子、一套实施方案、一杆子抓到底”，强化项目实施保障。

（任卿讼）

国土资源管理

【机构调整及主要职责】 12月8日，根据《中共普定县委普定县人民政府关于普定县人民政府机构改革的实施意见》，设立普定县国土资源局，加挂“普定县测绘局”牌子，为县人民政府工作部门。

机构调整后，其职责调整为：取消已由县及县以上人民政府公布取消的行政审批事项。加强土地供需调控和总量平衡，落实最严格的土地管理制度。加强国土规划、土地利用总体规划的整体控制作用，加强矿产资源规划和全面开发利用管理，强化资源回采率和资源综合利用率的监管。

机构调整后，其主要职责为：履行保护与合理利用土地资源、矿产资源的职责。参与宏观经济运行、区域协调、城乡统筹的研究；拟订涉及国土资源的调控政策措施；组织实施国土资源领域资源节约集约利用和循环经济的政策措施。履行规范国土资源管理秩序的职责。贯彻执行国家省市有关国土资源管理、测绘行政管理的法律法规和方针、政策，拟订相关的地方性规章草案；统筹协调国土整治和矿业秩序治理整顿工作；负责有关土地、矿产、测绘应诉工作。负责对乡（镇）人民政府及国土资源管理所执行和遵守国土资源法律法规和方针政策情况进行监督检查，调查处理国土资源重大违法案件。履行优化配置国土资源的职责。编制和组织实施全县国土规划、土地利用总体规划、土地利用年度计划、土地整理复垦开发规划和其他专项规划、计划。指导和审核乡镇土地利用总体规划并监督检查。履行规范国土资源权属管理的职责。依法保护土地资源、矿产资源等自然资源所有者和使用者的合法权益，组织承办和调处重大权属纠纷；贯彻执行地籍管理的有关规定；组织土地资源调查、地籍调查、土地统计和动态监测，组织国家重大土地调查专项，承担提供全县土地利用各种数据的责任；指导乡镇地籍调查、登记、土地分等定级工作和各类土地登记资料的收集、整理、共享、汇交管理，提供社会查询服务。履行全县耕地保护的职责，确保规划确定的耕地保有量和基本农田面积不减少。贯彻国家对耕地实行特殊保护和鼓励耕地开发的政策，组织实施基本农田保护工作，监督占用耕地补偿制度执行情况，组织指导未利用土地开发、土地整理、土地复垦和耕地开发及监督工作，组织实施土地用途管制、农用地转用和土地征收征用工作，承担报国务院和省、市审批的各类用地的审核、报批工作。履行节约集约利用土地资源的职责。管理和监督城乡建设用地供应、政府土地储备、土地交易、土地开发和节约集约利用。贯彻执行国有建设用地使用权出让、转让、租赁、作价出资和土地收购储备等行为的有关规定；承担国有企业改制的土地资产处置工作；指导基准地价、标定地价评测，实施地价监管；执行国家禁止和限制供地目录、划拨用地目录及乡（镇）村用地管理办法：监督管理农村集体建设用地使用权的流转。履行规范国土资源市场秩序的职责。监测土地市场和建设用地利用情况，监管地价，规范和监管矿业权市场，组织对矿业权人勘查、开采活动进行监督管理，规范和监管测绘市场，规范和监管国土资源相关社会中介组织和行为，依法查处违法行为。履行矿产资源开发管理职责。监督管理矿产资源开发利用和保护工作；按权限负责采矿权审批登记发证和采矿权转让、变更审批；按权限负责矿产资源开发利用方案的评审、备案；负责矿山地质环境保护的监督管理；负责矿产品运销环节的监督管理；负责矿山督查和采矿业的统计工作。履行地质勘查行业和矿产资源储量管理职责。组织实施地质调查和矿产勘查管理办法；组织实施矿产资源储量管理办法、标准和规程、规范，负责矿产资源储量的监测、备案和矿产地管理；负责矿业权价款评估、处置和结果备案；负责矿山储量动态监管、储量登记和统计；组织实施矿床工业指标和全县地质资料汇交，协助管理省级地质勘查项目和公益性地质调查工作。履行地质环境保护职责。组织实施矿山地质环境保护工作，监督管理古生物化石、地质遗迹、矿业遗迹等重要保护区、保护地，依法管理水文地质、工程地质、环境地质勘查和评价工作，监测、监督防止地下水过量开采和污染，协助做好城市地质、农业地质、旅游地质的勘查、评价工作。履行地质灾害预防和治理的职责。指导应急处置，组织、协调、指导和监督地质灾害防治工作，制定并组织实施重大地质灾害等国土资源突发事件应急预案。履行依法征收资源收益，规范、监督资金使用的职责。依法组织土地、矿产资源专项收入的征管，参与管理土地、矿产等资源性资产，参与管理国家出资形成的矿业权权益。负责有关资金、基金的预算和财务、资产管理与监督。履行全县测绘工作的统一监督管理职责。组织实施全县基础测绘和地籍测绘工作，承担规范测绘市场秩序和地图管理职责，负责组织国家版图意识宣传教育；负责管理国家基础测绘成果，指导、监督各类测绘成果的管理和测量标志的保护。管理全县基础地理信息数据，指导地理信息社会化服务工作；监督国家测绘基准、测量控制系统的使用；推进地理信息产业发展。组织开展有关土地、矿产和测绘工作的宣传、教育、及对外合作与交流工作，组织开展国土资源信息化建设，推进国土资源科技进步和文化建设。负责全县国土资源系统股级干部的考察、考核、任免、奖惩、培训、管理、协调等工作。承办县人民政府和上级主管部门交办的其他事项。

机构调整后，县国土资源局（县测绘局）设办公室、建设用地管理股、地籍测绘规划管理股、矿产资源管理股、环境资源股、法规监察股6个内设机构。其人员编制和领导职数为机关行政编制9名，其中局长1名，副局长2名；股级职数6名；机关工勤人员编制1名。

其它事项为：保留普定县国土资源执法大队，为县国土资源局管理的正股级事业单位，由县财政实行全额预算管理。承担国土资源、测绘管理的相关执法监察工作。核定事业编制8名，其中大队长1名，副大队长2名。编制结构为管理人员8名。河道采砂管理的职责分工。县水利局对河道采砂影响防洪安全、河势稳定、堤防安全负责；县国土资源局对保障河道内砂石资源合理开发利用负责；县交通运输局对河道采砂影响通航安全负责。由县水利局牵头，会同县国土资源局、县交通运输局等部门，负责河道采砂监督管理工作，统一编制河道采砂规划和计划。河道采砂的水上执法监管，要充分发挥交通运输部门执法机构的作用。

【加强项目建设用地保障】 搞好国家拉动内需项目用地服务工作，完善用地预审、报送审批材料。2010年送审项目报件10个，其中2个单独选址，面积150.5179公顷；3个城镇建设用地批次，面积39.0481公顷；5个工业用地批次，面积72.1976公顷。总面积261.7636公顷，其中耕地199.9164公顷，收缴耕地开垦费3588.397万元。办理煤矿及非煤矿山临时用地，办理16宗，面积11.3832公顷，其中占用耕地5.2600公顷，收缴临时用地复垦保证金124.6152万元，签定土地复垦协议书16份，其中10宗占用耕地报市国土资源局审批，面积8.3829公顷；6宗占用未利用地的由县局审批，面积3.0003公顷。农村村民宅基地用地报批。报送三个批次农村村民宅基地用地资料，除第一批次涉及城关镇须经省政府批准外，其余二三批次涉及10乡镇面积计11.6408公顷，其中耕地10.7881公顷，已经安顺市人民政府审批。全年供地17宗，面积20.66658公顷，出让总价款7135万元。划拨供地8宗建设用地，面积5.3784公顷；挂牌出让6宗，面积14.1914公顷，挂牌出让总价款8641万元；协议出让3宗，面积4.3823公顷，协议出让总价款574万元。

【调整容积率补缴出让价款】 2010年，对普定县利源房地产开发有限责任公司原计生局地块、原西门仓库地块、安顺市辞源房地产开发有限公司颐景园开发小区提高容积率当缴纳出让价款组织评估、拟方案报县政府批准，共需缴纳1506.9万元，已缴纳951.9万元。其中普定县利源房地产开发有限责任公司原计生局地块、原西门仓库地块已缴纳151.9万元，具体为原计生局地块补缴63.5万元，原西门仓库地块补缴88.4万元。安顺市辞源房地产开发有限公司颐景园开发小区须补缴出让金1355万元。

【土地利用总体规划修编】 2010年，县级规划和城关镇规划经省规划修编办组织专家评审，原则通过，按修改意见上报省政府批准。白岩、马官、化处通过市级评审，其余乡镇规划基本完成，待市组织评审后报市政府批准实施。

【耕地保护】 加强和规范土地开发整理项目管理和新增耕地指标台帐管理，建立健全土地整理项目台帐和新增耕地指标台帐。

【土地开发整理】 2010年，组织实施土地开发项目13个，经县人民政府、县国土资源局、县农业局等相关单位组织验收，其中白岩镇管大村，龙场乡龙场村，鸡场坡乡那贝村等3个土地开发项目新增耕地847.6亩，总投资247.78万元；马场镇上官村等8个项目，新增耕地2849.85亩，总投资823.79万元。验收猴场大地、沙子坡村土地开发项目，新增耕地1285.2亩。完成规划设计化处镇水母村土地开发项目，建设规模62.27亩；化处镇长菁村土地开发项目，建设规模150.61亩；鸡场坡乡肖家村土地开发项目，建设规模959.23亩；猫洞乡补龙村土地开发项目，建设规模163.91亩；龙场乡龙场村土地开发项目，建设规模80.34亩；龙场乡那茨村土地开发项目，建设规模460.88亩。

【规范矿业权管理】 制订“安全生产年”活动实施方案，开展“安全生产年”活动，加强地质灾害防治工作。配合安监、煤炭、公安等职能部门开展安全生产大检查。2010年，完成地灾隐患点排查99处，持证煤矿初查30处，开展8个产煤乡镇私挖盗采煤炭资源行为开展专项治理工作，发现无证盗采资源40余处，查处无证采煤窝点11处。对猴场乡小谷毛村俞应超擅自在房屋后墙开井盗采煤炭行为严肃查处，现场封填井口，对当事人下达“违反矿产资源处罚决定书”。开展第二轮矿产资源整合工作，调整贵州省大树实业有限公司与普定县龙场乡打磨冲煤矿整合工作，整合资料上报国土资源厅。加强持证煤矿、铅锌矿地下开采资源动态监测管理，依法查处违法违规矿山企业，委托有资质中介机构贵州省有色地质局五总队、贵州省地矿工程公司，贵州省地质矿产局105地质大队对地下开采煤炭、铅锌进行矿山储量动态监管工作，按每季度不低于四次工作要求进行监测，依法对违法违规矿山进行查处。封赌荔上煤矿越界巷道，处罚违法开采资源价4万元（金鑫煤矿），责成2家越界采矿企业退回本矿区开采（芦茅林铅锌矿、明达水泥有限公司老腾山石灰石矿）。加强对非煤矿山（地表）采矿企业监督管理，完成107家非煤矿山GPS定位管理和栽桩定界工作，对涉及越界（或漂移）18家建筑用砂企业开采范围进行调整，规范采矿行为。认真开展矿山企业年检，对33家煤矿报送年检资料进行初步审查，完成65家非煤矿山年检工作，应检矿山107家，实检矿山65家，未检矿山42家，年检率为60%，年检合格率100%。加强矿产资源补偿费征收，全年征收非煤矿山资源补偿费40万元，煤炭（委托代征）资源补偿费250万元，追缴采矿权价款20万元，采矿权价款5万元。开展采矿许可证全面统一配号工作，县级颁证砂石厂配号工作完成6家。严格落实新增矿业权招拍挂制度。矿业权挂牌出让2个，出让价款6.756万元。

【加强地籍测绘与监督管理】 完善耕地保护和基本农田保护措施，对本辖区内耕地及基本农田实行严格的保护制度。确保普定县耕地保有量39005公顷不减少，划定基本农田面积31470公顷不减少。完成第二次土地调查（农村部分）工作。开展第二次土地调查（城镇部分）工作，城关镇、马官镇、化处镇、马场镇及白岩镇等五个建制镇开展总计约8平方公里的城镇土地调查。2010年6月经公开招标，贵州省第二测绘院中标，6月30日签订项目承包合同，7月21日，贵州省第二测绘院进场开展外业调查工作，控制测量及地籍测图全部完成。农村集体土地登记发证9个，面积1110.14平方米，城镇国有土地登记发证工作，发证103个，面积455493.66平方米，土地抵押登记5宗，抵押面积47945.15平方米。抵押金额1198万元。严格按照2010年土地变更调查和遥感监测有关技术要求，利用遥感监测影像图标注变更图斑，详细调查年度内每一块土地利用变化信息，汇总形成年度土地变更调查成果，保质保量全面完成2010年度土地变更调查任务。

【加大执法监察力度】 开展动态巡查1099次，发现土地违法行为38起，其中卫片监测发现18起，动态巡查20起。现场制止15起，立案23起，结案23起，立案查处违法用地面积11.25公顷，其中耕地3.99公顷。罚款18万元，挽回经济损失22万元。查处非法开采和越层越界违法行为5起，罚款13.6万元。

【地质灾害防治】 编制发布《普定县2010年度地质灾害防治方案》，认真开展地质灾害巡查、排查、检查。县领导带队，分四个检查组分别对全县11个乡镇进行地质灾害排查、检查。乡镇自行安排进行辖区内地质灾害拉网式排查工作，全年进行巡查、排查、检查120余次。做好地质灾害隐患治理排险、成功避让工作。安排1.4万元治理鸡场坡乡落东村崩塌；3万元治理白岩镇魏旗村大屯坡崩塌；1万元治理白岩镇黄毛村上寨崩塌；1万元治理城关镇柴新村崩塌；3万元治理城关镇东华山崩塌。开发银行贷款200万元对化处镇沙包村烂坝滑坡、坪上乡上丰林王顿滑坡、马场镇红岩村小红岩崩塌、龙场乡大桥村雷打岩崩塌、补郎乡上寨村普社组滑坡、猴场乡仙马村下老鼠崩塌6个地质灾害隐患点的群众进行搬迁避让。有效处置鸡场坡乡骂若村刘家寨组及猫洞乡龙场村发生的两起山体崩塌地质灾害。按照国土资源部和省国土资源厅开展全国乡（镇）国土资源所地质灾害防治“五到位”宣传培训活动的通知要求，成立普定县乡（镇）国土资源所地质灾害防治“五到位”宣传培训活动领导小组，认真组织开展地质灾害防治“五到位”宣传培训活动，培训乡镇分管领导、国土所长、村责任人120余人。根据《国土资源部关于开展地质灾害群测群防“十有县”建设工作》安排，按照“十有县”建设要求，认真开展自查，完善各项工作。落实汛期值班制度、地质灾害预报制度、地质灾害报告制度。坚持24小时值班，作好值班记录，紧急情况及时上报市局及相关部门。通过省气象台、省环境监测院发送的汛期地质灾害气象预报预警信息，组织开展汛期地质灾害气象预报预警服务工作，及时将气候变化情况及可能发生的地质灾害告知乡镇国土所长及分管领导，提前作好防范措施，预防灾害突发，严格执行地质灾害报告制度。与龙场乡政府联合开展地质灾害应急演练。

【认真处理群众来信来访】 制定完善《群众来信来访接待制度》、《矛盾纠纷排查化解制度》。2010年办结15件，其中群众来信来访3件，省厅、市局、县人大、县委办转办12件。建立县、乡（镇）、村三级监察信息员网络，注重调动村级土地监察信息员的积极性，在协助做好国土资源保护和利用工作的同时，积极担当起土地纠纷调解员责任，一些萌芽状态的矛盾纠纷得到化解。

【土地法律法规宣传】 投入资金1.2万元，围绕“4·22地球日”、“6·25土地日”和“8·29测绘法宣传日”、“12·4法制宣传日”开展宣传活动，成立宣传工作领导小组，制定宣传计划。设置大型宣传展板，宣传地质灾害防治、矿产资源管理、各类办事程序及土地管理法律法规等知识；全县悬挂横幅16幅，张贴大小标语600余幅，在公路边等显眼位置书写固定标语20余幅，出动宣传车辆6台次；发放各种宣传资料20000余份。

（县国土局）

工商行政管理

【综述】 2010年，普定县工商局有干部职工68人，其中党员51人。局机关内设办公室、政策法规股、注册登记股、执法监督股、监察室、机关服务中心等6个股室；有城关工商所、白岩工商所、马官工商所、马场工商所、补郎工商所5个派出机构。认真践行“和谐、敬业、务实、创新”精神，坚持严格执法，严厉打击市场违法行为，维护市场经济秩序，优化经济发展环境；坚持热情服务，大力发展市场主体，培育完善市场体系，促进全县多种经济成分共生繁荣；坚持以人为本，服务民生，做好消保维权、流通领域食品安全监管、红盾护农、就业再就业等各项工作。

【提高服务水平】 推行一次告知、当场登记、首办负责制度及“三通”服务（手续齐备的，及时畅通；手续需要完善的，适时变通；手续暂不具备的，及时沟通），落实“六办”原则（资料齐全马上办、资料不齐指导办、非禁即允变通办、紧急项目加班办、特殊项目跟踪办、重大项目领导办），进一步增强服务意识、优化服务措施。开展预约服务、上门服务、延时服务、跟踪服务、普通话服务、微笑服务等，提升服务水平。全年提供咨询服务152户（次），办理新注册登记企业67户，变更登记45户，注销登记10户，名称登记56户。按照“三通”和“六办”原则实施登记67户次（含变更登记），其中沟通办理1户、变通办理3户、即时办理63户，先行核定纳入县委、县政府规定的重点产业企业1户。县局注册监督管理股服务优质，成绩突出，2010年被授予全国“巾帼文明岗”称号。

【促进市场主体发展】 2010年，注册登记个体工商户5852户，资金数额15016.73万元，从业人员7776人。各类企业429户，注册资本（金）60540.59万元。其中私营企业182户、注册资本（金）31195.59万元，投资者人数382人、雇工人数1194人；农民专业合作社49户、出资总额4332.35万元、成员总数510人。

【简化年检验照程序】 试行工商所对辖区内企业进行年度检验，针对性制定相应对策，帮助企业排忧解难。全年应年检企业373户，实检企业316户（其中农民专业合作社36户不参加年检），年检率84.72%，录入年检数据225条；应验照个体户5286户，实验照4862户（其中注销100户），未验照424户，验照率91%，录入验照数据2467条。

2010年3月15日，在“3·15”宣传活动现场，执法人员为消费者讲解酒类真伪识别。

（县工商局 提供）

【推进实施商标战略】 利用“3·15”消费者权益保护日和“4·26”知识产权周等活动宣传

商标法律法规。发挥“一会两站”扎根农村作用，对全县11个乡镇327个行政村（居委会）村支两委领导开展商标宣传培训，让商标品牌直接走进每村每户；登记窗口提供商标注册登记服务，向经营者宣传商标的作用及意义，引导企业从建立之初就走品牌发展之路；开展注册商标专用权保护工作，加大驰名商标、著名商标、涉农商标和节日市场商标检查力度，严厉打击各类商标违法行为，出动执法人员454人次、执法车辆181台次、检查各类市场主体1086户次，下达行政告诫书2份，查办销售侵犯注册商标专用权案7件、罚款1.3万元，没收侵权商品“五粮液”白酒7瓶、手机11台、摩托车用机油555瓶、冒牌浴霸66台。全年帮助申请人咨询、查询商标53户次，其中涉农41次；指导办理商标11件；全县实有注册商标45件（其中农产品商标10件）、受理21件（其中农产品商标16件）、申请商标17件（其中2010年新申请11件）。

【开展就业创业帮扶】 强化就业再就业信息和市场主体用工信息收集统计，对全县企业、个体工商户缺岗情况进行调查，向企业、个体工商户征集到各类用工岗位500余个，联系推荐206个返乡农民工到企业（个体户）再就业；积极参与县政府主办抗旱救灾再就业专场招聘会，向招聘会提供就业信息200余条。鼓励各类人员自主创业，积极兴办个体工商户、个人独资企业、合伙企业和有限责任公司；继续落实试营业制度，对申请从事个体经营的各类人员，除国家明确限制的特殊行业和需要前置审批的以外，允许其试营业六个月；对试营业期满后办理注册登记继续从事生产经营活动的下岗失业人员、高校毕业生、农民、退役军人、少数民族、零就业家庭、残疾人员、刑释解教人员及其他新增待业人员等重点扶持对象免收登记费和工本费。全年为下岗失业人员、大学毕业生、退役军人等免费办理注册登记186人次；认真开展就业创业培训工作，协调畜牧、农推、卫生等相关单位，举办专业培训班3期，培训待就业人员200余人。

【加大案件查办力度】 全年查办案件84件，罚没金额15.48万元；其中一般程序案件55件，罚没金额14.48万元，简易程序案件29件，罚没金额1万元。一般程序案件中，不正当竞争案件（商业贿赂）2件、罚没款0.61万元，销售冒用进网许可证标志手机案9件、没收手机127台、罚没款0.49万元，食品安全案件15件、罚没款4.5万元，商标侵权案件7件、罚没款1.3万元，种子案件1件、罚款0.1万元，网吧案件1件、没收电脑5台，销售不合格产品案6件、罚没款4.88万元，广告违法案件1件、罚款0.1万元，无照经营案件13件、罚没金额2.48万元；简易程序案件中，无照经营案17件、罚款0.07万元，超期年检10件、罚款0.91万元，经营超过保质期食品案1件、罚款0.01万元，无证经营卷烟1件、罚款0.01万元。

【强化食品安全监管】 全县822户流通环节食品经营户中已有767户实行“易票通”，食品安全溯源体系初步建立；在144个行政村建立食品安全示范店215户，农村食品市场秩序得到进一步规范；严格食品经营主体市场准入关，依法规范食品经营主体资格和经营行为，共清理食品经营主体1681户，对营业执照过期的68户按规定予以补办，对有照无证的29户及有照无证、卫生许可证过期1057户下达限期改正通知书；依法开展《食品流通许可证》核发工作，全年受理核准并发放《食品流通许可证》476户；大力开展流通环节食品市场整治，出动执法人员723人次，车辆198台次，检查集贸市场204场次、经营户1848户次。将猪肉市场监管与节日市场监管有机结合起来，纳入市场主题巡查，杜绝病死猪肉和无检疫合格证猪肉进入市场；将城关农贸市场作为日常监管重点，同市场开办者、屠宰场签订责任书，要求市场开办者和猪肉经营者签订责任书，实行场厂挂勾、场地挂勾，保证放心猪肉供应充足；加强流通环节酒类市场监管，重点检查白酒经营户特别是散白酒经营户的主体资格，督促酒类经营户在进货时履行索证索票义务，检查中取缔无照经营户4户，下达行政告诫书6份；开展“地沟油”、不合格果冻、违法添加非食用物质和滥用食品添加剂等专项执法检查，共查出过期“腊笔小星”果冻46个、过期“喜之郎”果冻67个，均现场进行销毁处理；开展食品抽样检验及快速检测工作，抽取调味品、腌制品、酒类、儿童食品、一次性塑料餐具、月饼、奶制品、熟肉制品、食用油等共67个批次样品进行检验，进行48个品种421个批次的食品快速检测，受检食品全部合格。

【深化“红盾护农”工作】 加大“红盾护农”保春耕工作力度，加强种子、肥料、农药等农资商品市场的监督管理，开展农业生产资料专项检查，突出对农资经营户的整治，规范农资经营主体的经营行为。严把市场准入，堵住违法源头，结合年检换照和经济户口清查工作，加强对抗旱物资市场主体经营资格审查，确保经营者证照齐全，主体合法，同时大力督促抗旱物资经营户建立购销台帐，实行索证索票，对问题产品实行追溯制度，从源头上堵住抗旱物资制假、售假渠道。强化抗旱物资市场监管，针对上半年旱情严重，水泵、水管、柴油机等抽水设备及地膜、成品油等抗旱物资销售上升势头，加大市场巡查力度，对抗旱物资经销网点进行重点监控，严厉打击不法商贩以次充好、以假乱真和乘机变相涨价等违法行为，维护市场经营秩序，确保市场抗旱物资价格稳定。深化“红盾联系农户”，将工商工作重心前移到农村，联系人员由党员干部扩大到全局干部职工，联系点扩大到全县11个乡镇52个行政村，联系农户260户。着重向农户了解春耕生产情况，实地调查农户受灾情况、详细听取农户在抗旱救灾中遇到的困难和问题，向农户宣传工商基本职能、维权知识，征求农户对工商行政管理部门“红盾护农”工作的意见和农资生产、经营环节及产品质量方面存在的问题，扎实贯彻落实好上级部门抗大旱保民生工作要求。加强部门协作，共建农资市场监管机制，与农业部门联合成立农资市场专项整治行动领导小组，加强农资价格监控，严厉打击坑农害农行为。全年出动执法人员631人次、车辆174台次、检查经营户1629户次；查处非法从事种子经营行为个体户2户，指导3户种子经营户规范种子购销台帐，下发行政指导建议书3份。

【巩固无传销县创建成果】 制定《普定县2010年开展打击传销专项执法行动方案》，签订2010年打击传销规范直销目标责任书，明确打传工作职责，对传销活动保持高压态势，坚持“露头就打”工作方针，积极推进无传销社区（村）建设。严厉打击非法传销组织者和骨干，发现一起，查处一起。开展“春节”、“两会”期间“打传”工作，出动执法人员112人次，车辆24台次，检查各类经营户212户次，公共娱乐场所22处，网吧16户次，出租房屋、住宅社区16处，城乡结合部11处，张贴宣传画500余幅，印制散发《禁止传销条例》、《致广大市民的一封信》等有关“打传”宣传资料5500余份，接受咨询50余人次。

【整顿和规范市场秩序】 深入开展市场主题巡查工作，组织开展手机市场、煤炭市场、房地产市场、废旧物资市场，“家电下乡”、地理信息标志以及打击“黑网吧”、非法开采矿产资源、非法销售安装使用卫星地面接收设施等专项整治，出动执法人员795人次、车辆306车次，检查市场主体1300余户次，查处纠正各类违法违规经营行为40余件，没收不合格手机127台。强化节日期间市场检查，组织开展元旦、春节、“五一”、国庆、中秋等节日市场综合检查，出动执法人员513人次，车辆94车次，检查市场112场次，检查经营户1447户次，现场查收过期的饮料12瓶、方便面76包、“金威康”牌核桃高钙奶粉2包、其他小包装食品436包，均责令经营者当场销毁，另取缔无证照经营食品的53户，下达行政告诫书142份，查处销售不合格月饼案件1件、罚款0.2万元。强化烟花爆竹监管，严厉打击非法生产、销售烟花爆竹违法行为，对烟花爆竹许可证过期的6户经营户和不能当场提供烟花爆竹生产许可证的2户生产经营者当场下达行政告诫书，取缔无照无证经营烟花爆竹户16户，查获非法经营爆竹56串、盒装爆竹1158盒、烟花绳索2把、笛音带响冲天炮200只、烟花18支，全部移交安监部门处理。配合公安、安监对普定土炮生产地马场进行检查，查获“马场土炮”8万余头及其半成品10万余头，火药5公斤，硫化钾10公斤，烟花爆竹10万余头。

【开展合同监管服务】 完成2009年度“守合同重信用”企业申报、复核工作，新申报1户、复核13户；开展动产抵押，促进各类市场主体融资畅通，全年办理动产抵押20户，抵押物价值48417.58万元，主债权金额56367万元；办理注销动产抵押1户，抵押物价值954.5万元，主债权金额380万元。

【广告监督管理】 强化电视媒体广告监管，要求县相关媒体一律停止刊播非法性药品、性保健用品和其他内容低俗、画面不雅成人用品广告，非法性病治疗广告，含有性暗示、性生活、性病治疗等低俗内容的保健食品、消毒类产品广告；要求相关新闻媒体开展自查自纠活动，指导督促媒体建立完善广告发布前审查制度，加强自律意识，落实法定的广告审查责任，检查县级电视等新闻媒体发布广告28条次。加强互联网及手机媒体整治力度，开展打击利用互联网及手机上网传播淫秽色情和低俗信息、非法“性药品”和“性病治疗”等不良广告专项执法行动，进一步规范互联网、手机媒体广告的经营行为，加强互联网、手机广告监管，出动执法人员65人次，车辆12台次，检查市场经营主体126户次。加大户外广告监管力度，检查种子、化肥、农药等广告45条，对2户家电经营户未经登记擅自发布户外广告下达行政建议书，收缴非法印刷品广告45份，拆除未登记户外广告19幅，出动执法人员153人次、执法车辆49台次，检查集贸市场23场次、经营户321户次。

【推进消保维权】 完善消费维权网络建设，全县11个乡（镇）327个行政村（居委会）建立“一会两站”，达到消保维权网络建设“两个100%”，即全县乡镇100%建立消协分会、行政村100%建立消费者投诉站和12315联络站，实现农村消费维权全覆盖。开展以“消费与服务”为主题的“3·15”国际消费者权益日宣传咨询服务活动，制作宣传展板17块，发放消费与服务、食品、药品、农资等宣传资料87500余份，接待群众咨询达1.5万余次。强化消费者申诉举报工作，充分发挥“12315”和“一会两站”的积极作用，使消费者权益得到有效保障，全年受理消费申诉举报案件109件，全部调解成功，为消费者挽回经济损失61.211万元。组织开展服务领域消费评议活动，6月初在县城内服务行业及公用企事业单位开展消费调查评议工作。做好消保维权宣传报道工作，在地方媒体《普定报》上开辟《红盾在你身边》专栏，刊发典型消保维权案例，发布消费安全警示，及时解答反馈消保维权问题；在普定电视台播报消保维权工作信息，全方位反映消保维权工作动态。

2010年6月8日，经县消协调解，挽回经济损失的消费者为县工商局送来锦旗。（县工商局　提供）

【妥善处理重大突发事件】 参与抗旱救灾工作，加强旱灾期间市场监管，严厉打击违法行为，确保市场物价特别是抗旱救灾物资价格基本平稳。做好防汛及预防地质灾害工作，成立2个值班组，严格执行24小时值班制；全面加强市场监管，严厉打击食品违法行为，坚决杜绝不合格食品流向灾区。普定县马场镇“10·27”大坡煤矿发生透水事故后，认真履行市场监管、保障市场稳定，组织力量参与救援及善后工作。

【“四创”工作】 县工商局为“营造诚信市场环境”项目牵头单位，承担着18项具体职责及多项协办任务。召开全县工商系统“四创”工作动员大会，在县城联系40户个体工商户打出“四创”宣传标语60余条、编发“四创”工作信息20余条。按照“四创”工作职责分工，结合工商职能，制定工作方案，成立局长任组长，各股、室、所负责人为成员的“四创”工作领导小组，强化创建工作组织领导；以执法监督股为创建规范诚信市场环境工作领导小组办公室，具体组织实施创建工作，严厉打击各类市场违规行为；配合卫生、城管、质监等单位开展各项“四创”行动10余次，出动执法人员30人次，车辆15台次，召开“四创”工作部署督促会3次。

【队伍管理】 加强领导班子思想政治建设、作风建设和党风廉政建设，全年党组中心组学习10次，召开党组会和局长办公会14次，专题会议5次，以民主集中方式研究解决干部任用、财务管理、依法行政、工商所建设等一系列重大问题。开展创先争优和忠实践行宗旨教育等“三项活动”，增强干部职工“执法为民”和“依法行政”意识。完善教育培训工作，把业务知识培训摆在工作重要议事日程，制定干部教育培训计划，坚持每周五下午集中学习制度；采取集中培训与定期自学测试相结合的方法开展法律法规和业务知识的培训，以提高全局执法人员的行政执法水平。实行一月一作业、半年一考试，奖优罚劣，增强执法人员学习政策法律法规的积极性、自觉性。全年开展法律法规及业务培训3次，参训人员84人次；组织县局干部职工参加县级培训3次，参训人员6人次；参加省、市级培训4次，参训人员24人次；国家级培训1次，参训人员1人。

【党风廉政建设】 开展党风廉政学习教育，组织学习党的十七届四中全会和十七届中纪委五次全会，以及省、市工商局有关廉洁自律文件。组织参加“普定‘5·13’煤与瓦斯重大安全事故暨作风教育整顿会”，学习“5·13”、“10·27”事故责任追究通报。按照县委《关于在全县党员领导干部中开展廉政承诺活动的通知》精神，签定《廉政承诺书》39份。加强重要工程监管，全程参与白岩工商所办公楼新建工作，从经费预算、老办公楼拆除、新办公楼工程招投标等方面进行跟踪监督。民主评议基层站股所，城关、白岩、马场、补郎等4所获第一名，马官所获第二名。

【法制宣传教育】 采取一月一学习、一季一测试、半年小考、年终大考方式加强行政执法人员学习培训。对半年和年终考试连续不及格执法人员，实行待岗学习，测试及格后重新上岗。采取集中培训、知识抢答、岗位技能竞赛等多种方式，不断丰富干部学习方式、提高学法积极性，确保学有所得、学有所成、学以致用。大力开展“法律六进”活动，加强同级案件审核、不断规范内部执法行为。利用“3·15”国际消费者权益日、“12·4”全国法制宣传日等契机和县工商局红盾网站、《普定》报、普定电视台等媒体广泛开展法律法规宣传。2010年，发放各类法律法规宣传资料万余份，查办84件普通程序案件，没有一起引起行政复议、行政诉讼和行政赔偿。开展法律法规咨询服务和送法到农家活动，设立工商法律法规咨询服务窗口，城关工商所在繁华商业街、集贸市场设立工商法规咨询服务台，积极为群众提供法律援助。开展红盾联系农户“一帮五”活动，为农民免费送去相关法律法规宣传手册，增强农民维权意识。9月，县工商局被国家工商总局评为“2006—2010年全国工商行政管理系统法制宣传教育先进集体”。

（张寿文）

附：2010年普定县注册资金50万元以上企业名单

序号	企业名称	企业类型	企业住所	法定代表人	注册资金（万元）	注册日期
1	普定县粮食购销有限责任公司	有限（国独）	城关镇文明路5号	章京鸣	934.3	1999.02.01
2	普定县煤炭矿产资源开发公司	国有	城关镇富强路20号	李　明	62.1	1999.02.08
3	贵州省普定县兴农化肥厂	股份合作制	白岩镇林角村大桥边	汪朝阳	72.8	1999.04.16
4	贵州省普定县轻筑新型建材总厂	集体	城关镇塔山路256号	谢钦筑	61	1999.03.05
5	普定县煤矿产品经理部	集体	城关镇朝阳路84号	郭光伦	53	1999.03.05
6	普定县自来水公司	国有	城关镇文明路142号	董　华	99.7	1999.03.09
7	普定电力公司	国有	城关镇富强路58号	杜　勇	191.4	1999.03.15
8	贵州黔中酒厂	国有	城关镇富强路196号	罗才忠	1200	1999.03.16
9	普定县补郎水泥厂	集体	补郎乡马鞍山	韩道武	120	1999.03.18
10	贵州省普定县农资总公司	国有	城关镇文明路8号	高仁虎	90	1999.04.01
11	贵州盐业（集团）普定有限责任公司	有限（国独）	城关镇红旗路	姚海平	56.8	1999.04.12
12	普定县马场镇种植养殖场	集体	马场镇落水洞	刘洪文	50	1999.04.14
13	普定县第三建筑工程公司	集体	城关镇富强路69号	陈开榜	688	1999.04.26
14	普定县补郎供销合作社	集体	补郎乡补郎街上	王晓松	100.62	1999.04.27
15	普定县农村信用合作联社	股份合作制	城关镇富强路61号	王亚秋	2791.9	1999.04.27
16	普定县马场供销合作社	集体	马场镇马场街上	高　峰	65.2	1999.04.27
17	贵州省普定县粮油工业总厂	国有	城关镇红旗路375号（西交仓）	曹正刚	367	1999.04.28
18	普定县化处供销合作社	集体	化处街上	徐章文	52	1999.05.10
19	普定县建筑一公司	集体	城关镇红旗路36号	曹炳光	791	1999.05.13
20	普定县农工贸公司	集体	城关镇富强路	方维佳	50	1999.05.25

（续表）

序号	企业名称	企业类型	企业住所	法定代表人	注册资金（万元）	注册日期
21	普定县马官镇农工商综合开发有限责任公司	有限（国独）	马官镇	陈文启	50	1999. 06. 16
22	普定县联合物资经营有限责任公司	有限（混合）	城关镇文明路86号	张　芳	198	2000. 01. 12
23	普定县水利水电勘测设计队	国有	城关镇富强路（水利局）	赵厚文	86.4	2002. 07. 29
24	普定至三板桥公路建设有限责任公司	有限（国独）	城关镇塔山路交通局	李大勇	50	2002. 09. 04
25	贵州大树实业发展有限公司	有限（混合）	城关镇建行办公楼	樊贵川	1000	2004. 11. 02
26	普定县宏鑫矿业有限公司	有限（混合）	城关镇文明路粑粑市	余龙飞	120	2005. 09. 01
27	普定县丰林农业综合开发投资有限责任公司	有限（国独）	城关镇富强路22号	梁明霞	300	2006. 09. 14
28	普定县黔峰单采血浆有限公司	有限（混合）	城关镇黄家桥路	杨　刚	50	2007. 07. 24
29	安顺安永环保建材有限责任公司	有限（法人独资）	马官镇太平村（发电厂内）	何元举	1000	2007. 08. 20
30	普定县新民茶叶生产专业合作社	合作社	猫洞乡新民村	汪建奎	161	2007. 09. 11
31	普定县向荣矿业有限公司	有限（混合）	城关镇安织路	柳跃清	1000	2006. 06. 09
32	普定县德荣矿业有限公司	有限（混合）	鸡场坡乡纳雍支村	柳跃清	60	2007. 07. 25
33	普定县宏泰矿业有限公司	有限（混合）	鸡场坡乡	柳跃清	1200	2001. 08. 27
34	普定县夜郎国有资产投资营运有限责任公司	有限（国独）	城关镇文明路财政局办公楼	郑厚茂	50000	2008. 07. 21
35	普定华宇轻质建材有限责任公司	有限（混合）	马官镇太平村	凤晓东	500	2008. 07. 23
36	普定科利新型建材有限公司	有限（混合）	化处镇化处村大冲	张志良	300	2008. 08. 06
37	贵州黔中酒业有限公司	有限（法人独资）	城关镇富强路367号	姚羡平	100	2008. 10. 20
38	安顺市同鑫轻质节能墙材有限公司	有限（法人独资）	马官镇杨柳村阿老田村民组	张雪尽	150	2008. 11. 17
39	普定县洁城环保有限责任公司	有限（国独）	城关镇文明路21号	黄　平	50	2008. 12. 05
40	贵州太平农场有限责任公司	有限（国独）	马官镇太平农场	吴忠纯	400	2008. 12. 24
41	普定县渊壤养殖专业合作社	合作社	猴场乡猴场村	彭　萍	88	2008. 12. 30
42	普定县白旗韭黄种植专业合作社	合作社	白岩镇白旗村	杨守宪	145.5	2009. 04. 01
43	普定县群力种植养殖专业合作社	合作社	白岩镇讲义村	文发奋	80	2009. 03. 27
44	普定县马官镇春晖种植养殖专业合作社	合作社	马官镇村牛水山	尹　春	100	2009. 03. 27
45	普定县水母种植养殖专业合作社	合作社	化处镇水母村	石邦文	63	2009. 04. 03
46	普定县鸿翔果蔬种植专业合作社	合作社	白岩镇讲义村	王光旭	220	2009. 04. 14
47	普定县阿屯傣水苔种植专业合作社	合作社	猴场乡仙马村	杨跃贤	198	2009. 04. 24
48	普定县明祥农产品加工专业合作社	合作社	化处镇新寨村	丁明祥	50	2009. 04. 24

（续表）

序号	企业名称	企业类型	企业住所	法定代表人	注册资金（万元）	注册日期
49	普定金鼎建材实业有限公司	有限（混合）	马官镇太平村	孙金江	200	2009. 06. 24
50	普定县鸿发种养殖专业合作社	合作社	马场镇下关村	苏友昌	140	2009. 08. 25
51	贵州省普定县华荣矿业有限公司	有限（法人独资）	城关镇富强路20号	甄计强	500	2009. 09. 01
52	普定县大胜种养殖农民专业合作社	合作社	城关镇龙上村白岩小山	董大胜	100	2009. 07. 29
53	普定县兴发果蔬种植专业合作社	合作社	马官镇二官村	范永江	100	2009. 08. 28
54	普定县龙上种养殖专业合作社	合作社	城关镇龙上村	董开元	120	2009. 06. 24
55	普定县富强种养殖专业合作社	合作社	鸡场坡乡那芮村	伍朝学	100	2009. 06. 11
56	普定县金钟种养殖专业合作社	合作社	城关镇青山村30号	肖玉和	100	2009. 09. 29
57	普定县马官镇慧民种养殖专业合作社	合作社	马官镇太平村村委办公室	康　杰	100	2009. 10. 10
58	普定县新堡养殖专业合作社	合作社	城关镇新堡村166号	王尚信	100	2009. 11. 05
59	普定县鑫海种养殖专业合作社	合作社	马场镇马场村南街路26号	黄　鑫	83.3	2009. 11. 24
60	普定县和平农业服务专业合作社	合作社	鸡场坡乡那构村那构组	周训平	100	2009. 11. 26
61	普定县凤翎茶叶种植专业合作社	合作社	化处镇熊家林村178号	卢凤翎	200	2009. 12. 28
62	贵州省普定县德胜茶叶专业合作社	合作社	猫洞乡龙场村	杨德胜	120	2010. 03. 11
63	普定县创银种养殖农民专业合作社	合作社	马场镇龙潭村	陈　剑	80	2009. 11. 13
64	贵州省普定县印象朵贝贡茶专业合作社	合作社	化处镇播改村	陈胜凯	600	2010. 03. 15
65	普定县良瑞种养殖专业合作社	合作社	城关镇斗蓬村后寨林场内	王　露	180	2010. 03. 20
66	普定县华荣投资有限公司	有限（法人独资）	城关镇安织路	甄计强	1000	2010. 05. 05
67	普定县华荣实业有限公司	有限（法人独资）	城关镇安织路	李　伦	500	2010. 05. 31
68	普定县华荣煤矿管理技术咨询有限公司	有限（法人独资）	城关镇安织路	帅端松	200	2010. 05. 31
69	普定县索桥种养殖专业合作社	合作社	城关镇索桥村村委办公楼	谢　华	676	2010. 05. 01
70	普定县晓宇种养殖专业合作社	合作社	鸡场坡乡落东村石头组228号	陈　宇	50	2010. 05. 27
71	普定华荣矿业集团	有限（混合）	城关镇安织路		2200	2010. 08. 04
72	普定县和权茶叶专业合作社	合作社	猫洞乡林场	邹元和	50	2010. 07. 27
73	普定县永康养殖专业合作社	合作社	马官镇太平监狱四大队	肖　兰	150	2010. 08. 05
74	普定县昌源种养殖专业合作社	合作社	化处镇戛卧村关家地坝	洪　波	120	2010. 10. 19

（续表）

序号	企业名称	企业类型	企业住所	法定代表人	注册资金（万元）	注册日期
75	普定县黔中茶业种植专业合作社	合作社	化处镇下纸厂村	王克明	400	2010．10．11
76	普定县朵峰茶叶种植专业合作社	合作社	城关镇中轴大道	朱建国	50	2010．11．16
77	普定县新华中药材生产种植专业合作社	合作社	猫洞乡新民村跳花坡	汪鹏飞	200	2010．12．06
78	普定县四象中药材种植专业合作社	合作社	化处镇播仁村73号	王永镜	200	2010．09．28
79	普定县自赢种养殖专业合作社	合作社	马官镇玉屯村	罗传祥	100	2010．12．13
80	普定县那茨种养殖茶叶专业合作社	合作社	普定县龙场乡那茨村三组	雷光树	300	2010．12．15
81	普定县华洋种植养殖专业合作社	合作社	普定县龙场乡牛角村牛角组	何登富	50	2010．12．15
82	普定县福有种植养殖专业合作社	合作社	普定县龙场乡牛角村53号	谢作胜	51	2011．01．19
83	普定县茗轿茶叶专业合作社	合作社	普定县猫洞乡补龙村轿子山	滕九萍	100	2011．01．06
84	普定县嘉禾种植专业合作社	合作社	普定县猴场乡格道村一组	程开英	168	2011．02．24
85	普定县青源茶叶专业合作社	合作社	普定县鸡场坡乡后寨村	张清敏	100	2011．01．30
86	贵州省普定县建平机械有限公司	有限责任	城关镇安织路边	李建平	60	1999．03．12
87	普定明达水泥有限公司	有限责任	白岩镇白岩村	吴国成	1800	1999．09．08
88	贵州夜郎湖茶业有限公司	有限责任	城关镇富强路245号	邓道明	500	2000．09．06
89	普定县嘉琪水泥有限公司	有限责任	马官镇荷包村	林加其	1200	2000．03．07
90	贵州省普定县利源房地产开发有限责任公司	有限责任	城关镇园丁路11号	黄发源	800	2002．03．13
91	普定县昌伟运输有限责任公司	有限责任	城关镇黄家桥路（印刷厂内）	李远恒	50	2002．11．27
92	普定县顺时房地产开发有限公司	有限责任	城关镇街心花园	韩钊武	2000	2003．04．17
93	贵州夜郎酒业有限公司	有限责任	城关镇老马台村	王涛涛	68	2004．05．19
94	贵州省普定县金安汽车驾驶培训学校有限责任公司	有限责任	城关镇富强路8号	王建秀	50	2004．08．13
95	普定县巨源煤炭洗选有限责任公司	有限（自然人独资）	马官镇杨柳村	明　远	50	2004．11．16
96	普定县华馨装饰工程有限公司	有限责任	城关镇安织路（丽人园饭店旁）	廖兆洪	50	2005．04．28
97	普定县平安汽车运输有限公司	有限责任	城关镇安织路	顾　洪	50	2005．05．26
98	普定县瑞安汽车运输有限责任公司	有限责任	城关镇红旗路（运管所内）	蒋　荣	50	2005．07．25
99	贵州普定稷丰实业有限责任公司	有限责任	城关镇富强路72号	华时龙	50	2005．08．17
100	普定县闽光电化工业有限责任公司	有限（自然人独资）	马官镇太平农场	周科春	200	2004．05．24

（续表）

序号	企业名称	企业类型	企业住所	法定代表人	注册资金（万元）	注册日期
101	贵州晶鼎啤酒有限责任公司	有限责任	城关镇后寨村	肖晶明	230	2005．09．09
102	普定县盛强食品有限责任公司	有限责任	城关镇青山村陈山老坟	任明屹	50	2006．04．25
103	贵州奇秀乳业有限责任公司	有限责任	马官镇羊寨村	褚永洪	50	2006．09．01
104	普定县泰和物业管理有限公司	有限责任	城关镇园丁路	徐　虹	50	2006．11．20
105	普定县银鑫担保贷款有限责任公司	有限责任	城关镇富强路	晁代宪	1000	2007．01．08
106	普定县海涛碳素有限公司	有限责任	马官镇水坝村	曾超军	500	2007．04．11
107	普定县四通寄卖有限责任公司	有限（自然人独资）	城关镇红旗路晨光雅园	李　娟	50	2007．06．28
108	贵州超宇水泥有限责任公司	有限责任	马官镇杨柳村阿老田村民组	朱柳才	2008	2007．11．09
109	贵州维德斯医疗器械有限公司	有限（自然人独资）	城关镇富强路367号	柴　华	50	2007．11．09
110	贵州省安顺市安泰贸易发展有限公司	有限责任	化处镇街上	姚宗伟	360	2007．12．11
111	普定腾丰实业有限公司	有限责任	城关镇安织路龙潭下寨	蒲永生	650.88	2007．12．14
112	贵州省普定县金铭实业有限责任公司	有限责任	城关镇青山公园	荆　勇	3180	2000．08．08
113	贵州省普定县玉合矿业有限责任公司	有限责任	鸡场乡屯背后村	刘丽芳	320	1999．06．15
114	普定县嘉瑞物业管理有限责任公司	有限责任	城关镇园丁路	陆光志	50	2008．05．20
115	普定县恒达旅游开发有限责任公司	有限责任	城关镇安织路	邱向东	200	2008．05．27
116	贵州安顺西秀制药有限责任公司	有限责任	城关镇安织路（新风砖厂）	余开华	200	2008．06．23
117	普定县新城房地产开发有限公司	有限责任	城关镇文明路114号	周国鸿	800	2008．07．02
118	普定县朵贝重华茶业有限责任公司	有限责任	化处镇戛卧村	汪朝祥	500	2008．07．23
119	普定县长青绿色产业科技有限公司	有限责任	城关镇中轴大道	娄　青	50	2008．07．23
120	普定县金正矿业有限公司	有限（自然人独资）	城关镇富强路63号	金晓峰	200	2008．08．06
121	普定华浦净水材料有限责任公司	有限责任	马官镇太平村	黄艺彬	200	2008．12．16
122	普定县鑫源贷款担保有限责任公司	有限责任	城关镇文明路	华　伟	500	2009．03．13
123	贵州夜郎古畔茶业有限公司	有限责任	鸡场坡街上	陈光明	100	2009．04．03
124	贵州晓峰农业种养殖服务有限公司	有限责任	城关镇文明路粑粑市	金晓峰	50	2009．04．20
125	普定县兴胜装饰装潢有限公司	有限责任	城关镇塔山路176号	高红胜	50	2009．05．18
126	普定大德矿产资源开发有限责任公司	有限责任	城关镇文明路粑粑市	陈怀勇	580	2009．06．09

（续表）

序号	企业名称	企业类型	企业住所	法定代表人	注册资金（万元）	注册日期
127	安顺市众磊新型墙体材料有限责任公司	有限责任	马官镇余官村	符龙平	100	2005. 07. 27
128	普定县绿源苗业开发有限公司	有限责任	城关镇粑粑市	吴长国	100	2009. 07. 15
129	普定县天时担保有限公司	有限责任	城关镇颐景园小区2幢15号	张载刚	500	2009. 06. 04
130	普定县利和小额贷款有限责任公司	有限责任	城关镇颐景园小区2幢16号	张载勇	1500	2009. 08. 06
131	普定明成混凝土有限公司	有限责任	白岩镇白岩村	吴国成	1060	2009. 08. 06
132	普定超宇商贸有限责任公司	有限责任	马官镇太平村	朱柳才	500	2009. 08. 18
133	普定县新兴环保能源开发有限公司	有限（混合）	城关镇安织路三期公寓6栋	李良斌	100	2009. 09. 10
134	贵州省普定县恩泰种业有限公司	有限责任	马官镇黄桶火车站377号	陈恩友	100	2009. 09. 24
135	普定县百安新型环保建筑材料有限责任公司	有限责任	马官镇三间房	吴洪刚	500	2009. 11. 23
136	贵州省普定县利和房地产有限责任公司	有限责任	城关镇文明路	张载刚	800	2010. 01. 08
137	贵州锋华粉煤灰开发有限公司	有限责任	马官镇太平村	高　峰	700	2010. 01. 12
138	贵州安顺宏祥电器贸易有限公司	有限责任	城关镇西门河上商场	蒋成勇	50	2010. 01. 25
139	贵州省普定县黔龙茶业有限公司	有限责任	城关镇文明路粑粑市	陈怀勇	1000	2010. 03. 15
140	普定圆通速递有限责任公司	有限责任	城关镇农贸市场1508号	方　成	50	2010. 03. 16
141	贵州天宇黔陵投资有限责任公司	有限责任	城关镇富强路小区20栋2单元501号	鲍　婧	500	2009. 08. 19
142	普定县鑫鑫隆新型环保建材有限公司	有限责任	白岩镇魏旗村	周　立	100	2010. 04. 12
143	贵州省普定县云龙铁合金有限责任公司	有限责任	马官镇水坝村	袁绍平	1440	2010. 04. 20
144	普定县佳和餐饮服务有限公司	有限责任	城关镇东风路63号.2号	华　庆	50	2010. 06. 12
145	普定县黔安物业保安服务有限公司	有限责任	城关镇中轴大道馨苑小区8号楼三号商铺	周　政	100	2010. 08. 04
146	贵州哚贝古茶开发有限公司	有限责任	化处镇朵贝村磨香河水库旁	谭孝明	500	2010. 08. 13
147	普定县贵龙皮革有限公司	有限责任	马官镇兴马路（马官供电所旁）	徐孟贤	100	2010. 08. 20
148	普定县明春茶叶有限责任公司	有限责任	化处镇新客车站内	陈　忠	300	2010. 09. 26
149	普定县丰牧园种养殖业有限公司	有限责任	白岩镇黄毛村	汪朝贵	100	2010. 10. 19
150	贵州省普定信立寄卖有限责任公司	有限责任	城关镇富强路（县医院对面）	张家祥	100	2010. 10. 29
151	贵州正德电力实业有限公司	有限责任	白岩镇十二营村	彭　伟	1000	2010. 11. 05

（续表）

序号	企业名称	企业类型	企业住所	法定代表人	注册资金（万元）	注册日期
152	贵州深远房地产开发有限公司	有限责任	城关镇农贸市场	刘光祥	1000	2010．11．08
153	普定县御粮农产品加工有限责任公司	有限责任	马官镇马官村白鞍山	谌业辉	100	2010．11．19
154	普定县蒙铺河二级水电站开发有限公司	有限责任	城关镇文明路（粑粑市）	夏宗帮	400	2010．12．17
155	贵州省普定县开心农业发展有限公司	有限责任	城关镇陇戛村	林孙霖	500	2011．01．14
156	贵州惠海粉煤灰开发有限公司	有限责任	马官镇太平村	高润秋	500	2011．01．30
157	普定宏伟皮革有限公司	有限责任	城关镇中轴大道（检察院对面）	王敬卫	140	2011．03．11
158	贵州龚氏航空服务有限公司	有限责任	坪上乡大哪村	龚昌海	100	2011．03．15
159	贵州省平坝县乐平冶炼厂普定县华云铁矿	集体	鸡场坡乡纳黑村牛硐小组	肖绍勋	148．8	2009．04．21
160	普定县补郎供销合作社补郎村综合服务社	集体	补郎乡补郎村	吴文友	50	2010．09．20
161	普定县吉利选矿厂	合伙	鸡场坡乡那芮村	黄　波	120	2001．02．27
162	普定诚达洋露铅锌矿	合伙	鸡场坡乡沙岩村	雷家鹏	100	2003．06．12
163	普定县六合页岩砖厂	个人独资	马官镇大兴村三间房	李得飞	170	2003．07．28
164	贵州省普定县山禾轻型轨道加工厂	个人独资	城关镇后寨村	陈建源	400	2003．09．15
165	普定县朋友网吧	个人独资	城关镇西安路颐景园2号楼	卢　根	80	2004．05．26
166	普定县广丰复混肥料厂	个人独资	坪上乡孙家大地	刘康鲁	50	2004．09．16
167	贵州省普定县腾翔金属建材厂	个人独资	城关镇陈家寨村	王新和	680	2004．09．23
168	普定县情源酒店	个人独资	城关镇园丁路	王新和	180	2004．11．23
169	普定县昌伟牲畜养殖场	个人独资	城关镇新民村叶家坝	李远昌	250	2005．03．24
170	普定县兴旺网络中心	个人独资	城关镇富强路107号	王尚兴	50	2006．01．11
171	普定县福乐废品收购站	个人独资	城关镇陈家寨村	王新强	300	2006．02．14
172	普定县补郎龙洞电站	合伙	补郎乡赶坝村	粟永清	120	2006．04．14
173	普定县纵横网吧	个人独资	城关镇颐景园小区2号楼5号	黄秀美	60	2006．06．09
174	普定县辉哥网吧	个人独资	城关镇颐景园小区1号楼30号	何　丽	50	2006．08．07
175	普定县耀祝耐磨材料厂	个人独资	城关镇文明路109号	林　竹	81	2007．07．30
176	普定瑞兴选矿厂	个人独资	鸡场坡乡纳黑村	杨逢恩	100	2008．03．14
177	普定县金泉酒业销售中心	个人独资	城关镇文明路	胡从刚	50	2008．03．14
178	普定县定辉环保节能砖厂	个人独资	化处镇播仁村	苏荣珍	380	2008．05．28
179	普定县朵贝金苑茶厂	合伙	化处镇下纸厂村	苏　军 张金智	84	2008．10．28

（续表）

序号	企业名称	企业类型	企业住所	法定代表人	注册资金（万元）	注册日期
180	普定富民轻型节能环保建材厂	个人独资	城关镇马槽井村	石登红	50	2009.05.11
181	普定县城关镇褚家山龙飞砂石厂	合伙	城关镇褚家山	王少帮	180	2009.05.13
182	普定理智轻型环保建材厂	个人独资	城关镇新堡村402号	任礼志	50	2009.06.22
183	普定县开心网络中心	个人独资	城关镇西安路	杨家萍	60	2009.01.22
184	普定县齐力养殖场	合伙	龙场乡小窑村新寨组刺林山	罗国民	120	2010.08.13
185	普定县化处镇播改胜凯供水站	个人独资	化处镇播改村	袁熙慧	176	2010.06.22

（县工商局提供）

物　价

【综述】　2010年，围绕“保增长、扩内需、调结构、稳物价”等工作重点，认真落实价格政策、深化价格服务、适时疏导价格矛盾、加强民生价格监管、强化价格监督检查、开展价格认证服务、完善煤炭价格调节基金征管、严格依法行政。全年按规定换发《收费许可证》6个，收回注销124个，年审182个，年审率100%，涉及收费项目39项，年审收费总额4209.1万元，取消收费项目2项，涉及收费金额15.61万元；出动检查300余人次，发放宣传资料3000余份，立案3件，结案3件，退还消费者10.42万元，没收违法所得1万元，罚款0.2万元；受理各类物品价格认证、鉴证委托30起，鉴定总金额186.9元；完成煤炭价格调节基金征收700.5万元。发放民用煤困难补贴126.63万元，安排煤矿技改资金85万元。

【收费、价格管理及监测】　按照《贵州省〈收费许可证〉管理办法》和国家、省、市公布《行政事业性收费项目目录》规定，对全县行政、事业单位开展收费年审、办证工作。全年核发收费许可证153个（其中，行政事业性119个，经营服务性34个）；年审226个，年审率为94%。撰写年审分析报告和年审调研报告。价格管理工作：根据《省物价局、省财政厅、省交通运输厅、省住房城乡建设厅关于成品油价格调整适当疏导客运行业价格有关问题的通知》精神，结合县情，报批开征县城出租车每乘次1元的燃油附加，疏导价格矛盾。按程序对经济适用房价格和廉租住房价格进行成本监审，拟定普定县二期经济适用住房（楚龙子山A1、A2）销售价格为1100元/平方米，廉租住房（A3、B）价格为900元/平方米。价格监测工作：按照《全国主要商品和服务价格监测报告制度》和《贵州省重要商品和服务价格临测表》规定，开展对粮食、菜油、猪肉、液化气、煤炭、钢材、农资及相关副食品等与人民生活密切相关的商品价格监测工作。全年上报《贵州省重要商品和服务价格临测表》48期、《主要食品和农资市场价格》5期、价格监测分析报告12期。12月针对市场物价上涨过快情况，认真调查分析预测价格走势，及时研究情况提出合理分析意见，提交县政府《关于普定县当前的价格形势及稳定物价工作措施建议报告》。

【价格监督检查】　针对春运期间，客运票价秩序不稳定问题，采取节前召开客运车主价格告诫会的方式，宣传相关价格政策，及时教育、提醒经营者守法经营，加强自律。开展专项检查：春耕前对农资生产、经营销售企业和个人执行政府规定的化肥等农资出厂批发、零售价格执行情况进行全面检查，打击经销假冒伪劣农资、掺杂使假等不正当竞争和坑农害农行为；针对干旱灾害，切实加强灾区市场的价格监管，保持价格基本稳定，组织财政、经贸、交通、工商、质监等单位成立检查组，在全县范围内开展粮油市场监管工作，做好大灾之年的市场粮油供应和价格稳定工作；与监察局、纠风办、教育局联合，成立检查组于10月中旬至11月底在全县开展教育收费专项检查工作，检查中学12所，小学25所，高中1所，职业技术学校1个，幼儿园18个（其中公办3个，民办15个），查出违规收费10.4万余元全部清退给学生；与工商局、工业和经济贸易局联合成立检查组开展成品油市场专项检查工作，采取日常巡查和集中整治的方式，要求经营业主规范经营行为，认真执行明码标价政策，努力改善服务态度，提高服务质量。2010年，启动全县“价格服务进医院”工作，对参加活动的单位进行跟踪服务，建立和完善内部价格管理制度，完善价费公示牌。开展价格法律、法规宣传活动：在“3·15“国际消费者权益保护日和各专项检查工作中，采取发放宣传资料、设立价格咨询服务台、现场受理价格投诉和价格咨询等方式开展宣传。

【价格认证】 遵循“独立、客观、公正、科学、合理”和实事求是的原则，认真执行鉴定程序。2010年受理各类物品价格认证、鉴证委托30起，鉴定总金额186.09万元。其中办理车物损鉴定7件，鉴定金额9.61万元。为公安机关办理涉案价格鉴定23起，标的金额176.48万元，所接办的鉴定委托没有出现申请复核或差错现象。

【煤炭价格调节基金征集使用】 2010年，全县发生“5·13”和“10·27”两起煤矿生产安全事故，煤矿生产形势、基金征管工作相当严峻。通过严格管理、严格要求、严格监督和严肃工作纪律、加强工作指导，严把基金清退关，采取有效措施，煤炭价格调节基金仍然完成市下达的征收任务。全年完成煤炭价格调节基金征收705万元（年度任务数为700万元），应缴省级200.9万元，应缴市级133.9万元，均足额解缴完毕，县级留存334.8万元。

（王泰琮）

统　计

【综述】 2010年，县统计局严格按照国家统计制度要求，不断加强对基层统计数据质量的控制，认真对主要统计指标数据进行分析和评估，完成2009年统计年报及2010年各项常规性统计工作任务。3月份发布《普定县二00九年国民经济和社会发展统计公报》，编印《2009领导干部经济工作手册》，发挥统计的信息职能作用。2010年，全县生产总值完成304844万元，比上年同比增长12.2%。其中第一产业完成增加值58149万元，比上年增长5.2%，拉动GDP增长1个百分点；第二产业实现增加值161433万元左右，增长13.2%，拉动GDP增长6.6个百分点；第三产业实现增加值85262万元左右，同比增长15.1%，拉动GDP增长4.6个百分点。全年实现全部工业总产值350882万元，其中全部规模以上工业完成产值316927万元，全部规模以上工业增长速度7.5%。农林牧渔业总产值93157万元，可比价比上年增长7.1%，其中农业产值47699万元，增长2.8%；林业产值1160万元，增长22.6%；牧业产值41583万元，增长11.2%；渔业产值1952万元，增长11.8%。社会消费品零售总额78715万元，同比增长19.3%；全社会固定资产投资完成130044万元，同比增长51.9%。

【机构调整及主要职责】 12月8日，根据《中共普定县委普定县人民政府关于普定县人民政府机构改革的实施意见》，设立普定县统计局，为县人民政府工作部门。

机构调整后，其职责调整为：增加能源、交通、服务业统计和社会发展统计方面有关职责；加强对各乡（镇）、各部门统计工作的指导和综合协调，加强对统计调查项目、统计标准和统计数据发布的管理。

机构调整后，其主要职责为：贯彻执行国家统计工作的方针政策和法律法规，制定全县统计现代化建设规划、统计调查计划和调查方案，建立全县统计制度方法、统计调查项目和统计报表体系，组织领导各乡（镇）社会、经济、文化、科技统计工作；按照国家统一规定，具体组织实施各项统计调查和重大国情国力普查，汇总整理全县基本统计资料，对国民经济、科技进步和社会发展情况进行统计分析、统计预测和统计监督，向县委、县政府及有关部门提供统计信息和咨询服务；管理全县社会经济统计调查，审批各部门的统计调查计划和调查方案，监督检查统计法律、法规的实施；统一核定、管理、公布全县性的基本统计资料，定期向社会公众发布全县国民经济和社会发展情况的统计信息；建立健全和管理全县统计信息自动化系统和统计数据库体系，贯彻执行各项统计数据库标准，规范统计数据网络；会同有关部门组织管理全县统计专业资格考试和职称评聘工作；组织指导全县统计教育培训工作，开展统计科学技术成果交流与合作，协调全县经济社会统计咨询服务工作；承办县委、政府和上级业务主管部门交办的其他工作事项。

机构调整后，县统计局设办公室、国民经济综合统计和核算股、社会经济统计综合业务股3个内设机构。其人员编制和领导职数为机关行政编制7名，其中局长1名，副局长2名；股级职数3名；机关工勤人员编制1名。

【完成夏、秋粮油抽样调查】 县统计局5月和10月组织开展夏、秋两季粮油产量抽样调查。据全县11个乡镇110个农产品产量调查点，100户调查农户的夏、秋两季农作物生产情况抽样调查资料推算，全年全县粮食总产量129073吨，较上年增长1.61%。其中夏粮产量6469吨，较上年减产51.57%。秋粮产量122604吨，较上年增长7.86%。油菜籽总产量为2846吨，较上年减产67.91%。蔬菜产量94912吨，较上年增长17.34%。

【开展全县第六次全国人口普查】 搞好第六次人口普查工作，对于摸清全县经济总量，为县委、县政府领导提供决策服务有着重要意义。第六次人口普查工作严格按照国务院的统一部署，通过全县普查工作者的共同努力，完成各阶段工作任务。人口普查入户登记工作已经结束，已进入数据质量抽查和光电录入阶段。

【组织开展群众安全感调查】 根据市社会治安综合治理委员会办公室的要求，按照市统计局的统一安排部署，做好群众安全感调查人员的选调和培训，于12月份深入到各乡镇和样本村开展群众安全感调查，找出影响当前群众安全感的主要因素和存在的突出问题。

【完成规模以下工业企业抽样调查】 按照省、市调查总队对规模以下工业企业抽样调查工作的安排部署，结合全县规模以下工业企业规模小、分布散的特点，由分管工业统计的副局长负责，主动争取县工业和经济贸易局的支持配合，组织所抽中乡镇的工业企业统计人员到样本村和企业进行调查，完成全县规模以下工业企业抽样调查的入户登记、计算机录入和汇总上报工作。

【开展“忠实践行宗旨，勤政廉政为民”和“创先争优”活动】 5月开始，组织全局干部职工和支部党员深入开展践行宗旨教育和“创先争优”活动。践行宗旨教育和“创先争优”活动取得阶段性成果，按要求完成各个阶段规定的工作任务。

【开展统计数据和人口普查工作质量检查】 8月，组织开展统计数据质量检查工作，对农村统计、住户调查、工业统计、固定资产投资等专业统计数据质量情况进行了常规数据质量检查。对在检查中发现有问题的乡（镇）、企业和固定资产投资统计单位按规定责令限期整改。同时，按照人口普查各阶段质量抽查细则规定，通过检查，进一步规范基层统计基础工作，增强广大统计人员依法统计的法律意识。

【加强统计分析与研究】 坚持按月编制《普定经济要情》，及时了解全县经济运行情况。针对全县经济建设中的热点、难点问题，深入基层统计单位进行实地调查研究，写出有一定份量的统计分析文章，为促进县域经济更好更快发展进言献策。全年撰写《统计分析》18篇，《统计政务信息》21条。完成全县第二次经济普查资料开发工作，编印出版《普定县第二次经济普查资料汇编》。

【加强统计法制宣传】 新修订的《统计法》于2010年1月1日起施行。利用《普定》报开辟专栏等形式宣传《统计法》、《统计违法违纪处分条例》、《全国人口普查条例》和《第六次全国人口普查方案》。针对上述宣传内容，各乡镇采取多种形式进行宣传。11月1日，在县西门广场举行第六次人口普查入户登记工作启动仪式。

【其它工作】 全面推进能源统计工作，确保能源统计数据准确可靠。做好国民经济（GDP）核算工作，为各级党委、政府提供优质高效统计服务。组织开展文化产业调查工作。协助有关部门搞好相关县情调查工作。

（张　诚）

审计监督

【综述】 2010年，审计项目30个，其中计划项目10个，政府交办项目及自定项目20个。审计总金额208104.48万元，查出管理不规范金额21539万元，其中应收缴上缴财政2万元，已收缴2万元，应归还原渠道资金121万元，核减工程价款552.48万元，核减率6.52%。提出审计建议99条，被审计单位采纳71条，提交审计报告和审计调查报告30篇。

【机构调整及主要职责】 12月8日，根据《中共普定县委普定县人民政府关于普定县人民政府机构改革的实施意见》，设立普定县审计局，为县人民政府工作部门。

机构调整后，其职责调整为：加强对经济责任、关系国计民生的资源能源、环境保护和社会保障资金、国有资产、财政资金、社会捐赠资金使用效益的审计职责。

机构调整后，其主要职责为：主管全县审计工作。负责对财政收支和法律法规规定属于审计监督范围的财务收支的真实、合法和效益进行审计监督，维护财政经济秩序，提高财政资金使用效益，促进廉政建设，保障全县经济社会的健康发展。对审计、专项审计调查和核查社会审计相关审计报告的结果承担责任，并负有督促被审计单位整改的责任。贯彻执行国家有关审计法律法规和方针政策。制定并组织实施全县审计工作发展规划、年度审计工作计划。对开展的审计、调查和核查事项依法进行审计评价，做出审计决定或提出审计建议。向县人民政府提出年度县级预算执行和其他财政收支情况的审计结果报告。受县人民政府委托向县人大常委会提出县级预算执行和其他财政收支情况的审计工作报告、上年度审计发现问题的整改结果报告。向县人民政府报告其他事项的审计和专项审计调查情况及结果。根据需要依法向社会公布审计结果。向县人民政府有关部门和县、乡（镇）人民政府通报审计情况和审计结果。直接进行县级财政预算执行情况和其他财政收支，中央和省财政转移支付资金；县级各部门及直属单位、使用县级财政资金的事业单位、社会团体的预算执行情况、财务收支和中央及省财政转移支付资金；下级人民政府财政预算执行情况、决算和其他财政收支，中央和省财政转移支付资金；根据省审计厅、市审计局授权，对中央和省级投资的在普建设项目预算执行情况和决算。对县级投资或县级投资为主的建设项目资金的预算执行情况和决算；县级地方金融机构和县国有资本占控股或主导地位的企业资产、负债、损益；根据省审计厅、市审计局授权，审计监督在普的国家金融部门、保险机构和其他单位的财务收支及资产、负债、损益状况；县人民政府各部门管理和受县人民政府委托由其他单位管理的社会保障基金、社会捐赠资金及其他有关基金、资金的财务收支。对县级驻外省（县）机构及其国有资产开展审计监督；根据授权，审计监督在普国际组织和外国政府援助、贷款项目的财务收支状况；法律、法规规章规定由县审计局审计的其他事项等审计，并出具审计报告，在法定职权范围内做出审计决定或向有关主管机关提出处理处罚的建议。对乡（镇）、科级领导干部及属于县审计局审计监督对象的部门、单位主要负责人实施经济责任审计。对乡、（镇）党政领导班子开展经济责任审计工作情况进行定性评价。组织实施对国家财经法律、法规、规章、政策和宏观调控措施执行情况、财政预算管理或国有资产管理使用等特定事项进行专项审计或审计调查。依法检查审计决定执行情况，督促纠正和处理审计发现的问题，协助配合有关部门查处相关重大案件。指导和监督内部审计工作，核查社会审计机构对依法属于审计监督对象的单位出具的相关审计报告。组织开展审计机关信息网络建设和干部业务培训。《审计法》和《审计法实施条例》规定的其它职责范围。承办县人民政府和上级业务主管部门交办的其他事项。

机构调整后，县审计局设办公室、综合股、财政金融审计股、经济责任审计股4个内设机构。其人员编制和领导职数为机关行政编制9名，其中局长1名，副局长2名；股级职数4名；机关工勤人员编制1名。

【财政预算执行审计】 按照“揭露问题，规范管理，促进发展”工作思路，组织对县财政局预算执行、地税局税收征管、金库办理预算资金收纳拨付情况等的审计工作。审计结果表明，2009年县本级预算执行情况总体良好，财政收入结构有所优化，收入质量有所提高，初步实现县委、县政府关于税性收入占财政收入比重逐年提高的预期目标。

【乡镇财政决算审计】 对白岩镇2009年度财政决算和其他财务收支进行审计。通过审计及督促整改，强化被审计单位财经法纪意识，被审计单位财务管理得到进一步规范。

【经济责任审计】 受县委组织部委托，开展对教育培训中心主任及粮食局局长的经济责任审计。遵循监督与服务并重原则，根据被审计对象应承担责任，对其做出客观公正、实事求是评价，针对被审计单位财政财务收支及资产管理方面存在的问题和薄弱环节提出整改意见和建议。

【行政事业单位审计】 对粮食局、教育培训中心开展部门预算执行审计，重点关注管理不善等宏观管理上的重大问题，促进行政事业单位进一步加强管理，规范经济运行，保证国有资产的安全、有效，促进国有资产的保值增值。审计发现存在报账手续不完整、多列支出、往来帐长期挂账等问题。

【专项审计调查】 完成中央扩大内需保持经济平稳较快增长政策措施贯彻落实情况和实施效果审计调查，中小学校舍安全工程项目审计调查，农村合作医疗基金专项审计调查三个项目。分析项目资金在管理使用中存在问题，有针对性地提出审计意见和建议，促进被审计单位进一步完善制度，规范管理，防范风险，从体制、机制及完善宏观管理的角度提出较高层次的对策建议。

【固定资产投资审计】 对主要实施15个固定资产投资项目审计。审计中围绕工程招投标、合同签订、工程造价真实性，全力揭示施工现场监理签证、工程量丈量等方面弊端，严肃查处高估冒算、虚报工程量、损失浪费以及财务管理、资金使用等方面存在的问题。审计金额8469.07万元，核减工程价款552.48万元，核减率6.52%。

【涉农资金审计】 开展农发资金茶叶生产便道建设、以工代赈水利建设、农村危房改造“扩大试点”、“县为单位整合资金整村推进连片开发”、抗旱救灾跟踪审计五个涉及民生利益的项目资金审计。审计发现项目实施过程中地方配套资金不到位、投资超概算、滞留及挪用危房改造资金、项目实施效益不够理想等问题。审计针对存在问题，提出合理化建议，督促被审计单位进行整改。

【其他执法监督】 参与审计厅组织的石漠化综合治理资金交叉审计工作；参与移民资金使用情况核查、招投标、政府采购、资产拍卖、政府债务审计核查、“小金库”清理工作等。

【部门自身建设】 开展“创先争优”及“忠实践行宗旨，勤政廉政为民”学习教育活动，创建“五个好”先进基层党组织、争当“五个模范”优秀共产党员及开展“三学三比三创三树”主题活动。派员到浙江财经学院、人民大学参与经济责任审计、财政审计培训，参加审计厅组织计算机中级培训等；引导审计干部树立“为民、公正、廉洁、务实、高效”形象，强化党风廉政建设，加强审计干部廉洁自律教育；完善管理机制，采取措施，充分调动审计干部的主观能动性和积极性，促进审计事业的发展；强化保密及信息化建设，淘汰旧有微机，换装主机及隔离卡，提高工作效能，确保信息安全；加强党建工作，以民主生活会为载体，积极征求社会各界的广泛意见，认真开展民主生活会，向服务对象和被审计单位发放问卷调查表，促进依法行政、依法审计，提高行政效能，构建和谐文明审计机关。

【扶危济困】 挤出资金6000元，干部职工捐款2000元支助陈建刚、王枭、王雄等贫困大学生入学；协调资金、物资，购买水泥30吨，帮助补郎乡火田村贫困户进行危房改造；组织干部职工向玉树地震灾区捐款及捐资抗旱救灾。

（王　帆）

质量技术监督

【行政执法】 春季农资打假工作，出动执法人员22人次，车辆11台次，检查普定县兴农化肥厂、普定县广丰复混肥料厂2个化肥生产企业，经查，企业原材料从正规厂家购入，仓库堆放有序，加工过程没有掺杂使假、以假充真行为，有效成分经过自检，达到标准要求，抽取监督样2个，经检验均为合格，合格率100%。对化肥等农资类定量包装开展监督检查，检查化肥定量包装12个批次，全部合格；对农资经营门店和化肥生产企业进行全面监督检查，检查农资经营门店8家和2家化肥生产企业在用计量器具13台，均在检定有效期内使用。对一家化肥销售单位销售的过磷酸钙进行抽样送检，其中一家化肥销售单位销售的过磷酸钙8吨，货值金额3216元，根据标准化法有关规定进行处罚，罚款1030元。加强建材执法检查工作，对县内钢材生产企业普定腾翔金属建材厂、普定山禾轻型轨道加工厂进行执法检查，经查，企业对产品的化学元素的配比有检验有记录，符合标准要求，没有发现生产国家明令淘汰产品“地条钢”等违法行为。开展“建材下乡质量行”执法检查，继“家电下乡”、“汽车下乡”、“农机下乡”之后以“保障产品质量安全，维护农民合法权益”为主题开展“建材下乡质量行”活动，检查建材生产企业15家次，对4个水泥生产厂家4个品牌的水泥抽样送检。对5家砖厂生产的标砖进行定检抽样送检，其中两家砖厂定检不合格。接举报分别处理6起对水泥及标砖投诉，根据国家法律法规进行处理。开展无证查处工作开展装饰材料的监督检查，出动执法人员18人次，检查木工板经销店5家，检查细木工板、木地板、油漆等10余个品种，各产品均属于获证企业生产。查处无食品生产许可证擅自生产桶装饮用水案件一起，处以罚款1000元。

【质量监督管理】 配合省、市检测所完成年度定期监督抽检工作，抽检烧结普通砖10个、混凝土普通砖13个，水泥样7个，电杆样1个，检验结构均为合格。对获得工业产品生产许可证的8家企业实行动态监管，建立企业质量档案，帮助超宇水泥有限责任公司获取生产许可证，完成质量档案建档工作。与县工商、物价、卫生、农业、药监、电信等20余家单位在县西门广场联合开展

2010年度“消费与服务—2010年3·15国际消费者权益日纪念活动”为主要内容的大型公益活动，发放各类宣传资料5000余份，接受群众咨询约100人次。根据市局《关于印发开展安顺市2010年度“质量月”活动实施方案的通知》要求，组织“2010年度质量月宣传咨询活动”，对产品质量、食品安全、特种设备安全等法律法规进行宣传和咨询。发放产品质量、食品安全、特种设备安全、肥料包装识别等宣传资料累计5300余份，接受过往群众和广大消费者咨询180余人次。

2010年9月6日，普定县质量兴县领导小组工作会议召开。 （伍朝霞 摄）

【食品质量安全监管】 2010年，县辖区内有企业（小作坊）55家，其中获生产许可证的企业12家，证照齐全小作坊35家，两证不齐或无两证的20家。强化对两证齐全小作坊实施监管，出动执法人员129人次，车辆46台次，月平均检查小作坊数9家/次。对生产环境、卫生条件较差和证照不齐的食品加工作坊，下达整改通知书1份，责令限期整改，直至达到《食品生产加工作坊质量安全控制基本要求》的规定。抽取白酒、米粉、菜籽油及糕点等样品87个，其中米粉4个、菜籽油8个、白酒33个，月饼27个、糕点15个，经检验，不合格样为8个，其中2个菜籽油、6个白酒。对不合格小作坊采取措施责令其整改直至抽查合格才能生产加工。累计出动执法人员120人次，车辆53台次，平均月巡查企业数12家/次，对获食品生产许可证的12家（其中，普定县碧玉泉饮用水厂已停产）企业进行不定期巡查。巡查中帮扶指导企业完善原材料进货台帐、原辅料使用台帐和产品销售台帐，督促企业建立严格质量管理制度，对获证企业要求对所有原辅材料进厂验收，严格产品出厂检验，严格执行QS标志，严格执行召回制度，严格处理过期、回收食品。加强白酒、糕点等食品的监督检查。开展食品监管工作培训，贯彻落实《食品生产企业落实质量安全主体责任监督检查规定》、《食品生产许可证管理办法》及《食品添加剂生产管理规定》。加大无证产品的查处力度，对无证生产销售食品、未加贴QS标志的，不允许进入超市并依法严厉查处。节日食品安全专项大检查，出动执法人员80余人次，车辆30余台次，调动乡镇协管员加强对白酒、面条、米粉、菜籽油及糕点等节日热销食品的12家企业及55家小作坊进行检查，安排节日期间值班，确保食品安全事故应急预案保障措施能及时到位，向有关部门上报各种食品安全信息，做到措施到位、监管到位、信息畅通。2010年度中秋节共抽取月饼27个样，经检验全部合格。制定《普定县质量技术监督局2010年食品安全整顿工作实施方案》，组织食品安全大检查。出动执法人员123人次，车辆62台次，调动11个乡镇的协管员对已获得食品生产许可证的12家及55家小作坊进行大检查。督促企业落实食品相关产品进货查验记录制度、质量安全控制制度和出厂检验记录制度，确保全过程质量安全控制，落实企业主体责任。重点检查食品生产加工企业进货台账与销售台账、生产加工质量安全关键点控制记录、原料进厂与产品出厂检验记录及检验报告、产品检验留样、问题食品处理、产品召回记录及消费者投诉处理记录等生产控制记录。指导帮扶小作坊建立健全原辅材料进货台账、原辅材料使用台账及产品销售台账，认真履行《质量安全承诺书》等各项制度，确保产品质量安全。落实质量安全主体责任自查，将落实情况核查上报。乳制品及含乳食品监督检查工作，出动执法人员27人次，车辆9台次，共检查乳制品企业一家以及糕点店小作坊11家。其中对贵州奇秀乳业有限责任公司进行产品质量安全负责制落实，要求企业提供自查表，执法人员进行核查。并要求企业建立健全乳品原料进货查检记录和出厂检验制度情况，执行生产过程质量安全控制产品召回和质量安全自查自纠制度，以及流通消费环节，索取进货检验报告情况。同时，开展食品用纸包装、容器等制品生产许可证无证查处，出动执法人员26人次，车辆12台次，并调动11个乡镇的协管员，对辖区内开展食品用纸包装、容器等制品生产许可证无证查处工作。印发《关于开展食品用纸包装、容器等制品生产许可证无证查处工作的公告》7份，要求使用食品用纸包装、容器等制品食品生产企业做好自查工作；开展有毒豇豆清查工作，检查2家超市，经查实无豇豆生产企业，在流通销售环节也未发现有毒豇豆；开展一次性筷子产品调查，辖区内企业未发现竹、木筷生产及其生产的一次性筷子产品；开展非法制售皮革蛋白粉等皮革碎料制品清理和整顿工作，辖区内企业未发现非法制售皮革蛋白粉等皮革碎料制品。

【计量工作】 利用“3·15”和“5·20世界计量日”宣传活动，向广大消费者宣传相关计量法律、法规、发放宣传资料1500余份。围绕“计量·科学发展”的活动主题，以“计量—科技创新之桥”、“计量—质量提升之桥”、“计量—公平正义之桥”进行“5·20世界计量日”宣传活动，发放宣传材料500余份，对农贸市场使用的计量器具（标称、台称、电子称等）进行检查。加强计量监督管理和计量违法行为的查处力度。重点检查农资经营门店和化肥生产企业，对化肥等农资类定量包装开展监督检查，检查化肥定量包装12个批次，全部合格；检查农资经营门店8家和2家化肥生产企业在用计量器具13台，均在检定有效期内使用。制定《出租车计价器计量监督突发事件应急处置制度》，切实将“建材下乡”质量监督和执法打假工作落到实处。对贵州超宇水泥有限责任公司生产的水泥定量包装进行检查，现场对水泥定量包装进行抽检一个批次的水泥200吨，经抽检全部符合国家有关规定。开展重点用能单位能源计量监督检查、能效标识执法检查及“推进诚信计量、建设和谐城乡”行动，分别与县属5家重点用能单位分别签订《普定县共同推进节能降耗能源计量工作责任书》，与全县10家加油站、1家集贸市场、1家餐饮店、1家医院及2家眼镜店分别签订《诚信计量承诺书》。开展加油机、汽车衡计量专项监督检查，建立健全对加油机及汽车行的长效监管机制。

【标准化管理】 派员到市局培训“农业标准化相关法律法规”和“农业标准化示范区建设”、《企业产品标准管理规定》及《食品安全企业标准备案管理办法》、GB/T1. 1—2009《标准化工作导则第一部分：标准的结构和编写》等业务。明确质监部门和企业之间的责任，严格执行企业标准备案程序，加强标准化法律法规和重要标准落实力度。

【特种设备安全监察】 制定《2010年度特种设备安全监察工作计划》，落实特种设备使用安全责任制，签订《特种设备使用承诺书》及《普定县质量技术监督局特种设备使用单位安全责任告知书》各49份，发放特种设备生产使用单位自查表并回收40份，制定《普定县质监局继续深入开展“安全生产年”活动实施方案》及《普定县特种设备继续深入开展安全生产年活动督查企业工作计划表》。开展“元旦”、“春节”、“两会”、“3·15”、“五一”、“安全生产年”及国庆节期间特种设备安全大检查工作及安全生产专项行动，累计出动行政执法人员182人次，7次专项检查，检查特种设备使用单位153家次；检查汽、水两用锅炉（含蒸汽锅炉）92台次，电梯24台次，起重机械54台次，汽车举升机18台次。针对特种设备及安全附件超期未校验，下达指令书10份并督促其整改落实。在普定县坪上中学开展特种设备安全知识进校园安全宣传活动，向该校1800余名师生宣传特种设备安全知识，现场发放挂图、特种设备安全知识宣传资料1200份，以特种设备安全知识展板和特种设备安全知识宣传片光盘的形式，为广大师生现场展示特种设备安全监察知识。6月23日，会同县安监局开展“特种设备安全知识进企业活动”，在中铁八局集团桥梁工程有限责任公司安顺制梁场开展特种设备安全知识进企业现场会。发放特种设备安全知识宣传资料100余份，组织10名特种设备安全管理人员及操作人员参赛，组织人员参加《全国安全生产应急知识》考试。10月12日，组织学习《国务院关于进一步加强企业安全生产工作的通知》，全县31家特种设备使用单位参加会议，并组织考试。

2010年6月9日，全县特种设备及食品安全知识教育活动大会在坪上中学召开。 （张振忠 摄）

【计量检定工作】 2010年，完成普定县明达水泥有限公司、嘉琪水泥有限公司、顺捷有限公司、黔粮仓储有限公司普定库、普定粮油工业总厂、国电安顺发电有限公司、闽光电化工业有限公司、普盛煤矿、爱心大药房、建平加油站、顺达加油站等企业和单位的台案秤周检以及各乡镇市场的台案秤检定工作；全县各加油站燃油加油机的周检工作，全年检定台案秤64台次、燃油加油机126台次，强制检定受检率达98%。

【组织机构代码工作】 2010年，完成全县158家组织机构代码证书的新发证、换证、变更工作；42家单位的组织机构代码证书年检工作，废置代码证4份，迁址1份；205家组织机构代码纸质档案的扫描工作，并上报省代码信息中心。

（伍朝霞　苏桂芳　张振忠）

安全生产监督管理

【各类事故情况】 全年发生各类事故28起，比上年同期减少1起，同比下降3%；死亡48人，比上年同期增加27人，同比上升128%；受伤15人，比上年同期增加4人，同比上升36%。全县有煤矿30家，2010年产原煤160万吨，发生生产安全事故6起，死亡37人，煤炭百万吨死亡率为23.1，超市政府下达的目标数904%；县境内共有各种交通车辆2万辆，发生交通事故11起，死亡3人，道路交通万车死亡率为1.5，占市政府下达控制指标的33.8%；亿元GDP生产安全事故死亡率1.6，超市政府下达控制指标的128.6%；有工矿商贸企业从业人员15万人，死亡44人，死亡率为29；全县总人口45万，火灾事故死亡1人，死亡率为0.22，与市政府下达目标数持平；2010年，发生较大事故1起，重大事故2起。

【安全生产工作情况】 全年召开全县安全生产工作会3次，安委会主任会议1次，安委成员单位扩大会议5次，煤矿专项工作会议3次，驻矿员专题会议1次，生产安全事故分析会2次，消防联席及安全专项整治工作会4次，道路交通联席及专项整治工作会议12次，烟花爆竹专题工作会1次，非煤矿山专题工作会1次，汛期安委会紧急（扩大）会议1次，“三项建设”专题会议1次。“安全生产月”活动及“打非”专项行动安排部署会议1次，安全生产教育整顿活动会1次，煤矿关闭工作会议2次。安全生产形成齐抓共管、群防群治工作格局。

【安全生产教育培训和宣传活动】 以“安全生产月”宣传活动为契机，采取演讲比赛、印发安全知识宣传手册、安全知识竞赛答题、送安全文化进企业、进校园、进乡村、进社区、进家庭等不同形式，推动安全生产各项方针政策及法律法规贯彻落实及“三项行动”工作开展，全年开展活动40余场次。

【安全生产教育整顿】 10月27日，马场镇大坡煤矿发生事故，全县安全生产工作再次走向低谷，安全生产形势更加严峻。根据11月9日全省安全生产工作紧急会议上省委书记栗战书、省长赵克志、副省长孙国强等省领导的重要讲话精神，县委召开专题会议，决定用1个月左右时间深入开展“强意识、除隐患、建机制、保安全”安全生产教育整顿活动。煤矿实行县领导联系、部门乡（镇）、驻矿督查员四级包保，加强安全生产工作。

2010年5月14日，省人大副主任、省总工会主席林明达在猫洞乡远洋煤矿会议室与市、县领导商讨营救办法。（县总工会　提供）

【保留一套独立生产系统煤矿关闭情况】 县人民政府出台《关于关闭不具备安全生产条件煤矿的通知》，明确规定关闭煤矿分3批实施关闭，关闭工作从12月18日起到31日结束。在省、市的统一安排下，11月26日，全省关闭不具备安全生产条件煤矿现场会在猫洞乡远洋煤矿召开，成功对发生“5·13”重大煤与瓦斯突出事故的远洋煤矿实施爆破炸封。12月30日，县委副书记胡晓兰组织召开会议，抽调安监、公安、国土、监察、工业经贸等单位人员组成七个工作组对各煤矿关闭到位情况进行全面督查，全县对保留一套独立生产系统煤矿在规定时限内完成关闭任务。

【安全生产“十二五”规划编制】 按时、保质、保量完成全县安全生产“十二五”规划编制工作。县政府成立分管安全工作副县长为组长的编制工作领导小组，专人负责编制起草工作，4月21日开始起草，5月20日规划的第一稿初步形成，采取集体讨论和个别征求方式，将规划初稿印发各乡（镇）和安委会成员单位，全面征求乡（镇）和安委会成员单位对初稿的意见和建议，经过广泛征求意见和全面修改，6月9日形成《普定县安全生产“十二五”规划》正式文本。

【安全事故查处情况】 认真查处10月20日超宇水泥厂机械伤害事故和11月20日颐景园小区建筑工地物体打击事故，按照事故调查处理程序和“四不放过”原则，严格事故处理责任追究制，分别由安监局和建设局牵头调查处理，在规定时限内按时结案；县公安交警部门牵头调查查处8起道路交通事故和县公安消防部门牵头调查查处8起消防火灾事故，按期结案，结案率100%。

【严厉“打非治违”】 5月13日，猫洞乡远洋煤矿发生的煤与瓦斯突出重大责任事故，县委、县政府认真总结经验教训，全面查找安全生产领域存在的问题和不足，统筹安排安全生产大检查和煤矿专项督查工作。5月15日，县政府在猫洞乡组织召开全县煤矿安全生产现场会议，传达贯彻全市煤矿安全生产紧急现场会议精神和部署全县安全生产隐患大排查。5月21日，县委组织召开全县“5·13”煤与瓦斯突出重大责任事故警示暨作风教育整顿大会，要求全县上下深刻分析总结事故教训，进一步落实两个主体责任，狠抓落实，坚决遏制重特大生产安全事故发生，扭转安全生产被动局面。5月25日，县政府召开专题会议，部署煤矿安全生产主体责任和全县煤矿专项检查、复工复产检查验收工作。6月13日，抽调安监、国土、煤炭等部门人员配合市安监局、工信委、盘江分局对全县33家煤矿进行逐矿督促检查。安全生产大检查排查生产经营企业1139家（处），排查一般安全隐患1461条，完成整改治理1419条，整改率97.13%。5月27日，按照全市“打非”专项行动的统一部署，县人民政府下发《关于打击安全生产非法违法违规行为专项行动的通知》，明确安监、煤炭、交通、建设、国土、公安等六个部门牵头组织开展以打击非法开采矿产资源、非法运营、道路交通非法违法违规行为、建筑行业（领域）非法违法违规行为、烟花爆竹和危险化学品非法违法违规行为、煤矿安全生产非法违法违规行为为重点的专项打非行动。6月3日县政府组织召开“全国安全生产月”活动部署暨安全生产领域“打非”专项行动启动仪式大会，“打非”专项行动全面启动。“打非”专项行动督促检查各类企业341家（处），专项行动小组打击煤矿越层越界开采4处、私自开山炸石2处和私自经营烟花爆竹1家，排查各类安全隐患485条，整改483条，整改率99.58%。

【认真贯彻落实上级精神】 按照国务院和省政府关于安全生产工作有关精神，县政府立即组织召开会议，对学习国务院和省政府有关文件精神以及电视电话会议精神进行安排部署，县安委办下发文件，要求各乡（镇）、各有关部门要严格按照“四个百分之百”要求，制定学习方案，组织本辖区内所有生产经营企业和单位干部职工认真学习贯彻，组织关闭不具备安全生产条件的煤矿。

【实行煤矿四级包保】 根据11月9日全省安全生产工作紧急会议上省委书记栗战书、省长赵克志、副省长孙国强等省领导的重要讲话精神，12日晚，县委书记彭贤伦组织召开县四大班子联席会议，专题研究安全生产工作，全面部署今冬明春安全生产大检查，对煤矿实行县领导联系、部门、乡（镇）、驻矿督查员四级包保。

【煤矿企业兼并重组】 根据《安顺市人民政府关于推进煤炭生产企业兼并重组的实施意见》精神，县人民政府制定《普定县煤炭生产企业兼并重组实施方案》，成立由县政府主要领导任组长的工作领导小组，按照“公平、公开、公正”原则，引导企业以片区和井田兼并煤矿，引导企业按照国家产业政策，积极建设30万吨/年以上矿井，全县集团化煤矿企业控制在6个以内，到2015年，控制在5个以内，每个集团化煤矿企业生产能力达到150万吨/年以上。

（县安监局）

财政·税务

财 政

【机构调整及主要职责】 12月8日，根据普定县人民政府办公室《关于印发普定县财政局主要职责内设机构和人员编制规定的通知》，设立普定县财政局，为县人民政府工作部门。

机构调整后，其职责调整为：取消已由县及县以上人民政府公布取消的行政审批事项；将县财政局承担的烟叶税、耕地占用税和契税征收管理等职责交县地方税务局承担；将原县农业综合开发办公室职责划入县财政局；将政府非税收入全部纳入预算管理；加强财政监督管理，建立科学、规范、有效的财政监督管理机制和财政支出绩效评价机制；加强财政系统信息化建设职责。

机构调整后，其主要职责为：贯彻执行国家及地方财政、预算、税收、财务及其他有关政策、法规、法令、规章制度，指导全县财政工作。拟订并组织实施全县财税规划、制度和改革方案；分析预测经济形势，参与制定各项经济管理制度，提出运用财税政策调节引导社会分配和促进经济增长的建议，拟订相关分配制度，贯彻执行鼓励公益事业发展的财税政策措施。承担全县各项财政收支管理的责任，负责全县收支管理工作。负责编制年度县级财政预决算草案并组织执行，受县人民政府委托，向县人民代表大会报告全县财政预算及其执行情况，向县人民代表大会常务委员会报告财政决算；拟定经费开支标准、定额，完善公共财政支出体系；负责审核批复部门（单位）年度预决算；完善财政转移支付制度；按照省的部署，实施省直接管理县财政体制改革。拟订国库管理制度、国库集中收付制度，指导和监督国库业务，按规定开展国库现金管理工作，负责行政事业单位账户管理工作；执行国家关于政府债务管理的制度和政策，承担县级政府性债务管理，拟订并执行政府性债务管理制度和办法，防范财政风险。负责政府非税收入管理，承担行政事业性收费、罚没收入、政府性基金及其他非税收入管理工作。按规定管理非税收入汇缴专户、财政专户、财政票据及彩票资金。指导全县基层财政管理工作和县农村综合改革领导小组办公室的日常工作，组织实施中央、省、市对农民各项直接补贴资金的发放工作。审核和汇编全县国有资本经营预决算，拟订国有资本经营预算的制度和办法并监督实施；拟订行政事业单位国有资产管理规章制度，管理县级行政事业单位国有资产；参与拟订企业国有资产管理相关制度；指导全县国有企业、股份制企业、国有境外企业和外商投资企业财务工作，组织实施企业财务制度；管理资产评估工作。执行政府采购政策法规，拟订县级政府采购相关制度，完善县级政府采购制度措施，监管政府采购活动。按照管理权限，拟定有关税收政策措施及税收调整方案并组织实施。拟定财政税收计划，提出税收减免、税目税率调整建议。拟定县级国有资本经营预算的制度和办法并监督实施；参与拟定企业国有资产管理相关制度；拟定县级行政事业单位国有资产管理规章制度，管理县级非经营性国有资产。贯彻执行财政支农政策并监督实施；参与编制农业发展规划；拟订财政支农资金项目管理办法和相关财务管理制度的实施细则；管理、分配和监督财政支农资金，管理政策性农业和扶贫专项贷款贴息，参与安排财政扶贫资金；负责农业综合开发管理工作。管理县级财政的社会经济发展支出，负责中央、省、市、县财政性投资项目监督管理，参与拟订全县基本建设投资有关规定，拟订基本建设财务制度，负责有关政策性补贴和专项储备资金财政管理工作。会同有关部门管理全县财政社会保障资金，监督社会保障资金财务管理制度的落实，负责全县社会保障支出管理，编制县级社会保障资金预决算。负责政府引进的外国政府、国际金融组织对普定县的贷（赠）款的财务管理工作。贯彻执行国家统一的会计制度，组织单位预算会计制度和监督会计规章制度的执行；负责全县会计管理工作，指导会计业务，监督和规范会计行为；指导、监督和管理代理记账、社会审计工作。监督检查财税方针政策、法律法规和规章制度的执行情况，反映财政收支管理的重大问题；提出加强财政管理的措施和建议；负责财政重大支出的绩效评价工作。制定全县财政系统教育培训规划，组织财会人员开展财政、会计业务知识培训；开展财政业务重大问题调研。负责全县财政系统信息化建设，为财政管理提供技术保障；负责财政信息和财政宣传工作。承办县人民政府和上级业务主管部门交办的其他事项。

机构调整后，县财政局设办公室、预算国库股、行政文教股、社会保障股、农业及社会经济管理股、农业综合开发办公室、国资企财股、监督股（普定县财政监督局）、非税收入管理办公室9个内设机构。其人员编制和领导职数为机关行政编制17名，其中局长1名，副局长2名，财政监督局局长1名（副科级），非税收入管理办公室主任1名（副科级）；股级职数9名；机关工勤人员2名。

【财政预算执行情况】 2010年，完成地方财政收入27702万元，占县任务的109.51%，比上年增长32.34%，增收6770万元；上划收入17314万元，其中“上划增消两税”收入15052万元，“上划所得税”收入2262万元。完成财政总收入45016万元，占县级任务数的101.2%，比上年增长17.39%，增收6670万元。完成财政总支出98090万元，比上年同期增长23.12%，增支18419万元，完成支出预算的90.26%。其中一般预算支出92248万元，基金预算支出5842万元。

【财政收支平衡情况】 一般预算收入22359万元，基金收入5343万元，加上级各项补助75082万元、债券转贷收入730万元，总收入合计103514万元。财政支出98090万元，加上专项上解4489万元，总支出合计102579万元。收支相抵，结余935万元，加上年结余12688万元，减去结转下年安排支出10650万元后，预算净结余2973万元。

【惠农政策落实】 2010年，发放惠农补助6563.07万元，其中：种粮直接补贴75.19万元，农资综合补贴1892.80万元，退耕还林资金补贴2354.23万元，水库移民补贴761.91万元，家电下乡补贴218.09万元，汽车、摩托车补贴494.35万元，良种补贴766.50万元。

【社会保障支出】 2010年，城镇低保支出576.90万元，农村低保支出6086.50万元，五保对象供养支出225万元。

【财政改革】 按照“以收定支，收支平衡”原则，推进政府收支分类改革，细化行政事业单位年度经费收支预算，实行部门综合预算管理；按照“统筹兼顾、量入为出、确保重点”原则和“零基预算”要求，统筹预算内、外资金使用，确保人员工资按时足额发放和重点支出需要。凡涉及行政事业单位房屋、车辆等未划入国资公司的国有资产的处置，由国资办委托中介机构进行评估、拍卖。按收支两条线的原则，对教育经费实行“校财局管”，对医院实行“院财局管”。

【政府采购】 政府采购工作，本着公开招标、扩大规模、管采分离、严格程序、加强监督的原则，确保采购行为合法合规。全年采购预算8798.22万元，采购金额8348.91万元，节约资金449.31万元。

【非税收入】 2010年，完成非税收入17429.27万元，比上年同期增收5019.27万元，增长40.47%。

（黄　平　陈　伟）

国库收付

2010年8月2日，市会计核算中心（国库收付中心）到普定县开展财政资金安全检查。

（县国库收付中心　提供）

【综述】 2010年，县国库收付中心继续深化国库集中收付和乡财县管改革，配合“财政一体化”平台建设改革，切实转变作风，认真履行职能，注重实效手段，加强资金监管，充分发挥财政资金整体效益。全县纳入国库收付中心工资统发部门89个，每月平均支付工资1260万元。全年办理集中支付业务7757笔，支付金额48693万元；其中直接支付6527笔，支付金额44413万元；授权支付1230笔，支付金额4280万元；直接支付占91.2%，授权支付占8.8%。

【网络平台建设】 建立“财政一体化”网络平台，实现财、税、库、银横向联网和财政与预算单位纵向联网。按照《普定县人民政府关于国库收付中心归还会计业务的通知》、《普定县人民政府关于财政国库管理制度改革的实施意见》、《普定县财政国库管理制度改革资金支付管理办法》及《普定县财政国库管理改革会计核算暂行办法》推进会计集中核算向国库集中支付平稳转轨。

【乡财县管工作】 2010年，继续总结和完善“乡财县管”机制，推进“校财局管”和“院财局管”改革。将“乡财县管”、“校财局管”、“院财局管”纳入“财政一体化”网络平台管理，规范教育系统、卫生系统财务管理，加强对教育经费和卫生经费监管，缩短工作日程，提高工作效率，降低行政成本。

（杨兴鸿）

基层财政管理

【一事一议财政奖补试点工作】 按照省、市农村综合改革小组安排部署及省综改办批复，推动村级公益事业建设一事一议财政奖补试点工作，在11个乡镇选取75个村112个项目作为村级公益事业建设一事一议财政奖补试点规划项目，预算总投资2624.427万元，其中：县级财政预算安排575.23万元，县级财政整合资金347.08万元，群众投工折资595.46万元，拟申请省级财政奖补资金1106.65万元。截至12月底，到位奖补资金1915.23万元（不含投工折资），其中：省级财政奖补资金1000万元，县级财政预算安排575.23万元，整合资金340万元。

【涉农补贴发放工作】 2010年，继续落实粮食直补和农资综合直补，全面核实农户基础信息和各项补贴数据，督促乡镇按时按质发放兑现补贴资金，全县8.5万户农户受益。全年通过“一折通”方式共发放兑现各种涉农补贴补助资金5850.63万元，包括2009年度和2010年度水稻、玉米、油菜、小麦等良种补贴资金766.5万元；2009年度和2010年度退耕还林补助资金及完善政策补助资金、调运费2354.23万元；2009年第四季度、2010年第一、二、三季度大中型水库移民后期扶持资金796.91万元；由省级直发的2010年对种粮农民农资综合直补资金1892.8万元、粮食直补资金75.19万元。实施家电和汽车摩托车下乡补贴政策，支持农村现代流通体系建设，全年补贴家电下乡产品累计10046台（件），兑付补贴资金218.09万元；补贴汽车摩托车下乡产品3610辆，兑付补贴金额494.35万元。

【农村“三资”委托代理服务工作】 成立县农村“三资”管理委托代理服务领导小组，具体工作由基层财政管理局负责。立足实际，制定“三资”管理暂行办法、村级财务制度，设计《普定县“三资”清理情况统计表》，举办两期培训会。规范管理、有效监督，使村集体资金、资产、资源的管理工作步入制度化、程序化、网络化轨道，实现村级财务帐务处理系统网络化管理。全县货币资金清理前为767.96万元，清理后为772.55万元，增加4.59万元；资产清理前为4219.13万元，清理后为16566.69万元，增加12347.56万元；资源性资产清理前为4578.80亩，清理后为283081.53亩，增加278502.73亩；债权清理前为1539.94万元，清理后为1428.60万元，减少111.34万元；债务清理前为1587.79万元，清理后为1549.71万元，减少38.08万元。

（胡泽勇　王恩竹）

国　税

【综述】 2010年，普定县国家税务局紧紧围绕“服务科学发展、共建和谐税收”及“打牢发展基础、提高发展质量、加快发展速度”要求，以组织收入为中心，以税收征管和纳税服务为重点，积极探索建立税源管理新模式、建立干部能力价值评价和实现机制，试点建立三级联动内控机制。狠抓国税文化建设、党的基层组织建设、行政效能建设和文明创建工作，确保征管质量建设、纳税服务体系建设、干部队伍建设惩防体系建设、国税文化建设、文明创建工作再上新台阶。

【税收收入稳定增长】 全年完成税收收入22022万元，占市局年度计划的93.99%，比上年增收27万元，增长0.12%。其中增值税完成20823万元，占市局年度计划的93.48%，比上年增收36万元，增长1.73%；消费税完成4万元，与上年持平；企业所得税完成1059万元，占市局年度计划的105.85%，比上年增收59万元，增长5.8%；个人所得税完成9万元，占市局年度计划的28.51%，比上年减收21万元，减少70%；车购税完成150万元，占市局年度计划的100%，与上年持平。

【内设机构及职责调整】 结合实际制定实施方案，调整内设机构及职责，优化人力资源配置。将办公室、人事教育科、监察室的职责全部调整到办公室（行政后勤保障中心），由办公室（行政后勤保障中心）集中履行调整后的职责，为征收、管理、稽查、纳税服务提供行政保障支持；将政策法规科、征收管理科、信息中心的职责全部调整到征收管理科（分析评估、业务支持中心），由征收管理科（分析评估、业务支持中心）集中履行调整后的职责，主要开展专业化评估、数据分析及向征收、管理、稽查提供业务及技术支持；将收入核算科、办税服务大厅的职责全部调整到办税服务大厅，由办税服务大厅集中履行调整后的职责，提供对税款的征收核算及税源的监控分析；把政策法规科、收入核算科的职责调整为税源管理，按照专业化分工的要求，结合县局税源实际，重新明确夜郎湖税务分局、税源管理科、政策法规科、收入核算科四个税源专业化管理部门职责，实施对税源专业化管理，保留稽查局职责。同时，对局内各部门领导职责进行调整，具体为办公室（行政后勤保障中心）、征收管理科（分析评估、业务技术支持中心）、税源管理科、政策法规科（一般纳税人管理）、收入核算科（个体工商户纳税人管理）、办税服务大厅设1正2副，夜郎湖税务分局设1名副局长，稽查局设1名办公室主任；根据税务系统领导班子和领导干部监督管理办法调整县局领导班子成员分工，实施领导班子挂管重点行业工作机制。

【明确四个税源管理部门职责】 夜郎湖税务分局主要负责煤炭、矿山资源开采及流通环节、房地产行业、小规模企业、金融保险及通讯行业等纳税人的税收专业化管理工作，管理人员9人；税源管理科负责电厂及周边用废企业、高能耗企业以及从事水泥生产的重点行业、企业的单位纳税人税收专业化管理工作，管理人员6人；政策法规科（一般纳税人管理）负责分局、税源管理科所管辖之外的一般纳税人（含个体一般纳税人）税收专业化管理工作，管理人员7人；收入核算科（个体工商户纳税人管理）负责全局个体纳税人（不含个体一般纳税人）税收专业化管理工作，按月向政策法规科报告当月达到一般纳税人的个体纳税人名单，并移交政策法规科开展管理工作，管理人员7人。

【人力资源向征管服务倾斜】 直接从事税源管理的人员从21人提高到29人，比重从35.6%提高到49.15%，提高13.55个百分点，进一步充实税源管理力量。行政人员从19人下降到14人，占总数的25.42%，业务人员从40人增加到44人，占总数的74.58%。

【健全完善岗责体系】 2010年，重新制定岗责体系，细分部门责任、岗位责任和人员责任，对职责进行归并整合；对各项工作内容、各个工作环节以及工作岗位按照工作要求、数量、质量和时限等确立标准；结合部门业务特点，进一步优化工作流程，突出加强部门之间、岗位之间、各流程节点之间的业务流转和工作衔接，避免职责不清和推诿扯皮现象发生。修订完善绩效考核指标，继续在四个管理部门和办税服务厅实施绩效管理，按月考核通报，实现权力、岗位、责任、制度有机结合。优化管户与管事的管理模式，对现有税收管理人员进行重新组合，将过去纳税人涉税事项一人统管，改为分工协作的专业化管理。通过分解税收管理员职责，将业务素质较高、综合分析能力较强的干部调配到纳税评估、数据分析等岗位，将部分年龄偏大，素质相对不高的干部调配到业务相对单一的基础管理环节，如户籍巡查、催报催缴、实地调查等。将内控理念贯穿于岗责体系建设中，按“八定”要求，及时调整部门及岗位职责、能力要素、绩效指标、岗位作业标准、工作流程、权重系数、风险点分析、风险控制措施，整合完善有关工作制度，增强监督制约力度。

【推行税源专业化和信息化管理】 深入推行“专业分工—信息采集—数据分析—风险评估监控—税务稽查—结果应用”为一体的税源专业化管理新模式，大力强化信息管税。健全完善专业化管理机制，制定《税源专业化分工意见》、《关于实施税源管理新模式方案》、《领导班子和分管部门落实重点税源挂钩管理工作机制》、《税源管理基础资料规范建设方案》、《税源风险管理实施方案》、《分行业风险管理指南》、《纳税服务快速响应机制》、《办税公开办法》等制度，修订完善火电、煤炭、水泥、铅锌、铁合金、砂石、红砖、茶叶、家电、超市等行业管理措施以及企业所得税分类管理办法、企业所得税预缴管理办法等。大力实施税源风险管理，重点突出建立火电、煤炭、水泥、砂石和制砖业五个行业税收风险管理指标体系，逐步向其他行业拓展。立足实际自行设计“税源风险管理电子评估分析系统”和“税源风险管理良性互动预警分析”系统，通过从

CTAIS中导入数据，从单位税额、财务信息、应纳税额和销售额变化等方面进行分析，采取风险基准值设定、风险识别、风险处置方式全面排查行业管理风险，生成风险分析处理报告，将异常户列入重点对象，及时、准确进行风险管理，提高风险识别的“命中率”。按月通过征管互动平台发布征管预警异常信息，对重点税源企业实施纳税风险评价提醒、评估和日常检查，对重点行业进行预警分析，加强信息资源的共享力度。税源管理部门分行业、分税种对风险评价信息来源进行整合、监控和应用。加强第三方信息采集和利用，按行业、类别、性质、归口管理做好涉税信息采集工作，如煤炭、砂石行业重点做好供电公司与爆破公司电耗、炸材的信息采集比对，医药行业则重点做好与社保局的信息比对等，并定期与地税、工商等部门进行数据交换，充分利用相关信息进行新开业户信息比对，提升核定税款的准确性，实现立体式的监控。修订完善纳税服务考核评价机制，进一步明晰各部门纳税服务工作职责。硬件上投资10万元建设30M光纤直入外网、安装LED显示屏、统一标识、完善功能区划分，软件上为丰富服务内容，满足纳税人普遍性和个性化的服务需求，建立纳税服务快速响应机制，明确纳税人需求信息的收集渠道、时限及要求、分析与处置方式、部门职责以及考核评价方式等，开通QQ网络互动平台（群号105938717）、电子信箱（pdgsj12366@163.com）等收集纳税人的需求信息，纳税人合理、合法的需求得到解决。

【党风廉政建设和反腐败工作】 开展“增强责任意识，科学认识风险”主题实践活动，进一步查找和归纳主要风险点和薄弱环节，查找风险产生的主要原因，牢固树立风险理念、规范理念、严是爱松是害理念，增强敬畏感，强化责任意识和自律意识，提高干部抵御风险能力。发挥“三级联动内控机制”试点单位作用，2月底前制定工作方案，抓好宣传动员、风险查找、风险管理，继续推行绩效管理，深化完善预警机制，深入推行政务公开，认真落实制度效应运行分析机制。进一步落实和完善“四重一大”工作规程，推行财务工作重大事项备案审查制，加大查处违规违纪案件力度，按照县局制定的规划，在2010年初步搭建起惩防体系基本框架，并作好“惩防体系”建设自查评估工作。认真排查2008年以来的基本建设和信息化建设投资项目，及时发现和纠正问题，健全制度机制。加强内部审计，强化资金使用重点环节、重点部位的监管，提高资金使用的合法性、合规性和使用效率。认真开展执法检查和执法监察，加强对税务行政审批、税务稽查等领域的监督检查，促进税收执法规范。深入整治用人上的不正之风，提高选人用人公信度，组织班子成员认真学习总局党组转发的12起用人上的违法违纪案件，做到警钟长鸣。落实总局《关于进一步加强税务系统政风行风建设的意见》，着力做好“两个减负”工作。进一步加强机关效能建设，推行行政问责、限时办结、首问负责和责任追究，加强部门沟通协调配合，整合和统筹各项工作，合并涉税调查和检查事项。深入开展领导作风和机关作风教育整顿，改进会风文风，严格制度管理，切实提高工作效率。加强督促检查，严肃工作纪律，严格责任追究，坚决治理纪律松弛、作风散漫等问题，确保政令畅通、令行禁止。完善特邀监察员制度，重新聘请特邀监察员，将特邀监察员减少为5～8人，充分发挥特邀监察员的作用，自觉接受社会各界监督。对在纠风工作中顶风违纪的，严肃查处，造成恶劣影响、严重损害部门形象的，坚决追究相关人员和领导的责任。落实党风廉政建设责任制，坚持“一把手”负总责、分管领导分工负责、部门各负其责、纪检监察组织协调、依靠群众参与的领导体制和工作机制。按季召开党风廉政建设领导小组会议，研究党风廉政建设工作。认真落实“一岗两责”，做到党风廉政建设要求与各项工作开展同部署齐推进。加强领导，搞好协调，分解责任，强化考核，切实把党风廉政建设作为务必抓好的一项重大政治任务来抓，抓出成效，做出实绩。

【干部队伍建设】 落实省局党组《关于加强领导班子建设的意见》，以建立学习型组织为载体，强化学习的主动性、针对性、实效性，做到学习上有新举措，制度上有考核量化指标，提高党组中心组学习质量。坚持民主集中制，树立团结是大智慧、会团结是大本事理念，坚持讲政治、讲大局、讲正气、讲大气，做到认真干事，团结共事。进一步健全民主科学决策机制，完善党组议事规则，提高依法治税、规范行政、科学民主决策水平。增强纪律和规范服务意识，严格执行班子成员分工、税务行政审批、干部选拔任用和财经制度、经济工作纪律，严禁“一把手”违规插手基本建设、大宗物品采购、大额度资金使用等。继续抓好班子成员专题调研、蹲点联系调研、领导班子联系重点税源企业等制度，充分发挥领导班子的引导和表率作用。对2009年省、市局巡视检查中提出的问题认真整改，强调结果应用，对相关责任人进行考核追究。按照县局制定的干部教育机制，围绕五项基础教育制订全员教育培训和学习计划，着力强化税务稽查、纳税评估、会计电算化、所得税管理、税收征管、税收经济分析等重点培训工作。完善干部在岗学习机制，着力构建“学习工作一体化”的在岗培训体系，2010年，组织全体干部到西北税务学校进行两期10天的综合知识培训。鼓励干部坚持在岗学习，提高学习效果，对学习培训取得优异成绩或取得注册税务师、注册会计师资格的干部给予奖励。明确各部门的教育责任，强化分析评估，加强检查考核力度，对工作上有创新、实际效果好的部门表扬奖励，对工作不落实、不履行责任、在分析评估中被评为差的部门进行批评，并追究部门负责人的责任。结合实际深入开展调研，增强调查研究的实效性、课题研究的针对性。

【建立干部评价机制】 建立能力考核评价机制，把干部的能力、素质与工作岗位、职务晋升、福利待遇、评先选优等有机结合起来，充分发挥干部优势和特长，实现人力资源的有效利用。结合一体化改革工作的推进，对全局干部的权重系数进行调整，对一般干部岗位进行适当轮换、换岗，加强在不同岗位锻炼，不断提高工作能力。

【强化思想政治工作】 局党组本着“抓好党建是本职、不抓党建是失职、抓不好党建是不称职”的理念，以加强党的执政能力建设和先进性建设为主线，围绕税收中心工作，突出党建工作重点，履行党建工作责任制，深入贯彻落实十七届四中全会以及上级局关于加强党建工作的要求，突出重点抓好县局党建工作。以创建学习型党组织为重点，采取专题辅导讲座、读书心得交流、演讲赛、集中讨论等多种方式开展学习，提高对事业观、工作观、政绩观的正确认识，教育党员和干部坚定理想信念，树立宗旨意识、大局意识、责任意识、服务意识，出色做好本职工作。认真做好规范党的基层组织机构设置工作，本着党员便于参加党组织活动，发挥作用的原则，调整健全组织机构，试点推行支部书记“公推直选”机制。认真落实发展党员工作方针，拟定年度发展党员工作计划，坚持标准，程序规范，本着成熟一个发展一个的原则，进一步加强党组织建设，培养先进积极分子入党，发展新党员，为党组织增添新的血液。以强化党建制度建设为重点。探索创新党员民主修养机制、党建工作考核评价机制、党支部书记述职等制度，形成完善的制度体系，确保基层党建工作的制度化、科学化。以发挥党员先进性为重点。紧扣税收中心工作，找准抓手，选好载体，创新方法，切实做到党建工作与税收中心工作同部署、同落实、同检查、同考核，继续深入开展深入学习实践科学发展观整改落实回头看活动，注意抓好“讲党性、重品行、作表率”活动以及“党员先锋岗”、“党员示范岗”、“党员责任岗”、“党建扶贫”、“结对帮扶”、“流动红旗党支部”等党建活动。2010年，局党建工作代表县级机关接受市委组织部检查。

2010年11月16日，普定国税局召开贯彻落实全市一体化建设工作会议。（县国税局 提供）

【国税文化建设】 制定国税文化建设规划，组织全局干部开展大讨论，进一步提炼核心价值理念，打造共同远景，结合普定穿洞文化、花灯文化、奇石文化、屯堡文化和少数民族文化等多文化的特点，找准载体，组织编写《税苑雅艺》书法绘画丛书，开展兴趣小组各项活动。在已成立兴趣小组基础上，新成立网球兴趣小组，拨出专项经费购置相关器材，建设网球场，定期开展活动。在经费和时间上给予保障，做到周周有小活动、月月有中型活动，全年有2至3次大型活动，努力打造1至2个亮点。结合市局开展的“安顺国税人”主题活动，做好先进人物及典型事迹的宣传报道工作。大力推进和谐税务大家庭建设，进一步关心支持离退休干部和工青妇工作。加强和改进思想政治教育，做好深入细致的思想政治工作，注重人文关怀和心理疏导，建立干部住院看望、职工家庭重大事项帮助、困难家庭帮扶等一系列体现人文关怀的制度。

【行政效能建设】 落实行政效能建设工程实施方案，按照“系统化、一体化”的工作要求，结合“三级联动”内控机制建设，健全行政岗责体系，制定岗位手册，优化工作流程，整合信息资源，规范行政管理行为。改进目标绩效管理办法，认真抓好日常考核、月重点考核和季度全面考核相结合的目标考核工作，将检查情况在网上进行通报，各部门根据通报情况进行整改，严格按照目标管理考核办法兑现奖惩。提高督查督办工作力度，紧紧围绕中心工作，紧密结合年初各项工作目标，制定督查工作实施方案，细化分解督查任务，使督查工作重点更加突出，针对性和预见性进一步增强。对局党组会、局办公会和局领导安排的重要事项以及上级领导重点批示的文件，按照“件件有落实、事事有回音”的要求，明确办理时限，规范办理程序，创新办理方式，并进行跟踪督查，现场查访，有效地促进重要工作的办理落实。抓好制度建设工作。认真落实制度效应运行分析机制，由办公室牵头组织各科室对原有制度进行讨论、分析，在3月底前完成制度的废、改、立工作。同时建立制度执行的监督机制，明确每项制度监督执行的责任领导和责任部门，使制度执行的监督责任无可推卸，努力形成用制度管权、按制度办事、靠制度管人的有效机制和制度体系。在完善制度和岗责体系的基础上，对违反制度规定的责任领导、责任部门和责任人进行问责和追究。加强财务基建管理。加强预算管理和资金使用监督，提高资金使用效益，建立节约型机关。加强财务监督，强化财务、基建、采购和经济责任审计。规范基本建设管理，强化基建项目的过程监督，做好档案资料的收集整理工作。加强资产管理。严格执行政府采购的相关规定。认真落实信访工作责任制，切实加强信访维稳工作。做好人大代表建议和政协委员提案办理、应急处置、国安、保密、档案等机关运转和后勤保障工作。规范党组会、局长办公会、局务会的程序和要求，规范会议记录和会议纪要。加强新闻宣传和信息调研工作。结合县局各个阶段工作重点，有计划地在中央及省市级新闻媒体刊载，不断加大宣传力度，树立县局的良好形象。修订信息调研考核办法。结合上级信息用稿要求以及领导要求，按月发布全局信息报送要点，不断提高信息报送的针对性和实效性。信息报送既对取得的成绩进行及时总结上报，又对各种突发事件和重要动态信息快速向上反应，为领导决策服务。加强综合信息的撰写，提高信息的深度和广度。办公室人员主动深入各科室，了解各项工作开展情况，整理各类信息，确保及时反馈。围绕普定国税中心工作和纳税人的热点、难点问题，积极深入实际认真开展调查研究。办公室人员在决策、执行、落实各个环节中，充分发挥为领导和班子当参谋助手作用，抓好办文、办事、办会三个方面的综合协调。积极思索“怎样谋划、怎样去做、怎样办好”，掌握工作主动权，主动参与政务、主动管理事务、主动搞好服务，以确保各项决策和重要工作落到实处、收到实效。

（县国税局）

地　税

【税收收入稳步增长】 面对国际金融危机对县域经济的不断影响，税源缺口不断加大，税收收入增长乏力，县地税局采取有效措施，确保年度收入任务顺利完成。截至12月20日，累计实现税收收入20336万元，同比增长23.24%，增收3835万元，年度税收收入突破2亿元大关。其中中央级收入完成2026.7万元，占年计划82.7%，同比增长13%，增收232.7万元；省级收入完成1612.7万元，占年计划的129%，同比增长52%，增收551.5万元；市级收入完成2504.4万元，占年计划的108.9%，同比增长566.9%，增收2128.8万元；县级收入完成14192.8万元，占年计划的109.2%，同比增长21.8%，增收2536.3万元。税收采取“三个到位，四个加强”管理措施。“三个到位”：组织领导到位，形成“主要领导负总责，分管领导分工负责，各部门齐抓共管”的工作格局；税源分析预测到位，组织有关人员深入税收征管一线开展调研，了解因煤矿停产整顿、税收政策调整等因素对税收收入的影响，做到分析深刻，预测准确；督促检查到位，县局领导班子每天听取各股室的工作汇报，对税收收入任务完成情况进行督促检查，及时发现并解决组织收入工作中存在的矛盾和问题。“四个加强”：加强重点税源企业实施监控，做好纳税评估工作，堵塞征管漏洞，提高税收收入；加强欠税企业的管理，努力清缴陈欠，控制新欠发生；加强干部业务培训，强化责任意识，促进税收工作开展。

【党风廉政建设工作】 按照“带好队、收好税”工作思路，紧密结合实际，研发“税收业务考试系统”，为干部职工提供“在线学习、在线考试、在线评分”学习交流平台、全面促进干部业务素质能力建设；针对行政管理中存在的薄弱环节，积极探索，研发运行“普定县地税局绩效考核系统”，扎实推进“以抓征管基础建设促进党风廉政建设的‘双建体系’”建设，着力加强行政效能建设和行政权力监督制约。加强领导班子建设，提高领导干部执政能力和水平。不断提高领导班子和领导干部分析形势、把握全局的能力，依法治税、规范行政的能力，科学化、精细化管理的能力，求真务实、开拓创新的能力，做好思想政治工作、群众工作、带好队伍的能力，拒腐防变，努力做到科学执政、廉洁执政、依法执政，及时研究和解决工作实践中出现的新情况、新问题。认真组织干部职工参加各类培训，不断加强岗位练兵活动，努力建设政治坚定、求真务实、开拓创新、勤政廉政、团结协作的地税团队。积极开展文明单位、青年文明号、文明税务所等文明创建活动，发挥先进典型的示范作用。

【加强征管基础建设能力】 通过夯实征管基础推动行政管理、党风廉政建设、干部工作实绩考核、地税文化建设等各项工作。2010年，制定和出台“关于加强对县城房产税征管工作的通告”、“普定县煤炭局、普定县地税局关于对煤矿变更缴纳相关税费的通告”和“二手房交易税收管理办法”、“砂石行业‘吨耗电量’监控管理办法”、“交通运输业综合治税管理办法”、“公益性岗位（助征员）管理办法”、“督查督办管理办法”，构建全面、规范、高效的税源管理监控体系和监控格局，促进税收稳步增长，夯实干部管理，规范税收执法行为。

【税收信息化建设】 2010年，建成广域网，顺利通过省局验收。建立健全系统运行维护制度，设立系统运行日志，发现问题及时解决，确保县局与市、省局及各个征收点的路线畅通，为全省数据大集中做好充分准备；建立局政务公开网站，政策咨询、问题反馈功能模块正常运用，社会各界可通过因特网查询全局工作情况。顺利实现数据集中到省局和网上申报，做好与明达水泥有限公司网上申报的数据传送和前期运转维护工作，确保网上申报工作顺利开展。MIS系统维护工作：充分掌握业务和应用需求，继续规范、深化全省统一征管软件的应用，提高计会统、发票管理、稽查管理等模块的应用水平，加强征管数据的采集、审核、录入和检查工作确保数据准确；做好数据集中的资料采集工作，及时清理征管系统内垃圾数据，保证集中数据真实有效；对纳税人做好网上申报的宣传工作，提高纳税人的认知度；做好网络和系统安全维护工作，为征管数据省局集中和网上申报提供线路和硬件支持；按照市局的统一安排积极开展网络发票的培训和推广应用，截至12月20日，全县上线网络发票户数49户，其中服务业32户，房地产业3户，保险中介2户，文化体育业4户，医疗门诊行业2户，建筑安装业4户，销售不动产2户。

【加大重点税源跟进管理】 认真分析宏观经济、企业经营形势和税收政策调整的变化，加强税收预测预警和政策效应分析，准确把握收入增减变化情况和发展趋势，转变观念和思路，有针对性地加强和改进征管措施，增强组织收入工作的预见性和前瞻性。抓住现阶段煤矿行业的产业特点，对县域内煤矿发生入股、控股、合伙、转让等行为加强征管，就有关入股、控股、合伙、转让等具体行为的涉税事项进行公告。全县煤矿转让税收实现历史性突破，查实煤矿转让金额1.49亿元，累计征收入库税收793万元；通过“砂石行业方量耗电”监控管理办法的实施，2010年全县砂石行业实现各项税收105.7万元，与上年同期相比增收74.6万元，增长率239%。加强省、市、县重点税源实施监控管理，收集有关数据，按月上报重点企业生产经营状况及纳税情况。对发生纳税增、减幅度大的企业，与管理员进行分析，随时掌握重点税源的变化情况。全年纳入县局营业税重点监控企业入库营业税1193.8万元，同比增长56.62%，增收411.6万元；加强耕地占用税、契税征管工作，针对全县“两税”征管现状，制定相关征管措施，认真组织实施。2010年全县实现两税收入1202.74万元，其中耕地占用税413.14万元，契税789.6万元。跟进管理县境内黄织铁路、安普高速两项重点工程投资建设情况与进度，做好跨地区重点工程税收征管协调工作，切实把投资增长转化为税收增长，全年两项重点工程实现税收583万元。

【内部行政管理工作】 加强行政管理，建立和完善“重大事项集体研究”、“大宗物品采购”、“公务接待”、“固定资产管理”、“车辆管理”、“部门预算制”、“经费开支三人以上签批制”等16项制度。提升制度执行力，以目标管理为主线，以督查督办为着力点，以从严考核、严格奖惩为切入点，制定科学目标考核指标体系，出台督查督办管理办法，实行“一事一卡”督办单制度，把上级和县局党组会、局务会、办公会决定的重要事项按规定时限和标准落到实处，构建上级与下级、班子与科室、科室与分局之间围绕中心、整体联动、协调统一、高效运转的制度执行机制。干部管理方面：制定“重大事项报告制度”、“领导干部述职述廉制度”、“个人收入登记制度”、“公益性（助征员）岗位管理办法”等20余项制度和办法。切实加强对县局班子和各部门负责人的监督制约，建立健全领导班子集体研究制度，完善议事规则，不断规范权力运作程序，树立“权力就是责任”的理念，构筑“纵向逐级负责、横向分工负责、单位一把手负责、局党组负总责”反腐倡廉格局。实施人岗优化组合，5月初对18位中层干部进行岗位调整，初步实现岗得其人，人得其所。认真解决历史遗留问题，将8名临时人员和4名“其他人员”纳入政府系列公益性岗位。

【建立社会综合治税机制】 根据普定县房地产税收一体化管理要求，由政府部门出台二手房交易指导价格，规范普定县二手房交易征管，有效规避执法风险，降低税收成本，规范税收征管秩序，增加税收收入。2010年，全县二手房交易征收税款143万元，涉及转让户数249户。规范房产税征管工作，县地税局与县国土、物价及房管部门共同开展调查，分析测算各地段的房物出租、出售指导性价格，报县政府批复后形成“关于加强县城房产税征管工作的通告”公示执行，为一年两次的房产税和土地使用税的征收提供合法、合理的计税依据。全年征收房产税722.8万元，土地使用税669万元。交通行业管理：针对行业纳税主体流动性大的特征，采取与各单位签订代扣代征协议，提高综合治税力度。交通运输行业的税收征管得到进一步的规范，实现税收3236万元。加强综合治税建设：与煤炭行业管理部门密切配合，委托煤炭局“五统一”代征平台，征收各项税费；与县煤炭局联合出台“关于煤炭行业所有权变更缴纳相关税费的通告”，煤矿转让行为实现缴纳税费历史性突破。加强与国土部门的密切配合，到国土部门查阅和咨询煤矿企业和煤炭洗选企业占用耕地的情况，大力清缴“两税”。加强与国税部门的密切配合，与国税部门开具增值税专用发票，比对煤矿企业的销售量和销售单价，补征超基价税款。定期召开例会，建立联动协调机制，全年实现煤炭税收6900万元，同比增长3.9%，增收绝对数261万元。

【创新纳税服务内容与手段】 推进国地税联合办税工作，实现纳税人进一个办税服务厅，可以办结国、地税两个部门的涉税业务，解决两部门之间相互代征税款、信息比对、信息共享等诸多问题。加强办税服务厅建设，合理设置办税窗口，划分功能区规范纳税服务，提高服务水平。坚持公开办税制度，认真落实“八公开制度”，公开办税流程、服务项目、服务时间、服务电话、收费项目、收费标准、行政许可等内容。推行标准化服务，强化业务技能，确保税收执法服务水平的不断提高。加强税收宣传，拓宽税法咨询渠道。加强税法宣传，向社会各界公布咨询服务电话、部门名称，利用政务网站深入开展税宣工作。深入到明达水泥厂、太平农场有限责任公司等企业开设“税收知识课堂”，开展“千名税务干部进万家、服务非公经济促发展”活动，加强对非公有制企业的引导和扶持等；优化办税流程、拓宽多元办税，探索委托邮政代征的申报缴纳方式，逐步降低单一上门申报比重。6月，给明达水泥有限公司提供网上申报服务运行成功，下步将根据纳税户需求，进一步扩展推行个性化纳税服务。

（牛娅玲）

金融·保险

人民银行

【综述】 2010年，人行普定县支行紧紧围绕“抓统筹，突特色；抓创新，突亮点；抓管理，突履职；抓队伍，增活力”的工作思路和总体部署，结合县域经济金融实际，明确年度工作目标，狠抓措施落实，全力履行基层央行职责，切实贯彻适度宽松货币政策，面向金融服务经济，引导金融机构优化信贷结构，增加有效投入，促进全县金融健康发展。年末，县辖金融机构各项存款余额243299万元，比年初增加13526万元，增幅6.10%；各项贷款余额342313万元，比年初上升57215万元，增幅20.07%。

【加强窗口指导和落实适度宽松货币政策】 加强窗口指导，突出信贷引导的前瞻性和针对性，优化资源配置，合理增加信贷投入。将信贷引导与商业银行的逐利方向综合考虑，广泛征求和吸纳商业银行意见，围绕县委、政府经济发展思路，确定金融支持重点，优化资金配置，全力支持地方经济平稳较快发展。加强沟通协调，使金融投入与地方经济发展相适应。以金融联席会议、政策形势通报会、银企座谈会等为有效载体，完善多层次多途径政策通报、形势分析、风险提示机制，积极向地方政府、金融机构、企业和个人宣传货币信贷政策，提高全社会对宏观经济政策的认知度，有效引导社会预期，提高政策效应。加大调研力度，深入金融机构和辖内企业开展调查研究，加强对市场贷款需求变化、银行贷款行为变化、民间融资情况、中央宏观调控政策实施效应等方面的跟踪、调研，准确及时反馈政策执行效应。加强对县域经济、金融运行情况监测分析，及时反馈相关情况，为上级和党政领导提供决策依据。加强常规例行工作检查力度，严格辖区内金融机构业务运行，确保宏观政策落到实处。

【金融企业改革及金融稳定工作】 积极推动那兑村金融产品和服务方式创新试点工作，与县财政部门和农村信用联社多方协调努力，那兑村与普定县农村信用社签订《普定县惠农村民发展资金互助会贷款担保协议》，确保那兑村经济发展资金需要；农村信用社对那兑村贷款按“优秀”等级享受优惠利率，争取到县扶贫办对那兑村贷款实行50%的贴息，减轻农户负担。实施“金穗工程”，开展金融下乡活动。在各乡镇开展金融知识现场培训，采用“放映音像资料+讨论+现场辅导”等形式对广大农村百姓进行金融知识讲解辅导。继续加强对县内国有商业银行跟踪检查，强化基础管理、内部控制和风险防范机制，确保新体制、新机制的有效运行。支持政策性金融机构在农村拓展，扩宽业务范围；做好农村信用社专项央行票据兑付后的持续监测和指导，有效发挥央行资金支持政策的正向激励作用。加强对县辖金融机构的风险监测，完善金融突发事件应急预案，增强风险防范的预见性和处置能力。结合县域实际，密切关注产业变动对信贷资产的影响、资产价格变动对金融机构经营的影响以及中小金融机构流动性变化情况。加强对地方法人金融机构的风险管理，配合有关部门妥善做好风险处置工作。

【信贷征信管理和反洗钱工作】 加强银行信贷登记咨询系统管理，加大系统数据的整合处理力度，提高数据应用水平，加强对金融机构和借款人的信贷行为监督，严格贷款卡发放及年审工作，促进管理进一步规范化。探索反洗钱、征信工作思路，建立金融业反洗钱工作内控评价体系，完善县辖银行业金融机构存量单位银行结算帐户的公民身份信息联网核查工作，提高帐户的完整性、准确性和真实性。建立支付交易监测系统和岗位责任制，明确专人负责对大额和可疑支付交易进行记录，提高可疑交易报告质量。扩大征信数据采集范围，完善征信信息库建设，尝试开展非银行信息的采集上报，非银行信息采集工作取得零的突破。推进农户信用档案建设，加强农村信用建设宣传，培育全社会信用意识。

【基础业务及金融服务】 加强国库履职能力，严把预算拨款、退库关，对预算拨款做到“三相符”、“三不办”，提升当家理财意识。做好日常支付结算工作，牢固树立“安全第一”的思想，切实防范资金风险，加强会计、国库主管对日常业务的事前和事中监督，提高核算质量。严格执行计算机安全管理的有关规定，做好系统、用户、口令和数据备份等方面的安全防范及系统软件升级换代工作，成功实现《中央银行会计核算电子对账系统》、《电子商业汇票系统》的上线运行。加强日常应急管理，认真组织内部员工掌握《国库业务系统突发事件处置预案》，熟悉国库系统应急处置工作的组织、预防预警、报告、决策、指挥和处置程序，提高应急处置能力，确保发生突发事件时能合理处置异常情况。完成贵州省城市反假货币宣传联络员管理信息系统测试、全县324个反假货币宣传站和义务宣传员基本信息数据的录入工作。

（江燕凡）

农业银行

【综述】 2010年，中国农业银行股份有限公司普定县支行（以下简称普定支行）将“服务三农”和“商业运作”有机结合，以加快业务发展为主线，以企业价值创造为核心，以强化基础管理为保障，全力拼市场、抢份额，突破重点业务，全面提升综合竞争力，各项经营指标均实现新突破。

【存款组织】 截至12月末，支行各项存款余额为21218万元。其中储蓄存款余额为14843万元；对公存款余额6375万元。同业存款余额为1985万元。

【贷款业务】 截至12月末，支行各项贷款余额为9217万元。累计发放法人客户贷款（含累贴现贷款）6938万元。其中个人贷款余额为5356万元，比年初增加1255万元。

【中间业务】 截至12月31日，普定支行完成中间业务收入为164.27万元，完成年度计划的82.14%。其中卡手续费收入72万元；代理保险手续费收入19.03万元，完成计划数的112%；其他中间业务收入9.87万元。

【服务三农】 全年支行累计发行惠农卡14213张，发放农户小额贷款1382.4万元，涉及贷款农户570户，贷款覆盖全县11个乡镇，有效支持农户在运输、蔬菜、面条、果树、农副产品加工等行业生产经营的发展，支持地方经济发展。

【思想工作与企业文化建设】 重视员工思想素质与业务素质的综合发展，认真开展内控合规管理工作，全年无任何责任事故发生，确保安全经营。通过各种形式加强员工素质培训，提高服务技能，加快网点转型。开展职工代表教育等活动，充分发挥职工代表参政议政的作用。组织全行在职员工及离退休老干部体检，关心和维护全体职工利益，构建和谐农行，实现和谐经营。

（县农行）

工商银行

【综述】 2010年，中国工商银行普定县支行实现经营利润5643万元。贷款余额197955万元人民币，存款余额32396万元。电子银行业务取得明显成效，完成企业网上银行18户，个人网上银行1195户，交易额达67133.83万元。

【强化金融服务】 2010年，及时调整经营思想和战略，加大辖区优质项目支持。抓住省内大力发展高速公路的契机，通过一系列的优质金融服务向“普安高速公路”发放项目贷款。继续加大辖区内优质大型客户的服务和走访力度，满足客户金融需求，与客户建立良好银企合作关系。坚持抓大不放小整体战略，将中小企业金融业务拓展立于公司业务整体规划重要位置，通过对中小企业的挖掘和培育，为银行金融业务长远发展打下基础。积极拓展住房开发贷款、个人综合消费贷款、个人住房按揭贷款，抓储蓄存款，把争存揽储作为全年的重要任务。

【发展中间业务】 围绕省分行和二级分行提出的中间业务发展目标，支行针对主要客户群体，有选择、有重点发展优势中间业务品种，打造具有市场影响力和竞争力的精品业务，办出支行自身特色与亮点。加大市场营销力度，全面提升产品竞争力，促进中间业务经营模式从单纯增加品种、扩大规模向有效增加品种、扩大规模与结构调整兼顾转变，打破专业界限，实现统一营销、交叉营销和捆绑营销机制，进一步增强营销合力和中间业务产品的市场渗透力，全力抢抓市场份额。

【规范服务行为】 坚持优质文明服务作为立行兴业增效之本，深入开展“优质价值年”活动，成立以行长为组长的优质文明服务工作领导小组，制定《中国工商银行普定支行营业网点优质服务规范化标准》和《中国工商银行普定支行营业网点优质服务奖惩办法》。加强员工素质培训，学习“业务操作指南”，制定年度教育培训计划，尽量满足业务发展和员工职业发展需求。

【加强内控管理】 贯彻落实“两个责任制”，坚持政治理论学习制度，把内控管理、案件防范工作列入重要议事日程，多方位、多层次强调安全防范工作的重要性和紧迫性。加强制度执行检查力度和轮换岗工作制度，定期召开内控、案防分析汇报会和员工思想行为分析排查会，强化内控管理和监控力度。

【党风廉政建设】 认真学习党的理论知识，严格执行党的路线、方针、政策。围绕抓好党风党纪、行风行纪，健全工作制度，提高经营管理水平。加强支行党支部建设，围绕发展抓党建，抓好党建促发展。坚持以廉政促发展，树立全局观念、深化荣辱观教育，狠抓检查督促、狠抓合规经营，把转变作风、振奋精神和求真务实落实到实际工作中。

（帅　凯　孔德刚　陈　玥）

建设银行

【综述】 2010年，普定建行以“转型、发展、质量、效益”为主线，强化以人为本、提升服务理念，抓好风险控制和案件防控，突出业务创新，充分调动全行员工的积极性，促进支行和谐发展。截至12月31日，全口径存款余额33728.73万元，比年初增加8248.29万元。

【存款业务】 年末，全口径存款余额33728.73万元，比年初增加8248.29万元。其中，对公存款余额15113.72万元，比年初新增4148.5万元；同业存款余额1959.42万元，比年初增加1116.73万元。储蓄存款余额16665.59万元，比年初增加2983.06万元。

【贷款业务】 全年贷款余额13434.52万元，与年初相比下降443.07万元。其中公司类贷款余额为9719.88万元，比年初下降184.12万元，非应计贷款1719.88万元；个人类贷款余额为3714.64万元，比年初下降258.95万元，非应计贷款64.09万元。全年度发放公积金贷款117笔共计1776.6万元、商业性个人住房贷款46笔787.1万元、个人消费贷款3笔10万元。

【中间业务】 截至12月31日，新增个人网上银行1168户、手机银行1290户、短信银行3229户；销售理财产品597.56万元、国债1万元、开放式基金559.7万元，代理保险304.92万元，销售帐户金2693克、实物金96克，新增基金定投228户，发行借记卡6515张，新增信用卡281张。

（杨大友）

农业发展银行

县农发行支持建设的非经营性项目——县污水处理厂全貌。（吴宽波　摄）

【综述】 农发行普定县支行坚持好字优先，科学发展，紧紧围绕业务发展求进、资产质量求高、经营效益求升、队伍素质求强开展工作。2010年，贷款余额9447万元，较年初增加378万元，增幅4%。各项存款余额10555万元，实现中间业务收入18627万元及利润208万元；旬均贷款9737万元，较上年增长2874万元，增长率41.9%；人均利润19.82万元；资产利润率2.14%；成本收入比30.96%；人均存款619万元；人均中间业务收入1.177万元；商业性贷款利息收回率100%。

【强化信贷职能】 履行农业政策性金融职能，积极支持“三农”金融服务，提供充足资金，确保1392吨地方储备粮轮换任务完成。支持非经营性项目建设，发放县域城镇中长期建设贷款878万元，支持普定县城污水处理工程。开展中间业务，努力拓宽收入来源。

【搞好地方政府融资平台贷款清理】 根据国家对地方政府融资平台公司规范清理要求，牵头组织政府、商业银行、农村信用社、国资公司开展地方政府融资平台公司规范清理工作，为地方政府融资平台公司建设创造有利条件。

（宋　永　杨　芳）

农村信用社

【综述】 2010年，普定县农村信用社有营业机构18个，从业人员213人。联社强化机遇意识、改革意识、管理意识、发展意识，实现联社规模、质量、效益协调发展，被当地百姓称为“普定人的银行”。以服务“三农”、服务地方经济、县域经济为宗旨，为全县经济建设发展做出应有贡献。

【业务经营概况】 截至12月31日，各项存款余额为105724万元，比年初增加16213万元，存款市场份额为43.4%，居全县各金融机构首位。各项贷款余额为91998万元，比年初增加25148万元。支农贷款余额72976万元，占贷款总额的79.3%，占全县金融机构农业贷款的95%。

【支助抗旱救灾】 上半年全县遭遇旱灾，联社把抗旱救灾、支持春耕生产作为全社信贷支农工作重点，坚持做到春耕所需化肥、农药、种子、农机具等资金优先供应；对农田水利基本建设资金优先安排；对农业产业化资金优先发放；对科技兴农项目资金优先满足。在旱情严重时期送水到饮水困难村寨，组织员工捐款17600元；捐赠12万元帮助猴场乡修建储水池；投资7万元，培育“旱育秧苗”，帮助农民解决旱后秧苗需求。

县信用联社组织员工在街头进行金融知识宣传。

（县信用联社　提供）

【支持地方经济发展】 2010年，投放贷款89889万元，新增贷款25147万元。坚持“三个面向”的市场定位，以农户、个体经营户、小企业为重点，积极推进评级授信工作。农户建档面达100%，评级面达99%，农户贷款余额49072万元，占涉农贷款余额的67.24%，其中农户小额信用贷款余额32901.1万元；个体经营户建档面53.87%，评级面42.93%，个体经营户贷款余额达11829万元，累计支持小企业贷款4900万元，消费贷款余额3379万元，比年初增加404万元。7月，专门设置农村业务部负责农村市场业务营销和信用工程创建，夯实农村市场基础。7月29日，联社向县人大常委会报告近年来支持“三农”和地方经济发展工作情况。

（肖华敏）

商业银行

【综述】 2010年，安顺市商业银行普定支行秉承“以诚为先、以仁为本、贴心服务、求实创新”的经营理念，最大限度地满足广大客户的金融服务需求，取得良好的经济和社会效益。全年各项存款余额19148万元，较年初增加4456万元；各项贷款余额21298万元，较年初增加2479万元，其中，自营性贷款余额20263万元，较年初增加1444万元，委托贷款余额1035万元，较年初增加1035万元，累计发放各种贷款9803万元。

【经营业务种类】 包括吸收公众存款；发放短期、中期和长期贷款；办理国内结算；办理票据贴现；代理发行、代理兑付、承销政府债券；买卖政府债券；从事同业拆借；代理收付款项；提供保管箱服务；办理地方财政资金的委托存、贷业务以及经中国人民银行批准的其它业务。

【为地方中小企业提供信贷支持】 继续对地方中小企业及个体工商户提供信贷支持。向贵州超宇水泥有限公司、贵州普定县腾翔建材厂、普定建平机械公司、西秀制药厂、金铭公司、普定科利新型建材公司以及煤矿企业、砂石生产企业等地方中小企业发放各种贷款8315万元。

【提高员工自身素质】 10月8日，职工李成光通过国际金融理财师（CFP）资质考试，取得国际金融理财师（CFP）资质，实现安顺市商业银行在此领域零的突破。

（江智宏）

财产保险

【综述】 2010年，中国人民财产股份有限公司普定支公司（以下简称人保财险普定支公司）

累计实现毛保费661.36万元，其中车险502.85万元，非车险158.01万元。

【转变发展观念】 对经营险种进行研究和调整，优良险种进一步推进，不良险种进一步改良，公司保险产品更能适应社会及公司发展需求。公司发展做到收入、效益、成本、速度相协调。坚持“发展是第一要务”的理念，积极与银行等机构合作，促进新农村建设，依法合规经营，加快公司持续健康地发展。

【加强企业建设】 制定经营管理制度，进一步加强内部管理，完善内控制度，严格控制风险，促进工作有序开展。强调“人民保险，造福于民”宗旨，加大规范服务质量检查力度，规范员工服务行为，提高服务工作水平。

（普定财保公司）

太平洋保险

【综述】 2010年，公司以综合成本率管控为主攻方向，抓住财产保险市场发展机遇，以人为本，深化服务，扎实做好行风建设工作，求真务实，开拓创新，全年取得较好业绩。

【经营情况】 截至12月30日，完成业务收入425.96万元，完成年计划的100%，同比净增保费100余万元。机车险保费386万元，非车险保费40万元。赔案316件，赔款支出131.22万元。赔付率65%，结案率80%。

【全方位提高市场竞争力】 提高员工的业务素质，抓好公司的内部管理。把巩固车险和企业财产保险、拓展新车市场和新工程新项目作为业务工作的重中之重。4月，面临拖拉机大量脱保的情况下，做好与客运公司的合作。从狠抓第一现场的查勘率入手，大力加强诚信建设，培育保险诚信意识，严格按照快速赔付流程，为客户提供力所能及的方便和服务。规范经营，努力提升保险工作的管理水平。在日常管理中，严格执行《财务管理规定》、《单证管理规定》和承保相关规定，做到既维护客户利益，又不让公司受损失。以人为本，培育和建设优秀的职工队伍。公司率先从领导做起、严于律己、诚信为本、爱岗敬业，取信于民、赢取客户。

（付选芳）

农　业

农业综合管理

2010 年 3 月 26 日，全市旱育秧现场会在普定召开。（县农业局　提供）

【综述】　2010 年，农业工作贯彻落实中央、省一号文件和省、市农业农村工作会议精神，大力发展蔬菜、茶叶、中药材和生猪四大特色优势农业产业，推进农业产业向规范化、标准化、产业化发展。粮食播种面积 33.68 万亩，粮食总产量 12.99 万吨，同比增长 0.78%；油料作物播面 10.27 万亩，其中油菜籽播面 10.01 万亩，产量 9868 吨，花生播面 2970 亩，产量 359 吨；蔬菜种植面积 8.56 万亩，产量 10.28 万吨，同比增加 1.67 万亩。新增茶园面积 2.5 万亩，全县茶园面积达到 5.33 万亩，其中无性系良种茶园 1.6 万亩，占总面积的 30%，茶叶产量 156.766 吨，茶叶总产值 6534.94 万元。种植烤烟 4811 亩，完成产量 1.22 万担；中药材种植 986 亩。全县生猪存栏 15.9 万头，同比增长 1.88%，牛存栏 7.19 万头，同比下降 3.61%；家禽存栏 83.8 万羽，同比下降 14.04%；羊存栏 0.32 万只，同比下降 33.33%；生猪出栏 19.86 万头、牛出栏 1.49 万头、家禽出栏 112.6 万羽，分别比上年同期增长 11.1%、10.37% 和 10.17%。肉类总产量 2.14 万吨，同比增长 10.88%，其中猪肉产量 1.72 万吨、牛肉产量 0.19 万吨、羊肉产量 46 吨、禽肉产量 0.21 万吨；禽蛋产量 1500 吨，同比增长 7.37%。水产品产量 1260 吨，同比增长 15.27%。全县畜牧业产值达 4.315 亿元，同比增长 10.02%。减少贫困人口 0.6763 万人；农民人均纯收入 3128 元，同比增长 11.6%。

【机构调整及主要职责】　12 月 8 日，根据《中共普定县委普定县人民政府关于普定县人民政府机构改革的实施意见》和《中共普定县委常委会议纪要》，组建普定县农业局，加挂“普定县畜牧兽医局”牌子，为县人民政府工作部门。

机构调整后，其职责调整为：取消已由县及县以上人民政府公布取消的行政审批事项。将原县农业办公室（农业综合开发办公室）除农业综合开发管理以外职责、县乡镇企业局（煤炭管理局）农产品加工行政管理的职责、县畜牧兽医局职责，整合划入县农业局。将原农业办公室（农业综合开发办公室）农业综合开发管理职责划入县财政局。将原乡镇企业局（煤炭管理局）除农产品加工行政管理、煤炭管理以外职责划入县工业和经济贸易局承担。将原乡镇企业局（煤炭管理局）煤炭管理职责划入县安全生产监督管理局。加强农产品产需调控，引导农业产业结构调整，促进农产品有效供给和总量平衡。强化对生态农业、循环农业、农业生物质产业的指导服务和监督管理，促进农业资源合理配置和农业可持续发展。加强农产品和农业生产资料的质量安全监管，提升农产品质量安全水平。

机构调整后，其主要职责为：贯彻执行党和国家有关农业农村经济、畜牧、兽医、草业、渔业、饲料行业发展的方针政策、法律法规。拟订并组织实施有关农业、农村经济、畜牧兽医的发展规划；负责全县农业、农村、畜牧兽医、社会主义新农村建设等相关工作的组织领导及综合协调；承担农村经济与社会发展预测及综合统计工作；负责有关项目的审查和监督管理，提出处理农村改革和发展重大问题的原则和措施的建议。承担完善农村经营管理体制的责任。深化农村经济体制改革和稳定完善农村基本经营制度，指导农村土地承包、耕地使用权流转和承包纠纷仲裁工作；指导、监督减轻农民负担和村民筹资筹劳管理工作，指导农村集体资产和财务管理工作；指导和扶持农业社会化服务体系、农村合作经济组织、农民专业合作社和农产品行业协会的建设与发展。指导全县农业、畜牧业行业生产。组织落实促进主要农畜产品生产发展的相关政策措施，指导农业标准化、规模化生产，引导农业产业结构调整和农产品品质改善；提出农业固定资产投资规模和方向、县级发展农业的财政性资金安排建议；配合有关部门组织实施农业综合开发和基本农田建设项目。指导全县农业产业化发展。促进农业产前、产中、产后一体化发展。拟订并组织实施农产品加工业发展规划，提出农业产业保护、大宗农产品流通、主要农产品进出口的建议，培育、保护和发展农产品品牌；指导农产品加工业结构调整、技术创新和服务体系建设；制定农业生产资料、主要农产品市场体系建设发展规划。承担农产品、畜产品质量安全监管责任。开展农畜产品质量安全风险评估，组织农产品质量安全监测，发布有关农产品质量安全信息；拟订有关农产品质量安全的地方标准，并会同有关部门组织实施；指导农业检验检测体系建设；依法实施符合安全标准的农产品产地认定和产品认证；组织农产品质量安全的监督管理。依法开展有关农业生产资料行政许可的初审及监督管理。实施农作物种子（种苗）、草种、兽药、饲料、动物诊疗、动物防疫、鱼苗鱼种、水域滩涂养殖、水产捕捞等生产（经营）的行政许可的初审、报批及监督管理；组织实施有关农业生产资料的地方标准；开展有关兽医医疗器械、渔船、渔具和肥料的监督管理；指导农业机械化发展；负责农机安全监理。承担农业、畜牧业防灾减灾工作。监测、发布农业、畜牧业灾情；组织开展种子、化肥、农药、兽药等救灾物资储备和调拨工作；提出农业生产救灾资金安排建议；指导紧急救灾和灾后恢复生产。负责动物重大疫病及农作物重大病虫害防控。起草动植物防疫和检疫的地方性标准和技术规范草案，会同有关部门拟订农业植物和动物防疫检疫措施并贯彻落实，指导动植物防疫和检疫体系建设；组织制订动植物防控计划、方案，负责实施县内动植物检疫工作，负责动植物及动物产品检疫监督执法管理工作，发布动植物疫情信息并组织扑灭；组织植物检疫性有害生物普查；承担省外引进农作物种子（种苗）检疫审批工作；负责兽医医政、兽药药政监督管理工作。管理农业和农村经济信息。监测分析农业和农村经济运行，发布农业和农村经济信息；开展相关农业统计工作；负责农业信息体系建设，组织开展农业信息服务。指导农业科技创新和技术推广。拟订并组织实施农业科研、农技推广规划、计划，会同有关部门组织县级农业科技创新体系和农业产业技术体系建设；组织实施农业领域应用技术研究、科技成果转化和技术推广；负责农业科技成果管理，组织引进农业生产先进技术；负责农业动植物新品种保护、农业转基因生物的生产加工许可的初审和报批及安全监督管理；指导农技推广体系改革与建设。负责农业农村人才队伍建设。拟订农业农村人才队伍建设规划并组织实施，指导农业职业教育和职业技能开发，组织农村实用人才和农村劳动力转移培训等工作；组织、指导做好农业专业技术职务任职资格、农业行业技术工人等级申报、考核工作，组织农业系统人员的教育培训；会同有关部门实施农业农村专业人员从业资格管理，负责农民技术职称评定工作。负责农业资源区划和资源保护工作。指导农用地、渔业水域、草原以及畜禽地方品种资源的保护和管理；拟订耕地、基本农田质量保护与改良措施并指导实施，依法管理耕地质量；运用工程、农艺、农机、生物等措施，发展资源节约型环境友好型农业。会同有关部门处理有关渔事纠纷，维护淡水管辖水域渔业权益；行使渔船检验和渔政监督管理权。负责农业生态和农村能源有关工作。制定并实施农业生态建设规划；指导农村可再生能源综合开发与利用、农业生物质产业发展、农业农村节能减排、农业面源污染治理；提出划定农产品禁止生产区域的意见、建议和报批工作，指导生态农业、循环农业发展。协调农业各产业和农村经济发展；指导乡镇企业和农村二、三产业发展，扶持发展农产品加工流通业、乡村旅游等服务业。组织和指导全县社会主义新农村建设。提出农村社会事业发展政策建议，并协调相关事项；组织开展新农村建设试点工作；参与农村社会发展、基层组织建设、精神文明建设和民主法制建设相关工作。组织开展对外农业贸易和经济、技术交流与合作；协助有关部门组织实施农业外援项目。承办县人民政府和上级业务部门交办的其它事项。

机构调整后，县农业局（县畜牧兽医局）设办公室（离退休干部管理服务股）、计财股、政策法规股（行政审批服务股）、新农村建设与社会发展股（农村能源股）、农村经济经营管理与市场信息股（农业产业化办公室）、农、畜产品质量安全监管股（县重大动物疫病防治指挥部办公室）、种植业股（烤烟生产管理办公室）、畜牧渔业管理股8个内设机构。其人员编制和领导职数为机关行政编制12名，其中局长1名，副局长2名；股级职数8名；机关工勤人员编制2名。

其它事项为：县扶贫开发办公室设在县农业局，正科级。内设综合股、项目管理股。核定行政编制5名，其中主任1名，副主任2名；股级职数2名；机关工勤人员编制1名。主要职责：贯彻执行党和国家、省、市有关扶贫开发工作的方针、政策和法律法规；组织开展全县扶贫开发调查研究、统筹协调、检查指导工作；拟订全县扶贫开发中长期规划、年度计划并组织实施；负责扶贫资金和项目的监督管理；负责扶贫资金使用与项目的审批、监督管理、检查验收；负责外资项目资金使用与监督管理；组织、协调社会力量参与扶贫开发；负责特殊类型贫困地区的扶贫开发综合治理、连片开发、产业化扶贫工作；统筹、协调信贷扶贫工作，组织开展贫困地区产业化扶贫、科技扶贫和生态扶贫工作；组织实施贫困地区干部培训、农村劳动力转移培训工作；负责协调、指导少数民族地区扶贫开发工作。组织开展扶贫开发的统计、动态分析、宣传教育和经验交流工作；承担县农业局和上级业务部门交办的其它事项。

将原普定县农业执法大队、普定县畜牧执法大队合并组建普定县农业综合执法大队（普定县农机监理站），为县农业局管理的正股级事业单位，由县财政实行全额预算管理。承担农业综合执法（相对集中行政处罚权）职责。核定事业编制10名，其中大队长1名，副大队长2名。管理人员9名，工勤人员1名。

将原县农业局管理的普定县扶贫开发外资项目管理中心（普定县世行项目办公室）划由县扶贫开发办公室直接管理，原机构规格、人员编制和领导职数不变。

保留县饲料草地工作站，加挂“普定县草原监理站”的牌子。增加履行草原保护与开发利用、草原防火、草原监理和草地权属纠纷仲裁等职责。原机构规格、人员编制和领导职数不变。

有关食品和农产品质量安全监督管理的职责分工，按照《食品安全法》、《农产品质量安全法》等有关法律法规规定办理。

县农业局履行的指导农民专业合作组织建设与发展、农村土地承包纠纷调解仲裁、农民负担调查等职责，由县农业局所属的县农业经营管理站承担。

渔业船舶检验和监督管理职责、渔政管理队伍建设职责，由县农业局所属事业单位县水产技术指导站（渔政管理站、渔业船舶检验站）承担。

动物卫生监督管理职责，由县农业局所属事业单位县动物卫生监督所承担。

【打造“安普经济产业带”】 改变传统种植模式，加大农业结构调整力度，在原白旗韭黄基地，三块田的番茄、豆类、叶菜类蔬菜、果树等种植规模的基础上，扩大种植面积，把公路沿线种植油菜、玉米、水稻等常规作物的田块改种经果林、蔬菜等经济作物。产业带分八大版块，实行集团承包，签定目标责任书，整合资金、人力，领导包片，选派80余名技术干部蹲点指导。通过示范效应，将带动周边2万余亩蔬菜、经果林发展，促进农民增收。

【茶产业】 按照因地制宜原则，以中茶所、省茶科所为技术依托，高标准高起点发展茶产业。茶叶种植逐步实现规模化、标准化。新植茶园2.5万亩，全县茶园种植面积达5.33万亩，建育苗基地500亩，扶持发展10余家茶叶加工企业。重视茶产业品牌效益，2010年4月夜郎湖食品有限公司、长青绿色科技有限公司茶产品在上海举办的“上海国际茶文化节”中获三个金奖。

【蔬菜产业】 全年完成蔬菜播种面积8.59万亩，总产量10.28万吨，总产值1.44亿元。加大蔬菜标准化种植，共速测1500个蔬菜样品，合格率达95.32%。农民专业合作组织不断扩大。全县有蔬菜协会、食用菌协会、蔬菜产销合作社7个，实行“集团承包，发展特色产业”的蔬菜发展模式，在安普公路沿线建立农业产业化发展示范点9个，其中蔬菜生产基地示范点6个，水果基地3个；种植蔬菜面积1500亩，经果林600亩，以示范带动发展蔬菜种植1.5万亩、经果林3000亩。积极探索“经果—中药材—养殖”发展模式，实现三位一体农业循环经济发展模式；全面完成“普定县十二五蔬菜产业发展规划”、“普定县农业经济产业带发展规划”；围绕市场需求，突出特色，优化区域布局，建立韭黄、番茄、白菜、早熟毛豆等品种无公害蔬菜生产基地2万余亩。

【粮食增产工程】 2010年，粮食增产工程项目有效推广面积10.71万亩（其中水稻7.11万亩、玉米3.6万亩），超计划数10.5万亩的2%，项目区水稻平均单产628.9公斤，比前三年平均单产增加57.72公斤，增产率为10.11%；玉米平均单产

505.5公斤，比前三年全县平均单产增加72.1公斤，增产率为16.64%。

【粮油高产创建】 全年完成水稻高产创建活动项目面积11230亩，在马场镇8个村实施，完成面积超计划数的12.3%，10月9日经省农委及省有关水稻专家对项目进行测产验收，项目平均单产755.43公斤（最高产量为大坟村严朝贵的1.5亩田平均单产941.3公斤），项目缩值产量730.84公斤，比项目区前三年平均亩产632.5公斤增加98.34公斤，增产率为15.55%。超项目产量计划指标平均亩产700公斤的30.84公斤，超计划数4.72%。完成项目安排的不同密度、两粒谷与一粒谷、旱育秧与两段秧、氮素后移、新品种展示等试验五个；完成油菜高产创建活动项目面积12110亩，在化处镇和龙场乡实施。5月17日，经市农业局组织测产验收，验收样本数43个，验收面积55.1亩，平均亩产82.45公斤。其中化处镇平均亩产83.79公斤，龙场乡平均亩产81.11公斤。完成项目安排的低密度品种选择、不同密度、缓释肥、氮素后移等试验4个。

【农牧资市场监管】 全年累计出动农牧资打假执法人员520余人次，印发农资打假宣传资料2.5万余份，检查企业10余次、市场300余次、经营户900余户，收缴无证照经营种子146公斤，立案查处销售未备案登记种子案件2件，经营假劣兽药案件1件，罚没金额4126元，结案3件，结案率达100%。

【资金整合项目】 按照“县为单位、整合资金、整村推进、连片开发”扶贫开发思路，投入中央财政资金1000万元，整合部门资金3887.632万元，在马场镇、鸡场坡乡2个乡镇20个行政村105个村民组完成种植茶叶9000亩、茶园改造1450亩、引进二元杂母猪1150头、圈舍改造1.78万平方米、经果林种植2542亩和修建排洪渠、沟渠治理、公路建设等，2010年11月，通过省、市扶贫部门验收。

【生猪产业】 以市场为导向，以品种改良为手段，构建完善的生猪良繁体系，积极推广标准化、规模化、集中化养殖，新建昌伟、柯托、锦荣等4个规模养殖场、21个生猪养殖小区和150余户生猪养殖大户，其中昌伟养殖场投入资金600万元，占地60亩，年生猪存栏达15.9万头，良种推广三元杂交猪18.1万头，生猪产业发展有效推动全县农业产业结构调整。

2010年1月10日，昌伟良种猪养殖场举行开业庆典。 （骆世明 摄）

【动植物疫病防控】 5月，化处镇、白岩镇、马官镇、猫洞乡4个乡镇31个行政村发生稻水象甲病疫情，疫情发生面积734.5亩，抽调技术力量全力扑灭疫情，稻水象甲疫情得到有效控制。全年完成生猪免疫口蹄疫26.7万头、猪瘟26.89万头、猪高蓝28.7万头，免疫密度分别达到100%、100%和100%，佩戴猪耳标25.4万套，猪耳标佩戴率95.13%；牛免疫口蹄疫15.25头，免疫密度100%；佩戴牛耳标14.75万套，牛耳标佩戴率96.72%。羊免疫口蹄疫0.81万头，免疫密度占应免数的100%，佩戴羊耳标0.78万套，羊耳标佩戴率达96.3%。家禽免疫禽流感199.92万羽、鸡新城疫190.43万羽，免疫密度分别达100%。免疫反应死亡猪438头、牛17头、羊3只、家禽510羽。动物防疫工作得到农业部、省农委的肯定。

【农田基本建设】 完成中低产田改造0.57万亩，改善灌溉面积3700亩，新增涂涝300亩，改善涂涝1700亩，新增灌面200亩；新增机耕面积1500亩，实现旱能灌、涝能排，可机耕的园田化格局；完成普定县火石坡土地整理项目，投资581.02万元，新增加耕地6.92公顷，改善灌面200公顷，受益农民人均增粮278公斤、人均增收556元；完成2009年度财政扶贫小水池建设项目，总投资255万元，其中财政扶贫资金80万元，农户自筹资金175万元。在6个乡镇13个行政村，建设小水池400口18233立方米。

【新农村示范建设】 完成2009年度“百村试点”建设项目、青岛对口帮扶项目、部门整合项目、县级新农村建设项目等各类建设项目及2010年度省级“百村试点”建设项目，投入新农村建设项目资金1588.393万元，巩固或新建省级新农村建设示范村马官镇羊寨村1个，市级新农村建设示范村白岩镇薛家村、城关镇长田村、马官镇下坝村3个，县（乡）级新农村建设示范村白岩镇讲义村、化处镇水母村、猫洞乡又奋村、马官镇号营村、龙场乡索桥村、坪上乡毛栗村、猴场乡后冲村、马场镇猪场村、城关镇青山村、城关镇地坝村、补郎乡本杰村、鸡场坡乡后寨村、坪上乡哈呼村13个，完成示范村的通村（组）公路建设、街面硬化、机耕道、沼气池、修电灌站等基础设施建设，推进西红柿、茶叶、经果林等种植和畜禽养殖。

【技术培训与服务】 举办蔬菜种植、茶叶种植、水稻病虫防治、测土配方施肥、沼气池修建技术、畜禽常见病防治、人工种草等培训班30余期，培训种植大户、养殖大户、农民1.5万余人（次），发放技术资料2万余份；深入田间地头指导农业生产189期28000余人（次）。

（杨　谧）

林　业

【机构调整及主要职责】 12月8日，根据《中共普定县委普定县人民政府关于普定县人民政府机构改革的实施意见》和《中共普定县委常委会议纪要》，设立普定县林业局，为县人民政府工作部门。

机构调整后，其职责调整为：取消已由县及县以上人民政府公布取消的行政审批事项。加强保护和合理开发森林、湿地和陆生野生动植物资源，优化配置林业资源，促进林业可持续发展职责。加强全县湿地保护、石漠化防治植被恢复工作的组织、协调、指导和监督职责。加强组织指导林业改革和农村林业发展，依法维护农民经营林业的合法权益职责。

机构调整后，其主要职责为：贯彻执行国家林业工作的方针、政策和法律、法规及发展战略规划。拟订全县林业发展战略中、长期规划和年度计划组织实施；负责全县林业及其生态建设的监督管理。组织开展森林资源、陆生野生动植物资源、湿地和石漠化的调查、动态监测和评估。承担林业生态文明建设的有关工作。组织、协调、指导和监督全县造林绿化工作。制定全县造林绿化的指导性计划。指导、监督各类公益林、商品林的培育和天然林保护工程、退耕还林工程等林业重点工程建设。指导植树造林、封山育林和以植树种草等生物措施防治水土流失工作，指导、监督全民义务植树、造林绿化工作。承担县绿化委员会的具体工作。承担森林资源保护发展监督管理的责任。组织编制并监督执行全县森林采伐限额，监督检查林木凭证采伐、运输和经营加工；组织、指导林地、林权管理及其登记、发证和森林资源资产评估工作；依法审核、审批办理林地征用、占用和临时占用手续。组织、指导陆生野生动植物资源的保护和合理开发利用。编制并监督执行陆生野生动物资源年度利用限额；指导森林和陆生野生动物类型、湿地类型自然保护区的建设和管理；拟订全县重点保护陆生野生动物、植物名录；监督管理古树名木保护工作。负责珍稀、濒危野生动植物进出口管理工作。承担推进林业改革，维护农民经营林业合法权益的责任。拟订集体林权制度、国有林场等重大林业改革意见并指导监督实施。拟订农村林业发展、维护农民经营林业合法权益的政策措施，指导、监督农村林地承包经营和林权流转，指导、监督林权纠纷调处和林地承包合同纠纷仲裁。监督检查各产业对森林、湿地和陆生野生动植物资源的开发利用。拟订林业资源优化配置办法，指导林产品质量监督；指导山区综合开发。承担组织、协调、指导、监督全县森林防火工作的责任，组织、协调、指导专业森林扑火队伍的防扑火工作，承担县人民政府森林防火指挥部的具体工作。承担林业行政执法监管的责任，指导全县森林公安工作，监督管理森林公安队伍，指导全县林业重大违法案件的查处；指导林业有害生物的防治、检疫工作。组织、指导林业及其生态建设的生态补偿制度的建立和实施。编制部门预算并组织实施，指导管理全县林业基本建设工作，组织申报重点林业建设项目，监督管理县级林业国有资产。编制林业及其生态建设的年度生产计划。拟订全县林业科技发展规划，组织林业科研、技术攻关和科研成果的鉴定、推广；指导林业对外合作工作；负责专业人才培训和林业队伍建设工作。指导全县农村林业社会化服务体系和林业专业合作组织建设。承办县人民政府和上级业务部门交办的其他事项。

机构调整后，县林业局设办公室（普定县绿化委员会办公室）、政策法规股（农村林业改革发展股）、森林公安派出所（县森林防火指挥部办公室）3个内设机构。其人员编制和领导职数为机关行政编制5名，森林公安派出所政法专项编制5名，其中局长1名，副局长2名，森林公安派出所所长1名；股级职数3名（含森林公安派出所副所长1名）；机关工勤人员编制1名。

其它事项为：将原普定县环境保护和林业局所属的普定县林业综合行政执法队（县木材检查站）、普定县种苗绿化管理站、普定县林业技术推广站（县天然林保护工程管理办公室）、普定县林政资源管理站、普定县森林植物检疫防治站、普定县国营苗圃场划转县林业局管理。原机构规格、职责及人员编制不变。鉴于普定县森林防火指挥部办公室已调整为县林业局机关内设机构，不再作为事业单位设置，原核定的4名事业编制由县机构编制委员会办公室收回注销。

2010年1月21日，全市森林防火“村为主”现场会在普定县召开。（骆世明 摄）

【以村为主构筑森林资源安全“防火墙”】 普定县抓住国家对生态建设加大投入，实施各种林业生态建设工程的机遇，提出实施“环境立县”战略，大力加快林业发展和林业生态建设，树立“一分造，九分管”的生态建设理念，在创新森林防火工作机制上狠下功夫，全力推行森林防火“村为主”管理模式，通过召开好村“两委”联席会、村民代表会、院落会。增强广大农民群众森林防火的责任意识。同时，县与乡镇、乡镇与村、村与小组、小组与农户都签订目标责任书，层层落实目标责任，形成上下联动、左右协作、齐抓共管的工作格局；县乡两级森林防火机构针对乡镇、村的实际，因地制宜地开展分类指导，建立健全各种制度和管理模式，不断总结经验，使森林防火“村为主”管理逐步走向规范化制度化，有效保护森林资源和生态安全，着力构建“平安林区”，巩固生态建设成果，森林覆盖率逐年提高，石漠化、水土流失等生态恶化趋势逐步得到遏制，生态环境明显改善。

【完成2010年退耕还林工程县级自查】 自查工作由林业局分管领导带队，退耕办和乡（镇）林业技术人员共同参与，自查范围为2010年度封山育林5000亩，2007年度宜林荒山荒地造林2500亩，2005年度封山育林1500亩。在自查工作中，检查人员严格执行相关办法和技术规定，确保自查质量。经检查，2010年度全县各种工程项目均达上级指标要求。

【天保工程顺利通过国家核查】 8月20日至21日，国家林业局天保中心森林资源培育处傅丽文处长及西北林业调查规划设计院工程师王一玉、胡冰花等在省天保中心潘乐明高工陪同下，代表国家林业局对普定县2010年度天保工程实施情况进行核查。此次核查内容为工程管理能力、木材采伐管理、资金管理及使用、政社性人员情况等4个方面。核查结果为：普定县2010年度天保工程较好按照国家有关规定全面完成森林资源管护任务，工程管护工作出色，全县上报的政社性人员情况经核查完全属实，木材采伐管理程序完整、操作规范，资金管理及使用无违规现象，整个核查工作未发现任何重大问题，天保工程顺利通过核查。

（《普定年鉴》编辑部）

农业机械化

2010年3月18日，普定县贫困地区农机技术培训班开班。（县农机中心 提供）

【综述】 农机中心围绕“三农”工作，以农业增效、农民增收为总体目标，依靠科技进步和国家强农惠农政策，着力优化农机装备结构，加大科技创新、保护性耕作、农机技术推广力度，拓宽服务领域，加大农机具补贴，强化农机质量和安全监督管理，推进农机事业全面发展。2010年，全县农机总动力达19.78万千瓦，同比增加14%，其中拖拉机1157台，2.99万千瓦；耕整机3552台（套），2.04万千瓦；收割机械12台（其中，联合收割机械11台）；排灌机械6743台（套），4.47万千瓦；农副产品加工机械8550台，5.45万千瓦；畜牧机械1224台，0.73万千瓦；其他机械4.1万千瓦。机耕面积16.5万亩，机插秧面积6000亩，机械化提灌面积14.6万亩，农副产品加工15.5万吨，农用运输1700万吨公里。

【农机技术培训及安全生产】 抓好农机技术培训及考核，考核不合格的进行延时培训。全年举办各类技术培训班7期，培训各类农机技术人员2650人。其中拖拉机驾驶员272人，农机操作手230人，合格率均达到100%。深入全县11个乡镇所在地及机械集中片区开展上门检验服务；对拖拉机（变型拖拉机），由安全检验人员逐项进行安全检验，符合安全检验标准的方签合格章，不合格的限期整改及调整。出动农机检查人员187人次，检查拖拉机（变型拖拉机）1260台，查处各类农机违法120起，与农机手签订农机安全生产目标管理责任状达1200余份，新入户拖拉机107台，完成拖拉机检验713台，检查拖拉机、农用机械600余台（次）、纠正违章130人（次）、消除事故隐患16余起，全年无农机安全生产事故发生。

【抗灾救灾工作】 组织农机技术人员，利用中心现有大型拖拉机，到干旱较严重的坪上乡、鸡场坡乡等乡（镇）开展拖拉机旋耕作业，完成机耕作业500余亩；为坪上乡、鸡场坡乡等乡（镇）水稻旱育秧抢农时，保证10000余亩大田插秧如期进行；组织农机技术人员到干旱比较严重、排灌与耕作机具比较多的地方开展技术服务和义务检修；开展技术服务20余次，义务检修排灌机具、耕作机具300余台/套；农机技术人员现场向广大人民群众讲解各类农业机械必须注意事项、安全操作规程、农业机械日常维护和保养知识；到全县茶叶种植现场指导抗旱救灾，向上级有关部门反映，争取抗旱机械，投入到部分茶叶种植基地，缓解茶叶种植缺水严重的情况，确保茶叶种植的顺利进行。3月30日，重庆豪野机械有限公司运送价值两万余元的20台抗旱抽水机械，支持普定抗旱救灾。

【农机补贴工作】 按照农业部、财政部“关于加强农机购置补贴管理的有关要求”，接受县财政、纪检等相关职能部门检查和抽查。利用普定县电视台、报刊、政务信息等新闻媒体和宣传标语、横幅广泛宣传农机购置补贴政策。全年完成中央、省级农机具购置补贴253.7万元，发放张贴《农业机械购置补贴公告》520份，印刷《农机购置补贴协议》13000份；严格遵守《农业机械购置补贴资金使用管理暂行办法》规定，按照农业部要求严格执行“贵州省农机购置补贴资金使用管理办法”和“农机购置补贴实施方案”，创新管理机制，规范办事程序，确保支农惠农政策真正落实。

【便民利民服务】 投入资金5万元设立便民利民服务窗口，制定便民利民服务承诺制度。

【农机项目申报】 2010年，普定县被农业部列为南方第一个实施“保护性耕作示范推广项目县”，2011年开始实施；申报“普定县秸秆综合利用机械化技术示范推广项目”、“茶叶生产机械化技术示范推广项目”。

（杨　波）

气象服务

2010年7月13日，市气象局局长方庆文（右二）、市人影办主任程援等到鸡场坡乡人影作业点检查指导工作。
（鸡场坡乡　提供）

【气象服务体系建设】 修订完善《普定县气象灾害应急预案》，严格执行《气象灾害防御条例》，坚持24小时值班制度及领导带班制度，做好突发气象灾害监测预警。与县委组织部联合下发文件，要求乡、村便民利民服务站点开展农经网为农服务工作，将所有村支书、村主任明确为气象信息员，初步建立气象信息员档案，村级气象信息员覆盖率达100%，将信息员名单纳入短信发布平台。炮站民兵全部参加市人影办组织的培训班，并取得上岗证。每月由人影办主任带队检查一次炮站安全，局领导带队检查每炮站不少于2次。按照有关技术标准开展防雷技术工作，且运行防雷业务集约化管理平台；按照相关规定成立“普定县定南避雷安全检测站”。全县11个乡镇全部安装两要素自动气象站，运行正常，随时向县四大班子领导及相关部门发送最新雨情。

【人工影响天气工作】 2010年，县财政拨款38万元，用于城关炮站、鸡场坡炮站搬迁新建。全年开展增雨、防雹作业38次，用炮弹1623发，用火箭弹18枚。

【加强业务平台建设】 收集小流域基本信息等资料上传市气象台，在县政府网站开通《普定气象专题》，建立与政府的信息共享平台。注重职工业务能力提升及总结经验，全年有3名职工写作3篇论文被省气象学会年刊收录。

【应急保障气象服务】 组织业务骨干分析天气变化趋势，与市气象台进行会商，及时提交旱情预测。乡镇两要素自动站雨量与雷达拼图配合使用，随时通过手机短信、电话向县主要领导、相关部门发布各类气象信息。全年发布《短期气象预测》、《决策气象服务》、《专题气象服务》等53期，发布手机短信89352人次，发布干旱红色预警40次、橙色预警27次，暴雨红色预警信号9次、橙色预警4次，大雾黄色预警信号2次、橙色预警1次，雷电黄色预警8次，发布森林火险预报66次。全年完成测报基数11423个，无错情；完成农气基数8196.9个，无错情。提供及时的气象应急保障服务，制作《应急气象保障预报》，随时发布现场天气实况及预报。

【农经网工作】 开展现代农业气象服务体系建设，对白旗韭黄开展农业气象服务，根据作物不同生育期开展五次作物生长发育状况调查及农业气象灾害调查。在薛家坝村与贵州农经网省中心、安顺市气象局共同组织对120名乡村气象信息员进行培训，组织4个安装电子显示屏村和一个农民多功能信息服务站的信息员到省中心参加培训；利用农经网为乡镇和种植、养殖业协会发布供求信息，促成县内名特优产品交易。2010年在农经网上发布价格信息1.2万余条，供求信息177条，招商引资信息46条，农业科技信息230余条，市场分析信息168条，农业时政信息226条，新增旅游景点或农家乐信息24条，专家问答信息16条，农网超市信息12条，利用灾情速报系统上报普定县旱情、洪涝信息7次，发布农信通信息100余条，产生经济效益90万元。

（吴　龙　王宁渝　梁兴华）

爱德基金会援助项目

【综述】 2010年，完成项目投资200万元，全部为爱德援助项目资金。

【妇女发展基金会】 全年回收妇女小额信贷192.3万元，发放妇女小额信贷192.3万元，其中大地22万元、小谷毛12万元、猴场16万元、老甲寨15.4万元、煤冲15万元、漏寨15万元、水落洞11万元、沙子坡22.1万元、后冲12万元、格道12万元、猛舟9.8万元、猛架14万元，仙马16万元。全县981户妇女获贷款，3500余人受益。

【小额信贷培训】 根据《普定县爱德项目办公室妇女小额信贷项目管理目标考核责任书》规定，2010年3月30日，县爱德项目办与乡项目办组织人员对猴场乡13个村妇女基金会小额信贷项目工作进行检查，检查结果评比第一名为沙子坡村妇女发展基金会。第二名为小谷毛村妇女发展基金会和漏寨村妇女发展基金会。第三名为水落洞村妇女发展基金会、后冲村妇女发展基金会和大地村妇女发展基金会，并给予奖金鼓励。针对检查出来的问题，4月7日，组织猴场乡13个村妇女发展基金会的25名会长、会计进行相关项目管理业务知识培训。

【项目申报和考察接待】 1月，县水利局申报《爱德援助普定县猫洞乡可处村人畜饮水工程项目》，总投资为75.58万元，其中申请爱德援助50万元、政府配套20万元、群众投工投劳折资5.58万元；4月申报《爱德援助普定县马场镇水稻/油菜种植模式与土壤保护可持续发展项目》和《普定县猴场乡有机大葱生产与土壤保护可持续发展项目》，两个项目总投资559.208万元，其中申请爱德援助299.55万元、政府配套43.65万元、群众投工投劳折资216万元；5月，派人到项目点马场镇土牛、三岔等村和猴场乡漏寨村进行实地考察；8月，申报《普定县妇女健康与自我发展项目》，总投资146.1万元，项目实施期为3年，其中申请爱德基金会援助128.6万元、政府配套资金17.5万元；10月，申报《普定县新民茶叶生产专业合作社中药材种植项目》和《普定县永兴中药材种植专业合作社中药材种植项目》，两个项目总投入106.12万元，其中申请爱德援助52.11万元、政府配套28万元、群众投工投劳折资26万元；11月，申报《普定县化处镇沙包村人畜饮水项目》，总投资24.98万元，其中申请爱德基金会援助20万元、群众投工投劳折资4.98万元，项目实施后可解决该村400余户1340人的饮水困难问题。

【重返校园】 2010年，资助农村贫困的小学生203名，发放生活补助金2.765万元。

【危校重建】 批准援助修建的化处镇嘎卧小学于1月全部竣工，3月投入使用；格江小学教学楼主体工程已结束，操场、厕所等附属工程正在建设中。为嘎卧、格江小学配套桌椅，每校援助1.2638万元，由学校统一采购。

【仙马村仙马堂组道路建设项目】 投入援助资金2.5万元实施仙马村仙马堂组道路建设项目，已竣工投入使用。

（陈忠文）

工业·贸易

工业经贸管理

2010 年 10 月 21 日，副市长罗荣彬（右五）到补郎乡煤矿调研。（吴　贤　摄）

【综述】 2010 年，全县规模以上工业企业（含安顺电厂、普定电站）完成工业总产值 316927 万元，占计划 311000 万元的 101.91%，同比增长 10.21%；完成工业增加值 125173 万元，占计划 122000 万元的 102.6%，同比增长 9.52%；完成工业企业更新改造投入 13442 万元，占计划 8000 万元的 168.2%；县属规模以上工业企业完成税金总额 19547 万元，占年计划 26000 万元的 75.18%，同比下降 1.2%；产销率 96.6%；规模以上单位工业增加值能耗下降 4.2%，完成年度节能目标任务；煤炭产量 148.8 万吨，占计划 147 万吨的 101.2%，同比下降 24.1%；完成煤炭税费 13775 万元，占计划 11760 万元的 117.1%；完成电煤供应任务 96.47 万吨，占计划 95 万吨的 101.5%；完成年度中央财政补贴高效照明产品推广 14 万只。

【机构调整及主要职责】 12 月 8 日，根据普定县人民政府办公室《关于印发普定县工业和经济贸易局主要职责内设机构和人员编制规定的通知》，组建工业和经济贸易局，加挂“普定县国有资产管理委员会”牌子，（简称为工业经贸局），为县人民政府工作部门。

机构组建后，其主要职责为：贯彻执行国家和省、市关于工业、信息化和能源工作的法律、法规、规章和方针、政策；根据全县国民经济和社会发展总体规划，拟订工业、信息化和能源的发展战略、规划和年度计划并组织实施；研究工业和信息化布局规划和结构调整的政策措施；根据国家和省、市的产业政策和全县产业发展规划，拟订产业政策措施和标准并组织实施，引导和扶持工业和信息产业、煤炭产业的发展。负责提出工业、信息化固定资产投资方向（含利用外贸和境外投资）和规模，按规定权限对工业投资项目初审、核准和备案，负责各类财政专项资金的使用安排；定期公布工业投资引导目录，规划和组织本县重大工业、信息化建设项目；负责工业和信息化项目的督促、协调、检查和指导；协助推进工业经济运行中的财政、金融政策落实，负责指导担保体系建设；负责部门预算内的政府信息化项目的前置审批；对信息化重大投资项目和县级财政建设的信息化项目提出地业主管部门意见；会同有关部门综合平衡、管理使用信息化建设专项经费。监测分析工业和信息产业与经济运行态势，统计并发布相关信息；负责年度工业调控目标制定及落实；协调解决经济运行中的重大问题并提出建议；负责对经济运行要素煤、电、工业用油、汽、运和重要物资的平衡调度，根据经济运行情况对现有资源实行优化配置；负责工业品及重要物资运输的协调平衡和应急预案的编制工作；管理国家药品储备，提出动用国家储备物资的建议；组织实施煤炭和电力调度，负责电力行业管理和电力需求管理工作。指导工业企业技术创新、引进和改造，组织工业领域关键共性技术及新产品开发，用高新技术及先进适用技术改造提升传统产业；协调组织实施国家和地方信息技术标准；指导和推进以企业为主体的技术创新体系建设；指导行业技术创新和技术进步，促进科研成果产业化，推动软件业、信息服务业和新兴产业发展，促进信息化和工业化融合。负责工业、信息化行业管理；承办需国家与省、市、县平衡建设条件的工业和信息化固定资产投资项目前期（含利用外资项目）的有关工作；负责指导和协调工业、信息化和能源项目的前期工作；建立和完善工业、信息化和能源项目库。贯彻国家和省、市、县关于工业企业改革和发展的政策措施；拟定工业企业改革工作规划，指导和协调工业企业改革工作；参与研究拟定全县企业改革和发展的政策措施；指导管理企业内部的法律顾问工作；配合有关部门做好企业下岗人员再就业工作；指导企业建立现代企业制度；帮助并指导拟上市企业做好相关协调工作；指导工业和信息化领域行业协会工作。组织拟订工业园区发展规划及办法措施，指导协调和促进县域经济发展、工业经济结构调整和产业、企业布局调整；指导和管理工业园区规划和建设，促进特色工业的发展。按管理权限制定节约能源和促进清洁生产、循环经济节能监测计划并组织实施，负责工业、信息化领域节能监察和行政执法。参与拟订能源发展战略、规划、措施并配合有关部门组织实施；承担发展循环经济、低碳经济的职责。参与拟定能源节约和资源综合利用、清洁生产促进规划；拟定并组织实施工业、信息化的能源节约和资源综合利用、清洁生产促进政策措施；参与组织协调工业环境保护；负责工业和信息化节能工作并组织协调有关工作；负责工业、信息化资源综合利用、节约能源、清洁生产工作和设备行政管理及监督；组织新产品、新技术、新设备、新材料的应用和实施重大示范工程；协调散装水泥生产发展和推广应用工作。负责中小企业、非公有制经济和城镇集体经济的指导、综合协调工作，会同有关部门拟订促进中小企业发展、非公有制经济发展和城镇集体经济发展的相关政策措施，协调解决重大问题；管理国家和省、市、县财政下拨的中小企业发展资金和信用担保、小额贷款行业。负责电力、石油等有关行业专项资金的申报、审查，并对使用情况进行监督管理；参与拟订与能源相关的资源、财税、环保及气候变化等政策的实施意见。拟订地方特色工业产业发展规划，指导促进地方特色工业产业发展，协调地方特色工业发展的有关问题，研究加快地方特色工作产业发展的政策措施。承担县级生产经营性国有资产监督管理的职能；根据县人民政府授权，依照《中华人民共和国公司法》、《中华人民共和国企业国有资产法》等法律和行政法规履行经营性国有资产企业出资人职责；制定生产经营性国有资产监督管理的有关规章制度；对生产经营性国有资产的保值增值进行监督；监督、规范生产经营性国有资产产权交易；指导各乡（镇）经营性国有资产的监督管理工作。统筹推进本县信息化工作；指导协调信息资源的开发利用、企业信息化、电子政务发展和电子商务推广推进工作；负责协调社会公共信息资源共享工作；组织协调跨部门、跨行业、跨领域的信息化应用。负责本县信息基础设施建设的规划、协调和管理，组织指导相关部门拟定通信管线、公共通信网、专用信息网的规划；协调电信市场涉及社会公共利益的重大事宜；负责跨行业、跨部门面向社会服务网络的互联互通；统筹规划公用通信网，推进电信普遍服务，保障重要通信。负责制定本县工业、信息化、能源领域专业人才、经营管理人员的发展规划，并组织实施；负责工业企业培训体系的建设和管理；协同有关部门做好人才引进和人才培训工作；负责本县工业系统协（学、商）会管理。贯彻执行国家国内外贸易、国际经济合作和外商投资的方针、政策和法律法规，拟订相关管理办法并监督实施；研究区域经济合作、现代流通方式发展和流通体制改革并提出建议。推进全县流通产业结构调整，指导商贸服务业和社区商业发展，提出促进商贸中不景气企业发展的政策建议；推动流通标准化和连锁经营、商业特许经营、物流配送、电子商务等现代流通方式的发展。拟订全县国内贸易发展规划，促进城乡市场发展；提出引导国内外资金投向市场体系建设的建议；指导大宗产品批发市场规划和城市商业网点规划、商业体系建设工作；推进农村市场体系建设，组织实施农村现代流通网络工程。牵头协调全县整顿和规范市场经济秩序工作，执行国家规范市场运行、流通秩序的政策；推动商务领域信用建设，指导商业信用销售，建立市场诚信公共服务平台；按有关规定对酒类流通、药品流通、生猪屠宰、拍卖、典当等特殊流通行业进行监督管理。组织实施全县重要消费品市场调控和重要生产资料流通管理的工作；负责建立健全生活必需品市场供应应急管理机制，监测分析市场运行、商品供求状况，调查分析商品价格信息，进行预测预警和信息引导；按分工负责重要消费品储备管理和市场调控工作，按有关规定对成品油流通进行监督管理。贯彻执行国家进出口商品、加工贸易管理办法和进出口管理商品、技术目录；执行国家促进外贸增长方式转变的政策措施；组织实施全县重要工业品、原材料和重要农产品进出口总量计划，会同有关部门协调大宗进出口商品，指导贸易促进活动和外贸促进体系建设。负责执行对外技术贸易、进出口管制以及鼓励技术和成套设备进出口的贸易政策；推进进出口贸易标准化；依法监督技术引进、调协进口、国家限制出口技术的工作。牵头拟订全县服务贸易发展规划并开展相关工作；会同有关部门拟订促进服务出口和服务外包发展规划并组织实施，推动服务外包平台建设。组织协调全县反倾销、反补贴、保障措施及其他与进出口公平贸易相关的工作；推进进出口公平贸易预警机制，依法实施对外贸易调查和产业损害调查；指导协调产业安全应对工作及国外对我市出口商品的反倾销、反补贴、保障措施的应诉工作；对经营者集中行为进行反垄断初步审查，指导企业在国外的反垄断应诉工作。指导协调全县外商投资工作，拟订全县外商投资办法和改革方案并组织实施；依法核准外商投资企业的设立及变更事项；依法核准重大外商投资项目的合同章程及法律特别规定的重大变更事项；依法监督检查外商投资企业执行有关法律法规规章、合同章程的情况并协调解决有关问题；依法办理投资促进及外商投资企业进出口经营者资格备案登记工作。负责全县对外经济合作工作，执行对外经济合作政策；依法管理和监督对外承包工程、对外劳务合作等；协助省、市商务部门办理外派劳务和境外就业人员的权益保护工作；执行境外投资的管理办法和具体政策，负责境内企业对外投资开办企业（金融企业除外）的申报工作；归口管理争取境外无偿援助工作。负责指导全县商务行业信息化建设；贯彻落实国家运用电子商务开拓国内外市场的相关法律法规和政策措施；推动电子商务健康发展。负责指导和组织全县商务行业人才培训工作。承办县人民政府及上级业务部门交办的其他事项。

调整后，其内设机构设办公室、人事教育和离退休干部股、经济运行发展股、中小企业股、节能与资源综合利用股、企业改革与国有资产监督管理股、信息产业管理股、市场体系建设股（内外贸易股）、安全生产管理股9个。其人员编制和领导职数为行政编制13名。其中局长1名，副局长2名，股级干部9名；机关工勤人员2名。

调整后，把煤炭行政执法大队更名为工业和经济贸易综合执法大队，负责工业和信息化领域节能行政执法监察，酒类流通、生猪屠宰等特殊行业行政执法工作。5月，撤销县乡企局、经贸局组建工业经贸局后，面临原煤炭验票处人事制度改革的遗留问题。煤炭验票处原属自收自支事业单位，靠收取煤炭维简费中的提成发放工资。由于煤炭维简费取消，自收自支人员工资得不到保障，只能参照企业职工办理退休。经多次反映，引起县委县政府高度重视，争取成立县煤炭计量验票中心，编制26名。其中管理岗位23名，工勤岗位3名，纳入财政全额预算管理。从66名在册自收自支人员中公开招考聘用26名验票中心工作人员。对未聘用人员，完善返聘措施，安排2万余元工作经费为这部分人购买医疗、失业保险，抽调17.63万元解决养老保险。

【创先争优和践行宗旨教育活动】 紧紧围绕“科学发展工业贸易、构建和谐厂群关系”主题，组织干部职工开展“创先争优”和“忠实践行宗旨、勤政廉政为民”等教育活动。把服务中心工作、建设队伍贯彻活动始终。党员书面公开承诺，把创先争优活动与围绕中心、建设队伍有机结合起来，深入推进“五型机关”建设。选好载体，开展“百城万店无假货”暨示范街（店）创建活动，不断将活动推向深入。8月1日，集中学习党章，举行重温入党誓词仪式。组织观看《法槌下的疯狂》警示教育片，组织党员干部深入到太平监狱参加警示教育活动。将开展两项活动列入年终考核的重要内容。设立意见箱，自觉接受群众监督。发起“圆梦大学”爱心助学活动，资助贫困学子34人，发放助学金6.9万元。10月14日，召开党员领导干部民主生活会，对党员领导干部勤政廉政情况进行对照检查。认真梳理行政审批和收费项目，把涉及煤矿安全、技术培训等收费项目进行公示。建立首问责任制度和首问责任窗口，强化责任落实，健全完善政务公开、重大事项决策议事等制度，提高服务水平和工作效率。

【工业经济运行调度】 把对企业的协调服务放在首位，努力抓好企业生产所需的水、电、运输等基础设施建设，在保证现有重点骨干企业正常生产的同时，挖掘新增生产潜力，尽最大努力促进年度目标任务的完成。充分抓住国家、省、市加大对企业生产经营扶持力度的有利时机，加强与上级业务主管部门联系，认真组织企业项目申报工作，做好跟踪协调，抓好重点新建、技改项目的实施。争取更多企业从中受益，促进企业加快技术改造，增强自主创新和市场竞争能力。全年共争取到国家、省、市中小企业发展专项资金、技术改造资金、安全技改资金、“万户小老板工程”资金等660万元。贵州黔中酒业有限公司年产2000吨白酒生产线技术改造项目正式投产，金铭实业有限责任公司二期技改项目顺利实施，西秀制药有限责任公司DMP改造项目通过验收投产。编制“十二五”工业布局和重点产业发展规划。积极协调向荣矿业有限责任公司抓好日处理3000吨铅锌原矿洗选生产线技改、超宇水泥有限责任公司抓好余热发电等项目前期准备。

普定县明祥农产品加工合作社。

（《普定》编辑部 提供）

【节能减排】 与乡镇、重点用能单位签订目标责任书，实行节能减排工作目标考核。开展水泥、铁合金、电石、钢铁等行业产品能耗督查，配合省、市对年耗能5000吨标准煤以上工业企业淘汰落后机电设备、节能目标责任制完成、能源利用状况报告制度执行等情况进行监督检查。启动公共机构节能工作，成立县公共机构节能工作领导小组及其办公室，制定实施方案并召开会议进行部署。贯彻落实《贵州省人民政府办公厅关于启动工业企业节能减排橙色预警的通知》精神，对省人民政府指定企业进行停产整顿，做好停产企业复产工作。完成中央财政补贴高效照明产品推广14万只。

【整顿煤炭经营秩序】 “5·13”煤矿安全事故发生后，部分煤矿和运煤车辆业主认为全县主要精力用在事故善后处理，冲关、绕道偷逃税费现象出现反弹。针对这些问题，及时组织开展打击煤炭偷逃税费专项整治，对各主要路段开展夜间突击检查。对洗选煤场、储煤场进行清理、查验相关经营手续。建立情报网络，加强信息收集和查处力度，有效遏制运煤车辆偷逃税费行为。全年查处冲关偷逃涉煤税费违法行为55起，罚没收入64万余元。

【商务流通】 成立生猪屠宰检疫管理领导小组，下发《关于进一步加强生猪屠宰检疫管理的通知》，对生猪屠宰从生猪收购进场检验检疫、屠宰加工操作到肉品上市检验检疫作出强制规定。与县屠宰同业工会、城关定点屠宰场签订肉品安全目标责任书，与121名屠商签订肉品安全承诺书。杜绝屠宰病害生猪、私屠滥宰及注水肉上市，确保上市肉品质量，保障消费者合法权利，让广大消费者吃上“放心肉”。向酒类经营户宣传《食品卫生法》和《贵州省酒类生产流通管理办法》，做好酒类经营户备案登记和销售许可证发放工作，规范酒类流通。全年办理酒类经营户备案登记和销售许可证发放287户，酒类经营户办证率60%。家电下乡销售网点覆盖全县11个乡镇，全年累计备案家电下乡销售网点82家，销售彩电、冰箱、洗衣机、手机、热水器、电脑、微波炉、电磁炉等15856台（部），销售总金额2551.6万元，备案审核通过家电以旧换新销售网点4家，回收网点4家；实施“万村千乡”市场工程，完成“万村千乡”市场工程80个，其中“整村推进”项目20个（农资店4个，日用品店16个），拨付上级商务部门补助资金38.4万元。建立各加油站消防安全责任制，认真开展新《消防法》宣传，制定应急预案，对演练、消防档案管理、操作规程、重点安全部位和环境卫生等情况进行督促检查，严防事故发生。搞好“百城万店无假货”暨示范街（店）建设活动和“诚信兴商宣传月”活动。与工商户签订目标责任书和文明经商承诺书552份，与城关镇屠宰同业工会和城关镇定点屠场签订肉品安全目标责任书，签订肉品安全服务承诺书123份。接受相关业务咨询250人次，发放宣传资料400余份。

（张德宏）

循环经济工业基地

【综述】 普定循环经济工业基地是贵州省“十一五”期间拟建一批循环经济试点工业基地之一，为全省15个重点工业基地之一，也是目前全省唯一以火电厂为核心的循环经济工业基地。基地位于普定县马官镇境内，主要规划区域涉及马官镇9个行政村，总面积约28km²，工业用地面积约10km²，工业用地首期规划5km²（预留用地5km²），规划能源工业区、化工工业区、建材工业区、冶金工业区、仓储物流区及预留用地等功能板块。

【机构及主要职责】 根据安市编〔2008〕142号《关于设立普定循环经济工业基地管理处的

批复》，设立普定循环经济工业基地管理处，为县人民政府派出机构，内设综合办公室，正科级建制。

主要职责：普定循环经济工业基地管理处负责普定循环经济工业基地的统一规划、统一招商、统一开发、统一管理。组织编制和实施开发建设总体发展规划、控制性详细规划。拟定和组织实施工业基地产业发展规划、产业政策和资源综合利用措施，经批准后组织实施。拟定工业基地持续、科学发展的规范性文件，牵头协调各职能部门履行好建设工业基地的职责。提出工业基地有关行政管理办法及优惠政策建议。组织协调工业基地水、电、路、气、通讯等基础设施项目的建设、经营和管理。负责工业基地内项目报建的核准、备案等工作，督促协助基地内企业技术改造项目的上报、审批、核准、登记、备案，指导工业企业的技术创新、引进。按照总体规划和土地利用规划，依法开发和利用基地内的土地。承办县委、县人民政府及上级业务主管部门交办的其他工作。综合办公室协助安排好各项中心工作，积极组织参与各项调查研究，做好各种资料的收集、整理、分析和信息传递工作。起草管理处各项规章制度、规范性文件、年度工作计划和工作总结，做好工业基地简报、信息和各种资料的收集整理和编辑发布工作，配合统计部门抓好主要经济指标统计工作，加强对各项工作的督促、检查和落实。负责管理处各种重要会议和重大活动的组织、筹备、接待等工作。承办管理处领导交办的其他工作。

普定循环经济工业基地管理处单列行政编制7名，其中循环经济工业基地管理处处长1名（县人民政府县长兼任），专职副处长1名（可配备副县级干部）；综合办公室主任或副主任1名。

【规划建设工作】 《安顺普定循环经济工业基地发展规划》正式文本上报省发改委，《规划》批复的前置条件中，住建、工信、水利、国土等省级主管部门均出具同意建设意见；《安顺普定循环经济工业基地控制性详细规划》于2010年1月19日经市政府组织专家组进行审查并通过。修改后，正式文本经县人大常委会审议通过，县人民政府批准实施；基地用地进入《普定土地利用修编总体规划》，基地建设纳入《普定县城总体规划》；基地5km^2 新增工业用地地形测绘、29.5km排污总管项目可行性研究报告编制完成；基地主干道可研和初步设计完成，可研已经安顺市发改委组织评审通过，安顺市发改委已批复实施；黔中水利枢纽工程已确定对基地年供水6360万m^3；基地通讯、供电已纳入部门建设规划；规划环评工作正在落实实施方案及监测方案；基地工业用气及加气站建设项目已与中石油昆仑公司贵州分公司达成建设意向；安顺电厂三期可研编制工作已完成；即将启动基地主干道建设及其它“五通一平”工作。

【经济指标完成情况】 安顺电厂4台机组全部投产，年工业总产值占全县工业总产值的一半以上，工业增加值分别占全县GDP和安顺市纳入地方统计规模以上工业增加值的三分之一和四分之一以上，缴纳税金占全县财政总收入的三分之一以上；累计上缴税费近17亿元。截至12月底，有29家企业入驻基地，基地工业总产值26亿元、工业增加值10.8亿元、纳税总额4.5亿余元。

（循环经济工业基地）

烟草专卖

【两烟生产经营完成情况】 全县销售卷烟12910箱、卷烟单箱均价14551元，同比增加1999元，创卷烟增值税658万元、消费税金及附加838万元；收购烟叶12233.46担，担均价705元，实现烟农收入898.98万元（含新技术推广补贴36.7万元），增加98.5万元；创烟叶税190万元，增加21.3万元；创企业所得税549万元，增加59万元。“两烟“生产经营累计实现税利4278万元。

【抓好烤烟生产】 以合同管理为核心，克服特大干旱，与有关部门和种烟乡（镇）协调，利用农村赶集、农闲等时机，采取现场宣传、进村讲解、思想动员以及受惠烟农带动等方式，扎实做好烤烟生产扶持、烟叶收购价格上调、烤房建设补贴等政策宣传，在种烟乡（镇）、村（组）分别张贴、粉刷宣传标语，发放政策宣传单及相关技术资料，增强广大农户对种烟实惠、形势及前景的认识，为稳定老烟区、老烟农和提高生产水平奠定基础。投入资金76.36万元进行烟叶基础设施建设，其中在鸡场坡乡修建30座密集型智能化烤房，补贴烟农75万元；筹措资金1.36万元，购进4台套台式剪叶机；在烟区推广农家肥有氧堆积发酵技术，完成农家肥有氧堆积发酵2004堆，实现100%专业化育苗、100%标准化移栽、病虫害统防统治、密集化散叶烘烤等新技术运用和推广。

受前期干旱及后期雨水多影响，全县种烟乡镇不同程度出现各种病虫害，如花叶病、白粉病、黑胫病，疑似马铃薯Y病毒等。从育苗开始到移栽结束，推行3次统防统治，病虫害得到有效防治。结合合同计划及特大干旱的实际情况，督促指导烟农抢抓时机，做好移栽工作，做到栽足栽实，全县共移栽约481.1万株。同时，常抓田间管理工作，提高服务水平，指导和督促烟农抓好田间管理，采取技术人员蹲点、组织专业烘烤队伍指导等方式，对烟农进行烘烤服务和指导。

【卷烟销售网络运行情况】 全县1530户卷烟零售户全部实现入网销售，电话订货率和成功率100%，继续保持卷烟货款电子结算率100%和电子结算成功率100%的网建“双百”目标。通过组织召开卷烟零售客户座谈会和“一对一”培训的方式，向卷烟零售客户讲解“网上订货”操作规范及相关内容，使卷烟零售户了解“网上订货”的目的和意义，意识到利用网络平台进行“网上订货”是今后发展的趋势。截至12月底，全县有网上订货户55户，网上订货成功率100%。

【客户服务水平不断提升】 通过生动化柜台陈列、新品宣传推广、店堂环境卫生、库存整理、引导订货、指导理财、政策宣传、个性化服务、亲情服务等形式，扎实开展卷烟零售客户服务工作。按照国家烟草专卖局关于印发《烟草零售业态分类标准的通知》及中国卷烟销售公司《关于进一步规范卷烟零售客户分类工作的通知》要求，结合实际，将全县卷烟零售客户重新进行分类，使客户服务群体由原来的9个类别缩减为6个类别，增强对客户业态及类别转换的准确性，提高客户服务水平和客户服务满意度。

【烟草专卖执法及许可证管理】 全年出动专卖执法人员2574人次、检查卷烟经营户18481户次、集贸市场345个次；查办各类涉烟违法案件65起，其中涉假案件16起、无证经营案件32起、销售非渠道卷烟16起、无证运输1起；查获各类违法卷烟1269.1条，其中假冒卷烟504.2条、非法渠道进货卷烟115.4条、无证经营549.5条、无证运输卷烟100条；全额上缴财政罚没收入1.1万元，向工商部门移送无证经营烟草制品案件4起。配合安顺市烟草专卖局经营销售假烟网络案件，成功查获2个销售假烟网络分销点。以“3·15”消费者权益日、“6·29”烟草专卖法颁布实施19周年纪念活动为契机，采取悬挂标语，设立烟草专卖法律法规宣传台、巡回播放烟草专卖法律法规宣传影音资料、展示打假成果，传授假冒卷烟鉴别知识、发放宣传资料、公开销毁假冒伪劣卷烟及宣传烟草违法案件投诉与举报办法等方式，集中开展2次大型法律法规宣传活动。6月29日，在全县纪念《烟草专卖法》颁布19周年活动中，公开销毁各类非法卷烟3714.9条，价值近24.4万元。加强烟草专卖行政许可，整顿和规范烟草市场秩序。全年办理烟草专卖零售许可新办证47起、停歇业12起、延续111起、注销4起。

【强化内部管理与监督】 以签订烤烟合同为主线，针对烤烟生产各个环节，分别进行内部专卖管理监督检查。对全县烤烟育苗搭棚建池、有氧堆积情况进行检查。对全县6个种烟乡（镇）、293户烟农从烤烟合同签订的真实性、烤烟实际种植面积、烟用物资发放等方面进行全面彻底普查。在烤烟收购期间，对各收购点按合同收购、压级压价收购、收人情烟、关系烟等方面进行不定期抽查，杜绝违法违规收购烟叶行为。扎实有效开展内部监管工作，坚持定期和不定期对卷烟供货量、卷烟投放市场的落地销售、入户销售、稳价销售进行适时监管，防范和杜绝不规范经营行为的发生，切实维护卷烟零售经营户、种烟农户和消费者的合法权益。

【党建工作】 2月，县烟草专卖局（分公司）被安顺市烟草专卖局（公司）党委授予安顺市烟草系统2009年度党建工作目标考核“先进单位”称号。7月1日，被中共安顺市委授予“五好基层党组织”荣誉称号。利用普定烟草“星期三学校”集中组织党员、员工学习“优秀共产党员”毛明举、申玉光及大方县烟草专卖局（分公司）马场烟叶站副站长陈勇—《是党员，就要努力实践其誓言》先进事迹，观看学习“大旱中屹立贵州精神—冷洞村先进事迹报告会”；组织党员、员工集中开展反腐倡廉知识专题讲座、观看廉政教育警示片《国门惩腐》；利用市局纪检监察科编发的《宣传警示教育》专刊，摘选《算算自己七笔账，觉得笔笔划不来—江苏省徐州市建设局原局长靖大荣受贿案》、《原扬州市邗江区烟草专卖局局长、江苏省烟草公司扬州分公司邗江营销部经理唐某贪污、挪用公款一案》、《浙江温岭市烟草专卖局原副局长刘云彪涉嫌受贿案》等典型案例，开展警示教育。党员、中层干部全年撰写学习心得、自查剖析材料人均2篇（次）以上，领导班子成员全年撰写学习心得、自查剖析材料、理论调研文章、自查报告人均4篇（次）以上。

2010年4月14日，县烟草专卖局举行“星期三学校”开班仪式。（县烟草专卖局 提供）

【开展各种帮扶及抗旱救灾活动】 2月10日，组织部分党员到鸡场坡乡红岩村，看望慰问结对帮扶的8名贫困党员，送去全体党员捐助的慰问金和慰问品。2月9日至11日，局（分公司）领导班子6名副科级以上干部自己出资，分赴马场、化处等乡镇登门看望和慰问包保帮扶的计划生育独生子女户，送去购买的年货和慰问金。4月27日，到局（分公司）新农村建设对口帮扶村鸡场坡乡那构村、党建结对帮扶村鸡场坡乡红岩村，为村民送去普定烟草74名员工捐资购买的抗旱救灾抽水水管1650米、电线300米。4月30日，到白岩镇金叶希望小学为学生们送去员工捐献的抗旱救灾资金购买的矿泉水50件。5月14日，组织员工再次捐款3375元，帮助城关镇后寨村洞口组村民打井灌溉。特大旱情发生以后，局（分公司）全体员工为抗旱救灾捐款1.52万元，员工人均捐款200余元。

【创建文明单位】 参与社会各项公益活动，扎实推进和谐普定建设，2010年被市委、政府和县委、政府授予“文明单位”称号。

【开展安全年活动】 继续深入开展安全年活动，落实安全生产责任制，切实解决安全生产的薄弱环节和突出问题，通过“部门自查、全面检查”相结合方式，加大安全检查力度，深化隐患排查治理、加大安全生产执法力度、加强安全生产宣传教育。加强安全基础设施建设、狠抓职业健康安全管理体系规范运行，完善各种安全管理制度，明确各部门、各岗位员工安全工作职责，狠抓责任落实，实现全年安全生产零事故目标。3月，被普定县人民政府授予“消防达标单位”一等奖。继续与县公安交警大队携手共同创建“交通安全示范企业”，以普定烟草“星期三学校”为平台，邀请县交警大队领导为全体员工讲解交通安全知识，宣传交通安全法律法规，动员局（分公司）专职驾驶员走上讲台，以“我的行车心得”、“我的驾驶生涯中最惊心动魄的一幕”为题，讲述自己的行车感受，力求提高全体驾驶员乃至全体员工增强安全行车意识，全年未发生任何交通安全事故。

（刘昌宏）

供　销

【综述】 2010年，实现利润总额33万元，所有者权益－170万元，税费总额18万元，总营业额3720万元，化肥供应量13480吨。

【机构调整及主要职责】 12月8日，根据《中共普定县委普定县人民政府关于普定县人民政府机构改革的实施意见》，设立普定县供销合作社联合社，为县人民政府管理的全县供销合作社联合组织。

机构调整后，其职责调整为：加强组织创新和经营创新，推进新农村现代流通网络建设职责；加强指导和推动全县农村合作经济组织发展职责；加强指导全县供销合作社系统化肥农药储备和供应工作的职责；增加指导和管理全县供销合作社系统的社会团体（包括协会、学会、研究会等）的组织建设与发展工作职责。

机构调整后，其主要职责为：宣传贯彻中央及省、市、县的方针政策、法律法规和地方规范性文件，拟订全县供销合作社的发展战略和规划，指导合作社制度建设和改革与发展。按照授权对重要农业生产资料和农副产品等经营进行组织、协调和管理；指导全县供销合作社系统化肥农药储备和供应工作；加强对全县供销合作社企业烟花爆竹经营活动的管理。指导和推动全县农村合作经济组织发展；指导全县供销合作社系统发展专业合作社、消费合作社及涉农行业协会，推动和促进合作经济的发展。指导全县供销合作社基层组织建设，促进基层社加强民主管理，密切同农民的联系，协调社员之间的关系，发挥群体联合优势。加强组织创新和经营创新，组织实施农村现代流通网络建设和综合服务体系建设，开拓城乡市场，促进城乡经济社会协调发展；兴办各类农副产品批发市场，培育农产品加工龙头企业；

领办农业开发项目和扶贫项目；参与和推动农业产业化经营。监督、管理和运营本级社有资产，对直属企业依法行使出资人职能，享有出资人权益。承办县人民政府和上级供销合作社联合社交办的其他事项。

机构调整后，县供销合作社联合社设办公室、合作发展股、财会统计审计股3个内设机构。其人员编制和领导职数为事业编制12名（含工勤人员编制1名），其中主任1名，副主任2名；股级职数3名。

【抓好农资服务】 为确保春耕生产农资供应，多方筹措资金，采取多种形式开展优质农资的冬储春供秋种工作。12月底，全县供销社系统购进化肥13480吨。其中尿素7040吨，复合肥4640吨；销售化肥12000吨，其中尿素5360吨，复合肥4520吨；库存化肥2725吨，其中尿素2090吨，复合肥435吨。

【平安创建活动】 年初，与下属企业签订《社会治安综合治理目标管理责任书》，纳入年度目标考评，与企业负责人绩效挂钩。组织开展42次安全生产大检查，查出事故隐患10起，其中当场整改8起，限期整改2起，全年未发生安全生产责任事故。接待来信来访案件5起，排查化解矛盾纠纷2件，未发生群体上访和越级上访事件，信访维稳形势持续向好。

【“两个工程”建设】 完成“两个工程”（即“新网工程”和“万村千乡市场工程”）连锁加盟网点的调查摸底及初步筛选工作，为申报验收奠定基础；积极向上级申报项目，争取资金支持，总投资1440万元的“新网工程”项目工作正有序推进。及时妥善地做好“万村千乡市场工程”农家店2009年补助资金兑付工作。

【整合资产改造基层社】 按照国发〔2009〕40号文件精神，有效整合供销社资产，加强基层供销社建设，集中资金，改造、建设1批辐射带动能力较强的基层社。同时，对基层社资产进行调查、摸底，做好土地确权登记。致力把基层社资产、资源向优势产业和龙头企业集中，有效提高资产利用率，为供销社系统“二次创业”奠定基础。

（金　梅）

盐业盐务

【综述】 2010年，盐业（支局）认真落实各项盐业政策法规，按照“基础年、管理年”的要求，推进依法行政和深化行政执法责任制。加大盐政执法力度，开展碘缺乏病防治宣传，健全和完善各项盐政制度。加强与相关部门协作，切实搞好盐政执法队伍建设，确保全县人民群众吃上放心合格食盐，着力构建和谐、稳定、健康的盐业市场秩序。

【“3·15”消费者权益日活动】 根据省局“3·15”消费者权益日的相关要求及安顺分局工作安排，组织全体干部职工参与“3·15”消费者权益日宣传活动，围绕“消费与服务”的主题，设立宣传点一个和悬挂宣传横幅一条。根据《贵州省食盐管理条例》、《食盐加碘消除碘缺乏危害管理条例》、《食盐专营办法》、《中华人民共和国消费者权益保护法》等相关法规，宣传真假碘盐的识别方法，讲解防治碘缺乏病的有关知识，发放宣传资料2500余份，接待咨询群众1200余人。

【“防治碘缺乏病日”宣传活动】 5月15日是全国第十七届“防治碘缺乏病日”，以“防治碘缺乏病日”为契机，广泛宣传碘缺乏病防治工作。贯彻落实《实现2010年消除碘缺乏病行动方案》，张贴“科学补碘、持续消除碘缺乏病!”宣传主题标语50余幅，制作宣传单和宣传画1500余份，发放宣传资料3000余份。

【强化“基础年、管理年”工作】 有序推动盐政宣传工作，成立盐政宣传工作领导小组，保证盐政宣传工作年的有效开展。按照省局的统一部署，制定宣传方案，对各乡镇的碘盐代售点、零售户、育龄妇女、家庭主妇、中小学生进行宣传。发放宣传单3000余份、文具盒120个、围裙160张、环保袋160个。

【贯彻落实《依法行政实施纲要》】 按照《贵州省人民政府全面推行依法行政工作实施方案》的指导思想、工作目标、基本要求、任务措施、组织领导等要求，全面推行依法行政工作。在实施食盐零售许可的工作中，严格按照程序实施许可，加强零售许可证管理，坚决取缔无证经营，监管好零售终端，规范食品加工用盐、工业用盐的销售管理。对食品加工用盐、工业用盐实行1户1档，专盐专用，提高盐政管理、依法行政和执法监督职能。

【整顿规范市场秩序】 分析市场存在主要问题，针对食盐市场形势，确定工作重点。对龙场、化处、补郎等地区的农村市场、超市、农贸市场等进行调查。加强对农村、边远乡村、周边地界和650g纸塑小袋盐上市地区的市场进行重点清理整顿，检查经营户柜台上和柜台下的盐品是否一致，对食盐经营户进行全面的清理和核查，对不符合盐业行政许可登记条件的一律依法取缔，整顿规范市场秩序。加强市场巡查，打击贩私制假活动，保证食盐市场正常秩序。

【严格专盐专用】 开展对县境内工业用盐和畜牧用盐户进行专项检查，严防工业盐流入食盐市场，畜牧用盐流入小袋盐市场。加强对畜牧用盐户和工业用盐户用盐量核实工作，坚持实行严格的审批登记，督促做到专盐专用。严格按照“管理到位，服务到位”的宗旨，实施有效的跟踪监督管理，保证食品加工用盐供应和监管。采取多种措施做好售后监控工作，加强售后监督管理工作，控制好畜牧用盐和工业用盐的使用流向，保证食盐市场的纯净和稳定。

【加强队伍建设】 按照省局要求，努力提升队伍依法行政、文明执法形象。以法律和盐业法规基本理论、盐政执法基本程序、盐政执法操作实务、典型案例分析等方面为内容，进行有重点、有针对性、有步骤的人员培训。加强思想建设和作风建设，进一步增强全体盐政执法人员的责任感、使命感，努力提高盐政执法人员的综合素质，为盐政执法提供有力保障。

（王晋荣）

水电·交通·建设·环保

水利事业

2010年5月7日，黔中水利枢纽普定县境内工程启动会议召开。（《普定》编辑部 提供）

【综述】 2010年，全县建成农村饮水安全工程21处，解决15940人的饮水安全问题；建成引灌工程6处，新增、恢复灌溉面积1200亩；治理水土流失面积1.0km²；完成水库除险加固2处；整修山塘5处；新修灌溉渠道19.8km；新增、恢复、改善灌溉面积4500亩；解决旱地浇灌1100亩；形成固定资产1989.83万元；筹集救灾资金282.62万元，解决抗旱用电6万度，用油15吨；投入机动抗旱设备2100台（套），农机具1300台；给受灾群众送水1400车次，累计送水7000余吨；完成中央新增15个水库移民饮水安全项目工程建设工作；组建500人的防汛抢险队伍；储备各类防汛物资；顺利完成各项水利建设目标任务。

【机构调整及主要职责】 12月8日，根据普定县人民政府办公室《关于印发普定水利局主要职责内设机构和人员编制规定的通知》，设立普定县水利局，为县人民政府工作部门。

机构组建后，其职责调整为：取消已由县及县以上人民政府公布取消的行政审批事项；取消拟定水利行业经济调节措施，指导水利行业多种经营工作职责；将大中型水利工程移民工作职责交由县水利水电工程移民局承担；加强水资源的节约、保护和合理配置，保障城乡供水安全，促进水资源的可持续利用；加强防汛抗旱工作，减轻水旱灾害损失。

调整后，其主要职责为：根据全县经济社会发展总体规划和战略目标，拟定水利发展中长期规划，组织拟定全县主要河流综合利用规划、防洪规划和专业规划并监督实施，负责有关水法规的行政执法工作。负责生活、生产经营和生态环境用水的统筹兼顾和保障。实施水资源的统一监管，拟定全县水中长期供水计划、水量分配方案并监督实施；组织实施取水许可、水资源有偿使用、水资源和防洪的论证制度；发布水资源公报；配合做好水文、水资源的监测和管理。负责水资源保护工作。组织编制水资源保护规划；组织拟定主要河流的功能区划并监督实施，核实水域纳污能力，提出限制排污总量建议，指导饮用水水源保护工作，指导地下水开发利用和城镇规划区地下水资源管理保护工作。负责节约用水工作，编制节约用水规划，指导和推动节水型社会建设工作。负责防治水土流失。拟定水土保持综合防治规划并监督实施，组织实施水土流失的检测预报并定期公告；审核和审批权限范围内的开发建设项目水土保持方案并监督实施。组织、指导水利设施、水域及其岸线的管理与保护；指导河流湖库规划治理和开发，指导水利工程建设与运行管理；组织实施具有控制性的跨乡（镇）的重要水利工程。指导并组织实施农村水利工作、农田水利基本建设、农村水电电气化、农村饮水安全、节水灌溉、烟水配套等工程建设与管理工作；指导水电农村电气化和小水电代燃料工作；指导农村水利社会化服务体系建设。加强水法规宣传教育工作，负责涉水违法事件的查处，组织、指导开展水政监察和水行政综合执法工作；协调并仲裁水事纠纷；负责树立行业安全生产工作，组织、指导水库、水电站大坝的安全监督管理；指导水利建设市场、水利工程建设、水利水电工程招投标的监督管理工作。负责县级以下水利建设项目建议书、可行性报告、初步设计、概算和施工图审查并组织验收和评价；应用推广水利科技新技术、新工艺；指导小型水利工程技术质量标准、规程规范的实施和监督。承担县人民政府防汛抗旱指挥部的日常工作，加强防汛抗旱工作，减轻水旱灾害损失。组织、协调、指导全市防洪工作，对主要水库和重点水利工程实施防汛抗旱调度。承办县人民政府和上级业务主管部门交办的其他事项。

调整后，其内设机构设办公室（行政审批服务股）、政策法规股、县人民政府防汛抗旱指挥部办公室。其人员编制和领导职数为机关行政编制6人，其中局长1名，副局长2名，县人民政府防汛抗旱指挥部办公室专职副主任1名；股级职数2名。机关工勤人员1名。

调整后，保留普定县水政监察大队，为县水利局管理的正股级事业单位，由县财政实行全额预算管理。主要职责是：承担水政监察和水行政综合执法工作；依法查处水事案件。核定事业编制6名，其中大队长1名。人员编制结构为管理人员6名。县水利局对水资源保护负责，县环境保护和林业局对水环境质量和污染防治负责。两部门须进一步加强协调与配合，建立协商机制，定期通报水资源保护与水污染防治有关情况，协商解决有关重大问题。县环境保护和林业局发布水环境信息，对信息的准确性、及时性负责。县水利局发布水文水资源信息中涉及水环境质量的内容，应与县环境保护和林业局协商一致。县水利局对河道采砂影响防洪安全、河势稳定、堤防安全负责，县国土资源局对保障河道内砂石资源合理开发利用负责，县交通运输局对河道采砂影响通航安全负责。由县水利局牵头，会同县国土资源局、县交通运输局等部门负责河道采砂监督管理工作，统一编制河道采砂规划和计划。河道采砂的水上执法监管，充分发挥交通运输部门执法机构的作用。鉴于县人民政府防汛抗旱指挥部办公室已调整为县水利局机关内设机构，原核定的3名事业编制由编委办收回注销。将原水利局管理的普定县自来水公司划转县住房和城乡建设局（城市综合执法局）管理。

【抗击严重旱灾】 2009年9月以来，全县遭遇干旱灾害，及时启动抗旱应急预案，深入受灾乡镇及村组，及时掌握全县旱情的发展势态，建立受灾动态台帐，为县委、县政府决策提供依据。同时，加快在建水利工程进度，使其尽早投入运行，解决受灾群众的用水困难；积极申请地质部门到县境内钻井，寻找新的备用水源；多渠道筹集救灾资金282.62万元，解决抗旱用电6万度，用油15吨；投入机动抗旱设备2100台（套），农机具1300台；给受灾群众送水1400车次，累计送水7000余吨，解决4.67万人临时性吃水困难。

【抓好防汛工作】 进入汛期后，要求县防汛抗旱指挥部各成员单位认真落实防汛机构、防汛责任制，从抢险队伍、防汛物资、通讯、水文测报、防洪预案等方面扎实做好防汛各项准备工作，完善行政首长负责制。4月初，召开普定县2010年度防汛抗旱工作会议，认真落实防汛责任制，严肃防汛纪律，加强各项防汛准备工作，切实做好灾害监测预警，密切部门协作，发挥部门的职能作用。根据实际情况及时调整充实县防汛指挥部成员，明确职责，并在《普定》报上公布县、乡镇两级防汛行政负责人名单，对重点水库、山塘、山洪易发区段、重点城镇的防汛责任人也进行公布。同时，做好抢险物资及人员准备，组建500人的防汛抢险队伍；储备各类防汛物资编织袋4000条、铁铲30把、锄头40把。自3月下旬以来，水利局分管安全生产的领导带队，先后3次到全县11个乡镇重要水库、山塘、河道险段、重要交通干道和在建水利工程进行督促检查。对全县小（一）型、小（二）型水库、山塘、河道、防汛物资、抢险队伍、救生器材、通讯设施等分别进行汛前、汛中拉网式安全大检查。县防汛抗旱指挥部对已发现的安全隐患问题进行全面梳理，登记造册，制订度汛方案，落实度汛措施，并专门下达整改处理方案，要求各乡镇按照处理方案进行整改。由于责任到人、措施得当、工作到位，未发生一起事故。

【冬修农田水利建设】 2010年，上级下达给普定县各类水利建设资金3781.24万元，建成农村饮水安全工程21处，解决15940人的饮水安全问题；建成引灌工程6处，新增、恢复灌溉面积1200亩；治理水土流失面积1.0km^2；完成水库除险加固2处；整修山塘5处；新修灌溉渠道19.8km；新增、恢复、改善灌溉面积4500亩；解决旱地浇灌1100亩；形成固定资产1989.83万元。

【水政水资源工作】 在第十七届“世界水日”和第二十二届“中国水周”期间，制作永久性广告牌2面，悬挂宣传气球标语2条，张贴宣传画40张，在城区、乡镇，举办水法律法规咨询现场活动3场，发放宣传资料1500份。强化水政各时期、各阶段工作重点，掌握水政工作动向。与县电视台联合举办人水和谐和固定宣传栏目，长期定时广播，向社会广泛宣传水法律、法规、水知识，方便群众了解水行政执法、许可办理程序等事项。

【山洪灾害防治县级非工程措施建设】 普定

县于2006年列入首批山洪灾害防治试点县之一，2009年再次列入全国1836个山洪灾害防治县之一。12月8日，召开全县专题会议，贯彻落实全国、全省及全市山洪灾害启动视频会精神，研究部署山洪灾害防治县级非工程措施建设工作，要求各成员单位密切配合，及时完成《普定县山洪灾害防治非工程措施建设方案》的编制及县级审查工作。

【创建农村安全饮水体系】 在农村饮水安全工程建设中，抢抓中央扩大内需的历史机遇，争取农村饮水安全工程2009年新增中央预算内资金审定水库移民项目。加大投入，做好中央新增15个水库移民饮水安全项目工程建设工作。该项目完成总工程的90%，主体工程全部完工，下步主要对供水管网进行安装，项目完成后可解决12922人饮水安全问题。全年水库移民饮水安全项目工程实际到位资金650.95万元，通过审核批复和竞争投标，工程总投资650.95万元。新增水库移民饮水安全15个（城关镇哪叭村，马官镇玉屯村、水坝村组，化处镇张家村、梅家院坝鱼塘坎、熊家林村〈含官家地坝茶叶基地〉组，白岩镇管大村，马场镇那亥村，龙场乡马落村、糯石村，鸡场坡乡那贝村，坪上乡白水村、陇箐村、果陇村和鱼塘村）农村饮水安全工程，9月全部竣工，比省政府下达的竣工时间提前3个月，并交付农户使用。其中，白岩镇管大村农村饮水安全工程总投资68.77万元，可解决1385人饮水安全问题；龙场乡马落村农村饮水安全工程总投资39.9万元，可解决792人饮水安全问题；马官镇水坝村组农村饮水安全工程总投资56.44万元，可解决1108人饮水安全问题；鸡场坡乡那贝村农村饮水安全工程总投资40.24万元，可解决800人饮水安全问题；坪上乡白水、陇箐、果陇和鱼塘5个村农村饮水安全工程总投资175.62万元，可解决3506人饮水安全问题。

【创先争优及践行宗旨活动】 5月，开展创先争优和践行宗旨活动，制定《普定县水利局创先争优和践行宗旨教育活动实施方案》，在活动中，始终强化“以人为本”的理念，建立一对一服务群众联系人，开展志愿者服务活动，解决实际问题。同时，进一步加强基层党组织建设，充分发挥党员先进模范作用和示范引领作用，在全体党员干部中倡导奉献精神与社会主义核心价值观，形成昂扬向上的精神风貌。

（龚洪斌　龙　丹）

供水事业

【综述】 2010年，全县供水量247.67万吨，售水量169.67万吨，产销差率31.5%，售水量同比增长5.73%；千吨水能耗469度，同比减少2.9%；水费收入407.31万元，同比增长20%；销售收入388.12万元，同比增长21%；代收污水处理费104.85万元、垃圾处理费24.49万元。管理费支出104.82万元，同比增长0.8%；维修费支出5.15万元，同比减少61%。全年维修管道、水表600余次；完成中轴大道、光明路供水主管改造1300余米，安装青山水库至普马路供水主管1000余米；安装苗圃至精神病院供水主管1400米，完成龙潭上寨1户1表改造300户；城区新立户630户，总用户9881户。全年销售桶装纯净水80万桶，同比增长21%；水费收入168.02万元，同比增长9%；生产成本82.09万元，同比增长10%；管理费用26.91万元，同比减少27%。

【马场镇供水工程投入运营】 总投资354万元的马场镇供水工程建设规模为日供水3000吨，建设输水干管总长750米，配水干管总长7040米，厂区占地面积5亩，水源位于马场镇龙洞地下水，厂址在马场镇董家窝地。工程2009年9月正式开工建设，2010年6月20日通水正式投入运行，解决马场新镇区、老镇区、党固等片区13300余人的人畜饮水困难。

【白岩镇供水工程开工建设】 9月30日，白岩镇供水工程正式开工建设，工程由县自来水公司负责组织、实施以及工程建成后的运营管理。工程总投资606万元，设计建设规模为日供水3000吨，水源水为棕树、洋坪水库，通过混合、反应、絮凝、沉淀、过滤和采用二氧化氯消毒后向该镇居民供水。建设内容为修建水处理厂1座，取水泵房1座，安装输水及配套管网8.66公里。工程建成后可以解决白岩镇镇区及薛家村等周边村寨12800余人的人畜饮水困难。

【抗旱救灾保供水工作】 2009年10月至2010年5月，全县遭遇特大旱灾，县内180余天降水量仅为76.5毫米，为正常年份同期降水量的10%，造成严重旱灾，导致群众生产、生活用水极为困难。县自来水公司先后召开支部党员大会、经理办公会议和中层以上干部会议，对抗旱救灾保供水工作进行安排和部署，做好抗旱保供水工作。加强对水质的监测和机电设备的维护保养，保证自来水达标合格和机电设备正常运行；乡镇供水对没有安装供水设施的村寨安装集中供水设施，解决坪上乡、龙场乡、波玉河片区25300余人缺水群众的人畜饮水困难。同时，邀请贵州省国土资源厅和贵州省地矿局技术人员在县城城郊龙潭村进行地下水文勘查、钻井找水，于3月18日钻探出水。自筹资金30余万元，用于安装输电线路、泵房建设和龙潭水厂输水管道和机电设备的采购及安装。4月26日，成功向县城供水，确保抗旱救灾期间县城饮水安全。

【“职工书屋”建设】 1月15日，县自来水公司“职工书屋”正式向职工开放。县总工会向公司“职工书屋”捐赠价值4000余元的书籍，内容涉及文学、法律、技术、娱乐等。

【安装监控设备确保生产和供水安全】 9月，县自来水公司投入资金对龙潭、伙牛坡、后寨等水厂和公司收费室、污水处理厂安装监控设备，使各水厂安全工作在人防的基础上，增加现代化技防设备，为公司安全防范工作奠定坚实的基础。

【县城新区供水管网改扩建工程初步设计通过评审】 县城新区供水管网改扩建工程设计配水1.5万吨/日，供水范围为县城新区，北至褚家山收费站、西至岩上村、东抵龙潭水厂、南达百崖山，服务面积14平方公里，新铺设供水管网19639米，总投资810万元。项目可行性研究报告已于2009年8月评审通过。4月，项目初步设计通过评审。工程建成后，将改善县城区供水现状，完善县城新区供水系统，提高县城供水的安全性和可靠性。

（席昌云）

供电事业

【综述】 2010年，普定供电局稳步推进“创先进、强电网、提水平、降损耗、促和谐”五项中心工作，供电量、售电量双双突破5亿千瓦时，完成售电量52250万kwh，同比增长19.45%；综合线损率7.50%；主营业务收入净额24181.32万元，同比增长34.47%。完成10kv及以下电网建设投资4553.1万元；大修技改完成2664.82万元。年末资产总额4657.62万元。全面完成党建、“四好”班子建设、党风廉政建设责任制目标任务。

【稳固安全基础】 强化设备运行维护管理，落实电网风险控制措施，实现安全生产周期2469天。全面推进安全生产风险管理体系建设，完成安普集控中心建设及启动运行，积极开展施工现场安全纠察工作。全力做好抗旱、亚运等保供电工作，投入抗旱人力累计687人次，新装变压器5台（240kvA），架设10千伏及以下线路5.331公里，投入抗旱保电资金48.85万元，解决旱区3万余人饮水困难，解决旱区0.72万亩农田灌溉问题；选派1名技术骨干支持广州亚运会，并出色完成场馆保电任务。

【加快电网发展】 编制完成“十二五”电网规划和农网升级改造专项规划。建成投运110kv白岩变、35kv猴场变、35kv坪上变输变电工程；完成110kv新林变I期扩建、35kv木浪变II期扩建、龙潭变II期扩建及新建35kv猫洞变土建“三通一平”工程；完成新建110kv龙场变选址工作。按照“一加强、三提高”工作要求，完成普定供电局中心机房核心网络交换机的改造、综合数据网建设；安装完成35kv变电站光缆覆盖工程，电网运行信息化、自动化水平显著提升。

【加强企业管理】 加大经营管控力度，制定电费回收预案，深化线损四分管理，完成小客户电能表的轮换及100台配变TTU终端安装工作。企业档案管理工作通过评估，达到南方电网公司良好等级、贵州省档案局四星等级。

【提升服务能力】 加快服务设施建设，投入310万元资金，改善供电所办公、营业服务环境，促成城关供电营业厅达到南方电网公司C类营业厅标准。认真开展综合停电管理，全年共安排综合停电50次，减少客户停电时间354.52小时，减少停电损失电量约76104kwh。同时，优化业扩流程，缩短报装时限。定期组织召开大客户座谈会、行风监督员座谈会，认真开展明察暗访工作，在各供电所设立投诉举报箱，加大95598客户服务热线宣传力度，通过内外监督，提升服务质量。

【农电管理工作】 按照南方电网公司县级供电企业基础管理达标优秀企业的安排部署，拟定实施方案，明确具体目标及职责。启动农电体制改革，理顺农电用工管理改革试点，调整部分部门职责，发挥部门职能作用。重新恢复马官、龙场2个供电所设置，定期开展供电所规范化自查，巩固供电所“南方电网公司供电营业规范化达标”成果。

【“阳光团队”建设】 开展“创先争优”活动，深化“456”先进性工程建设，党组织和党员

"三个作用"成效显著。配合安顺供电局完成公推直选县供电局党支部书记工作，以"强党性、守纪律、廉从业、做表率"主题教育活动为契机，大力开展反腐倡廉教育，不断健全完善惩治和预防腐败体系。注重人才队伍建设，选派2名优秀年轻中层干部到市局挂职锻炼；开展竞聘上岗工作，提拔任用6名优秀青年到中层管理岗位。以"分担责任，共享阳光"为核心，从员工辅导计划、实施员工阳光心态训练营、加强厂务公开、提高领导班子重大事项决策民主性等方面着手，全面打造"阳光文化"。

（杨开华）

国电安顺发电有限公司

【综述】 2010年，国电安顺发电有限公司一期机组完成发电量34.4亿千瓦时，为年度目标任务的92.2%；供电煤耗完成349.93克/千瓦时，同比下降2.72克/千瓦时；实现利润1.074亿元。二期机组完成发电量35.46亿千瓦时，为年度目标任务的94.7%；供电煤耗完成347.75克/千瓦时，同比下降8.25克/千瓦时；实现利润0.35亿元。全年未发生人身轻伤和设备事故，实现安全生产运行828天。完成国电集团公司下达的各项年度经营目标任务。如期完成"十一五"节能减排工作任务。成功收购安顺电厂二期70%股权。三期工程已被省列为县循环工业园区动力工程项目，总装机120万千瓦建设已获批准。

【安全生产管理】 结合公司实际，对相关安全生产管理制度进行修改完善，补充制定《外委工程（项目）安全文明生产管理考核细则》及《隐患排查治理工作管理标准》，出台2010年度安全生产目标奖励办法，下发反事故措施和安全技术劳动保护措施计划10条，在季节性安全大检查中查出设备缺陷（隐患）135项。按照"重心下移，关口前移"的要求，把"两票三制"管理工作重点从以往的统计考核转向现场实时抽查，从而对"两票三制"执行过程中出现的问题及隐患做到早发现、早预防、早处理。扎实开展安全生产教育，加强对工作票"三种人"的培训，严把工作票"三种人"资格考核；加强职工安全教育，组织部门、班组加强对有关法律法规进行学习并考试合格；对外来实习人员和新进厂的员工、外聘工，严格按规定进行三级安全教育并经考试合格后方分配到现场工作。通过抓安全管理，推动公司安全生产状况持续稳定发展，大力提升安全生产水平。圆满完成上海"世博会"、广州"亚运会"及重大节假日期间的安全保电保卫任务。

【设备管理和节能减排】 全年完成汽机、锅炉维修5台次，主要开展2号机组汽轮机通流改造、发电机增容改造、锅炉燃烧器改造及4号机组汽轮机高压喷嘴和汽封改造等重要大型技改项目。通过检修技改，机组运行安全性及经济性水平得到大幅提升，特别是2号汽轮机通流改造，机组负荷容量由30万千瓦增加至33万千瓦，发电标准煤耗降低14.08克/千瓦时，按全年发电18亿千瓦时计算，年节约标煤2.53万吨，减少购煤成本1200万元以上，节能效果较为明显。抓好运行管理，利用"绩效考评与耗差分析系统"开展小指标竞赛，强化运行人员经济责任意识；不断优化和调整运行方式，不断提高设备运行的经济性，进一步降低煤耗和油耗等主要指标，逐步提高设备运行效率。抓好脱硫运行维护管理，实现脱硫岛与主机的同步投运。全年4台机组平均综合脱硫效率达95.27%。

【经营管理工作】 克服诸多困难，仅耗时5个月，于11月成功收购二期20%股权，使该项目成为集团公司全年唯一并购的火电项目，增强公司实力，为公司的发展奠定基础。按照电量营销专人管、专人跑、专人负责的"三专"责任制，时时了解电力市场信息，快速反应，牢牢把握电网调整计划的机会，千方百计提高机组利用小时数。抓住国家开展电价大检查的机会，多次与南方电网贵州公司及安顺供电局沟通协调，顺利完成取水口外购电的调价和退费工作。抓好脱硫电价落实，确保脱硫电价执行到位，抓住脱硫电价专项检查契机，通过原始数据核查，挽回公司脱硫电价损失。根据年初制定的预算经营目标，公司认真贯彻"年零基、季滚动、月分析、周监督"的滚动预算机制，确保各项固定成本全年在预算内发生，管理费用较预算持平，修理费及材料费较预算均有所降低，有效控制公司的经营成本。充分利用政府保计划电煤协调机制，保障供应，严控结构，积极拓展煤源，努力降低综合标煤单价；强化监督，规范入厂入炉煤采制化管理，推行燃料管理信息化建设，建立党员干部采制样监督机制，从制度、技术和监督三个方面加强燃料监管工作；注重燃料监管体系建设，加强技术防腐、制度防腐和监督防腐；加大电煤打假力度，利用技术打假，主动出击配合政府打掉电煤掺假窝点5个，查处电煤掺假案件1起，检察机关已批捕2名电煤掺假犯罪嫌疑人，为公司挽回重大经济损失。

【党建和精神文明建设】 年初，西南大旱，公司及时成立党员突击队，开展“我为抗旱作贡献”活动，全力投入抗旱保电攻坚战，确保安全生产和完成保电重任。同时，捐赠救灾款近30万元，多次应急送水、援建蓄水池、无偿提供水泵、消防车等抗旱设施，支持地方抗旱保电、保春耕工作。在双机连修中，按照“一个专业一个主题，一个岗位一个特点”的要求，广泛开展各种活动，抽调120余人次组成“服务队”，深入大修一线开展活动14次。针对热值偏差大的问题，组织突击队、实施现场值班监督，收到较好效果。扎实开展“创先争优”活动，深入推进和谐企业建设，全年组织召开12次职工代表、班组长座谈会，收集职工意见200余条，解决回复180余条。完成经济合同签证审计259份，工程、采购项目招标监督52项，参加各类经济合同商务谈判监督43项，参与小额项目询价评议8项。开展1月至7月燃料管理审计，并撰写审计报告，对4号机组扩大性B修项目进行专项审计。查处治安案件13起，抓获偷盗人员44人，犯罪嫌疑人6人，调解各类纠纷15起，有力维护生产经营秩序和生活基地的安宁和谐。公司先后获全国电力系统企业文化建设先进单位、全国“安康杯”竞赛先进单位、全国“亚运保电”先进单位、国电集团公司文明单位、2010年度市场营销先进单位、2010年资本运营产权管理先进单位等称号。

（曾雄亚）

交通运输与管理

【机构调整及主要职责】 12月8日，根据普定县人民政府办公室《关于印发普定县交通运输局主要职责内设机构和人员编制规定的通知》，组建普定县交通运输局，为县人民政府工作部门。

机构组建后，其职责调整为：取消已由县及县以上人民政府公布取消的行政审批事项。取消航道养护费、公路运输管理费、公路客货运附加费、水路运输管理费、水运客货运附加费等五项交通规费征收管理职责；将原县交通局的职责和原县建设局〔城市管理局（城市综合执法局）〕指导和管理城市客运的职责整合划入县交通运输局；加强统筹城乡交通运输协调发展职责，优先发展公共交通，大力发展农村交通，加快推进城乡交通运输一体化。加强综合运输体系的规划协调职责，优化交通运输布局，促进各种运输方式相互衔接，加快形成便捷、畅通、高效、安全的综合运输体系。

调整后，其主要职责为：贯彻执行国家和省、市有关交通运输行业的方针政策、法律、法规和规章，执行并监督实施国家和省市有关交通运输行业发展规划、计划和标准。拟定全县交通运输行业发展规划，中长期规划和年度计划并监督实施。承担涉及全县综合运输体系的规划协调工作。会同有关部门组织编制综合运输体系规划，参与城市地铁、轨道交通等综合运输枢纽的规划工作。组织公路、水路交通运输枢纽规划和管理。指导全县交通运输行业体制改革，管理全县交通运输市场和交通基础设施建设市场，维护公路、水路、城市交通运输行业的平等竞争秩序；指导城乡客运及有关设施规划和管理工作，管理城市客运（城市公共交通和出租车）；引导交通运输行业优化结构和协调发展。负责道路、水路交通运输业管理工作；组织协调国家重点物资和紧急客货运输，承担交通运输通讯、信息和国防动员的相关工作。承担公路、水路建设市场监管责任。负责公路、水路交通、城市公共客运交通基础设施建设、维护、质量与安全监督和造价管理，组织实施国家重点公路及水路交通工程建设，监督交通基础设施建设资金的使用，构建和管理交通建设投融资平台；负责通行费等交通规费征收稽查和审计监督工作。负责所管养公路路网的运行监测、协调和车辆超限超载治理工作。归口管理公路、水路的收费（检查）站（卡）和车辆超限运输检测站点的设置及收费；组织实施治理公路“三乱”工作；负责所管养公路的路政管理工作。承担公路、水路交通安全监管责任。负责监督管理公路、水运工程的安全生产工作，对公路、水运工程从业单位实施安全监督管理；对所辖水路运输船舶设施实施检验，监督管理内河通航水域水上交通安全，负责港口安全生产监督管理工作；负责公路、水路交通突发事件的应急处置和依法组织或参与有关事故调查处理工作。负责全县汽车维修市场、汽车驾驶学校和驾驶员培训的行业管理；实施汽车综合性能检测行业管理。承办县人民政府和上级业务主管部门交办的其他事项。

调整后，其内设机构设办公室、综合业务股（行政审批服务股）、法规安全股。人员编制和领导职数为机关行政编制7名，其中局长1名，副局长2名；股级职数3名；机关工勤人员编制1名。

调整后，根据普发〔2010〕19号文件精神，将原县建设局管理的普定县城市公共客运交通管理局划入县交通运输局管理，主要职责和机构规格、人员编制不变。由县交通运输局牵头，会同县发展和改革局、铁道等部门建立综合运输体系协调配合机制。县交通运输局会同有关部门组织编制综合运输体系规划，承担涉及综合运输体系规划有关重大问题的协调工作。县发展和改革局负责综合运输体系规划与国民经济和社会发展规划的衔接平衡。城市地铁、轨道交通方面的职责分工。县交通运输局指导城市地铁、轨道交通的运营；县住房和城乡建设局指导城市地铁、轨道交通的规划和建设。两部门要加强协调配合，确保城市地铁、轨道交通规划与城市公共交通整体规划的有效衔接。河道采砂管理的职责分工。县水利局对河道采砂影响防洪安全、河势稳定、堤防安全负责；县国土资源局对保障河道内砂石资源合理开发利用负责；县交通运输局对河道采砂影响通航安全负责。由县水利局牵头，会同县国土资源局、县交通运输局等部门，负责河道采砂监督管理工作，统一编制河道采砂规划和计划。河道采砂的水上执法监管，要充分发挥交通运输部门执法机构的作用。

2010年8月20日，县政协主席徐天成率县政协第八届委员会委员视察普安高速公路项目建设工作。图为在建的普安高速公路十二营段。（詹全香　摄）

【公路建设】　截至12月，普定至安顺高速公路建设项目普定境征用土地2100余亩，完成108.6%；全县房屋拆迁涉及46户46栋，已拆45户44栋，完成98%；坟墓搬迁1384座，完成100%。累计完成路基开挖土石方225万方，完成比例70%；路肩墙55000方，完成比例35%；红龙山隧道中导洞开挖支护完成163米，左洞开挖及初期支护完成40米，进口边仰坡开挖防护、截水天沟砌筑已完成。工程形象进度完成40%。完成鸡场坡至马场通乡油路扫尾工作；完成投资430万元的两四路五标段后续工程沥青路面铺装工程和投资8万元对两四路K8－26进行维修。投资619.6万元修建村级公路19条，总里程75.3公里，完成工程量的70%；投资174.89万元，修建村公路小桥8座171米，完成60%。

【安全工作】　以“安全发展，预防为主”为指导，以抓好安全生产“三项行动”（宣传教育、安全执法、安全治理）为载体，抓好道路交通、水上交通安全生产专项整治和隐患排查治理等工作，履行“三关一监督”工作职责，加强安全生产监管工作，加大源头治理力度，多次组织检查组深入客运、货运、汽车维修行业、驾校开展安全生产工作大检查，督查企业10家。对各家客运企业建立健全技术档案、管理台帐，落实企业安全生产主体责任。强化城市公共客运交通管理，规范出租车不良经营行为，对乱收费、不打表经营等现象进行治理。排查企业单位10家，排查治理一般隐患8项，整改率100%，道路交通安全生产状况稳定好转，全年无重大安全事故发生。

【公路养护管理】　坚持以养好路面为中心，确保公路完好畅通，及时消除公路病害，做到勤补、薄铺，使公路平整、顺适，加强养护质量管理，积极做好水毁预防和水毁抢修工作。按照“预防为主、防治结合”的原则，坚持雨天巡查。在雨季来临之前，及时疏通涵洞、边沟，使水毁损失降到最低。6月至9月，全县降雨量相对集中，造成砂石路面被毁18公里，118800平方米；油路被毁8公里，9900平方米；挡墙42处，5180立方米；塌坍方65处，12800立方米，造成经济损失456.61万元。多次组织技术人员对全县公路、桥涵进行隐患排查。同时，加强对“三高”路段、地质不良路段，大、中、小桥进行常规检查。全年完成公路管养资金230.5万元，治理隐患点46处。依法查处制止红线建筑243平方米/17处，清除公路堆积物3246平方米/328处，设置标志牌12块。

2010年实施的白岩镇讲义至李后村级公路水泥硬化项目。（赵美和 摄）

【道路运输与管理】 2010年，全县道路客、货运力、运量稳中有增，其中完成道路旅客运输量628万人次、旅客周转量17635万人公里、货物运输量357万吨、货物周转量19553万吨公里，完成“春运”、“十一”黄金周、新兵等运输组织保障工作任务。以打击“黑车”为重点，查处车辆违章为中心，加大运输市场的监管力度，维护运输市场秩序。在县城市公共客运管理职责划转县交通运输局后，及时纳入规范管理。把打击无证经营作为年度工作重点，多次到各停车站场、集市、人口密集处利用摄像、拍照等手段对有从事非法营运嫌疑的车辆进行调查摸底，号召班线车从业人员以及广大群众对违章车辆积极举报。同时，切实加大对矛盾集中的串线经营、不按时发班、乱停乱靠、倒客卖客、超员超载等违章行为打击力度，遏制客运违章经营行为，处罚违章营运车辆19辆。对安顺快的、面包车夜间乱停乱靠、骂若车串线经营等违章行为进行监督监管，按照有关规定对违法违章经营者实施处罚和停班整改处理，有效净化客运市场。进一步规范机动车驾驶员培训市场，将陆陆顺驾校、鸿运驾校纳入行业管理，切实加强监督监管，采取定期和不定期地到两家驾校进行安全检查，对其教学质量、服务质量等方面进行监督检查，使驾驶员培训市场得到规范。全年开展专项打击6次，巡查车辆685辆，查处非法营运农用三轮车、黑面包等18辆；查处违章营运车辆19辆；批评教育40余人次，处罚资金2.6万元。

（赵美和）

地方海事工作

【综述】 2010年，投入1.2万元制作《普定县水上安全生产宣传册》2000册、宣传横幅6条、展板2块，集中培训3期108人次，发放水上交通安全宣传资料2200余份。出动船艇86艘次、车辆300余车次，海事人员786人次，检查重要航路114条次、渡口码头162道次，现场监督检查各类船舶1100余艘次，查处水上交通违法违章行为6起，督促整改一般安全隐患3处，辖区水域内无任何水上交通安全事故和险情发生。

【目标责任管理】 按照省、市海事（航务）部门和县人民政府2010年度安全生产工作的总体部署，制定工作方案，对各阶段工作进行周密部署，做到目标明确、责任到人，全面落实县、乡、村、业主“四级”水上交通安全管理目标责任制。县政府与涉水乡（镇）、乡（镇）与涉水村、村与各船主（船员）逐级签订《水上交通安全目标责任书》，海事部门与辖区内营运船舶业主全部签订目标责任书，形成以业主对安全生产全面负责为主体，以县、乡（镇）政府负责制为核心，以水上交通及相关行业为重点，以海事管理机构监督管理为保障的水上交通安全管理机制。

【宣传教育工作】 以保春运、“两节”、“五一”、汛期、6月“安全生产月”、“十一”黄金周节假日安全为中心，在港口码头设置宣传栏、张贴宣传标语、发放宣传画册等形式，大力宣传水上交通安全常识；组织辖区运输船舶业主、船员进行集中学习培训，宣传水上交通安全生产法律法规，传授船舶安全操作技能；加强对乡镇自用船舶安全管理的指导、培训，确保安全监管责任落实、措施到位。在开展水上安全生产宣传教育活动中，投入1.2万元制作《普定县水上安全生产宣传册》2000册、悬挂宣传横幅6条，宣传展板2块；组织营运船舶业主、船员集中培训3期108人次；派员参与乡镇政府培训自用船舶、渔业船舶管理人员、船舶业主200余人次；张贴、发放水上交通安全宣传资料2200余份。

【现场监督监管】 在日常管理工作中，采取小兴浪码头固定检查和水上巡查相结合的方式，坚持小兴浪码头8小时现场监督和24小时值班制度，对进出港船舶安全情况进行全面检查，做到进港1艘登记1艘、出港1艘检查1艘、合格1艘放行1艘，确保安全信息畅通。制定切实可行的巡航检查计划，坚持节假日不休息，加强对赶集、聚会等重点时段、重点水域、重要航线和重点船舶的巡查监控，全面排查各类水上交通安全隐患，依法打击非客船载客、客船超员超载、冒险航行（作业）等违法违规行为。

【水上交通安全专项整治】 按照“排查要认真、整治要坚决、成果要巩固、杜绝新隐患”的总体要求，开展以客（渡）船、农业生产自用船舶、渔业生产船舶及与水上安全有关的其他作业或活动为对象的水上交通安全生产大检查及“打非”行动。在专项治理活动中，始终坚持重点时段检查与日常检查、海事监管与部门齐抓共管、源头管理与现场监督、治标与治本等相结合。坚持节假日不休息，根据人员流量情况，强化对重点水域、重点时段、重点船舶的巡查监控，排查各类水上安全隐患，打击客（渡）船超员超载、违章航行和农业生产自用船、渔船非法载客、违章作业等违法违规行为，对排查出的安全隐患，做到发现一个整改一个，当场不能整改结束的，明确专人跟踪监督，确保不留后患。全年强制拆除非法设置捕捞网具16铺、跨河缆线24档，督促村民自行拆除捕捞网具87铺。

【水运基础设施建设】 通过争取上级行业主管部门支持，全面推进水运基础设施建设，逐步改善辖区水运环境。由省航务管理局投资45万元建设马场镇小河寨人行桥；投资25万元修建城关镇山峡、龙场乡大兴田渡口码头及渡工房、便道等附属设施，已通过验收投入使用。同时，省航务管理局为所涉乡镇渡口配置1艘40客位钢质机动渡船。

（县地方海事处）

住房和城乡建设事业

【综述】 2010年，住房和城乡建设全面贯彻落实科学发展观，紧紧围绕“科学发展城乡建设、促进构建和谐普定”这个主题，强化中心工作，城乡建设、城市管理、房屋及产权等工作实现全面快速发展。

【机构调整及主要职责】 12月8日，根据普定县人民政府办公室《关于印发普定县住房和城乡建设局主要职责内设机构和人员编制规定的通知》，组建普定县住房和城乡建设局，加挂“普定县城市综合执法局”牌子，为县人民政府工作部门。

颐景园商业街。 （胡 林 摄）

机构组建后，其职责调整为：取消已由县及县以上人民政府公布取消的行政审批事项；将原县建设局（城市管理局〈城市综合执法局〉）承担的指导和管理城市客运的职责划入县交通运输局；加快建立住房保障体系，完善城镇廉租住房制度，着力解决城镇低收入家庭和困难群众的住房问题，逐步解决农村危房改造问题；加强城乡建设和风景名胜区建设管理，推进城乡统筹和城镇化健康发展；加强建筑节能、墙体材料革新和城镇减排改造，着力改善人居生态环境。

调整后，其主要职责为：贯彻执行住房和城乡建设行政管理的方针政策和法律法规，研究制订全县城乡规划工作的管理措施和工作规则，拟订并组织实施住房保障和城乡建设的办法、方案、意见和标准。负责组织城市总体规划、近期建设规划的编制、审查、报批、修改及实施情况、评估过程中的相关工作；承担县人民政府交办的详细规划的编制、审查、报批、修改及实施各类规划公示、公布等工作。指导乡镇及城镇总体规划和详细规划的编制、报批和实施；指导受灾村镇及国家大型重点建设项目地区的城镇迁建（重建）规划工作。承担规范指导城市、村镇建设管理的责任。指导城镇市政公用设施建设、安全和应急管理；组织编制村镇建设中长期发展规划；推广使用农村建房通用设计图；指导村镇基础设施项目的建设；指导村镇人居生态环境的改善工作；负责指导农村住房建设工作；指导风景名胜区的发展规划，负责风景名胜区的审查报批和监督管理；组织协调自然遗产项目和自然与文化双遗产项目的申报与管理工作。承担申报历史文化古镇、名村的审查报批工作。组织编制城市供水排水、市政设施、环境卫生、园林绿化、供气供热、城市污水和生活垃圾处理等市政公用事业中长期规划和年度计划，并组织设施；指导城市地铁、轨道交通的规划和建设；指导城市地下空间开发规划和城市雕塑工作。负责编制住房和城乡建设行业发展中长期规划；负责住房和城乡建设系统统计管理工作，监督和管理住房和城乡建设专项资金的使用。负责规划区范围内各类建设项目的《建设项目选址意见书》、《建设用地规划许可证》、《建设工程规划许可证》、《建设工程竣工规划认可证》、《乡村建设规划许可证》等许可证的核发；负责全县燃气管理工作；负责户外广告、改变房屋使用性质、开矿采石、挖砂取土、掘坑填塘等改变地形地貌活动的审查、审批。负责住房和城乡建设行政执法监察、信访、应访工作；依法查处违反规划法律、法规的行为；负责有关规范性文件的合法性审查工作及城乡规划区范围内各类建设项目违法违规的查处工作。监督管理全县建筑行业。综合管理工程建设、城乡建设、风景名胜区建设、勘察设计、建筑业（含室内外建筑装饰装修）、市政基础设施建设及建设工程服务业；负责核发《施工许可证》；承担相关建筑企业资质审查。监督管理建筑市场，规范市场各方主体行为。指导全县建筑活动，负责全县房屋建筑和市政工程项目招标投标活动的监督管理；拟定规范建筑市场各方主体行为、房屋和市政工程项目招标投标、有形建筑市场、勘察设计、招标代理、建设监理、检测体系、施工许可、合同管理、工程项目管理、工程担保和工程风险等规章制度并组织实施；指导建筑市场诚信体系建设。承担房屋和市政工程质量安全的监督管理责任。贯彻执行建筑工程质量、安全生产和竣工验收备案的相关法律、法规、标准和规范；负责房屋和市政工程施工生产安全事故应急管理工作，按规定组织或参与建筑工程重大质量、安全事故的调查处理；贯彻执行建筑业、工程勘察设计咨询业的技术规范；指导房屋建筑及其附属设施和城市市政设施抗震设防工作。承担规划工程建设标准体系的责任。贯彻执行工程建设地方标准和地方工程项目建设标准；推广应用工程建设标准通用设计图集；指导全县工程造价管理工作；负责对建筑市场工程造价计价行为的监督检查，指导相关工程建设项目招标控制价、合同价、竣工结算价等备案和监督实施；组织发布工程造价信息，负责处理工程计价争议；指导并监督各类工程建设标准定额的实施。承担推进建筑节能、墙体材料革新和城镇减排的责任。负责建设领域科技成果转化和新技术、新型墙体材料的推广应用；负责建筑节能和墙体材料革新工作；负责新型墙体材料的推广应用工作及墙体材料专项基金的征收、管理和使用；指导管理重大建筑节能项目实施；指导全县建筑节能和城镇减排工作。承担规范房地产市场秩序、监督管理房地产市场的责任。拟定房地产业发展规划；拟定房地产市场建设、房地产开发、房地产权属管理、房屋租赁、房屋面积管理、房地产估价与经济管理、物业管理、房屋征收、房屋拆迁、住宅产业化的规章制度并组织实施；负责核发《商品房预售许可证》和《拆迁许可证》；负责对补偿安置资金及安置房源进行动态的跟踪管理和监督；负责房地产行业相关资质的管理，负责房屋登记管理工作，指导危险房屋的安全鉴定和白蚁防治工作；会同有关部门审查房屋测绘机构的资质。承担规范住房和城乡建设管理秩序，推进住房发展和保障城镇低收入家庭住房的责任。指导住房建设和住房制度改革；拟定廉租住房和经济适用住房发展规划、年度计划并组织实施；做好国家、省、市和县级廉租住房资金安排并组织实施。研究制订城区园林绿化近期、远期发展初步规划，编制园林建设资金初步方案。负责城市绿化工作；负责编制城市绿化规划，经批准后负责组织实施；参与工程建设项目附属绿化工程设计方案的有关审查审批工作；负责风景名胜区、城市公共绿地、居住地绿地、风景林地和干道绿化带等绿化工程设计方案的审批；负责对各单位附属绿地规划和建设进行监督检查并给予技术指导；负责城区的公共绿地、风景林地、防护绿地、行道树、干道绿化带、散生树木的绿化保护和管理工作；负责城区公共绿地、生产绿地、防护绿地和风景林地的组织建设。负责全县城市综合执法、城乡建设执法和环境卫生管理工作。贯彻执行有关市容、城乡和环境卫生管理的法规，制定城市管理、城乡建设的发展规划；指导和督促城镇市容环境综合治理工作。承担县人民政府和上级业务主管部门交办的其他事项。

调整后，其内设机构设办公室（政府投资项目代建中心）、法规股、综合管理股3个。人员编制和领导职数为机关行政编制7名，其中局长1名，副局长2名；股级职数3名，机关工勤人员编制1名。

调整后，把普定县城建监察大队更名为普定县住房和城乡建设综合执法大队，为县住房和城乡建设局管理的副科级事业单位，由县财政实行全额预算管理。内设办公室、执法一中队、执法二中队、执法三中队（乡镇建设执法中队）、市政公用设施管理中队、城市规划执法中队、督察中队。核定事业编制60名（管理人员53名，工勤人员7名），其中大队长1名，副大队长2名，股级职数11名。其主要职责为行使城乡规划、建筑市场、建设工程、城市管理、房地产、住房保障、市政公用事业、风景园林、户外广告、城市园林绿化管理等方面的法律、法规、规章规定的监督检查权和行政处罚权；负责对市容、村镇容貌和环卫管理工作进行业务指导；承担政府及相关部门委托的城市综合执法工作；完成政府及主管部门交办的其他事项。

县住房和城乡建设局指导城市地铁、轨道交通的规划和建设；县交通运输局指导城市地铁、轨道交通的运营。两部门加强协调配合，确保城市地铁、轨道交通规划与城市公共交通整体规划的有效衔接。将原水利局管理的普定县自来水公司划转县住房和城乡建设局（城市综合执法局）管理。

【“创先争优”和“践行宗旨”教育活动】 按照实施方案的具体要求，组织召开“创先争优”和“践行宗旨”教育活动动员大会和工作推进会，成立领导小组和工作督查组，对各站股开展情况进行组织、协调和督查，做到一月一督查，一月一点评，一月一表彰。形成“一级带着一级干，一级看着一级干，一级比着一级干”的工作氛围。制作宣传栏1块、展板1块，宣传标语展板6块，积极宣传活动的新进展、新举措、新经验、新作为、新成效，逐步扩大城乡建设工作的社会影响力。编发简报25期，在省、市、县党建网和普定电视台播发信息5期。制作活动知识卡，组织全体党员进行测试；组织各支部开展公开承诺，制作党员先锋岗和党员先锋牌，每名党员向党组织承诺，并积极践诺；组织全体党员到戒毒所进行警示教育，到县一中进行爱国主义教育；组织清理行政审批事项，编写《便民服务手册》，方便群众办事。全体干部职工坚持做到“三心”（热心、细心、耐心），“六一”（一张笑脸相迎，一把椅子请坐，一杯清茶款待，一声亲切问候，一番耐心解释，一腔热情办事），实行服务承诺制、首问负责制、一次性告知制，不让服务对象来回跑，真正方便群众办事；组织开展唱红歌比赛，充分体现“全员参与、以赛促学”的特点，创新学习形式和教育载体，增强学习效果，提供强有力的思想保证和精神动力；对局工会委员会进行改选，健全工会组织，加强工会力量；组织开展领导点评、党员互评和党员领导干部民主生活会等。

【城乡规划】 完成《普定县县城总体规划（2008—2025）（修编）》批后公示，《普定定南新城控制性详细规划》公示公告。按照5km^{2}定南新城控制性详细规划要求，实施城市新区中心大道两旁870亩的征地，确保新区按规划要求进行建设；完成定南新城占地面积约19.06公顷的修建性详细规划，并经县城市规划委员会评审原则通过。《化处镇城镇总体规划》评审通过，待县政府审批。完成红旗安置小区（金地翠园）修建性详细规划，总用地面积107495m^2，总建筑面积240400m^2（计入容积率建筑面积217000m^2），待评审。委托重庆大学城市规划与设计研究院完成县城天燃气工程专项规划。完成文化中心广场、三星级宾馆的选址等工作。

【项目建设】 日处理70吨垃圾填埋场建设工程概算总投资3894万元，已完成投资820余万元。基本完成二期廉租房建设，建筑面积10463.6m^2，4栋217套，工程总投资1301万元。三期廉租住房建设2009年10月正式动工，总建筑面积14807.22m^2（含辅助用房1407.22m^2），6栋278套，工程总投资1598.23万元，12月底全部建设完成。四期廉租住房9月17日正式动工建设，总建筑面积30954.11m^2（其中：廉租住房28950m^2，辅助用房约2004.11m^2），10栋579套，工程总投资约3759.83万元，12月底完成60%以上的工程量，已完成投资约580万元。五期廉租住房建设542套27100m^2，项目总投资预计3252万元，已完成征地和地勘、设计的招标工作。

【规划审批】 出具规划设计条件13份，其中按要求出具《普定县红旗安置小区》规划设计条件，总用地面积为107495m^2，总建筑面积217000m^2；出具胡家洞路片区规划设计条件，总用地面积173085m^2，总建筑面积304614m^2。办理《建设项目选址意见书》5件，用地面积734348m^2；办理《建设用地规划许可证24件，用地面积413439m^2；办理《建设工程规划许可证》31件，建筑面积84417m^2，总投资规模6750万元；办理《建设工程竣工规划认可证》12件，竣工建筑面积 18815m²，办理《乡村建设规划许可证》18 件，总建筑面积 14467m²，总投资 1302 万元。

【安全生产管理】 新建项目工程 53 个，总建筑面积为 139900m²，总投资 1.96 亿元。办理质量监督手续 53 份，召开建筑施工质量工作会议 4 次。开展质量检查活动 7 次，下达整改通知 72 份，涉及质量问题 309 个，整改完毕 235 个，72 个问题尚在整改中。办理竣工备案 27 个，接到建设工程质量投诉 6 起，处理 6 起。组织开展建筑施工安全、消防检查 7 次，下达安全和消防检查整改通知 191 份，涉及安全隐患 1126 项，整改安全隐患 981 项，145 项尚在整改中。查处违法违规行为 3 起，涉及项目工程 7 个，对违法项目工程作出停工整改、罚款等行政处罚。招标工程 30 个，工程总投资 9413.68 万元。勘察设计文件质量合格率达 100%；区域内未发生勘察设计质量事故。协调和查处拖欠农民工工资投诉或举报 3 起；征收墙改基金 149.63 万元。抓好工程建设领域突出问题专项治理工作，开展打击非法违法违规行为专项行动，打击工程建设中的非法违法违规行为。检查建设单位 11 家，下达违法建设停工通知 9 份，涉及项目工程 35 个，已完善相关手续 30 个。

【房屋管理服务】 办理产权产籍登记 2084 件，382100m²。办理《预售许可证》13 件，预售面积 110619m²。房改售房款余额 411.66 万元，土地收益金 95.9 万元。维修资金缴交 599 万元。发放前三季度廉租住房补贴 27.1 万元；12 月底完成第四季度的发放工作。完成 439 户廉租住房补贴发放保障户的网上录入工作。完成楚龙子山 J 栋廉租房租、售工作。化处镇购买的 16 套小户型商品房作为廉租房房源已完成入户调查及公示。完成 29 套经济适用房销售，用于安置建筑一公司的 7 套经济适用房有两户办理认购手续。强制拆除晨光雅园小区的乱搭乱建、乱堆乱放，整顿顺时小区建筑市场建筑垃圾。加强对房开项目的管理，进行 11 次月巡查、4 次季度巡查。对全县房地产市场秩序和房地产开发企业经营行为进行检查，开展房屋安全大检查 1 次，下达危险房屋通知 6 份，上门服务 20 余次。

【园林绿化】 对城区顺时小区、中心大道进行绿化，其中顺时小区栽植行道树 200 余棵，小区绿化小树 18000 棵，草坪绿化面积 3000m²。中心大道绿化已通过招投标，正准备进行绿化，绿化面积 25690m²。

【农村危房改造】 普定县作为全省 5 个农村危房改造“整县推进”试点县之一，全县已竣工 10521 户，超额完成与省、市签订目标 6511 户的任务，投入资金 32079.67 万元（其中财政拨款 4382.47 万元，农户自筹 27697.2 万元）。

【城市秩序】 强化一天一巡查制度，加强督促和问责力度，开展集中整治行动 4 次，先后教育和查处占道经营、流动摊点、乱排乱倒、乱丢乱扔、餐饮业排污、户外广告、损坏市政设施、破坏绿化等违法违章行为 500 余起，罚款 2 万余元，对轻微违法违章行为实施“首违免罚”400 余起。查办违章建筑案件 115 起，涉及占地 126000m²，其中实施停水停电 64 起，依法强拆 14 起，挽回国有土地损失 1050m²；拆除小区乱搭乱建 20 起。

【环境卫生质量】 实现城区硬化路面清扫保洁全覆盖，城区垃圾日产日清，日清运垃圾约 70 吨，年清运近 3 万吨。合理安排公厕保洁管理人员，强化公厕的冲洗和保洁，达到省、市验收标准。实施城区河道治理，有效解决河道的脏乱差现象。安排专人每天对“野广告”进行清洗，全年清理“野广告”1 万余条。

【群众工作】 抓好党风廉政建设、“五五”普法、禁毒、信访、计生、政务公开和综治等工作，提高依法行政和服务水平。派送专业技术人员参加国家、省、市、县各类专业培训 100 余人次。做好人大代表、政协委员和上级交办的建议、提案和信访件答复工作，满意率 100%；健全领导接待日制度。全年接待来访者 200 余人次，群众满意率 80% 以上。在全县抗旱救灾行动中，为马官镇上堡村和城关镇旧院村、下大坝村送水 20 余吨，缓解群众的饮水困难。组织干部职工为西南干旱灾区、甘肃舟曲灾区、青海玉树灾区、贫困大学生捐款 2 万余元。在处置移民聚众上访事件中，先后出动队员 300 余人次，参与维护机关正常办公秩序。为贵州省县级优秀文工队文艺调演、贵州·普定第三届人口文化节和一年一度的高考、中考等重大活动提供环境秩序保障。完成梭筛库区移民情况调查和老城区公有住房情况调查。深入包保村和煤矿 5 次，扎实做好帮扶工作。

（县住房和城乡建设局）

城市管理

【综述】 2010 年，县城建监察大队查处乱排乱倒垃圾的行为 480 余起，占道经营、加工、承揽、维修违规等1200余起，挖掘城市道路143起，损毁市政设施行为17起，拆除破旧、污损广告牌22块，清除“野广告”1万余条，违章建筑115起，涉及占地面积126000m²，其中依法强拆14起，挽回国有土地损失1050m²。参与抗旱救灾，协助处理集体上访等突发事件。全市城市管理工作目标考核中连续7年获第一名。

【强化法规宣传】 5月30日和12月5日，利用赶集时间在西门广场开展集中宣传《国务院城市道路管理条例》、《贵州省城市市容和环境卫生管理条例》、县“四创”办《关于严格落实“门前三包”责任公告》、《城市管理“十严禁”》等国家和地方有关城市管理的法规和规范性文件，发放《关于实行综合管理从严控制县城规划区违法违章建设的通知》、《关于严格落实“门前三包”责任公告》及城市管理法规宣传资料8000余份。通过宣传，广大群众的文明卫生意识和认知度、理解度和参与度明显提高，全民参与城市管理的氛围日渐增强。

【城市基础设施建设】 投资3.2万余元对西门广场绿化带进行重新绿化；筹资15万余元，规划城区道路交通标示、标线3165.8m²，改造和疏通西安路、安居工程的下水道200m。

【执法装备能力建设】 7月，争取财政投资，配备对讲机53部，购置挖掘机1台，洒水车1台，清扫保洁板车50辆，优化和提高队伍的指挥、协调、联动等快捷反应能力。同时，在出租车行业聚众涨价、水电站移民聚访、猫洞乡山体滑坡等重大事件处理中，全队人员按规定完成处置任务。

【队伍保障能力】 4月11日，根据《省人民政府办公厅关于实施更加积极就业政策进一步做好促进就业工作的通知》，利用“普定县2010年抗旱救灾促进就业专场招聘会”的机会，面向社会公开招聘市容监察协管员充实队伍力量。5月13日，经面试、体检和培训考核合格后，50名市容监察协管员走上工作岗位。先后为贵州省县级优秀文工队文艺调演、县一中申办省级示范高中、贵州·普定第三届人口文化节以及高考、中考等提供规范有序、安全畅通的城区环境和秩序保障。

【参与抗灾救灾】 3月8日至22日，出动车辆5台（次），为马官镇上堡村，城关镇旧院村、下大坝村送水30余吨。同时，响应县委、政府的号召，为西南干旱灾区和甘肃舟曲特大泥石流灾区捐款3620元。

【改善队伍待遇】 3月11日，根据安市人登〔2010〕6号文件《关于普定县政府事业单位及部门所属事业单位参公登记的批复》，县城建监察大队52名干部职工全部纳入参照《公务员法》管理。

（李崇伦）

公积金管理

【综述】 2010年，普定县公积金管理部按照国务院《住房公积金管理条例》开展工作。通过强化管理、规范运作，不断提升工作标准、提高服务质量，各项工作取得新成效。全年公积金缴存余额6101.14万元，实缴职工人数8054人，实缴单位147个。完成归集1966.64万元，同比增长19.32%，完成全年1300万元归集计划的151.28%，住房公积金覆盖率79.03%。

【住房公积金提取】 年末，全县住房公积金累计提取296.87万元，其中购房还贷提取167.36万元；退休、死亡提取106.25万元；解除劳动合同提取4.05万元；调动转出提取19.21万元。累计提取额1371.94万元，占归集总额的18.36%。

【住房公积金贷款】 2010年，住房公积金贷款发放快速增长。贷款余额为7371.05万元，较2009年的3399.72万元增加3971.33万元，增长116.81%。全年为292户职工发放贷款4488.30万元，同比增长128.78%；个贷发放率228.22%，占全年5000万元贷款计划的89.77%。

【住房公积金资金营运】 全年实现业务收入222.32万元，发生业务支出81.72万元，产生增值收益140.6万元，首次年内突破百万大关。住房公积金使用率116.99%，同比提高81.26%；运用率120.81%，同比提高76.72%。在保证满足职工个人提取、贷款发放的前提下，调整资金储备格局，合理安排、调度资金。全年累计向市中心申请调拨资金1900万元用于贷款发放。

（袁 蓉）

环境保护

【综述】 2010年，县环保局深入贯彻落实科学发展观，坚持可持续发展战略，着力整治违法排污行为，以控制污染物排放总量和生态环境保护为主线，以环保“创模”为契机，以实行环境保护目标管理为抓手，全面完成全年各项工作任务。

【机构调整及主要职责】 12月8日，根据《中共普定县委普定县人民政府关于普定县人民政府机构改革的实施意见》和《中共普定县委常委会议纪要》，设立普定县环境保护局，为县人民政府工作部门。

机构组建后，其职责调整为：取消已由县及县级以上人民政府公布取消的行政审批事项。将县环境保护局承担的污染减排综合协调职责划入县发展和改革局。加强环境政策、规划和重大问题的统筹协调职责。加强环境治理和对生态保护的指导、协调、监督职责。加强落实减排目标、环境监管职责。

调整后，其主要职责为：贯彻执行国家、省、市的环境保护方针政策、法律法规和规章，并组织贯彻实施和监督检查。监督执行国家和省、市颁布的各类环境保护标准，组织编制全县环境质量报告书，发布环境质量状况公报，公布普定县城区饮用水源地水环境质量状况。拟订并组织实施全县环境保护中、长期规划和年度计划，参与编制社会经济发展规划和计划，组织拟订和监督实施重点区域、重点流域污染防治规划和生态保护规划；组织编制环境功能区划；审核城市、城镇总体规划中的环境保护内容。负责重大环境问题的统筹协调和监督管理。牵头调查处理重大环境污染事故和生态破坏事件；指导协调乡镇政府对重大突发环境事件的应急、预警工作；协调解决有关跨区域环境污染纠纷；组织和协调全县重点流域、区域污染防治工作。承担落实县人民政府减排目标的责任。组织制定主要污染物排放总量控制计划并监督实施，督查、督办、核查污染物减排任务完成情况，实施环境保护目标责任制、总量减排考核并公布考核结果。负责全县大气、水体、土壤等环境保护工作；监督管理全市废气、废水、粉尘、固体废物、有毒化学品以及噪声、机动车等污染防治工作；指导和推广清洁生产。指导、协调、监督生态保护工作。拟订生态保护规划，组织评估生态环境质量状况；监督对生态环境有影响的自然资源开发利用活动、重要生态环境建设和生态破坏恢复工作；指导、协调和监督自然保护区、风景名胜区、森林公园、地质公园的环境保护工作；协调和监督野生动植物保护、矿山复垦、石漠化防治工作；协调指导农村生态环境保护，监督生物技术环境安全，牵头生物物种（含遗传资源）保护工作，组织协调生物多样性保护工作。承担从源头上预防、控制环境污染、环境破坏的责任。制定和组织实施各项环境管理制度；负责县管和省、市环保部门授权管理的开发建设项目和技术改造项目环境影响评价文件的审批、“三同时”的审查并监督执行；指导城乡环境综合整治；对县内重大经济、技术发展规划以及重大经济开发计划组织进行环境影响评价。开展环境保护科技发展、科学研究和技术示范工程；指导和推动环境保护产业发展。负责全县环境监测统计、信息工作；组织制定环境监测制度和规范；指导监测网和信息网的建设和管理；组织开展对全县环境质量监测和污染源监督性监测。组织指导和协调环境保护宣传教育，承担环境保护新闻发布工作；推动公众和民间社团参与环境保护。负责核安全、辐射环境、放射性废物的安全监督管理；参与核事故应急处理，负责辐射环境事故应急处理工作；监督管理核设施安全、放射源安全，监督管理核设施、核技术应用和电磁辐射、伴有放射性矿产资源开发利用中的污染防治；对核材料的管制和民用核安全设备的设计、制造、安装和无损检验活动实施监督管理。组织、协调环境保护资金引进和项目管理工作，组织开展环境保护对外合作交流活动。承办县人民政府和上级业务主管部门交办的其他事项。

调整后，其内设机构设办公室（环境宣传教育与信息中心）、综合业务股2个。人员编制和领导职数为机关行政编制5名，其中局长1名，副局长2名；股级职数2名；机关工勤人员编制1名。

调整后，保留普定县环境监察大队，为县环境保护局管理的正股级事业单位，由县财政实行财政全额预算管理。核定事业编制4名，其中大队长1名。编制结构为管理人员4名。主要职责为负责对环境保护法律法规、规划、政策、标准的监督执行；负责环境监察和排污费征收管理工作；负责对环境污染纠纷、环境污染事故、环境污染投诉信访的现场调查工作，并参与处理；组织实施建设项目环境保护“三同时”制度检查工作。将原普定县环境保护和林业局所属普定县环境监测站划转县环境保护局管理，原机构规格、职责及人员编制不变。水资源保护与污染防治的职责分工。县水利局对水资源保护负责，县环境保护局对水环境质量和污染防治负责。两部门须进一步加强协调与配合，建立协商机制，定期通报水资源保护与水污染防治有关情况，协商解决有关重大问题。县环境保护局发布水环境信息，对信息的准确性、及时性负责。县水利局发布水文水资源信息中涉及水环境质量的内容，应与县环境保护局协商一致。污染减排职责分工。县发展和改革局负责对污染减排规划、计划及项目实施情况进行监督检查，对跨区域重大违法违规案件进行协调处理；县环境保护局负责组织污染减排规划、计划及相关政策的实施，开展污染减排监测和污染治理、综合利用等信息服务体系建设，负责污染减排违法违规的调查处理。

【加强建设项目管理】 严格执行《环境影响评价法》和建设项目“三同时”制度。全年审批新建、改扩建项目环境影响报告表10个（其中市环保局审批1个，县环保局审批9个），办理环境影响登记表60个（其中房屋类47个，水利类3个，其他10个），竣工验收项目14个（其中市环保局验收2个，县环保局验收12个）。建设项目环评率100%，“三同时”执行率100%。督促莆坪煤矿、莆龙煤矿、兴源煤矿完成矿井废水治理设施建设并投入试运行；验收川黔煤矿矿井废水处理设施、黄金煤矿9万吨/年整合项目等14个工程的废水处理设施建设。依法发放排污许可证，全年发放排污许可证26个。

【开展环保专项行动】 全年出动200余人次，对全县污染源单位进行现场执法检查；查处违法排污行为2件，罚款4万元。集中整治重金属排放企业环境违法问题，重点检查和监测企业废水、废气（包括无组织排放）排放情况、废渣收集、储存及处置情况和应急处置设施情况，消除环境污染隐患，确保环境安全；组织实施医疗废物焚烧、非电力行业多氯设备、畜禽养殖等专项执法检查和调查，着力查处群众反映强烈的突出环境问题。

【加强饮用水源保护】 狠抓饮用水源保护区周边煤矿废水治理，消除污染隐患，督促完成煤矿废水处理设施11套，新增污水处理能力5200m^3/日；加大饮用水源保护区日常监察工作力度；组织开展饮用水源违法排污整治专项行动。全县集中式饮用水源水质稳定达标，无污染事故发生。

【完成减排目标任务】 加大煤矿废水治理力度，完成煤矿废水处理设施11套，日新增污水处理能力5200m^3；加大企业污染治理设施运行情况的监督检查，确保设施正常运行；配合有关部门加大县城排污管网建设，指导督促污水处理厂正常运行；继续做好农村生活燃煤使用情况调查。通过这些措施，如期完成安顺市政府下达全县2010年化学需氧量（350吨）和二氧化硫（2389吨）的减排目标任务。

2010年9月6日，普定县召开污染减排暨环保创模推进会。 （县环保局 提供）

【加强排污费征收】 坚持“征收程序合法、征收标准合法”的原则，加强排污费征收工作。全年征收排污费503485元（不含煤炭五统一征收费用），并全部上缴财政。

【完成污染源普查更新动态调查】 全年完成2009年工业污染源普查动态更新调查源37家、集中式污染处理设施1家、农业源4家，共计42家企业更新调查表的填报、录入、审核及上报工作，建立全县污染源更新调查数据库，为“十二五”环境统计和污染减排工作奠定基础。同时，全面完成全县第一次污染源普查工作，获国家级、省级表彰3人，其中国家级先进个人1人，省级先进个人2人，县污染源普查办公室被评为省级先进集体。

【来信来访工作】 2010年，接到群众投诉17件。其中水污染4件，噪声污染3件，大气污染10件，处理率100%。对莆龙煤矿和黄金煤矿违法排污行为分别处罚2万元。

【开展“四创”工作】 开展“四创”工作，结合“6·5”世界环境日、“全国科普日”活动，制作“四创”和环境宣传教育展板4块、发放宣传材料万余份、设立咨询服务台开展宣传，创建环境保护绿色学校1所、绿色社区2个。

（县环保局）

信息产业

邮　政

【综述】　2010年，全县邮政业务收入完成503.15万元，为市局下达年计划的101%、为年奋斗计划的91.99%，全面完成年收入计划。邮务类收入完成202.71万元，占总收入的40.29%。截至12月31日，全县邮政储蓄余额8582万元，净增1492万元，增幅21%；定活比例为33:67。累计完成汇兑收入17.02万元，同比增长4.56%。其他业务收入51.95万元，占总收入的10.33%。

【基础设施建设及改造】　2010年争取20余万元对猴场支局进行装修改造。同时，由猫洞乡政府免费划拨建设用地，利用建设改造资金30余万元，在无邮政局所的猫洞乡建起300余平方米的邮政所。年底，在国家发改委的统筹安排下，地方政府积极协调开展全国空白乡镇邮政局所补建工作。由分管副县长协调坪上乡政府无偿划拨150平方米的建设用地，县发改局协调建设、国土、环保等部门及时办理各种建设手续。目前，所有建设手续基本办理完毕，待省公司统一招投标后即可开工建设。这标志着邮政服务基础设施建设将全部覆盖全县各乡镇。所有邮政局所的改造和新建，都是按照集团公司统一的规范化营业厅标准进行，崭新的局所彻底改变营业网点过去脏、乱、差的现象，企业形象显著提升，企业核心竞争力明显增强。

【成功打造普定地方名片】　充分发挥邮政资源优势，开发《秀美普定·穿洞故里》政府形象贺卡26000枚，成功打造普定地方名片，为宣传普定、建设普定发挥重要作用，实现经济效益和社会效益的双丰收。以DM宣传册为载体，成功承办2010年“3·15”国际消费者权益保护日宣传活动。同时，与县卫生食品药品监督管理局合作，参与食品宣传周及地氟病防治宣传活动，制作大量宣传资料和地氟病医治代金券。在县电力公司的协作下，通过中邮广告形式，继续在乡镇开展农村用电宣传。开展党报党刊征订工作，完成全年党报党刊征订任务。

【全面推进企业精细化管理】　为加强车辆管理，保障行车安全，降低油耗和维修成本，及时规范车辆管理措施，进一步完善车辆的使用、维修、用油等操作流程，用油统一实行集中核算。同时，严格控制各种非生产性用车，坚决执行“人归班、车归库”制度，严禁公车私用，对所有车辆实行归班检查制度。充分认识窗口服务对企业形象建设的重要性，在人员编制极其紧张的情况下，通过合理兼职方式，调整1名员工充实到前台营业窗口。对业务量较大的县局营业厅设立专职班组长，开设业务咨询台，主要负责营业大厅的业务咨询、客户投诉、客户分流、环境卫生、理财业务、大厅营业单册请领等日常事务。在市局的统筹安排下，为县城4个投递线路较长的段道配备摩托车，减轻投递员的工作负荷，加快县城主城区的投递速度。

【开展精神文明建设活动】　坚持每周1次的政治业务学习。通过集中统一学习，从党的大政方针、邮政的各种业务规章、新业务的开展、社会热点问题等多方面进行宣传贯彻，使员工能够及时了解更多的社会知识及业务知识，做到不与社会脱轨，不与政策脱节。年初，组织迎新春文艺节目参加市局的新年晚会，参加“四创”自愿者宣誓及游行等活动。同时，定期或不定期组织职工开展有益于身心健康的各种活动，如“三八”妇女节踏春等。

（县邮政局）

电　信

【综述】　2010年，中国电信普定分公司按照“用户至上，用心服务”的理念，努力改善服务，全年业务收入累计完成2134万元，占年收入计划的100.19%；宽带用户净增1157户，累计达5663户，为计划的47.95%；移动用户净增10856户，累计达20071户，为计划的100.86%；全县固定电话用户净增846户，累计达19817户。

【加快基础设施建设】　1月，开展农村电话建设会战工作，设立会战“倒计时”牌，时刻提醒所有工程人员关注工程进度。3月13日，完成农话网络、基站建设任务。在农话二期工程中，按照安顺分公司的工作安排，结合本公司实际，将“光进铜退”工作纳入农话二期工程中一并开展。按质按量回收电缆，负责随工人员及监理不定期深入施工现场，随时检查和了解施工状况，严格出、入库管理，做到帐、物、卡相符。

【运行维护工作】 2010年，根据市分公司的运行指标及相关故障时限考核办法，注重设备及线路的故障管控，根据网络规模和重要程度对网络实行分等、分类和分级维护，严格控制故障的处理时限，提高网络的稳定性。认真执行相关作业计划，主动维护，及时解决网络存在的隐患，使全年交换、传输、数据等故障大幅度下降。

【农村营销服务体系建设】 1月，借普定分公司列为全省开展农村营销服务体系建设工作试点之机，认真开展农村营销服务体系建设工作。截至2月28日，全县10个支局正式挂牌运营，并全方位开展营销工作。开展全省“村通”农话建设工作。组织全县农村支局所有人员开展进村收集用户信息，对有通信需求用户进行登记。同时，组织行政管理人员开展农村市场调查，掌握农村市场需求，确保“村通”建设取得成效。提取现有农村固话、无线农话、宽带用户清单，根据用户月均消费情况，分别对用户推荐不同档次的融合套餐业务。选取经济条件较为富裕的村寨，利用赶场天组织团队营销，宣传电信产品。为开拓农村市场，改变工作方式，采取多种方式进行宣传。如春节、农闲期间，把营销重点放在乡场；春耕季节，开展夜间进村行动。

【员工在职教育】 公司努力创造条件，鼓励职工自学成才，教育职工经常“充电”，逐步提高职工的文化素质和业务水平。充分利用电信网络的优势，组织员工参加中国电信网上大学学习，全体员工结合自身实际选择自学课程，主动抽出时间自学，不同程度地提高自身文化素质和专业技术水平。

（普定电信分公司）

移动通信

【综述】 2010年，普定移动公司全体员工团结一致，夯实根基，排除万难，积极开展各项工作，继续巩固市场份额，切实提升企业发展能力。

【市场总体指标完成情况】 截至10月，在线活跃用户增长到106625户，增长幅度为26.53%，市场活跃用户占有率达到84.85%；出账收入累计为4821.69万元，同比增长16.81%。各类营销活动办理终端量12073台。销售移动座机837台，超额完成目标值28.77%，居全市第一；集团移动座机办理523台，超额完成109.2%，居全市第二。同时，公司组织各渠道人员、平台商和片区人员，总结社会渠道在终端销售中存在的问题，加强对渠道的培训、考核和支撑力度。发展个人宽带用户354户。建设24个小区自建宽带，覆盖县境内重要小区住宅、各高中低档小区住户，预覆盖2036户小区用户。与广播电视中心合作，通过广电传输电缆，建设14个EOC头端，预计覆盖600户用户，通过广电电缆使用宽带上网EOC用户40户。

【渠道发展情况】 2010年，公司着力发展一批具有竞争力的合作渠道，从2009年的34家合作渠道发展至39家，其中发展两家业务较为突出的村级代办点成为合作渠道，不仅凭借其自身拥有的地理优势和独立的业务营销售能力，促进移动业务的进一步发展和提升，也鼓励业务能力较强的村级代办点、空中营业厅的积极性。截至10月底，全县合作渠道月均发展用户4877户，同比提升49.01%，占全县新增用户市场的60.85%。

为加大对农村市场的业务渗透能力，有针对性的在现有行政村和村级代办点的基础上发展了30家空中营业厅，从原有的226家发展至256家。月均空中厅发展用户1704户，比2009年增长9.94%，占全县新增用户市场的21.26%。同时，强化社会渠道走访力度，加强对农村市场的业务渗透，为市场占有率、终端销售提供条件。年初以来，不断加强营业员的能力培训，定期组织相关人员对公司各项新业务进行学习培训、考试，并且针对本县特征由专人制定出适宜的业务推广范本，提高营业员的积极性及综合业务素质，市场占有率明显增幅，并且每月对各营业厅进行服务检查，发现问题及时纠正，提高各营业厅的服务质量，合作营业厅的业务及时推广等。为提高片区区域化基础管理工作的进一步规范，及时组织片区人员进行培训学习，定期进行自查，对优秀案例进行交流，针对出现的不同问题开展整顿工作，片区基础管理工作不断走向规范化，在精细化管理上有较大的提升。

【集团工作开展情况】 新资费劳动迁移竞赛，完成2805户新资费品转，除第二期“乡镇党政科级领导及市级副县级以上领导新资费迁移工作”未按指标完成，其余均超指标完成。TD移动座机劳动竞赛，县公司5月共完成集团TD移动座机529台，任务数为250台，完成比例211.6%。中高端用户数：4378户，保有用户数：3162户，捆绑率达72.22%。超出目标值2.22%。保有率为51.14%，目前在各县公司排名靠后。VIP用户172户，已捆绑用户126户，捆绑率达73.26%，超出目标值3.26%。集团关键人物用户数197户，捆绑率105户，捆绑率达53.3%，与目标值相差2.7%。

MOA系统自2009年9月启动以来，发文24个，重新安装MOA软件18次，现场指导收文24次，更新普定县委书记及部分科局单位领导MOA登陆用户名，在全市几个县（区）的推广中排名靠前。完成全县新农合传输光缆线路建设43处，通过成立领导小组、上门拜访、召开项目启动会议、项目培训会议、政府行文等方式推进普定县新农合项目。发放新农合项目信息机212台，其中宽频式信息机177台，累计收取费用1288820元。完成基层党组织村支书转网工作，应完成任务数37户，实际完成转网37户。重要集团覆盖117户，完成值为64.29%，超出目标值4.29%。

【服务工作开展情况】 2010年，根据分公司下发的营业厅最新监测标准，对所有营业厅进行环境卫生、营业员服务规范、自助设备服务、手机终端销售、营业厅客户关怀以及营业厅争议处理等方面进行监测和完善，提升服务水平；根据营业厅分类（综合店、便利店以及社会渠道）对营业厅进行整改，按照营业厅分类要求配备营业厅硬件设施；实时关注营业厅服务业务发展情况，保证全县KPI考核指标的完成。规范营业厅资金管理，完善营业厅交接班记录，提升服务基础管理工作；营业厅C版BOSS系统更新的学习和指导，使营业员熟练掌握新BOSS系统的操作，做强服务工作的后台支撑。结合政府、集团服务工作需求，提供免费礼仪服务，如“3·15”消费者权益日、“5·17”世界电信日、高校营销活动、户外营销活动宣传、政府部门会议服务工作、地坝山庄开业以及人大、政协会议服务礼仪工作，展现移动在普定人民心目中的良好形象。

【网络工作完成情况】 2010年，全面完成工程任务，新建基站12座（其中城区新建工程9座、村通工程3座），TD基站5座，全部投入使用；扩容基站19座；改型基站1座。完成工程建设计划，提高网络覆盖质量，提升市场竞争力，促进业务发展和增加业务收入。新农合建成使用43条，小区宽带24个，集团专线5条，集团专线宽带26条，EOC头端14个。上报2011年建站计划11个城区及高速路新建站10座，村通站11座。补郎片区生产楼已投入使用；完成白岩生产楼的建设。完成石头堡基站光缆传输接入工程；根据普定公司本地网光缆传输现状，及时委托线路代维，促使传输处于良好运行状态，并消除存在的故障隐患。完成水母至太平农场段光缆迁改，新局、老局、白岩、补郎等PTN组网工程。完成浦江大酒店、辞源酒店等6个室内分布，完成蒲平煤矿、高龙煤矿等10个新建直放站的开通并投入使用。经公司员工的刻苦努力，普定网络的考核指标不断提升。普定小区完好性在6月交付代维后3个月，指标不理想外，其余各月均达到99.7%以上，小区退服率达0.3%以下，超额完成市公司下达的指标要求。完成马普煤矿矿难、猫洞煤矿矿难等多起应急通信保障。全年更换6个基站7组存在问题的蓄电池。更换白岩、补郎、坪上等6个基站开关电源，完成全县固定资产清查盘点工作。完成市公司安排的清网排障工作。开通兴锐合作厅、鸡场坡乡合作厅、龙场合作厅等5个新增营业厅。组织人员进行全县基站的三次季度巡检，发现问题及时督促解决。从1月开始，对各个月的基站故障进行综合统计分析。与广电合作开通14个EOC宽带；开通11个乡镇政府专线。

【技术培训和动环监控工作】 全年组织维护人员集中培训12次，学习电源、传输、动环维护、数据传输维护等相关知识，提高维护人员的相关技能。加强动环监控工作，基站动环监控、SDH传输网管、GPS巡检系统正常使用（OMCR未使用是因为市公司原因）。动环监控系统已有123个基站，还有2009年工程及2010年工程18基站未装。2010年，发生基站被盗21次，利用动环监控系统发现并抓住小偷4次。在5~7月为被盗现象频发期，不论何时接到门磁告警通知，立即赶赴现场。

【综合管理情况】 完成财务集中预算化管理、清仓查库、小金库清理自查整改、基站代维后基站巡检员改制及补郎片区经理竞聘、报帐稽核等工作。按月度做好基站、车辆、营业场所、办公场所安全生产检查工作，形成月度检查报告，将各种安全生产隐患扼杀在萌芽状态。

（普定移动公司）

联合通讯

【综述】　2010年，中国联通普定分公司大力发展2G、3G业务，全面完成固定资产投资任务，主营业务收入521万元。

【固定资产投资】　2010年，分别在城关镇、马官镇、化处镇、白岩镇等新建GSM2G基站9个，截至10月，全县GSM2G基站已达53个，基本实现全县各乡镇及村寨2G网络的全覆盖；在城关镇、马官镇、马场镇新建WCDMA3G基站6个，全县WCDMA3G基站数量达18个，实现普定县城、安顺电厂、太平监狱、马场镇政府等3G网络的全覆盖；开通颐景园小区4M光纤宽带，接通数据业务专线85条；完成固定资产投资517万元。

【主营业务收入】　全年完成主营业务收入521万元；2G用户累计发展8129户，3G用户累计发展819户，2G、3G实现网上用户数12367户；颐景园小区新发展宽带用户78户。截至12月，全县3G用户已突破千户，3G发展端倪初现。

【渠道建设】　2010年，已建成乡镇以上实体渠道14家，11个乡镇均有代理渠道代理公司业务，在有网络覆盖的村寨建成村级便民服务点188家，基本上解决用户办卡、缴费充值等服务。

（县联通分公司）

文教卫生

教　育

2010年6月23日，省政协副主席陈海峰（左四）、市委副书记、市长罗宁（右三）到普定县调研入学率巩固情况。　**（县教育和科技局　提供）**

【综述】　教育和科技局按照“巩固、深化、提高、发展”八字方针，以“办让人民满意的教育”为宗旨，不断深化教育教学改革，努力提高教育科技工作水平，推进全县教育事业协调、健康、快速发展。2010年，县教育科技局获全国第三届中小学生艺术展演活动优秀组织奖，获贵州省第二届中小学生地理小论文评比组织奖，获市教育目标管理考核一等奖、市中小学法制教育征文竞赛活动组织奖。

【机构调整及主要职责】　12月8日，根据《中共普定县委普定县人民政府关于普定县人民政府机构改革的实施意见》，组建普定县教育和科技局，加挂“普定县知识产权局”牌子，为县人民政府工作部门。

机构组建后，其职责调整为：取消已由县及县以上人民政府公布取消的行政审批事项；加强防震减灾方面工作职能；组织实施重大科技项目；加强基础教育工作，以农村教育为重点，推进义务教育均衡发展，促进教育公平。深入推进基础教育教学改革，切实减轻中小学生的课业负担，加强中小学德育，全面实施素质教育；大力发展职业教育，坚持以就业为导向，深化职业教育教学改革，努力提高职业学校的办学水平和质量，积极推进职业教育体制创新，进一步增强职业教育发展活力；加强民办教育统筹规划、综合协调和宏观管理，完善和落实促进民办教育发展措施，规范办学秩序，促进民办教育事业健康发展。

调整后，其主要职责为：贯彻执行党和国家的教育、科技、知识产权、防震减灾工作的方针、政策和法律、法规；拟定全县教育、科技、知识产权、防震减灾发展规划并指导、协调和监督实施。提出优先发展的领域和研究课题，编制全县教育、科技发展中长期纲要、规划和年度计划并监督实施；开展相关宣传普及和教育培训；实施信息公共服务平台建设，指导信息的传播和利用工作。规划指导全县基础教育工作，以农村教育为重点，推进义务教育均衡发展，促进公共资源进一步向农村和民族地区倾斜，促进教育公平，指导与评估普及九年义务教育和扫除青壮年文盲工作。全面实施素质教育，深入推进基础教育改革，切实减轻中小学生的课业负担，加强中小学德育，指导义务教育发展水平、质量的监测工作。大力发展职业教育，坚持以就业为导向，深化职业教育改革，提高职业学校的办学水平和质量，积极推进职业教育体制机制创新，进一步增强职业教育发展活动。统筹管理本部门教育经费，参与拟订教育经费筹措、教育拨款、教育基建投资措施；管理国内、国外对普定县的教育援助、教育贷款；监督全县教育经费的筹措和使用情况；负责科技经费预决算及经费使用的监督管理，会同有关部门提出资源合理配置的政策措施和建议。负责全县教育基本信息的统计、分析和发布。统筹和指导少数民族教育工作，协调对民族地区的教育援助。加强民办教育的统筹规划、综合协调和指导管理，贯彻落实促进民办教育发展的政策措施，规范办学秩序，促进民办教育事业健康发展。规划和指导全县教育系统党的建设、思想道德建设、统战、教育工会、学校教代会等工作；指导全县教育系统学校干部队伍建设，参与考察学校领导班子，提出领导班子充实调整方案。规划、指导全县各级各类学校德育、法制宣传教育、体育卫生与艺术教育及国防教育工作，指导各级各类学校的稳定工作。主管全县教师队伍建设工作，组织实施教师资格制度，统筹规划教育系统人才队伍建设工作。按管理权限和分工，负责县属学校人员编制、招聘录用、专业技术职称、培养培训和考核的相关工作。统筹管理全县学历教育及社会力量办学考试工作，规划指导并组织实施继续教育、自学考试和高中毕业会考等工作。统筹管理中等职业学校招生考试和中等职业学校的学籍学历管理工作。规划、指导并组织实施全县教育系统的自然科学和社会科学的研究工作。承担县人民政府教育督导室和县语言文字工作委员会的具体工作。负责全县教育系统财务内部审计和有关学校、单位党的纪检及行政监察工作。拟订并组织实施各类科技计划和重大科技专项与工程；负责统筹协调应用技术研究、社会公益性技术研究、基础研究工作；牵头组织国民经济与社会发展重要领域的关键技术攻关。组织科技专项实施中的方案论证、综合平衡、评估验收，对科技重大专项实施中的调整提出建议。会同有关部门拟订科技创新基地建设、科研条件保障、重点领域高新技术发展及产业化的规划和措施，推进重点实验室、工程技术研究中心等科技平台和高新技术产业发展；推进技术创新体系建设和科技资源共享；负责高新技术发展及产业化工作；指导和协调高新技术产业基地、科技（园）区工作。牵头拟订科技促进农业发展、社会发展的规划，组织实施农业科技计划、社会发展科学计划，加强农业和社会发展领域科技创新与成果转化体系建设；开展以科技惠民为重点的新农村建设工作，推动农业科技进步，促进现代农业发展。会同有关部门拟订促进产学研结合的相关措施，拟订国家、省、市科技支撑项目课题计划，提出科技成果推广和技术市场管理意见建议，指导科技成果转化工作，组织相关重大科技成果应用示范。拟订科技成果奖励和促进技术市场、科技中介组织发展的措施，指导民营科技机构的发展，负责科技保密和科技评估、科技统计工作；会同有关部门管理技术出口工作。开展经济活动的知识产权审查；研究传统知识、地理标志等特定领域知识产权方面的相关问题；统筹协调涉外知识产权事宜，研究知识产权发展动向；负责知识产权工作的涉外侵权处理；承担专利行政执法工作；指导专利技术推广和运用，促进专利技术产业化；规范和管理专利中介服务机构的工作。会同有关部门依法保护地震监测设施和地震观测环境和建立震灾预防工作体系；承担县人民政府抗震救灾指挥机构的相关工作；负责震情和灾情速报，会同有关部门组织地震灾害调查与损失评估；参与制定地震灾区重建规划。指导县区开展科技、知识产权、防震减灾试点示范及其他有关工作；会同有关部门拟订科技、知识产权人才队伍建设规划，参与县科技副乡（镇）长的选派工作。加强对外合作与交流，负责组织实施、监督管理合作项目。承办县委、县人民政府和上级业务主管部门交办的其他事项。

调整后，其内设机构设办公室、人事股（离退休干部股）、基础教育股、县人民政府教育督导办公室、安全法规股（行政审批服务股）、科学技术综合股（防震减灾办公室）、知识产权股。人员编制和领导职数为机关行政编制15名，其中局长1名，副局长2名，正科级或副科级督学2名；股级职数8名；机关工勤人员编制2名。

调整后，高等学校毕业生离校前的就业指导和服务工作，由县教育和科技局负责；毕业生离校后的就业指导和服务工作，由县人力资源和社会保障局负责。

【巩固“两基”成果】 贯彻落实《义务教育法》和《贵州省人民政府办公厅关于以县为单位制定巩固“两基”成果提高义务教育水平实施计划的通知》精神。2009年“两基国检”后，将工作重心转移到巩固“两基”成果和提高义务教育水平上来，制定《巩固“两基”成果，提高义务教育水平工作方案》，继续实行“双线四层”的控辍保学目标责任制，将“两基”各项指标作为乡（镇）年终目标考核的重要内容。加大《教育法》、《义务教育法》宣传力度，组织人员进村入户，全面动员失辍学儿童返校入学。各中小学通过举办各类兴趣小组，丰富学生课余文化生活，确保学生进得来、留得住、学得好。同时，加大课改力度，深入推进素质教育，义务教育工作水平不断提高。

【义务教育】 贯彻落实国家义务教育阶段贫困生资助政策，建立和完善“留守儿童”、女童、孤残儿童等处境不利少年儿童帮扶措施，设立心理咨询室和“留守儿童”教育管理中心等，切实保障进城务工就业农民子女接受义务教育，开展贫困学生和处境不利儿童少年帮扶工作，提高义务教育普及程度。全县小学适龄儿童入学率99.43%以上；初中适龄少年净入学率79.88%以上；小学毕业生升学率93.03%；小学六年巩固率97.01%；初中三年巩固率82.23%；“三残”儿童入学率88.68%；残疾在校生65人。

【特殊教育】 加强随班就读工作，完成特殊教育任务65人；转下达10万元特殊教育经费到学校；做好“三残”儿童体测工作，整理完善“三残”儿童少年体测工作资料；全面启动特殊教育学校建设工作。

【学前教育】 进一步加大幼儿教育资金投入，积极改善公办幼儿园办学条件，不断扩大幼儿教育办学规模。动员社会力量，开办私立幼儿园，不断满足全县幼儿教育需要。2010年，批准设立1所私立幼儿园，全县有幼儿园14所（其中私立13所），4～6周岁幼儿人数14458人，学前一年在园（班）幼儿4108人，学前一年入园（班）率81.46%。学前三年在园（班）6666人，学前三年入园（班）率40%。

【高中教育】 按照《贵州省普通高中课程改革实验实施方案》要求，成立普通高中课程改革实验工作领导小组，制定普通高中课程改革实验工作方案。坚持“先培训后上岗，不培训不上岗”的原则，采取“走出去、请进来”的方式，组织教育行政管理人员、教研人员和学科教师参加各级普通高中新课程培训，县一中、炽章中学选派教师150余人次外出参加培训。2010年，县一中、炽章中学招收高中一年级学生1132人，完成市下达的普通高中招生任务。县一中申报省级示范性高中投入资金2700余万元，改善县一中办学条件，12月，县一中创办省级示范性高中通过省专家组初评。

【德育教育】 全面贯彻《中共中央国务院关于进一步加强和改进未成年人思想道德建设的若干意见》，组织开展“弘扬和培育民族精神月”活动，开展中小学“法制教育”征文竞赛、“祖国好·家乡美经典诗文朗诵比赛”等活动。在诗文朗诵比赛活动中，推荐4名同学参加市级比赛，2人获三等奖、2人获优秀奖。按照公平、公开、公正的原则，根据学校推荐，逐级审定的程序，组织评选2010年度市级三好学生24名、市级优秀学生干部20名、市级先进班集体5个。广泛开展“四创”宣传教育活动，招募“四创”自愿者1547名，组织人员走上街头散发宣传单3000余份，开展“弘扬普定文化，争创文明使者”征文活动，收到学生征文作品100余篇。

【体育卫生】 贯彻落实《中共贵州省委贵州省人民政府关于加强青少年体育增强青少年体质的实施意见》精神，实施中小学体育与健康课程标准，落实青少年学生每天锻炼一小时活动的规定，组织开展“全国亿万学生阳光体育”运动会，组织完成初中毕业生学业（升学）体育考试工作，全面做好国家学生体质健康标准测试数据上报工作。严格实施中小学《体育（与健康）》课程标准，切实提高中小学体育课教学质量。贯彻落实《贵州省学校卫生工作管理办法》，建立和完善学校流行性疾病、传染性疾病防控应急预案，完善学校食堂食品卫生管理制度，开展食堂食品卫生排查工作，建立和完善学生健康体检制度，完成学生定期体检及儿童入学入托查验接种证工作。全面实施义务教育阶段学校投保校方责任险。2010年，全县投保校方责任险中小学校220所，投保人数68727人，投保金额34.36万元。

【艺术教育】 全面贯彻国家《学校艺术教育工作规程》，开设艺术类特色学科课程，配齐特色岗位学科教师。组织开展县级中小学生艺术展演活动，培养学生艺术审美素质，陶冶学生情操。2010年，全县开展中小学生艺术展演活动65场次，参与师生2100余人次，县教育科技局获全国第三届中小学生艺术展演活动优秀组织奖。

【职业教育】 9月，停止中等职业学校招收初中毕业生，把县职中原有的校内初中全部剥离。按照“中等职业教育与普通高中教育规模大体相当协调发展”的要求，将中职招生工作纳入高中阶段招生统筹管理，将县职中招生和指导初中毕业学生报考（报读）中等职业学校纳入年度教育目标管理。2010年，完成中职招生人数1815人。

【成人教育】 按照“一校挂两牌、日校办夜校、一长管两校、一师任两教”的原则，合理利用村级小学资源，协调劳动、农业、扶贫等相关部门，以扫科盲带动扫文盲的方式，全面开展农村实用技术和农民文化科学知识培训，全县开展新型农民培训380期，培训28553人次。

【教师继续教育】 全面组织实施“安顺市‘十一五’（2006—2010年）中小学教师继续教育工程”，组织开展中小学教师继续教育全员培训、专项培训等工作，全面完成各类专项培训任务。结合基础教育课程改革的深入推进，广泛开展“决战课堂、新教材大练兵”等活动，全面提高中小学教师实施新课程的能力和水平。10月，全县教师继续教育工作代表全市接受省级评估。

【师资队伍建设】 贯彻落实新修订的《中小学教师职业道德规范》，在全县教育系统组织开展以“自律、奉献和爱”为主题的师德教育系列活动。组织开展“万名教师访教”活动，弘扬教师“自律、奉献和爱”的精神与美德，广大教师道德修养得到加强。组织开展农村中小学教师教育技术能力培训，培训教师914人次。2010年，全县招聘特岗教师50名，第一阶段招聘特岗教师46名。第二阶段招聘县级计划特岗教师4名。并组织特岗教师参加岗前培训后再上岗。通过公开招考方式，招聘49名教师到城内缺编学校任教。清退借用人员和不在岗人员，全县清退借用人员266人。动员、鼓励城镇中青年教师支援农村学校，全年安排41名教师到农村薄弱学校支教，促进教师交流，弥补农村学校教师资源不足的问题。组织开展乡镇初中校长、中心小学校长和临时负责人考察考核工作，对全县25名初中校长和乡镇中心小学校长履职情况进行考察。按照多劳多得、优质优酬原则，全县中小学严格按照学校拟定的教师绩效工资分配方案，强化教师绩效考核，兑现奖惩。

【全面推进课程改革】 坚持以教学为主渠道，深化基础教育新课程改革，强化校本教研制度，广泛开展校本培训及教育教学研究活动，深入推进素质教育，积极下校视导，全面提高教育质量。坚持下校视导制度，县教研员分别到县实验学校、马官中学、白岩中学、城关三小等10余所中小学，指导并参与学校开展教研活动，共同探究和解决新课程改革过程中的难点、热点和疑点问题。组织开展全县中学青年语文教师教学技能竞赛、小学数学青年教师教学技能竞赛等活动，提高中小学教师课堂教学技能。组织开展小学音乐、初中生物、数学、政治优质课评选活动，提高教师教学业务能力。其中县二中教师袁琳获市级一等奖、补郎中学教师张繁获市级三等奖。组织4期中小学班主任培训，参加培训人员600人。开展送好课下乡活动，分别送课到补郎中学、等堆小学、余官小学、猴场中学等，涉及科目为中学思想政治、数学、生物，小学语文、数学等，全县参加活动教师200人次。组织162名学生参加全国初中化学竞赛，组织517名学生参加全国初中数学竞赛。

【关工委和家长学校工作】 进一步加强教育关工委组织建设，动员“五老”成员到教育关工委组织中来，壮大关工委组织力量。加强省级社会主义新农村建设示范村马官镇羊寨村关心下一代工作，对羊寨村关工委组织建设及活动开展进行指导。组织全县各中小学开展“日行一善”教育实践活动，在学生中广泛开展崇善、扬善实践体验，加强广大青少年学生道德教育。举办“我是90后”主题教育活动178场次，受教育师生6万余人。指导基层创办家长学校示范校，全县222所中小学校开办家长学校，合并建设家长学校25所，其中省级示范性家长学校1所，市级家长学校9所，家长学校开办率100%。

【提高教师技能】 各中小学组织开展小学实验教学技能竞赛活动，通过层层选拔，推荐70名优秀选手参加县级比赛，县推荐10人参加市级比赛，获一等奖3人、二等奖4人、三等奖1人。

【加强教育科研】 加强教育科研课题管理，鼓励学校自选课题开展研究，开展教学论文评选和推荐工作。2010年，全县评选推荐中小学教师优秀论文、教学设计、教学课件421篇（件）报省参评，获省级一等奖33名、二等奖120名、三等奖246名，县级获组织奖；组织全县中小学生35人参加全省地理小论文评选，获一等奖1人，二等奖10人，三等奖24人，县教育和科技局获组织奖。

【保障经费投入】 落实农村义务教育经费保障机制改革政策，农村税改转移支付资金的50%足额拨付教育，共计628.7万元。县级财政按规定及时配套教育经费。2010年，按时拨付生均公用经费情况为春季1312.6万元，秋季1314.8万元，全年生均公用经费指标人均100元，合计3438.09万元；中职助学金37.8万元。严格执行学校预算编制，规范学校经费开支。切实加强财经纪律，督促、检查农村中小学预算编制，按规定开展工作和学校财务预算执行工作。成立“校财局管”办公室，建立健全教育经费拨付、学校经费管理和使用情况的内部审计制度，严格执行学校的财经纪律和内部控制制度，规范教育经费管理和使用。将应用技术研究与开发经费248万元纳入财政预算，并全部拨付到位，用于县级科技计划项目的实施。

【落实学生资助】 2010年，全县享受寄宿生生活补助学生8472人，补助金额635.4万元，之后提标210.76万元，合计846.16万元；享受中职资助学生，春季为314人，资助金额23.55万元，秋季为216人，资助金额16.2万元；完成大学生助学贷款1091人，贷款金额595万余元。义务教育阶段学生全部享受免费教科书，涉及金额304.53万元。

【校园安全与管理】 加大校园安全宣传工作力度，利用班会课、国旗下讲话、黑板报、校园广播、学生征文等形式，在广大师生中开展以人身安全、自然灾害避险、道路交通、森林防火、食品安全等为主题的安全知识宣传教育活动，增强师生安全意识，提高避险防范能力。充实校园安保力量，强化学校值班看护。配备监控报警系统，聘用保安人员130名，配备保安警用装备28件。19所学校安装监控系统，4所学校安装报警设备，11所学校配备保安警用装备。进一步加大安全隐患排查力度，联合相关部门深入学校开展校园安全隐患排查工作，对学校及周边可疑群体、治安隐患、道路交通安全、山体滑坡、地质灾害、建筑安全、食堂食品卫生等进行全方位排查，发现问题，及时整改。利用“5·12”防震减灾日、“11·6”防震减灾科普宣传周等为契机，发放《防震减灾法》、《地震知识解答》5000余册，广泛发动各中小学开展防震减灾科普学习宣传活动，组织防震避险应急逃生演练。

【坚持依法治教】 加大教育系统预防职务犯罪工作力度，严肃查处违纪行为，加强对教育乱收费的治理及基建工程、物资采购、后勤等各项工作的监督管理，从源头上预防和治理腐败。组织开展全县教育系统财务人员业务培训，提高财务人员财务管理水平。同时，进一步规范教育收费行为。2010年，分春秋季学期对全县11个乡镇和县直属学校教育乱收费进行专项检查，检查学校182所，义务教育阶段学校实现“零收费”。做好校务公开量化评估工作，坚持将学校招生、人事改革、物品采购、财务收支和基建等热点问题全面公开，主动接受广大教师和群众的监督，有力地推进教育系统行风建设工作。

（杨　耀）

附一：普定县2010年度部分学校名录

学校名称	校　长	学校名称	校　长
普定县第一中学	朱怀智	猴场中学	陈登江
普定县第二中学	陈登权（兼）	猫洞中学	杨仕政
普定实验学校	甘明荣	城关一小	张家发
普定县幼儿园	徐丽娜（女）	城关二小	陈星盛
普定职业技术学校	刘海光	城关三小	王顺友
城关一中	姜开富	马官小学	贺圣益
城关二中	王成山	化处小学	张显庭
马官中学	王　军	马场小学	曾加运
化处中学	张副标	白岩小学	梁启富
马场中学	林　伟（副校长主持工作）	龙场小学	江玉凡
白岩中学	陈　刚	鸡场小学	高　杰（女）
龙场中学	李治海	坪上小学	阮　涛
鸡场中学	曾应江	补郎小学	张　祥
坪上中学	贾俊宁	猴场小学	陈　杰
补郎中学	陈　松	猫洞小学	吴　波

附二：普定县一中2010年工作概况

【综述】 紧紧围绕创办省级示范性高中工作这个中心，加大“申示”工作宣传力度，修订《普定县第一中学管理手册》，进一步明确教职员工的职责，使学校管理制度化、规范化，按“申示”要求收集整理近三年学校办学的各类资料，制作体现普定一中办学历程的光碟，布置体现“申示”过程的“申示”陈列室，对校园进行美化和文化装饰，丰富校园文化内涵，软硬件建设取得较大成果。年底，参加省教育厅组织的省级示范性高中评估专家组的第一次评估。2010年，普定一中有教职工176人，其中高级教师35人，一级教师58人，教学班41个，学生2580人。高考一本上线45人，二本上线206人，特长生上线51人，二本以上上线突破300人。

【德育工作】 紧紧围绕“爱国爱乡、以德树人、发展个性、造就平凡”的办学特色，全体教职工坚持理论联系实际，认真坚持育人为本，德育为先，把社会主义核心价值体系有机融入学校教育的全过程。进一步加强领导班子和教师队伍建设。成立由党总支牵头，政教处、团委参与的德育工作领导小组，认真做好老师和学生的政治思想工作。着力建设一支事业心、责任心、进取心强的高素质的教师和干部队伍，中层以上领导能立足本职，勤学习，勤工作，严格要求，廉洁自律，勇挑重担，敢于负责，真正做到以正确的思想引导人、以高尚的人格熏陶人、以实际行动带动人，形成一个理论学习好、团结协作好、廉洁自律好、工作实绩好的领导集体。抓好师德师风建设，创文明校风，树师表形象为重点，深入开展师德教育和纪律作风整顿活动。杜绝歧视差生，体罚差生，搞有偿家教的现象，做到依法执教，廉洁从教，文明施教，自觉遵守学校的各项规章制度，严于律己，忠于职守，真正做到讲学习、讲正气、讲实绩，热爱教育事业，热爱学校，热爱学生，关心集体，少说空话，多做实事。

以创办省级示范性普通高中为契机，总务处、团委重视校园文化建设，努力营造良好的校园文化氛围。抓好校园的美化、绿化、硬化和净化工作。做到校园内无纸屑、塑料袋，墙上无脚印，地上无痰迹。同时，根据校园特点，精心设计融教育性、艺术性、趣味性于一体，有鲜明特色和文化底蕴的板报、标语等。通过校园环境建设，充分体现学校的办学思想及理念，激发学生的学习积极性，营造良好的校园文化气息。

采取切实可行的措施，认真抓好校风、教风、学风和班风建设，加强对班主任的培养和教育，引导他们科学管理班级，逐步形成良好的班风和学风。学校制定校风建设方案，有计划、有步骤地抓好学校校风建设，形成学校的精神文化。充分利用班会、国旗下讲话、校内外活动等途径，有计划、有针对性地对学生进行爱国主义、集体主义、社会主义、法制、安全、心理健康等教育，对全体学生尤其突出道德建设，民族精神和国家建设的教育。做到重点清，要求明，措施实，由知到行，环环扣紧。进一步强化班、团会的作用，按学校计划围绕教育重点，组织开展形式多样、喜闻乐见的活动。

2010年12月3日，市教育局组织有关专家对普定一中申报省级示范性高中相关工作进行预检。图为专家组检查档案资料。（胡 洁 摄）

【教学科研】 不断深化课堂改革，树立质量意识，强化质量监督和激励机制，创造符合教育教学规律，具有自身特点的教学模式。加强教与学的自觉性，深入探讨教育教学目标管理的手段、措施，规范目标管理体系，使全校教学管理工作沿着落实知识、开发智力、突出业绩、注重非智力因素开发、让每位学生学会做人，学会学习，学会合作，学会做事，学会创造。同时，学校还注重加强与兄弟学校之间的交流，取长补短，资源共享。

招聘6名教师，解决师资不足的问题。认真规范教师个人的业务档案，并严格教学常规管理。建立健全教师量化考核机制，认真执行听课制度，教研组活动制度、教学检查制度、教师考勤制度、教师教学评估制度等。加强教学督导、检查评估工作，包括教学常规情况、教风、学风、教师教学水平、教学效果、学科教学研究、教学总结。强化教研活动，严格执行教研活动制度，鼓励教师撰写教研论文，继续加强与兄弟学校的教学经验交流。严抓学生的日常行为规范，以学生日常行为规范为突破口，由政教处、团委负责对学生的日常行为规范逐条落实，包括上课、课间操出勤；上课表现、作业完成情况；流失生情况；学习成绩；道德修养，各班的班风等。严格执行国家规定的课程方案，开齐课程，开足课时。加强考试管理，提高教育教学质量。做到规范考试，诚信考试。

9月，启动新课程改革，先后派出教师120人次参加省、市级新课程改革培训。邀请课改专家贵州省师范学院继续学院副院长宋万琚博士、市教科所副所长魏林到校讲学，邀请贵阳六中，安顺市一中、二中，安顺市民中优秀教师到学校与教师进行“同课异构”的教学交流活动。

强化教研活动和集体备课，加强课后交流，提高全体教学人员的教学水平。建立学生成长档案，加强对学生的辅导。

在课题研究方面，有2个省级课题、1个国家级课题和10个校级课题已结题；积极开发校本课程，组织教师编写《普定一中书法教程》、《普定地理》、《心灵之旅——普定一中心理辅导课教材》、《爱国主义教育读本》、《初高中数学教学衔接》等9本校本教材。

【综合治理】 由学校领导担任综合治理工作小组的组长，聘请司法人员担任法制副校长，严格执行安全维稳工作信息报送制度，无迟到、瞒报、漏报现象。在学校全面实行校方责任保险。

加强校园安全工作，把安全工作纳入学校的工作重点之一。9月，新学期开学第一天就给学生上校园安全第一课，让学生进校就提高安全意识，学会自我保护。

学校安全贯彻“谁主管、谁负责”的工作原则，成立以校长为组长的领导小组，落实安全工作责任制，实行校级领导、值班教师、班主任三级值日管理网络。坚持安全工作检查，发现隐患及时排除并做好台帐。同时，定期组织全校师生开展安全教育宣传活动，制订学校停电应急预案，突发疾病应急预案，防火、防水应急预案。设立安全员，举办安全教育主题班会，请法制校外辅导员来校作报告，利用校园广播进行安全知识宣传。

加强安全工作考核机制，对全体教职员工进行安全考核并把考核结果记入教师的岗位考核，实行安全工作一票否决，不断增强大家的责任意识。

【硬件建设】 积极筹措资金，解决创办省级示范性普通高中资金缺口的问题，全面加快学校建设。投资700万元的学生公寓已投入使用；投资319万元的运动场和投资700万元的综合实验楼开工建设；投资108万元修复校门和儒臣楼；投资65万元完善校园供水系统；投资49万元安装13个多媒体教室。

（魏祥华）

附三：普定县二中2010年工作概况

【综述】 2010年，健全完善党建、德育、安全、教学管理、总务后勤、考核细则、奖惩方法等规章制度，完善教代会等群众团体组织。进一步增强民主法制观念和廉洁自律意识，促进领导班子建设和党风廉政建设，逐渐形成科学管理模式，学校各项工作顺利开展。

2010年4月29日，普定二中举行“继承和弘扬长征精神”宣讲大会。 （县二中　提供）

【班子整体素质】 奉行“民主、廉洁、团结、务实、创新”方针，实行分级管理，分工负责，团结协作的原则，贯彻“集体领导，会议决定”的要求，做到大事研究讨论，小事通气协商。进一步加强学校班子成员的思想建设和作风建设，完善领导岗位责任制和责任追究制度。继续施行领导考核制度，建立评价机制，树立全局意识、发展意识和创新意识。增强做好本职工作的责任感和使命感。学校领导以身作则，各项工作想在前面，走在前面，干在前面。

【师德师风建设】 严格遵守教师职业道德建设的有关规定，组织教师学习师德师风先进典型事迹，结合实际介绍教育教学先进经验，并组织教师讨论、交流。全校没有发生一例教学事故，没有出现体罚和变相体罚学生等现象。加强对年轻教师的指导与帮助，提高年轻教师的教学理论水平与教学应变能力，采用“送出去、请进来”的方法，加快青年教师的成长。

【常规教学管理】 把教育教学质量作为衡量教师工作的重要标准，作为各类评优表模的主要依据。围绕提高课堂教学效率，严抓教学常规的落实，做到教学常规管理精细化、长效化。教导处根据工作计划，做好教学常规的落实和督查。对各阶段的教学质量实施过程化管理，加强平时教学情况的督查。严格执行国家的课程计划，开齐、上足、教好各门课程，继续严格执行“减负”的有关规定，严格控制学生在校时间、作业量、考试、教辅用书等，确保学生健康成长。加强对教师的业务培训和教师终身学习，把新课程的理念渗透到各学科、各年级之中，为广大教师更新教育观念、更好地转变角色构建良好平台。

【体育、卫生和语言文字工作】 重视体育卫生工作，提高体育课的教学质量，保证学生的体育活动时间，提高全体学生的体质和健康水平。按照《体育与健康课程标准》的实施要求，每个层次的学生在“运动参与”、“运动技能”、“身体健康”、“心理健康”和“社会适应”5大学习领域都得到发展。抓好环境卫生工作，广泛开展预防艾滋病和毒品预防教育，抓好学校易发传染病预防和控制工作，杜绝各种传染病在学校发生。要求师生在课堂说普通话，使用规范的汉字。利用本校普通话水平的优势，开展培训活动，要求教师参加普通话水平提升等级测试，营造高标准的语言文字环境。

（县二中）

附四：普定炽章中学2010年工作概况

【综述】 2010年，坚持“为实现理想走进来，为服务社会走出去”的办学理念和“以德育管理为龙头，以教育教学为中心，以后勤工作为保障，以军事化管理、安排就业为特色、视学生为子女、视质量为生命，内强素质，外树形象”的办学战略方针，稳定和优化教师队伍，因材施教，针对学生实际情况进行分层教学。真正做到既重视优秀学生的培养，更重视基础差学生的教育，使每一位进入炽章的学子能服务于社会。

【教育教学管理】 2010年，炽章中学在高考中取得优秀的成绩。150人参加高考，上一本线9人，上二本线24人，上专科线88人。每位参考学生的高考成绩与高一入学成绩相比，都有很大的提高（其中有121人高一进校时均未能达到当时高一录取的最低分）。同时，把整脏治乱工作、安全工作、学生思想道德教育工作放在首位，在全面提高教育教学质量的基础上，各项工作有序开展。在整脏治乱工作中，全校师生保证校园及周边环境卫生、教室卫生、寝室卫生和个人卫生；请消防官兵、食品卫生监督及相关人员对学校进行安全教育、防火防盗教育、食品安全卫生教育、个人行为教育及自我保护意识教育。

【精神文明活动】 举办春季篮球运动会及冬季拔河比赛、长跑比赛和“五四”青年节合唱比赛等。

（张蜀梁）

教育培训中心

2010年6月至11月，“知行中国——中小学班主任远程培训”在县教育培训中心举行。（吴 晓 摄）

【教职工政治学习】 通过学习《党章》等知识，开展“党的基层组织创建”、“忠实践行宗旨、勤政廉政为民暨创先争优教育”、“自律、奉献和爱”、“四创”等系列教育活动，使全体教职工在思想上政治上得到较大提高。开展“安全教育”、“整脏治乱”、“校园综合治理”、“抗旱救灾”、“义务献血”、“防震防洪”演练等活动；开展“关爱女孩”、“弘扬民族精神”、纪念“五四”精神、纪念“12·9”爱国主义、职业教育调研、全县移民调研、职业教育课改等活动。利用每周四政治学习时间和每周一升旗仪式对师生进行党的路线、方针、政策教育、法律法规教育、安全卫生、爱国主义教育等，全年本校教职工遵纪守法，无违法乱纪等行为。

【劳动力转移培训】 完成农村劳动力（雨露计划）工程培训1171人次，启动全县退耕还林工程培训，启动200余人的电子电工技术农村农民工招生培训工作。

【职业教育发展】 根据中职学生的特点，在教师备课、作业批改、学生辅导、教师听课、教学反思、计划总结等方面作出具体要求；统计兼职老师基本情况，收集老师毕业证、资格证、聘任证存档。对中职学籍档案管理的老师提醒，听取反映，及时通知班主任填写相关内容；提前搞好期末考试日程安排，制出学生期末成绩通知单；教研组资料装档；学期结束，按要求完成《教师业务考核档案》填写；与班主任、专业老师了解情况，结合学校实际、学生实际、老师情况，拟定中职教学计划；开学前，提前了解学科教学情况，听取老师们对课程安排的建议，提前安排好课表，按时上课；每月按时检查教学常规资料，结合实际对老师进行业务学习。办理2010届中职毕业证135人。其中电子电工专业32人，汽车运用与维修32人，计算机应用71人。2010秋季招生176人，现有在校学生670余人，开设幼儿师范、电子电工、计算机应用、服装等4个专业。

按照国家对中等职业学校学生学籍管理及国家助学政策的有关规定，组织对受助学生进行认真审查，按照政策规定发放助学金。2010年春季免学费退费145人，每生650元，共退费9.425万元；2010年春季享受国家助学金人数一年级60人，发放4.455万元；二年级252人每生750元，发放18.9万元，全年合计发放23.355万元。

【电大学历教育】 加大学历教育培训，开办畜牧兽医专业2007春28人；农村行政管理专业2007秋29人，2008春27人，2009秋40人，2010春30人，2010秋21人，为农村培养275名科技带头人和村级管理人员。重视成人教育培训，在校学生2008级春行政管理专科10人、法学本科19人；2008秋季行政管理专科13人、本科10人；2009级春季行政管理专科11人、秋季行政管理专科14人、秋季行政管理本科14人；2010级春季行政管理专科21人、小学教育专科29人、行政管理本科14人。在校学历提高教育学生155人。

【教师继续教育】 3月至4月，举办第二批骨干班主任培训，培训学员600余人；5月，举办全县第二批县级骨干教师培训，126人合格。为做好培训工作，专门到安顺学院聘请有教学经验的专家支敏、徐忠等来给学员授课，并要求学员完成“五个一”工作，即传、帮、带工作总结，教学设计，校本研修个人总结，师德总结，一篇教学论文。并对“五个一”进行考核审查，合格方可成为县级骨干教师。8月28日至30日，举办特岗教师培训50余人。学校对授课教师和学员严格要求，上课老师认真讲解，学员专心听讲，认真笔记。通过培训，使其尽快熟悉教师工作，更好地开展教学，为农村教育服务。从10月份起，举办第三批班主任全员培训，全年举办9期1700余人。6月至11月，举办“教育部贵州省小学班主任知行中国远程培训”，分为2个班共200人。11月，举办农村中小学骨干教师计算机知识远程培训，分中学组和小学组，中学组80余人，小学组124人。

【其它工作】 按照省文明办和团县委对“祖国好·家乡美”主题实践活动的安排，在5月启动“祖国好·家乡美”主题实践活动。“想一句感言献给老师”、“发一条短信激励同学”和“写一篇诗文赞美家乡”活动。组织开展普定县职业技术学校2010年度“才艺展示”大赛。做好“普定县2010阳光女孩”推荐选拔工作。同时，组织开展“12·9”校园文化周系列活动。

（吴　晓）

文化·体育·广播·电视

【综述】 围绕构建公共文化服务体系，加强公共文化基础设施建设，实现群众公共文化基本权益享有，以创建全国文化先进单位为动力，以文化体制改革为载体，以夯实公共设施建设为基础，积极打造穿洞文化品牌、构建穿洞文化谱系等县域特色文化，推动文化大发展大繁荣。完成县文化馆、图书馆、文物管理所、文化旅游市场执法和广播影视的体制改革工作。文化遗产、文化旅游市场、农家书屋、共享工程、乡镇综合文化站建设等全面发展。群众体育、竞技体育、体育彩票、体育市场及公益性体育基础设施建设得到加强。农村电影公益放映、村村通广播电视、数字网络电视、广播电视无线覆盖和自办电视节目等广播影视事业提速发展。旅游发展事业取得新突破，加快夜郎湖风景区旅游基础设施建设步伐，旅游文化逐步形成。2010年，县广播影视工作获安顺市目标考核特等奖，文化体育新闻出版工作获一等奖。

【机构调整及主要职责】 12月8日，根据《中共普定县委普定县人民政府关于普定县人民政府机构改革的实施意见》，组建普定县文体广电旅游局，加挂“普定县新闻出版局（版权局）”牌子，为县人民政府工作部门。

机构组建后，其职责调整为：取消已由县及县以上人民政府公布取消的行政审批事项。将原县文体广播电视局（新闻出版局〈版权局〉）、县旅游发展局职责整合划入县文体广电旅游局。加强动漫、网络游戏管理（不含网络游戏的网上出版前置审批）及相关产业规划、产业基地、项目建设、会展交易和市场监管。加强对信息网络视听节目（包括影视类音像制品的网上播放）服务和公共视听载体播放节目的业务监管。加强指导和推进青少年体育工作。加强指导著作权保护工作。加强推进公共文化服务指导基层文化服务建设和保护非物质文化遗产。加强旅游的综合协调、应急救援、市场监管以及对外新闻宣传、旅游信息网络建设。增加对从事演艺活动的民办机构进行监管。增加对从事广播电影电视制作的民办机构进行监管职责。增加拟定全县文化体育广播电影电视旅游出版物产业发展规划草案职责。

调整后，其主要职责为：贯彻执行党和国家以及省、市关于文化、体育、广播电影电视、旅游、新闻出版（版权）、文物管理工作的方针、政策和法律、法规；编制并组织实施全县文化、体育、广播电影电视、旅游、文物管理、新闻出版、著作权发展规划；受上级业务主管部门委托，管理全县文化体育广播电影电视旅游对外事项和对外交流与合作。研究拟订全县文化艺术、体育、广播电影电视、旅游、新闻出版事业中长期发展规划和年度计划并组织实施，推进相关领域体制机制改革。指导、联系、协调新华书店、贵州省广电网络普定分公司和全县电影放映工作；指导民族民间文化、老年文化、少儿艺术、社区文化活动的开展，协调指导重大文化活动的开展；管理全县文化、体育、广播电影电视、旅游、新闻出版、著作权事业；实施文化信息资源共享工程建设；指导文学艺术创作与生产，指导乡镇文化服务机构工作。归口管理全县重大文化体育广播电影电视活动和广播电视宣传、旅游宣传活动；统筹安排国家划拨的文化体育广播电影电视旅游事业经费，规划、指导重点文化体育广播电影电视旅游设施建设。拟订全县非物质文化遗产保护规划，组织实施非物质文化遗产调查、保护、传承、申报和开发利用；管理、指导博物馆、纪念馆、陈列馆规划建设和对外开放工作；管理有关组织、个人开办的博物馆、陈列室，归口管理文物市场。领导县广播电视台，对其宣传、发展、传输覆盖等重大事项进行指导、协调和检查管理；管理、维护无线发射设备和无线传输播映工作；管理、审查、监督、检查广播电视节目收录及广播电视台中播出的自办节目内容和质量，统一管理其传播节目的传输覆盖，监控广播电视台传播的卫星广播电视节目。负责对全县文艺、体育、旅游社团组织进行资格审查和管理，受理文化体育广播电影电视旅游项目申报和行政许可审批；拟订全县出版物市场“扫黄打非”专项计划并组织实施，负责对全县文化、体育、广播电影电视、旅游、新闻出版（版权）、文物市场进行行业监管，实施相关行政执法检查，查处行政违法行为；负责全县著作权管理工作，组织查处著作权侵权案件。管理全县文化体育市场。承担全县文化体育市场管理相关政策法规的咨询、宣传、行政诉讼工作；管理以商品形式进入流通和消费领域的文化体育、艺术产品和文化体育娱乐服务经营活动；审定文化体育经营活动单位和个人的从业资格；加强对文化体育市场的管理监督，拟订文化体育市场管理办法和规章并监督执行，负责对文化体育市场各类经营者的培训、考核工作；指导全县文化体育市场稽查工作；负责本部门所有行政许可事项和非行政许可审批事项的受理、审查、决定，并依法进行有效监督。拟订全县文化体育广播电影电视旅游出版物产业发展规划；负责对出版物（含电子出版物）内容、互联网出版活动、公共视听载体播放节目的审核报批和监督管理。研究拟订县内外旅游市场开发总体方案，对旅游业实行行业管理；组织实施全县旅游整体形象宣传和国内外重点旅游市场促销活动；组织、指导旅游产品的开发建设，培育和完善旅游市场；管理、指导乡镇旅游工作和全县旅游教育、培训工作，组织实施旅游从业人员职业资格制度和等级制度；监督、检查旅游市场秩序和服务质量，受理旅游者投诉，维护旅游者合法权益；指导旅游企业、事业单位的旅游安全，参与旅游安全事故的应急救援和调查处理；审核、申报A级景区、星级饭店创评。承担县旅游发展委员会领导小组的日常工作。承办县人民政府和上级业务主管部门交办的其他事项。

调整后，其内设机构设办公室、文化体育艺术管理股（非物质文化遗产保护工作办公室）、广播电视管理股、文化旅游产业发展股（规划项目股、市场开发股）、新闻出版（版权）管理股（“扫黄打非”工作办公室）5个。人员编制和领导职数为机关行政编制9名，其中局长1名，副局长2名；股级职数5名；机关工勤人员编制2名。

调整后，根据《关于组建普定县文化市场综合执法大队（普定县旅游执法大队）的批复》（安市编〔2010〕79号），撤销普定县文化广播电视稽查队，组建普定县文化市场综合执法大队（普定县旅游执法大队），为县文体广电旅游局管理的副科级事业单位，由财政实行全额预算。核定事业编制6名，其中大队长1名，副大队长1名。人员编制结构为管理人员6名。主要职责为依照相关法律法规，对全县文化、体育、广播电影电视、旅游、新闻出版（版权）、文物市场实行行业监管并实施监督检查，指导市场规范有序经营；依法查处违法行为和文化旅游市场非法经营活动；会同有关部门开展“扫黄打非”工作，净化文化旅游市场。

【创先争优和践行宗旨教育活动】 组织全体干部职工系统学习贯彻党的十七大及十七届三中、四中、五中全会精神，学习《党的领导人关于为人民服务重要论述摘编》、《党的基层组织工作热点难点要点500问》、《深入开展创先争优活动学习读本》、《为人民服务读本》、《中国共产党党员领导干部廉洁从政若干准则》及《中国共产党章程》，在本系统内开展读一本好书活动。全体干部职工写出学习心得，围绕开展创先争优活动和践行宗旨教育展开讨论，统一思想，提高认识，形成合力，营造想干事、要干事、争干事、谋干事的创先争优浓厚氛围。抓好帮扶村、危房改造联系村工作。在“抗旱保民生”和危房改造工作中，为吭州村五保户、困难户给予解决生活用水，送去现金3000元，购置价值1800元的矿泉水到吭州村小学发放给该校师生。协调卫生部门解决吭州村卫生室建设项目。筹集2.4万元为马场镇那细村、大坟坝村和岩上村解决农村危房困难户和修路资金短缺的实际问题。为那细村、岩上村协调解决农民体育健身工程。向青海玉树地震和甘肃舟曲特大山洪泥石流灾区人民捐赠现金7000余元。

【文化活动】 腊月二十六，在县体育场举办“工行之春·普定春节联欢晚会”；腊月二十八，县文联、图书馆联合举办义务送春联活动；初六至初九，在城关镇干坝村举行首届“穿洞之光·斗牛大赛”；初九至初十，在西门广场举行“穿洞之光·春节民族民间文化展演”，演出100余个节目；初九至十一，在马官镇下坝村举行“华荣杯·安顺市第二届屯堡花灯大赛”，来自安顺市各县区花灯艺术表演队的70余个节目参赛；十三至十四，在县委大院举行灯谜竞猜活动，数千名群众参与竞猜活动。同时，指导各乡镇开展好春节群众文化活动。11月，完成由省文化厅主办，省群艺馆和普定县委、政府承办的“全省优秀文工团调演”活动。

2010年8月21日，国家文物局专家组对营盘袁氏宅院进行现场复核考察。 （胡洪波 摄）

【文化遗产】 把非物质文化遗产普查、收集、整理、申报工作纳入县委、县政府对乡镇综合目标责任书内容，切实加大对非物质文化遗产普查与申报的工作力度。6月，对非遗资源再次普查，完成《西路花灯》、《苗族射弩》、《苗族古歌》、《阿江〈口弦〉》等省级非遗项目代表性传承人文本制作8个，并进行申报。11月，经省文化厅公布，《苗族射弩》、《阿江〈口弦〉》代表性传承人王仁爱、杨国芬获省级传承人称号。在第七批国保申报工作中，国家文物局专家组于8月21日对营盘袁氏宅院进行现场复核考察；抓好全国第三次文物普查工作，全县录入不可移动文物点295处，其中复查50处，新发现245处。坚持“保护为主、抢救第一、合理利用、加强管理”的方针，多次与公安、消防等部门协调配合，对全县所有文物保护单位进行全面的消防安全检查，对市级以上重点文物保护单位制定消防安全预案，做到防患于未然。争取资金10万元对玉真山寺进行抢救性修复。利用“6·13世界文化遗产”宣传日向群众发放宣传资料22000余份，在普定西门广场电子大屏幕展出文物宣传标语，在普定电视台、普定报等媒体播出、刊登相关工作动态。经普查、收集、整理和申报，全县文物保护单位29处，其中国家级1处、省级3处、市级7处、县级18处；

各级非物质文化遗产保护名录共47项，其中省级4项、市级20项、县级23项；传统戏剧、音乐及体育、游艺、杂技等省级非物质文化遗产项目传承人3人。

【群众文化】 2010年，普定图书馆接待读者26000人次（其中图书借阅10800人次，电子阅览室15200人次），图书流通10000册次，向读者推介优秀图书12期300册次，整理图书上架1280册，解答各类读者咨询1100余人次，发放读者卡800个，散发宣传资料2500余份。利用文化信息资源共享工程普定支中心平台，针对共享工程资源的特点制定切实可行的工作计划。组织开展“文化共享助春耕”、“学习型党组织”、“交通安全”、“消防安全”讲座20期500余人次。指导社区、村镇、学校、机关、企业开展好各项文艺活动；对全县群众业余文艺团队进行摸底登记，指导成立“一棵树”农民艺术团；成立县文化馆艺术培训中心，进行舞蹈、声乐等长期培训；收集刺绣作品参加省文化厅举办的民间工艺展示比赛，选送4件作品参展；原创歌曲《森林的海洋我的家》在全县乡镇巡演；《夜郎湖畔烟草人》入选2011年全市烟草系统春节联欢晚会；在全市“家乡歌曲大家唱”主题活动中，完成《安顺我的家》、《开心的时候唱首歌》等作品。

【基础设施建设】 2010年，利用中央财政专项资金，投入68万元建成全国文化信息资源共享工程普定支中心，142.5万元建成285个共享工程村级点；投入456万元建成114个农家书屋，132万元建成44个农民体育建设工程点；投入860万元安装17973套村村通广播电视设备涉及1095个自然村；争取中央、省级专项资金50万元维修改造图书馆，50万元维修文化馆和购置音响设备，30万元改造普定电视台演播室；投资200万元的普定博物馆文物库房已开工建设，总资金200万元的体育综合场馆“雪炭工程”项目申报成功。争取中央新增投资168万元，新建城关、化处、马场、鸡场坡、坪上、补郎、猫洞等乡镇综合文化站。7个乡镇综合文化站建设工程全部竣工并完成县级验收，同时，向省文化厅申报争取每个乡镇综合文化站10万元的配套设备。全县新建60个农家书屋，建设工程在保证新农村建设示范点的条件下，按照基础条件较好、村级组织健全、班子领导有力的原则，将其余建设点安排到其它行政村，采取集中培训的方式在乡镇文化站或行政村农家书屋点举办培训班11期，培训管理人员70余人，整理图书上架2万余册。全县已建农家书屋点114个，各个建设点运转正常。成功申报城关镇穿洞社区文化活动室建设项目。

【文化体制改革】 对文化馆、图书馆、文物管理所、广播电视台及文化广电稽查队等事业单位进行文化体制改革，全面推行聘用制和岗位管理制度，健全岗位目标责任，切实提高服务功能，实现公益性事业单位的社会效益和经济效益同步发展。成立县文化旅游市场综合执法大队，对文化、旅游等市场管理资源进行有效整合。广播电视台推行宣传与经营分离管理制度，以电视广告业务为突破口，成立贵州省普定县荧河广告有限责任公司，与上海靓玉公司签订合作协议。该公司进一步扩展业务，办理全县唯一一家地面卫星接收设施安装维护许可证，面向全县广大农村开展服务。巩固穿洞文化发展有限责任公司改革成果，争取资金建设穿洞文化游乐城，2011年可投入使用。

【文化市场监管】 严格行政许可审批制度，加强法律法规培训。严把文化市场行政许可审批关，对先斩后奏、无证经营者一律依法予以取缔，对不符合规定要求的一律不予审批，有效规范文化市场的准入秩序。为提高和强化经营业主依法经营意识，全年举办3期法律法规培训班，对《互联网上网服务营业场所管理条例》、《文化部关于加大对网吧接纳未成年人违法行为处罚力度的通知》、《文化部关于改进和完善（游戏游艺机市场住入机型机种指导目录）使用管理工作的通知》、《文化部办公厅关于查处违法卡拉OK歌曲的通知》、《文化部关于开展“平安世博“文化市场专项保障行动的通知》等文件精神进行全面系统学习。坚持“一手抓繁荣，一手抓管理”的方针，采取打击与教育相结合，严格执行错时检查制度，网吧实名登记上网管理制度，并与各经营业主签订目标管理责任书及安全生产、守法经营承诺书，聘请30名网吧义务监督员参与网吧的监督管理。同时，设立举报箱，对外公开举报电话。全年出动执法车辆158台次，执法人员680人次，处罚案件7个，取缔无证经营4户，排除安全隐患2处，收缴非法光碟300余个。

【图书发行】 2010年，发行免费教科书14.47万册；市场化教辅书20.57万册，资金103万余元；完成销售总额818万元，利润总额53万元。

【“四创”工作】 抓好普定图书馆、文化馆维修改造工程，做好全国公共图书馆、文化馆评估定级前期准备工作。

【城乡群众体育活动】 2010年，县体育发展事业坚持工作联动、协调和体教结合等有效措施，以服务城乡群众体育需要为宗旨，认真贯彻体育法律法规，深入实施《全民健身计划纲要》，以各种节庆日为契机，开展群众体育活动。1月1日至2日，指导县象棋协会举办庆元旦象棋比赛。1月18日至20日，举办普定县政法系统第四届警体运动会，县公安局、检察院、法院、武警、消防等8支代表队参加比赛。2月18日至20日，举办迎新春“雅阁杯”全市羽毛球邀请赛，六枝、修文、安顺、普定等6支代表队近100名运动员参赛。2月19日，举办普定县首届“穿洞文化杯”斗牛大赛。2月22日，举办“穿洞之光·黔中酒业杯”春节篮球锦标赛。3月6日，以“贯彻男女平等基本国策，推动社会和谐进步”为主题，举办全县庆“三·八”体育活动。同时，指导县人民医院举办职工运动会。5月1日至3日，举办“五·一”全省斗牛大赛，贵阳、黔南州、铜仁以及广西、云南等地组队参赛。5月3日至4日，与县总工会联合举办职工乒乓球比赛。5月8日至9日，与县总工会联合举办全县职工羽毛球比赛。11月至12月，协助普定一中举办第十八届冬季田径运动会。

【竞技体育】 3月2日至3日，组队参加在市体育训练馆举行的安顺市民族体育射弩测试赛，普定代表队获立姿项目第1名、第2名、第4名，获跪姿项目第2名、第3名和第5名。3月26日至28日，参加安顺市乒乓球团体赛，普定代表队获体育道德风尚奖。5月1日至2日，组队参加安顺市第二届跆拳道锦标赛，普定代表队获7块金牌、7块银牌、6块铜牌。7月30日至8月6日，参加贵州省第二届青少年运动会跆拳道比赛，普定队员谭遥获男子丙组45公斤级第三名，张宵获女子乙组61公斤级第三名，吉彩蝶获女子乙组46公斤级第七名。8月1日至9日，以“小鬼当家”为主题，组织32人开展户外拓展体育夏令营活动，路线为“普定—贵阳龙洞堡—乌当区香纸沟—贵阳科技馆—普定”。9月9日至14日，组队参加贵州省第七届少数民族传统体育运动会，选送队员王仁爱获男子标准弩立姿项目金牌、民族传统弩立姿项目金牌；李贵福获标准弩男子团体项目金牌、民族传统男子团体银牌、男子标准弩立姿铜牌和民族传统弩跪姿铜牌。9月28日，参加由中国田径协会、安顺市人民政府和贵州省体育局主办的“信合杯”黄果树半程马拉松比赛，普定3支女队分别获第21名、第30名、第31名，3支男队分别获第23名、第33名、第35名。

【学校体育工作】 4月中旬，配合县教育科技局对全县初中应届毕业生进行体育考试，人数达3581名。

【社体指导员培训和管理】 11月，选派2名人员参加安顺市文化和体育局举办的二级社体指导员（健身气功八段锦）培训，两人培训归来后组织51人的群众体育健身队伍，认真开展全民健身指导工作。加强对全县社会体育指导员的管理，搞好社会体育指导员调查研究，并进行归档管理。

【体育彩票事业】 配合安顺市体彩站做好全县网点发展工作，逐步发展农村体彩销售网点。2010年，全县建立体彩销售网点12个。其中县城9个，乡镇网点3个（化处、太平、电厂）。全县即开型彩票销售总量136.34万元，居全市第二；电彩总销售量314.3万元。利用县级媒体宣传、举办体育活动等形式，加强对体育彩票宣传、发行，配合协助省、市体彩部门在普定开展讲座、培训及收缴欠款等工作。

【体育市场管理和协会工作】 管理规范县内各类体育赛事，逐步完善体育赛事的审批备案制度，开展县内体育健身场所，特别是经营性体育场所的调研工作，抓好全县体育市场的规范管理。指导成立县武术协会和中老年舞蹈健身协会，鼓励各单项体育协会开展活动，进一步丰富城乡群众体育文化生活。

【公共体育基础设施建设】 组织实施农村农民体育健身工程项目。在组织实施完成2009年度所追加农体工程3个项目指标（城关镇龙上村、龙下村和操子堡村）的基础上，结合实际，组建工作组到全县各乡镇、村寨就2010年度农体工程场地选址开展摸底调查工作，对原计划上报的各个行政村预留用地进行实地测量，因地制宜地调整部分不宜选址，深入实地指导各行政村按要求建设全年15个点农民体育健身工程。截至11月底，完成18个点的项目建设任务。县体育场基础设施建设“雪炭工程”项目已获国家体育总局和省体育局批准，2011年即可实施。

【网络建设】 乡镇网络联网及数字电视整体转换工作顺利推进，对全县辖区内的10个乡镇进行联网工作。2010年，对7个乡镇进行光缆架设（马场镇、鸡场坡乡、猴场乡暂不通光缆）。5月起，网络公司派出人员到各乡镇进行地型图草图和原有网络电缆图绘制，现已绘制完9个乡镇的地型图及部分乡镇网络设计图；完成普定县太平农场数字电视网络优化工作。对太平监狱监区及生活区线路3公里进行整改，新增2个光结点，对350户用户进行整体平移，平移主终端数415台。全县完成数字电视基本收视费171.5万元，数字电视自选节目收入15.5万元，用户新安装费收入18.11万元，机顶盒、智能卡销售收入6.7万元。

【广播电视服务】 坚持“贴近生活、贴近实际、贴近群众”原则和报道科学理论、传播先进文化、弘扬社会正气、倡导传统美德的正确舆论导向，围绕县委、县政府中心工作，本着服务群众的宗旨，多渠道多侧面对全县经济社会发展情况作全面深入的宣传报道。抓重点，目标明确，措施有力。从宣传党的路线、方针和政策出发，做好各种会议新闻、领导调研、部门重点工作、突发性事件以及各类大型活动的策划和报道等，及时宣传全县经济社会各项工作的进程，营造良好的舆论氛围；创新机制，开设“深入学习实践科学发展观”、“发展循环经济，构建和谐普定”、“两会快讯”、“四创进行时”、“回眸十一五”等专栏；开设“创先争优”、“抗旱保民生”、“我们的节日”、“冬日暖阳”等栏目进行重点报道，与相关部门密切配合，开设“百年半边天”、“人口与计生”等栏目；对重大事件进行全面深入报道，在“5·13煤矿责任事故”和“马场镇10·27煤矿透水事故”等突发事件中，第一时间赶赴现场和进行报道，并及时为贵州信息港等网站提供视频素材；加强宣传队伍建设，充实新闻工作采编播力量。积极争取公益性岗位和通过人事部门统一招考，招聘6名大中专毕业生到乡村社区宣传员岗位和录取2名播音员，及时进行培训，解决全县广播电视宣传服务工作力量严重不足的问题。利用贵州省扶贫项目和中央补助地方项目资金，投入资金30万余元，实施县广播电视台演播室改造工程，新增灯光、隔音吸音设备及非线性编辑机，改造自办节目值班机房。同时，《新闻荟萃》地县版顺利开播，普定作为第一批开播单位，开播以来，情况较好，新闻受关注程度得到提高。全年完成《普定新闻》节目制作近200期，播出稿件1600余条；在安顺市电视台用稿120余条，市台用稿数居全市各县区第2名，在贵州省广播电视台播出新闻20余条。在安顺市好新闻评选中，获电视消息类一等奖1个，三等奖1个，广播新闻类获二等奖、三等奖各1个；在贵州省新闻评选中，获广播新闻类三等奖。

2010年2月8日，省广播电视局局长李新民（右二）到普定县调研基层广播电视工作。（胡洪波　摄）

【村村通惠民工程】 以立足无线覆盖工作为主，完成2007年至2008年第二批及2009年、2010年20户以上自然村“村村通”广播电视设备的发放、安装、维护、维修；接收、安装17973套广播电视直播卫星加密设备，涉及全县1095个自然村，设备资金860万元。录入提交17973户用户保修卡，送厂家维修数字加密接收机700余台（次），高频头400余支，全面完成各项工作目标任务。

【农村公益放映】 加快实施农村电影放映工程，满足广大农村群众精神文化生活需求。组织放映人员深入乡镇、村无偿为群众放映，宣传党的路线、方针、政策，2010年，全县公益放映任务3804场，实际放映故事片3834场，科教片659场，观众120余万人（次）；完成非公益放映12场。

【安全播出监管】 强化有线电视机房、无线发射站机房及自办节目机房的值班纪律，对广播电视信号源适时监控，安排维护人员对全县30余个光机、主干放大器和主干线路进行定时巡查，认真记录和上报每天网络维护情况；严格执行稿件审查制度、节目编播审查制度，确保自办节目安全播出；为转播好亚运会、亚残运会，从消防、机房供电、设备运行、网络传输等安全进行全面部署。在多次演练的基础上，编制《普定县广播电视安全播出应急预案》。2010年，全县广播电视无重大安全故障发生，实现重大节日、重要时段“零秒停播”。

【生态休闲旅游】 2010年，以规划实施为目标，以项目开发为基础，以市场需求为导向，以品牌建设为中心，围绕建设文化休闲大县和人文生态特色休闲旅游县城，锐意创新，扎实工作，有力地推动旅游产业全面、健康、协调和可持续发展。投资279万元的哪叭布依风情园基础设施建设工程项目建设进度过半。投资114.8万元，全长7.5公里的的夜郎湖环湖路工程已竣工并交付使用。总投资960万元的夜郎碧水度假村建设工程已启动。总投资2780万元的旅游星级酒店——金龙大酒店已开工建设。以讲义、号营全国农业旅游示范点为龙头的乡村旅游，以浓郁的民族风情和独特的自然风光吸引众多游客。8月29日，由贵州省农委、省旅游局联合组成的全省休闲农业和乡村旅游示范点评选专家组，对白岩镇讲义村参评全省休闲农业与乡村旅游示范点进行初评验收，以89.15的综合评分通过初评。《穿洞文化园控制性详细规划》、《普定旅游业发展规划》已报经市、县人民政府批复，与两个规划相关的子项目可研和项目建议书按计划渐次启动。完成《夜郎湖区域生态保护与开发规划暨重点项目策划》初稿工作，正在进行意见征求和初评工作。“中秋”、“十·一”黄金周期间，全县接待国内游客1.93万人次。“十·一”黄金周同比增长67%。旅游经营总收入53.297万元，“十·一”黄金周同比增长69%。截至11月底，全县接待县境外游客9.83万人次，实现旅游经营收入4960余万元，无1例旅游安全事故及游客投诉事件发生。

【教育培训】 4月11日至16日，选送一名干部参加贵州省委组织部与贵州民族学院联合举办的干部自主选学“旅游发展专题”培训班学习；4月和5月，选送两名干部参加在县委党校举办的清华大学远程教育扶贫专题培训班学习。2010年，举办综合技能培训班3次，培训人员180余人次。

【旅游安全】 重点对旅游景区、星级酒店、涉外定点单位、乡村旅游点等安全管理旅游行业中重点问题进行排查、整改。联合县消防、安监、卫生、工商、公安等部门，开展安全生产联合检查6次，出动检查人员70余人次，检查车辆30余台次，检查旅游经营户30余户，旅游经营企业8家，排查安全隐患10余处，下发整改意见书3份。在全县旅游行业开展安全生产月活动，通过悬挂宣传标语、安全生产大检查、开展现场旅游安全咨询等多种形式，进一步提高旅游从业人员和游客的旅游安全意识及安全防范能力。

（胡洪波）

卫　生

【医疗业务】 2010年，全县完成门诊166325人次，同比下降34.53%；入院人数31521人，同比下降1.65%；治愈好转率98.5%，同比下降0.6%；病床使用率56.4%，同比下降5.8%；病床周转次数214.8次，同比上升51.01次；平均住院天数5天，同比下降0.4天；诊断符合率98.9%，同比上升0.1%。

【机构调整及主要职责】 12月8日，根据《中共普定县委普定县人民政府关于普定县人民政府机构改革的实施意见》，组建普定县卫生和食品药品监督管理局，为县人民政府工作部门。

机构组建后，其职责调整为：取消已由县及县以上人民政府公布取消的行政审批事项；将原卫生局职责和原省以下垂直管理的食品药品监督管理局职责，整合划入县卫生和食品药品监督管理局；增加依法组织开展对辖区内重大事故查处职责；深化医药卫生体制改革，坚持公共医疗卫生的公益性质，坚持预防为主、以农村为重点、中西医并重的方针，坚持为人民健康服务的方向。

调整后，其主要职责为：贯彻实施国家有关卫生、消费环节食品、保健食品、化妆品、药品、医疗器械安全监督管理的方针政策和法律法规，推进医药卫生体制改革，拟订全县卫生改革与发展规划并组织实施。贯彻实施国家基本药物制度、国家药物政策、药品法典和国家基本药物目录，促进基本药物合理使用。统筹规划与协调全县卫生资源配置，编制区域卫生规划并组织实施。组织制定并实施全县农村卫生发展规划和措施，负责新型农村合作医疗的综合管理。制定全县妇幼卫生、社区卫生发展规划和措施，指导妇幼卫生与社区卫生服务体系建设，负责妇幼保健的综合管理和监督。负责疾病预防控制工作，制定实施全县重大疾病防治规划与策略、免疫规划及政策措施，协调有关部门对重大疾病实施防控与干预。负责卫生应急工作，制定卫生应急预案和措施，负责突发公共卫生事件的监测预警和风险评估，指导实施突发公共卫生事件预防控制与应急处置。贯彻实施促进中医药事业发展的法律法规，制定有关措施和中医药中长期发展规划并组织实施。指导规范卫生行政执法工作，按照职责分工负责职业卫生、放射卫生、环境卫生和学校卫生的监督管理，负责公共场所和饮用水的卫生安全监督管理，负责传染病防治监督。负责医疗机构，采供血机构及相关卫生单位医疗服务的行业监督管理，组织实施医疗技术、服务质量和管理的政策、规范、标准，监督落实医疗卫生职业道德规范，建立医疗机构医疗服务评价和监督体系。组织拟订全县医药卫生科技发展规划，组织实施医药卫生科研攻关项目，参与制定医学教育发展规划，组织开展继续医学教育。组织拟订全县卫生人才发展规划，指导卫生人才队伍建设，会同有关方面组织实施各类卫生专业技术人员资格标准。组织指导卫生方面的国际交流合作与卫生援外有关工作，开展与港澳台的卫生合作工作。承担县爱国卫生运动委员会和县防治艾滋病工作委员会的具体工作。承担食品、保健品、化妆品安全管理的综合协调、组织查处辖区内食品安全重大事故。组织实施食品安全标准，负责食品及相关产品的安全预警工作，统一发布重大食品安全信息。组织实施消费环节食品安全管理规范，开展消费环节食品安全状况调查和监测工作，发布与消费环节食品安全监管有关信息。负责消费环节食品的卫生许可和安全监督管理。依法承担保健食品、化妆品安全监督管理职责及相关审核审批工作。负责药品、医疗器械的行政监督和技术监督。监督实施药品和医疗器械研制、生产、流通、使用质量管理规范；监督管理药品、医疗器械质量安全；监督管理麻醉药品、精神药品、毒性药品及放射性药品等特殊药品。按有关规定发布药品、医疗器械质量安全信息。监督实施国家药品（含中药、民族药）、医疗器械标准；组织开展药品不良反应和医疗器械不良事件监测；执行国家基本药物目录，配合有关部门实施国家基本药物制度；监督实施处方药和非处方药分类管理制度。依法组织查处消费环节食品安全、保健食品、化妆品和药品、医疗器械等研制、生产、流通和使用方面的违法行为。指导全县食品有关方面的监督管理、应急、稽查和信息化建设工作。开展消费环节食品、保健食品、化妆品、药品、医疗器械从业人员资格管理和教育培训工作。开展与食品药品监督管理有关的交流与合作。承办县人民政府和上级业务主管部门交办的其他事项。

调整后，其内设机构设办公室（政工股）、医政管理股、防疫保健管理股、食品安全和卫生法规监督股、药品和医疗器械监管股、行政审批和规划财务股、县爱国卫生运动委员会办公室7个。人员编制和领导职数为机关行政编制16名，其中局长1名，副局长2名；股级职数10名；机关工勤人员编制3名。

调整后，职业卫生监督管理职责分工，县卫生和食品药品监督管理局负责起草职业卫生地方性规章草案，组织实施职业卫生标准，规范职业病的预防、保健、检查和救治，负责职业卫生评价及化学品毒性鉴定工作。县安全生产监督管理局负责作业场所职业卫生的监督检查工作，负责权限内职业卫生安全许可证的颁发管理，组织查处职业危害事故和有关违法违规行为。县安全生产监督管理局与县卫生和食品药品监督管理局要按照职责分工，建立完善协调机制，加强配合，共同做好相关工作。保健食品的监督管理由县卫生和食品药品监督管理局负责，法律法规另有规定的从其规定。

【药品集中招投标】 2010年，县人民医院累计采购西药435个品种，金额697.4万余元，其中中标药品品种419个，中标总金额684.7万余元，占采购药品总金额的98.1%；采购中药饮片品种387个、中成药品种96个，金额102.4万余元；采购医疗器械、消毒药品等金额155万余元，100%采购中标品种；麻醉药品和精神药品共计13个品种，金额6.5万元；全年药品销售金额903万余元。县中医院采购药物品种301种，金额125万元（其中基本药物品种数270种，金额109万元）；基本药物品种数占全部药物品种采购的90%。

【免疫规划】 组织实施冷链运转6次，完成全县20个寄宿制学校住校生甲肝疫苗接种，其中中学16所，小学3所，敬老院1所，应种数13049人，实种数12854人，（除已种过甲肝31人，接种期间患病42人，过敏体质21人，18人已退学，乙肝表面抗原阳性4人，有慢性病7人），实际接种率为99.1%，达到上级接种率95%的要求；完成第三轮、第四轮甲流疫苗接种，11个乡镇均进行接种，接种25700人；完成第三轮学校乙肝疫苗接种，接种11198人。麻疹强化免疫应种25171人，实种24702人，扣除禁忌78人，拒种66人，接种率98.7%。

【突发公共卫生事件】 处理突发公共卫生事件5起，分别为马场镇云盘村的感染性腹泻，发病7人，无死亡病例；猫洞乡远洋煤矿煤与瓦斯突出事故；调查3起疑似传染病爆发疫情。

【传染病防治】 2010年，报告乙类传染病

1274例，发病率334.84/10万，同比下降37.9%。传染病疫情报告率100%、报告及时率92.35%。

2010年4月25日，开展“4·25”消除麻疹宣传日活动。 （县疾控中心 提供）

【慢性病防治】 2010年，全县结核病初诊登记521例，其中治疗426例。

全县2010年全球基艾滋病项目及中央资金工作目标人群任务数为国家哨点监测400人，完成401人。为自愿检测者提供检测前咨询470次，检测后咨询服务610次。全年全县HIV初筛室检测血清样本2469人份。2010年开展2次艾滋病防治健康教育活动，目标人群艾滋病基本知识知晓率达85%以上。

收到麻风病上报线索82例，通过专业医生现场作相关临床检查和皮肤细菌检查，确证2例多菌型、调查率100%。按要求开展乡村医生、皮肤科医生培训班，培训294人次，发放培训材料1000份，发放麻风病线索调查表260份。

按照《2006—2015年全国疟疾防治规划》，开展发热病人血检213人次，制作213张符合血检要求的血片，通过镜检未发现疟疾病人。同时，按时按上级要求每月完成月报表。

从4月份开始，在全县东、西、南、北、中方位抽取9个乡镇，36个行政村进行居民户碘盐监测采样工作，每村随机抽取8户居民食用盐，采盐样288份进行监测。5月上旬，完成碘盐监测实验室工作。全县采盐样288份，其中合格277份，不合格7份；非碘盐4份，碘盐覆盖率98.6%，合格率96.1%，食用率96.1%。

普定县作为全国土源性线虫监测县，2010年，完成马官镇杨柳小学、城关镇烂坝小学线虫监测大便采集1000余份及线虫病防治知识宣传。及时掌握全县土源性线虫病的流行动态、规律及影响因素。完成地氟病监测点300张X光拍片及300份尿氟采样工作，为省疾控对全县地氟病监测提供依据。

【卫生检测检验】 全县完成食品从业人员健康体检肝功能、HBsAg测定14人次，检验结果均正常。完成结核门诊、VCT门诊、麻风病人及临床诊断病人的检验肝功能、HBsAg、乙肝两对半、肾功能、血糖，累计1681人次。

【水质监测】 每月对县自来水公司集中式供水点生活饮用水进行出厂水、末梢水的菌落总数、大肠菌群、耐热大肠菌群、二氧化氯、色度、浊度进行监测，共检水样（1月至11月底）82份，其中出厂水19份；检出菌落总数超标1份，合格率94.7%，浊度超标2份，合格率89.4%；总大肠菌群超标1份，合格率94.7%；色度合格率100%；耐热大肠菌群合格率100%；末梢水共检63份，检出菌落总数超标19份，合格率69.8%；浊度超标7份，合格率88.8%；总大肠菌群超标12份，合格率80.99%。出厂水二氧化氯监测22份，合格率100%；末梢水715份，不合格48份，合格率93.2%。完成农村饮水安全工程“十一五”规划农村生活饮用水枯水期、丰水期水质理化及微生物检验19个项目检验，共检水样84份，其中出厂水42份，检出微生物指标超标32份，合格率25%，一般化学指标超标12份，合格率71.4%（主要为浊度超标）。其余指标均合格。末梢水共检42份，检出微生物指标超标33份，合格率21.4%；一般化学指标超标12份，合格率71.4%（主要为浊度超标）。完成全县农村抗旱期间生活饮用水水源水水质微生物、理化19个项目检验，检水样40份，与生活饮用水标准比较，检出微生物指标超标31份，合格率22.5%；一般化学指标超标6份，合格率90.0%，其余指标均合格；完成对申请监测单位进行手术室、采浆室消毒后空气、桌面、医务人员手进行采样检验30份，其中手术室及采浆室空气监测18份，检出不合格2份，合格率93.3%；桌面监测10份，合格率100%；医务人员手监测2份，合格率100%；完成地氟病监测点、粮食氟、尿氟222份样品检验，参与尿氟、水氟盲样考核，并取得合格证书。

【卫生宣教】 制定卫生宣教实施计划并组织实施，1月最后1周的麻风病宣传日、“3·15”保护消费者合法权益日、“3·24”结核病防治日、“4·25”计免宣传日、“5·15”消除碘缺乏病日、

“6·26”世界禁毒日、“7·18”科技活动日、“9·28”狂犬病宣传日、“12·1”世界艾滋病日等重大宣传活动，利用广播、电视、讲座、横幅、标语、黑板报等多形式广泛进行宣传，制作宣传展板60余块、悬挂宣传横幅标语30余幅、发放各种宣传资料30000余份、出动宣传车辆30余车次。利用周日在城关镇及其他乡镇所在地进行广泛宣传，并深入到村寨、学校进行地氟病、碘缺乏病防治宣传健康教育活动。

【妇幼卫生】 2010年，农村新法接生率99.04%；产前检查覆盖率95.35%；住院分娩率94.06%。2010年全县体检儿童1904人次，体检率74.38%，查出疾病201人。参加妇科病普查检查289人，其中113人患有生殖道疾病、乳腺疾病，分别提出治疗意见和建议。筛查新生儿疾病数2740人，新生儿合格筛查数2457人，新生儿疾病合格筛查率89.67%。

【卫生监督】 2010年，全县办理食品卫生许可证484个（其中食品批发零售437户、食品加工47户）、饮食服务许可证420个（其中餐饮经营户377户、学校食堂、托幼机构32家、集体食堂2家、农家乐9家），从业人员1025人，进行经常性卫生监督904户，监督覆盖率100%；办理食品卫生许可证（餐饮服务许可证）904户，办证率100%；卫生知识岗前培训1025人，培训合格1022人，合格率99.7%；实体检1025人，体检合格1022人，办理健康证1022人，健康证办证率100%，监督各种食品生产经营户3616户次，合格3471户次，合格率96.2%，户监督频次4次，从业人员检出有碍食品生产经营人员3人，调离3人，调离率100%，并对每家生产经营户建立监督档案。

开展食品安全执法检查工作，出动卫生监督人员660人次，执法车辆150台次，检查各类食品经营户1200户次，其中检查餐饮食服务业580户次、食品批发经营250户次、食品加工业40户次、宾馆8户次、超市25户次，下达监督意见书46份，责令改正46户。开展卫生法律法规宣传，配合有关职能部门举行“3·15”活动、《职业病防治法》、《食品安全法》及食品安全宣传4次，参加人员40人次，发放各种宣传资料5000余份，接受咨询群众2000余人。制定食品卫生量化分级管理工作方案和工作计划，成立食品卫生分级量化管理领导小组，把全县各中、小学食堂、餐饮店、幼儿园食堂、酒店（中档以上）分别下发食品卫生量化监督指南和量化评分表，并列为量化管理对象，其它餐饮业全部实行食品卫生量化管理，实施量化管理率96.5%。巩固和完善餐饮单位及食堂的索证索票制度，加强农村食品卫生监督管理力度，开展农村食品卫生知识宣传培训，对农村自办家宴酒席开展监督指导工作。截至11月底，全县餐饮业经营户420户（餐饮单位388户、学校32个），办理餐饮服务许可证420个，建立台帐登记420户。在检查中，未发现使用病死或死因不明的畜禽及制品以及使用有毒有害物质加工食品行为的经营户，检查覆盖率100%，实施食品卫生量化管理率96.2%。参加政府组织的重大活动卫生监督8次。先后制定卫生监督方案，指导做好各项接待工作，强调食品安全的注意事项，按各自工作职责明确分工，落实责任制，保证接待工作的食品卫生安全。全年发生食物中毒2起，中毒5人、无死亡病例发生。做好公共场所卫生工作，全县经营户98户，从业人员150人，对辖区内的公共场所进行经常性卫生监督，监督公共场所196户次、监督覆盖率100%，发放卫生许可证60个，许可证持证率100%，健康证发证150个，办证率100%。卫生知识培训率100%。同时，按规定进行卫生现场审查。办理化妆品经营户卫生许可证15户，对零售化妆品经营单位进行经常性卫生监督检查，未发现假劣化妆品在市场上销售，在日常监督的基础上，指导各经营单位索取相关证件建档备案。

开展丰水期和枯水期自来水厂、桶装水厂经常性卫生监督，办理自来水厂卫生许可证4个，纯净水生产卫生许可证2户，桶装水经营户卫生许可证5家，体检从业人员37人，办理健康证37人，健康证办证率100%，要求相关单位加强水源水、出厂水消毒。同时，加强纯净水、桶装水生产经营卫生监督检查。严禁市场准入制，配合相关部门开展饮用水卫生专项检查。

重点职业病危害生产企业54家，职工总数2661人，接触有害作业因素2287人，接触人数占总人数的85%，应检人数2287人，受检人数0人（其中接触粉尘2073人，化学因素7人，物理因素207人），监督检查3家，下达监督意见书3份。开展放射卫生监督检查和基本情况摸底调查，放射工作单位数15户，放射仪器设备17台，放射诊疗许可证3家，其他正在申办中；从事放射工作从业人员25人，接受地区培训25人。对县级中、小学校5所，乡镇中学13所，小学15所，幼儿园16

所加强卫生监督，配合有关职能部门开展周边环境整顿3次，检查学校食堂80户次、学校周边食品经营户98户次、幼儿园食堂16个，没收各类散装产品10kg，对存在问题的单位分别下发监督意见书并责令限期整改；出动执法人员65人次，执法车辆30台次，对全县中小学基本情况进行摸底调查。组织6名校医学习《传染病防治法》和《食品安全法》等法律法规，并做好宣传工作。根据卫生部《打击非法行医专项行动方案》，开展医疗机构专项行动4次，检查县级医疗机构2个、疾控中心1个、采供血机构1个、乡镇卫生院11所，个体诊所7所，2所民营医院，卫生室220所，对全县卫生室乡村医生进行法律法规培训，查处非法行医1户，取缔无证行医1家，没收药品器械25件，价值10000余元，处罚金19400元，监督处理各种医疗纠纷6起。开展各种医疗机构疫情管理，发热门诊监督检查工作3次，检查县级医院2所，乡镇卫生室11所。对各医疗单位废物管理、消杀情况进行监督检查，检查县级院站5所，乡镇卫生院11所，个体诊所7所，卫生室220所。办理下岗职工卫生许可证10个，健康证明20个，残疾人卫生许可证15个，残疾人健康证明15个，减免优惠金额2000余元。

【新型农村合作医疗】 2010年，全县参合农民341210人，筹集参合资金4776.94万元，平均参合率97.13%；门诊就诊108799人次，门诊统筹27873人次；门诊留观32444人次，住院30613人次（其中异地就医3435人次）；产生医药总费用8390.67万元，报销减免医药费用3775.80万元，资金使用率79.04%。

【无偿献血】 2010年，开展无偿献血工作2次，参加无偿献血438人次，献血量590.75u、118150ml。

【城乡居民健康档案】 2010年，全县城乡居民健康档案任务87251份（其中农村居民59491份，城镇居民27760份）。截至11月23日，完成47765份，其中农村居民完成36889份，城镇居民完成10876份，完成率54.74%。

【基本药物制度实施情况】 从5月起，在全县乡镇卫生院全面实施国家基本药物制度，基本药物目录实行“零”差率销售。6月，11个乡镇卫生院均在网上集中采购国家基本药物。截至11月30日，网上采购基本药物1261品规，采购金额49.55万元。

【初级卫生保健及中医药卫生】 以初保为龙头，全面推动各项卫生工作向前发展，继续维持省级初保验收成果。创建“全国农村中医工作先进县”项目已获省中医药管理局同意，各项创建工作稳步推进。

【农村三级卫生网建设】 加强村卫生人员继续教育，上半年参加双卫网培训600余人次，村医中专学历教育培训81人。

【项目建设】 2010年，全县建设126个村级卫生室，已竣工。化处卫生院建设项目年底已完成基础施工；县医院住院综合大楼建设项目正在进行装饰装修。在城关镇、鸡场坡乡实施1932户节能灶项目已竣工，待省市验收；全面完成地氟防治项目任务20000户，县级评估验收已结束，待市、省评估验收。截至11月底，“降消”项目工作救助贫困孕产妇4116人，住院分娩和产科并发症减免200.51万元（含孕产妇护送费）。

【食品药品监管】 针对全县食品安全工作的重点和薄弱环节，突出检查无证照或证照不齐、卫生条件不达标和“三无”食品、过期食品等问题，开展“2008年问题乳粉”、“海南有毒豇豆”、“地沟油”、“不合格一次性筷子”、“全县校园及周边食品安全秩序整顿”、“餐饮服务食品安全整顿”、“元旦、春节”、“五·一”、“六·一”、“端午”、“中秋”、“国庆”等食品安全整治工作。出动执法人员3634人次，检查车辆1122台次，检查经营户4526户。通过多次联合执法检查，形成监管合力，规范全县食品生产、经营市场秩序，促进全县食品安全形势进一步好转。

打击违法添加非食用物质和滥用食品添加剂专项整治，打击违法添加非食用物质和滥用食品添加剂，卫生药监局组织召开专题会议2次，研究整治中的有关问题；向县政府和市专项整治领导小组汇报情况，组织开展督查工作2次。在源头环节，畜牧部门与各乡镇签订责任书，建立健全县、乡、村三级牧资市场监管体系。在生产加工环节，开展监督抽检样工作；对全县酒类、糕点等生产加工企业及小作坊进行摸底调查；并督促企业进行自查自纠工作。在流通环节，督促食品经营者开展自查自纠；对在餐饮消费环节，确定重点品种和重点对象，检查餐饮经营户、学校食堂、食品加工、超市等经营户846户。同时，下发关于使用食品添加剂告知书，对存在问题的餐饮经营户下达整改意见书。

加强药品市场日常监管，出动执法人员420人（次），检查车辆181台（次），检查药品、医疗器械生产、经营、使用单位1036户（次），办理行政案件16件（结案12件），清理市场3个，查处非法经营点4处，查获假劣及违规经营药品84批次、医疗器械12批次，货值金额0.1695万元，查处金额1.6736万元。完成药品抽验60批次（其中化学药制剂26批次，中成药制剂26批次，中药饮片8批次），全部合格。市食品药品监督管理局到县抽检药品12批次，其中4批次不合格（1批次为劣药，3批次为假药），已立案调查。加强对麻醉药品和精神药品使用单位的监管，检查使用精、麻药品的单位21次，收到《药品不良反应报告表》24份。加强GSP（药品经营质量管理规范）工作，对24家药品零售企业进行GSP跟踪检查，对7家新开办的药品零售企业进行GSP检查，全部合格。配合省食品药品监督管理局对西秀药厂进行GMP（药品生产质量管理规范）认证，并开展后续GMP缺项跟踪检查3次、日常监管4次。成立以局长为组长的驻厂监督领导小组，对该药厂派驻2名监督员，保障药品生产质量安全。加强医疗器械生产企业监管，对维德斯医疗器械公司开展监督检查5次，督促其规范材料进购和生产加工。开展药品市场专项整治行动，开展甲型H1N1流感疫苗、人用狂犬病疫苗、工业用氧、假冒马来西亚进口避孕套、利用互联网及报刊销售假劣药品、校园及周边药品安全、非药品冒充药品、含麻黄碱复方制剂、医疗器械生产企业等整顿和规范药品市场秩序的专项行动50次，出动执法人员122人次，检查车辆55台次，检查药品经营、使用单位431个。开展打击“两非”专项行动，配合计生、卫生部门开展联合专项检查。根据省、市食品药品监管局安排，开展计生药械检查。立案查处违法销售、使用终止妊娠药物案件2件。

【党建及精神文明建设】 结合“与文明同行，满意在普定”主题实践活动，与各单位签订党风廉政建设目标责任状，层层落实廉政建设各项工作，加强监督管理，切实落实政务公开、院务公开工作，自觉接受社会监督，全年未出现重大违纪违法现象。同时，指导基层医疗卫生单位深入学习实践科学发展观，加强党员、领导干部思想政治教育。开展创先争优和践行宗旨教育活动，增强卫生系统广大干部职工的责任心，提升政治思想素质，改善服务态度，提高服务质量，以病人为中心，让患者满意，让社会满意，全年未收到群众举报。切实加强精神文明建设工作，做到专人分管，责任到人，职责明确。并结合卫生系统的实际情况，拟定精神文明建设实施意见，健全完善监督管理机制。与整脏治乱工作有机结合起来，推动精神文明建设工作向前发展。通过行风专项治理。广大干部职工以卫生行业“八个严禁”和“六个不准”严格要求自己，在提高医疗技术水平的同时，不断提高自身职业道德水平，真正为广大人民群众服务。开展治理商业贿赂工作，强化职业道德教育，狠抓职业道德和思想道德教育工作，把纠风工作纳入年度考核工作计划，作为重点工作来抓。落实病人选择医生、医疗服务定价、药品价格公示、服务承诺和医疗服务举报等制度。县人民医院、中医院建立职工职业道德档案，对每年职工职业道德情况进行记录，与职工晋级、晋升等结合起来，加大对职工的监督力度。

【卫生统计】 2010年，全县各乡镇卫生院及县直医疗卫生单位在人员配置上优先考虑统计工作，明确专（兼）职统计人员，加大统计工作人员的业务、理论培训力度，提高统计工作人员整体业务水平。组织11个乡镇卫生院及县直医疗单位的统计人员开展统计业务知识培训2期，参训人员20余人。

（县卫生和食品药监局）

爱国卫生运动

【综述】 全面推进国家卫生县城创建工作，成立县“四创”工作领导小组，统筹组织协调各职能部门，改善市容市貌，完善城市基础设施建设。以“三创”为基础，增加创建先进文化县。“创卫”各项工作有序推进。改厕任务数2500个，截至11月23日，已建成2188个、在建70个、尚未开工242个，完成率87.52%。

【环境专项整治】 为改变“迎检才整治、考核才卫生”创卫的突击现象，县“创卫办”积极探索建立落实城市环卫长效管理机制。4月份，组织召开创卫工作推进会，对创卫工作进行动员部署。6月起，相继组织开展城区学校周边环境、城市环境卫生、社区环境卫生、“六小行业”、城中村和城乡结合部等专项整治。12月份，对学校周边环境和沿街单位、经营户“门前三包”等进行专项巩固整治。同时，“创卫办”不定期对整治活动进行检查和督导，对反弹严重要求进行限期整改，对措施不力的给予通报批评。开展系列集中专项整治活动和加强管理，加大城市保洁力度，完善市场管理长效机制，控制市场周边环境卫生。

【创卫细胞工程】 开展卫生村（镇）、卫生单位创建。2010年，申请创建市级卫生村2个；加强无烟单位创建。“创卫办”组织县人民医院、疾控中心、中医院、城关镇卫生院等单位在县西门广场开展控烟宣传活动。通过悬挂横幅、宣传版面、发放宣传资料、现场咨询等多种形式，向群众宣传控烟健康教育知识，动员广大市民自觉抵制公共场所吸烟，发放宣传资料5000余份；开展城区病媒生物防制活动，推行市场化运作，发动干部群众积极参与消杀；大力开展爱国卫生运动，加强病媒生物滋生地治理，完善防鼠防蚊蝇设施，使“四害”密度基本控制在国家标准范围内。

【宣传教育】 利用多种形式，开展多种活动，加大媒体和社会宣传教育，深化卫生单位、村（居）的创建，开展卫生户评比，强化市民的公德意识、卫生意识，培养市民良好的文明卫生习惯。开展健康教育宣传，提升市民卫生防病知识。全面启动公民健康素养促进行动，在各社区设立健康教育宣传栏，城区各学校开设健康教育课，全年组织开展大型健康教育宣传活动3次，发放宣传资料3万余份。加强传染病防控能力，开展大型创卫宣传活动2次，发放宣传资料2万余份，在县城主要街道和场所悬挂创卫宣传横幅10余条。同时，通过电视、宣传栏、宣传单等形式，开展创卫宣传活动，对市民的不文明行为进行引导倡议，营造创卫良好氛围。

【市政基础设施建设】 加强对创卫工作的整体规划，邀请省、市专家对全县创卫工作进行调研指导，结合全县实际，在科学规划论证的基础上，着力建设一批重点基础设施项目。按照创卫计划申报与考核的时间，对创卫基础设施项目进行统筹合理安排，确定项目建设时间和完成期限。加强项目建设经费保障，积极争取上级政策和资金支持，相关部门对创卫项目的规划审批立项等方面给予优先安排。加快实施立项项目，努力做好城市绿化、美化、亮化和净化工作，使县城功能更完善，提升城市的形象和品位。

【专项整治巩固活动】 继续深入开展城市环境专项整治巩固活动，把整治活动推向深入，通过系列有力的整治活动，改善市民的居住环境和市容市貌。完善长效管理机制，整合部门职能和资源，加大整治力度，从根本上解决环境卫生和市容市貌管理问题。

【监督检查】 坚持“政府主导，部门负责，干部创建，全民参与”的原则，对一些重大活动或重要项目由主要领导牵头负责落实，加大实施力度。把创卫工作列为各级各部门一把手工程，落实部门一把手责任，县委、政府对部门一把手进行考核。制定创卫目标考核实施方案，建立健全创卫监督考核和奖惩机制，加大创卫工作进展情况的督导，推动创卫工作责任的落实，确保创卫目标的实现。

（县爱卫办）

科技事业

科学技术

【落实科技项目建设】 向省科技厅申报4个具有地方特色的科技计划项目并组织实施，分别是省农业攻关计划项目《朵贝古茶树资源鉴选与扩繁利用研究》、省火炬计划项目《PVC-U异型材研究及产业化开发》、省星火计划项目《普定县食用菌生产示范基地建设》。组织实施生猪产业项目，形成种繁场、人工授精点、养殖小区、养殖户、经纪人等相配套的养殖链，从种猪供应、技术服务到市场销售各环节，相互配合、相互促进，推动全县生猪产业发展，促进农民增收，项目区农户人均增收800元。

2010年，马官镇二官村经果林示范基地硕果累累。
（马官镇　提供）

【推进科技示范建设】 在白岩镇白旗村实施新农村示范建设项目，以韭黄为抓手，以农村信息员、农村科技服务中介机构从业人员、农产品经纪人等为重点，加快白旗村经济发展步伐。在青山村连片栽种广东蜜本南瓜300亩，建成先进的经果林与蔬菜套种的生产基地、生态循环利用的科技示范基地和现代生态林业新型农业科技服务体系。与上海农科所合作实施上海糯玉米种植100亩。在技术应用上，采用肥水一体化浇灌技术和病虫无害化防治技术，经济效益显著。2010年，全县已有14名科技特派员与农户建立经济利益共同体，组建公司1个，创建专业协会4个，建立示范基地和示范场8个，引进新技术6项，推广新品种16个，受益人口5000人以上。

【知识产权工作】 建立知识产权办公联席会议制度，明确相应的工作职责。安排知识产权工作经费5万元，确保知识产权工作开展。开展“知识产权活动宣传周”和“科技活动宣传周”活动，发放宣传资料5000余份，咨询人数600余人次。

【地理标志工作】 把白旗韭黄和朵贝贡茶作为第一批申报地理标志保护的农特产品。

【科技网络服务】 利用县级科技网，积极为农户提供实用的技术信息和市场信息，发布地方资讯信息90条，大力宣传普定的特色资源。

（杨　耀）

科学技术协会

【综述】 扎实抓好科普宣传、学术交流、科技赛事等工作，获安顺市科协“2010年度县区科协目标考核达标奖”。

【理论学习】 组织干部职工系统地学习党的十七大、十七届四中、五中全会精神和胡锦涛同志在全党深入学习实践科学发展观活动总结大会上的讲话，省委十届七次全会、市第二次党代会精神；学习了解现代科技动态。安排干部参加省科协、县委党校组织的学习培训，组织干部职工参加政治理论考试。通过深入学习，科协全体干部职工政治思想素质和业务水平都有较大提高，工作能力进一步增强，为健康高效地开展工作打下坚实的思想基础。

【“创先争优”和“践行宗旨教育”活动】 及时传达有关文件精神，从思想上增强对此项工作重要性和必要性的认识，结合申报、创建“全国（全省）科普示范县”，成立领导小组，制定实施方案，明确专人负责和活动经费，使申报、创建工作得以有序推进，真正落到实处。

【科普宣传】 按要求保质保量完成中国科协、华硕集团资助共建的“华硕科普图书室”，共收藏科普图书13000册。利用县城西门广场科普宣传栏，及时更新宣传内容，满足公众场所群众对科技知识的需求，全年展出科普图片16期。开展送科技下乡活动，进一步加大农村科普工作力度，扩大宣传面。向白岩镇白旗，城关镇新堡、三块田、陇戛，鸡场坡乡那兑，马官镇荷苞等村送出科普图书380余册。在三块田、新堡、陇戛村对农技协会员和群众160余人分别进行蔬菜种植防病、生猪饲养防疫培训。5月23日，利用星期日赶集的有利时机，在县城西门广场联合相关部门开展"科技活动周"宣传活动。活动以"携手创建创新型国家"为主题，展出双面展板44块，挂图88幅，发放资料570册。其中农村实用技术培训丛书《养殖技术》180册、《蔬菜栽培技术》160册；《疾病预防与人体健康小知识》120册、《节能减排社区宣传手册》110册。同时，参加活动的科技局，计生局、林业局、工商局、人事劳动和社会保障局、综治委、维稳办、禁毒委、妇联、团委、城关镇人民政府等单位，结合自身工作职能，分别向群众发放有关宣传资料。活动吸引大量群众，参观群众5800余人次，收到预期的效果。9月，组织开展"全国科普日"活动。选送"科普老农献才艺"和"巫婆失算"两个科普文艺节目参加在紫云县举行的安顺市"全国科普日"活动启动仪式上演出；在补郎乡集市举行大型科普图展，协调补郎乡有关单位展出农村适用新技术图片，开展咨询服务60余人次，发放宣传资料1300余册（份），发放科普纪念品210份。开展科普进社区、进校园宣传活动，与城关镇文明社区和塔山社区，城关一小、二小、三小，实验学校，普定一中、二中，炽章中学等联系，提供科普宣传内容进行张贴和书写宣传。按照学校规定的时间和地点，直接将展板送进学校展出宣传。展出5次11天，组织集中观看4天800余名师生参加。11月23日至26日，由安顺市科协、县科协、县教育和科技局、炽章中学联合主办"2010年普定·科普大篷车进校园活动"在炽章中学展播厅开展，展出科普挂图72幅，各种操作器材20种，各校师生组队参加。另外，制作科普动漫设计作品10件，报送市科协4件。

【抗旱救灾】 4月，利用滚雪球的方式，用好省市科协划拨的10000元抗旱救灾资金。在实地了解旱情的基础上，根据不同情况，采取不同方式帮助抗旱救灾。投入资金9600元（含农机具下乡补贴），购置6台宗申牌3.8千瓦功率抽水机和150米水管，配套发给白旗村、三块田村、青山村、荷包村等6个协会和基地。出资4000元为挂钩帮扶的猴场乡格道村购买2100米优质塑料水管。同时，协调乡政府支持，村民自筹5100元，动员村民投工420余个，修建65立方米蓄水池，铺设管道将两公里外山上久旱不断的自流水引进村，解决76户人畜饮水困难的问题。

【申报创建全国、全省科普示范县】 抓住全面提升全县科普工作档次的机遇，积极申报创建"全国科普示范县"和"全省科普示范县"工作。及时向县委、政府汇报，制定《普定县2011—2015年科普示范工作规划方案》，起草申请报告，分别向中国科协和省科协申报创建"全国科普示范县"和创建"全省科普示范县"，整个创建工作正按计划有序实施。

【申报科普惠农兴村计划项目】 4月中旬，选取城关镇新堡村科技养殖协会和青山食用菌科学种植示范基地，向中国科协和财政部分别申报"科普惠农兴村计划"先进集体，并获成功，各奖励20万元。目前，两项惠农兴村计划正在实施中。

【部门志编修】 部门志初稿全面完成，进入审核和修订阶段。

【组织参与学术交流】 组织农业、林业、气象、学校等单位科技人员撰写科技专题论文，征集3所中小学学生和辅导老师的科技创新制作稿件8篇，向《安顺科技》投稿，刊登8篇。

【"我与低碳生活"读书征文活动】 与县教育和科技局组织全县中小学生开展"我与低碳生活"暑期读书征文活动，及时上报活动情况与小结。活动中，各乡（镇）、各中小学组织学生登录"贵州省数字图书馆"（http：//www.gzlib.org）进行网络阅读1350余人次，收到稿件320余篇。组织相关人员对稿件进行初审，选出80篇优秀作品送市参评。其中高中13篇、初中15篇、小学52篇。

（县科协）

岩溶研究试验

【西南喀斯特山地石漠化与适应性生态系统调控】 在普定后寨地下河喀斯特流域实施，项目开展石漠化与适应性生态系统研究。从喀斯特生态系统退化中物质的生物地球化学循环进程、喀斯特生物适应对策及物种优化配置等方面入手，研究喀斯特石漠化的时空格局变化与驱动力、喀斯特山地加速侵蚀进程和驱动力与危险性及评价指标体系。经过努力，完成降雨、蒸发、地表径流、地下径流、泥沙、二氧化碳、入渗漏系数、土壤水、水化学、树干集雨、林下集雨、草下集雨、枯枝落叶量、枯枝落叶含水量、水位、流量、暴雨洪水过程等数据收集，为973项目的理论研究打下基础。

【普定椎状喀斯特石漠化综合治理示范研究】 2010年，按照制定的实施方案以及项目合同要求，完成贵州省科技攻关项目“普定椎状喀斯特石漠化综合治理示范研究”。

【后寨喀斯特地下河流域观测】 完成后寨水文站、冒水坑水文站、老黑潭水文站、长冲地下河水文站、陈旗地下河水文站观测工作，完成陈旗地下河小流域耕地地面径流、林地地面径流、阳坡向地面径流、阴坡向地面径流、石漠化恢复的地面径流、石漠化地面径流和四个微型气象站（即林地气象站、石漠化气象站、阳坡向气象站、阴坡向气象站）观测工作。

【岩溶山地石漠化坡耕地整治与高效生态农业技术集成示范】 在城关镇陈家村实施由科技部批准的国家重大科研项目——“岩溶山地石漠化坡耕地整治与高效生态农业技术集成与示范”，开展岩溶山地石漠化坡耕地整治与高效生态农业技术集成与示范研究；依托贵州大学程剑平教授引进以色列的集水技术，修建65个蓄水池并全部管网化。在喀斯特石漠化地区完成旱地种植实验，实验品种为辣椒、黄瓜、西瓜、金瓜、秋葵。经过实验，从喀斯特岩溶山地石漠化坡耕地整治与高效生态农业技术集成与示范适应对策及物种优化配置等方面入手，提出岩溶山地石漠化坡耕地整治与高效生态农业示范建设的对策建议。

【中国科学院普定喀斯特生态系统观测研究站建站工作】 2007年6月，省科技厅、中科院地化所与县岩溶办签订喀斯特生态综合共建协议。2008年8月，省政府与中国科学院签署《中国科学院—贵州省人民政府全面战略合作规划纲要（2009—2015）》，双方把合作建设普定喀斯特国家级野外台站纳入重要内容。2009年10月20日至21日，中国科学院专家考察团赴普定喀斯特生态综合试验站考察调研，考察团肯定普定喀斯特试验站建设所取得的成效，表示在中国科学院与贵州省人民政府全面战略合作精神的指示下，本着解决国家重大需求、服务学科建设和政府决策的目标，支持普定站纳入中科院野外台站建设规划。2009年12月，获中国科学院批准建设。2010年，中国科学院普定喀斯特生态系统观测研究站建站项目进入土地征用和基础设施规划阶段。野外台站的定位立足云贵高原，开展喀斯特监测、研究、试验示范工作，为喀斯特地区生态恢复提供科技支撑和示范样板。

【实施路面集雨工程项目】 城关镇陈家寨村路面集雨工程项目，是中国科学院地球化学研究所王世杰研究员在喀斯特石漠化地区集雨技术，项目以喀斯特地区路面作为集雨面集水的示范工程。6月，邀请贵州省发展改革委员以工代赈办主任陈勇到陈家寨村和陈旗村调研，申请国家以工代赈项目，获省发改委批准，已进入施工阶段。

（县岩溶办）

社会生活

人口和计划生育·妇幼保健

【综述】 2010年，全县人口出生率12.42‰；常住人口符合政策生育率94.5%；流动人口符合政策生育率80.36%；多孩妇女比25.51%，同比下降3.95个百分点；出生人口性别比为112.22，同比下降3.99个点；综合避孕节育率90.29%；完成手术5055例。

【机构调整及主要职责】 12月8日，根据《中共普定县委普定县人民政府关于普定县人民政府机构改革的实施意见》，设立普定县人口和计划生育局，为县人民政府工作部门。

机构组建后，其职责调整为：取消已由县及县以上人民政府公布取消的行政审批事项；增加参与全县人口基础信息库建设职责；增加统筹人口问题中的控量提质、优化结构职责，促进人口长期均衡发展。加强流动人口计划生育管理和服务，促进出生人口性别比平衡，稳定低生育水平。

调整后，其主要职责为：贯彻执行党和国家及省委、省人民政府、市委、市人民政府、县委、县人民政府关于人口和计划生育工作的法律法规。拟订全县人口发展专项规划草案，提出统筹解决人口问题的目标和任务建议以及人口与经济、社会、资源、环境协调可持续发展的建议；编制并组织实施全县人口和计划生育中长期规划、年度计划和事业发展规划，对执行情况进行监督和评估，稳定低生育水平；负责协调推动有关部门、群众团体履行人口和计划生育工作相关职责，促进人口和计划生育方针政策在教育、卫生、民政、农业、文化、人力资源和社会保障等工作中的衔接配合，协调推动综合治理人口和计划生育工作，建立完善人口和计划生育奖励扶助机制；研究提出促进人口有序流动、合理分布的措施建议，制定流动人口计划生育服务管理规划，规范流动人口计划生育服务管理，负责推动全县各地建立流动人口计划生育信息共享和公共服务工作机制；负责全县人口和计划生育发展动态的监测，提出发布人口和计划生育安全预警预报建议，负责人口和计划生育的统计、数据分析、信息综合及信息化建设，参与全县人口基础信息库建设；编制并组织实施全县人口和计划生育科学技术的推进规划，依法管理人口和计划生育技术服务工作，依法公布有关计划生育科学技术服务重要信息，依法规范计划生育药具管理制度；制定人口和计划生育宣传教育工作规划，推动人口文化建设，组织开展人口和计划生育宣传教育工作；组织实施计划生育的生殖健康促进计划，提高人口素质，协同有关部门降低出生缺陷人口数量；会同有关部门提出促进出生人口性别比平衡的措施，承担协调出生人口性别比综合治理工作；组织编报县级人口和计划生育事业经费和基本建设支出的预决算及人口和计划生育药具需求计划，监管直属单位财务和国有资产；制定并组织实施人口和计划生育系统干部队伍教育培训规划，指导人口和计划生育公共服务网络体系建设；负责人口和计划生育工作的国际交流与合作，负责人口和计划生育国际援助项目的实施；承办县委、政府和上级业务主管部门交办的其他事项。

调整后，其内设机构设综合办公室、政策法规股、发展规划股3个。人员编制和领导职数为机关行政编制7名，其中局长1名，副局长2名；股级职数3名；机关工勤人员编制1名。

【财政投入稳步增长】 建立完善财政投入保障机制，把人口计生事业经费纳入财政预算。社会抚养费全额返还人口计生部门使用。按照全县上一年度地方财政收入的0.3%至1%作为奖励扶助基金及时拨付到计生专户，2010年拨付126万元。全县人均计划生育事业经费从2005年的3.5元上升到6.5元。

【加强人口计生队伍建设】 建立完善村计生专干培养制度，在乡镇计生办成立计生党支部，负责在村级计生专干中培养、发展党员，为村级组织建设储备人才。完善干部岗前培训制度，凡进入人口计生队伍的县、乡、村干部，均由所在单位进行岗前培训。建立村干部保障机制，乡镇建立村干部计生工作人身安全保障制度和财产损失赔偿制度，解决村干部的后顾之忧。建立计生干部交流工作制度。2010年，由县委组织部行文从乡镇抽派1人到县人口计生局担任局长助理，1人到县计划生育协会担任会长助理，协助开展人口计生工作；从县人口计生局选派4名业务精、能力强的干部到后进乡镇担任乡镇长助理，协助开展人口计生工作。

【巩固“全国计划生育优质服务先进单位”成果】 加大服务站标准化、规范化建设，总投资333.5万元新建的化处镇、马场镇等4个乡级计生服务站站房已投入使用。加大对医疗设备的持续投入。投入资金60余万元为县计妇中心采购乳腺动力治疗仪、医疗救护车等先进医疗设备；投入资金32万元，为6个乡计生服务站配备血液分析仪等医疗设备。制定目标，分解“巩优”任务。启动马场、龙场等6个乡镇的计妇资源整合工作。开展计生免费药具销售市场及技术服务专项清理整顿，加强计划生育免费药具销售市场监管。在县计妇中心建立花样盛年知心会所，打造生殖健康保健服务特色品牌。

2010年5月4日至5日，普定县白岩中学开展纪念“五·四”运动91周年暨人口文化进校园系列活动。

（陈 海 摄）

【推进新型人口文化建设】 加大宣传教育制度建设。落实宣传责任目标，定期召开联席会议，完善部门联合协作机制，在《普定》杂志开辟人口计生专栏，在县电视台开辟人口计生栏目进行宣传。充分利用现代传媒技术，开通计生彩信，编发计生信息，委托《当代贵州》杂志社·网络事业部设计续建《普定人口网》，创新计生信息互动交流平台，拓宽计生知识的宣传面；开通阳光计生12356服务热线，营造良好的舆论宣传氛围。在县城青少年活动中心建立新型人口文化园区，向群众传播科学、文明、进步的婚育观念。在白岩中学、城关三小等学校开展“人口文化进校园”试点活动，编印《普定县人口文化进校园系列读本》发放给青少年学生，增强他们的国情国策意识，树立起强烈的人口意识和自我保健意识。举办贵州普定第三届人口文化节暨纪念9·25《公开信》发表30周年系列活动，策划推出开幕式大型文艺演出，《普定县人口文化进校园系列读本》授书仪式，“同享幸福晚年、共绘美丽夕阳”——老年人才艺展演，人口文化建设专题讲座，第三届“阳光女孩”才艺展演，“牵手蓝天下，温暖你我他”——留守儿童运动会，第三届“人口文化杯”花灯大赛，“人口、环境、和谐”书画摄影展，闭幕式暨人口计生利益导向“六奖同发”颁奖仪式系列活动。

【完善依法管理工作机制】 及时依法处理人口和计划生育信访案件，2010年全县受理人民来信、来访、来电38件，承办市人口计生局转办6件。加大执法队伍建设力度，对全县新申领执法证人员进行培训和统一考试，取得执法资格105人。加大社会抚养费征收工作力度，对违法生育又拒不缴纳社会抚养费的对象户严格依法征收社会抚养费。全年依法征收社会抚养费205万元。在人口计生系统开展基层文明执法专项活动，集中治理依法行政工作中存在的突出问题，对历年行政审批事项进行清理和规范。没有因计划生育执法不当引发的恶性案件发生，没有重大集体上访和越级上访现象。

【遏制出生人口性别比攀升】 协调相关部门，定期开展“两非”专项治理行动，严厉打击“两非”行为，从源头上杜绝选择性别的人工终止妊娠行为发生，2010年全县查处非法案件7例。计卫联手，建立女婴漏（瞒）报和假报婴儿死亡预防体系。每月定期由各医疗机构上报婴儿出生、死亡、终止妊娠、计生手术、B超孕检等情况，再由各乡镇计生办进行核实，逆向追查女婴漏报和假报女婴死亡行为。强化孕期跟踪管理服务，以《计划生育孕产期全程服务工作手册》为指导，强化孕情跟踪服务，加大不明原因孕情消失和婴儿死亡调查力度。在鸡场坡乡中学、城关镇三小、白岩镇中学等学校开展“人口文化进校园”活动，营造关爱女孩工作的良好氛围，遏制“两非”行为发生，全县出生人口性别比连续5年呈现下降趋势。

【落实计划生育利益导向政策】 围绕“奖、优、免、补、扶”五个方面，制定落实有利于计生户的帮扶措施。设立“人口计生成才奖”，除对小学升初中、初中升高中的优秀女学生实施成才奖励外，还对农村“独双户”子女应届高考生考取高等院校的给予一次性1000至3000元补助。对独女户和二女绝育户提前发放生产扶助金，列为农村低保救助对象；在农村合作医疗中，独女户报销比例提高10个百分点，双女户再提高5个百分点；在信合贷款中，贷款利息给予40%优惠。

住房困难户在建房时给予5000元的建房经费补助；对未婚子女死亡的给予一次性3000元补助。继续推行科局包村、副科级以上领导干部包保农村“独双户”的包保责任机制，利用部门资源优势，让农村计划生育家庭特别是农村“独双户”率先致富。2010年全县发放奖励扶助213人、生产扶助315人、特别扶助25人、少生快富145户、建房补助30户、人口计生成才奖14人、缴纳合医参合资金4988人、发放保健费542人、办理独生子女证一次性奖励27人，发放奖扶资金总额85万余元，受益群众上万人。

【加大村级经常性工作力度】 与县委组织部、党校等部门联合，举办“普定县村级人口计生干部培训班”，对示范村计生员、支书、主任进行业务知识培训。编印《普定县村级人口和计划生育干部应知应会手册》，抽调业务骨干组成村级人口计生工作业务指导小组深入村寨，对各村存在的问题进行现场培训，提高村干部业务能力和村（居）民自治工作水平。争取中央扩大内需项目，投资108万元，新建猴场乡计生服务站。按照每个村室总投资不少于10万元的标准，投资70余万元，新建城关镇褚家村等7个村级计生室。推进100个村（居）民自治和优质服务示范村建设，加强村级计生服务室改扩建工作，统一配备妇检床、床单、窗帘等，改造服务环境，提高服务质量。

（陈　海）

老龄工作

【综述】 2010年，贯彻落实科学发展观，坚持“六个老有”工作目标，为老年人办好事、办实事，完成全年各项工作任务。

【春节慰问活动】 春节前夕，组织乡（镇）分管领导和社会事务办人员走访慰问8位百岁老人和敬老院老人及80岁以上特困老人。

【居家养老服务】 根据安龄办〔2010〕08号《关于上报居家养老服务中心项目的紧急通知》，向县分管领导汇报，得到支持并协调相关单位把“星光老年之家”划归老龄办管理，用于居家养老服务中心的办公及老年人的活动场所。结合“星光老年之家”的管理，上报《居家养老服务中心项目建议书》。完成《农村老年人生活状况调查表》的调查工作。为天王旗村购置老年协会活动室必备设施。按照黔老龄办〔2010〕55号《关于在全省开展城镇社区（居委会）基本情况调查的通知》，在全县10个居委会进行调查。对城关镇6个社区居家养老服务需求对象进行摸底，全面展开居家养老服务工作。

【其它工作】 为纪念国际劳动节，4月30日组织举办老年人定点投篮比赛，来自社会各界50余名老年人参加比赛，对获前3名的给予物质奖励。通过比赛，使老年人锻炼身心、增进友谊、加强交流。在“老年节”活动周期间，组织有关单位对全县敬老院老人、百岁老人进行慰问。

（县老龄办）

老年大学

【合理安排专业】 按照老有所教，老有所学，老有所乐的指导思想，结合老年学员的年龄、爱好、特征特性等因素，开设老年学员喜好和容易接受的专业。在已开设军鼓、健身、音乐、舞蹈、揉力球、功夫扇的基础上，新增摄影、电子琴专业。8个专业均正常上课。其中音乐分为高音、低音2个班；舞蹈根据表演需求分5个队。除常规专业正常上课外，根据外出参加比赛活动的需要，对门球、乒乓球、腰鼓、羽毛球、书画、网球等临时安排上课。由于开设专业比较适合老年学员的特性，学员人数比2009年增加56人，2010年底在校学员498人次。其中年龄最大83岁，最小50岁。在老年大学学员中，有母女、夫妻同班、同专业学习的。

【提高教学质量】 抽调1人到省老年大学学习老年教育管理工作，制定老年教育新的管理制度。组织本校全体管理人员到西秀区进行交流。3月份，安排白岩镇老年学校1名校长到旧州镇老年学校进行交流学习。安排所有工作人员兼任各专业班主任。与学员同时听课，并收集学员对老师的要求、老师对学员的要求等，进行综合分析考虑，不适应教学的立即调整。2010年，调换舞蹈老师和揉力球老师。聘请中国摄影家协会会员、安顺市老年摄影家协会副会长罗振璜到本校任摄影专业老师。为舞蹈、健身、揉力球各队配备1台收音机或放碟机，供平时自由活动练习使用，为摄影班购置教学摄影机1台。

【指导乡镇老年学校工作】 2010年，把全县7所老年学校纳入老年大学指导范围。每月分别到各老年学校指导1至2次。如有活动或其它需要加强指导的，可增加次数。为白岩镇老年学校组建1个健身班，并从老年大学派人授课，为陈旗老年学校组建并培训腰鼓队1支，为马官村老年学校排练歌舞和花灯舞各2个。帮助下坝村老年学校排练舞蹈、腰鼓等。全县创办的7所老年学校均比成立时有所发展，学员活动正常，总人数达839人，所设专业有所增加和提高。

【娱乐活动】 安排学员到讲义村、下坝村、地坝村的夜郎湖景点活动并进行摄影采风和歌舞表演，与市老年大学摄影班到马官镇二官村进行摄影采风。6月22日，组织学员200余人到关岭参观坝陵河大桥，与关岭县老年大学学员交流，并同台献艺。10月25日，惠水县老年大学100余名学员到县交流。县委书记彭贤伦、组织部长金晓明看望惠水县老年大学全体学员。在“为”字上多参与。组织老年大学军鼓、腰鼓方队参加县人民政府举办的“四创”活动宣传游行。参加县人口计生局举办的计生知识宣传演出比赛并获奖。春节期间，参加市委组织的全市在下坝村的文艺演出比赛，舞蹈2队获三等奖；参加白岩镇魏旗村的文艺比赛获三等奖。腰鼓队、军鼓队经常为普定及周边地区的婚庆、节假、商铺开业、产品推销等宣传演出。选送2幅书画到省参加展览，摄影班5名学员摄影作品参加市老年摄影展。乒乓球、门球分别到安顺和凯里参加比赛活动。

【建立奖励机制】 为鼓励学员出校门为社会服务，从1月起建立奖励制度。为县城周边乡镇村义务宣传演出的，可以补助车费。自动组织到外县进行交流活动，可补助所有费用的三分之一，参加市、县、乡、村各种活动比赛获奖的，学校再次给予奖励，资金200元至1000元。参加市级比赛的获一等奖补助1000元，二等奖800元，三等奖500元，鼓励奖400元；参加县级活动获奖的奖励相应降低200元，参加乡镇比赛获奖的奖励相应降低100元。

（县老年大学）

乡镇概况

城关镇

【综述】　2010年，城关镇以工业强镇、农业兴镇为建设目标，促进经济社会各项事业协调发展。完成全部现价工业总产值29149万元，同比增长16%；工业增加值8257万元，同比增长16%；工业企业税金552万元，同比增长12%；工业企业固定资产投资2806万元，同比增长20%；实现农民人均纯收入3370元，实际增长8%。

2010年2月23日，城关镇开展三个建设年、十大民生工程、四帮四促、野外用火动员部署会。

（城关镇　提供）

【农业、畜牧业和渔业】　2010年，投入扶贫资金26.5万元，发展种植业355亩，养殖业3家，审批到户贴息贷款185万元。新增龙潭片区500亩蔬菜种植和青山、后寨黄金梨种植600余亩，完成青山、梭筛移民新农村建设400余亩经果林种植，继续巩固和发展环夜郎湖库区冰脆李、桃子种植。昌伟、光富、时龙、鑫源等养殖场建成投产，推动全镇畜牧养殖业再上台阶。抓好农产品开发及深加工工作。加强动物疾病防控、疫病监测及动物检疫工作。严格畜牧执法，确保畜产品（药品）质量安全；加强渔政管理，确保渔业安全。推动品种改良和种草养殖，有力推动全镇畜牧养殖业发展。全年大牲畜存栏13264头，生猪存栏20386头，家禽存栏183944羽；出栏牛1922头，出栏生猪25050头，出栏家禽227275羽；肉类总产量2760.96吨，禽蛋产量231.5吨。畜牧渔业产值占农业总产值的比重提高1%以上。

【工业经济】　按安全生产目标任务推进工作。全年开展季度检查、专项检查及节假日期间的安全生产大检查活动12次，重点开展非煤矿山、道路和水上交通、公共聚集场所消防安全、民用爆炸物品和烟花爆竹、食品卫生安全等方面的专项整治活动。定期或不定期开展安全检查50余次，下发文书60余份，取缔非法采石点2处（点）、无证非法销售烟花爆竹零售点14处，其中2处为死灰复燃，3辆无证照上路农用车。开展“三月学生教育月”活动，张贴宣传画30余幅，标语10余幅。在西安社区对义务消防队员、居民小组长、居民代表、流动人口代表组织开展消防安全培训会。在城关二中开展消防知识培训会及实地灭火演练。周密部署“全国安全生产月”活动。开展“关爱生命·安全发展”为主题的宣传活动，悬挂布标2幅，张贴安全宣传画20余幅、标语10余条，出墙报3期，发放宣传资料500余份。在县城西门广场举办大型宣传咨询活动。全年无重大事故发生。年内引进总投资120万元的博爱医院建设项目已正常营业。

【环保建设】　完成年度环保目标任务。调处污染源纠纷，完成千人饮用水源调查工作；实施乡镇饮用水源保护工作措施，全年无重特大环境污染事故发生。抓好矿山生态恢复工程，搞好生产矿山环境保护，完成辖区内环境综合整治任务。采取植树造林等措施，实施矿山生态环境恢复与治理。大力推进节能减排工作，结合实际，在辖区各村（居）、企业推广新型财政补贴节能灯、节能灶，使节能工作真正落到实处。取缔、关闭和淘汰污染严重企业及落后生产设施。按照国家、省、市有关环保法律法规和产业政策，结合违法排污企业整顿，限期对污染严重企业及落后生产设施实施强制关闭、取缔或淘汰。推动传统产业新型化和新型产业规模化，逐步形成一批清洁生产示范企业，推动资源综合利用和循环经济健康发展。

【文化旅游】　加快夜郎湖景区的基础设施建设，完成哪叭民族风情园前期规划，按照规划打造哪叭布依风情园建设。加强旅游资源管理，对辖区内餐饮、宾馆等服务行业加大安全卫生检查，努力打造梭筛、下大坝的桃子，地坝、下大坝的冰脆李为旅游产品，加大对旅游产品的投入和开发。2010年，全镇新增干坝民族风情园、地坝夜郎碧水山庄，旅游收入增长11%，对旅游设施船加强检查规范，确保全年无旅游安全事故发生。

【国土资源征地管理】 加强国土资源管理工作，规范农村建设用地，严肃查处非法占用土地行为。严格执行基本农田保护制度，确保土地占补平衡，完成耕地开发任务。全年辖区内无非法开采资源现象，做好地质灾害监测防治工作，对陈旗村地质灾害危岩实行爆破处理。搞好木乃、青山、陈旗等地质灾害点的监测监控与防范工作。

【教育事业】 巩固"两基"成果，确保农村税改转移支付的50%以上用于教育；小学适龄儿童入学率达99.8%，13～15周岁初中适龄正常少年4254人（其中丧失4人），初中阶段正常在校学生4473人，毛入学率105.25%，7～15周岁残疾儿童少年4人（其中丧失1人），入学3人，入学率100%；已完成初等教育1398人，完成率99.93%，17周岁人口1228人，仍在初中就读51人，已完成初中教育1066人，初中教育完成率86.81%。配合教育主管部门做好农村义务教育薄弱学校改造工程的征地、调处等工作，加大对教育经费的投入，做好教育转移经费支付，教育事业费逐年增长，办学条件得到改善。城关三小建16个教室、4个办公室和1个综合办公室，斗蓬小学建9个教室、3个办公室的教学楼，城关二小建8个教室、6个办公室的教学楼，朱官小学建6个教室、4个办公室的教学楼，城关镇一中、二中学生食堂已投入使用。同时，配合抓好中等职业教育招生工作任务。

【城镇建设】 深远房地产开发公司投资967万元，对千禧园土地进行开发，建设双龙苑小区，已完成水、电、路基础设施。该工程的建设对解决多年来因新风砖厂土地上访的问题，维护社会稳定起到积极作用。

【社会保障】 按进度完成劳动技能培训、剩余劳动力转移就业目标任务，支持5户返乡农民工创业。做好返乡农民工摸底调查工作，引导返乡农民工自主创业，开发公益性岗位，推进劳动力转移就业。对"零就业家庭"跟踪服务，帮助"零就业家庭"实现再就业。鼓励失业人员自谋职业、灵活就业，促进新增就业187人，其中下岗失业人员再就业153人，大专以上就业人员133人，安排就业困难人员实现再就业63人，就业转失业同比增幅控制在14.8%以内，城镇登记失业率控制在4.5%以内。全年转移农村劳动力657人，其中有序输转154人。返乡农民工创办企业61个。加强农民技术培训，对陇嘎、柴兴两村50名农户进行"绿色证书"培训，发放"绿色证书"40人，转移培训劳动力1500人次。

2010年11月4日，城关镇后寨村"一事一议财政奖补"项目通组道路硬化开始动工建设。

（吴太勇　摄）

【民政及双拥】 推行殡葬改革，墓地选址基本落实。组织开展农村低保调查摸底工作，把国家的特殊优惠待遇落到实处。全镇有城镇低保对象384户641人，全年累计发放保障金65余万元，发放3846人次；有农村低保户5023户12695人，年内新增6户21人，对不符合条件的取消13户15人，累计发放保障金310.32万元；农村医疗救助对象45人，救助金额10.3万元（不包括现场减免对象）。全镇有五保户241户335人，其中孤儿15人，年内新增五保2户2人，发放五保供养金11万元。同时，抓好双拥工作制度化、经常化。协助解决重点优抚对象"三难"问题，全镇有在乡老复员军人69人，"三属"人员12人，伤残军人54人，带病回乡8人，参战人员199人。按时足额发放优抚对象的定补款，发放定补款52万元，为3户特困老复员军人新建住房6间，维修住房2间，投入资金1.5万元。春节期间，慰问优抚对象、军人家属298户。

【法制建设】 建立健全科学民主决策机制，限时依法行政，配合办理行政复议案件率100%，镇、村干部无违法行政行为。完成"五五"普法总结验收各项工作，搞好"法律六进"及"法制乡镇"创建工作，加强领导干部、公务员、青少年、企业经营管理人员、农民等重点普法对象的学法用法工作，深入开展普法依法治理工作。

【综治维稳和信访】 开展“平安普定”创建活动；搞好社会治安综合治理，始终保持严打态势，全力维护社会稳定与和谐。镇派出所出动车辆70余台次，警力200余人次，清查单位78家，清查流动人口1200余人，对砂石厂、民爆物品点和剧毒化学品、消防重点单位进行多次反复清查整治，确保辖区内无重大事故发生。落实信访工作责任制，加强矛盾纠纷排查化解，清理化解积案率95%；建立联系会议工作制度、妥善处理集体上访、不发生重大恶性事件；建立移民联系包保制度，责任到人，全面做好移民稳控工作，确保库区和移民安置区社会稳定。注重信访源头防范，及时处理各类信访案件，规范办信程序，明确办信重点，注重办信质量。认真规范接待行为，公布接待地点、时间，改善信访环境。全年接访案件28件，其中县转办3件，镇接访25件，已结案20件。

【党的建设】 以“创先争优”和“践行宗旨”活动为契机，切实加强党的建设和干部作风建设，以“三争创、两先进、一优秀”为主题，创新活动方式，拓展党组织和党员干部发挥作用的平台，“七·一”前夕，镇党委表彰12个基层党组织和25名优秀共产党员。在“四创”活动中，党员带头，注册“四创”志愿者2000余名，1200名党员签定承诺书，各支部为群众办实事160余件。7月，城关镇党委被命名为市级“五好基层党组织”。

【精神文明建设】 理论武装工作扎实开展；舆论导向正确，重大事件、突发事件、宣传报道引导有力；舆情信息上报及时；“四创”工作有序推进；“满意在城关”、“四在农家”、未成年人思想道德建设等工作取得明显成效；文化文艺工作丰富多彩；对外宣传力度不断加大；干部队伍建设进一步提高。全面完成“整脏治乱”目标任务。

（刘　燮）

马官镇

【综述】 2010年，马官镇实现镇级财政收入1068万元，同比增长11.25%；粮食总产量20112吨，实现稳步增长；肉类总产量2909吨，同比增长11.7%以上；禽蛋产量197吨，同比增长1%以上；农林渔牧业总产值13210万元，同比增长5.8%；农民人均纯收入3522元，同比增长9.48%。各项指标实现全年计划目标任务。

【农业和农村基础设施建设】 2010年，危房改造任务667户，实现整镇推进，已完成98%，2011年1月底前将全部竣工；完成20口沼气池建设任务；协助县黔中水利枢纽工程领导小组完成马官境内土地征用、房屋拆迁工作；配合县石漠化治理小组，完成总投资93万元的号营河道治理工程的邀标和开工建设工作；完成高羊村整村推进项目通村公路1.5公里水泥硬化项目；在偏杨村、田官村和六谷村分别投资5万元实施应急水源工程；投入13万元资金完成余官奶牛养殖场的饮水建设工作，协助县水利局对高羊、薛家、六谷、湾河等村寨的饮水安全工程建设规划上报；完成上下堡、张官、号营、湾河、中坝等村寨总投资80余万元的抗旱饮水工程建设任务；在中坝、长坡、上堡等村兴挖抗旱井3口，其中上堡村日取水600吨，长坡村日取水2000吨；协调4.4万元资金用于湾河村饮水工程建设；协调5万元资金用于田官村饮水管道维护；协调2万元资金用于荷包村饮水工程建设。落实县有关部门项目资金，兴修机耕道、沟渠、提灌、小水池等农村基础设施建设，其中组织实施完成破头村至菌子坡机耕道、屯脚自然村至丫口洞机耕道、羊寨经果林种植200亩等扶贫资金项目，投资45.08万元，其中财政扶贫资金32万元，农户自筹及投工投劳折款13.08万元；完成玉屯人饮工程、薛家村人畜饮水建设、上堡村人畜饮水建设项目、下堡村农业灌溉设施建设等青岛对口帮扶抗旱资金项目；完成薛家村口至下冲通组公路、杨柳村机耕道建设、湾河村富民桥至冲对山机耕道建设、羊寨至龚家坟通村公路、余官白水河至庄科引水渠、号营河道治理、下坝通组公路恢复工程等县发改局以工代赈资金项目。逐步改善全镇农村基础设施建设，确保旱能灌、涝能排。合理开发利用土地资源，杜绝各类违章用地现象的发生。

【农业产业结构调整】 2010年，面对遭受百年难遇的旱灾，采取有效措施积极应对，投入抗旱资金20万元，疏通沟渠510米，购买引水管道500米，增加固定提灌设备20台（套）。春耕期间，农业服务中心技术干部深入田间地头，指导农户抗旱育苗100亩，推广玉米“6730”工程地膜覆盖栽培600亩，速生蔬菜种植2000亩，实际到位率100%。抓好农作物病虫害预测预报及防治技术，协调相关部门处理好田官、杨柳、太平3个村的“水稻死苗”问题，并对3个村的土壤进行改良。完成1300亩连片防治。打点定距拉绳插秧16000亩。及时上报农情，不误农时，推广以合盛、宗申、恒牛等为主的微耕机310台，排灌机具466台，协助县农机中心抓好农用机械年审工作，组织农机手参加农机安全学习。加强对种子、化肥、农药等农用物资的检查力度，确保农民用上放心的农用物资。加大对各种坑农、害农事件处理力度。通过设立4个农资网点，敞开便民、利民服务渠道，让农民及时购到农用物资，确保春耕生产稳步推进，全年实现满插满种。优化农业布局，发展特色农业。按照“一村一品，多村一特”的发展思路，继续以余官农业科技示范基地为龙头，采取示范引进并扩大种植规模。以“无公害蔬菜”为品牌，全镇推广硬果西红柿种植600亩，“两杂”推广率98%，推广宽窄行打点定距拉绳插秧18000亩，推广杂交包谷拉绳打点定距密植2500亩，在号营、羊寨、太平等村推广水稻旱育秧60亩，推广以西瓜、地萝卜为主的经济作物2200亩，推广除西红柿以外的其他蔬菜3000亩。将二官村百亩黄金梨种植纵深推进，使该村黄金梨种植突破千亩，实现年产值180余万元，并带动张官村经果林种植200余亩，山脚村种植100亩，扩展周边村寨20余个，有效促进农民增收。抓好农民培训工作，全年开展各种农业技术培训45期3100人次。

抓好养殖户（场）及科技示范户的指导工作，认真对养殖户（场）和科技示范户的技术指导服务，对专业养殖场养殖大户、养殖小区、科技示范户培训30余场次，受训人员2000余人次，受训人员中有400余人基本掌握1～2门实用技术，使他们在养殖周边起到模范带头作用，直接经济效益400余万元，打破传统养殖方式，发挥示范户的带头、辐射作用。全年完成生猪人工受精点8个，冻配母猪1900头（次），产仔17500余头，冻配母牛1300余头（次），产犊牛750头；推广二元杂交母猪1000余头，推广“三元”杂交猪27500头，杂交猪30200头，推广优质肉羊100余只；推广良种禽125000羽；能繁母猪2298头，能繁母牛3588头；出栏生猪28825头，羊132只，家禽193372羽（只），肉牛2369头；禽蛋12.2吨，畜牧业产值比上年增加2个百分点，增长15.5%。坚持以“预防为主、防重于治”的方针，结合实际，对32个行政村和2个居委会开展春、秋季动物预防注射工作。完成W病种疫苗注射猪28540头（次），牛、羊16050头（次），猪高蓝病25724头（次），猪瘟27780头（次），免疫率、耳标佩戴率均为100%；禽流感免疫注射鸡261515羽（次），鹅8650只（次），鸭4060只（次），免疫率均为100%，鸡新城疫注射Ⅰ系133510羽（次），Ⅱ系108005羽（次）；其它疫病因病疫防，注射牛出败3550头（次），炭疽2656头（匹）；免疫反应均控制国家规定指标范围内。加大市场的管理力度，实行一票（证）一头（案）的动物、动物产品检疫，有效地控制不合格动物及产品进入市场，确保群众吃上放心肉品。

【整脏治乱】 实行班子成员包街负总责，沿街所涉及的站股具体抓，公路沿线责任到村，与临街门店签定“门前三包”、“整脏治乱”目标责任书。投入5万余元征收余官垃圾填埋场，清理太平、荷包、余官等村沿路垃圾；在集镇新修垃圾池2个，对原垃圾池进行封闭；投入2万余元，对镇属马官中学垃圾池、政府垃圾池、小山坝垃圾池进行1次全面清理并封闭；投入4000余元，在马官村、马堡村修建垃圾池各1个，对乱堆放、乱搭建、乱张贴作进一步清理，清理乱张贴65处，残破横幅6条，乱堆放16处。实行生活垃圾日扫日清，不留存，保证环境卫生和整洁，清理各铺面、住房乱倒脏水情况，对乱堆乱建户下达整改通知，对兴马路绿化带进行修枝整形和药物防治。联合工商部门对马官中学和马官、马堡小学乱设摊点进行清理。群众满意度100%，有效推动“四创”工作的开展。

【小城镇建设】 牢牢抓住“小城镇、大战略，积极稳妥地推进城镇化建设”指导思想，在编制小城镇总体规划的基础上，进行扩容提质，加大投入完善小城镇建设规划。投资1400万元的瑞金路建设全面启动，征地、拆迁工作完成，已动工建设；投入20余万元建成便民利民综合服务大厅；投入25余万元对原法庭、派出所办公楼进行装修；投入10万元完成镇内“双黄”路段照明工程改造，有效改善工作和生活环境，有力地鼓励农民入镇经商，增加集镇人口数量，加快小城镇建设进程，带动相关产业蓬勃发展。同时，进一步加强小城镇管理，对主要街道进行亮化、美化。

【计划生育】 认真落实包保责任制，确保计生手术零库存运转。巩固“国优”、“全市人口计生综合改革示范乡镇”建设成果，提升优质服务水平，严格执行“一票否决”制和“一证否办”制。全镇总人口55466人，常住人口48166人。常住人口新生325人（其中政策内生育293人，政策外生育32人），常住人口符合政策生育率94.15%。流动人口生育19人（其中政策内生育16人，政策外生育3人），流动人口符合政策生育率89.47%。年度内总出生数344人（其中政策内生育309人，政策外生育35人），出生人口符合政策生育率93.9%，出生人口性别比108.48。有育龄妇女13015人，多孩妇女比24.22%。年度内落实手术482例，手术落实率、及时率均达85%以上。发放生殖保健服务证106户、二孩生育证51户、《独生子女父母光荣证》8户。严格按照一年妇检4次要求，对应检对象开展妇检工作，采取发放通知，入村妇检的方式进行。全年常住人口应检1175人，已检1175人，常住人口妇检率100%；流动人口应检1357人，已检1137人，流动人口妇检率83.79%；流入人口妇检率100%。利用“5·29”、“7·11”、春节等节假日开展便民利民服务、发放宣传资料、文艺汇演等活动，累计发放宣传品8000余份，发放避孕药具200余盒，悬挂大型喷绘5幅，布标13条，现场义诊80余人，办验证53人次。在“5·29”宣传活动中，为8户“独双户”各发放慰问金200元，大米100斤。每季度对镇村计生干部、卫生员开展1次以上计生政策法规、《流动人口管理条例》、《贵州省人口与计划生育条例》的培训，提高干部对计生政策知晓率。同时，在每月月例会上对计生站、办、村专干、卫生员进行业务培训与指导，提升业务水平。宣传品进村入户，累计发放宣传资料10000余份，对待孕、产后、术后对象进行随访，提高群众知晓率和满意度。全镇34个村（居）已有31个村（居）达村（居）民自治标准，为巩固“国优”示范镇打下坚实的基础。

【人口普查】 第六次全国人口普查工作启动后，成立由镇长任组长、分管领导任副组长、相关站股所室人员为成员的人口普查领导小组，及时召开动员大会，制定严密的实施方案和工作进度表。严格按照普查员、普查指导员选调的条件和标准，选调36名普查指导员和184名普查员；县人普办培训老师对全镇220名“两员”和27名预留人员进行4天的培训，对36名普查指导员进行四次专题培训，为普查登记做好充分准备。加大经费投入，前期投入1万元购置桌椅、电脑等办公设备，安排1.2万元作为人普办公经费；做好小区图绘制、入户摸底和普查登记；投入4.2万元作为“两员”下村生活补助，另投入0.45万元作为普查登记村交叉检查经费；编码录入阶段，投入1万元补助编码人员；宣传经费投入0.8万元，投入培训、接待、加班生活费3.4万元，落实人口普查经费12.05万元。利用各种新闻媒体进行宣传，电视、电台广播7次，报刊报道12条；发动社会力量进行宣传。张贴宣传标语600余条，出动宣传车辆56车次，悬挂宣传标语14条和大幅喷绘1幅，开展“一堂课”宣传教育的学校26所，接受教育学生9000余人；编写人口普查简报15期，发放宣传资料5000份。先后召开人口普查领导小组会议3次，落实人员抽调和经费等问题，党政主要领导组织带领镇班子领导深入各村（居）指导人口普查工作。在人口普查工作中，普查员逐层走、逐户查，确保普查结果“不漏、不重、不错”；采取有效措施，对全镇各普查区进行相互交叉，抽样抽查，确保普查表填写质量，完成第六次人口普查工作。

【村级换届选举】 成立领导小组和办公室，通过对重点、难点村进行排查分析，拟定切实可行的工作方案，对第八届村（居）民委员会和村党支部换届选举进行安排部署。在选举过程中，严格依照有关程序要求，全镇34个村（居）委会按期选出新一届村（居）委会成员，完成换届选举工作任务。

【教育工作】 继续巩固“两基”成果，大力实施素质教育，多举措落实各项教育指标，确保小学入学率达98%以上，小学在校生辍学率控制在1%左右，初中阶段毛入学率达95%以上，初中在校生辍学率控制在3%以内。做好开学检查工作，保证各学校教育教学工作有序开展；开展校园及周边环境整治，成立整治校园及周边环境工作领导小组，相关职能部门密切配合，对全镇中小学及周边环境进行整治，完成校园零事故目标；针对2010年发生的旱灾，组织发动师生抗旱自救，组织师生捐款6285元；开展“留守子女”、农民工子女就学情况调查统计工作，保证农民工子女正常入学，建立健全留守儿童成长档案；通过省、市、县的继续教育验收。完成“校财局管”的移交，规范学校财务管理，进一步改善办学条件。

【农村新型合作医疗】 全面抓好农村新型合作医疗，全镇参合人数43038人，参合率96.23%，异地就医230人次，发生费用72.7万元，报销金额36.35万元，本地住院病人650余人次，发生费用11.25万元，减免7.88万元，门诊检查80人次，发生费用2.82万元，报销金额1.13万元。大力宣传卫生法律法规，利用广播、图片、宣传栏、宣传画、宣传单等形式，向群众开展《传染病防治法》、《食品卫生法》、《职业病防治法》等法律法规宣传。加大食品市场和校园周边整治情况，确保镇内无食物中毒现象发生。

【劳动保障】 4月，组织参加抗旱救灾促进就业专场招聘会，招聘16名村联防协管员公益性岗位人员。全年转移农村劳动力就业415人，新增就业人员82人，其中下岗人员再就业22人，安排就业困难人员16人。参加医疗保险人数1226人（城镇居民医保308人），失业保险733人，工伤保险360人，养老保险284人。同时，加大对农村劳动力转移培训力度，组织普及培训4期425人，为解决部分农村劳动力的就业问题奠定基础。发挥“党员农贷快车”活动的纽带作用，为群众提供贴息贷款，解决创业缺资金问题，支持伍丽红、洪国伟、陈明益、康杰、任天友等173万元贴息资金，有效帮助他们创业和扩大规模。

【民政救助】 通过1个社会事务服务窗口和4个民政工作流动服务岗，完善各项救助制度，确保粮款物及时足额发放到位。全年通过对156户城市低保进行核查，消除不符合条件的5户，把12户符合城市低保条件的纳入城低户。审核上报医疗救助80余户，发放医疗救助款30余万元。对现有农村低保户1546户4323人进行核查和820元以下的贫困户进行调查，消除不符合低保条件的202户814人，新增符合低保条件292户829人。进一步提高敬老院的管理和服务水平，制定2010年马官镇敬老院采购由院民分组买菜和敬老院院民分桌办法，配合县民政局扩建的敬老院工程已完工，床位数达50余张，增设花卉美观环境，改装健身器材；全年发放救济大米5.5万公斤、绒衣60套、棉被200床、救灾救济款12万元、130余户医疗救助款40余万元，为全镇重点优抚对象、五保对象344人交纳2010年农村合作医疗费6880元。

【综治维稳】 在巩固和完善“两室一亭”的基础上，镇区各企业、各中心校、马官中学实现保安服务，各村小学、幼儿园加强安保措施。各村（居）以“村为主”加强调委会、治保会等组织建设，采取“寨门守卡”、“小组互防”、“十户联防”等形式，组建治安防范网络。对矛盾纠纷或不稳定因素做到早发现、早控制、早化解。综治维稳中心排查化解各类矛盾纠纷或不稳定因素28起。加大校园安全排查整治力度，对辖区各中小学、幼儿园周边的摆摊设点、歌舞厅、电子游戏厅等娱乐场所进行整治，排查各村行为偏激的精神病人和治安高危人员，有效维护学校师生安全和社会稳定。加强禁毒宣传，马官镇作为2010年安顺市推荐评选“全国禁毒宣传文艺精品”活动唯一乡镇，严格按照市、县禁毒委的要求，在6月23日举办以花灯为主的禁毒宣传活动。开展禁毒宣誓、亲情互动、万人签名等活动，发放禁毒标识书包和宣传资料，有效提高老百姓对禁毒方面的政策、法律法规知晓率，使全民识毒、拒毒、防毒、禁毒意识明显增强，营造不种、不贩、不吸的良好氛围。同时，利用春节、五月综治宣传月开展禁毒宣传，提高青少年和广大人民群众拒毒、防毒思想意识。全年化解各类矛盾198起，刑事发案51起，破49起，破案率96%，查处治安案件288起；对公共场所、特殊行业清理整顿12次，清查流动人口400余人；整治校园周边秩序6次；受理各类社会矛盾208起，调处成功198起，化解处置安全生产突发事件1起和群体性事件3起，“平安马官”建设继续纵深推进。

【信访工作】 以全省率先成立的“矛盾纠纷排查化解调处中心”为载体，切实解决好涉及群众切身利益的实际问题，把业务工作与信访工作有机结合起来，按照“属地管理、谁主管、谁负责”的原则，严格兑现奖惩，实行一票否决，对重大信访问题召开党政联席会议进行研究，定期召开月例会，通报当月发生的矛盾纠纷和化解调处情况，真正做到“小事不出村，大事不出镇，矛盾不上交”的目标。全年组织入村160余人次，接访信访件78件，调处35件，正在处理38件，转村级和单位办理5件。继续密切关注电厂周边群众反映的热点难点问题，进一步落实领导包片，站股包村、村干部参与包案的矛盾纠纷排查化解模式，真正做到矛盾纠纷发现1起，化解1起，群众反映的难点问题，知道1起，解决1起。针对重点人群，时时保持与村领导的信息畅通，加强沟通对话，保证不离开视线。

【殡葬改革】 及时成立殡葬改革领导小组，印发殡葬改革工作实施方案，明确专人抓此项工作，与各村签定殡葬改革工作目标责任书。加大规范治丧宣传力度，严禁沿街治丧。坚决杜绝在林地、耕地、风景名胜区、文物保护区、水库、河流、堤坝附近及公路沿线两侧可视范围内新（扩）建坟墓。对辖区内公路沿线、旅游景点、文物保护区可视范围内原有坟墓区域，加大绿化治理力度，植树掩遮。对镇属范围内生产、销售棺木、坟石、墓碑的经营户进行取缔。坚决制止乱埋乱葬行为，对余官、马堡、太平、杨柳、中坝5个片区进行目测，确定公益性公墓场所。

2010年11月15日，贵州省县级优秀文工队到马官镇进行文艺调演。（马官镇　提供）

【文化工作】　成功承办安顺市“第二届屯堡花灯艺术大赛”、“花灯综艺大赛”、“6·26”全国禁毒宣传文艺精品汇演、“全省县级优秀文工队文艺调演”等活动。在2010“多彩贵州”小品大赛中，选送的花灯小品《夫妻灯王》获安顺赛区选拔赛二等奖、省决赛优秀奖；组织参与“2010中国·贵州黄果树瀑布节”系列活动；挑选3支地戏表演队参加“第二届中国·安顺屯堡地戏大赛”，其中少儿队获三等奖，两支成年队伍分别获优秀奖。投入项目资金16万元对省级文物保护单位玉真山寺进行全面修缮。配合各级媒体做好拍摄、报道、录制工作。省人大副主任顾久到马官镇调研屯堡文化和屯堡非物质文化遗产立法保护；日本国早稻田大学有关专家、学者、博士生、博士生导师到马官镇对屯堡文化进行调研。强化宣传和信息反馈工作，为宣传马官、建设马官，抓好新闻宣传报道，把马官的新亮点、新成绩、新做法对外宣传。办《看马官》11期，投稿200余篇，《安顺日报》、《安顺组工》、《普定》报、《普定信息》、《普定政务信息》等县级以上报刊采用160余篇（其中调研文章6篇），电视新闻80余条。抓好镇村两级图书室、娱乐室的阵地建设，贯彻落实安顺市广播电视局《关于下达2007—2008年“村村通”建设计划的通知》，分别将390座地面卫星接收器科学合理配置到高羊、断桥、张官等离镇区较远的村寨，全部按照要求保质保量安装结束。

【移民安置】　对24个村采取定期复查，做好来信来访工作。对于近年移民矛盾的调解，采取实地调查，多方走访，查找证人证据，联系信访、司法、综治、法庭、公安等多家单位多次解决，把矛盾处理在萌芽状态，减少上访案件发生。同时，帮助移民外出务工致富找捷径，抓住鼓励移民外出务工的优惠政策，及时组织符合条件的移民参加培训外出务工。2010年，全镇有51人经培训合格外出并找到工作。

【林业及防护】　2010年，县石漠化治理办公室在马官镇实施荒山造林2664亩，重点在下坝、中坝、山脚、高羊、羊寨和贾官等村实施，发展种植经济林1408亩，品种有梨、桃、李等。完成长坡村社会造林100亩，其它零星造林85亩；投资8000余元，新建6块森林防火宣传碑牌，书写永久性宣传标语30余条，发放宣传标语13000份，发放宣传品6000余份，使广大村民防火意识得到加强。因严重干旱，全镇发生火灾32次，火灾过火面积3400亩，投入防火经费20000余元。完成新增公益林管护经费34495元的发放工作，涉及20个村委会52个小班，面积7262亩。

【国土资源管理】　制订巡查工作制度，落实巡查工作责任制，分片包干，坚持预防为主，预防与查处相结合的方针，天天巡查，消除各种安全隐患，有效保证矿业的正常秩序。严格执行《土地管理法》，进一步加大基本农田保护力度，保持基本农田保有量不因经济建设发展而减少和降低基本农田的质量。同时，进一步规范农村建设用地，抓好土地开发和整理，做好土地占补平衡工作，对已划定的基本农田保护区按片、块统一建立档案，由巡查小组每月对基本农田保护区巡查1次，建立巡查台账。全年查处违法行为73件，取缔1处非法开采砂石矿。

【统战工作】　建立非党干部档案，落实跟踪管理和领导小组成员联系，健全正股级以上非党干部制度，进行交心谈心，推荐非党干部参与培训。把扶持民族村寨的着力点转移到依靠项目带动民族村寨的发展；重点扶持民族村的基础设施建设；利用民族的历史文化、民族风情大力发展民族民间文化，繁荣民族经济；加大少数民族干部的培养，对少数民族干部进行调查，建立健全民族干部档案。

【党管武装】　宣传国防教育，增强国防观念，营造拥政爱民、拥军优属的浓厚氛围。6月，全镇50名基干民兵参加县人武部组织为期15天的军事训练。全镇现有民兵连33个，民兵8698人，预备役部队步兵1个连2个排60人，为部队输送合格兵员17名，其中女兵1人。出动应急分队民兵570余人次，扑灭山林火灾6起，协助公安机关抓获犯罪分子6人，为国家和人民群众挽回经济损失3万余元。利用民兵整组、征兵、新生入学和重大节日，深入学校、村寨广泛开展爱国主义、革命英雄主义、《国防法》、《现代国防知识》等教育，增强全民国防观念、法制观念，树立正确的国防意识。

【精神文明建设及乡村旅游】 深入开展“卫生与秩序”、“整脏治乱”专项工作，进一步巩固整治成果，确保凤仪路、云霞路、过府路、双黄路及“三山一阁一庄”等旅游景点的环境卫生和治安秩序。做好文明村寨、文明单位、文明户的指导工作。申报镇农村精神文明活动中心示范建设点1个，申报“农民文化家园”项目6个，进一步完善羊寨村、下坝村“农民文化家园”设施的配置。安排部署2010“四在农家”创建活动，成立工作领导小组，制定工作规划和实施方案。全年中心组组织学习10次，使广大干部思想素质明显提高，工作态度明显转变。继续开展“十星级”文明单位、文明村寨、文明户评选活动。2010年，全镇旅游接待11.25万余人次，同比增长20%，旅游经济收入同比增长40%。全年无游客投诉现象和旅游安全事故发生。

【安全生产】 全面开展落实企业安全生产主体责任年活动，做好各类安全生产隐患的督促检查工作。组建一支22人的消防灭火应急分队，配备5名具有安全生产执法资格的专职安全监管人员，加强对安全生产人员的培训、指导和督促检查，确保安全生产人员发挥有效作用。对辖区内安全生产、交通安全、食品卫生安全等专项检查5次，处理违章、违规司乘人员80起（次），收缴过期食品100件（次），非煤矿山、各企业安全隐患70余处，消防隐患55余处，已全部整改完毕，确保广大人民群众的生命财产安全。开展大型安全宣传活动4次，发放有关安全法律、法规资料1560份。协调县消防大队官兵深入马官中学，开展“消防安全进学校”活动。发放《中华人民共和国消防法》100余份，消防安全常识500余份。安监站、派出所等部门联动，对消防安全、烟花爆竹安全、危爆物品管理、特种设备进行专项检查5次，对重点消防单位、人员密集场所进行隐患排查，对无证出售烟花爆竹给予取缔和收缴，对使用无产品合格证的特种设备（锅炉）经营户给予停止营业整顿。及时处理电厂污水排放、污染农田事件，对辖区砂石厂造成的粉尘污染进行治理，狠抓污染源治理，关停浪费资源、污染严重的小企业，先后关停大小企业5家。在嘉琪水泥厂、龙里龙腾公司、闽光电石厂推行清洁生产，使3家企业成为增产、节能减排型企业，污染物排放全面达标。全年全镇辖区内无重大安全事故发生。

【财税管理】 严把支出关，努力增收节支，加强预算约束，强化支出管理，确保收支平衡。对预算外资金收取的部门一律实行“收支两条线”纳入财政专户，按用款计划审批使用，实行财务监督审计，杜绝坐收、坐支、挪用、贪污、乱收费等违法违纪行为，实现财政预算的综合平衡。进一步加强村级“三资”管理，特别是对村级固定资产核实清理，切实对“小金库”进行清查。在经济稳定增长的基础上，财政收入实现较快增长，支出结构进一步优化，规范财务收支行为，加强国有资产、村级资产管理的规范操作，开展村民议事会抓好村级“一事一议”工作，及时落实各项支农惠农政策补贴。采取对使用票据单位有专人办理，规范操作，妥善保管，定期盘点，定时缴销等措施。严格执行国有资产管理、村级资产管理制度，对全镇各部门的国有资产变动情况、村级资产纳入管理。全面完成“一折通”兑现农民补助工作，按时保质保量完成任务。

【党建工作】 把党建工作列为党委中心工作，党委书记为第一责任人亲自抓，分管领导具体抓，其他党委成员协同抓，预算15万元工作经费给予全面保障。进一步完善党员领导干部联系点制度，在村和企业党组织中建立12个党员领导干部联系点，并明确党员领导干部到联系点工作的纪律要求和工作职责。采取党员领导干部包片、党员干部包村的工作方式，加强党建督促力度，有力地确保各项工作的贯彻落实。切实把党建工作纳入目标化管理，由镇党委与各村党支部签定《马官镇2010年党建工作目标责任书》，建立奖惩激励机制。充分利用远程教育资源，切实加强农村“三支队伍”人才培训工作。全年各站点组织培训800余期，培训党员、村组干部、技术人才9000余人次；组织村干部培训8期，培训人数432人次；组织开展村干部培训8期，培训人数641人次。落实党员“三优先”和“三培养”制度，加强入党积极分子队伍建设，组织开展第二期入党积极分子培训，培训人数120余人，发展党员72名。

【便民利民服务】 投入财政资金20余万元，对精神文明大楼的沿街铺面进行改造和装修，作为便民利民服务前沿阵地，设立马官镇党务政务便民利民综合服务大厅，大厅分设党务、涉农、矛盾纠纷排查调处、计生、社会事务、劳动保障、农业直补等7个前台服务中心。以党委书记任组长，党委副书记、镇长任常务副组长，成立马官镇党务政务便民利民服务工作领导小组，组建马官镇党务政务便民利民综合服务管理中心。拟定《马官镇党务政务便民利民综合服务工作方案》。投入3万余元为中心配置电脑、办公桌椅、文件柜等，明确65名服务工作人员，推行领导干部包片负责制和站股干部包村制，以包片领导任站长，包村干部和村支书、主任任副站长，计生专干、会计、卫生室人员及各部门业务包村干部为成员，在32个行政村建起党务村务便民利民服务站，以中心带站点，全面构建党务政务便民利民镇村一体化服务网络平台。同时，切实加强培训，强化服务质量，村级站点为群众提供服务1120余次，其中代办事项400余件；镇综合服务中心为群众提供服务180余次，代办服务40余件。

【创先争优与践行宗旨教育活动】 以创先进党支部，争做优秀共产党员为契机，马官镇坚持科学发展观为统领，以“基层组织争先进、党员干部作表率、人民群众得实惠”为活动主题，加强党员干部综合素质和为人民服务的意识。立足各村、各部门实情，组织开展评星定级的“先锋党员”活动，制定参评标准，通过逆向考核、实地查看示范户、示范场地和座谈会评议，最后由党委会统一把关确定“先锋党员”人选，采取精神与物质相结合的奖励方式，镇党委组织的“党员农贷快车”活动累计提供贷款1913万元，贴息96万元，惠及党员724户，创收1200余万元。以“三建立两服务”为抓手，以“五个一”为创先争优活动载体，建立党员领导干部联系非公企业党建工作制度，并采取下派非公企业党建工作指导员，指导非公企业组建成立党支部。深入开展“助弱扶残”活动，除将其纳入农村低保外，还以农技校为依托，通过深入了解他们所想所思，有针对性的开设培训课程，使其掌握一技之长，增强创收能力。健全基层民主自治机制，着力抓好村民代表议事会，严格落实村级经济发展规划、项目实施、扶贫救助、危改及低保户等，涉及群众切身利益的热点和难点问题，须村民代表议事会讨论通过。深化“三级联创”活动，建立党建工作示范点、基层民主示范点。为切实抓好干部效能建设，管好镇村干部，马官镇不断创新党建工作机制，以“两评”（即镇干部考评村干部，村干部评价镇干部）、“两学”（即镇村干部离岗学习和班子成员脱管自学）机制为抓手，在全镇镇村干部中大兴比效益、比敬业、比服务之风。各党支部认真按照要求，组织开展学习活动和践行宗旨活动，使广大党员受到深刻教育，增强宗旨意识，组织开展践行宗旨活动130余次；结合“践行宗旨、创先争优”，对“五好基层党组织”、“十佳党支部书记”、“优秀共产党员”等进行考察上报，在“七一”活动中进行表彰。

【党风廉政建设】 利用电视、报刊、宣传栏、宣传标语等形式广泛宣传，利用“寨寨有花灯，村村有舞台”的优势，以花灯艺术为载体，将党风廉政建设相关内容编成花灯小品在各村、各单位巡回演出；优化各项制度，践行宗旨教育。落实党风廉政建设责任制，层层签定党风廉政建设目标责任书，贯彻落实《惩治、监督、教育2008—2010年工作规划》，借召开民主生活会及各党支部组织生活会平台，深入开展批评与自我批评，做到警钟长鸣，切实增强党员干部践行宗旨、勤廉为民意识。结合开展“创先争优”和“忠实践行宗旨、勤政廉政为民”教育活动，抓好十七届四中全会和中纪委五次全会，市纪委、县纪委四次全体会议的学习贯彻和落实。按照标本兼治、纠建并举的方针，对派出所、工商所、综治办、地税分局、林业站开展民主评议行风工作，进一步加强基层站所的作风建设；建立便民利民服务中心，落实便民利民服务站点建设工作。抓好案件查办工作，开展中央新增涉农资金进行专项检查，及时查处各种违法行为，治理“三乱”行为，设立勤政廉政监督站，各村聘请勤政廉政监督员，有效拓展监督面。10月，安顺市农村党风廉政建设工作会议在马官镇成功召开。

（周　俊）

化处镇

【综述】 2010年，化处镇以“希望在结构调整、前景在招商引资、致富在基础设施、发展在立说即干”为宗旨，财政收入完成437.18万元，农业总产值4830万元，工业总产值6337万元，增长16%，农民人均纯收入3254元，同比增长9%，固定资产投入4486万元。

【特色农业】 通过引进大户、亮点打造的方式发展茶叶产业。引进茶叶企业4家，新建茶园3500亩，育苗560亩，对种植的7000余亩茶园进行指导管护。完成干茶总产量12000公斤，实现总产值近1300余万元，其中实现茶青收入200余万元。朵贝贡茶在国家级茶叶评比中，获4枚金牌。巩固和加强特色农业种植。狠抓农作物病虫害防治，大力推广早熟地膜玉米、高粱、杂交玉米、优质油菜、板田大蒜及蔬菜的种植，确保传统农业做优、做精。注重农业信息化建设，建成化处村农经网站点，为农业的科学化奠定坚实的基础。

2010年11月22日，化处镇举办农业产业化技能培训班。 （杨成福 摄）

【畜牧产业】 2010年底，全镇生猪存栏11493头，大牲畜存栏14299头，山羊存栏392只，家禽存栏140539羽。全年应免猪W疫苗19012头，实免W疫苗19012头，猪瘟免疫19402头，高蓝免疫19384头。全年免疫山羊W疫苗560只，牛全年免疫W疫苗16625头，牛出败免疫1968头，炭疽免疫3811头，禽流感全年免疫270839羽，新城疫全年免疫275807羽。肉类总产量为2680吨（其中猪肉2210吨，牛肉226吨，羊肉4.6吨，禽肉241吨），禽蛋产量为63吨，比2009年同期增长15%，畜牧业产值4350万元。输配母牛1112头，产犊733头，调进二元母猪1015头，推广良种禽13.4万羽，人工种草162亩，改良草地413亩，产地检疫8210头，屠宰检疫1703头，出县境检疫1142头，全镇消毒面积8万余平方米，其中公路沿线消毒3万余平方米。建成养殖点2个，全年疫点数为零。引进贵州原生鸡品种——硝洞高脚鸡。

【林业工作】 建设经济林820亩，计划造经济林2000亩、城镇绿化500亩，上报省林业厅安排设计。严格执行“十一五”采伐限额和年度木材生产计划，配合县林业局做好农民木材采伐设计；严格控制林地流转，严查非法占用林地开矿、开砂、采石修建违章建筑。针对2010年持续干旱，火灾多发的情况，成立镇护林防火领导小组，加大宣传力度，组建镇、村扑火队，层层签订目标责任书。

【水利工作】 协助县农办实施完成2009年度焦家等村的“农发”项目以及播咱等13个退耕还林村“巩固退耕还林成果基本口粮田建设项目”，参与县水利局完成沙包、杉木等7个村的“安全人饮”工程规划设计任务，参与县水利局完成坡凤山塘防渗加固工程规划设计任务，参与县黔中水利枢纽办公室完成焦家村、水母村等5个涉及“黔中水利枢纽工程”村的外勘及实物认定工作，配合协助县水利局完成镇水利工程“十二五规划”。按照要求和部署，对镇域内的各项水利设施及河道等进行安全隐患排查，确保各项工程的正常运行；组建好防汛抢险预备队和防汛抗旱服务队，制定好防汛抗旱预案。加强24小时值班制度和汛前、汛中、汛后巡查制，及时掌握和上报雨情、水情和汛情，确保防汛抗旱工作万无一失。

【工业发展】 抓住被市委市政府定位工贸服务型小城镇来培育的契机，树立工业强镇战略。2010年引进企业4家，总投资1000余万元。继续对企业实行“保姆式”服务，加大招商引资力度，帮助企业解决在发展中遇到的问题。帮助外来企业协调贷款200余万元，调处纠纷30余起。

【财税管理】 完成财政收入437.18万元，完成全年预算420.9万元的103.86%，占调整预算437.18万元的100%。完成财政支出436.5万元，完成全年预算420.6万元的103.8%，占调整预算436.5万元的100%。

【惠民利民工程】 完成《化处镇2010—2012年三年扶贫规划》编制工作。规划项目48个，总投资3455万元（其中财政扶贫资金2610.5万元），项目覆盖文化、卫生、旅游、基础设施、村庄整治、产业发展等方面。完成2011年度焦家寨村青岛对口帮扶开发式扶贫村建设项目申报工作（申报帮扶资金40万元），完成播咱村、田坝村2010

年青岛对口帮扶抗旱救灾资金人畜饮水工程建设项目3个，帮扶资金总额10万元。到户小额扶贫贷款贴息工作中申请贴息资金25万元，全部按扶贫资金管理规定发放完毕。通过各项工作的开展，全镇1067元以下贫困人口减少803人，为建设社会主义新农村打下坚实基础。完成“化朵”公路播仁田坝至戛打路段油化，小城镇供水工程、党务政务服务中心正在建设。截至12月2日，全镇完成危房改造1238户，竣工率83.77%；改炉改灶1091户；完成14个村级卫生室建设和镇文化服务中心建设。张家村青岛对口帮扶茶叶种植项目、播咱村人饮工程完工；完成张家村小山塘治理项目，朵贝茶母本园建设、偏坡村移民饮水建设项目、水母村移民建设项目、胡家湾村移民饮水建设项目、化处新寨村人畜饮水建设、播咱村人畜饮水管道维修完成管道安装完工；下纸厂村应急水源补助项目完成坝体建设。完成易地扶贫播改村播改坝子安置点，完成米润村大水井组迁至弯子田安置点。完成张家村、化新村、朵贝村等10个村的“一事一议”财政奖补工程。县乡道路改造7个；通村公路（油化、硬化）4个；通达工程6个；危桥改造8个；新建桥梁1个。基本农田34个，投资5040万元；小型微型水利工程16个，投资1301万元；乡村道路建设34个，投资5542万元；独立桥涵建设12个，投资311万元；小型流域综合治理2个，投资8300万元；片区综合治理3个，投资13300万元；异地扶贫搬迁10个，投资895.52万元。

【城乡统筹发展】 化处镇富有江南民居风格和化处特色的第二批商品房建设主体工程完工。建成“和谐大道”，投资近400万元的小城镇供水及污水排放工程，投资近300万元的党务政务服务宣传文化中心正在实施中。全县乡镇唯一的廉租房（16套）已竣工。探索新农村建设、城乡一体化建设之路，由民议、民决、民建，吸纳社会资金近1000万元，在戛卧至水母村之间拉通1条宽18米、长1000米的幸福大道。

【返乡农民工创业】 根据返乡农民工的需求进行帮助。为返乡农民工王强、陈开富等协调贷款，为返乡农民工丁明祥提供资金和智力支持，为返乡农民工饶建明宣传推介“建明飞鸡”。2010年，扶持返乡农民工回乡创业10家，总投资1000余万元。组织农民工进行培训和外出参观学习6次550余人，协调镇内企业解决农民工就业2000余人，其中对外输出300人。

【平安化处建设】 把安全生产作为最大的民生工程来抓，开展安全生产宣传活动，把开展安全生产隐患排查作为一项经常性工作。加大“村为主”管理工作力度，实行举报有奖制度。加强对煤矿企业和非法采煤区域的监管，加大对非煤矿山的隐患排查，严格检查烟花爆竹及危爆物品，加大交通安全检查。开展消防安全工作，2010年，全镇无生产安全事故发生。加强镇治安巡逻大队的巡逻守护工作，推行平安建设“村为主”，巩固群防群治成果。加大案件的查处力度、加强矛盾纠纷调处力度，以“小事不出组，大事不出村，难事不出镇，矛盾不上交”为目标，把不稳定因素消灭在萌芽状态。开展“反邪教”警示教育活动，开展校园周边环境整治活动，对流动人口实行专栏登记管理，落实铁路护路工作，加大对黄、赌、毒等的打击力度，取缔各种封建迷信活动，加强对刑释人员、解除劳教人员和轻微违法青少年的帮教工作。把移民安抚工作作为一项长期性工作来抓。

【国土资源管理】 加强土地管理，落实基本农田保护“五不准”。严格执行土地利用总体规划和年度计划。完成化处变电站征地工作和沙包村白泥塘土地开发（复垦）16公顷的任务。加强对矿产资源管理，加强辖区内无证小煤窑和非煤矿山、破坏性开采等违反矿产资源法律、法规行为的监管和打击力度，全年无一例因开采矿产资源发生的伤人和死亡事故。执行“地质灾害速报制度”和“地质灾害月报制度”，全镇14个地质灾害点明白卡发放到户。

【民政工作】 对低保对象进行动态管理，对不符合条件的对象户进行核消。2010年全镇有低保户4347户8691人。有各类优抚对象250人，每季度核实上报老复退军人及参战人员变动情况，所有优抚对象参加新型合作医疗费由民政局下拨专项资金交付，使重点优抚对象生活难、看病难问题得到解决。加强殡葬改革工作，截至12月8日，全镇火化3例。推进城乡医疗救助工作，救助160户，救助金41.65万元。其中居委会10户，救助金1.54万元。发放抗旱救灾资金19.5万元，开出粮食54100公斤，惠及1004户3781人，发放棉被269床，惠及249户271人，发放棉衣86件。对“和谐之家”26名孤儿和11位五保老人实行1人1档管理。

【科教文卫工作】 完成首批5个农家书屋网点的管理使用和8个第二批农家书屋建设点资料整

理上报的同时，上报水新、陶家等10个村的第三批农家书屋建设申报资料。为符合条件的30个村（居）申报第二批体育健身工程，抓好播仁、水母、水新等3个村农民体育健身工程点管理。完成1572套广播电视“村村通”工程。深入推进“四在农家”工作。建筑面积300余平方米、总投资25万元的镇综合文化站建设工程竣工投入使用。通过物质包装和文化包装的方式，推介化处，促进旅游业发展。以加快新农村建设为契机，依托美丽的自然景观和深厚的历史文化沉淀，发展乡村生态旅游业。通过打造洁净、文明化处形象，做强文化产业、连片种植免耕油菜及茶园、对古茶树进行保护性开发等方式，促进乡村生态旅游业发展。全年接待游客5万余人，旅游收入500余万元，同比增长20%，无旅游安全事故发生。

【教育事业】 贯彻落实《中华人民共和国义务教育法》，巩固“两基”成果，加大宣传力度，保证达到指标要求。小学入学率99.84%，初中净入学率78.77%，“三残”儿童入学率100%，小学在校生年辍学率0，小学毕业生升学率96.95%，小学六年巩固率95.37%，初中三年巩固率91.24%，初中在校生年辍学率2.12%。加强农村成人教育的实用技术培训，搞好复兴万亩朵贝贡茶工程，参与茶叶、油菜、板田大蒜栽培技术培训，参训250人次，完成农村劳动力转移培训和农村实用技术培训5000余人次。

【卫生工作】 全年完成业务总收入28万元，镇卫生院住院803人次，门诊6654人次，产生医疗总费用23.6万元，报销金额18.8万元。村卫生室合医门诊观察3056人次，门诊14060人次，产生报销费用18.6万元。2010年参合率96%，建成戛打、滥坝、播仁等14个村村级卫生室。

【计划生育】 2010年，严格按照“依法管理、村民自治、优质服务、政策推动、综合治理”的目标，扎实推进人口与计生工作。截至9月底，全镇新生人口517人，政策内496人，政策外21人，符合政策生育率宽口径95.96%，严口径90.14%；出生人口性别比109.31∶100。投入资金1万余元制作大型户外彩喷宣传画，为14个“国标”村制作图文并茂的彩喷画、人口计生宣传墙；举办首届人口计生知识抢答赛；举办以“宣传人口计生政策、建设和谐美好化处”为主题的人口计生文艺汇演，纪念计划生育协会成立30周年和中共中央、国务院《关于控制我国人口增长问题致全体共产党员、共青团员的公开信》发表30周年。镇计生服务站被市计生局报送参加全国先进计生服务站评比。

【党风廉政建设】 加大学习培训力度，提高拒腐防变能力。开展镇、村干部参加的农村基层干部反腐倡廉教育培训4次，参加培训的人员350余人次。设立36个便民利民服务站，方便群众办事，为群众提供优质服务。切实抓好信访工作。接到群众来信来访16件，其中调查结案13件，转办3件。

【党的建设】 发展党员73名。其中35岁以下的39人，占53%。大专及以上17人，占22%。组织党员干部培训12590人次，外出参观学习800余人次。在35个村（居）设立便民利民服务站（点），建立便民利民服务承诺制，首问责任制、一次性告知制等有关工作制度。实行镇干部下村任职、村干部交叉任职、跨村任职。对硐口、胡家湾、后山、戛打、滥坝等5个第二轮村级活动室进行改、扩建。成立片区工作组，把全镇35个村（居）划分为5个片区，加强对村（居）工作的管理。发放便民利民服务联系卡10000余份，更有效地做好便民利民工作，探索、申报在5个片区成立片区党委，不断加强基层组织建设。培育远程教育“学用”成果示范基地3个，培育党员带头创业致富能手19名。推荐评选出省、市、县“五好基层党支部”8个；市级抗旱救灾先进党支部1个，“十佳”基层党支部书记1名，“优秀共产党员”5名，其中市级抗旱救灾优秀共产党员1名，县级优秀共产党员4名，县级“优秀党务工作者”1名。为困难党员送慰问品，发放慰问金1.8万元。其中慰问贫困党员203人次。对受灾严重的130名生活困难党员发放抗旱救灾款。发放离退休60岁以上村干部99人补助金共9.18万元。

【精神文明建设】 举办“2010年‘利源杯’男子篮球邀请赛”、“纪念计划生育协会成立30周年暨《公开信》发表30周年文艺汇演活动”等活动。制作发放宣传小册子、宣传画册，邀请《贵州日报》、《安顺日报》、《黔中早报》、贵州电视台、安顺电视台等媒体记者到镇内进行采风，拓宽宣传渠道。镇机关刊物《茶香化处》出版2期，《茶乡党政信息》6期，向外发放宣传画册《贡茶古镇——化处》2500余册，完成县级以上媒体新闻报道稿件300余篇（条），含声像70余条，广播电台10余条，省级刊物发表20余篇，完成调研文章6篇。

（高　立）

马场镇

【综述】 2010年，马场镇围绕“发展沿河经济，构建和谐马场”的总目标，全面实施“项目带动”战略，使全镇经济社会又好又快发展。

【党的建设】 以“走村入户、纯洁党性、锤炼作风”为载体，以提升党组织、党员领导干部服务意识、服务能力为抓手，以民主评议基层站所，便民利民服务，培育示范村，整顿转化后进村等为措施，扎实开展“践行宗旨”教育和“创先争优”两项活动，巩固和扩大深入学习实践科学发展观活动成果，抓好16个村村级组织活动场所建设，发展党员47名。同时，做好第八届村级组织换届工作，强化镇党委中心组学习制度的执行和《镇机关工作人员上下班考勤制度》，着力加强领导班子思想政治建设和干部队伍作风建设。认真执行《干部教育培训工作条例》，以“四项监督制度”、“专项集中活动”学习培训，贯彻落实为重点，大力培训干部和着力整顿用人上的不正之风。

【党风廉政建设】 把党风廉政建设和反腐败各项工作任务分解细化到各站、室、所、中心，党委书记是第一责任人，分管领导是直接责任人的责任机制。成立由党委书记任组长、纪委书记任副组长、班子成员与各站室所中心负责人为成员的考评考核领导小组。经检查，对抓党风廉政建设工作不力，不履行责任的单位和个人，取消评先奖优资格，并追究责任人和单位负责人的责任。2010年，经镇考评领导小组定期和不定期检查，镇领导班子成员和各部门负责人都认真履行“一岗双责”的职责，履职情况较好。按照责任追究的六个重点，切实加大责任追究力度，坚持每半年向县纪委报送1次责任追究情况，查处违纪案件4起。

【依法行政】 把推进依法行政工作纳入目标管理和年度考核。镇依法行政工作领导小组实行集体领导和分工负责制，重大问题由集体讨论决定，在涉及镇域经济社会发展和群众利益的重大问题上，坚持由部门提出议案，主管领导先期审查，最后提交党政联席会议讨论决定的制度和程序，配合办理行政复议案件率100%，全年镇、村干部无违法行政行为发生。

【项目建设】 由镇社会经济发展办公室负责建立项目库，实行项目长效管理机制，切实抓好项目申报工作。成立“十二五”规划编制领导小组，确立“发展沿河经济，构建和谐马场”的总目标，大力发展茶产业、建万亩中药材基地、走特色农产品精加工，从而带动镇域经济的发展。2010年，实施项目9个，总投资2203.499万元。其中发改局项目4个（落龙村通组公路建设、下关村至三岔村通村公路、羊场至烂坝村移民新村公路建设、岩脚村移民搬迁），投资177.499万元；发改局代交通局实施项目1个（下排村通高新组公路建设），投资17万元；扶贫办实施项目1个（云盘村建设4个小水池），投资4万元；整村推进项目2个，投资1580万元；交通局实施项目1个，投资425万元。上述9个项目建设，完成投资2142.6万元，占任务数的97.23%。另外，卫生局实施的地氟病防治和改炉改灶项目，正在产品展示阶段。农业局实施的粮食高产工程，总投资60万元，已完成投资50万元。财政局实施的云盘村“一事一议”财政项目，总投资54.6万元。组织部实施的村级组织活动场所建设工程，涉及16个村，总投资74.925万元，完成投资49.96万元，占任务数的67%，已建设完成14个村。

【农业及工业经济】 第六次全国人口普查工作顺利进行，成立镇人口普查工作领导小组，组建人口普查办公室，明确办公室人员，并于5月底召开人口普查工作启动会和培训会，村级也相应成立人口普查小组，划定人口普查小区图。2010年，新增种植500亩以上产业4个：“6730”工程玉米密植技术6000亩，其中样板示范600亩；在大坟坝、下坪、土牛等村实施优质稻高产工程项目11000亩；梅子关、龙潭等村种植烤烟652亩；云盘村大棚蔬菜种植基地550亩。新增规模养殖场9个，分别为云盘村卢凤祥养鸡场，鸡存栏2200羽；垭口村王毕全养殖场，山羊存栏200头；白秧村陈刚养殖场，猪存栏50头；岩脚村张金国养鸡场，鸡存栏1300羽；岩脚村朱松养鹅场，鹅存栏300羽；上官村孙智养殖场，山羊存栏150头；那细村乔传学养鸭场，鸭存栏1600只；那细村李贤富养鱼场，存鱼6000条；那细村朱汝凯养鱼场，存鱼5500条。扩大规模养殖场2个：党固村莹峻养殖场，猪存栏75头；龙潭村陈剑创银养殖场，猪存栏250头。加强水磨面条传统工艺和设施的开发保护，以被列为市级非物质文化保护遗产的“谢永祥”牌水磨面条为契机，加大宣传力度，扩大生产规模，带动马场优质大米、小麦、蔬菜、水果等种植加工；抓好马场镇茶叶的种植与精加工，已注册“马场土司贡茶”；结合已成规模的山羊养殖和出产优质羊肉，已成功注册“马场胜祥羊肉”特色小吃，“马场胜祥羊肉”在普定、安顺等地开设分店4家。2010年，全镇工业总产值929万元，工业增加值325万元，工业企业税金37万元，工业固定资产投资820万元，工业企业产品销售率96%以上。建立健全工业企业统计台账，统计无迟、漏、错、瞒报现象。新增企业2个，投资3.9亿元，年产45万吨的肖家湾煤矿已在马场镇半坡村、李家村落户，征地已结束。年产值1500万元的大坟坝红石谷页岩砖厂，已投产。制定出台《关于落实党政班子联系企业的通知》，辖区内企业1户1档，落实领导班子对辖区内企业挂钩联系、跟踪服务，尽可能解决企业在发展中遇到的困难和问题，及时处理企业发展的外部环境问题。

【产业结构调整】 以马场大河为中轴线，北岸建立高产水稻种植示范基地，南岸建成反季节蔬菜、西瓜等种养殖经济产业带。在北岸的大坟坝村种植示范高产水稻基地1100余亩，初测亩产900余公斤。扶持返乡农民工卢凤祥在大河南岸的云盘村，投资68万元建立120余亩的“云盘村西瓜、蔬菜种植基地”，解决20余人的劳动就业问题，实现纯利润28万余元。卢凤祥已注册盘龙果蔬专业合作社，拟再投资200万元扩大规模500余亩，实行专业化管理面积700余平方米的蔬菜加工厂房正在修建。以盘龙果蔬专业合作社为“龙头”，益生农民种植养殖专业合作社、创银种养殖专业合作社、雨阳农特产品有限责任公司、鑫海种养殖专业合作社、莹峻养殖场等合作社、养殖场为“龙身、龙尾”的总面积1000余亩的反季节蔬菜等基地在南岸呈“一字形”排开。具有亚热带低热河谷气候特点的马场“沿河经济”带已初具雏形。

【社会治安综合治理】 2010年，以贯彻落实“三项重点工作”为重点，扎实抓好社会治安综合治理，努力构建维护公平正义的法制环境，全年立刑事案件19起，破15起，破案率80%；受理治安案件39起，查处治安行政案件34起，查处率87%；刑事拘留19人，打击处理19人，行政案件中符合处理的8人。对镇干部进行警示教育，在学校开展“五个一”工程活动，对不稳定因素、矛盾纠纷、信访事项、安全生产隐患进行排查，查出矛盾纠纷13起，对排查出来的问题，落实责任单位和责任人给予处置，调解成功13起，受理各种信访案件及矛盾纠纷14件，均进行调解处理。对校园及周边安全、区域盗窃和暴力侵害、安全生产等方面进行全面排查和重点整治。排查中小学校20所，重点路段3处，重点村寨10个，非法采煤点15处，非煤矿山5处，非法加油站3处，非法采矿点1处，渔业航船4艘。排查出各种安全隐患及突出治安问题64起，当场落实整顿35起，下达指令书29起。排查吸毒人员3人，强制隔离3人。6月13日，为扩大禁毒预防教育工作宣传效果，镇禁毒办组织派出所、妇联、团委、供电所、安监站、教辅站、马场中学、马场小学等成员单位在马场大桥边进行禁毒宣传，发放资料2500余份，书写标语150余条，横挂标语8幅，禁毒宣传挂图25张，宣传面达7000余人次。

2010年6月13日，马场镇开展禁毒宣传活动。

（马场镇　提供）

【信访及移民工作】 坚持领导信访接待日制度，落实信访工作责任制，把信访工作纳入考核机制，实行领导包片、镇干部包村、村干部包户、信息员监控“四道防线”，开展信访工作便民利民综合服务窗口，整合综治、司法等资源，信访工作得到全面落实。加强信访接待和妥善处理，2010年接待来信8件，其中联名来信1件，重复联名来信1件，来访群众14批次93人次。其中集体访3批次78人次。在所有来信来访中，除来信反映因土地征用建设小城镇所涉及购置土地建房户要求及时办理土地使用权证问题的1件，来访反映电站水库移民问题的2件需报请上级有关部门研究解决外，落实和解决的5件，其余已全部答复和解决。由于马场镇为建设梭筛电站搬迁移民的重点乡镇之一，镇党委、政府对移民的衣、食、住以及子女入学等方面进行详细了解，作好个案登记。针对移民群众的生活困难，及时进行救济，落实国家各项惠民政策，在危改、低保等方面向移民群众倾斜。逐户对移民群众作政策宣传与引导，让领导干部与移民群众零距离接触，用心换心。

【水利事业】 成立防汛抗旱抢险应急分队，各村也相应成立防洪抗旱组织机构，构建镇、村、组“三位一体”的防洪抗旱指挥网络体系。制订切实可行的防汛抗旱、山洪避险、水库防洪等预案，并对各工程单位及各村举办防汛抢险、抵御山洪知识培训。在半厢、龙潭、毛栗、店子等4村安装1个自动雨量站和4个简易雨量站，对13个山洪灾害点、15个山塘及洗马河水库进行汛前排查，查出13项水利工程受损、洗马河水库坝体漏水、14个山塘需维修扩建，及时进行处理。

【人口与计划生育】 党委书记直接分管人口与计生工作，保证人均5.5元以上的计生经费投入到位。针对库存大，实行手术任务分解到人头上，村干部每人每季度完成1例、计生干部每月完成1例，完不成任务的停发当月工资。抓好源头，做好孕产期全程服务，做到无出生漏报和错报。搞好优质服务，使每名妇检对象按时参加妇检。落实奖惩措施，对无出生漏报和错报、常检妇检率和流动人口妇检率、手术及时率和落实率达到要求，各种资料台账准确的给予村集体2000～3000元的奖励、包村干部和包村医生各300～500元的奖励，达不到要求的扣村2000～3000元报酬、包村干部和包村医生各300～500元的工资；对底数不清、情况不明、不负责任的包村干部给予待岗处理。开好月例会，建立定期汇报工作制度，即分管领导向党委政府汇报、计生办（站）负责人向分管领导汇报，包村干部向计生办负责人汇报，包村医生向计生站负责人汇报。全年全镇出生婴儿373人；常住人口合符政策生育率93.9%；完成“四术”525例，妇检常检对象538人，妇检率100%，尚有无原因手术库存96例，均为外出1年以上无法联系的。

【安全生产】 将安全生产工作列为重要议事日程，全力推行安全生产“村为主”，与40个村（居）及7个砂石厂、2个方解石厂、3个页岩砖厂、1个有证煤矿和1个改扩建煤矿、4个渡口分别签订安全生产目标责任书，在下坪等村与农户签订禁止非法生产土制爆竹的五户联保责任书，把包保责任从监督干部、驻村干部延伸到村、组和农户。组织安监、国土、工商、供电、派出所等单位，对全镇安全生产工作坚持“三天一回查、七天一督查”，进行长期地毯式排查和整治。2010年，填封无证盗采采煤窝点63个。填封后，非法采煤窝点以村为单位进行编号，按属地管理原则交由各村支两委、地块使用者共同监管，责任落实到人，对私自启封开挖者将按有关规定追究相关责任人的责任，有效遏制非法盗采小煤窑的行为。对非煤矿山进行隐患排查和治理8个，取缔非法开采砂石点6个，督促有证非煤矿山完善安全生产措施和安全生产相关制度的上墙和责任制的落实。清缴非法土制爆竹50万余响，处理扦凳3张，强化对大坡煤矿和星红煤矿的长期监管。相关部门加大安全生产工作的巡查力度，发现隐患及时督促整改，不留死角，将安全隐患消灭在萌芽状态。

【整脏治乱】 利用公益性岗位人员，组建11人的城镇监督管理队，提供服装，全面加强车辆乱停乱放、乱搭乱建等“六脏六乱”行为的整治。针对街道“脏、乱、差”问题，投资1万元购买100个垃圾桶沿滨河路、马煤路方向逐一发到各家各户，确保住户门前整洁。聘请1批保洁员，每天对垃圾进行及时清理。建1批垃圾池，便于垃圾的集中堆放，确保街面无暴露垃圾。购买专门垃圾车辆，确保垃圾随时清运。在离镇政府3公里的大坟坡村选定垃圾填埋场1处，确保处理垃圾科学合理。

【国土资源管理】 建立土地执法监督网络，及时将违法用地行为遏止在萌芽状态。2010年，制止违法用地势头10起，处理土地纠纷1起。进一步完善基本农田保护措施，严格执行基本农田“五不准”制度，确保全镇耕地总量不减，质量不降。做好土地开发工作，2009年动工开发的1980亩土地，已竣工待验收。同时，加大对全镇地质灾害点的排查力度，编制《马场镇汛期地质灾害防灾应急预案》，对14个村19个地质灾害点建立地质灾害防灾网络，明确专人长期巡查与监测。

【社会保障】 组织发动失业人员参加政府免费就业培训。2010年，组织81人参加各类培训班的学习，其中30人参加社保局主办的微机培训、白酒酿造培训、驾驶员培训，完成劳动力转移664人，完成目标任务数的102%。对51名农民工进行动物疫病防治员培训。对辖区内返乡农民工创业情况进行调查，调查统计返乡农民工创业70人次。同时，深入农民工创业点，了解创业过程中存在的问题，抓好农民工返乡创业工作的落实。全年落实农民工创业示范点6个（云盘村西瓜种植基地、莹峻养殖场、普定县益生农民种植养殖专业合作社、创银种养殖专业合作社、雨阳农特产品有限责任公司、鑫海种养殖专业合作社），对这6户有代表性的返乡农民工创业示范点进行政策扶持和项目帮扶。加强与上级劳动保障部门沟通联系，争取更多的支持与帮助，加大对全镇范围内城镇失业人员的调查摸底和登记。全年为辖区内城镇失业人员80余人提供就业推介，开发公益性岗位70个（其中政府岗位35人、护林人员11人、综治治安员6人、防雹人员7人、学校保安11人），城镇新增就业156人、高校毕业生就业40人、下岗失业人员再就业39人、安排就业困难人员就业75人、农村劳动力转移846人。

【环保工作】 制定突发环境污染应急事故处置方案，对退耕还林的管护和改灶、改厕、改圈等工作，加强环境保护。2010年，完成千人以上饮用水源点的调查工作。镇区新建路段住宅小区合理配置垃圾收集箱、果皮箱。同时，加强沿路沿河绿化，强化农村垃圾管理，清理违章建筑，抓好河道整治，保持河面整洁。建立并实施全镇饮用水源保护工作措施，全年未发生1起污染事件。

【公共卫生安全】 落实对各项医改的财政投入，建立重大公共卫生事件处理预案，各类传染疫情报告率100%、及时率98%，甲、乙类传染病发病率低于2009年水平。疫苗接种率100%，全镇健康档案管理及公共卫生规范化管理达到县级规定要求，地氟病项目圆满完成，改厕项目及村级卫生室达到规定进度。

【殡葬及双拥工作】 成立镇长任组长，分管领导任副组长，其他相关工作人员为成员的殡葬改革领导小组。明确分工，落实责任，加大推进殡葬改革工作力度，与各村签订目标责任书，发放宣传资料210余份。正在逐步取缔销售棺木和加工墓碑营销坟壳场所。全力控制封建迷信活动，严禁丧事大操大办，治理公路沿线坟墓用地，加大公路沿线绿化治理工作。死亡的镇干部1人、教师1人均实行火化。推行村民代表评议制度，抓好农村低保的规范化建设。加强双拥工作领导，做好双拥宣传工作，各单位各部门办事窗口，军人一律优先，全额发放优抚优待金，做好军人家属的慰问及优抚对象的危房调查和危房改造工作。

【统战及群团组织】 完善非党干部档案，有计划地与非党干部沟通交流，召开非公经济人士座谈会2次，联系企业10次。及时了解各民族的生产生活状况，完成少数民族李家村那吉组和滕家村吴家组的人饮工程。同时，完成全镇少数民族基础调查工作及民族宗教日常工作。建立健全工会、妇联、共青团组织，全镇39个行政村1个居委会都建立妇代会、共青团和工会组织，各企事业单位同时建立工会组织，组建率100%。工会、妇联、共青团工作开展正常。

【武装工作】 组建60人的民兵应急队，进行军事训练10余天，参训率100%，高标准完成民兵整组“五项工作”任务。组织民兵参加“四个文明建设”，按时发放义务兵优待金。配合派出所执勤3次，抓获犯罪嫌疑人5名，森林防火10次，其它执勤10次，圆满完成2010年度征兵工作任务。

【文化旅游】 创造条件夯实乡村旅游发展基础。重点在申报云盘村袁氏古建筑群为国家级文物保护单位的基础上，安排农村公益事业建设“一事一议”财政奖补资金35万元，用于云盘村道路硬化、公共厕所、垃圾池等建设，优化旅游服务环境。全面优化农业产业结构，打造农业观光旅游。利用气候、土壤、水源及机耕道建好的优势，在云盘田坝示范种植大棚西瓜70亩、蔬菜60亩，养鸡2200只；在李家村发展杨梅种植60亩；在下坪村发展种植杨梅、葡萄等经果林100余亩，全面优化农业产业结构，为农业观光旅游奠定基础。以“四创”为契机，打造文化马场。充分整合水磨面、云盘袁氏古建筑群、沙家大屯军事古遗址等旅游资源，借用贵州电视台、安顺日报等新闻媒体，大力宣传和推介马场，促进乡村旅游的快速发展。积极开发地方旅游产品，夯实乡村旅游发展后劲。新成立的鑫海种植养殖专业合作社已向有关部门申请注册“土司贡茶”牌商标。全年新增地方特色产品2个，接待游客980余人次，旅游收入20余万元，同比增长13.6%，没有任何游客举报与投诉行为发生。

（曾加国　李升国）

白岩镇

【综述】 2010年，面对百年不遇的特大干旱，白岩镇克服各种困难问题，实现完成现价工业总产值43696万元，同比增长15.6%；工业增加值8985万元，同比增长15.19%；完成县属规模以上工业企业入库税金2271万元，同比增长

12.4%；工业企业产品销售率97%；粮食产量11131吨，农民人均纯收入3241元，同比增长13%。

【落实各种惠农政策】 做好各项补贴资金及时兑现，保证国家惠农政策和党的各项民生工程落实到位。2010年，核实农户基础数据5000余户，按时足额准确兑现有关补贴补助资金204.37万元。

【农业结构调整】 围绕农业产业化要求，开展技术指导，推广良种良法，畜禽品种改良，在镇域内推广改熟饲为生饲，覆盖率95%以上。抓好农业结构调整，扩大韭黄、西红柿、家禽、生猪等种植、养殖规模。2010年，白旗片区的韭黄种植稳定在6000亩左右，全镇西红柿种植稳定在2000亩左右。新增经果林种植600余亩，规模养殖点2个，有力地促进农民增收。努力打造好安普公路沿线特色经济带，将沿线经济带划分成5个片区，由5个班子成员牵头负责，采取大户进入、农户参与的方式，点、线、面结合，扎实推进该项工作，安普经济带白岩段近千亩土地纳入规划范围，正积极实施相关工作。扎实推进新农村建设，以讲义为龙头，加大环境整治力度，启动流水游泳池建设，白族风情一条街二期改造工程初见成效。同时，扎实推进薛家、邓家、白旗等新农村示范点建设。

【项目建设】 成立项目工作组，加大招商引资力度，按照“有意向的项目不签约不放松，签约的项目不进资不放松，进资的项目不开工不放松，开工的项目不投产不放松”的要求，提高招商引资项目的履约率、资金到位率和投产率。对年内新引进的魏旗环保砖厂、十二营电线厂、薛家地板木厂、高羊选煤厂等6个项目，做到一体化、一条龙服务。建立健全项目长效管理运行机制，完善26个村项目库建设，实施项目报备制和月报制，在大旱时期，全镇申报6个村饮水项目和6条通村（组）公路建设。抓好全省农村低保及扶贫开发两项制度在镇内的衔接试点工作，确定试点对象并进行项目规划。向省扶贫办申请扶助资金15万元，完成全镇26个村贫困农户信息管理系统的录入。在完善项目库建设的同时，初步完成《白岩镇十二五规划》编制工作，规划项目24个大类200余个子项目，规划投入资金13063.75万元。利用白魏公路沿线丰富的砂石资源和安普沿线的交通便利条件，用优惠政策积极引导返乡农民工投资兴办标砖、砂石厂。目前，已有8家标砖厂、7家砂石厂在沿线落户，形成产业、资金、技术向园区汇集的趋势。正在建设的黄毛肉牛养殖场、十二营电线厂、薛家地板木厂投资1100万元，解决全镇剩余劳动力300余人。安顺至普定暨安顺西线绕城高速公路，分北线和西线，两线相交于镇内十二营村，在镇境内全长17.5公里，是该公路涉及9个乡镇中征地面积最大、工作任务最重的乡镇，涉及到全镇95%的村1400余户农户。派出2名班子成员牵头的2个（征地、协调）工作组，负责处理高速路施工中的各种具体问题。已征地1800余亩，房屋拆迁7400余平方米，迁移坟墓995座，涉及镇境内征、拆、迁补偿资金6300万元全部兑现。以落实工作责任为抓手，加大项目建设督促力度，完成6个村的饮水项目、6条通村（组）公路、7个以工代赈、5个一事一议等项目。配合县以上部门实施2个农发项目（邓家村、双坑村、前寨村退耕还林基本农田建设工程、王家片区农业综合开发项目），争取1000万元的整乡推进项目及镇区小城镇供水工程建设。全镇项目实施投入资金4.28亿元（含高速公路投资），同比增长160%。

2010年9月30日，白岩镇供水工程正式开工建设。 （席昌云 摄）

【农村危房改造】 8月，全县危改调度会在白岩镇召开后，全镇整合力量投入，落实干部包保，加强跟踪督查，狠抓责任落实，自加压力，截至12月底，完成农村危房改造730户，占总任务数的90%。

【防氟改造及沼气池建设】 完成全镇26个村基线调查工作并最终确定10个项目村1140户防氟改造，总投资58万元，已完成对所有项目户宣传发动、灶具展示、知情选择签协议、自筹金收取、灶具发放、支付商家货款并进入后期管理阶段。全镇沼气池建设任务数90口，属退耕还林配套建设项目，任务下达后，及时召开沼气池建设安排会，将任务分配到有条件建池的村，与村签订目标责任书，安排技术干部入村搞好技术指导，与农业部门协调联系，采取实施玻璃缸沼气池模式，12月30日前全部完成。

【农业观光旅游】 以讲义乡村旅游为龙头，全力开发旅游产品，在讲义村办公楼设立旅游产品展示厅，收集、整理、完善旅游产品推介的相关资料、图片及样板，全力推荐地方特色旅游产品，让游客了解讲义，了解白岩，以特色产品促进乡村旅游，增加农民收入，全年实现旅游产品收入800万元，同比增长30%以上。结合新农村建设规划，拓展旅游服务项目，建设流水游泳池。通过优惠政策鼓励5家“农家乐”建设白族农家旅馆，打造白族风情一条街，一期项目投资初见效益，二期改造工程20户民房改造全部完成，大力提高旅游接待能力。

【社会各项事业建设】 扎实推进计妇资源整合，抓好人口计划主体指标各项工作。2010年，全镇常住人口符合政策生育率95.6%；常住已婚育龄妇女生殖健康普查率100%，已婚育龄妇女综合避孕率93%，落实避孕措施知情选择及时率100%，计生事业呈现良好发展的态势。第六次全国人口普查工作有序推进，做到人员、机构、经费、责任4个到位，及时做好人口普查工作进度汇报，完成人口普查各项工作任务。深入开展矛盾纠纷及安全隐患排查处置工作，突出抓好防汛抗旱、安全生产、“四创”工作及文教卫生、新型农村合作医疗等各项社会事业建设，狠抓便民利民服务事项落实，着力打造群众满意工程。坚持把践行宗旨教育暨创先争优活动与全镇中心工作、部门单位业务相结合，使教育活动融入各站所的业务工作、全镇的中心工作、农民增收致富的实践中，确保教育活动与当前工作“两不误，双促进”。

【农村基层组织建设】 结合践行宗旨教育暨创先争优活动的开展，进一步规范党组织设置，广泛开展党建工作示范村（党员示范户）创建及助民服务活动。以提高基层党组织的执政能力为重点，进一步规范民主决策、干部管理、工作督查等一系列制度，在镇机关推行站股负责人讲学及干部管理“四张牌”制度，镇党委与37个支部均结合创先争优、践行宗旨教育、四帮四促、三个建设年等活动，认真学习相关精神，在推行村民代表“海选”的基础上，建立党群对话交流例会制度。进一步推行“党员首议制”、“党员活动日”等机制。实行“双向培养、交叉任职”。通过抓班子、带队伍、作风建设年活动，加强干部队伍建设，切实提高“四项监督制度”的知晓率和落实率，加大党员培养力度，全年发展党员109名。

（胡军彪）

龙场乡

【综述】 2010年，龙场乡全面贯彻落实科学发展观，紧紧围绕“稳粮、增收、强基础、重民生”的要求，按照“科技兴乡、环境立乡、旅游活乡、产业富民”的总体思路，以“抓好队伍建设、促进科学发展”为着力点，加强以交通、农田水利和小城镇建设为重点的基础设施建设，布局3大区域，打造7大产业，履行职责，齐心协力，抢抓机遇，排难而进，较好完成年度工作任务。

【项目建设】 建立《龙场乡建设项目储备库》，落实项目建设月报制，按要求及时上报项目建设情况。《龙场乡建设项目储备库》录入项目67个，项目资金20399万元。其中基础设施建设项目51个，农业产业发展项目11个，旅游发展项目3个，土地开发项目2个。做好项目申报工作，共向上级部门申报项目63个，已批准实施12个。做好“十二五”规划编制工作。全力推进在建项目实施，2010年，获批建设项目9个，投入资金1062.89万元。其中靛山水库除险加固工程，总投资390万元，由水利局实施。英子村人畜饮水工程，总投资39万元，解决1100人的饮水困难，由水利局实施。煤洞村人畜饮水工程，总投资43.29万元，解决655人的饮水困难。靛山片区沟渠配套工程，总投资220万元，修建主干渠3000米、支渠6000米，解决灌溉面积1500亩。上羊、大树整村推进项目，总投资50万元，种植茶叶360亩、修建通组道路4公里、组内道路硬化4040平方米。磨雄村青岛对口帮扶抗旱救灾项目投资4万元，大坝、大树、窑一、窑二、新华五个村青岛对口帮扶抗旱救灾管网改造项目投资4万元；新桥村团县委抗旱救灾项目10万元，解决2366人的饮水困难。龙场村伙牛大坡茶叶种植抗旱应急水源工程，投资6万元；马路村抗旱应急水源工程，投资2万元，更换水泵一台、改造主管1000米。春耕抗旱项目，投入资金11万元，在小窑、靛山等村实施旱育秧201亩、地膜玉米2000亩。水潮村通村公路建设项目，投资20万元，维修波玉河至水潮公路2公里。第二轮村级组织活动场所建设，实施黄店、英子、新中、平桥、索桥、小窑、水潮、上羊八个党员活动室建设，上级补助资金22.85万元。龙场中学薄弱学校改造工程，投入资金400万元，改造学生宿舍、食堂、厕所、综合楼等。全面启动和推进第三批农村危房改造工程，1390户农户被列为危改对象。成立以乡党委书记为组长的危改领导小组，进一步落实领导包片、干部包村制度，明确各部门、各村责任，层层签定目标责任书、包保责任书及建房协议。为确保“整县推进”目标任务全面完成，成立两个核查组，对全乡2008年漏登或新增的危房户进行全面核查，在核查中做到户户见面，1户1档，实行危房核查终身责任制。

龙场乡订单农业小红高粱长势良好，农民脸上写满丰收的喜悦。 （齐号全 摄）

【农业发展】 按照“5522”工程规划和“三大区域、七大产业”的布局规划，加大农业产业化发展力度，不断推进农业产业规模化发展。龙场、上羊、大树等村推广茶叶种植近900亩。实施以波玉河流域为中心的经果林种植1000亩，其中磨雄村种植冰脆李550亩，水潮村种植冰脆李200亩，平桥村种植冰脆李150亩、黄金梨30亩，索桥村种植冰脆李100亩、黄金梨20亩。种植订单小红高粱1200亩。以岩上村、英子村为中心的蔬菜种植规模从300亩增至800余亩，其中西红柿300亩、大葱100亩、辣椒400亩。推进畜牧业规模化发展，新建小窑肉鸡养殖场，总投资80万元，年出栏12000羽，年产值40余万元；投资50万元的小窑生猪养殖场，年出栏生猪1000头；新建岩上村陈兴科养猪场，年出栏生猪1000头；新建波利村孙华明养鱼场，年产鲜鱼5000公斤。

【安全生产】 继续开展“安全生产年”活动，强化安全生产“三项行动”和“三项建设”，切实落实安全生产监管责任，督促企业落实安全生产主体责任，加大安全生产隐患排查治理力度，加强安全生产宣传教育，建立《企业员工安全隐患举报奖励制度》，努力提高全民安全生产意识。深化安全生产“村为主”管理，加大隐患排查治理力度，全乡安全生产形势稳定。加强对辖区内企业的联系、指导和服务，进一步落实领导干部挂钩联系和跟踪服务企业制度，确保每一家企业都有相应班子成员联系指导，切实为企业发展解决实际问题，健全辖区内企业、工商户服务档案。2010年，全乡实现工业总产值4940万元，同比增长23.5%；工业增加值854万元，同比增长15.4%；工业企业更新改造投入1420万元，同比增长47.23%；实现企业入库税金570万元，同比增加400万元，同比增长235%。完成电煤供应7.5万余吨，产品销售率100%。按工业统计指标要求，严格落实统计上报责任。

【第六次人口普查】 制定《龙场乡第六次人口普查工作实施方案》、《工作进度表》、《龙场乡第六次人口普查成员单位责任分解方案》和《人口普查宣传工作方案》，组织参加县级普查试点培训。扎实做好宣传发动工作，进行广泛宣传动员，按时保质保量完成第六次人口普查的各项工作任务。

【旅游事业】 全面启动波玉河流域旅游开发，通过县旅游局请有关专业单位编制《波玉河流域旅游开发规划》，拟把波玉河流域打造成集民族风情、学习体验、旅游观光、水上娱乐、农业观光为一体的农家乐综合旅游区。为促进该区域旅游业发展，已调整沿河区域建设用地规划，落实扶贫资金10万元用于修建波玉河大桥至牛角村的沿河公路，在沿河区域规划种植经济效益与景观效果相结合的经果林。已有多家企业对波玉河进行考察，达成投资意向，九股龙洞库区休闲山庄重新装修开业。全年全乡接待游客5000余人次，比上年同期增加2000余人次，同比增长85%，实现旅游收入40余万元。

【国土资源管理】 规范农村建设用地，从严控制基本农田转为建设用地，对企业、工程建设用地情况进行认真排查，未发现非法占用土地情况。配合县国土局完成土地二调和土地修编工作。严格宅基地审批，加强农村宅基地审批管理，接受农民建房申请16份，经审查同意11户建房申请并向上级备案。查处违法建房4户，立案4起，结案4起。做好地质灾害排查和监测监控，切实保障人民群众生命财产安全。

【小城镇建设】 全面启动政府所在地小城镇建设规划，规划面积2万平方米，正在委托资质部门制定小城镇规划。龙场中学薄弱学校改造工程投入资金400万元，新建综合楼一栋、学生宿舍一栋、食堂、厕所及附属工程；龙场乡派出所办公楼建设规模800平方米，投入资金60万元；投入资金25万元，修建100平方米水冲式公厕1个、300平方米营运车停车场1个、垃圾池2个、街道标志牌3块、学校安全交通标志牌6块、“四创”宣传栏30平方米。

【职业技能培训】 组织群众参加上级业务部门和本乡业务部门举办的各类技能培训。利用集中培训、现场指导、以会代训等方式，开展新型农民培训工作。全年开展培训15期2426人，其中青年135人，妇女683人，少数民族124人，乡镇干部48人，村组干部124人，农民群众科学种养殖水平得到明显提高。组织参加县就业办劳动力技能培训22人。做好公益性岗位招聘工作，开发公益性岗位21个，现已全部聘用到位，并签订劳动用工合同；组织200余人参加全县劳动力就业招聘会，向黔中酒厂等企业转移劳动力19人。

【民政和殡葬改革】 深入推进农村低保规范化建设，积极推进“双拥”工作，处理参战退役人员申报遗留问题，确保优抚安置工作落到实处。贯彻落实上级推进殡葬改革工作的各项要求，制定相应实施方案，层层签订目标责任书。加强殡葬改革宣传，利用赶场天开展集中宣传8次，发放宣传资料1000余份，书写永久性宣传标语34条。组织各村召开群众会、学校召开教职工会议，大力宣传开展殡葬改革的重要意义、政策及各项措施，组织风水先生召开会议，宣传殡葬改革政策措施和要求，营造有利于殡葬事业发展的良好氛围。加强丧葬用品加工销售管理。对公路沿线可视范围内和乡政府所在地加工销售坟石、墓碑、棺木等丧葬用品开展治理活动6次，先后清理整顿3个坟石加工销售点。大力整治禁葬区内新增坟墓、活人墓，制止乱埋乱葬4起，林地、耕地、水库、河流周边、乡政府所在地周边山头及公路沿线可视范围内无新增坟墓。规范马路沿线治丧秩序，政府所在地无乱停乱放、马路沿线无撑杆搭棚办理丧事现象。

【综治信访】 把社会治安综合治理纳入全年经济社会发展计划，做到早安排、早部署；深入推进“平安龙场”、“平安村寨”、“平安家庭”、“平安和谐三区”、“平安校园”等创建活动；组织开展社会治安重点地区排查整治工作；加强校园及周边秩序整治，成立乡及各学校校园及周边秩序整治工作领导小组，制定整治工作方案，强化校园管理，各学校均成立护校队，设立报警点，落实值班制度；深入开展矛盾纠纷排查化解，制定工作方案，对不稳定因素及人员落实监控责任，未发生越级上访和群体性上访事件；开展社会治安综合治理宣传月、禁毒宣传月活动。把信访工作纳入党委政府工作的重要议事日程，落实信访工作责任制、联席会议制度和党委书记大接访制度，对全乡信访案件和矛盾纠纷进行全面排查，制定《矛盾纠纷排查化解包保方案》，对境内占地补偿、地质灾害、矿群纠纷、黄织铁路修建、涉法涉诉、低保扩面、移民问题等引发的信访案例落实领导包案责任，限期化解矛盾。多次召开党政联席会议对农村低保、危房改造、移民上访和因莆龙煤矿开采引发水潮、煤洞两村水源干涸、地质灾害等问题进行专题研究，切实把问题解决在基层。成功处理莆龙煤矿矿群纠纷，解决400余户、1600余人的人畜饮水问题，化解上百人的群体上访隐患。同时，做好移民调查摸底及稳控工作。

【教育工作】 层层落实“控辍保学”包保责任，全面巩固“两基”和“普实”工作成果。初中学生1133人，入学率80%，小学生3041人，年内小学入学率100%，“三残”儿童入学率98%，小学毕业生升学率98%，小学六年级巩固率95%以上。严格教育经费管理，确保农村税费转移支付用于教育工作，促进教育事业的发展，配合完成全县中等职业教育学校招生任务，通过协调各方支持，龙场中学已初步成为乡农村职业技术教育培训基地，基本满足全乡开展培训工作的需要。

【卫生工作】 建立健全传染病报告管理制度，严格执行责任制及责任追究制，对卫生院、村卫生室的疫情工作进行定期或不定期检查，严防“手足口病”、EV7、甲型H1N1流感等传染病的发生，疫情报告率、及时率均达100%；完成各村计划免疫接种任务，做到发、收有记录，帐物相符，资料管理分类完善存档。开展免疫规划宣传培训，顺利完成免疫规划工作，卡介苗、脊灰疫苗、百白破、麻苗、乙肝疫苗、乙脑疫苗接种率分别为100%、99.5%、99.6%、100%、100%、100%。完成本乡健康档案管理，建立居民健康档案目标任务数3812人，完成60岁以上老年人1927份，完成率50.6%，体检1927人。建设村级卫生室17个，甲级卫生室5个，覆盖率60%以上。加大新型农村合作医疗工作的宣传力度，改变农民群众的就医观念，增强群众预防疾病和自我保健意识。参合人数25915人，收缴参合资金777460元，参合率96%；为低保户、五保户、老党员、独双户958人缴纳参合资金28740元。合医证、定额数据单发放率100%。

【人口和计划生育】 完成全年人口和计划生育目标任务，年内出生人口419人，常住人口符合政策生育率95.18%，流动人口符合政策生育率83.33%。完成手术492例，常住人口妇检率100%，优质服务达到创国优标准。

【党建和精神文明建设】 开展“忠实践行宗旨、勤政廉政为民”教育活动，巩固和扩大深入学习实践科学发展观活动和创先争优活动，深入贯彻落实中央四个长效机制，加强对党员干部的教育管理。抓好党的基层组织建设巩固提高年各项工作任务，狠抓乡村干部的思想教育，切实落实党委中心学习组学习制度和支部“三会一课”等党员教育制度，执行《干部教育培训工作条例》。完善机构，充实人员，制定方案，落实措施，高度重视创先争优、践行宗旨教育活动，深入开展“四创”工作；建立乡便民利民党务政务综合服务中心，在32个村建立便民利民服务点；认真加强人才队伍建设和人才工作，对农村乡土人才实行建档立卡管理。继续抓好农村党员干部现代远程教育工作，确保实现资源共享、服务“三农”。按照“五好”标准大力加强乡党委自身建设和以党支部为核心的村级组织建设。一批党性强、素质好、年富力强、有奉献精神、群众公认的优秀农民党员进入村级班子，村党支部的凝聚力、战斗力显著提高，使“三创三强”和“三级联创”活动得到进一步深化。全面推开“群众推荐入党积极分子”机制，不断加强党员队伍建设。全年吸收入党积极分子92人，发展党员12人。同时，贯彻落实党风廉政建设责任制，实行党风廉政建设目标管理，加强机关作风教育整顿的有关规定，建立健全和完善上下班、群众信访接待、理论学习等制度，规范干部职工工作纪律和生活行为。加强宣传教育，增强党员干部防腐拒变意识，组织全乡干部职工学习各级纪委会议精神、《建立健全教育、制度、监督并重的惩治和预防腐败体系实施纲要》、《党内监督条例》、《纪律处分条例》、《四项监督制度》等；处理来信来访，加大违法案件查处力度。加大督促检查力度，全面开展党务、政务、村务公开的监督检查工作，加大力度解决侵害农民合法权益的突出问题，对涉农资金项目、强农惠农政策落实、村务公开开展抽查，对村级财务进行集中清理整顿。落实党委中心学习组学习制度。乡党委中心学习组集中组织理论学习6次，并通过专门会议或以会代训形式及时组织学习四项监督机制、《廉政准则》的全部内容，“两个办法”和“五项制度”以及现阶段县委要求学习的内容，使全乡干部职工的理论武装工作得到推进。严格信息报送责任追究制度，加大信息审核上报力度，重大信息须经党委书记签字同意方可上报。干部队伍建设进一步提高。

【四创工作】 把“整脏治乱”工作纳入社会发展规划，结合“四创”工作的开展科学制定实施方案，确立创建“文明乡镇”的工作目标，层层签定目标责任书，并将“整脏治乱”工作经费的投入纳入年度预算，设立“整脏治乱”专项行动举报箱和投诉电话，接受社会举报和投诉。加强对乡集贸市场的管理，规范街道上车辆的停放，确保普马公路的顺畅。各学校、各单位、各村制定“整脏治乱”工作方案，落实整治措施，对辖区内的环境下大力整治，使全乡“农村五乱”现象得到明显改善。在波玉河流域设立“四创”工作示范区，将平桥村定为“四创”暨整脏治乱示范村，使全乡各村工作学有榜样，干有目标。

【统战及群团组织】 发挥统战工作民主协商、联系广泛、人才荟萃、智力密集等优势，加强对非党干部的管理，以发展为中心作为政治基础，协调关系，化解矛盾，凝聚人心，化消极因素为积极因素，推动全乡的社会和谐和四个文明建设取得更大的成绩。落实非公经济政策，营造新的好的发展环境，落实民族宗教政策，加快民族经济发展。抓好宣传工作，深入开展民族团结进步创建活动，为民族地区多做好事、实事。建立健全各类群团组织，4月19日，组织小窑村60余名妇女参加旱育秧培训现场会；4月26日，组织岩上村妇女30余人参加订单农业小红高粱种植现场会；6月10日，组织妇女50余人参加稻水象甲疫情防控技术培训。

（田庆林　胡　超）

鸡场坡乡

【综述】　2010年，鸡场坡乡实现全社会固定资产投资12251.22万元，同比增长19.9%，其中涉农固定资产投资4082万元，同比增长19.7%；工业固定资产投资8169万元，同比增长20.13%。实现工业总产值18599万元，同比增长15.5%；上缴税金2091万元，同比增长11.8%；实现农业总产值6789万元，同比增长8.19%。农民人均纯收入2498.3元，同比增长10.3%；减少贫困人口903人。

【基础设施建设】　全年完成防氟改灶1634户，完成率100%；兑付小型耕整机37台的补助金11.84万元，占任务数的100%；投入2500余万元（国家补助382万，群众自筹2130万元）531户危房改造工程已接近尾声；12600平方米圈舍改造补助金94.5万元已足额发到养殖户手中；12个“万村千乡”市场补助7.2万元全部完成；先后投入43万元购买供水管道10000米、提水泵25台和地膜2.5吨等免费提供给农户使用，抗旱救灾工作成效显著。维修夹山大沟和龙井、高坡等村饮水沟渠，补贴农户生活用水费用；投入38万元对纳支小（二）型水库内库坝进行除险加固，规划建设羊场村小山塘；对后靠移民较多的落东村客田组至石头寨组1.1公里机耕道进行规划建设；投入10余万元兴修白桥至落东村克田组通村公路；投资900余万元涉及14村20000余人的集中供水工程和投资60余万元的肖家、龙井2村分散供水工程正在紧张施工；总投资83万元的果骂至烂田、政府经老屋基至小坡组、龙井至小洞、骂若至黄泥四条通组公路已全部竣工。投资79万元的马鸡公路至杜家组、那贝村、后寨丫口至李家组、白桥村龙场组至落东村克田组、那兑村至高坡村五条通村通组公路正在施工中；总投资268.52万元的村级“一事一议”财政奖补建设项目已基本完成。

【农业结构调整】　2010年，受特大旱灾影响，鸡场坡乡仍完成优质茶叶种植3740余亩，占任务数4400亩的85%，其中肖家大坡、羊场村两个高标准茶叶种植示范基地1200余亩；完成烤烟种植2050亩，创收400余万元，创税83.6万元；那芮、龙井两村错季节蔬菜种植基地连片种植500余亩。推进那兑、纳支、那芮、播简等村生猪养殖示范样板打造项目，争取财政扶贫资金94.5万元扶持7户养殖大户、新建二元母猪舍及配套商品猪舍12600平方米和补助二元母猪630头，发放规模养殖抗旱补助金3.6万元，重点扶持那兑富强、播简明俊和纳支龙珏等养殖场，规模较2009年度扩大30%以上。全年全乡实现畜牧业产值3457万元。生猪存栏20900头，出栏20500头；牛存栏7016头，出栏915头；羊存栏720只，出栏1139只；禽存栏79600羽，出栏74000羽。

5月10日，鸡场坡乡组织召开2010年烤烟生产技术培训会。　（鸡场坡乡　提供）

【工业经济和安全生产】　完成工业固定资产投资8175万元，同比增长20.14%以上；上交税金1871万元，同比增长11.8%。以打造亿元企业为目标，努力抓好安全生产工作。严格执行《安全生产包保责任制》、《无证煤窑管理责任追究制》和《安全生产失查责任追究制》等，加大对有证煤矿和矿山的监管力度，杜绝“三违”操作现象发生；引进资金雄厚的集团公司对投资规模达不到要求的煤矿、铅锌矿等进行收购或控股经营，加大投入力度，完善相关设施，提高生产安全系数；实行领导干部包保责任制，每个企业由1名乡班子成员挂点联系跟踪服务，定期或不定期了解企业安全生产情况。把配套完成排污系统作为企业达标的标准，定期开展企业排污检查，督促企业对排污设施进行管理及完善。目前，引进泛华集团正整合、兼并向荣、宏泰、金坡、芦茅林等铅锌矿企业，已累计投入2亿余元对矿井、厂房及进出该矿的道路等进行扩建和油化，购进先进洗选设备；引进永峰集团对普盛煤矿、雷家桥煤矿进行控股经营，已投资近2000万元对老系统进行改造；引进华荣集团对长兴煤矿进行控股经营，投入近3000万元对老系统进行改造、征用新系统所需征地费用等，力争2011年3个煤矿均实现15万吨的生产规模。组织公安、国土、安监等职能部门出动车辆60余台次、300余人次深入煤矿、砂石厂等进行综合执法1800余次，全乡安全生产良性发展，无重特大安全事故发生。

【财政税收工作】 严格遵守财经纪律，坚持“收支”两条线，严格“一支笔”签字，确保专款专用。通过“一折通”方式，及时、准确、足额兑现各项支农惠农政策补贴，让农户实实在在得实惠。2010年，兑付退耕还林补助金25.5万余元，粮食补助金16.6万余元，调运费16.2万余元；支付16个村57.1万元的党员活动室建设工程款和4个村财政扶贫建设资金60万元；发放家电、汽车、摩托车下乡补贴24.6万元。以资产购置、盘点、报废、处置等环节为重点，防止乡、村两级国有资产流失。实行对口接待，压缩行政运行成本。规范接待管理，减少行政支出。坚持集中采购，凡属各站、股、所（室）所需办公用品、招待物资等一律由党政办公室汇总，初步估价后，报经乡党政“一把手”核准，召开会议研究决定，由乡党政办、财政所、纪检（监察）共同派人进行采购。

【文化旅游产业】 完成夜郎湖沿线天生桥—凉风洞—红岩赤壁—虎跳峡—乐川洞等自然风光游和渡功亭红色旅游规划，实施避暑胜地—凉风洞景点开发、乡茶场生态观光园、高坡村农家乐等项目，为游客提供快捷、方便的旅游服务。逐渐形成以凉风洞景区为中心，乐川洞、五指山、乡茶场、高坡等旅游景点为基础的生态旅游区，以精品茶、奇石为主导旅游产品的旅游发展新格局。以乡文化服务中心为主，抽调3名工作人员负责物质文化和非物质文化遗产普查及申报工作。目前，申报为县级以上保护的非物质文化遗产3处，物质文化遗产14处；投资44万元完成11个农家书屋建设，成功申报9个农家书屋建设、3个（电视机）文化资源共享工程、23台电脑和24台投影设备；完成“村村通”安装1594面；投入24万余元建设的乡综合文化站已全面竣工，投入3万余元的羊场村农民健身工程接近尾声。

【国土资源管理】 加大对国土资源相关法律法规宣传力度，发放基本农田保护“五不准”、避灾明白卡等宣传资料1000余份。对18家砂石场定期开展检查，对乡境内地质灾害点进行拉网式排查，在原有7个地质灾害点的基础上排查出1个新增点，协调长兴煤矿出资对因开采所致的果骂村烂田组地质灾害点7户36人进行搬迁，全乡地质灾害信息实行专人监控和报送。同时，综合运用经济、行政和法律手段，严厉打击非法行为，对矿山监督每周不少于3次巡查。全年查处违法建房385起，42350平方米，完成400亩土地开发任务，2011年600余亩土地开发任务规划选址已结束，待完善手续后开工。

【巩固“两基”成果】 投资20余万元硬化长坡、新寨和波大等小学球场，修建波大小学围墙、那兑小学和砂岩小学的厕所等已全部完工。校园安全人防、物防、技防措施全部落实到位，推行校长“走动式”服务管理模式，实行教师分层次培养，努力提升教师素质。探索全员教科研实践历练专业成长，全年选送教师外出学习、听课300余人次，举行乡级大型教研活动8次。抓好九年制义务教育的普及工作，全乡小学适龄儿童入学率99.64%，因家庭经济或父母外出务工等原因辍学1人，辍学率0.02%；初中适龄人员入学率99.73%，年内辍学46人，辍学率2.7%。配合县职业技术培训中心、国通职业技术学校抓好秋季入学招生工作。帮助调处鸡场中学与纳黑村因污染赔偿等事宜。

【小城镇建设】 投资40余万元的乡客运站主体工程全面竣工，站房建设紧张进行，2011年年初可投入使用；投资10余万元的街道排水工程已完工；全力打造“便民利民”一条街。投资近千万元的苗寨至纳支双水井至郭家坟中心大道正在规划。

【医疗卫生事业】 增加医改政策的各项投入，建立健全重大公共卫生事件工作机制，防止传染病蔓延。全年发现10例传染病均已及时上报，报告及时率100%；完成卡介苗接种177人，接种率达100%，脊灰、百日破、乙肝、麻风、流脑A、流脑A+C、乙脑、甲肝等疫苗接种率均在90%以上。建立农村健康档案6000个，并进行规范化管理；完成改厕项目1123个，投资70余万元的14个村卫生室建设已接近尾声，待验收后投入使用。新型农村合作医疗工作扎实推进，有27877人自愿交纳参保款，参保率98%；城镇医保参保56人，完成率78.3%；为患者补偿12000余人次，补偿金额50余万元，切实减轻农民负担，地氟病预防工作有序推进。

【人口和计划生育】 及时调整工作经验丰富的班子成员分管，充实计生工作力量，挤出资金对工作积极的计划生育工作干部进行奖励，激发计生干部工作的积极性。依托新型农村合作医疗，以“人情关爱、人性关爱”理念为指导，围绕“关注生殖健康，创造和谐生活”为主题，投资3万余元，购买电脑、药品和相应医疗器材等，建成“生殖健康关爱中心”，为广大育龄群众和妇科病患者提供优质的服务。筹资45万余元购买老年健康器材、电视、床及日常生活用品，建成“人口与计划生育养老安福中心”，收住年满60周岁、子女不在身边的农村独生子女户、双女结扎户、无儿户老人15人，免费为这些老人提供衣、食、住、娱、医等帮助。全年全乡出生人口305人，常住人口出生230人，政策外生育11人，符合政策生育率95.22%；流动人口出生75人，政策外生育17人，符合政策生育率77.33%。完成“四术”435例。出生人口性别比113.29，同比下降3个百分点，在省、市、县计划生育年度检查中，无错报、漏报、瞒报现象发生。

【社会保障事业】 把提升劳动力素质作为转移劳动力、扩大就业和创业的首要任务来抓。全年完成劳动力技能培训5000余人次，通过国通职业技术学校、县培训中心培训转移或“亲帮亲、戚帮戚、朋友带”等方式转移农村富余劳动力上万人；争取上级扶持近20万元，协调信用社贷款40余万元帮助那兑村吴文富、那芮村陈再祥、纳支村李龙珏、羊场村刘峰、后寨村吴迪等返乡农民工创办农民专业合作社、养殖场、采石场等经济实体，解决当地富余劳动力20余人的就业问题。

【平安创建工作】 始终把维护社会稳定工作放在首位，把优化发展环境作为加快经济社会发展关键性措施来抓，按照“一手抓发展，一手抓稳定”的工作要求，做好社会治安综合治理和安全生产工作，真正做到守土有责、守土尽责，确保一方平安。建立健全科学民主决策机制，加大督促检查力度，杜绝乡、村干部违法行为。以乡纪委牵头，定期或不定期地组织乡、村干部对《行政许可法》等依法行政知识进行学习，严格界定行政界限，并对行政行为进行督促检查，及时发现问题，限期进行改正。全年未发现违反《行政许可法》的行为。开展普法宣传，增强群众法律意识。开展“法律六进”、普法宣传教育活动，完成“五五”普法总结验收各项工作。全年巡回组织各中小学开展1次法制报告会，开办专题法制讲座3场，举办现场法律咨询5场，编写法制宣传专栏10期，编写报送7个典型案件的信息材料，进村进组巡回宣传相关法律知识11次，8000余人次受惠；开展法律援助24件，代理诉讼和非诉讼9件，刑事案件立案21起，破案6起，追逃3人，抓获涉毒人员2人，治安案件按一般程序查处39件，简易程序查处63起。强化综治信访工作，对隐患和苗头坚持做到早发现、早化解、早调处。充实完善各项制度，规范信访工作规程，开展矛盾纠纷大排查，对发生的各类矛盾纠纷及时调处。排查各类矛盾纠纷167件，调处164件，调处成功率98%；接待信访案25件（其中上级转办案件3件），办结19件，正在落实处理6件；开展领导班子周末接待活动24次，接访群众500余人次，全部妥善处理，无重大集体上访和越级上访事件发生。严抓社会治安，打击各种违法犯罪活动。扎实开展道路、消防、烟花爆竹、易爆物品等专项整治活动。在校园周边环境整治中对网吧等娱乐场所、摊点集中清理整顿4次。成立以乡长任组长、分管民政的班子成员任副组长，其他班子成员及相关部门负责人为成员的“双拥”模范乡工作领导小组，做到责任到位、人员到位、保障措施到位。把“双拥”宣传教育和国防教育纳入全民教育计划，利用宣传媒体着力宣传“双拥”工作。在集贸市场等公共场所设立固定醒目的“双拥”宣传标语，营造浓厚的全民创建“双拥”模范乡氛围。及时足额兑现义务兵优待金，保障优抚对象的合法权益，抓好在乡老复员军人“三难”工作。建立检查、督办和奖惩机制，加强对“双拥”创建工作的督查，并纳入年终岗责考评。全年动员1名死亡老干部家属将其进行火化，强制迁离乱埋乱葬1起，取消坟石、棺木等土葬用品加工销点2家，植树5000余株对马—鸡—煤公路沿线可视范围内坟墓进行遮掩，完成公益性墓地选址规划。完善农村低保规范化建设，进行规范化管理。

【党的建设】 继续抓好深入学习实践科学发展观活动后续整改落实工作，在全乡范围内大力开展“创先争优”和“忠实践行宗旨、勤政廉政为民”活动；投入135万元完成柴家、龙井、煤硐、砂岩、骂若、鸡场、肖家、播简、那构等15个村村级组织活动场所建设；全年发展党员33名，转为正式党员51名；投入6万余元建成乡便民利民党务政务综合服务中心和24个村便民利民服务点；完成村干部考核评定工作；10个基层党组织分别评选为市、县、乡级“五好”基层党组织，16名共产党员、6名优秀党务工作者分别受到县、乡表彰；投入1万元对20名农村科技示范户党员进行表彰；成立党员抗旱突击队，深入开展抗旱救灾工作；建成鸡场坡乡便民利民服务1条街；举行1次远程教育操作管理员业务提升培训会，加强远程教育督导，重点培养5户远程教育学用成果转化示范户。全面完成党风廉政建设的各项任务，开展第11个党风廉政建设宣传月活动，围绕“六个一”定期开展党风廉政建设宣传活动。组织干部职工学习中央、省、市、县纪委全会精神及党的各项规章制度，并进行《中国共产党党员领导干部廉洁从政若干准则》考试。12月，组织班子成员、站股负责人进行述职述廉。通过事迹展播、党员投票、党委集体审定等程序，评选表彰一批勤政廉政模范。乡纪委加强自身建设，在有牌子、有队伍、有制度、有办公用房、保证办公办案经费的基础上，添置办案装备、安装举报电话，并完善各项制度。乡党委制定下发《党政领导班子成员党风廉政建设责任制职责》、《鸡场坡乡2010年反腐倡廉工作安排意见》、《党风廉政建设考核细则》。党政班子成员进行廉政公开承诺，并予以公示。成立以纪委书记为组长的纠风工作组，组织24名村纠风监督员。加强村级组织建设，实行村组织、人员、责任、制度、保障“五落实”。在群团组织工作中，坚持以党建带工建、带团建、带妇建的原则。以包片领导为主，定期组织群团组织开展工作，充分发挥群团组织联系和服务群众的作用。

【国防和民兵预备役建设】 调整和充实民兵应急分队，加强对25个民兵应急分队的训练。开展国防动员和国防活动，落实“五项工作”、战备物资建设以及信息化建设。投资10万元完成炮兵站建设并投入使用。全面完成县下达的7名新兵入伍应征工作任务。

【第六次全国人口普查】 全乡第六次全国人口普查工作严格按照国家的标准和县级以上统计部门的要求，全部按时完成各项指标任务。

【精神文明建设】 调整充实精神文明建设领导小组及办公室人员，开展社会主义荣辱观、社会主义新农村建设、公民道德建设等宣传教育活动。发扬自力更生精神，加大投入力度，改善村容村貌，努力推进新农村建设。扎实开展“平安建设”、“信用乡村”、文明单位、文明窗口创评活动。以“整脏治乱”为突破口，有序开展“四创”工作。坚持正确的舆论导向，对重大事件、突发事件及时进行宣传引导，努力开展“满意在鸡场”、“四在农家”等活动，成立以分管组织的领导任主任，由1名退居二线的老干部任常务副主任的关工委，专门负责未成年人思想道德建设工作。

2010年5月13日，鸡场坡乡召开创建文明乡动员大会。 （鸡场坡乡 提供）

【发挥办公室职能】 及时完成乡党委、政府交办的各项事务，及时传达领导指示，反馈各种信息，保证全乡上下政令畅通，没有出现重大失误行为。全年完成各类大型会议50余次的后勤服务保障工作，拟订党委、政府文件200余份、各类工作总结及汇报材料20余篇、调研报告10余篇、各类信息120余篇，其中省基层党建网刊出10余篇，《安顺日报》刊出20篇，安顺电视台播出5篇，《黔中早报》刊出2篇，《普定》报刊出40余篇，《普定信息》刊出10余篇，《普定政务信息》刊出30余篇，《计生信息》刊出10篇，《纪检（监察）信息》5篇，《人事劳动信息》刊出10余篇。

（张习刚）

坪上苗族彝族布依族乡

【主要经济指标完成情况】 2010年，坪上乡完成财政收入419.99万元，农民人均收入2489元，比2009年同期增长（以下简称同比）20.3%。全社会固定资产投入10756.14万元，同比增长25%。实现工业总产值2492万元，增加值1140.4万元；完成乡镇企业总产值7517万元，实现增加值3262万元。实现工业税金2266万元。引进企业投入技改资金3150万元，其中企业自筹2512万元，引进资金638万元，同比增长21%。加强财务管理，实行收支两条线，实行专款专用。实行“村财乡管”，抓好农村“一事一议”，全面实施“一折通”。加强国有资产管理，严格财务开支，压缩行政运行成本，落实各种支农惠农政策，全年全乡发放各种支农惠农资金220.08万元。

【农业工作】 落实中央、省、市、县扶持农业的各项政策措施，促使粮食增产，农业增效，农民增收。全面推行“两杂”良种和规范化种植，有力防治病虫害和自然灾害，农业生产获得丰收。全乡粮食总产量10082吨，同比增长8.84%。其中夏粮837吨，秋粮9245吨。大力发展畜牧养殖，搞好动物防疫保障。大牲畜存栏5800头，猪存栏13100头，家禽72800只。畜牧业产值占农业产值提高1.5%。加强渔用农用船舶的管理，确保渔用农用船只安全。大力实施生态保护工作，加快产业结构调整步伐。在加强冰脆李管护的同时，在坪寨村、七村实施864亩茶叶种植，在坪上村实施500亩核桃种植，在沙戈村实施100亩黄金梨种植。新增石板村陈忠伦养鸡场1个，哈呼村张启林养猪场1个。坪上乡冰脆李已通过无公害产地产品认证，在工商局注册“夜郎湖牌”冰脆李商标。

【新农村建设】 投入10万元完成石板村包包组的公路硬化；投入24万元实施大哪村“一事一议”入组路硬化和投入29.8万元实施青坪村“一事一议”入组公路硬化建设项目；投入52万元实施丰林村26户地质灾害搬迁项目；投入16万元实施毛栗村10户的环境移民搬迁工程；投入财政扶贫资金119.6万元，完成沼气池建设600口，新增60口沼气池正在实施；投入49万元完成7公里丰林公路镶边工程；投入20万元的七村小桥和投入16万元的木桥村小桥正在施工中；实施716户改厕工程，完成七村洪家山、坪寨、沙戈村人饮工程建设。完成毛粟村、对门村提灌的维修；投入47.55万元完成小河、硝硐等8个村党员活动室建设；投入8万元完成对门村、坪寨村农家书屋建设；投入9万元完成毛栗、坪上、沙戈3个村农民体育健身工程；投入58.75万元完成25个村2350面村村通工程；投入40万元完成陇箐、对门等8个村卫生室建设；投资420余万元的水网工程于2月份投入使用。投入132万元完成坪上乡计生服务楼建设；投入30万元完成乡综合文化站建设；投入资金971.4万元完成1228户危房改造工程目标任务。加大大哪小城镇建设，在详规的基础上完成乡计生大楼、信用社办公楼、乡综合文化站建设等；投入50余万元完成大哪村小城镇建设的部分基础设施建设，大哪新街建设、农贸市场正在建设中。

2010年3月24日，县人大常委会主任杨崇刚（左二）到坪上乡视察小水窖工程。 （坪上乡 提供）

【社会保障】 围绕“老有所养、劳有所得、学有所教、住有所居、病有所医”，多措并举，大力推进以改善民生为重点的社会事业建设，关注民生、保障民生、改善民生、惠及民生，切实解决一批人民群众最关心、最直接、最现实的利益问题，经济发展与社会协调性增强，和谐坪上建设成效明显。农村低保实现动态管理下的全覆盖，补助标准从每年700元增加到1198元。新型农村合作医疗基本实现全覆盖，2010年，全乡23184人参加合作医疗，收取参合资金46.368万元。异地就医经乡合医办报销257人次，产生报账总费用59.056万元。加大劳动力转移培训力度，举办针对返乡农民工、高校毕业生和城镇失业人员的计算机、驾照培训、动物疫病防治等就业技能培训6期，培训258人；转移农村劳动力823人，稳定和扩大就业；城镇新增就业95人，其中下岗失业人员再就业38人，高校毕业生就业20人，就业困难人员37人，完成城镇居民医疗保险的续保工作。

【教育工作】 全面实行真正免费的九年义务教育，小学入学率99.5%，中学入学率97.6%，“三残”儿童入学率90%，开展校园周边环境整治4次。

【安全生产】 年初，乡人民政府与各涉安部门、各村签订安全生产目标责任书，实行领导包片、干部包村抓安全生产工作。重奖重罚，强力推进安全生产村为主，同时强化监督监管，做到“三天一回查，七天一督查”，抓好企业安全主体责任的落实，切实从源头上抓好安全生产工作。加大宣传力度，利用赶场天发放安全生产宣传单2000余份，到中小学开展安全活动4次，2000余人参加，涉及内容有食品、卫生、用电、用火、交通等安全知识。全年无较大安全事故发生。

【人口和计划生育】 人口和计划生育工作实现从管理型向服务型迈进。围绕“稳定低生育水平，统筹解决人口问题，促进人的全面发展”这一主线，坚持抓主、抓重、抓实、抓细、抓亮点的原则和强基础、抓服务、促治理的工作思路，稳步推进各项服务管理工作，加强流出人口的管理，流出人口中18周岁以上育龄妇女持有效婚育证人数2641人，持证率90%。全乡25个村整体推行村民自治，群众对村民自治工作知晓率95%以上，支持率90%以上。对所有户口纳入计算机管理，实现办公自动化。强化“三结合”帮扶工作，全乡已婚育龄妇女5206人，在家妇检率100%，流动人口妇检率90%以上，在家手术始终保持零库存运行。2010年，全乡人口和计划生育工作获全县一等奖。

【民政、双拥及殡葬改革】 认真做好农村低保核查扩面工作，杜绝“关系保”、“人情保”、人为扩大或缩小数据等行为，发放救灾款16万元，解决困难农户1278户4729人；发放救济粮食9.6万公斤，解决困难农户1940户6790人；为农村低保对象、优抚对象、城镇低保对象120户解决农村特困群众医疗求助金25.191万元。做好农村危改核查、优抚、敬老院、老体协、关工委、基层民主政治建设工作。启动殡葬改革工作，与各村签订目标责任书，对公路沿线坟石加工点进行集中治理，取缔坟石加工；各村已建立集中安葬点、公益性公墓点，大力宣传殡葬改革工作，利用赶场天加大宣传，发放宣传资料1000余份。完成25个村第八届村委会换届选举工作。

【综治、信访和维稳工作】 坚持“打防结合、预防为主”的方针，强化基层基础工作，建立健全“创平安、保稳定、促发展”的长效机制，全面推进平安创建工作。加强创建“平安坪上”的组织领导，层层签订目标责任书，确保工作有人抓，有人管，能落实。2010年，全乡创“平安村寨”23个、“平安单位”3个、“平安校园”4个。接待来信来访23次，40人，上级转办2件，调处2件，同时，全面推行社会治安综合治理村为主，坚持严打方针不动摇。立刑事案件7起，查破8起，抓获犯罪嫌疑人7人；立行政案件91起（一般程序41起，简易程序50起），已全部办结归档；各种矛盾纠纷22件，调解22件，调解成功率100%，对不稳定案件10件实行领导包案。利用赶场天宣传2次，进村、进企业宣传30次，书写标语51条，对治安复杂地区，学校和企业单位周边环境整治，整治率100%，对全乡23所学校进行校园安全隐患排查，做到发现问题及时解决。库区移民相对稳定，全乡无集体上访事件发生。

2010年4月1日，贵航集团领导到坪上乡哈呼村抗旱送水，县长庞琨（左二）陪同。（坪上乡 提供）

【整脏治乱】 成立以党委书记为组长的“整脏治乱”工作领导小组，制定实施方案，在大哪、坪上街上、乡政府、和平村专门聘请保洁员对街道进行打扫，对各村实行领导包片，干部包村，形成齐抓共管的整治格局。招聘1批公益性岗位人员充实到整脏治乱工作队伍中。

【党的基层组织建设】 2010年，坪上乡组织中心组学习6次。坚持“集体领导、民主集中、个别酝酿、会议决定”的党委议事程序，坚持“三重一大”（重大问题、重大决策、重要人事任免、大额资金使用）事项由乡党政联席会议集体研究和民主决策。按照“五个好”的要求，努力提高乡党委的执政能力，努力把党委建设成团结奋进、求实创新、廉洁高效的领导班子，不断提高党委对农村基层组织建设的领导水平和决策能力，切实把农村基层组织建设不断引向深入。加强党员活动室建设、党员教育、党性教育，加强基层组织建设。按照“三个坚持”的标准，坚持不懈地做好发展党员工作，不断增强党员队伍的生机和活力，扩大党在全社会的影响力和凝聚力，坚持对入党积极分子进行“双培训、双提高”，即一方面对其进行政治理论培训教育，提高他们的思想素质；另一方面通过远程教育工作开展，对他们进行业务、技术培训，提高他们的致富能力。坚持对入党积极分子进行严格的考察和管理，定期或不定期考察其入党动机、政治觉悟、思想品质和工作表现，提高其素质。按照发展党员的“十六字”方针，发展党员55名，其中35岁以下优秀年轻党员22名，高中以上文化程度9名，培养入党积极分子169名。

【武装工作】 加强武装工作信息化建设，配备计算机，实现联网管理。抓好防雹工作，在汛期专门安排4名民兵在炮点值班，有效维护人民群众的生产安全。开展为期一周的民兵应急训练，提高民兵的军事知识和业务知识。完成冬季征兵工作任务，向部队输送合格青年6名。

【土地管理】 宣传《土地管理法》、《矿产资源法》，开展国土资源巡查工作，积极开展“两违”清理。加强地质灾害防治工作，全乡38个地质灾害点，涉及16个村，均建立村组监测监控网，真正做到有领导包片，有干部包村，有村组干部监测。严格执行基本农田保护制度，落实基本农田保护“五不准”。

【移民工作】 2010年，投入20余万元在重点移民村毛栗、对门、陇箐等村实施机耕道、水利、村庄整治和人畜饮水工程等建设。发放移民后期扶持资金86.4万元，涉及农户277户1440人。开展移民基本情况调查，为编制全县移民三年扶持规划提供可靠详实的依据。扎实开展“五包三推进”工作，使全乡广大移民群众生产生活基本稳定，全年未发生大规模非正常上访事件。

【统战、群团组织及其他工作】 加强党外干部管理，对全乡党外干部进行登记，收集全乡在外干部名录，非公经济企业发展较快，有力促进全乡经济社会的发展。民族、宗教工作有序开展，并对少数民族干部、妇女干部、专业技术人员进行造册登记。建立健全村级群团组织，妇联、团委、工会、红十字会等工作开展正常。在全县乡镇率先成立村级红十字领导小组。启动乡志编纂工作。完成全国第六次人口普查工作。

（张　海）

补郎苗族乡

2010年3月27日，爱德基金会、香港特别行政区政府到补郎乡开展抗旱行动。（吴　贤　摄）

【综述】 2010年，补郎乡抓住“创先争优、践行宗旨”教育活动、“三资”工作示范乡、人口计生工作示范乡、“公推直选”示范乡等契机，坚持“企业强乡、环境立乡、科教兴乡、产业富乡”的发展战略，解放思想，开拓创新，求真务实，全乡经济社会又好又快、更好更快发展。

【工业经济及基础设施】 2010年，补郎乡实现工业总产值31015万元，固定资产总投资3000余万元，同比增长31.5%。工业增加值增长15.5%，工业企业税金总额增长12%，工业企业固定资产投资增长21%，工业企业产品销售率96.5%。完成506万元的27个“一事一议”项目、36.5万元的整村推进、34万元的2条村组公路、5万元的人饮工程、综合文化站、派出所、村级活动场所、村级卫生室、卫生院排水沟等基础设施建设项目。正在实施总投资42万元的本杰村商品牛和高脚鸡养殖、65万元的等堆小学华中科技大学校友希望综合楼建设、等堆村5万元和火田村12万元的人饮工程项目。

【农村危房改造】 把农村危房改造作为惠民工程抓好抓实，采取发放“告知书”等方式加大宣传力度，让农民自愿进行危房改造。加强项目资金监督管理，建立严格的报账制度和公示制度，确保危改资金安全高效运行。全年全乡实施农村危房改造1409户，涉及16个村，总投入1299.5万元。

【农业工作】 2010年，补郎乡农业总产值6644万元；人均纯收入2580元；畜牧增长值提高2.56%；粮食产量7968吨。新增规模养殖场11户，完成230亩高产玉米、1000余亩高产水稻、550亩高产脱毒马铃薯示范工作。推广种植核桃520余亩、“6730”工程1200亩、烤烟213亩、小麦2000亩、双低油菜4000亩。组织培训2700人次，开展农业技术指导100余人次。完成全乡畜禽养殖户的动物免疫注射工作，耳标佩戴率100%，建立监测员、农业技术人员为技术服务保障的监测服务体系。完成第六次全国人口普查及1876户改炉改灶等。

【“三资”及财税工作】 作为县级“三资”工作示范乡镇，补郎乡及时成立“三资”管理工作小组，把“三资”清理监管工作与加强农村党风廉政建设、基层民主政治建设、历史遗留问题、村级换届结合起来开展工作，“三资”工作已通过市、县验收。完成税收1408.81万元，占年初预算1348.5万元的104.47%，其中国税收入完成806.51万元，占年初预算766.51万元的105.22%，地税收入完成602.3万元，占年初预算582万元的103.49%；完成财政拨款收入758.41万元，占年初预算数270.41万元的280.47%。

【环保及国土资源管理】 以“环境保护日”活动为契机，加强对工业“三废”的整治，在夜郎湖保护区内禁止新建排污口，推广450口沼气池建设。国土资源征地拆迁、下村勘测农户建房工作完成，境内20个地质灾害隐患点均建立相应的监测网络系统，制止12户危房改造户选址不当等行为。

【教育工作】 确保农村税改转移支付金的50%全部用于教育，不断提高教育质量和教学管理水平。投资65万元完成等堆小学综合楼建设。2010年，全乡适龄少年入学率84%，初中三年巩固率95.78%；小学适龄儿童入学率99.42%，“三残”少儿入学率100%，小学毕业生升学率96.28%，配合抓好中等职业教育招生工作。

【文化旅游】 组织开展等堆村“苗族跳花节”、补郎村“新农村男子篮球运动会”、联合财政局到本杰村举办“送文化下乡”活动，配合县纪委、文联开展“义务书写春联”等活动。组织2支秧歌队参加县老年文艺汇演，组织2支山歌队参加安顺市山歌大赛。新装“村村通”电视2300台，放映农村数字化公益电影240场。完成6个不可移动文物调查摸底，完成2个非物质文化项目申报，完善11个农家书屋建设并投入使用。完成“村村通”工程任务，成功安装2300口接收机。同时，开发利用好乡村旅游资源，着力打造以本杰村为重点的夜郎湖湖水风光旅游，以重阴山、马鞍山梁子、龙洞电站为重点的自然景观旅游，以等堆、下坝等为重点的苗族风情旅游，以烈士墓为重点的革命红色旅游。全年接待游客人数2.3万余人次，同比增长11.5%；总收入10余万元，同比增长10.5%；扩建旅游饰品加工厂和家庭式苗族服饰手工作坊，全乡旅游商品规模同比增长32.5%，无旅游投诉案件现象。

【人口和计划生育】 2010年，全乡出生人口201人，政策内出生168人，死亡113人，出生人口性别比113.8∶100，出生率8.4‰，人口自然增长率3.08‰，在家妇检率100%，外流妇检84.70%；5岁以下儿童总监测数1384人，新增监测对象223人，完成已婚育龄妇女生殖健康资料4418人，开展妇科病普查普治2906人，普查率65.78%。征收社会抚养费12.73万元。独生子女父母奖励金兑现率100%，“三结合”帮扶176户，村级计生综合改革、村民自治工作全面开展。建立乡、村级协会17个，会员2450人，配备14万余元的服务车1辆。

【社会保障】 贯彻落实城市居民最低生活保障制度，城市居民最低生活保障对象48户70人，每月发放城低保障金1.056万元，完成农村低保扩面2494户5161人的核查、审核和上报工作，发放农低保障金251.86万元。健全乡农村低保信息录入台帐，做到“一户一表、一户一档”，确保农村低保制度长期规范运行。加大医疗救助工作力度，救助贫困农户57户57人，救助资金12.81万元。为五保对象151人缴纳合医费0.45万元，为重点优抚对象109人缴纳合医费0.33万元，为农村低保对象5161人缴纳合医费15.24万元。发放救灾衣物452件、抗旱救灾补助款7.59万元、救灾工棚97顶、救灾救济粮92500公斤，涉及2013户6499人次；补助灾点搭建工棚资金1.35万元、灾民建房资金3.3万元、开展捐赠活动1次，捐赠金额1.03万元。完成退伍军人的接收工作，安置金发放率100%。加强和推进殡葬管理，确保农村公益性公墓覆盖率100%，实现乡公路沿线无坟化目标。加大下岗失业人员培训工作力度，安排培训剩余劳动力60人次，输出务工人员320人。参合医疗1.5万余人，收取合医款45万余元，新增公益性岗位28个。

【综治维稳和信访工作】 围绕“发案少、秩序好、社会进步、群众满意”的目标，抓好综治、信访和维稳工作。财政预算10万元经费，保障政法综治维稳信访及反邪教工作的正常开展。开展创建“无毒乡”工作，清理登记在外地吸食毒品人员21名，进村、进学校、进企业宣传法律5次，印发宣传资料3000余份。排查梳理出重大信访问题和重大矛盾纠纷17件，解决15件，2件正在稳控中。调处村级一般矛盾纠纷50件。加强对“213”人员、“民转公”人员的稳控，创建平安村寨16个、平安单位22个、平安企业10个、平安校园10个；创建“平安家庭”5400户、无毒单位22个、无毒学校10个，没有发生治安灾害事故、群体性暴力事件等。对涉法涉诉遗留疑难复杂问题梳理、分类，进行集中“会诊”，制定化解方案，做到不留案、不积案。接待群众来访31批次，接待100余人，受理民事案件46件，审结46件，结案率100%，其中判决28件，调解18件。立刑事案件8件，破3件，破案率37.5%，抓获犯罪嫌疑人9名，受理治安案件64起，查处64起。

【党的基层组织建设】 把本杰、羊地、火田、大陇4个村连成一片，组建本杰片区党总支，下派1名班子成员担任总支书记，4个村村干部由12人减少到7人。通过“合并建总支，减员强班子”的村级组织设置形式，有效整合村级资源，提高村干部报酬，建立高素质干部队伍，充分发挥党组织的作用，有力推动科学发展步伐。同时，组织开展“热烈庆祝中国共产党建党89周年暨补郎乡党员创先争优活动和践行宗旨教育论坛”，评出一等奖、二等奖、三等奖、优秀奖进行表彰。

2010年10月11日，中国银行贵州分行举行资助补郎乡羊地村党员活动室捐赠仪式。（吴　贤　摄）

【党风廉政建设】 组织召开领导班子成员民主生活会，11名班子成员在会上认真开展批评与自我批评，深入剖析自己在工作、学习、纪律、生活等方面存在的问题和不足，提出具体改进措施，明确整改时限。邀请县纪委、组织部有关领导指导，部分乡村两级干部，学校、企业代表参与监督。组织对派出所、工商所、林业站、综治办4个单位开展民主公开评议活动，所涉人员向代表作自查自纠报告，查找工作中存在的问题与不足，深入剖析存在的原因，提出整改方案及措施。组织县乡人大代表、县政协委员30余人组成民主评议代表团，对4个站所分别提出意见建议。通过开展民主生活会活动，进一步增强领导干部及职工的宗旨观念和廉洁自律意识。

【群团组织】 开展人工增雨防雹作业2次，用弹25发，组织基干民兵48人进行15天的军事训练，为农户义务服务10次；全面完成征兵工作任务，为部队输送14名合格兵员。出动民兵1200余人次，巡逻50余次，扑灭山火5起。健全完善乡直机关工会、政法工会，中学、村级完小等工会组织。妇联、团委等工作正常开展。乡志已完成初稿编纂、校对，达35万余字。

（史大军）

猴场苗族仡佬族乡

【综述】 2010年，猴场乡按照“坚持科学发展之路、建设生态文明之乡”的总要求，把国家支农惠农强农和改善民生的一系列方针政策落到实处，全面完成全年各项目标任务。

【抗旱救灾】 2009年冬至2010年春，猴场乡遭遇严重干旱，按照“三保一防”要求，加强对全乡抗旱救灾工作的领导，把保障人畜饮水作为抗旱的首要任务，妥善安排群众的生产生活。党政领导班子成员、驻村工作组和村组干部深入村组作好调查研究，向群众宣传科学的抗旱防火知识，提高群众抗旱意识和节水意识，引导群众计划用水、节约用水，科学合理调配水资源。采取组织抗旱工作队、亲帮亲、邻帮邻等方式，对空巢老人、残疾人、年高体弱、五保户、孤儿等重点人群的饮水落实相应帮扶制度。安排10万元资金，专项用于抗旱救灾。加大督查力度，严肃工作纪律，对乡村干部在抗旱救灾工作中实行责任追究制度，确保抗旱救灾工作取得实效。力争夏粮减产秋粮补，小季损失大季补。同时，全力做好野外禁火工作。

【产业发展】 2010年，全乡乡镇企业总产值8784万元。工业总产值2940万元（规模以上企业2880万元），同比下降12.7%；工业增加值1029万元，同比下降29.8%；工业企业税金640万元，同比增长11%；工业企业固定资产投资5350万元，同比增长50%，工业企业产品销售率100%。工业单位增加值能耗达到市级要求。建立完善工业企业统计台帐，统计无迟、漏、错、瞒报现象。

2010年2月2日，市长罗宁（左三）、市交通局局长方东（右一）、县长庞琨（左一）到猴场乡，就猴场至织金猫场公路项目等进行调研。

（猴场乡　提供）

【项目建设】 投入财政扶贫资金12.5万元完成格道村2公里通组公路建设；投入财政扶贫资金12.5万元资金完成格道村200亩核桃种植；利用青岛对口帮扶抗旱资金5万元完成猛架村人饮工程1个；利用发改资金14万元完成仙马村丫口寨组1.7公里通组公路建设；投入以工代赈资金18万元完成普屯坝山塘治理；完成仙马村加单弯组90万元42户异地扶贫搬迁项目申报；投入以工代赈资金108万元完成计生服务大楼建设；投入6万元抗旱救灾资金完成猴场、后冲等村人饮工程；投资394万元的烟叶收购大楼正式投入使用；投资800万元的猴场3.5千伏变电站建设完成形象进度90%以上。各项建设项目质量达标，档案资料齐全。

【文化建设】 完成省级非物质文化传承人申报工作，仙马村王仁爱、杨国芬分别获批为射弩和苗族古歌省级传承人；完成2010年度11个农家书屋申报工作，2009年度申报成功的漏寨、煤冲2个村农家书屋书籍分类、贴签、上架等工作全部结束，正准备迎接上级验收。完成20户以上1900套广播电视"村村通"安装工作。仙马民族民间文化进校园工作正在进行。

【就业培训】 全年举办烤烟种植等科技培训班3期，培训群众1200余人次。同时，加大农村剩余劳动力转移就业512人；积极开发公益性岗位，解决15名城镇失业人员的就业问题。

【教育工作】 扎实抓好"普九"教育工作，全乡小学入学率99%，中学入学率98%，15周岁受初等教育率100%，投入资金10万元建设猴场中学环形跑道。

【卫生工作】 2010年，全乡儿童计划免疫接种率99.5%，继续做好甲型H1N1流感、儿童手足口病、狂犬病的防控及新型农村合作医疗等工作。

【安全生产】 成立安全生产专项整治领导小组，开展安全生产日大督查活动，特别是对易出现安全隐患的煤矿、商店、砂石厂和学校等进行检查整顿，通过整治，全乡存在的安全隐患问题基本得到消除。

【民政工作】 坚持专款专用，公开、公正、公平的原则，及时、足额将救灾款发放到灾民手中。抓好低保规范化建设，进一步扩大低保范围，做到应保尽保。

【农村危房改造】 全乡1339户农村危房改造工作按进度有序推进，猛架村危房改造工程得到省市县肯定。

【信访和综治维稳】 抓信访矛盾纠纷排查，建立健全信访矛盾纠纷跟踪管理工作机制和严格落实班子成员赶集日接访制度，加大对信访矛盾纠纷的排查调处力度，调处各类矛盾纠纷11起。抓社会治安综合治理工作，加大打击各类刑事犯罪力度，做好各项重大活动的安保工作。

【党的建设】 继续巩固和扩大科学发展观活动成果，基本做到"五破五增强"，党员党性修养进一步增强，真正做到"五个一"；解决农村环境较差、农业产业化程度不高等一批影响和制约科学发展的突出问题。从科学发展的需要出发，结合实际，进一步建立健全党组织建设长效机制。开展"创先争优"和"践行宗旨教育"工作，制定实施意见和任务分解，教育和引导广大党员干部特别是领导干部牢固树立全心全意为人民服务的宗旨观念。以加强党的思想、组织、作风、制度和反腐倡廉建设为重点，建设高素质的领导班子和干部队伍。加强基层党组织建设，完善党内关怀机制。以落实惩治和预防腐败体系为重点加强反腐倡廉建设，以实际行动密切党同人民群众的血肉联系。抓队伍，提高党员干部的素质。抓理论学习，班子的政治理论水平得到不断提高；班子决策坚持民主集中原则，保证党内民主和决策的科学性。通过发展党员、村级党组织后备干部培养、流动党员动态管理等工作，提高党员干部队伍的整体素质。

（伍文荣）

猫洞苗族仡佬族乡

【综述】 2010年，猫洞乡以科学发展观统揽全局，开拓创新、奋力拼搏，以实现“三个十公里”为战略目标，推动经济社会又好又快发展。

2010年3月3日，县委书记王跃（右一）到猫洞乡察看旱情。 （猫洞乡 提供）

【抗旱保民生】 2009年10月以来，严重干旱造成全乡26个行政村不同程度受灾，受灾人口2.7万人，1.2万头大牲畜，直接经济损失近4000万元。乡党委、政府高度重视，提出“三个力保”战略方针，即科学调度用水、节约用水和加快供水工程进度相结合，力保农业生产和群众饮水安全；充分发动群众，力保完成1000余亩茶叶种植任务和经果林种植任务，促进整个农业生产；把全乡干部职工分成5个服务组（即作物抗旱技术服务组、灾情统计调查组、茶叶生产技术服务组、抗旱保春耕技术服务指导组、农资供应指导组），加强领导、科学指导，抢占先机，抢抓季节，统筹安排春耕生产及森林防火工作，力保农业生产健康发展。抗旱期间，出动车辆300余辆（次），组织义务送水队无偿送水650余吨，拨付抗旱保苗资金9.88万元。

【招商引资】 成立招商引资工作机构，由乡党委书记任组长，落实1名副乡长专职负责招商引资工作，在经费、车辆、物资等保障上给予优先。制定完善领导联系企业、跟踪服务、企业帮扶等制度，以组建行业协会等多种形式为企业在乡境内发展尽可能创造条件。以项目招商，对全乡可能招商的项目进行分析评估；以情招商，全乡干部职工分配相应的招商任务。

【农业产业结构调整】 采取业主和龙头企业带动、专业合作社管理、集体和农户自管相结合的模式，大力发展茶叶项目。2010年，全乡完成茶叶种植1120亩，新老茶园修剪4000亩，组织发放茶叶抗旱保苗资金4.88万元，新发展茶叶种植大户2户，茶叶种植取土送检320个土样共计8000亩。以安顺市供销社为依托，采取“合作社+基地+农户+企业”的模式，在新民等村积极实施10余亩药材试验取得成功，2011年将发展10000亩以上。大力发展畜禽养殖业，搞好病害防治。在抵挡村发展种兔繁殖场1个，三鑫养殖场在原有基础上扩建35%以上。

【基础设施建设】 月亮、中孟、吭州等11个村实施入村公路镶边35公里，硬化通村公路0.5公里，街道硬化25.32万平方米，修建沼气池575口，各村组基础设施建设更加完善。完成县扶贫办下达投资45.8万元的229口小水池建设，又奋、木耳等2个村的引水灌溉沟渠3000米和新民蓄水山塘建设工程正在实施，安装人饮管道5万余米，完工后将解决和改善灌面1800余亩。

【小城镇建设】 小城镇规划小区占地总面积70余亩，可安置建房农户90余户，已动工建房农户50余户，主体完工39户，迁入新居34户，建房农户总投资超过600万元。新街建设加速推进，逐步完善车站、邮电所、街道硬化等配套设施。

【“整脏治乱”】 调整“整脏治乱”工作领导小组、宣传报道组和监督检查组，与各单位签订目标责任书。清除野广告210余幅；书写永久性标语30条；张贴“打狗令”58张，张贴“整脏治乱”村规民约268张；发放“整脏治乱”整改通知书21份，责令16个单位限期整改；对5个单位负责人作诫勉谈话；督促检查客运车辆落实“四包”承诺书35辆次；填补路面坑凹115处，整理路面乱堆乱放乱排36处，取缔乱搭乱建厕所2个，督促维修厕所7个，电缆梳理改线路13处，剪掉乱拉乱接线路6处，清理乱排乱堆垃圾88处126吨。全年投入资金6.8万元进行“整脏治乱”。其中投入2万元对政府驻地下水道进行治理；投入3万元建设垃圾池4个、垃圾箱50个、公共厕所2个；投入1.8万元作为专项工作资金。

【危房改造】 坚持"两最原则"（家庭经济最困难、房屋最危险），调查确定农村危房改造798户，其中茅草房重度危房39户，低保户一级100户，二级63户，三级5户；困难户一级266户，二级184户，三级50户；一般户一级13户，二级66户，三级12户；五保户39户，各村危改建房户名单均进行张榜公示，补助公开透明。

【第六次全国人口普查】 8月，成立以乡长为组长，副乡长为副组长的领导小组，把全乡分为5个片区，明确领导包片，每村2名干部包村指导，抽调83名教师参与此项工作，划分为26个普查区，106个普查小区，7695户，32454人。完成第六次全国人口普查工作。

【地质灾害监测监控】 9月16日，猫洞乡龙场村小洞坡发生大面积滑坡，乡党委、政府及时组织人员划定危险区域，设置警戒线和警示牌，制作紧急避险通知书和地质灾害明白卡，发放到危险区域群众手中，宣传避险知识，强化宣传力度，提高广大群众的防灾救灾意识和自救、互救能力；做好群众思想工作，稳定群众情绪，维护好社会秩序。采取转入搬迁新房、投亲靠友、邻居帮助、安置帐篷等方式，把群众迅速转移到安全区。组织巡逻队，为转移后群众的牲畜进行值班看护，避免群众财物的丢失。同时，切实把"三项行动"、"三个建设年"活动实施方案与平时开展隐患治理排查、地质灾害监测监控工作结合起来，认真对全乡涉煤村寨、煤矿、非煤矿山、危险化学品、烟花爆竹、道路交通、建筑施工、消防、农业机械、渔业船只、特种设备、民爆器材、食品药品安全等各行各业进行督促检查和排查，切实消除各类安全隐患，遏制安全事故的发生。下达整改指令书92份，发放紧急避险通知书和地质灾害明白卡1000余份。国土所饶玉刚获国土资源部表彰。

【"创先争优"与"践行宗旨教育"活动】 研究制定活动方案，修改乡村发展规划，大力实施"三个十公里"工程，以新民为中心打造十公里万亩茶叶种植基地；以柯拖为龙头打造10公里生猪养殖带；利用引子渡库区低热河谷地带自然优势打造10公里农业经济带。力争2015年实现茶叶生产大乡、生猪养殖大乡、特色农业经济大乡。全乡350名党员结合"创先争优"活动，带头调整产业结构，带头掌握致富本领，带头模范遵守党纪国法。统一佩戴"共产党员"徽章，在工作、生产、学习、生活中主动接受监督。实施企业党员"六包六带头"工程，开展结对帮扶，构建和谐矿村。建立柯拖生猪养殖示范基地1个，新民茶叶种植基地1个，蔬菜基地1个，党员带头示范点13个。

（谢国兰）

文件选编

县委文件

中共普定县委
关于进一步加强惩治和预防腐败体系建设的实施意见

普发〔2010〕1号

根据省委惩治和预防腐败体系第二检查组及市委第四检查组对普定县检查时提出的意见和建议，按照省委副书记、省长、省委惩治和预防腐败体系建设领导小组副组长林树森同志在普定县检查时提出的要求，以及市委第四检查组在给县委反馈时所提出的要求，更好地贯彻落实《中共安顺市委关于进一步加强惩治和预防腐败体系建设的若干意见》（安市发〔2010〕11号）文件精神，有计划、有步骤地扎实推进惩防体系建设各项工作，全面构建普定县“不愿腐败”、“不易腐败”、“不能腐败”、“不敢腐败”的基础性工作机制，结合实际，提出普定县进一步加强惩治和预防腐败体系建设的实施意见。

一、认真学习，提高认识，进一步加强对惩防体系建设工作的领导。构建符合普定县情的惩防体系，是一项长期、艰苦、复杂的系统工程。全县各级各部门要进一步深化学习贯彻党的十七届四中全会，十七届中央纪委四次、五次全会，省委十届七次全会、十届省纪委五次全会，市委二届十次全会、二届市纪委六次全会和县委十届八次全会、县纪委十届六次全会精神，深刻领会精神实质，进一步明确任务要求。要认真学习和执行《中共中央关于加强和改进新形势下党的建设的若干重大问题的决定》和《建立健全惩治和预防腐败体系2008—2012年工作规划》、省委《实施意见》、市委《实施办法》、县委《实施细则》。要认真落实普办发〔2009〕28号文件中分解到各部门的工作任务，牵头单位要主动承担起牵头责任，认真开展调查研究，制定和进一步完善抓落实方案，建立相关制度，配合部门要积极主动，共同抓好惩防体系建设各项工作任务的落实，各部门在工作中要注意资料收集和规范整理并形成专门的档案。县委、县政府将加强对党风廉政建设和反腐败工作的领导，加强对纪检监察工作的指导和支持，旗帜鲜明地支持纪检监察机关依照党章和法律履行职责、开展工作，为纪检监察机关履行职责提供必要条件，协调解决纪检监察工作中遇到的困难和问题。

二、进一步严格执行党风廉政建设责任制。乡镇党委、政府和县直单位部门领导班子特别是主要负责同志，要高度重视并自觉承担起惩防体系建设的政治责任和领导责任，加强组织领导，推动工作落实。要进一步明确以贯彻落实党风廉政建设责任制为抓手，以构建惩治和预防体系为重点的反腐倡廉建设在党的建设中的重要性和必要性。要定期召开专题工作会议，及时掌握和全面分析管辖范围内县委规定的惩防体系工作任务和党风廉政建设责任制落实情况，高度重视当前反腐倡廉建设中出现的新情况、新问题，切实解决在党风廉政建设方面存在的突出问题。乡镇和县直部门每半年向县委、县纪委报送工作总结，分别在当年7月和12月报送。结合县纪委常委会在全委会上对各乡镇、各部门贯彻落实惩防体系建设工作情况进行通报，督促乡镇、部门实际创造性地开展工作，出实招、求实效，及时排除工作中的障碍和阻力，为推进工作创造良好的环境和条件，确保反腐倡廉建设取得实实在在的成效。

三、进一步加大宣传教育力度。要充分发挥“大宣教”工作格局的作用，加大宣传教育力度，全力提高全县各级各部门对党风廉政建设和反腐败斗争的极端重要性和紧迫性的认识。着重宣传以贯彻落实党风廉政建设责任制为抓手，以构建惩治和预防腐败体系为重点的反腐倡廉建设在党的建设中的极端重要性。着重加强惩防体系建设的基础性地位的宣传，重点加强对中央《建立健全惩治和预防腐败体系2008—2012年工作规划》、省委《实施意见》、市委《实施办法》、县委《实施细则》及《中国共产党党员领导干部廉洁从政若干准则》等内容的学习宣传。在县委党校（行政学校）、县图书馆建立廉政文化教育基地，依托普定建国中学旧址申报市级廉政教育示范基地，推动普定县廉政文化建设向纵深发展。宣传、文化、电视、政府网站等部门要充分发挥舆论的导向作用，广泛宣传惩防体系建设的各项内容及成效，提高广大群众的知晓率，增强反腐倡廉建设的透明度，为普定县惩防体系建设营造良好的舆论氛围。要通过深入开展示范教育、警示教育、岗位廉政教育，不断提高反腐倡廉教育的针对性和实效性，促使党员干部树立正确的世界观、人生观、价值观和权力观、地位观、利益观。要通过卓有成效的宣传教育，形成普定县广大党员干部特别是党员领导干部“不愿腐败”的良好风气。

四、进一步加强对惩防体系建设情况的督促检查力度。重点要将惩防体系建设任务的落实、党风廉政建设责任制的落实、反腐倡廉建设各项任务的完成情况与乡镇、部门目标考核内容紧密联系起来一起检查考核，要细化考核内容，规范考核指标，增强考核的科学性和操作性。各乡镇、部门主要负责人要真正提升对惩防体系建设工作的认识，切实履行职责，有效开展各项工作，着力提高工作实效。县纪检监察机关要积极协助县委加大督促检查力度。要通过督促检查，进一步发现问题，制定措施，强化整改，全面推进普定县惩防体系建设，确保工作的延续性和实效性。

五、进一步加强反腐倡廉制度建设。要把制度建设作为惩防体系建设的重要任务，紧紧围绕本地本单位本部门实际需要和长远发展，建立完善的符合科学发展要求的体制机制制度。要在认真调研的基础上，对照新形势新任务的要求，对不够完善的制度进行修改、完善。要重点加强教育制度、监督制度、预防制度、惩治制度的建设。特别是要提升制度的落实力和执行力，坚持把各项制度落到实处，使已经制定的制度发挥其应有的作用。要坚持有纪可依、有纪必依、执纪必严、违纪必究的要求，对有令不行、有禁不止、随意变通、恶意规避等严重破坏制度的行为，要发现一起、查处一起，坚决实行责任追究，切实提高制度的执行力，维护制度的权威性。要进一步强化对制度落实情况的监督检查，通过监督检查提高制度的约束力和执行力。

六、进一步加强作风建设。要结合科学发展观学习实践活动的深入开展，重点把推进领导干部作风建设作为密切党群干群关系的重要手段。要坚持“好形象、好班子、好机制”“三个好”的标准，加强对领导干部作风状况的监督检查，重点对面对基层、服务群众的部门和干部的作风进行有针对性的教育整顿，及时发现和解决领导干部在作风方面的苗头性、倾向性问题，有效加强干部作风建设。要深入开展“五型”机关建设。深入开展学习型机关建设，不断增强机关的战斗力；深入开展服务型机关建设，不断增强促进科学发展的推动力；深入开展效能型机关建设，不断增强机关部门的执行力；深入开展创新型机关建设，不断增强干部职工的创造力；深入开展勤廉型机关建设，不断增强机关部门的公信力。要通过不断提高党员干部的党性修养，树立良好作风，发挥“自律”作用，进一步树立良好形象，用好形象、好作风、好工作取信于民。

七、进一步加大惩治腐败力度。针对目前腐败案件易发高发的态势，全县执纪执法机关必须进一步加大惩治力度，坚持“有案必查、查案必清、清案必结、结案必铁”，完善联合办案、交叉办案、两审结案等工作机制，继续实行典型案件“一案一议”、“重大案件下管一级”、立案免处复审等制度。严肃查办发生在领导机关和领导干部中滥用职权、贪污贿赂、腐化堕落、失职渎职案件，严厉惩处利用人事权、司法权、行政审批权、行政执法权谋取非法利益的行为。严肃查办商业贿赂案件，深入开展商业贿赂专项治理，在坚决惩处受贿行为的同时，加大对行贿行为的查处力度，对有行贿记录的单位和个人，在市场准入、经营资质、贷款审批、投标资格等方面加以严格限制。严肃查办严重侵害群众利益的案件。严肃查办群体性事件和重大责任事故背后的腐败案件，对造成人民群众生命财产重大损失的地方和单位要严肃追究有关人员的责任，对其背后的腐败行为要深入排查、严厉惩治。严肃查办工程建设、房地产开发、土地管理和矿产资源开发等腐败现象易发多发领域的案件。严肃查办严重违反政治纪律和组织人事纪律的案件，为黑恶势力充当“保护伞”的案件。通过严肃查处各类违纪违法案件，以更大的反腐败成效取信于民。

八、进一步加强专项工作的检查力度。继续加大对中央新增投资落实情况及扩大内需项目建设情况的监督检查，严格实行新增投资建设项目报备案、双向问责等制度，确保中央、省、市、县扩大内需促进经济增长政策措施的顺利实施。继续加大对强农惠农政策落实情况和涉农专项资金管理使用情况的监督检查力度，严肃查处贪污、挪用、挤占、私分、优亲厚友等各类违纪违法问题。强力推进工程建设领域突出问题专项治理工作，特别要加强工程建设质量的监管，严防“豆腐渣”工程。要深入治理工程项目建设中规避招标、虚假招标、围标串标、评标不公的问题，在房地产开发中违规变更规划、调整容积率的问题，未批先建、违规审批以及决策失误造成重大损失的问题。加强对矿产资源开发的监督检查。坚决纠正矿产资源开发中违反安全生产规定，破坏生态环境，诱发地质灾害，破坏耕地，污染水源等损害群众利益的行为，特别是要严肃查处官商勾结、私挖滥采的行为。继续深入开展“小金库”专项治理工作，并向社会团体和国有企业延伸。要加大治理力度，严肃查处顶风违纪的案件，督促各级各部门认真查找“小金库”产生的根源，找出问题的症结所在，有针对性地采取措施，认真抓好整改落实，从体制机制上不断建立健全治理“小金库”的长效机制。重点解决群众反映强烈的教育乱收费、征地拆迁、食品药品安全、环境保护、安全生产、专项基金和专项资金监管等方面的突出问题。加强国有资产管理、金融、司法等领域的专项治理工作。

九、进一步加强纠正部门和行业不正之风工作力度。进一步加强对医药购销和医疗服务、涉农负担情况开展专项检查，特别要严查各类乱收费行为。要进一步加强对扶贫资金、社保基金、住房公积金、农村危房改造资金、农村医保和低保以及救灾救济资金的全程监管。继续完善涉农税收、价格及收费“公示制”、教育收费“两免一补”制、报刊订阅“限额制”、涉农负担案件“责任追究制”、村级公益事业筹资筹劳“一事一议制”，加强监督检查，确保取消农业税后其他各项支农惠农政策和资金落实到位，严防农民负担反弹。进一步规范行业协会、市场中介组织、公共服务行业的服务和收费行为，继续清理规范评比达标表彰活动。

十、进一步加大对反腐工作的投入和加强纪检监察干部队伍建设。反腐倡廉建设工作事关改革开放事业的成败，事关党和国家的兴衰安危。要严格执行中央纪委等五部委《关于加强地方县级纪检监察机关建设的若干意见》，进一步改善县纪检监察机关人员、经费、用车、用房、设备等工作条件。要尽量创造条件，完善电子监察、网络举报等。要积极为构建惩防体系建设各项工作的推进提供强有力的物质保证。全县各级纪检监察机关要以深入开展“做党的忠诚卫士、当群众的贴心人”主题实践活动为载体，不断加强自身建设，进一步增强党性修养和政治素质，提高全面履行职责的能力和水平。面对新的形势和任务，肩负重任、不辱使命，敢于同各种不正之风和违法乱纪行为作坚决斗争，敢于秉公执纪，敢于碰硬，忠于职守。一身正气、以身作则、刚直不阿，严格执行党的纪律、履行党内监督职责，进一步维护纪检监察干部可亲、可信、可敬的良好形象。

十一、进一步加强惩防体系建设工作的调查研究。要注重实践，深入基层、深入群众、深入实际，广泛调研，认真研究反腐倡廉建设的深层次问题，及时总结、推广基层创造的新鲜经验和有效做法，不断深化对反腐倡廉建设特点规律的认识，使反腐倡廉工作更加符合科学发展、更加符合实际、更加富有成效。要通过深入的调查研究，摸清情况、找准问题、切中要害，准确把握腐败现象和不正之风发生的特点和规律，提出具有前瞻性、预见性、针对性和可操作性的对策建议，有效增强惩防体系建设工作的主动性，为反腐倡廉建设提供有力的智力支持。

2010年3月16日

中共普定县委　普定县人民政府
关于加大统筹城乡发展力度
进一步夯实农业农村
发展基础的实施意见

普发〔2010〕8号

为全面贯彻落实《中共中央国务院关于加大统筹城乡发展力度进一步夯实农业农村发展基础的若干意见》（中发〔2010〕1号）、《中共贵州省委贵州省人民政府关于加大统筹城乡发展力度进一步夯实农业农村发展基础的实施意见》（黔党发〔2010〕1号）和市委农村工作会议有关精神，结合普定实际，提出如下实施意见。

一、明确2010年普定农业农村工作的总体要求和主要目标任务

总体要求是：以邓小平理论和“三个代表”重要思想为指导，深入落实科学发展观，认真贯彻落实中央、省委、市委农村工作会议精神和全县经济工作会议精神，紧紧围绕“发展循环经济、构建和谐普定”发展主题，立足实际，按照稳粮保供给、增收惠民生、改革促统筹、强基增后劲的基本思路，以发展特色农业、夯实农村基础、促进农民增收为目标，以推进城乡一体化发展为着力点，以产业结构调整为主线，以项目建设为

支撑，围绕农业产业化“5522”工程，打造优势农业产业经济带，全力推进农业生产快速发展、农村经济快速增长、农民生活质量快速提升，促进农村社会和谐稳定。奋斗目标是：实现农业增加值增长6%以上；粮食总产量达12万吨以上；人口自然增长率控制在7‰；农民人均纯收入实际增长8%以上。财政支农支出投入931万元资金，比上年增长24.96%。减少贫困人口6200人。

二、落实强农惠农政策，加大“三农”投入力度

1. 加大财政对农业农村的投入。继续加大农业财政资金投入，确保财政对农业投入增幅高于经常性支出增幅，2010年支农支出将投入931万元资金，较上年增长24.96%。

2. 落实好各项补贴政策。及时做好粮食直补、农资综合补贴、良种补贴、家电下乡、汽车摩托车下乡补贴发放及政策性“三农”保险等各项工作。

3. 加强支农资金整合与管理。推进支农资金整合，以主导产业、优势区域和重点项目为平台，逐步整合相关项目资金使用，最大限度发挥资金整体效益。大力支持现代农业示范园建设，发展特色农业，培育主导产业，着力打造新农村建设的窗口、农业增效农民增收的平台。

4. 提高金融服务质量和水平。引导更多信贷资金投向“三农”，切实解决农村融资难问题。落实和完善涉农贷款税收优惠、定向费用补贴、增量奖励等政策。进一步完善县域内银行业金融机构新吸收存款主要用于当地发放贷款政策。加大政策性金融对农村改革发展重点领域和薄弱环节支持力度，积极协调农业银行、农村信用社、邮政储蓄银行等银行业金融机构进一步增加涉农信贷投放。积极推广农村小额信用贷款。建立农业产业发展基金。鼓励各地对特色农业、农房等保险进行保费补贴。发展农村小额保险。健全农业再保险体系，建立财政支持的巨灾风险分散机制。

三、加快农村基础设施建设，增强农村发展能力

1. 加强现代化水利建设。科学编制《普定县水利发展“十二五”规划》，继续抓好红坪水库、高洋引水工程的规划上报，力争进入国家及省里的规划盘子；切实搞好县城供水水源工程的规划上报，把解决县城的饮水安全摆在突出位置。加快推进猛登水库除险加固工程早日完工投入运行；加快推进高洋引水工程建设；投资4544.68万元（其中：中央投资3134.35万元，省级配套941.74万元，地方财政资金468.59万元），实施好2010年度水利建设项目：农村饮水安全项目（解决农村饮水安全人口53381人）、水库除险加固工程3座（靛山、杨柳、纳雍枝水库）、小型农田水利项目（新建灌溉渠道10.3km）、水土保持综合治理项目（治理水土流失面积1km^2）及城关镇防洪工程（治理河道2.32km），积极配合“黔中枢纽”工程建设，为“黔中枢纽”普定境内工程的顺利建设创造有利的条件。加快完善防汛抗旱指挥系统，推进防汛抗旱工作。

2. 加强高标准农田建设。实施新一轮土地利用总体规划，重新划定基本农田保护区，加大高标准农田建设力度，加强农业综合开发和农村土地治理工作，加大中低产田土改良力度，抓好坡耕地的改造和治理，实施沃土工程，扩大测土配方施肥规模，搞好机耕道建设，推广深松整地、秸秆还田、种植绿肥、增施农家肥，不断提高土地质量。力争在春耕农忙前完成农业综合开发、巩固退耕还林成果专项规划基本农田建设、财政扶贫小水池建设等涉农项目建设。同时，加强项目申报工作，积极争取项目支持，进一步改善全县农业生产条件。

3. 加强农村交通建设。加快村村通路工程建设；如期完成普定至马场、鸡场坡至马场、“两四”路油路改造工程；编制鸡场坡—龙场—化处公路规划，力争尽快启动建设；完成续建通村公路桥梁8座171延米；完成危桥改造1座165.5延米。组织实施2010年农村公路安全保障工程、危桥改造等建设计划，确保工程建设质量和安全，完成年度建设任务。工程质量合格率达100%，基本消除工程建设中的主要质量问题，杜绝重大质量事故。加强农村公路养护工作。

4. 加强农村能源建设。加强沼气建设与综合利用的培训宣传，推进农村沼气建设，使广大建池农户充分利用好“三沼”，特别是在“猪—沼—菜”、“猪—沼—茶”、“猪—沼—果”模式上要加大推广力度，提高“三沼”综合利用技术的推广应用。要继续抓好“三改”（改厕，改圈，改厨）以及精品示范村建设，加大推广沼肥施用玉米、水稻、蔬菜的面积，提高农村能源利用率。加快农村电网完善步伐，健全农村电网供电能力，提高农村供电可靠性，满足农村用电增长需求。

5. 加强生态环境建设。大力实施“生态立林、产业强林、林改活林、科技兴林、依法治林”

的“五林”战略，营造林4.4188万亩，森林火灾受害率控制在0.68‰以内，森林病虫害成灾率控制在3‰以下，林业行政案件破案率达90%以上。森林覆盖率增长一个百分点以上；继续深化林权配套改革。

四、调整农村经济结构，转变农业发展方式

1. 稳定粮食生产。全年完成粮食播种面积35万亩。结合优势产业发展需要，继续抓好粮食增产工程、杂交玉米超高产示范项目落实及实施，大力推广新型栽培技术、测土配方施肥、病虫害综合防治等实用技术，加强病虫测报和防治技术指导，推广应用高效低毒低残留农药，指导农民正确用药、科学防治。

2. 加快发展特色优势产业。围绕“5522”工程，按照“提升种植业、做大茶产业、拓宽养殖业、发展林果业、开发旅游业”的发展思路，不断调整和优化农业结构，加大推进特色农业建设力度。坚持以茶叶、果蔬、生猪等农特产品为重点，鼓励大户种植和企业连片开发，力争茶园达1万亩、蔬菜3.6万亩、经果0.6万亩、烤烟0.98万担、生猪21万头，牛9.5万头、禽135万羽，市级龙头企业达到两家，省级龙头企业达到1家，建立3个农业专业合作经济组织，加快农特产品规模化生产进程；抓好无公害、绿色、有机农产品产地认定和产品论证以及地理标识保护等工作，做大做强“朵贝贡茶”、“白旗韭黄”、“奇秀乳业”等一批农特产品名优品牌，提升产业整体效益，增加农民收入。

3. 大力推进城镇化进程。加大农村住房建设规划力度，鼓励有条件的乡（镇）在行政规划指导下划定一定区域新建农民社区，积极调整社会事业鼓励措施和办法，切实改善进城农民的就业、居住、就医及子女上学等条件，促进农村人口逐步向城镇人口转移。统筹研究农业转移人口进城落户后城乡出现的新情况新问题。完善加快小城镇发展的财税、投融资等配套政策，大力发展县域经济，抓住产业转移有利时机，促进特色产业、优势项目向县城和重点镇集聚，提高城镇综合承载能力。

4. 继续抓好扶贫开发工作。抓好产业扶贫工作，促进产业结构调整，结对帮扶等措施，千方百计提高贫困人口收入，2010年完成净减少低收入人口0.62万人的任务。继续组织实施2009年度扶贫项目、对口帮扶项目和外援项目。搞好项目规划，用《大扶贫产业规划》争取项目资金。编制以白岩镇、城关镇、马官镇打造白旗韭黄为主的《万亩蔬菜基地》（2010—2012年）项目规划。编制《夜郎湖库区民族风情旅游、生态专项治理和移民（2010—2012年）扶持专项规划》。编制《北部地区特色林果产业（2010—2012年）项目规划》。抓好小额贴息发放，引导小额扶贫贷款用于发展生产，增加农民收入，拓宽增收渠道，重点向种植大户、龙头企业、返乡农民工倾斜。

五、大力发展公共事业，加快改善农村民生

1. 努力促进农民就业创业。立足县域企业，采取举办就业招聘会等形式，搞好公共就业服务，拓展就业空间，增加就业岗位。努力开发公益性岗位并向零就业家庭、“4050”下岗人员等就业困难对象倾斜，鼓励和支持自主创业，千方百计稳定和扩大就业，城镇新增就业1200人，城镇登记失业率控制在4.5%以内。努力促进农民就业创业，加大农民外出务工就业指导和服务力度，切实维护农民工合法权益，促进农村劳动力平稳有序转移，着力解决新生代农民工等问题，组织培训农民工800人，转移农村劳动力就业6500人。进一步优化返乡农民工创业环境，鼓励和引导积累一定资金、技能的返乡农民工自主创办各种实体，实现由劳务向创业转型，以创业带动就业。

2. 大力发展农村教育卫生文化事业。继续实施好农村初中和农村中小学薄弱学校改造工程，不断改善办学条件。建立健全学生资助政策体系，对农村家庭经济困难的职校学生和涉农专业学生逐步免除学费。进一步完善学校、社会、家庭“三位一体”的教育格局。不断完善新型农村合作医疗制度，人均补助标准从80元提高到120元，扩大报销范围，提高报销标准。加快乡（镇）卫生院和村级卫生室改造，加强医疗卫生服务队伍建设和妇幼保健工作，进一步健全三级医疗卫生网络；加快乡（镇）和村计生服务室改造，巩固提高“计划生育优质服务县”成果。建成7个乡（镇）综合文化站、60个农家书屋、16000座“村村通”广播电视和15个农民体育健身工程，抓好农村电影放映“2131”工程和农民文化家园工程，不断完善电视网络服务，开展好各类文化体育活动，积极构建城乡公共文化服务体系，着力满足城乡群众的精神文化需求。

3. 提高农村社会保障水平。加快建立科学规范、公正有效、可持续的城镇和农村低保制度，把农村低保标准提高到1196元。不断完善城乡医疗救助制度。力争城镇职工基本养老、基本医疗、失业、工伤、生育保险参保人数分别达到10710人、32699人、8272人、7515人和11277人。认真做好被征地农民、水库移民社会保障和农民工养老保险工作，坚持“减、防、抗、救”并重，大力推进灾害管理体系建设，抓好救灾救济。进一步做好拥军优抚安置工作，积极发展社会福利、慈善、老龄、妇女儿童和残疾人事业。

4. 加强人居环境建设。完成农村危房改造3250户；拟建经济适用住房5000m²（56套）、廉租住房28950m²（579套）；依照《城乡规划法》，普定县已编制城关镇、马官镇、化处镇、补郎乡总体规划，力争在年度内完成其他6个乡（镇）的总体规划。

六、深化农村各项改革，建立统筹发展体制

1. 继续深化农村综合改革。深入推进乡（镇）机构改革，建设服务型政府，增强为农服务能力。加强基层财政管理，逐步建立县乡基本财力保障机制，落实村级组织运转经费保障政策。加快经济强县建设，培育经济强乡（镇）、强村。推进集体林权制度改革，抓好森林采伐管理改革试点。加快落实推进供销社改革发展的相关政策，加强基层社建设，强化县社功能。加快推进农村殡葬改革。

2. 推进农村土地管理制度改革。完成普定县第二轮土地利用总体规划修编和基本农田划定、保护工作，保持普定县2010年耕地保有量40182.6公顷、基本农田保护面积34642.14公顷不减少。稳步推进农村土地确权、登记、颁证工作，促进农村改革、统筹城乡发展、农民权益保护、农村社会稳定。抓好用地保障，服务于经济建设，积极争取和认真实施好土地开发整理项目，完成土地开发整理项目5900亩。

3. 创新农村基础设施建设管理制度。逐步建立村支两委具体组织实施、农民群众投工投劳、政府奖励补助物资、相关部门提供技术服务、社会各界捐资赞助共同建设村级公益事业的新型投资机制，认真开展农村公益事业“一事一议”财政奖补试点工作，按照“统一规划、分步实施、重点投入、有序推进”的原则，加强政府部门之间的统筹协作，以规划引领建设，确保项目不重复、不漏项、不漏村、不漏组，健全农村基础设施建设管理体制，允许将村集体所有的公共设施管理权和使用权通过拍卖、租赁等方式转让给农民自主经营，实行有偿服务。坚持建设、管理、养护并重，建立健全以县为主的农村基础设施建设和管理养护体制，探索用“以奖代补”、“以养定建”等办法调动地方建设和养护农村基础设施的积极性，鼓励各种社会力量参与农村基础设施建设和管理。

七、加强和改进农村党的建设，为农业农村工作提供坚强保证

1. 进一步加强农村基础党组织建设。积极研究提高村、社区干部生活补贴标准，落实好村干部基本报酬。抓好村党支部书记及村委会主任的业绩考核奖励，开展“十佳村党组织书记”评选活动；进一步完善配套政策和有关规定，稳步推进选聘高校毕业生到村任职工作；构建服务平台，在各乡（镇）、街道办事处和大部分行政村（社区）建立便民利民党务政务综合服务中心（站、点）；全面完成全县最后81个村级组织活动场所改扩建任务；加大党内关怀力度。投入党内关怀救助基金20万元，继续建立完善党内关怀和关心爱护基层干部机制，切实帮助困难党员解决实际问题；投入10万元，做好农村党员规模培训工作；在每个乡（镇）建立1~2个“远程教育学用成果转化示范基地”；积极推进党内基层民主建设。全面推行“党员活动日”，进一步建立健全党内基层民主议事决策机制，拓宽党员意见表达渠道；做好第八届村（居）委员会换届选举工作。

2. 切实维护农村社会稳定。紧紧抓住影响社会和谐稳定的源头性、根本性、基础性问题，以“平安普定”建设为载体，以深入推进社会矛盾化解、社会管理创新、公正廉洁执法三项重点工作，加强社会治安综合治理基层基础建设，不断提高平安建设水平，为构建“平安普定”、“和谐普定”、保持全县经济平稳较快发展创造和谐稳定的社会环境。

3. 加强农村“三农”发展考核管理。细化考核指标，把粮食生产、农民增收、扶贫开发、耕地保护等纳入乡（镇）领导班子绩效考核，由县委督查室、县政府督查室牵头，建立督促检查和激励机制，将本《实施意见》提出的目标任务分解到相关部门，及时组织专项督查，确保强农惠农政策落到实处，推动全县农业农村工作迈上新台阶。

4. 加强和完善对农村工作的领导。切实加强和改善党对农村工作的领导，不断提高农村工作领导水平，领导干部要弘扬党的优良作风，坚持求真务实，密切联系群众，察实情、出实招、办实事，创造性开展工作。充分发挥民主党派、人

民团体、社会组织等的作用，形成统筹城乡发展、进一步夯实农业农村发展基础的强大合力。

2010年3月26日

中共普定县委　关于印发《关于开展“忠实践行宗旨、勤政廉政为民”教育巩固和扩大深入学习实践科学发展观活动成果的实施方案》的通知

普发〔2010〕12号

按照省委、市委的统一部署，为认真贯彻落实党的十七届四中全会和十七届中纪委五次全会精神，集中抓好学习实践活动中提出的党性党风党纪等方面整改任务的落实，进一步巩固和扩大深入学习实践科学发展观活动成果，推进学习实践科学发展观向深度和广度发展，现就在全县开展“忠实践行宗旨、勤政廉政为民”教育（以下简称“践行宗旨教育”）提出如下实施方案。

一、开展践行宗旨教育的重要性和必要性

开展践行宗旨教育，是进一步抓好深入学习实践科学发展观活动整改落实后续工作，切实解决党员干部党性党风党纪方面群众反映强烈的突出问题的必然要求。按照中央的部署和省委、市委的要求，在学习实践活动基本结束以后，各级党组织要抓好整改落实后续工作，确保整改事项逐一落实，特别是要抓好活动中提出的党性党风党纪等方面问题的整改，促进整改任务的圆满完成，用实际成效取信于民，不断巩固和扩大学习实践活动成果。

开展践行宗旨教育，是坚持深入学习和长期实践科学发展观、加快推进经济社会发展历史性跨越的重要举措。实践证明，加快推进全县经济社会又好又快发展，必须紧密结合实际，坚持深入学习实践科学发展观，正确认识和处理好事关全县科学发展、和谐发展、跨越发展大局的一系列重大问题，妥善处理好各种利益关系。为此，必须进一步教育和引导广大党员干部特别是各级领导干部牢固树立全心全意为人民服务的宗旨观念，切实增强贯彻落实科学发展观的自觉性和坚定性，提高领导和推动科学发展的能力，团结带领全县各族人民向实现历史性跨越目标奋进。

开展践行宗旨教育，是进一步解决当前党员干部队伍存在突出问题的迫切需要。当前，普定县党员干部队伍践行宗旨、干事创业、廉洁自律总体情况是好的。但也要清醒地看到仍然还存在的一些突出问题：有的领导班子推动科学发展、处理复杂问题的能力不够强，整体作用发挥不够好；一些党员干部思想解放不够，观念落后，缺乏事业心和责任感，纪律观念和法制意识淡化，服务意识不强，办事效率不高；有的领导干部工作不在状态，干什么不研究什么，做什么不知道什么，当“摆钟”干部，摇来晃去，慵懒散慢，不思进取；有的领导干部执行力不强，热衷于迎来送往，吹得多、干得少、不务实；有的领导干部不能正确对待组织、对待个人、对待名利，在其位不谋其政，工作被动；个别党员干部为政不廉，甚至贪污腐化，严重败坏党的形象和威信；一些基层党组织设置形式和活动方式还不能适应经济社会发展需要，有的基层党组织凝聚力战斗力不强，少数党员的党性意识淡化等等。因此，开展践行宗旨教育，有利于进一步规范党组织活动的行为，增强基层党组织的创造力和凝聚力，更好地发挥广大党员的先锋模范作用；有利于进一步增强党员干部、特别是领导干部的纪律法制观念和廉洁自律意识，始终做到既勤政又廉政、既尽职又尽责。

二、开展践行宗旨教育的目标要求

开展践行宗旨教育的总体要求：坚持以邓小平理论和“三个代表”重要思想为指导，深入贯彻落实科学发展观，着力在忠实践行科学发展观和全心全意为人民服务根本宗旨上下功夫，努力解决党性党风党纪方面的突出问题，努力解决漠视、损害和侵害群众利益的突出问题，努力抓好学习实践活动提出的各项整改任务的落实，使广大党员干部特别是各级领导干部牢记党的宗旨、执政为民、心系群众、勤政廉政，党的意识、大局意识、责任意识、廉政意识进一步增强，讲党性、重品行、作表率，树立和弘扬优良作风，以优良党风促政风带民风，形成凝聚党心民心的强劲合力，为推动普定科学发展、和谐发展、跨越发展提供根本保证。

开展践行宗旨教育，要注重教育、引导和督促广大党员干部在以下四个方面有新的进展：

（一）增强宗旨观念。党员干部宗旨意识和责任意识进一步增强，切实解决好同人民群众的感情问题，解决好对人民群众利益的态度问题，更加自觉地把人民群众的愿望和要求作为决策的根

本依据，广大党员干部要自觉做到在思想上尊重群众，在感情上贴近群众，在发展上依靠群众，在工作上为了群众，把群众的呼声作为第一信号，把群众的需求作为第一导向，把群众的满意作为第一标准，切实实现好、维护好、发展好广大人民群众的根本利益。要牢固树立“保障和改善民生是最大公务”的理念，努力办顺民意、解民忧、增民利的实事好事，坚持做到权为民所用、情为民所系、利为民所谋，进一步密切党群干群关系。

（二）改进工作作风。党风正则干群和，干群和则社会稳，社会稳才能发展快。良好的作风是党员干部抵御消极腐败现象、保持清正廉洁的重要保障；不好的作风往往是党员干部走向消极腐败的“助推器”。对于“欠发达、欠开发”的普定县情来说，党员干部要进一步牢固树立马克思主义世界观、人生观、价值观，坚持正确的权力观、地位观、利益观、政绩观，自觉把改造主观世界与改造客观世界结合起来，加强学习、加强实践、加强党内生活锻炼，保持谦虚谨慎、不骄不躁、艰苦奋斗的优良作风，经常深入实际、深入基层、深入群众听意见、查实情、搞调研，切实解决群众关心的热点难点问题，更好地为发展服务、为基层服务、为人民群众服务，以坚强党性和优良作风促政风带民风，以作风建设的新成效开创各项工作的新局面。

（三）提高工作效能。党员干部加快发展的紧迫感和责任感进一步增强，切实增强落实力和执行力，深化对上级精神的理解和对本地实情的认识，并有机结合起来，富有效率地抓好党的路线方针政策和有关决策部署的贯彻落实；认真贯彻执行民主集中制，做到大事讲原则，小事讲风格，自觉维护党的团结，服从大局，坚守政治纪律，确保令行禁止、政令畅通；建立健全工作责任制，引导广大党员干部把思想统一到干事创业上，把精力集中到说实话、干实事、求实效上，把功夫下到抓落实上来，进一步提高工作效率和质量，建设一支想干事、能干事、干成事、不出事的高素质党员干部队伍，为普定县实现经济社会发展的历史性跨越提供坚强的组织保证。

（四）强化廉洁自律。党员干部特别是党员领导干部正确看待个人利益，正确面对现实困难、正确对待个人得失，进一步树立正确的政绩观、利益观、地位观，淡泊名利，廉洁奉公；严格遵守党“四大纪律”，正确行使人民赋予的权利，严格依法办事；自觉遵守领导干部廉洁从政各项规定，严格要求自己，管好配偶、子女和身边工作人员；模范遵守社会公德、职业道德、家庭美德，自觉抵制拜金主义、享乐主义、极端个人主义，始终保持共产党人的政治本色；建立一套决策权、执行权、监督权既相互制约又相互协调的反腐倡廉制度体系，用制度管人，真正形成事业繁荣发展和党员干部健康成长的良好互动局面。

三、开展践行宗旨教育的主要任务和措施

开展践行宗旨教育，以全县党员干部特别是各级党员领导干部为重点，全体党员参加，并自觉接受党外干部和群众的监督。各乡镇各部门各单位要在作好充分准备、认真搞好思想发动的基础上，于5月份全面展开，至12月底结束。主要任务和措施是，重点抓好四个方面的“两项教育”、“三项主题实践活动”、“三项服务”和“五项工作”。

（一）抓学习教育，进一步提升思想认识水平。各级党组织要紧密结合实际，以“三学三强”（学理论强党性、学党史强宗旨、学业务强服务）为载体，采取适当方式加强对全体党员干部特别是党员领导干部学习教育，打牢思想基础。突出抓好“两项教育”：

1. 开展集中学习教育。采取个人自学、专家辅导、网络学习等方式，认真学习党的十七届四中全会和十七届中纪委五次全会，省委十届七次全会和十届省纪委五次全会，以及市委二届十次全会和二届市纪委六次全会精神；认真学习党的领导人关于为人民服务重要论述摘编、正反两方面案例选编等学习资料汇编。党员领导干部还要认真学习《中国共产党党员领导干部廉洁从政若干准则》。党委（党组）中心组要采取集中学习研讨、组织专题讲座、安排重点发言等方式，对中央、省委、市委关于深入贯彻落实科学发展观、牢固树立正确政绩观、坚持党的群众观的有关精神和要求进行专题集中学习2次以上，上级党组织要派人参会指导各单位的中心组学习。各基层党组织要采取分组讨论、交流发言、谈心得体会等方式，组织全体党员进行集中学习。主要负责同志向本单位党员干部职工作专题辅导报告1次以上，每名领导班子成员都要围绕所分管工作就如何加强党性修养和作风建设谈心得体会，明确加强本单位和自身勤政廉政为民的措施。同时，结合实际，开展反腐倡廉知识竞赛、演讲比赛、勤政廉政建设图片展等活动。通过集中学习教育，进一步提高党员干部的政策理论水平和思想认识水平。

2. 开展专题党性教育。突出“讲党性、树正气”这个主题，围绕“读一本好书、讲一节党课、唱一首红歌、谈一次心得、写一篇报告、看一场警示”的“六个一”要求，扎实开展讲党性、讲信念、讲传统教育活动。采取邀请专家作讲解、领导干部讲党课、举办党员活动日、专题讨论交流等方式，组织党员学习党章、重温入党誓词、回顾党的成就、学习党史、学习党的方针政策，加强对党员干部的理想信念教育。坚持开门搞活动，结合各乡镇各单位实际，邀请老领导老同志讲传统、基层党员干部谈体会谈感受、先进人物讲事迹讲经验，加强对党员干部的优良传统作风教育。充分利用资源，组织党员干部到警示教育基地和爱国主义教育基地接受教育，到监狱听服刑人员“现身说法”等，集中观看正反两个方面典型教育片，以及开展典型案例剖析交流等，加强示范教育、警示教育和岗位勤政廉政教育。开展学习调研活动。紧紧围绕本乡镇本部门本单位的职责任务，组织党员干部采取蹲点调研、实地走访、民情恳谈等形式，深入基层、深入一线开展调研，引导党员干部大兴调查研究之风，不断从人民群众的实践沃土中吸取营养和力量。通过专题党性教育，进一步增强党员干部的政治意识、大局意识、群众意识、责任意识和忧患意识，激发工作热情。

（二）抓职责落实，进一步提高工作执行力。各级党组织要围绕提高执行力、落实力，有针对性开展主题实践活动，切实解决作风方面存在的突出问题。突出抓好“三项主题实践活动”：

1. 在各级党委（党组）领导班子中开展“在全县看位次、比实绩，在单位看团结、比作风，在基层看服务、比形象”为主要内容的“三看三比”活动，着力解决部门单位效能低下、服务意识不强、作风不实等问题，打造创业型领导班子。各级党委（党组）领导班子要围绕“三看三比”活动，采取召开座谈会、开展问卷调查等形式，对本地本部门本单位职能职责和个人岗位职责认真进行一次梳理，县直机关单位还要结合开展的“群众评议”活动反映的突出问题，专题研究提出更好地履行本部门本单位职能职责、更好地服务基层和群众的办法措施。特别是要按照市委、市政府《关于建立健全抓落实工作机制的若干意见》（安市发〔2009〕9号）要求，进一步建立健全抓落实的工作机制，引导党员干部求真务实、真抓实干，治庸治懒，提高工作效率。同时，要抓好学习实践活动提出的科学发展思路和举措的落实，抓好整改落实方案的落实，切实兑现承诺。

2. 在各级党员领导干部中开展“牢记发展要务、牢记民生根本、牢记工作使命，在科学发展上争先、在改革创新上争先、在转变作风上争先”为主要内容的“三牢记三争先”活动，着力解决党员领导干部思想解放不够、工作作风飘浮、落实力差等问题，打造创新型领导干部队伍。各级党员领导干部要以“三牢记三争先”为主要内容，认真对照市委二届十次全会提出的要求，认真对照本地本部门本单位职能职责和个人岗位职责，认真分析检查个人在思想、能力、作风、信心等方面存在的突出问题，以及“以会议贯彻会议、以文件贯彻文件、以讲话落实讲话”，“该管的事不认真管、该干的事不主动干、该负的责任不自觉负、该完成的任务不用心完成”等方面的问题，深刻进行反思，牢固树立“不抓落实就是不讲政治，抓不好落实就是不称职”的思想，切实做到一丝不苟地对待各项工作，真正把想法变成举措，把计划变成行动，把目标变成现实，把县委、县政府的工作思路、决策部署变为实实在在、看得见摸得着的工作措施，促进经济社会又好又快发展。

3. 在广大基层党组织和党员中开展以“争创一流业绩、争做服务标兵、争当时代先锋”为主要内容的“创建先进基层党组织、争做优秀共产党员”的创先争优活动，充分发挥党组织战斗堡垒作用和党员先锋模范作用，服务基层群众、促进各项工作。各级党组织要结合中心工作和党员的岗位特点，进一步明确活动的目标任务，确定具体活动主题，精心设计特色鲜明、务实管用的活动载体，在各领域、各行业、各单位的基层党组织和党员中开展创先争优活动，引导广大基层党组织和党员比学习、比能力、比服务、比奉献，在推动科学发展、促进社会和谐、服务人民群众、加强基层组织的实践中建功立业。

（三）抓服务水平提升，进一步密切党群干群关系。各级党组织要高标准、严要求，在强化服务理念、提升服务水平上下真功夫、下硬功夫，更好地服务基层和群众。突出抓好“三项服务”：

1. 对行政审批和收费项目进行清理、公示。按照合法、合理、效能、责任和监督的原则，进一步对现有的行政审批和收费项目进行全面清理，应取消的一律取消，应调整的必须调整；对于法律法规明确规定的审批和收费项目，进一步加强管理，尽量优化工作程序，减少办事环节和压缩办理时间，并采取适当方式向广大群众公示，切实方便基层和群众办事。县直有关单位，要对各级出台的行政审批制度改革项目和措施加强审核，进一步理顺和解决地方、部门上下左右之间行政审批衔接不够、运行不畅等问题。

2．推行一个窗口集中受理或代理服务。具有行政审批职能以及面向基层和群众服务的部门和单位，结合政府机构改革，设立“首问责任”窗口，公开办事制度，推行一个窗口集中受理或代理服务，统一受理承办本单位相关行政审批和服务事项，严格履行公开、公示、一次性书面告知等义务，更好地服务基层单位、服务工作对象和广大群众。对学习调研了解掌握的情况进行梳理分析，根据群众需要，开展相关内容的送服务上门等活动。同时，开展党员服务先锋活动，通过佩戴党徽、设立党员示范岗、党员先锋岗、党员责任区等形式，把党员身份亮出来，促进党员发挥先锋模范作用。

3．深入开展便民利民党务政务综合服务。按照黔党办发〔2009〕17号和安市办发〔2009〕38号文件精神，进一步抓好县政务服务中心和乡镇、村（居委会）、社区便民利民党务政务综合服务中心（站、点）的建设，5月底前全县所有乡镇、村（居委会）、社区都要建立便民利民服务中心（站、点）。同时，全面推行服务承诺制、首问责任制、一次性告知制、限期办结制、“一站式”、网上办公制和部门联审办公制，加快形成完备、务实和高效的便民利民服务制度及措施，切实提高服务群众的水平。

（四）抓廉洁自律，进一步增强拒腐防变能力。各级党组织要认真落实党风廉政建设责任制，坚决执行反腐倡廉各项制度规定，进一步增强党员干部拒腐防变和抵御风险的能力，坚持做到廉洁从政、廉洁自律。重点抓好“五个方面工作”：

1．进一步梳理明确本单位重大事项的范畴和健全完善决策议事制度。对本地本部门本单位办理的各个事项认真进行梳理，筛选确定涉及重大决策、行政审批、招投标及人、财、物等重大事项；建立和完善重大事项决策、执行和有效监督的制约机制，明确各级各类会议决策议事范围和权限，制定具体可行的公开公示要求、监督措施以及纠错改正机制和责任追究办法，坚持做到重大问题、干部任免、重大项目投资和大额资金使用，由领导班子集体研究决定。

2．加强对权力的监督制约。建立健全相互制约、相互监督的运行管理机制，强化对项目审批、工程招投标、资金使用管理等重要领域和重点环节的工作流程管理，防止个别人、个别环节决定和处理重大问题；完善调查研究、专家论证、社会听证、公开征求意见及第三方评估决策事项合法性可行性等措施，对决策权进行分段约束，杜绝临时动议、“一言堂”现象。

3．召开领导班子民主生活会和党员组织生活会进行剖析检查。把宗旨教育作为重要内容，组织党员干部对勤政廉政情况认真进行对照检查，党员领导干部要形成发言提纲，普通党员干部要形成简要发言材料，分别在领导班子民主生活会或党员组织生活会上报告，并认真开展批评与自我批评，切实提高民主生活会和组织生活会的质量。上级党组织要统筹纪检、组织等部门及其他有关方面的力量，对各个单位都要派人指导开好民主生活会。

4．拓宽监督途径和方式。各级党组织要设立意见箱、公布监督举报电话、电子邮箱等，对服务质量和廉洁从业进行监督；对群众反映的情况和问题，及时核实和处理。认真执行领导接访、干部下访、矛盾纠纷排查调解等信访工作制度，定期开展大接访工作，继续加大矛盾纠纷的排查调处力度。邀请监督员对各乡镇各部门各单位执行工作纪律、办事效率等情况进行明查暗访，对存在作风粗暴、“吃拿卡要”、“推拖扯转”、不作为、乱作为等行为的地方、单位和个人，及时在媒体上进行公布。

5．抓好领导干部廉洁自律各项规定的落实。认真贯彻落实《中国共产党党员领导干部廉洁从政若干准则》，认真执行群众评议、个人重大事项报告、述职述廉、巡视等制度，及时了解掌握领导干部个人有关情况。通过谈话、书面函询等形式，对干部政治思想、生活作风等方面出现的苗头性问题早提醒早教育，严厉惩处谋取非法利益、侵害群众利益的行为，严肃查处领导机关和领导干部中滥用职权、贪污贿赂、腐化堕落、失职渎职的案件。

以上四个方面的工作，原则上按照一个半月完成一个方面工作的进度推进。各地各部门各单位也可以结合各自工作实际压茬进行、交叉进行，也可以提前进行。践行宗旨教育基本结束时，各地各部门各单位要开展群众满意度测评工作，对领导班子和党员领导干部勤政廉政情况进行测评，真实了解民意，全面掌握践行宗旨教育开展情况，实事求是评价取得成效，发现存在的问题和不足，及时加以整改。

四、切实加强对践行宗旨教育的组织领导

（一）明确领导责任。全县践行宗旨教育在县委和县委党的建设工作领导小组的统一领导下，由县委党的建设工作领导小组办公室会同县纪委（县监察局）、县委办公室、县政府办公室、县委组织部、县委宣传部、县委政研室等单位具体组织实施，抓好各项任务措施的落实，不再成立专门的领导机构和工作机构。县委党的建设工作领导小组定期召开会议，专题研究有关工作。各地各部门各单位党委（党组）全面负责本乡镇本部门本单位的践行宗旨教育的具体实施，主要负责同志要认真履行第一责任人的职责。各级领导班子和党员领导干部要以身作则、率先垂范。县直属机关党委、县委企业工委、公安局党委、工商局党委根据本系统的实际，认真做好所属党组织开展践行宗旨教育的组织协调和督促检查等工作。各地各部门各单位要保证开展践行宗旨教育必要经费。

（二）加强分类指导。各地各部门各单位党委（党组）要充分结合自身工作和党员干部队伍实际，以抓项目方式组织开展教育，注重解决实际问题，务求取得实效。要把践行宗旨教育与党委（党组）及基层党组织自身建设紧密结合，充分运用党委（党组）季度中心组学习、年度民主生活会、基层党组织“三会一课”、纪念“七一”集中活动等经常性的学习教育方式，把践行宗旨教育作为重要内容，紧密结合本乡镇本部门本单位实际作出具体安排。要注重因地制宜、区别对待，针对机关、企事业单位、农村、社区等单位的不同实际，提出有针对性的实施要求，对具体时间和措施作出适宜安排。

（三）搞好督促检查。把开展践行宗旨教育作为各级党委、纪检监察机关、组织人事部门加强干部管理和监督的重要任务，纳入县委常委督查事项进行督查。各地各部门各单位要把开展践行宗旨教育作为党建工作的一项重要工作，并纳入年度目标绩效考核，年底进行专门检查评估，作出通报。考核结果作为部门（单位）业绩评定、奖惩以及选拔干部的重要依据。要将开展践行宗旨教育情况作为党委（党组）书记述职述廉的重要内容。县委党的建设工作领导小组要组建专门的督查组，定期组织对各地各部门各单位开展践行宗旨教育情况进行督促检查，并通过适时召开经验交流会、工作情况汇报会等加强指导。建立“群众监督评议组”，对宗旨教育活动的全过程进行监督，扩大党内工作的公开，严防形式主义。

（四）强化宣传引导。各级党委要组织新闻媒体在广播、电视、报刊、互联网上开设践行宗旨教育专栏（专题、专页），广泛宣传中央、省委、市委和县委关于增强宗旨观念、切实转变作风、提高执行能力、强化廉洁自律的精神、要求和措施，广泛宣传各地各部门各单位开展践行宗旨教育和党风廉政建设的成效、经验和先进典型，积极营造良好的社会舆论氛围。各级党委党的建设工作领导小组办公室要加强信息和新闻线索报送工作，加强信息交流和工作引导。

（五）坚持统筹兼顾。坚持把践行宗旨教育与本地本部门本单位的工作紧密结合、相互促进，尤其要把践行宗旨教育与学习型党组织建设、社会主义核心价值体系学习教育、党的基层组织建设巩固提高年活动、“讲党性、重品行、作表率”活动等结合起来，协调推进。要注意把开展教育与推动经济社会发展、保障和改善民生、维护社会和谐稳定有机结合，与当前的重点工作任务有机结合，切实做到两手抓、两不误、两促进。

各地各部门各单位党委（党组）要根据本实施方案作出具体的工作安排，并报县委党的建设工作领导小组办公室备案。践行宗旨教育结束后，各乡镇党委、县直各部门党组、党委、党总支、党支部要向县委报送践行宗旨教育工作总结报告。

2010年5月15日

中共普定县委
关于在全县基层党组织和党员中
深入开展创先争优活动的实施意见

普发〔2010〕13号

为进一步巩固学习实践科学发展观活动成果，更好地发挥基层党组织战斗堡垒作用和党员先锋模范作用，切实推进全县经济社会又好又快发展，按照中央的安排和省委、市委的部署，现就在全县基层党组织和党员中开展以创建先进基层党组织和争当优秀共产党员为主要内容的创先争优活动，制定如下实施意见。

一、创先争优活动的总体要求

深入开展创先争优活动，要认真贯彻落实党的十七大和十七届三中、四中全会精神，以邓小平理论和“三个代表”重要思想为指导，以深入学习实践科学发展观为主题，从实际出发，改革创新，务求实效，统筹推进党的建设及其他经常性工作，充分发挥基层党组织的战斗堡垒作用和共产党员的先锋模范作用，在推动科学发展、促进社会和谐、服务人民群众、加强基层组织实践中建功立业。

推动科学发展。巩固和扩大深入学习实践科学发展观活动成果，按照整改落实方案，深入抓好整改落实，进一步解决影响和制约科学发展的突出问题，确保整改项目按计划完成。要结合推动普定科学发展的工作思路，自觉转变经济发展方式、紧紧围绕“发展循环经济、构建和谐普定”主题，调整优化产业结构，推进产业升级，在培育新增支柱财源、“四创”工作、统筹城乡发展上当先锋、作表率。

促进社会和谐。深入开展社会主义核心价值体系教育，营造崇尚先进、争当先进、敬业奉献、开拓创新、积极向上的社会风气。发挥基层党组织维护稳定第一道防线作用，主动排查矛盾纠纷，做好化解工作，坚持问题在一线发现，矛盾在一线调处，业绩在一线创造。发挥党员在维护稳定中的作用，及时了解群众思想动态，特别是移民后期扶持和受灾区域的民生问题，做到哪里有困难哪里就有党员，哪里群众最需要党员就到哪里去，及时理顺情绪，凝聚人心；在急难险重任务、重大突发事件和重大自然灾害面前，迎难而上，敢于负责。

服务人民群众。牢记党的宗旨，认真贯彻党的群众路线，普遍推行县、乡（镇）、村便民利民服务工作中心（站、点）、深入推进“百个支部结对，千名党员帮扶”、“四联四帮”、干群恳谈会、党员联系户等办法，形成县、乡（镇）、村三级服务网络，为群众提供政策、信息、技术、法律等各方面服务，帮助群众解决生产生活中的实际问题，让党员服务和带动群众，群众信服和支持党员，进一步密切党群干群关系。

加强基层组织。实施“三力工程”（即我是生产力，我能创新先进生产力，我代表先进生产力），优化组织设置，扩大组织覆盖，选好配强基层党组织带头人，推进学习型党组织建设。实施党员“双带工程”（带头创业致富，带领群众致富），开展党员设岗定责等活动，激发党员队伍活力。通过基层党组织建设，带动其他各类基层组织建设。构建大党建格局，推进城乡党建工作一体化建设，促进城市党建资源优势向农村倾斜，不断提升党建工作科学化水平。

二、创先争优活动的主要内容

全县开展创先争优活动，以创建“五个好”先进基层党组织、争当“五个模范”优秀共产党员为主要内容。

先进基层党组织的基本要求是，学习型党组织建设成效明显，出色完成党章规定的基本任务，努力做到“五个好”：一是领导班子好。深入学习实践科学发展观，团结协作，求真务实，勤政廉洁，有较强的凝聚力和战斗力。二是党员队伍好。党员素质优良，有较强的党员意识，能够充分发挥先锋模范作用。三是工作机制好。规章制度完善，管理措施到位，工作运行有序。四是工作业绩好。本单位各项工作成绩显著，围绕中心、服务大局的成效明显。五是群众反映好。基层党组织在群众中有较高威信，党员在群众中有良好形象。

优秀共产党员的基本要求是，模范履行党章规定的义务，做到“五个模范”：一是党性过硬、作风优良的模范。认真学习实践科学发展观，学理论、用理论，加强实践锻炼、锤炼党性、砥砺品质，不断提升党性、提高素质。二是业务精湛、技能高超的模范。通过参加培训、刻苦钻研、技能比武、岗位练兵等，努力掌握业务技能和农业适用技术，并通过自己影响和带领广大群众，不断创造新业绩。三是联系群众、服务群众的模范。切实转变作风，到条件艰苦、工作困难的地方去，到矛盾最多、情况复杂的地方去，定期走访群众，听取群众意见，帮助群众解决生产生活中的难题。四是维护稳定、促进和谐的模范。建立走访慰问弱势群体制度，在应对突发性、群体性事件中，紧紧相信依靠群众，走群众路线。少数民族聚居村寨的党员，带头宣传和贯彻党的民族宗教政策，坚决维护民族团结和社会稳定。五是不惧艰险、敢打硬仗的模范。向近年来特别是在抗凝冻保民生和当前抗旱救灾保民生以及维护社会稳定中所涌现出来的优秀共产党员典型看齐，在大难大灾面前从容镇定、英勇无畏、敢于牺牲。

三、加强创先争优活动的分类指导

全县所有基层党组织和党员都要积极投身创先争优活动，实现组织和党员全覆盖。各基层党组织要围绕本地本部门的中心工作和党员的岗位特点，明确活动的目标任务，确定具体活动主题，精心设计特色鲜明、务实管用的活动载体，找准开展活动的着力点。

农村党组织要把创先争优活动与深化农村“三级联创”（即县、乡镇、村三级党组织分别争创农村基层组织建设先进县，“五个好”乡镇党委，“五个好”村党支部，县级涉农部门创建群众满意部门，乡镇涉农站、办、所创建群众满意的站、办、所）活动有机结合起来，与整顿软弱涣散基层党组织工作有机结合起来，形成齐抓共管、整体联动的基层党建工作格局。深入实施“创业致富工程”，每年培育200余名农村党员、入党积极分子创业，示范带动群众增收致富。广泛开展党员设岗定责、依岗承诺等活动，注意关心“留守儿童”和“空巢老人”，建立定期走访制度，帮助解决他们在生产生活中遇到的困难和问题。推行“一定三有”经验（即定职责目标、收入有保障、干好有希望、退后有所养），建立稳定规范的农村基层组织工作经费保障制度，切实落实村党支部书记业绩考核奖励制度。深入抓好农村党建工作示范点建设，树立标杆，让广大基层党组织学有榜样，赶有目标。

社区党组织要把落实以有人管事、有钱办事、有场所议事、构建区域化党建格局为主要内容的“三有一化”机制作为创先争优活动的重要内容，完善社区党组织经费保障机制、社区工作者教育培训机制、党员联系和服务群众机制，深入开展“创爱心社区，助弱势群体”活动，争取驻区单位共驻共建、共创和谐五新社区，努力构建社区党建工作新格局。

机关党组织要把创先争优活动与围绕中心、建设队伍这一根本要求有机结合起来，深入推进干部作风建设、讲党性重品行作表率和“五型”（即学习型、服务型、创新型、效能型、廉政型）机关创建活动，开展蹲点调研、公开承诺、行风评议等工作，开展“重读红色经典”、“一切为人民打算”党性分析、“岗位练兵”、“读一本好书”等活动，强化机关党员作风养成，组织党员踊跃加入“四创”志愿者队伍，在自身的工作岗位上创造佳绩，在重大工作安排和实践中提升素质。

文化、卫生、体育、学校等事业单位党组织要围绕做好职工思想政治工作、促进事业发展设计载体，通过组建“课题攻关党员先锋团队”，在推进科技、文化、卫生“三下乡”，争当“人民满意艺术家”、“白衣天使”、“师德标兵”等活动中发挥党员作用。县一中党组织要紧紧围绕教育改革，搞好教书育人、加强教师队伍建设，完善党委领导制度，开展“比学习、比业务、比奉献”等活动，大力创建示范性高中，推进教学质量上台阶。

非公有制经济组织和社会组织党组织围绕不断探索发挥作用的有效方式和途径，以“三建立两服务”（即以建立组织、建立阵地、建立规范，服务党员群众、服务企业发展）为目标，以开展“五个一”活动为载体（即读一本好书、写一篇有价值的调研报告、开一次研讨会、出一个好点子、谋划一个好项目），为非公有制经济组织和社会组织党组织开展活动、发挥作用提供保障，积极扩大党的组织和工作覆盖面，团结凝聚服务职工群众，促进生产经营和各项业务活动，促进企业健康发展。

各领域、各行业、各单位开展创先争优活动，要让广大群众充分参与到活动中来，主动听取群众意见建议，接受群众监督，并通过基层党组织和党员创先争优，带动工会、共青团、妇联等群团组织广泛开展创建先进集体、争当先进个人活动，在全社会形成创先争优浓厚氛围。

四、创先争优活动的实现途径

各基层单位党组织要从自身实际出发，紧紧围绕中心工作，采取有力措施，把广大党员吸引到创先争优活动中来。在推进创先争优活动过程中，要紧紧围绕确定的具体主题，扎实抓好落实。

（一）公开承诺。基层党组织制定开展创先争优活动实施方案，党员提出参加活动的具体打算，并采取适当方式向群众公布，进行承诺，接受群众监督。

（二）领导点评。上级党组织负责人要对基层党组织和党员开展创先争优活动情况适时进行点评，实事求是肯定取得的成绩，指出存在的问题和努力方向。

（三）群众评议。上级党组织对基层党组织、基层党组织对党员开展创先争优活动情况适时组织党员、群众进行评议，党员、群众满意率达90%以上的，方可申报上级表彰。

（四）评选表彰。上级党组织对基层党组织、基层党组织对党员开展创先争优活动情况进行考核。在此基础上，适时对创先争优活动中涌现出的先进基层党组织和优秀共产党员评选表彰。同时推荐作为2011年省、市、县党委集中表彰对象，作为2012年省委、市委、县委专项表彰对象。抓创先争优活动成绩显著的先进党委、党总支、党支部推荐作为2012年省委、市委、县委专项表彰对象。评选表彰要注重工作实绩和社会公认，广泛听取党员和群众意见。

五、强化创先争优活动的组织领导

“创先争优”活动的领导关系按党组织隶属关系确定。参照深入学习实践科学发展观活动工作指导的办法，县直部门单位要加强对相关领域（行业）“创先争优”活动的具体指导。

（一）加强组织领导。建立党委统一领导、组织部门和宣传部门共同负责、相关部门参与指导的工作机制。县委成立创先争优活动领导小组，由县委组织部、县委宣传部牵头，有关部门参加，领导小组下设办公室，负责创先争优活动的组织指导。各级党委也要成立活动领导小组，党委主要领导干部和领导小组成员要建立创先争优活动联系点。各乡、镇党委要切实担负起本地开展创先争优活动的领导和指导责任，书记要亲自抓。基层党组织要具体负责本地本单位创先争优活动的组织实施。注重发挥党建工作指导员和大学生“村官”在创先争优活动中的作用。

（二）强化督促指导。县直有关部门要成立指导小组，加强对相关领域（行业）创先争优活动的具体指导。垂直管理单位和条块共管单位的主管部门要加强对行业、系统创先争优活动的指导。要采取听取汇报、专题调度、交流研讨、明查暗访等形式，了解活动进展情况，研究解决遇到的问题，总结推广经验做法，推动活动顺利开展。行业主管部门要加强对本行业、本系统开展创先争优活动的具体指导和督促检查。上级党组织负责人要对基层党组织和党员开展创先争优活动情况适时进行点评，实事求是肯定取得的成绩，指出存在的问题和努力方向。对思想不重视、工作不得力的，要求限期整改。

（三）搞好舆论宣传。充分发挥报刊、广播、电视、互联网以及现代远程教育、党建信息网、手机短信平台和信息简报作用，大力宣传各行各业先进基层党组织和优秀共产党员的典型事迹，大力宣传各行各业开展创先争优活动的经验做法和实际效果。《普定》报、普定电视台、县政府网站要通过开设专栏、举办专题节目等形式加强宣传报道，各乡镇各部门各单位要通过组织专题文艺演出、巡回报告、张贴标语、发放明白卡等形式加大宣传力度，努力在全社会形成学习先进、崇尚先进、争当先进的良好风气。

2010年5月15日

中共普定县委　普定县人民政府关于普定县人民政府机构改革的实施意见

普发〔2010〕19号

根据《中共贵州省委贵州省人民政府关于市（自治州、地区）、县（市、区、特区）政府机构改革的指导意见》（黔党发〔2009〕8号）、《中共安顺市委办公室安顺市人民政府办公室关于印发〈普定县人民政府机构改革方案〉的通知》（安市办通字〔2010〕15号）精神，按照市委、市人民政府的部署和要求，结合普定县实际，现就县人民政府机构改革提出如下实施意见。

一、机构改革的指导思想和基本原则

（一）指导思想

高举中国特色社会主义伟大旗帜，以邓小平理论和“三个代表”重要思想为指导，深入贯彻落实科学发展观，坚持以人为本、执政为民，把维护人民群众的根本利益作为改革的出发点和落脚点，着力解决制约普定县经济社会发展的突出矛盾和问题，着力解决人民群众最关心、最直接、最现实的利益问题，努力建设人民满意的政府。

（二）基本原则

围绕深化行政管理体制改革的总体目标，以转变政府职能为核心，按照精简统一效能的原则，理顺职责关系，明确和强化责任，优化政府组织结构，完善体制机制，推进依法行政，提高行政效能。

二、机构改革的主要任务

（一）转变政府职能

加快推进政企分开、政资分开、政事分开、政府与市场中介组织分开，把不该由政府管理的事项转移出去，进一步下放管理权限，深化行政审批制度改革，减少行政许可，从制度上更好地发挥市场在资源配置中的基础性作用，更好地发挥公民和社会组织在社会公共事务管理中的作用。该企业决策的事，由企业决策；市场能解决的问题，由市场解决；宜于中介组织办的事，让中介组织充分发挥作用；乡（镇）能处理的问题，依靠乡（镇）处理。切实解决好政府职能越位、错位和缺位的问题。

县人民政府在全面履行职责的基础上，更加注重有效地贯彻实施中央方针政策和国家法律法规和省委、省政府的决策部署及市委、市政府的要求，更加注重对全县经济社会事务的统筹协调；更加注重社会管理和公共服务，着力解决民生问题；更加注重强化执行和执法监管职责，增强处置突发公共事件和社会治安综合治理的能力。

切实改进直接面向基层和群众的“窗口”机构的服务与管理，健全办事制度和程序，公开办事依据，简化办事流程，转变管理方式和工作作风，积极推行电子政务，提高工作透明度和办事效率。

（二）理顺职责关系

切实解决部门职责交叉和关系不顺的问题。根据各部门履行职责的特点，结合实际，界定部门之间的职责分工，坚持一件事情原则上由一个部门负责，确需多个部门管理的事项，明确牵头部门，分清主办和协办的关系，建立健全部门间协调配合机制，形成工作合力。

（三）明确和强化责任

按照权责一致、有权必有责的要求，通过制定县政府各部门“三定”规定，在赋予部门职权的同时，明确其相应承担的责任。探索明确和强化责任的途径及方法，推进政务公开、绩效考评、行政问责，强化责任追究，着力解决权责脱节问题，增强政府的执行力和公信力。

（四）调整优化组织结构

按照精简统一效能的原则，适应普定县经济社会发展要求，进一步整合优化政府组织结构，积极探索建立职能有机统一的大部门体制。加强对农业和农村工作的综合管理与统筹协调，建立职责明确、责权一致、运转协调的农业行政管理体制。加强对工业的统筹协调，推进信息化和工业化融合，加快走新型工业化道路。促进各种交通运输方式相互衔接，发挥整体优势和组合效率，加快形成城乡一体的综合交通运输体系。加强城乡建设规划统筹，加快建立住房保障体系。加强人力资源统一管理、合理流动和有效配置，整合人才市场与劳动力市场，完善就业、劳动权益和社会保障体系。加强文化领域综合管理，推进文化市场统一执法。整合医疗管理和药品管理职能，强化食品药品安全监管，落实食品安全综合监督责任。加强安全生产监督管理，健全社会管理体制。

清理和规范县政府议事协调机构，该撤销的坚决撤销，确需设立的，严格按规定程序审批。议事协调机构不设实体性办事机构，其工作职责交给相关职能部门承担。今后县人民政府不再新设立议事协调机构和临时机构，确因工作需要的采取建立联席会议制度的办法解决。县编委办公室在审核各部门“三定”规定时，要认真清理撤销议事协调机构的实体性办事机构，将其日常工作交由相关职能部门承担。

（五）机构调整

1. 组建教育和科技局。将教育局的职责和科学技术局的职责，整合划入教育和科技局，挂“知识产权局”牌子。不再保留教育局、科学技术局。

2. 组建工业和经济贸易局。将发展和改革局的工业和信息化管理的有关职责、乡镇企业局（煤炭管理局）除农产品加工管理以外的职责、经济贸易局的职责，整合划入工业和经济贸易局，挂“煤炭管理局”牌子。不再保留经济贸易局。

3. 组建交通运输局。将交通局的职责和建设局城市客运管理的职责，整合划入交通运输局。不再保留交通局。

4. 组建环境保护和林业局。将环境保护局的职责和林业局的职责，整合划入环境保护和林业局。不再保留环境保护局、林业局。

5. 组建住房和城乡建设局。将建设局除城市客运管理以外的职责，划入住房和城乡建设局，挂“城市综合执法局”牌子。不再保留建设局。

6. 组建文体广电旅游局。将文体广播电视局、旅游发展局的职责，整合划入文体广电旅游局，挂“新闻出版局（版权局）”牌子。不再保留文体广播电视局、旅游发展局。

7. 组建卫生和食品药品监督管理局。将卫生局的职责和省以下垂直管理的食品药品监督管理局的职责，整合划入卫生和食品药品监督管理局。不再保留卫生局、省以下垂直管理的县食品药品监督管理局。

8. 组建农业局，挂“畜牧兽医局”、“扶贫开发办公室”牌子。将农业办公室（农业综合开发办公室）除农业综合开发管理以外的职责、乡镇企业局（煤炭管理局）农产品加工管理的职责、扶贫开发办公室的职责、畜牧兽医局的职责，整合划入农业局。将农业办公室（农业综合开发办公室）农业综合开发管理的职责划入财政局。不再保留农业办公室（农业综合开发办公室）、乡镇企业局（煤炭管理局）、扶贫开发办公室、畜牧兽医局。

9. 将人事劳动和社会保障局更名为人力资源

和社会保障局。

10. 将安全生产监督管理局由政府直属事业单位调整为政府工作部门。

11. 将物价局、粮食局的职责划入发展和改革局，不再保留物价局、粮食局。

12. 保留档案局（档案馆），加挂“党史研究室”、“地方志编纂委员会办公室”牌子，为政府直属事业单位。

13. 将移民开发办公室更名为水利水电工程移民局，为政府直属事业单位。

14. 保留供销合作社联合社，为县人民政府管理的全县供销合作社的联合组织。

15. 信访局归口县委序列，由县委办公室、县人民政府办公室管理，在县委、政府领导下，承担县委、县人民政府的信访工作，行政后勤及退休人员由县人民政府办公室统一管理。

16. 县人民政府教育督导室不再作为事业单位设置，其日常工作交由教育和科技局承担。

三、机构设置

根据《中共安顺市委办公室安顺市人民政府办公室关于印发〈普定县人民政府机构改革方案〉的通知》（安市办通字〔2010〕15号）精神，县人民政府设置工作部门22个，直属事业单位2个，其他机构1个。具体设置如下：

（一）县人民政府工作部门

1. 办公室（国防教育办公室、法制办公室、突发公共事件应急管理办公室、人防战备办公室、外事侨务办公室、普定循环经济工业基地管理处设在政府办公室，普定循环经济工业基地管理处仍然为县政府派出机构）

2. 发展和改革局

3. 教育和科技局，挂知识产权局牌子

4. 工业和经济贸易局，挂煤炭管理局牌子

5. 民族事务局，挂宗教事务局牌子

6. 公安局

7. 监察局，与纪律检查委员会机关合署办公，列入政府工作部门序列，不计政府机构个数

8. 民政局

9. 司法局

10. 财政局

11. 人力资源和社会保障局

12. 国土资源局

13. 环境保护和林业局

14. 住房和城乡建设局，挂城市综合执法局牌子

15. 交通运输局

16. 农业局，挂畜牧兽医局、扶贫开发办公室牌子

17. 水利局

18. 文体广电旅游局，挂新闻出版局（版权局）牌子

19. 卫生和食品药品监督管理局

20. 人口和计划生育局

21. 审计局

22. 统计局

23. 安全生产监督管理局

（二）县人民政府直属事业单位

1. 水利水电工程移民局

2. 档案局，挂党史研究室、地方志编纂委员会办公室、档案馆牌子

（三）县人民政府其他机构

供销合作社联合社

县人民政府办公室和县人民政府工作部门、直属事业单位、其他机构为正科级建制。

四、认真做好部门“三定”工作

鉴于2002政府机构改革后，各部门的职能均发生了一些变化，参照省人民政府和市人民政府重新核定各部门“三定”规定的做法，对县人民政府各部门“三定”规定重新核定下发。

（一）“三定”工作的基本原则

县人民政府各部门“三定”工作，应坚持以下原则：

1. 以市人民政府对口部门的“三定”规定为参照，综合设置机构，不要求上下对口。

2. 在市人民政府对口部门的“三定”规定中没有明确的工作职责，应以国家现行的法律、法规和中央、省的文件为依据确定。

3. 坚持政企分开、政资公开、政事分开、政府与市场中介组织分开，全面推进政府职能转变，正确配置部门职能。

4. 坚持一件事情原则上由一个部门负责，确需多个部门管理的事项明确牵头部门，分清主次责任，着力解决部门职责交叉问题。

5. 改革行政审批制度，减少审批事项，改进审批方式，规范审批程序，简化审批环节。

6. 坚持精简统一效能，整合优化部门内设机构，严格控制人员编制和领导职数。

7. 坚持权责一致，明确和强化部门责任，做到有权必有责，权责对等。

（二）“三定”工作的范围与内容

实施“三定”的范围是：县人民政府工作部门、直属事业单位和其他机构。

“三定”的具体内容是：

1. 定职责

县人民政府各部门要参照市对口部门的职责，对本部门现有的职责进行认真分解，分别列出本部门从其他部门调整划入的职责，本部门划出的职责，需要加强的职责，保留和暂时予以保留的职责等，明确界定部门及内设机构的主要职责。定职责要贯彻权责一致的原则，在赋予部门职权的同时，明确其相应承担的责任，真正做到权责一致。积极探索明确和强化责任的途径和方法，推进政务公开、绩效考评、行政问责，做到有权必有责、用权受监督、违法要追究，增强政府的执行力和公信力。

通过职责分解，把不该由政府管理的事项转移出去，进一步下放管理权限，深化行政审批制度改革，减少行政许可；该企业决策的事由企业决策，市场能够解决的问题由市场解决，宜于中介组织办的事应由中介组织充分发挥作用，基层能处理的问题依靠基层处理。将应由事业、企业单位行使的本属于政府机关的综合协调、行政管理和执法监督职能收归行政机关行使。要认真理顺本部门与其他部门之间、上下级之间的工作关系，解决好职责交叉重叠、分工不清的问题，加强部门之间的合作与协商，建立健全必要的工作协调制度，保证业务工作顺利运行。

2. 定内设机构

各部门内设机构应本着综合、精干的原则设置。坚持同类机构统一规范，着力压缩自我管理和自我服务的机构。要根据各部门职责配置的需要，参照市人民政府对口部门的内设机构设置情况，确定本部门内设机构设置。加强综合性职能股室，裁并专业性职能股室，压缩机关事务性股室。内设机构职责交叉的，要坚决裁并；职责相近的，要尽量合并；职责较少、工作量不大的，应综合设置或归并到职责相近的股室。要大力精简内设机构，一个股室原则上对应市人民政府对口部门的两个以上科室，不允许以两个以上股室对应上级一个科室。

县人民政府各部门、直属事业单位和其他机构内设机构名称一般称股、室，均为正股级规格。股、室内不再设置下设机构。

3. 定编制

（1）人员编制。按照转变政府职能和部门职责调整的要求，县人民政府各部门在“三定”中重新核定人员编制。县编委办公室要遵循人员编制总量控制、不增加财政负担的原则，重新核定县人民政府各部门的人员编制。

（2）部门领导职数限额。根据《中共贵州省委贵州省人民政府关于市（自治州、地区）县（市、区、特区）政府机构改革的指导意思》（黔党发〔2009〕8号）规定，县人民政府工作部门的领导职数原则上设正职1名，副职1名，少数工作量大、人员编制相对较多或对应联系上级业务部门较多的部门，其副职可以配备2名。

结合县人民政府有关部门承担职能任务的实际，公安局可配备政委。

根据中组部、中编办《关于规范地方政府助理和副秘书长配备问题的通知》（组通字〔2009〕3号）和省委组织部、省编办黔组通〔2009〕41号文件规定，县人民政府和县人民政府各部门不配备助理职务。

机构改革后，现有领导干部配备超过职数限额的，力争在3年至5年内逐步调整到部门领导职数规定限额内。

（3）内设机构领导职数限额。县人民政府各部门的内设股室一般设1名正职，人数较多的股室可设副职。

五、其他有关问题

1. 机构变更部门党组织的设立。按照有关规定和程序，由县委组织部统筹研究后，报县委批准。

2. 纪检监察派驻机构的设置。根据黔党发〔2001〕12号文件规定：“县（市、区、特区）党政工作部门原则上不设纪检监察派驻机构，纪检、监察工作由县纪委（监察局）统一负责。”

3. 人事政工和教育培训机构的设置。各部门一般不内设人事政工、教育培训股室，其工作任务由办公室或其他综合股室承担。个别下属单位多、组织人事工作量大的部门，可单设人事政工股室。

4. 离退休干部工作机构的设置。机关离退休干部职工在30人以上的部门，可单设离退休干部管理服务股；离退休干部职工在20~29人的部门，可在办公室或其他综合性科室增配1名副股级领导职数，负责离退休干部职工的管理服务工作；离退休干部在20人以下的部门，其管理服务工作由办公室或相关股、室承担。

5. 机关后勤服务机构的设置。各部门不设置机关后勤服务机构，机关后勤服务工作，由部门内设的相关股室承担。各部门可配备少量的机关工勤人员编制，主要用于汽车驾驶岗位，配备比例按行政编制总数的10%～12%掌握，具体由县编委办公室审核各部门“三定”方案时，参照《关于对〈县级部门、各乡（镇）、县直行政单位公务小汽车计划编制〉进行调整的通知》（普发改字〔2007〕29号）的规定从严核定。县人民政府各部门的打字、文印、档案、收发等工作不配备专职人员。

6. 机构改革中的资产处置和档案移交。县人民政府办公室、县财政局要会同相关部门，严格按照机构改革中有关国有资产管理规定，认真做好相关部门经费、物资、房地产等资产的划转和处置工作，严防国有资产流失。机构变动部门要加强干部人事档案和其他文件档案资料的管理，认真做好清理、登记和移交工作，严防丢失、损坏和泄密，严禁私自更改档案内容和随意抽取档案资料，确保各类档案及文件资料完整保存和移交。

7. 新机构印章的启用。新设立、组建和改变名称的部门，其印章由县人民政府办公室在县政府机构改革工作会议结束后7日内统一按规定制发。新印章启用时，原印章立即作废，并上交县人民政府办公室。

8. 机构挂牌。县人民政府新设立、组建和改变名称的部门，其机构牌子由各部门在县政府机构改革工作会议结束后7日内，按照有关规定自行制作。新设立和组建的部门应及时对外挂牌运转，认真抓好各项工作。

9. 涉及撤并整合部门的人员调整划转，原则上按照“人随事走”的原则确定，相关部门必须无条件接收，并安排好调整划转人员的工作。县级机关缺编部门需要补充工作人员的，应首先从机构整合部门超编人员中选调。

10. 撤并整合部门下属机构管理关系的调整。县人民政府有关部门在撤并、整合、重组后，原部门下属机构的管理主体相应发生变化。为理顺关系、加强管理，对涉及撤并整合以及职能调整部门下属机构的管理关系，在制定各部门“三定”规定的同时予以明确。

六、实施步骤

按照市委、市人民政府的部署，全县政府机构改革由县委、县人民政府统一领导，县编委组织协调，县编委办公室负责机构改革的具体工作。

（一）认真做好“三定”规定的报批工作

县编委办公室要切实履行职责，认真指导县人民政府各部门拟制“三定”规定，按时限完成“三定”规定的报批工作。各部门的“三定”规定应及时报送县编委办公室审核，经县编委审议后，由县人民政府批准印发。

（二）严格控制机构编制

县编委办公室要严格按规定的机构限额和编制总数，对各部门的原有编制重新予以核定。要从严控制领导职数，严禁擅自增加内设机构、超职数配备领导干部、超编制进人。要认真贯彻《中共中央办公厅国务院办公厅关于进一步加强和完善机构编制管理严格控制机构编制的通知》（厅字〔2007〕2号）和《中共贵州省委办公厅贵州省人民政府办公厅关于进一步加强和完善机构编制管理严格控制机构编制的通知》（黔委厅字〔2007〕35号）精神，严格机构编制审批程序和备案制度，加强对机构编制规定执行情况的监督检查，对违反规定的要严肃查处，限期纠正。

各部门要切实遵守中央和省、市的有关规定，严禁以任何理由和形式违反机构编制纪律。制止不听或屡禁不止的，由县纪委按照中央纪委颁发的《机构编制违纪行为适用〈中国共产党纪律处分条例〉若干问题的解释》处理。

（三）切实做好人员安置工作

这次县人民政府机构改革涉及职能调整划转的范围广，撤并整合的部门多，需要安置的人员数量大。对撤并、整合部门的工作人员，按照“人随事走和调剂安置”的原则进行安排。对因职数、编制限制一时难以安排的干部，可采取暂时超职数安排等灵活措施解决，逐步消化。不能安排原相应级别职务的，保留原职级待遇。股级以下人员，由新组建的部门按干部管理权限按程序妥善安排。组织和人力资源社会保障部门要按照职责分工，加强对此项工作的指导。各部门要深入细致地做好机构改革中的思想政治工作，确保改革顺利推进；要严肃机构改革中的各项纪律，严禁突击提拔干部和突击进人，严防国有资产流失，保持作风不散、工作不断、秩序不乱，确保各项工作运转正常，确保经济社会稳定。

（四）认真做好机构改革的总结工作

县编委办公室要认真做好机构改革的总结工作，并及时向县委、县人民政府和市编委办报告。

附：普定县人民政府工作部门领导职数核定意见。

2010年7月13日

附件： 普定县人民政府工作部门领导职数核定意见

一、县人民政府工作部门领导职数

配备1正2副的部门：办公室、发展和改革局、教育和科技局、工业和经济贸易局、民族事务局、公安局、监察局、民政局、司法局、财政局、人力资源和社会保障局、国土资源局、环境保护和林业局、住房和城乡建设局、交通运输局、农业局、水利局、文体广电旅游局、卫生和食品药品监督管理局、人口和计划生育局、审计局、统计局、安全生产监督管理局。

二、县人民政府直属事业单位、其他机构领导职数

配备1正2副的部门：水利水电工程移民局、供销合作社联合社。

配备1正1副的部门：档案局。

中共普定县委 普定县人民政府关于扎实开展作风建设年、环境建设年、项目建设年活动的通知

普发〔2010〕26号

根据省委、省政府《关于开展作风建设年、环境建设年、项目建设年的决定》(黔党发〔2010〕14号）文件精神，为深入贯彻落实党的十七届五中全会、省委十届十次全会和市委二届十二次全体（扩大）会议精神，大力推进全县经济社会又好又快、更好更快发展，县委、县政府决定，从现在起到2011年底，在全县开展作风建设年、环境建设年、项目建设年（以下简称“三个建设年”）活动。现将有关事宜通知如下：

一、充分认识开展“三个建设年”活动的重要意义

（一）开展“三个建设年”是贯彻落实中央、省委、市委精神的需要。明年是“十二五”的开局之年，中央、省、市已经确立了“十二五”时期发展的主基调、主战略和目标任务，普定县的“十二五”规划也即将出台，关键在于全县上下抓好落实。在全县开展“三个建设年”，有利于营造奋力拼搏、创先争优的良好风气，有利于改善投资环境、优化发展环境，有利于更好地发挥固定资产投资和重大项目建设在“加速发展、加快转型、推动跨越”中的重要作用，把县委、县政府的各项部署落到实处。

（二）开展“三个建设年”是实现普定县经济社会又好又快、更好更快发展的重大举措。开展“三个建设年”，根本目的是以此为抓手，调动各个层面、各个领域、各条战线的干部职工首先干起来、充分发挥广大干部职工的积极性、主动性和创造性，不动摇、不懈怠、不折腾，为把“十二五”建设成为改革开放以来普定县经济社会发展更好更快的时期奠定坚实基础。

（三）开展“三个建设年”是解决影响普定县发展突出问题的重要抓手。近年来，普定县机关作风、发展环境和项目建设总体上是好的，但也存在着一些迫切需要解决的突出问题。一些部门作风不实、工作粗糙、推拖扯转、吃拿卡要、不作为乱作为等问题不同程度存在，在有的领域表现得还很突出；一些干部安于现状、松垮懒散、不思进取、不在状态；政务环境、法治环境和商务环境不优，部门、干部创造力、执行力不强，落实力度不够；一些部门和干部谋划项目、运作项目、推进项目的能力不强，不能发挥应有作用等等。要通过开展“三个建设年”，集中解决这些影响普定县发展的突出问题，营造“风气要正、干部要干、环境要好、工作要实”的良好氛围，为推动普定县经济社会又好又快、更好更快发展提供坚实保障。

二、开展“三个建设年”的指导思想和基本原则

要坚持以邓小平理论和“三个代表”重要思想为指导，深入贯彻落实科学发展观，按照党的十七届五中全会、省委十届十次全会和市委二届十二次全体（扩大）会议的精神，高举发展、团结、奋斗的旗帜，围绕“转变作风、提高效率、服务基层、推动跨越”主题，把开展“三个建设年”与开展创先争优活动、实现“十二五”良好开局有机结合起来，突出工作重点，采取有力措施，加快转变机关作风，不断优化发展环境，扎实推进项目建设，为普定县经济社会又好又快、更好更快发展提供有力支撑。

围绕上述指导思想，必须把握好以下原则：

——服务发展，务求实效。坚持用发展实际来检验成效，力戒形式主义，不作表面文章，不搞运动式的大轰大嗡。扎实推进机关简政、放权、让利、开绿灯、出政策。提高效率、服务基层，

深入实际为群众办实事、办好事、解难事。不断改善投资环境、优化发展环境，促进项目建设取得实效。

——突出重点，正面引导。切实抓住影响和制约作风建设、环境建设、项目建设的突出问题集中加以解决。注重以正面引导、正面鼓励为主，自查、自纠、自励、自进，自我教育、自我提高、自我调整、自我改进。

——标本兼治，重在治本。广泛听取群众意见，从基层反映强烈的问题入手，认真查找整改存在的突出问题，正反两方面典型，鼓励先进，鞭策落后，纠建并举，边查找、边整改、边立制，建立和完善从源头上实现转变作风、提高效率、服务基层、推动跨越目标要求的体制、机制和措施。

——协调推动，总结完善。作风建设是保障，环境建设是基础，项目建设是支撑，三者相互关联、辩证统一。要在县委、县政府的统一领导下抓好实施，牵头单位抓好组织落实，做到上下互动，左右联动，齐抓共管，形成推进建设活动年的强大合力。注重在推进过程中，不断总结，不断完善，不断深化。

三、开展“三个建设年”的目标要求

（一）在作风建设上。服务群众、服务基层、服务发展的意识显著增强，工作水平和办事效率明显提高，影响发展的作风问题得到有效解决，形成干事创业、增比进位、创先争优的良好局面。

（二）在环境建设上。全县干部推动发展的合力明显增强，行政权力运行进一步规范，机关工作人员工作作风、行政效率、服务质量明显转变，人民群众满意度明显提高，环境建设逐步制度化、规范化。

（三）在项目建设上。2011年，确保全社会固定资产投资增长100%以上，其中工业投资占全社会固定资产投资的比重达40%左右。

四、开展“三个建设年”的主要内容

（一）关于作风建设年。主要在全县各级各部门和领导干部中开展。要通过实行公开办事和公开承诺、开展作风建设民主评议、满意度民意调查、加强督促检查和责任追究、开展“帮助学习领会精神、促进思想统一，帮助理清发展思路、促进科学发展，帮助解决实际问题、促进增比进位，帮助化解矛盾纠纷、促进和谐稳定”的“四帮四促”活动、努力“创高质量服务、创高效率服务、创高水平服务，争当优质服务单位，争做优质服务标兵、争抓优质服务项目”，强化教育管理，找准薄弱环节，解决突出问题，提高效能效率，提高服务发展自觉性，明确作风建设突破口，切实为基层、群众办实事，为加快发展提供优质高效服务。

（二）关于环境建设年。重点在改善投资环境、优化发展环境。要通过进一步深化行政审批制度改革、规范行政执法行为、清理整顿收费秩序、提高政务服务水平、促进行政权力公开透明运行、推进市场诚信体系建设、强化管理、加大案件查办力度、落实问责制度等措施抓好普定县环境建设，在全县上下形成良好的投资发展环境。

（三）关于项目建设年。主要是通过项目建设，加快发展速度，转变发展方式，提升发展水平，形成发展支撑。要贯彻落实省委、省政府，市委、市政府推动投资快速增长的决策部署，突出重点领域，抓好薄弱环节，加强组织协调，完善工作机制，加快推进重大项目谋划，加大向上争取和招商引资力度，全力抓好新项目开工建设，努力加快在建项目建设，严格项目考核，确保项目建设取得突破性进展。

五、加强领导，精心组织，把“三个建设年”开展得扎实而富有成效

（一）加强组织领导。把“三个建设年”纳入全县经济社会发展总体规划统一部署，县委、县政府主要领导负总责、亲自抓，县委常委会、县长办公会定期听取工作汇报，县委、县政府有关领导具体抓，协调解决相关重大问题。根据机关工作职能，由县委组织部牵头开展作风建设，县纪委、县监察局牵头开展环境建设，县发改局牵头开展项目建设，其他相关职能部门要通力协作，形成合力，充分发挥积极性主动性，努力形成齐抓共管的工作局面。“三个建设年”分别设立领导小组，由分管牵头单位的县委、县政府领导担任组长，各领导小组在牵头单位下设办公室开展相关工作。各乡（镇）党委、政府，县直各工作部门要根据实际情况，设立相应的组织领导机制，确保协调有力，扎实推进。县直机关党委要围绕“三个建设年”率先组织县直各基层党组织开展有关活动，在全县起表率作用。

（二）明确实施步骤。“三个建设年”总体分为：1. 动员部署阶段（2010年12月）。主要任务是成立领导机构，制定工作方案，开展宣传动员，安排部署工作。2. 组织实施阶段（2011年1月至12月）。作风建设年和环境建设年的主要任务是排

查存在问题，落实工作任务，切实抓好整改；项目建设年的主要任务是完成项目前期工作，向上争取项目和开展招商引资活动，推进新项目开工，加快在建项目进度，竣工投产一批项目，全面完成年度各项目标任务。3. 考核总结阶段（2011年12月至2012年1月）。主要任务是对“三个建设年”目标任务实施情况进行检查、考核、总结和奖惩。

（三）精心组织实施。“三个建设年”牵头单位及其办公室要按照本通知的部署和《普定县开展作风建设年实施方案》、《普定县开展环境建设年实施方案》、《普定县开展项目建设年实施方案》的安排，强化统筹协调，加强工作指导，抓好组织实施。各项建设要坚持服务发展、扎实推进，有立有破、破中有立，活动展开就要见成效，要在一年内见到较大成效。县直部门要在“三个建设年”中走前列、做表率，带头转变作风，改进工作，提高效率。

（四）强化督促检查。各牵头单位要加强对各乡镇各部门贯彻落实本通知和三个实施方案的督促检查，用下评上的方法检查上级机关的工作状况。对搞形式、走过场、掩盖问题的，要及时进行通报批评，限期整改。对群众和企业反映强烈、项目建设进展迟缓、满意度测评结果差的，要根据问题的严重程度采取取消单位年度评优评奖资格，对单位负责人进行诫勉谈话，对领导班子进行组织调整等措施。对扎实推进建设年各项工作、措施具体有力、年终考核全面完成建设年各项目标任务的，要进行表彰奖励。

（五）营造良好氛围。各乡镇各部门要发挥舆论导向作用，充分利用报刊、广播、电视、互联网等媒体和手段，大力宣传开展“三个建设年”的目的、意义和要求，特别是要大力宣传普定县在开展“三个建设年”中涌现出来的先进典型，宣传各乡镇各部门的好做法好经验和所取得的成效。要开设专栏，组织好有声势、有力度、有深度的报道，为开展“三个建设年”营造良好的舆论氛围。《普定》编辑部、普定电视台、县人民政府网要制定具体的宣传方案。

附件： 1. 普定县开展作风建设年实施方案
2. 普定县开展环境建设年实施方案
3. 普定县开展项目建设年实施方案
4. 普定县“三个建设年”联席会议制度

2010年12月8日

普定县开展作风建设年实施方案

根据省委、省政府《关于开展作风建设年、环境建设年、项目建设年的决定》(黔党发〔2010〕14号）精神和市委、市政府的要求，按照县委、县政府的统一安排部署，结合实际制定本方案。

一、总体要求和工作目标

（一）总体要求

紧紧围绕“转变作风、提高效率、服务基层、推动跨越”主题，按照建设“团结、务实、勤奋、廉洁”领导班子和干部队伍的要求，以推动“更好更快，提速升位”为目标，以干部群众满意为标准，以治庸治懒、提能增效、狠抓落实为重点，以创先争优活动为载体，以“四帮四促”为抓手，深入整治作风建设方面的突出问题，进一步倡导解放思想、开拓创新之风，求真务实、真抓实干之风，团结民主、和谐共事之风，艰苦奋斗、廉洁从政之风，树立各级机关为民、务实、清廉的良好形象，通过抓党风促政风带民风，为推动全县经济社会又好又快、更好更快发展提供良好的作风保证。

（二）工作目标

开展作风建设年，解决作风建设中的突出问题，努力达到以下目标要求：

1. 增强加快发展意识。牢固树立“加快发展当先锋，提速升位创佳绩”的思想，把思想统一到再造一个普定的战略上来，不断增强加速发展、加快转型、推动跨越的紧迫感和责任感，切实增强机遇意识、忧患意识和责任意识，切实把思想、心思、力量集中到发展上来，主动为发展谋思路、出对策、强服务。

2. 提高机关效能效率。大力推进机关职能转变和效能建设，重点治庸治懒和打“小鬼”，消除肠梗阻，尽力为发展“简政、放权、让利、开绿灯、出政策”，努力达到行政干预最少、服务质量最优、发展环境最好，办事提速、增效，服务求好、创优。

3. 切实服务基层和群众。强化宗旨意识和群众意识，推行首问负责制、限时办结制、服务承诺制，创新服务群众的措施和方式，提高服务基层和群众的本领和水平。强化“四帮四促”，推行“一线工作法”。完善联系基层和群众的制度和机制，兑现服务承诺，为基层和群众创造高效快捷的办事环境。

4. 有效解决突出问题。强化“无功就是过”的意识，重点整治看摊守业、不思进取、不敢担当等推拉散慢行为，全面履行机关职责职能，着力解决机关作风建设方面的突出问题，切实提升领导干部履职能力，机关作风、服务和效能的满意度有新的提高。

5. 促进发展成效明显。紧紧围绕服务“加速发展、加快转型、推动跨越”的主基调，服务普定县“更好更快，提速升位”的发展目标，进一步理清发展思路，明确发展方向，制定发展措施，破解发展难题，形成干事创业、增比进位、创先争优的良好局面。

二、主要工作任务

“作风建设年”主要在全县各级机关单位中开展，重点是县、乡镇机关单位和领导干部。主要抓好以下工作：

（一）开展“履职守纪”教育，提高服务发展自觉性。在12月底前，各级机关单位要采取集中学习、理清职责、履职点评等形式，广泛开展单位职能职责和个人岗位职责的教育培训，重点是抓好对领导干部履行工作职责和遵守工作纪律的教育，进一步明确本部门推动发展的职责任务，提高履职尽责的自觉性。纪检监察、组织部门不定期对各级领导干部履行岗位职责、执行规章制度、遵守工作纪律等情况进行抽查。从2010年12月起，各乡镇各部门（单位）每月都要对干部履职情况、办事效率、服务态度进行总结讲评，分析存在问题，提出改进措施。

（二）开展“整风问计”活动，明确作风建设重点。坚持以群众评判作为第一标准，开门搞教育。在12月底前，各乡镇各部门（单位）要通过召开座谈会、发放征求意见表、电话问询、个别访谈、实地走访、网络互动等方式，主动进行“整风问计”，广泛征求意见、建议，切实找准本部门及干部职工在履行职责、联系群众、服务态度、服务方式、服务时限、服务流程、项目管理、勤政廉洁等方面存在的突出问题。同时，县委党建办、各乡镇各部门（单位）要通过开通投诉举报电话等形式，接受基层群众、服务对象反映问题和意见，并对反映的问题每周进行一次汇总。各乡镇各部门（单位）要对征求到的意见建议和反映的问题及时进行梳理归纳和分析研究，分轻重缓急建立工作台账，明确解决的办法、措施、时限和责任人，采取措施及时进行整改，整改结果要及时反馈。

（三）开展“四帮四促”活动，加强和改进新形势下的群众工作。各级领导干部要根据省委、市委的要求，按照县委的统一部署，积极参加“帮助学习领会精神、促进思想统一，帮助理清发展思路、促进科学发展，帮助解决实际问题、促进增比进位，帮助化解矛盾纠纷、促进和谐稳定”为主要内容的“四帮四促”活动，组织领导干部深入群众、深入基层、深入企业，到条件最艰苦的地方去、到困难最多的地方去、到群众最需要的地方去，办实事、解难事、化矛盾、促和谐，进一步密切党群、干群关系，凝聚加快发展的力量。

（四）开展“三服务”专项行动，切实为基层群众和服务对象办实事。(1) 深入开展服务基层、服务企业、服务项目的“三服务”专项行动，县委、县政府分管领导要牵头组织相关职能部门成立联合工作服务小组，深入到基层一线，主动为重点企业、重点园区、重点项目提供服务，做到手续齐全立刻办、时间紧迫加班办、情况不熟帮助办、有利发展积极办，积极创造条件，尽最大可能为基层和企业提供便利。(2) 县委、县政府根据部门职能职责，明确“三服务”工作联系点，建立对基层、企业、项目等服务对象的定点服务制度，明确定点服务责任，做到问题不解决不撤退、项目不落地不撒手。(3) 建立完善工作责任追究制度，对办事推拖扯转、吃拿卡要、不作为乱作为、工作不在状态等情况，根据情节轻重，采取批评教育、限期改正、调整工作岗位、免职等方式，进行严肃处理。(4) 对乡镇、企业等基层单位反映的困难和问题，各部门（单位）积极主动加以解决，办一批基层和群众急需解决的实事。对不认真办理和解决问题，基层和群众不满意的，要追究责任。各乡镇各部门（单位）服务重点产业、重点项目工作情况，每月向县委党建办报送一次。

（五）深化“五型机关”创建，为加快发展提供优质服务。(1) 深入开展“学习型、创新型、效能型、服务型、廉洁型”机关创建活动，进一步加大机关作风明察暗访、曝光问责力度，坚决治理“庸政”、“惰政”、“慢半拍”等行为。进一步规范机关干部的行政行为，加强机关文化建设，切实解决一些机关干部说得多、做得少，不作为、乱作为，怕担责、求平稳，思想旧、守成规等问题。(2) 实施“服务窗口”工程。公安、金融、涉农、涉企等部门（单位）都要结合工作职能，建立服务或办事窗口，条件具备的建立固定窗口，暂不具备条件的，通过网络等平台开展服务，要将服务内容、方式、时限、流程进行公开，便于群众办事和社会监督。为重大项目投资设立“绿色通道”，优先办事、特事特办、专人负责、跟踪服务。（3）大力开展岗位练兵。通过以老带新、集体攻关、开设“周末党校”、“流动党校”，组织业务竞赛、强化学习培训等形式，组织机关干部提高干部整体素质，提升服务本领和服务水平。（4）各乡镇各部门（单位）每个季度对自身建设情况进行自查，认真分析存在问题原因，对工作不负责任、服务态度差、办事效率低，基层群众和服务对象不满意的，要严肃处理。

三、主要工作措施

（一）加强组织领导和分类指导。各乡镇各部门（单位）要切实加强组织领导，以过硬的作风开展作风建设年。县委党的建设工作领导小组及其办公室负责作风建设年活动的组织领导和日常工作。各乡镇各部门（单位）要成立工作机构，领导班子和领导干部要充分发挥表率作用，带头研究部署，把活动不断引向深入，以优良的党风带政风、促民风。县委党建办要及时掌握活动进展情况，县四大班子成员要结合分工，按照“一抓双管”制度，深入到联系点、部门和乡镇，强化分类指导，解决实际问题。各乡镇各部门（单位）要从实际出发，精心设计载体，丰富活动内涵，创新活动形式，确保取得实效。

（二）实行公开办事和公开承诺。各乡镇各部门（单位）要建立公开办事和公开承诺制度，明确办事内容、办事程序、办理责任、办理时限、增强办事透明度等，提高办事效率。公开承诺要具体，既要便于操作，也要利于监督，既要有对服务态度、事项办理的承诺，也要有对存在问题整改的承诺。公开办事和公开承诺都要以适当方式向基层群众和服务对象进行公布，接受群众监督，深化党务、政务公开，对承诺办理事项，每季度通过党务、政务等方式进行公布。

（三）开展作风建设民主评议。2011 年 3 月、9 月，县委党建办将对各乡镇各部门（单位）及领导班子和领导干部的作风建设情况，分别进行民主评议，评议结果反馈给评议对象，并提出整改要求。

（四）开展作风建设满意度调查。2011 年 5 月，县委党建办采取向服务对象发放问卷、电话抽查等方式，对“窗口”部门进行作风建设满意度民意调查。2011 年 11 月，对各乡镇各部门（单位）作风建设情况进行作风建设满意度民意调查，重点了解服务群众、服务发展、服务基层等情况。对满意度调查排名靠后的乡镇和部门（单位）主要负责人要在《普定》报、电视等媒体上作出说明，并作出整改的公开承诺，组织部门将根据整改的情况，向县委提出组织处理的建议。

（五）加强督促检查和责任追究。县委党建办将组建督导组，通过明察暗访、督查督办、定期通报、媒体曝光等措施，有针对性地开展督查工作。对督查中发现问题需要整改的，有关单位必须在 15 天内上报整改方案，60 天内上报整改结果。对整改不力或者弄虚作假的，严格追究相关人员责任。

（六）努力“创三高争三优”。各乡镇各部门（单位）要紧密结合正在开展的创先争优活动，努力“创三高争三优”（即：“创高质量服务、创高效率服务、创高水平服务，争当优质服务单位、争做优质服务标兵、争抓优质服务项目”）。县委党建办要建立评比排位机制，采取网上评比、群众评议、满意度调查、明查暗访等方式，定期对作风建设的情况进行综合评比，区分高低、排出位次，予以公布。把作风建设情况作为考核评价领导班子和领导干部的一项重要依据，对排名靠前的，予以表彰奖励；对排名靠后的，取消单位年度评优评奖资格，责令认真整改并予以通报批评；连续排名靠后及位次倒退的，要查明原因，追究责任，情节严重的要对领导班子进行组织调整。

（七）加强宣传报道，营造浓厚氛围。在《普定》报、普定电视台、县政府网、普定党建网、普定在线网等主流媒体和网络开设专栏、专版、专题，组织专访、典型宣传、追踪报道等，及时宣传报道县委、县政府关于作风建设年活动的部署、要求和重要意义，广泛宣传作风建设中的好做法、好经验、好典型，宣传活动的成效和人民群众的反映，形成加强作风建设的浓厚氛围。

普定县开展环境建设年实施方案

根据省委、省政府《关于开展作风建设年、环境建设年、项目建设年的决定》（黔党发〔2010〕14 号）和市委二届十二次全体（扩大）会议精神，为切实解决普定县发展环境中存在的突出问题，确保未来五年普定总体发展目标的实现，特制定本实施方案。

一、总体要求和工作目标

（一）总体要求。紧紧围绕省委十届十次全会和市委二届十二次全体（扩大）会议决策部署的贯彻落实，按照“转变作风、提高效率、服务基层、推动跨越”的要求，采取有力措施集中抓好普定县环境建设，努力营造宽松和谐、优质高效的发展环境。

（二）工作目标。通过环境建设年活动，在全县上下形成把思想统一到发展上、心思集中到发展上、力量凝聚到发展上的良好氛围，全社会自觉维护发展环境的意识明显增强；政府职能进一步转变，行政权力运行进一步规范；国家机关工作人员工作作风、行政效率、服务质量明显转变；公众对国家机关及其工作部门、公共服务窗口单位的满意度明显提高；环境建设逐步制度化、规范化。

二、工作内容、措施、责任部门及时间进度

（一）进一步深化行政审批制度改革

1. 在2010年清理结果的基础上，再次对县直各单位行政许可、行政审批和非行政许可事项进行合法性审查、清理和公告。对不符合行政许可法规定的要一律取消；已经不适应普定县经济社会又好又快、更好更快发展需要的要全部取消；中央、省已经取消的要坚决取消；省、市下放到县级行政机关行使的，要及时做好对接工作。属于县政府确定的，要比照先进县（区）的做法予以取消、下放、归并，对不符合法律和国家政策规定设定的所有前置审批条件一律取消，力争减少30%以上的行政许可和行政审批项目。

（牵头部门：县政府法制办　配合部门：县监察局、县编办　完成时限：2011年5月底前）

2. 对企业登记前置事项进行梳理并及时与上级工商部门对接并完成目录编制。

（牵头部门：县工商局　配合部门：县相关部门　完成时限：2011年5月底前）

3. 对同一个投资项目特别是工业项目，需要两个以上部门审批的，就如何缩短审批办理时限，提高工作效率进行调查研究并提出具体实施意见。

（牵头部门：县发改局　配合部门：县国土局、县住建局、县环保林业局、县工业经贸局、县监察局　完成时限：2011年1月中旬前）

4. 县直各单位对清理后保留的行政审批项目，要最大限度地减少审批环节，尽可能地缩短办理时限，各有行政审批的部门要公开依法在政府网站、部门网站、县电视台、《普定》报、单位政务公开栏进行对外承诺，按照《安顺市限时办结制》的规定，对外承诺办理时限比法定时限缩短30%。

（县监察局、县政府法制办、县政府督查室、县招商局负责督促落实。）

5. 建设全县行政审批电子监察系统建设，并实现与省、市联网监察。

（牵头部门：县监察局、县招商局　配合部门：县政府各工作部门　完成时限：2011年12月底前）

（二）进一步规范行政执法行为

1. 结合行政许可事项的清理公告情况，进一步梳理审核县直机关的行政职权，编制统一的行政职权目录，并通过各类媒体向社会公告。

（牵头部门：县政府法制办　配合部门：县监察局、县编办、县发改局、县工业经贸局、县财政局、县工商局、县公安局、县住建局　完成时限：2011年8月底前）

2. 指导和监督县直各单位根据行政职权目录，细化明确本机关行政权力运行流程并通过各类媒体向社会公告。

（牵头部门：县政府法制办　配合部门：县监察局　完成时限：2011年9月底前）

3. 指导和督促县直有行政处罚权的单位要全面推进规范行政处罚自由裁量权工作，将细化后的处罚标准及程序等内容通过各类媒体向社会公告。

（牵头部门：县政府法制办　配合部门：县监察局　完成时限：2011年9月底前）

（三）进一步清理整顿收费秩序

1. 对各乡镇、县直工作部门、社会团体和其他组织收取的行政事业性收费、经营服务性收费、政府性基金、罚款项目，开展一次专项清理规范工作。凡是阻碍普定经济社会又好又快、更好更快发展的，要坚决予以取缔。对重复收费项目一律合并。对行政事业性收费偏高的，要予以降低。对涉及企业的行政事业性收费标准有上下限幅度的，按下限标准执收。严禁擅自越权设立行政事业性收费、罚款、基金项目。严禁向企业摊派和无偿占人、财、物。各乡镇各部门要认真梳理现行的收费、政府性基金、罚款管理中存在的问题，从强化依法行政，规范收支行为、完善收费部门自我约束机制等方面研究制定治本措施，进一步规范收费行为。县直各单位和各乡镇、各部门要于2011年2月底前上报自查自纠情况。县发改局、县财政局要组织力量对各乡镇各部门自查情况进行审核，于2011年5月底前取消一批收费项目。2011年6月底前，由县财政局牵头编制《2011年普定县行政事业性收费项目目录》（在目录中注明涉企行政事业性收费项目）。县发改局等部门要加强收费监督检查，认真受理举报，严肃查处乱收费等违法违规行为。

（牵头部门：县发改局　配合部门：县财政局、县工业经贸局、县政府纠风办、县政府法制办　完成时限：按照上述工作内容要求完成）

2. 继续深化“收支两条线”等财政管理制度改革，按上级财政部门规定，将预算外管理的非税收入纳入预算管理，通过编制综合预算，实现政府税收与非税收入的统筹安排。2011年11月31日前对执行“收支两条线”的情况进行全面检查，按中央统一部署继续对“小金库”问题进行专项治理，从源头上规范收费行为。

（牵头部门：县财政局　配合部门：县审计局、县监察局）

（四）进一步提高政务服务水平

1. 规范政务服务中心名称，全县各类行政服务中心统一规范为“政务服务中心”。发挥政务服务中心（窗口）职能作用。进驻县政务服务中心的县直行政机关要进一步解放思想，认真贯彻落实市人民政府制定的《安顺市行政效能监察办法》、《安顺市行政效能投诉处理办法》、《安顺市首问责任制规定》、《安顺市限时办结制规定》、《安顺市服务承诺制规定》、《安顺市行政审批专用章管理使用办法》等相关制度，规范管理，提高服务效能。其他具有行政许可、行政审批等服务职能但没有进入政务服务中心的单位也要建立健全规范化的政务服务窗口，落实好上述有关制度，实行一个窗口对外。县级政务服务中心，要求落实机构、办公场地、编制和经费，加强管理、建章立制、着力整改，整改工作2011年4月底前完成。县招商局要会同县监察局、县政府法制办2011年3月底前制定《普定县政务服务中心进驻窗口部门授权规定》等制度。县级各部门凡面向企业、群众，为社会服务的行政审批事项及相配套的管理与服务事项，要全部进驻政务服务中心集中办理。各部门要将行政审批服务事项集中到一个内设机构，建制向政务服务中心集中。要对其服务窗口充分授权，解决“体外循环、两头办理”问题，提高现场办结率。

（牵头部门：县招商局　配合部门：县政府各工作部门　完成时限：按照上述工作内容要求完成）

2. 继续深化投资体制改革。落实企业投资自主权。严禁扩大审批、核准范围，严禁以审批代替核准、以核准代替备案。合理界定政府投资范围。政府投资主要用于市场不能有效配置资源的经济和社会领域，加强公益性和公共基础设施建设，改善民生。对能够由社会投资建设的领域，尽可能利用社会资金建设。2010年12月底前完成基本建设投资项目审批、核准、备案权限下放的工作，并公布县级审批、核准、备案项目，完成建立加快推进普定县固定资产投资和重大项目建设相关工作制度的起草工作，并上报县政府通过实施。

（牵头部门：县发改局　配合部门：县相关部门）

3. 各乡镇、各部门要全面建立落实岗位责任、首问负责、一次性告知、服务承诺、限时办结、全程代办、重大项目绿色通道、联合审批、效能评估、责任追究等制度，逐步建立服务型政府窗口的服务标准和服务体系，各项制度向社会公开，接受监督和投诉。

（牵头部门：县纪委监察局　配合部门：县直工作部门　完成时限：2011年8月底前）

（五）进一步促进行政权力公开透明运行

1. 进一步完善政府信息主动公开、依申请公开、保密审查、监督保障等实施细则和配套措施，研究出台《普定县人民政府信息公开办法》，明确评估标准和程序，实现政府信息公开的系统化和标准化。

（牵头部门：县政府办　配合部门：县相关部门　完成时限：2011年3月中旬前）

2. 深化政务公开，推进政务服务。对各乡镇各部门及时准确公开专项资金管理使用、工程建设招投标、土地使用权出让、产权交易、政府采购及住房、环保、征地、拆迁、食品药品安全、收费项目等情况提出要求。重点督促各乡镇各部门动态公开涉及企业的行政审批、行政处罚、行政事业性收费等情况，督促卫生、教育、供电、供水等具有公共服务职能的单位公开服务承诺和收费事项，并建立和完善群众评价体系，提高服务水平。

（牵头部门：县监察局　配合部门：县政务公开领导小组办公室、县政府各工作部门、各乡镇政府　完成时限：2011年3月底前）

（六）进一步推进市场诚信体系建设

1．按照国务院办公厅《关于社会信用体系建设的若干意见》精神，以开展市场诚信记录、促进市场信用信息共享、扩大市场信用信息供求、建立信用奖惩机制为重点，逐步完善普定县市场诚信体系，营造公平竞争的市场环境。2011 年 4 月底前，完成商品交易市场信用分类初审、审核和信息录入。2011 年 9 月底前，建成规范的诚信体系网络数据收集平台和网站，及时向社会发布市场主体诚信信息，并制定有关诚信体系建设长效机制。

（牵头部门：县工商局　配合部门：县法院、县检察院、县公安局、县人民银行　完成时限：按照上述工作内容要求完成）

2．结合正在开展的工程建设领域突出问题专项治理工作，进一步规范和完善招标投标制度、经营性用地和工业用地招标拍卖挂牌出让制度，加强督促检查，营造工程建设领域公平竞争的市场环境。2011 年 9 月底前，依托县政府门户网站建立工程建设领域项目信息公开和诚信信息共享平台。

（牵头部门：县发改局、县住建局、县国土局、县工业经贸局）

3．继续完善"采管分离"的机制，加强对采购工作的规范化管理，2011 年 11 月 31 日前开展一次对全县《政府采购法》执行情况的检查。加快推进电子化政府采购进程，进一步促进公开、公平采购。

（牵头部门：县财政局　配合部门：县审计局、县监察局　完成时限：按照上述工作内容要求完成）

（七）进一步强化社会治安管理

深入开展以"打黑除恶"为龙头的严打整治斗争，依法严厉打击黑恶势力等有组织犯罪，杀人、故意伤害、绑架、爆炸等严重暴力犯罪，"两抢一盗"等多发性犯罪，以及毒品违法犯罪和网络犯罪，坚决遏制各类刑事犯罪高发势头。大力整顿和规范市场经济秩序，依法严厉打击走私贩私、偷税抗税、虚开增值税专用发票、金融诈骗、合同诈骗、电信诈骗、职务侵占、串通投标、非法经营、虚假出资、抽逃出资等破坏市场经济秩序犯罪；依法严厉打击制假贩假、侵犯知识产权、损害商业声誉或商品信誉、强迫交易、垄断经营等侵害企业公平竞争权的犯罪，促进市场公平竞争；依法严厉打击非法集资、非法传销等涉众型经济违法犯罪以及对企业实施敲诈勒索的犯罪行为，维护正常的市场管理秩序。加强社会矛盾源头预防，健全"大调解"工作体系和机制，努力把矛盾纠纷化解在基层和萌芽状态；完善应急处置预案和指挥机制，提高应急处突能力，积极预防和妥善处置群体性事件。加强社会管理，创新以流动人口和特殊人群为重点的人口管理机制，加强虚拟社会管理，强化公共安全监管，加强道路交通、消防安全和民用爆炸物品管理，积极推进车辆、出入境、户籍管理等"窗口"建设，进一步改进和优化公安管理服务工作。加强平安县、乡（镇）、单位和"平安和谐三区（矿区、库区、工区）"创建工作，大力整治治安乱点、加强学校安全保卫工作和校园周边治安秩序整治，深化以城市城镇报警监控系统为重点的治安防控体系建设，全面落实社会治安综合治理的各项工作措施和经费保障，增强驾驭治安局势的能力，切实增强群众安全感，为优化发展环境创造平安有序的社会治安环境。

（牵头部门：县综治办、县公安局　完成时限：2011 年 1 月底前制定方案，全年实施）

（八）进一步加大案件查办力度

1．县纪委监察局要充分发挥信访室、行政效能投诉中心和非公经济维权投诉中心的主渠道作用，广泛公布优化发展环境专项举报电话，要专人专项负责对发展环境的信访举报工作，及时受理企业、群众的投诉举报。要充分发挥各乡镇各部门信访机构的作用，加强各乡镇各部门信访机构间的沟通联系，促进信息共享。要重视从新闻舆论中发现线索，从自查自纠中梳理线索，从正在查办的案件中挖掘线索。要通过建立健全举报奖励制度和保护举报人制度等，鼓励和支持社会各界和广大群众依法对损害发展环境行为进行监督、举报、投诉。2010 年 12 月上旬前完成公布专项举报电话和落实专职人员等工作。

2．县纪委监察局要建立与新投资企业的联系制度，加强与企业的日常联系，对因政府部门不作为、慢作为、乱作为、越权执法、滥用权力、吃拿卡要等原因引起企业撤资等严重后果的，要严肃追究相关乡镇、部门领导和当事人的责任。此项建立联系制度工作于 2010 年 12 月底前完成。

3．县纪委监察局、县级各行政执法机关要把查处涉及发展环境的违法违纪行为作为查办案件的重点，发现一起，查处一起，一查到底，直至作出严肃处理。要突出查大案要案，实行重大案件挂牌督办制度，对性质恶劣、情节严重、涉案范围广、影响面大的案件，要依法从严惩处，决不姑息，增强案件查处的震慑力。要建立健全案件协查机制，充分整合纪检监察机关、检察机关、公安机关以及专门监督机关的力量，增强案件查处的整体合力。要抓紧查处一批损害发展环境的案件，并公开曝光典型案件。

（九）进一步落实问责制度

1. 县纪委监察局要加大对即将出台的《贵州省关于损害发展环境行为党政领导干部问责办法》和《安顺市关于损害发展环境行为党政领导干部问责办法》的宣传力度，为加大对损害发展环境行为的责任追究力度提供制度保障。

2. 县纪委监察局要按干部管理权限，对存在贯彻落实县委、县政府有关发展环境决策部署不力，多次发生损害发展环境行为，以及损害发展环境行为等情节严重、造成重大损失或重大影响等情形的乡镇和单位的领导人员，坚决进行问责。问责落实情况要及时向上级纪委监察机关报告。

三、阶段目标及方法步骤

本次环境建设年活动为期一年左右，分四个阶段进行。

（一）动员部署阶段（2010 年 12 月）。12 月，全面部署全县环境建设年工作，推开环境建设年宣传教育，公布县环境建设年工作领导小组办公室的专项举报投诉电话。各乡（镇）、县直各部门要在细化本实施方案上下功夫，制定切实可行的工作措施；本方案中有牵头或配合任务的部门更要结合县方案和省市业务部门的安排部署细化各项工作任务、明确责任领导和责任科室并在部门党组（党委）领导下组织实施，要明确专人收集汇总与活动相关的资料。各乡镇、部门在制定工作措施的的基础上，由主要负责人进行动员部署，认真做好思想发动工作。各乡镇政府、有关职能部门主要负责人要在县级各类新闻媒体作出发展环境建设的承诺，以利社会监督。县环境建设年工作领导小组办公室与县政府网站、普定电视台、《普定》编辑部共同开办“环境建设年”专栏，广泛宣传有关优化发展环境制度规定和普定县环境建设年工作开展情况。各乡镇各部门要采取集中学习、个人自学、专题辅导等多种形式，认真学习省委十届十次全会、市委二届十二次全体（扩大）会议精神和有关法律法规，深刻领会开展环境建设年活动的重要意义，明确努力方向。12 月 20 日前，各乡（镇）和县直各单位要将实施方案报县领导小组办公室。

（二）排查问题阶段（2011 年 1 月至 3 月）。各乡镇、各部门要根据县的统一部署和要求，结合各自工作实际，深入基层、深入企业、深入群众，通过召开座谈会、问卷调查等形式，听取企业和广大群众的意见和建议，认真查找影响经济社会发展的突出问题、重要领域、关键环节；查找群众反映强烈的突出问题；查找影响重点工作推进方面的突出问题；查找制约发展的体制机制问题；查找作风和效能方面的突出问题；查找损害发展环境的行为及案件线索。对查找出来的问题要边查边改，能够解决的要立即解决，同时研究提出有针对性的工作措施和方法。县领导小组办公室和各乡镇要采取有效措施，组织企业、群众开展对行政机关作风建设工作的公认度和满意度测评活动，对群众满意度不高的单位及突出问题进行排查，掌握底数，并根据不同情况，研究提出有针对性的整改建议。

（三）落实整改阶段（2011 年 4 至 9 月）。各有关部门要根据本单位查摆出的突出问题，认真制定整改方案，明确责任分工，采取切实措施，有步骤、有计划地抓好整改工作任务的落实，统筹解决作风、效能和重点任务推进方面存在的问题。在整改工作中，要将环境建设工作与惩治和预防腐败体系建设结合起来，围绕反腐败治本抓源头各项工作，围绕对权力的制约和监督，认真落实各项改革措施。整改工作基本结束后，要进行“回头看”，看一看干部职工是否普遍受到了教育，发展意识、服务意识和依法行政意识是否有所增强；损害发展环境行为是否得到了及时纠正和处理；是否找准了工作中的薄弱环节和漏洞，有没有采取有效措施加强和改进工作；对发现的案件线索是否及时移交，涉案人员有没有受到恰当处理；是否针对体制机制和制度存在的弊端，提出改革完善的意见。要认真梳理“回头看”情况，对虽已整改，但效果不明显的问题，要强化整改措施，进一步抓好落实；对尚未整改的问题，要进一步制定有效的整改措施，明确整改期限、责任单位和责任人员，确保按时按标准完成整改工作。整改工作结束后，要认真总结活动中积累的好经验、好办法。并把一些成功做法和经验固定下来，建立健全制度并完善监督制约机制。

（四）总结评估阶段（2011 年 12 月至 2012 年 1 月）。2011 年 10 月，县领导小组办公室制定考核评估的措施及标准，启动对各乡镇各部门的考核评估工作。11 月 15 日前，各乡（镇）、县直各部门将活动总结上报县领导小组办公室。12 月，县领导小组办公室结合活动期间督促检查情况、案件查处情况和各乡镇各部门上报工作推进情况等，充分发挥人大法律监督、政协民主监督、新闻舆论监督、专门机关监督以及工商联等社会各界的监督作用，采取统计局调查统计、召开座谈会等形式，广泛听取各方意见，对各乡镇各部门开展活动情况进行客观公正的考核评估，并将结果纳入党风廉政建设责任制和机关年度目标考核。在考核评估的基础上，县领导小组对全县工作进行总结，表彰先进典型，通报后进典型，为建立行政效能监察工作运行的长效机制，推动普定县环境建设工作常态化奠定基础。

普定县开展项目建设年实施方案

2011 年是“十二五”规划的第一年，是承前启后的关键的一年，我们正迎来国家实施新一轮西部大开发的历史机遇，为切实发挥项目带动、投资拉动在“加速发展、加快转型、推动跨越”中的重大作用，扎实做好项目推进工作，根据县委、县政府的总体部署，为保证“项目建设年”活动的深入开展并取得实效，特制订本实施方案。

一、总体要求

牢固树立抓项目、抓投资就是抓发展的理念，把加快项目建设、保持投资较快增长、优化投资结构作为解决发展速度慢、发展方式粗放两大关键问题的重要手段，创新体制机制和方式方法，推动固定资产投资快速增长，促进全县经济社会又好又快、更好更快发展。

二、基本原则

（一）突出重点、整体推进。在整体推进全县项目建设的基础上，以重大项目和重点项目建设为重点，加快谋划和实施一批带动力强、示范作用显著的大项目。

（二）上下联动、紧密协作。积极争取国家、省、市对普定县项目建设的支持，建立组织推动项目建设的联动机制，密切配合，协力推进，多上项目、上好项目。

（三）广泛发动、社会参与。在全县营造齐心协力抓项目抓投资、全力以赴谋发展的良好氛围，激发社会各界广泛参与项目建设的积极性和主动性，大力拓展项目建设领域，创新项目建设机制，拓宽项目融资渠道。

（四）统筹兼顾、持之以恒。项目建设要立足当前、着眼长远，科学谋划、精心实施，常抓不懈、务求实效。

三、工作目标

贯彻落实县委、县政府推动投资快速增长的决策部署，把加快项目建设，促进投资快速增长作为全县经济工作的重中之重，突出重点领域，抓好薄弱环节，加强组织协调，完善工作机制，加快项目前期工作和施工进度，实现一批重大项目新开工，推进一批在建项目加快建设，确保一批收尾项目按期竣工投产。2011 年，确保全社会固定资产投资增长 100%（26 亿）以上，其中工业投资占全社会固定资产投资的比重达到 40% 左右。

四、工作措施

为加强“项目建设年”活动的领导，形成各部门分工合作，共同加快推进项目建设机制，成立“项目建设年”活动工作领导小组，负责“项目建设年”活动的组织、协调、指导、督查等工作，研究决定重大决策性事项，协调解决项目推进中的重要问题。

（一）加快推进重大项目谋划。积极策划普定县重点项目储备库，谋划一批重大工业、重大基础设施、节能环保、循环经济、民生和社会事业发展项目。进一步做深储备项目，具备以下两个条件之一的项目经县“项目建设年”领导小组评审认定通过入库：（1）项目前期工作达到项目建议书以上深度，编制完成项目建议书以上报告，重特大项目可适度放宽。（2）项目已明确投资业主，并基本具备报批条件。加大与省、市有关部门的沟通协调力度，下功夫抓好项目筛选、初步设计、评估论证等前期工作，争取省、市有关部门的理解和支持，使更多的大项目、好项目纳入省、市规划的盘子。

（二）全力抓好新项目开工建设。（1）搞好任务分解落实，“项目建设年”活动任务重、要求高，要求各有关单位根据县委、县政府下达的任务目标，组织相关人员编排 2011 年计划新开工的项目表，将任务目标分解落实到具体项目和责任人，并建立领导挂钩制度，配备专职工作人员，安排专项经费，加快项目推进，确保完成各项任务。（2）建立季度跟踪督查制度，各有关单位要对计划 2011 年新开工、新竣工的项目进行季度跟踪，深入了解项目推进情况，对项目实施中遇到的困难和问题及时协调解决，不能解决的应及时上报“项目建设年”活动领导小组，请求县委、县政府帮助协调解决。同时领导小组每季度将组织人员前往各单位、深入企业对项目完成情况进行专项督查，核实上报的项目。（3）加快项目前期工作。县有关部门要从现在起对现有的项目办理相关制度和规定进行认真研究和梳理，按照“能放则放、能简则简、能免则免”的原则，在不违反国家有关政策和规定的前提下，尽力为企业“松绑、让利、开绿灯、出政策”；对依法必须保留的事项，要进一步精简工作程序，减少办事环节；在项目办理中，实行一次告知和限时办理制度，提高办事效率；简政放权的各项政策措施要同步配套，为加快项目建设创造条件。项目建设单位要加大前期工作经费投入和项目前期工作推进力度，加强和充实工作力量，使谋划的项目尽快转变为生产力。（4）切实保障项目建设用地需要。积极争取国家增加普定县建设用地和年度计划指标；年度建设用地计划指标向重大项目和急需的公益性项目倾斜，优先支持一基地三园区项目建设；预留一定比例的年度建设用地计划指标，专门用于重大项目建设。（5）积极抓好一批重大项目的前期工作。抓好安顺电厂三期工程和安顺普定循环经济工业基地大道工程的前期工作；继续抓好新城小区和红旗新村、胡家洞小区的前期工作；抓好安普城市大道的前期工作；搞好安顺精神疗养中心建设项目的前期工作；配合做好肖家湾煤矿建设项目协调服务工作；（6）配合做好一批跨区项目的协调服务工作。配合搞好黔中水利枢纽、中缅油气管道建设、黄织铁路复线、中石油城市天燃气、工业用气管道及加气站、黄桶物业园区规划项目、普定至织金高速公路工程开工准备工作。

（三）努力加快在建项目建设。（1）大力推进续建项目建设。加强项目建设各项工作，及时协调解决项目建设中遇到的困难和问题。每个项目都要有建设的进度时限和具体责任人，在确保工程质量和安全生产的前提下，抢工期、抓进度，形成尽可能多的实物工作量。继续抓好普定高速公路、普定县垃圾填埋场、石漠化综合治理试点、中心大道贯通项目建设；（2）加快完成收尾项目建设。有针对性地开展收尾项目建设的协调服务工作，使项目按既定目标加快建设，确保按期竣工交付使用，尽早发挥效益。

（四）加大招商引资力度。紧紧围绕普定县加快发展的重点领域——循环经济及其上下游产业，注重增强针对性，积极拓宽招商引资渠道。（1）围绕安顺电厂三期工程及一基地三园区建设规划，谋划一批带动面广、关联度大、产业链长的项目进行招商引资，千方百计引进省内外有实力的投资者到普定县投资兴业，特别是要积极承接东部地区产业转移，大力引进一批大企业、大项目。积极争取中央企业在普定县投资。（2）精心搞好招商引资活动。整合信息资源，积极参与省、市招商引资活动，开展针对性、经常性的招商活动。（3）按照“有意向的项目不签约不放松，签约的项目不进资不放松，进资的项目不开工不放松，开工的项目不投产不放松”的要求，提高招商引资项目的履约率、资金到位率和投产率。（4）落实和完善鼓励招商引资的各项优惠政策措施，调动全社会招商引资的积极性。

五、实施步骤

（一）动员部署阶段（2010年11月—2010年12月）。由县发展和改革局汇总编制完成2011年全县重大工程和重点项目名单，并提交政府会议讨论。根据会议决议，各单位协调配合执行既定目标任务。

（二）组织实施阶段（2011年1月—2011年12月）。围绕目标任务，抓紧完成项目前期工作，推进新项目开工，加快在建项目建设，竣工投产一批项目，全年完成年度各项目标任务。

（三）总结阶段（2012年1月）。县“项目建设年”活动工作领导小组对项目建设年目标任务完成情况进行总结。并根据有关制度进行奖惩。

普定县“三个建设年”活动
联席会议制度

为扎实推进普定县作风建设年、环境建设年、项目建设年活动的开展，经研究，建立普定县三个建设年活动联席会议（以下简称“联席会议”）制度。

一、联席会议主要职能。

（一）认真贯彻落实省委省政府、市委市政府和县委县政府关于“三个建设年”活动的有关要求，通报“三个建设年”活动的开展情况。

（二）研究解决全县“三个建设年”活动的重点问题。

（三）协调“三个建设年”活动各领导小组之间的工作，加强督促、检查和管理。

（四）对需提请县委、县政府解决的问题进行研究，并提出合理化建议。

二、联席会议成员组成

（一）联席会议召集人由县委副书记胡晓兰，县委常委、县纪委书记吕恩华，县委常委、县政府常务副县长杨波，县委常委、县委组织部部长金晓明，县委常委、县政法委书记、公安局局长严俊，县委常委、县委宣传部部长、县委办主任姜开贵担任。

（二）联席会议成员由召集人和“三个建设年”活动各领导小组组长、副组长组成。

（三）联席会议下设办公室，由县委办副主任支宇任办公室主任，县政府办副主任肖颖任办公室副主任。联席会议办公室日常工作由县委督查室、县政府督查室负责。

三、联席会议工作规则及要求

（一）联席会议原则上每季度召开1至2次，根据工作需要可临时召开全体会议和部分成员会议。

（二）联席会议由联席会议办公室收集整理并提出新研究解决的问题和事项，报召集人审定会议议题。确定会议时间和形式，由召集人或召集人委托其他成员召集。

（三）联席会议以会议纪要形式明确会议议定事项，印发各相关单位。

（四）各联席会议成员单位要按照职责分工，主动研究“三个建设年”活动的有关问题，按要求参加联席会议，认真落实联席会议布置的工作任务，按要求准时向联席会议办公室报送工作情况，各成员之间要互通信息，相互配合，相互支持，形成合力，充分发挥联席会议的作用。

（五）联席会议成员单位确定一名联络员，报联席会议办公室备案。联络员负责各成员单位与联席会议办公室的日常联系沟通工作。

中共普定县委　普定县人民政府关于印发《普定县招商引资办法（试行）》的通知

普发〔2010〕28号

第一章　总　则

第一条　为扩大对外开放，实施工业化主导和城镇化带动战略，实现全县经济社会又好又快，更好更快发展，结合实际，制定本办法。

第二条　以邓小平理论和“三个代表”重要思想为指导，深入贯彻落实科学发展观，围绕“更好更快，提速升位”的战略目标，大力营造有利于招商引资的法治环境、政策环境、市场环境和舆论环境。坚持平等准入、公平待遇，发展与提高并重，因地制宜、分类指导，统筹兼顾、协调发展的原则。

第二章　准入条件

第三条　凡国家法律法规未明令禁止的行业和领域，都可进入，任何单位和部门不得自行设置限制条件。

第四条　放宽中小企业和个体工商户申请人范围、名称核准条件、经营场所限制。除涉及国家安全、群众健康等必须按照法定前置条件和程序审批外，工商行政管理部门应及时核准中小企业和个体工商户申请的经营项目。

第五条　申办有限责任公司的：注册资本可在3年内分期到位，首次出资额可以为注册资本10%。创业者可以用货币出资，也可以用实物、知识产权、土地使用权等能用货币估价并可依法转让的非货币财产作价出资，非货币资产出资额占企业注册资本的比例最高可达90%（国家法律法规规定不得作出资的财产除外）。具备母公司注册资本在500万元人民币以上、全资或控股三个以上子公司、注册资本总和为1000万元人民币以上条件的，可以申请集团登记。

第六条　鼓励投资商采用收购、兼并、租赁、承包等多种形式参与国有企业和其他所有制企业的资产重组、改制改造以及合资、合作、独资，采取参股、控股、收购、股权托管、BOT（建设—经营—移交）、TOT（移交—经营—移交）、ABS（资产—支持—证券）等方式投资开发。

第七条　支持投资开发安顺普定循环经济工业基地，黄桶物流园区、后寨轻工业园区、金铭建材科技工业园区、化处农产品加工仓储园区和穿洞文化园区。鼓励投资发展壮大煤电、建材、冶金、医药、食品等产业。鼓励加大对文化、教育、卫生、交通、水利、城市基建、旧城改造、小城镇开发、新农村建设等社会公共事业的投入。

第八条　鼓励投资者创办城镇就业型、农副产品加工型、科技创新型、资源综合利用型、商贸物流型、出口创汇型企业。

第九条　加快扩大个体工商户数量。以商品市场为基础，以要素市场为重点，按商品流通的需要，建成一批大中小结合、功能完备、相互配套的专业批发市场和零售市场网络，为个体工商户提供快速发展的平台。

第三章　优惠政策

第十条　用地扶持

（一）对投资1000万元以上3000万元以下的新建工业项目建设用地，按交付土地出让价款县级留存部分的40%给予扶持；对投资3000万元以上5000万元以下的新建工业项目建设用地，按交付土地出让价款县级留存部分的60%给予扶持；对投资5000万元以上的新建工业项目建设用地，按交付土地出让价款县级留存部分的80%给予扶持。涉农项目在同等投资额上给予更加优惠的扶持。

（二）对投资高新技术产业、观光酒店业的新建项目（酒店业用地按定向挂牌出让），投资强度在200万元/亩以上300万元/亩以下的项目，按土地出让价款县级留存部分的50%给予扶持；投资强度在300万元/亩以上400万元/亩以下的项目，按土地出让价款县级留存部分的80%给予扶持；投资强度在400万元/亩以上的项目，按土地出让价款县级留存部分全额给予扶持。

（三）生产性企业以出让方式取得国有土地使用权的，国有土地使用权出让价款可分期缴纳，首次缴纳为价款总额的50%，其余可在1年内分期缴完；土地出让价款缴完后，国土部门方可发放土地使用手续。

第十一条　财政扶持

（一）在县财政设立中小企业发展专项基金，用于奖励扶持特色优势明显、具有示范带动作用的中小企业，用于中小企业发展的创业扶持、技术创新、融资担保、人员培训、市场开拓等。

（二）新增生产性企业首次年创税收县级所得部分达50万元以上100万元以下的由县财政当年给予2万元奖励，所创税收县级所得部分每增加100万元的（以100万为一个级别），分别增加2万元的奖励。

（三）新增生产性企业年销售收入和上缴税金在全县规模企业中首次排名1～3位、4～6位的，由县财政分别一次性奖励5万元、3万元。

（四）新评为国家级、省级、市级的农业产业化龙头企业，分别给予20万元、10万元、5万元的一次性奖励；新认定为国家级、省级企业技术中心和工程技术研究中心的企业，由县财政分别给予20万元和10万元的一次性奖励；通过省级鉴定且技术水平达到省内领先的新产品、新技术，每个产品或技术补助企业10万元；年度内企业投资1000万元以上的高新技术和先进实用技术改造项目，县财政给予补贴贷款利息的40%；对获得ISO9001质量体系认证、ISO14001环境管理体系认证、OHSAS18000职业安全健康管理体系认证的企业，由县财政每项一次性奖励10万元。

（五）凡新组建（不含政府投资）注册资金在2000万元（人民币）以上的信用担保机构，经审核批准，由县财政给予一定奖励。凡民间担保机构为企业提供担保年平均担保余额达到5000万元及以上，年收费率在2.5%以下的，经审核并报经县级政府批准，由财政给予一定补助，作为风险准备金使用。

第十二条　税费优惠

（一）对中小企业的城镇土地使用税，根据使用土地等级按法定税项标准的70%征收；对中小企业应缴纳的耕地占用税，纳税人确因有特殊困难，已无法使企业运转、不能按期缴纳的，可按有关规定延期缴纳。

（二）投资企业新增生产性项目，符合国家产业政策且新增年销售收入达500万元以上的，自项目投产两年内缴入县级国库的企业所得税由县人民政府安排50%作为企业的技术改造。

（三）县外大中型企业进入本县注册设立分支机构，当年完成固定资产投资2000万元以上，或新增固定资产部分当年上缴各类税收县级所得部分超过300万元以上的，三年内其缴入县级国库的企业所得税由县级财政列支奖励给企业扩大再生产。

（四）服务型中小企业、个体工商户，投产当年解决当地50人以上就业，并按劳动合同法规定签订3年以上劳动合同，履行劳动合同规定义务的，经劳动、财政部门审核认定后，按该企业投产前两年上缴企业所得税县级收入部分，第一年100%一次性给予奖励，第二年50%一次性给予奖励。

（五）对在“一基地三园区”租用国有土地创办生产性企业，投资强度在30万元/亩以上且年创税收县级所得部分达100万以上的，土地租金县级留存部分前两年给予100%减免，后三年减免50%。

（六）投资购置节能减排、环境保护等专用设备的企业，由县财政按该企业当年上缴的排污费县级留存部分给予一次性奖励返还。

第十三条 其他支持

（一）对在企业中业绩突出的专业技术人才，不受学历、年限等条件限制，根据本人申请，优先推荐上报破格晋升评定职称，对在工作岗位上有突出贡献的高技能人才，可不受工作年限和职业资格等条件限制，根据本人申请，推荐破格或越级参加高级工、高级技师考评。对经人才交流中心办理人事代理或人才派遣手续后到企业就业的大中专毕业生，今后录（聘）到国家机关、事业单位工作时，其在企业工作并缴纳社会保险的时间计算为连续工龄。

（二）以企业为主开展的技术创新、产学研联合项目，在申报政府科技奖励、高新技术企业认定、知识产权保护等方面，与国有企事业单位享有同等待遇；鼓励和扶持企业开发新产品、新技术、新工艺，其产品优先纳入政府采购范围。对已获中国驰名商标、省著名商标称号或列入发展计划的产品，优先列入技术改造、技术创新和新产品开发计划。

（三）每半年组织召开一次政银企联席会议，帮助企业与金融机构建立良好的信贷关系，形成银企密切合作、有效监管的互信机制。鼓励金融机构设立中小企业贷款绿色通道，尽量简化中小企业贷款担保程序，缩短审批时限。改进企业资信评信制度，减少评估和登记费用，降低企业融资成本。

第十四条 凡从事个体经营的各类创业主体，除经营需前置审批的外，到当地工商部门备案后，可试营业六个月，试营业期间免收各项行政事业性收费。试营业期满后继续营业的，办理工商注册登记，并享受相关优惠政策。

第十五条 鼓励全民创业。大中专毕业生、退伍军人、农民、返乡农民工、就业困难群体等自主创业，有国家项目支撑的，优先给予项目扶持。

第四章 服务方式

第十六条 成立县招商引资工作推进委员会，负责指导、协调、服务企业的发展以及对投资环境、目标完成情况的考核、督促、检查。

（一）实行县委、县政府领导联系服务企业，县四大班子主要领导联系重点企业制度（重点企业指：采矿业年纳税额500万元以上、生产性行业年纳税额200万元以上），每半年召开一次联席会，研究解决企业发展的新情况、新问题。

（二）建立检查报批备案制，除有特别规定外，严禁对企业实行重复检查，同一职能部门对企业的例行检查1年不得超过1次。县级部署的专项检查，以及涉及公共安全、涉嫌违法犯罪和投诉举报问题核实的调查、检查，应注意时机、方式，在法律允许的范围内，尽可能减少对企业生产经营的负面影响。除法律法规规定需要年检外，不得规定对个体工商户、企业的年检。

第十七条 涉及行政审批、许可以及服务、收费的部门必须按照以下规定为企业提供热情、规范、高效的服务。

（一）行政许可部门必须公开服务内容、办事程序、申报材料、承诺时限、收费标准以及相关依据；对投资者申报的审批事项必须一次性告知提供所需的资料目录、文件范本、申报材料要求和修改意见。

（二）新建项目由招商局牵头，采取“一站式”方式，指定专人负责项目实施有关手续的办理，其他相关部门指定专人配合抓好落实。逐步推进政务服务中心制度化、规范化建设。

（三）不需政府审批的投资项目，在项目开工前向行业主管部门报送项目备案材料备案后，项目业主可凭发改、经贸等部门出具的投资项目备案凭证到相关部门办理其它手续，相关部门应按规定时限给予办理。

（四）实行“限时办结”、“急事急办”、“特事特办”、“超时默许”制度，属县级权限的，各行政许可部门在企业提交的登记资料齐备、符合法定要求以及相关条件允许的情况下，按以下规定时限办理行政许可事项；工商部门2个工作日内办完营业执照；税务部门1个工作日内办完税务登记；质监部门2个工作日内完成机构代码证的办理；卫生部门2个工作日内完成预防性卫生监督的审批和审查发证；消防部门3个工作日内完成中小型消防项目的审批，5个工作日内完成大型消防项目的审批；国土部门工业建设项目用地预审在10个工作日内完成，国有土地使用权出让、租赁、作价入股审查及审批在10个工作日内完成，国有土地使用权转让在8个工作日内完成；环保部门对涉及的审批和排污许可证的颁发，报告书10个工作日内完成、报告表5个工作日内完成、登记表2个工作日内完成、申领排污许可证在3个工作日内完成；建设部门对单个项目审批3个工作日内完成、综合项目审批在5个工作日内完成；气象部门3个工作日内完成基础设施和建设工程相关设计的审批；劳动社保部门2个工作日内完成投资企业职工招聘、劳动合同登记、社会保险等登记手续；水资源管理、供水部门2个工作日内完成企业用水申请审批；供电部门对低压电力用户3个工作日内、高压单电源用户在5个工作日内、双电源用户在10个工作日内答复供电方案并组织实施；电信部门对投资企业安装通讯设备，城镇在2个工作日内开通，农村在3个工作日内开通。

（五）供水、供电部门要保证市政给、排水设施和供电设施正常运转，出现一般故障须在24小时内疏通；事先未按规定通知企业，乱停电、乱停水，或乱停止其他服务，造成企业损失或发生事故的，相关部门要承担相应的责任。

（六）各乡（镇）、各部门不得以任何借口随意对投资企业中止或暂停服务，不准以任何借口干预投资企业的工程项目设计、施工以及材料、设备的采购。

（七）除法律、法规、规章规定的收费项目外，任何部门和单位不得向企业强制或变相收取任何费用；合法收费项目必须依法办理收费许可证；并在收费场所公示收费项目及标准，实行亮证收费；凡收费标准有浮动幅度的，均按最低标准收取。

第十八条 投资企业在供水、供电、排水、通讯等方面给予优先安排和保障；在金融、保险、法律、劳动用工、咨询、设计、广告宣传等社会服务方面按最低标准收取费用。企业聘用的管理人员，其子女在本县辖区内接受义务教育与本辖区城镇居民享受同等待遇；公安机关要积极创造条件，在维护社会治安、办理涉企案件、户口管理等方面为企业提供快捷、便捷的服务，确保企业有一个良好的发展环境。

第十九条 对投资商推行“绿卡”服务制度，凡持有“绿卡”的投资商进驻辖区范围内的酒店等场所的，免予身份核实登记；对车辆违章的只予纠正，不予处罚；过往收费站的不缴纳过路费，一律放行。

第五章 考核与奖励

第二十条 把推进招商引资工作情况作为考核乡（镇）和有关部门领导班子和领导干部政绩的重要依据，纳入年度目标考该，实行绩效管理，与县经济社会发展综合目标同部署、同检查、同考核、同奖罚。

考核的主要内容：政策落实、履行职责、政务公开、依法行政、服务态度、办事效率、投诉办理、民主评议，招商目标完成情况，以及省、市规定的考核内容等。

第二十一条 实行招商引资工作奖励制度，从2011年1月1日起引进的非财政性资金投资项目，由县财政根据引进不同的投资额对招商引资中介人（指成功引进符合国家产业政策的资金并促成投资者在县域内投资新办实体的组织、机构、招商代表或自然人）或投资法人一次性给予一定比例的奖励。实际投资固定资产到位资金以国税局认定为准。

第二十二条 县招商局应主动与投资者和中介人联系，开展中介人认定和登记工作，对中介人进行奖励。如中介人为两人或两人以上，只视为一个引资团队进行奖励，团队成员要书面委托其中一人办理奖励手续，奖金于项目投产次年年底兑现。对单个引资项目奖励如下：

（一）引进单个项目固定资产投资在500万元（人民币）以下的，奖励到位资金的1‰。

（二）引进单个新建项目固定资产投资在500万元（人民币）（含500万元）以上1000万元（人民币）以下的，奖励到位资金的1.5‰。

（三）引进单个新建项目固定资产投资在1000万元（人民币）（含1000万元）以上5000万元（人民币）以下的，奖励到位资金的2‰。

（四）引进单个新建项目固定资产投资在5000万元（人民币）（含5000万元）以上1亿元（人民币）以下的，奖励到位资金的3‰。

（五）引进单个新建项目固定资产投资在1亿元（人民币）（含1亿元）以上的，奖励到位资金的5‰。

第二十三条 除国家和省、市投资的项目资金（指以公益项目为依托，由国家、省、市投资的专项用于普定县基础设施建设、科教文卫发展、国有企业改组、改造等项目的扶持开发资金）外，引进无偿捐赠资金用于公益性项目的中介人（爱德项目除外），按其引进实际到位捐赠资金额的5%给予奖励，奖金由受益单位列支。

第二十四条 受奖者应依法缴纳个人所得税，受奖者在领取奖励资金时所缴纳的个人收入所得税由财政部门代扣代缴。

第二十五条 新增生产性项目落户的乡镇、村，除企业按本规定减免税收的年度和额度外，项目投产产生的税收县级收入部分按15%返还给乡镇及村作为新增财力。

第二十六条 矿山企业在2010年缴纳税收县级所得部分的基础上新增部分，按新增部分的4%返给矿山企业所在乡镇、按新增加部分的1%返还给矿山企业所在村（居），作为乡镇、村（居）进行安全监督、化解矿群矛盾纠纷的工作经费及有关公益性支出。

第二十七条 各职能部门年内均按时限完成行政许可，并积极促成项目投产、且无投诉的年终给予部门2000～50000元的奖励。

第二十八条 每年召开一次招商引资工作总结表彰大会，表彰为招商引资工作做出突出贡献的单位、个人和非公经济人士；对于艰苦创业、依法经营、诚实纳税、积极回报社会的企业，要加强宣传，挂牌公示企业基本情况及对国家、社会的贡献情况，营造良好的舆论氛围，以赢得社会各界对企业的认可，增强企业的荣誉感。

第六章 投诉处理与责任追究

第二十九条 在县纪委（监察局）设立投资环境投诉中心，各乡（镇）要相应设立投诉箱等，并明确专人负责，公布投诉电话、电子信箱受理企业的投诉。企业投诉受理单位在接到投诉后，要在10个工作日内对投诉事项调查处理终结并予以答复，情况复杂的可适当延期，但最长不得超过15个工作日，需追究法律责任的，严格按照法律规定时限办结。

第三十条 投诉人可以采取口头、书面信件、电子邮件、手机短信或其他有效的方式进行投诉。

第三十一条 投诉人可以对下列情形进行投诉：

（一）超时未办、推诿扯皮、效率低下等不履行或不正确履行职责。

（二）有法不依、执法不严、失职渎职、滥用职权、以权谋私等行为。

（三）有令不行、有禁不止、不按政策法规办事等行为。

（四）行政不作为、慢作为、乱作为等行为。

（五）乱收费、乱罚款、乱摊派、乱检查等行为。

（六）其他侵害企业利益、增加企业负担的行为。

第三十二条 凡单位和国家工作人员因侵害企业权益而受到投诉并查实的，进行如下处理，严重的将依法依纪追究责任。

（一）凡在一个年度内累计被投诉三次并查实的，被投诉对象属单位的，分别给予通报批评、取消单位当年目标考核获奖资格、对单位主要负责人进行问责处理；被投诉对象属领导干部的，分别给予诫勉谈话、取消年度考核评优资格、年度考核作不称职处理；被投诉对象属国家工作人员的，分别给予批评教育、书面检讨、年度考核作不称职（不合格）处理。一年内被投诉四次或四次以上并查实的，对部门班子进行组织调整，对国家工作人员调离原岗位。

（二）对领导干部或国家工作人员的投诉，除记入其所在单位的投诉外，投诉情况及处理情况要记入个人档案，作为领导干部能否继续任用，国家工作人员能否提拔的重要依据。涉及垂管部门的，由组织部门向其上级主管部门提出处理建议。

第三十三条 对投诉人的姓名、工作单位、家庭住址等有关情况透露给被投诉单位和被投诉人以及其他单位和人员，或打击报复投诉人的，按照相关党纪政纪处理，触犯法律的移交司法机关追究法律责任。

第三十四条 对在工作中不作为、乱作为和推诿扯皮、效率低下等不履行或不正确履行职责，造成不良影响和后果的，严格按照《关于实行党政领导干部问责的暂行规定》问责。

第三十五条 对国家工作人员存在有法不依、执法不严、失职渎职、滥用职权、以权谋私等行为，有令不行、有禁不止、不按政策法规办事等行为，行政不作为、慢作为、乱作为等行为经查证属实的，一律调离原职岗位并追究责任，年终考核一律确定为不称职，情节严重的依照国家有关规定给予辞退或开除，触犯法律的依法追究刑事责任。

第三十六条 对侵害企业利益，增加企业负担的各种行为，对照《中共贵州省纪委贵州省监察厅关于危害经济发展环境行为的党纪政纪处分暂行规定》及《中共安顺市纪委安顺市监察局关于对侵害企业利益增加企业负担行为的纪律处分暂行规定》从重处理。

第七章 附 则

第三十七条 本办法适用于全县党政机关、人大机关、政协机关；审判机关、检察机关；循环经济工业基地管理处；工会、共青团、妇联等人民团体机关；各级党政机关直属的事业单位；以及其他经济组织。

第三十八条 本办法中所提的投资额为人民币或等值外币，各种奖励、扶持、减免等均为人民币。

第三十九条 本办法由普定县招商局负责解释。

第四十条 本办法自2011年1月1日起试行，今后中央、省和市有新的规定，按中央、省、市规定执行。

2010年12月25日

中共普定县委　普定县人民政府关于落实工业化主导和城镇化带动战略建设经济强县的实施意见

普发〔2010〕29号

为认真贯彻落实党的十七大、十七届五中全会、省委十届十次全会、全省工业发展大会和市委二届十一次、十二次全会精神，遵照省委、省政府《关于实施工业强省战略的决定》、《关于加快城镇化进程促进城乡协调发展的意见》和市委、市政府《关于加快城镇化进程促进城乡协调发展的实施意见》，围绕“加速发展，加快转型，推动跨越”的主基调和“更好更快、提速升位”的总要求，进一步推进普定县工业化和城镇化进程，促进城乡统筹协调，实现全县经济社会又好又快、更好更快发展，建设全省经济强县，特提出如下实施意见。

一、落实工业化主导和城镇化带动战略，建设经济强县，是普定县当前和今后一段时期加速发展、加快转型、推动跨越的战略选择

“十一五”以来，普定县工业保持较快增长，城镇化建设迈出坚实的步伐，结构调整初见成效，奠定县域经济实现又好又快、更好更快发展的坚实基础。按照“着眼十年，规划五年”的要求，从现在起，到2020年全国全面实现小康社会的关键时期，普定县经济社会发展必须认真落实工业化主导和城镇化带动战略，加快发展步伐，建设经济强县。这是因为：到2020年，全国将全面实现建设小康社会的目标。与此相适应，要求普定县必须制定一个到2020年全面实现建设小康的发展战略，以期实现与全国同步进入全面小康目标。贯彻落实全省工业发展大会、市委二届十一次全会精神，必须明确落实普定县工业化主导和城镇化带动战略的中长期规划。根据普定县的实际，尤其是近几年普定县与周边县（区）横向比发展位次后移的实际，必须要明确一个追赶跨越的时限。基于县情特点和对时代发展的准确判断和把握，普定县必须经过10年左右的努力，促进县域经济实现增比进位突破，进入全省经济强县行列。这不仅是形势发展的要求，更是全县人民的强烈愿望。

实施工业化主导和城镇化带动战略，建设经济强县，普定有很多有利条件：有中央实施新一轮西部大开发、新阶段扶贫开发、东部产业向西部转移和央企扩张的战略机遇；在国家和省两级主体功能区规划中普定县被列入重点开发区域，被省里确定为黔中经济区未来的增长极和重要的能源基地；近几年普定县在大项目争取如安电三期和城市建设、穿洞文化园规划建设、土地储备等方面打下一定的基础。在发展的进程中，要在紧紧抓住这些有利条件的同时，还要解决好前进中面临的困难和压力。主要是：一方面普定县经济社会发展存在着速度慢、总量小、链条短、结构单一，对资源的依赖性强等困难和矛盾；另一方面还面临着既有赶超进位的任务，又面临发展转型带来的压力等问题。要解决好这些问题，必须举全县之力实施工业化主导和城镇化带动战略，建成全省经济强县。

二、总体思路和发展目标

（一）总体思路。认真贯彻党的十七届五中全会和省委十届十次全会、全省工业发展大会和市委二届十一次、十二次全会精神，以邓小平理论和“三个代表”重要思想为指导，全面贯彻落实科学发展观，以不断深化改革、扩大开放为动力，以落实“加速发展、加快转型、推动跨越”为主基调，以提高人民群众的生活水平为落脚点，着眼10年、规划5年、年年有突破，全面推进普定县经济社会又好又快、更好更快发展。其中，在“十二五”期间，普定县经济社会发展的总要求是：“更好更快，提速升位”。基本思路是：抓机遇、提速度、上台阶。着力强化“六个坚持”：即坚持以发展作为第一要务加快发展；坚持以完善交通和水利为重点的基础设施建设强力推进；坚持以工业化为主导、城乡一体化为支撑、农业产业化为基础重点突破；坚持开放带动、科教兴县、可持续发展三大战略科学发展；坚持以人为本、改善民生、构建和谐；坚持依法执政、民主执政、科学执政，全力维护稳定。全面推进普定县“经济发展快，社会秩序好；增长速度快，经济效益

好；产业发展快，经济结构好”的又好又快、更好更快发展。通过5年左右的努力，实现再造一个普定的目标。

（二）发展目标。到2020年，实现经济总量在2010年基础上翻两番，全县经济发展超过全省经济发展平均水平，达到经济强县目标，实现与安顺市区同城化、一体化发展。其中，到“十二五”期末，实现“五个翻番”：即GDP达到60亿元以上，比2010年翻一番以上；财政总收入达到10亿元以上，比2010年翻一番以上；农民人均纯收入达到6000元以上，比2010年翻一番以上；固定资产投资累计达到150亿元以上，确保比“十一五”期间翻两番，力争达到200亿元以上；县城面积由现在的5平方公里扩大到10平方公里以上，比2010年翻一番以上，力争扩大到15平方公里，城镇化率达到40%左右。在“十二五”期间全力抓好以下重点工作。

——培育“八大支柱”：到2015年，形成电力、煤炭、化工、冶金、建材、白酒、食品药品及旅游商品加工为主的特色产业等八大支柱产业。

——落实大项目支撑计划：“十二五”期间，重点抓好以下项目建设。1. 安顺电厂三期：装机120万千瓦以上；2. 煤制天然气项目；3. 江苏华尔润集团4条浮法玻璃生产线建设；4. 太阳能电池项目：太阳能电池生产线建设；5. 铝加工项目：建立铝系统产品生产线，年产铝型材10万吨以上；6. 镁（综合利用）及镁合金项目：建立金属镁的规模生产，生产镁锭、镁合金、铝镁合金等产品；7. 黄桶物流工贸园项目：规划占地面积1800亩以上，重点发展公铁联运、大宗物流、仓储配送，引进网络化大型物流企业、大型运输企业，物流服务站建立分发中心、仓储配送中心、展示交易中心；8. 工业硅项目：年生产工业硅能力拟达5万吨；9. 循环经济工业基地基础设施建设项目：①工业大道11公里建设；②循环水综合利用项目。16公里管道安装和供水厂、污水处理厂提升系统；③工业基地污水综合处理厂及排污总管建设。日处理工业污水1万吨，总长29.5公里，日排放能力为105万吨；10. 金铭工业园木塑产业后期项目；11. 普定向荣矿业有限公司日处理4000吨锌矿及冶炼建设；12. 贵州黔中酒业有限公司二期建设，新增年产5000吨白酒；13. 贵州超宇水泥有限公司二期年产100万吨干法水泥生产线建设；14. 黄果树铝业集团年产10万吨碳素生产项目；15. 四川陆升天然气公司压缩天然气项目；16. 安顺电厂年产50万吨高含碳量粉煤灰综合利用项目：年产含热量4000大卡的高碳灰10万吨、漂珠5000吨、低碳灰39.5万吨，华宇二期、科利二期等；17. 推进煤炭集团化、规模化、科学化发展，新建年产原煤45万吨以上矿井2个，力争2015年煤炭年产量达到600万吨以上。

——实施大企业带动战略：支持安电三期建设，培育一个年产值50亿元以上级企业（安电）；建成华荣、向荣矿业、明达集团、永丰集团4个年产值10亿元以上级企业；与此同时，全面抓好金铭实业、超宇水泥、石油天然气综合开发、煤及煤化工、铝及铝型材等产业，建成5个以上年产值5亿元以上级企业。

——实施培育经济“小巨人”计划：大力发展非公有制经济，抓好西秀制药、年产50万吨镁和镁合金型材加工、年产10万吨碳素等矿产资源开发利用项目，普定水母井田、补郎井田煤资源综合利用等，建成10个以上年产值亿元级以上和若干个年产值上千万元的企业。

——全面推进穿洞文化园建设：为拓展城镇人居、商住、文化产业开发创造更加有利条件。

——实施“六个一”工程：“十二五”期间建成一条路基宽60米的“安普”城市大道，一个休闲健身公园，一个便民利民文化中心广场，一批中高档星级酒店，一个会展中心，一批生态住宅和商贸功能区。

——打造“三城五基地”：力争用5至10年时间着力把县城打造成黔中地区重要的“健康城”、“休闲城”，把工业园区打造成“创业城”；把普定县建成省乃至国家的循环工业示范基地、现代仓储物流集散基地、现代农业示范基地、观光休闲基地、健康娱乐基地。

三、保障措施

（一）坚持规划引领。加快工业化和城镇化发展规划编制。按照“工业入园、居住入区”的思路，合理规划好工业布局、城镇发展空间和产业链条，优化工业布局和城镇功能分区。增强规划的系统性、前瞻性、科学性和导向性，指导工业化和城镇化建设有序开展。2011年以前，编制完善《普定县工业发展规划》、《普定县城总体规划》、《普定县土地利用总体规划》以及各项子规划。乡镇编制完善《乡镇发展建设规划》，2012年完成《村庄建设规划》。进一步规划好建制镇的小城镇建设，推进撤乡建镇，争取把鸡场坡、坪上、龙场、猫洞等乡改为建制镇，把马官、白岩、化处、龙场纳入县城同城化发展范围。为乡镇小城镇建设创造有利条件。切实做好被征占地农民的安置，在城关镇青山、马官镇太平、黄桶等发展条件相对较好的区域规划一批被征占地农民进入城镇集中安置的区域，并合理布置相关产业，切实解决失地农民的后续发展问题。建立规范的农产品销售市场，推动小城镇健康发展。增强各类规划的协调与衔接。按照下位规划服从上位规划、专项规划服从总体规划、同类规划相互衔接的原则，统筹协调好各类规划。加强工业规划、城镇规划与土地利用规划的衔接，确保在发展方向、布局、规模、开发管理上相协调。城镇交通、信息、能源、供水、排污等基础设施规划和教育、文化、卫生等社会事业专项规划之间也要相互衔接，做到协调、有序发展。加强规划管理。建立工贸、住建、发改、国土、交通运输、水利、环保林业、招商等相关部门定期协调制度，形成科学合理的管理组织结构。建立完善工业规划和城乡规划的管理监督和督察制度，加大对违反规划行为的查处力度，切实维护规划的严肃性和权威性。

（二）强化产业支撑。进一步明晰工业产业布局。将原来规划的“一基地三园区”整体规划连片打造，形成以循环经济工业基地28平方公里为核心辐射至后寨轻工业园、化处仓储园、金铭工业园以及明达水泥建材园在内的100平方公里的工业园区。包括以黄桶为核心的物流工贸园区；以安顺电厂为核心的电、煤——冶金、建材、化工为主的循环工业经济区；以黔中酒业后寨二期工程为核心的轻工业园区；以金铭为核心的木塑产业工业园区；以明达为代表，白岩为中心的东部产业转移承接区。以煤炭为代表的北部矿产资源综合开发带，以西秀制药、朵贝茶、带皮牛肉为代表的药业和特色食品及旅游商品的特色产业群。形成一批发展潜力大、带动力强的高新技术产业链、集聚区和产业基地，在做大总量的同时，逐步优化产业，用五至十年的时间淘汰一批不适宜产业。此外，以穿洞文化园的建设打造文化产业、旅游产业、商贸产业，依托工业发展打造金融、物流等现代服务产业。

（三）加强基础设施建设。抓好铁路建设。在做好黄桶至织金铁路建设的基础上，努力做好黄桶至织金复线建设、黄桶至广西百色、黄桶至云南河口、黄桶至四川隆昌铁路建设的协调服务工作。做好安（顺）普（定）高速公路建设，积极配合争取普（定）织（金）高速公路建设，力争早日开工；推进普定经马场到六枝、普定经化处到六枝、普定经猴场到平坝、普定经马官到镇宁等通往邻县公路的升级改造。到2015年前，建成鸡场坡经龙场至化处、金铭经魏旗至安顺北部新城等公路，实现80%以上村通油路，到2020年实现100%的村通油路；到2015年全县20户以上的自然村寨通镶边砂石路和水泥路达70%以上；到2020年实现寨寨通硬化路。城镇建设。实施好以“安普”城市大道建设为重点的城市基础设施建设，以穿洞文化园建设为重点的城市区块建设，注重生态文明，提升城市品位。把县城打造成“休闲城”、“健康城”，把工业园区打造成“创业城”。2015年，“六个一”工程完成70%以上，初具规模，再用5年时间不断提升和优化。完善城乡供水体系。积极配合做好黔中水利枢纽工程建设，争取利用黔中水利枢纽工程或从夜郎湖提水解决县城和工业园区供水，确保饮水安全。建设生态文明。大力做好节能减排，石漠化综合治理，林业生态建设等工作。

（四）坚持深化改革，扩大开放。要大力发展非公有制经济。坚持平等准入，公平待遇，发展与提高并重，因地制宜、分类指导，统筹兼顾，协调发展、合作共赢的原则，放宽准入条件。进一步完善《普定县发展非公有制经济暨招商引资实施细则（试行）》，切实对非公有制经济发展给予用地扶持、财政扶持、税费扶持。积极鼓励非公有制资本投资进入工业园区。对投资者创办城镇就业型、农副产品加工型、科技创新型、资源综合利用型、商贸物流型、城镇公益设施型等的要给予更大优惠和鼓励。加大招商引资。转变招商引资方式，要突出园区招商，重点是基础设施建设招商。对税收贡献率大，劳动力密集，土地利用率高的企业（项目），要给予更大的优惠和扶持，实施“以税定惠、以地定惠”政策；要突出以商引商，重点是环境招商。坚持依法行政，严格实行“五个不准”（不准巧立名目乱收费、不准设置障碍乱检查、不准违反规定乱处罚、不准假借名誉乱摊派、不准吃拿卡要乱索取）；突出小分队招商，重点是各级领导干部招商。要主动出击，克服坐等招商。要树立“人人都是发展环境，事事关乎发展环境”的理念，大力营造“亲商、爱商、安商、敬商”的良好环境。全力抓好项目的前期工作。做好做实项目库建设，加强项目建设的管理。谋划一批带动力强、附加值高的大项目、好项目，做好这些项目的可行性研究，加强项目库的建设和管理，加强跟踪对接，确保项目能落地建设。同时要增强商标意识和品牌意识，对一些产业的商标注册要加以保护和注册。进一步健全完善招商引资、争取国家项目的激励机制和财政税收的分成机制，建立鼓励民间资本参与城镇化建设的政策措施。

（五）破解两大难题。破解土地制约难题。按照占补平衡的原则，充分利用造地、土地整理、增减挂钩等政策，把有一定经济实力和就业途径的农民集中引导到城镇居住，通过土地置换，提高土地集约利用水平。统筹全县土地利用总体规划修编，合理安排工业发展用地和城市建设用地，做好土地收储和土地一级开发，每年收储土地2000亩。为全县工业化和城镇化发展用地提供保障。破解资金难题，要搭建融资平台。（1）增强和壮大夜郎国有资产投资运营有限责任公司融资的资本实力。将改制后的国有资产、国有闲置资产全部划转到夜郎国有资产投资运营有限责任公司，充实壮大国资公司资产规模。公司下设城市开发投资有限责任公司和工业园区建设开发有限责任公司。负责城市开发、工业园区内的所有基础性项目运作。（2）通过引资形式，引进有实力的担保机构落户普定，提升融资能力。（3）充分利用好省政府与国家开发银行签订的发展战略协议，主动与国家开发银行进行沟通联系，加强共同协作，积极争取贷款支持。

（六）加强社会管理。改革户籍管理制度。在城镇务工或者从事第二、三产业的人员及其共同居住的直系亲属；在城镇购买了商品房或有自建房的人员及其共同居住的直系亲属；在城镇投资经商的私营业主及其家属和因生产经营需要招聘的管理人员和技术人员及其家属；在城镇就业的大中专毕业生；在城镇投资办实业的外商及其家属。凡在上述范围内有合法固定的住所、稳定的职业或生活来源的人员及其共同居住生活的直系亲属，均可根据本人意愿，办理城镇居民户口。构建和谐社区。做好社区服务，建立便民利民服务中心，对符合低保条件的做到应保尽保。搞好社区环境，整顿社区容貌，整顿乱搭乱建，整顿环境卫生，为社区居民创造良好的生活环境。丰富社区文化，通过开展卓有成效的文化和全民健身活动，大力发展社区文化事业和普及全民健身运动。维护社区稳定，社区建有警务室，自保组织健全。公共服务体系建设。根据城镇发展需要，制定实施好学前教育、义务教育、高中和职业技术教育规划，保证教育资源均衡配置，提高农村劳动力素质和农村劳动力就业能力；制定实施好社区卫生服务中心（站）、乡镇卫生院和村卫生室规划；制定实施好公益性岗位规划，加大就业援助力度，完善就业服务体系。四是强化社会保障。努力改善农民工进城发展环境，在为农民工提供基本社会保障基础上，实现农民工就业创业、劳动报酬、子女就学、公共医疗、住房租购等与城镇居民享有同等待遇。

（七）狠抓维护社会稳定和安全生产。各级各部门要高度重视信访工作，严格按照“谁主管、谁负责”的原则，认真落实信访维稳事项包保责任制，做到“五包三推进”：包信息收集，包政策法规宣传，包稳控疏导，包个案解决，包送温暖办实事；推进帮扶政策落实，推进矛盾纠纷化解，推进和谐矿区、和谐村寨、和谐社区建设。严格落实安全生产责任制和安全生产事故责任追究制，加大技改资金投入，强化节能减排方式，完善安全生产措施，不定期开展安全生产专项整治，及时排查并彻底排除安全生产隐患，确保全县安全生产持续稳定好转。

四、高举发展、团结、奋斗的旗帜，全面加强党的建设

进一步解放思想。当前，要以开展“三个建设年”和“四帮四促”活动为抓手，在全县大兴解放思想之风，自觉把思想观念从四平八稳的思维方式和工作方式中解放出来，从各自为政和条条块块的利益格局中解放出来，从传统的计划经济体制机制障碍中解放出来。破除求稳怕乱当太平官的保守思想，树立不发展不行、发展慢了也不行、不科学发展更不行的进取意识。坚决破除贪图安逸、不思进取，小富即安、小进则满的小农思想，树立永不自满挑战自我的改革意识。破除墨守成规、亦步亦趋的封闭思想，树立敢为人先、紧跟时代的开放意识。只要符合科学发展观，就大胆地试、大胆地闯，努力形成你追我赶、奋勇争先、生动活泼的发展局面。加强干部队伍建设。一个地方的事业兴在干部，衰也在干部。要确立“以发展论优劣、凭实绩用干部、看德才定去留”和“凭能力不论资历，凭实绩不论关系，凭德才不论亲疏”的用人导向。要在推进工业化、城镇化建设的进程中培养、发现和使用干部，使想干事的有机会、会干事的有舞台、干成事的有地位，对不作为、乱作为的要给予通报批评、组织处理、纪律处分直至司法处理。加强人才队伍

建设。要不拘一格选拔人才、不拘一格引用人才，进一步增强开放观念，克服“见物不见人”和“重使用、轻培养”的倾向，坚持“不求所有、但求所用”的柔性引进人才原则。要树立科学人才观，鼓励人人都做贡献，人人都能成才，把各类人才的积极性和创造性充分发挥好、引导好、保护好，聚集到普定经济社会发展的事业上来。要大力发展职业技术教育，培养更多的技能型后备人才。加大对高技能人才培养的投入，开展优秀高技能人才培养选拔工作，形成长效机制，提高他们的地位和待遇，对专业技术人才采取特殊待遇，调动和发挥他们在产业发展中的积极性、创造性和带动性。下大力狠抓落实。实施工业化主导、城镇化带动战略的大政方针已定，现在的关键是真抓实干，狠抓落实。加快推进工业化、城镇化是一项长期的惠民利民工程，各级各部门要纳入重要议事日程，健全领导体制和工作机制。要创造“先干不争论、先试不议论、先做不空论”的舆论氛围，真正做到抓落实，敢于担当、敢于负责。各级各部门主要负责同志要亲自抓落实工作，分管领导要全身心投入组织实施具体工作。县四大班子领导干部，无论分管什么行业，也要围绕工业化、城镇化推动战略这一中心任务，开展各项工作，帮助协调解决实际问题。各级各部门之间要加强协调，积极配合，整合资源，形成合力，共同抓好加快推进建设中各项工作的落实。各级干部要放下架子、扑下身子，全身心投入到普定建设的各项事业之中，在发展中体现作为，在进取中展示形象，用务实的作风、优异的成绩取信于民。县委督查室、县政府督查室要加强跟踪调查督办，确保各项决策部署落实到实处。

2010年12月17日

县人民政府文件

普定县人民政府
关于印发普定县城乡困难
群众临时救助办法的通知

普府发〔2010〕2号

第一章 总 则

第一条 为提高对因临时性、突发性事件造成基本生活暂时困难群众的救助能力，进一步保障困难群众的基本生活权益，根据《民政部关于进一步建立健全临时救助制度的通知》（民发〔2007〕92号）、《安顺市城乡居民临时救助暂行办法》（安府办发〔2009〕125号）精神，结合普定县实际，制定本办法。

第二条 临时救助制度是社会救助体系建设的重要方面，是对城乡困难群众在日常生活中由于临时性、突发性等原因，经自身努力和相关政策救助后，暂时无法摆脱困境，造成家庭基本生活困难的，给予非定期、非定量生活救助的制度，是对城乡最低生活保障制度以及其他专项救助制度的有效补充。

第三条 临时救助工作原则

（一）坚持救急救难的原则；

（二）坚持公开、公平、公正的原则；

（三）坚持属地管理与分工负责相结合的原则；

（四）坚持自力更生、政府救助、社会互助相结合的原则。

第二章 救助对象、范围和标准

第四条 城乡困难临时救助实行属地管理，救助对象为：

（一）城乡最低生活保障家庭；

（二）城乡“三无”人员；

（三）城乡低收入家庭；

（四）在本行政区域内居住、就业一年以上的人户分离困难家庭人员；

（五）由县民政部门认定的其他特殊困难家庭。

第五条 临时救助的范围

（一）家庭成员患危重疾病，在扣除各种医疗保险、新型农村合作医疗保险、城镇居民基本医疗保险、民政医疗救助部分和其他社会帮困救助资金后，因个人负担的医疗费数额较大，直接导致家庭基本生活难以维持的；

（二）家庭成员遭遇车祸、溺水、矿难等人身意外伤害，在获得各种赔偿、保险、救助等资金后，个人负担仍然较重，导致家庭基本生活难以维持的；

（三）因火灾等突发性意外事件，造成家庭财产重大损失，导致家庭基本生活难以维持的；

（四）贫困家庭子女在高中阶段，经各种救助措施帮扶后，仍然无力支付教育费用的，或被国家国民教育正式录取的应届大学生，家庭无力支付入学报到费用的；

（五）其他特殊原因造成生活特别困难的家庭，经其他救助措施帮扶后，基本生活仍然难以维持的。

第六条 下列情形不属临时救助范围

（一）危害国家公共秩序和社会公共安全的；

（二）因打架斗殴、交通肇事、酗酒、赌博、吸毒等原因导致家庭生活困难的；

（三）参与政府明令禁止的非法组织活动的；

（四）拒绝管理机关调查、隐瞒或不提供家庭真实收入、出具虚假证明的；

（五）无理取闹或谩骂、侮辱、威胁工作人员的；

（六）县民政局根据法律、法规、规章认定的其他不予救助人员。

因流域性水灾、旱灾、风雹灾、地震等自然灾害，以及较大范围环境污染、破坏性灾害和不可抗拒因素造成社会性灾害的救助不适用本办法的救助范围。

（七）对路过本县的外地户籍人员的临时性救助不适用本办法。

第七条 临时救助标准及方式

临时救助标准根据救助对象造成困难的原因及家庭困难程度给予300元以上且不超过1000元的救助，救助标准根据普定县经济发展水平和财政状况适时调整。

临时救助属一次性救助，原则上一个家庭一年内只能申请享受一次救助，救助采取现金救助或实物救助的方式进行，一般以现金救助为主。对因重大事件造成家庭生活特别困难，超过以上救助范围或标准的，报县人民政府批准后给予救助。

第三章 申请和审批程序

第八条 临时救助按照“村（居）民申请、村（居）委会民主评议、张榜公示、乡镇审核、县民政部门审批”的程序办理。

（一）申请。申请享受临时救助的家庭，由户主或其代理人向户籍所在地乡（镇）社会事务办提出书面申请（需村、居民委员会签署初步意见），并提供以下证明材料：

1. 户口簿或户主身份证复印件；

2. 属城乡低保家庭的提供《城市居民最低生活保障证》或者《农村居民最低生活保障证》复印件，因民政部门原因暂时未发《保障证》的，需提供领取保障金的存折复印件；

3. 属“三无”人员的，提供《五保供养证》复印件；

4. 低收入家庭需提供家庭收入证明及家庭财产证明；

5. 受灾情况及各种赔偿、补偿、救助等证明材料；

6. 家庭重大支出证明；

7. 民政部门认为需要提供的其他相关证明材料。

提供上述复印件时必须提供原件，由乡（镇）社会事务办指定专人核对并在复印件上签注验讫意见。

（二）审核。乡（镇）社会事务办接到申请后，应及时会同村（居）委会开展入户调查、收入核定、民主评议、张榜公示（公示期不少于5天）等工作，对符合救助条件的，初步确定救助金额，填写由县民政部门印制的临时救助申请审批表，主管领导签署审核意见后报县民政局审批。

（三）审批。县民政局对乡（镇）上报材料进行审查，在3个工作日内及时作出审批决定，并将审批结果通过村（居）委会张榜公布。群众无异议的，按规定程序发放救助金；对不符合条件的，书面通知申请人，并告知不予救助的理由。

特殊紧急情况，可简化程序，随报随批。经集体研究，事后补充相关材料，完善相关手续。

（四）资金发放。临时救助金由县民政局委托乡（镇）社会事务办组织发放。县民政局定期审核并将审核结果汇总报县财政部门，县财政部门按规定拨付临时救助金。临时救助一般以现金救助为主，必要时也可按现金等价的物资救助。

第四章 基金筹集和管理

第九条 建立临时救助基金，资金来源为：

（一）县政府安排县级财政每年预算30万元救助资金，并根据财政状况适时作出调整。

（二）省、市级补助资金；

（三）彩票公益资金；

（四）社会捐赠资金；

（五）其他资金。

第十条 临时救助基金的管理。临时救助基金实行专户储存，专账管理，专款专用。县财政部门在民政专户下设立临时救助基金专账，用于办理临时救助资金的汇集、核拨、支付等业务。县民政局向县财政局提出临时救助资金支付计划，县财政局核拨临时救助资金至县民政局，由县民政局委托乡（镇）发放。

县民政局、各乡（镇）要设立临时救助基金专账，用于办理临时救助资金的核拨、支付和发放业务，并建立临时救助明细台账。

第五章 组织与实施

第十一条 城乡困难群众临时救助在县人民政府领导下，由相关职能部门负责组织实施。其具体职责是：

（一）县民政局是临时救助工作的业务主管部门，负责制订工作计划、核定审批临时救助对象、下发临时救助资金和日常工作的规范管理。有关部门要加强协调配合，各司其职，各尽其责。

（二）县财政局负责临时救助资金的筹集、及时足额拨付和监督检查，落实必要的工作经费，确保工作正常运转。

（三）县审计、监察部门负责对保障资金的审计监督。

（四）各乡（镇）人民政府负责本辖区临时救助政策宣传、受理、审核及临时救助金发放等。

（五）各村（居）委会受乡（镇）委托，承办临时救助的调查核实工作。

第六章 监督与管理

第十二条 从事城乡困难群众临时救助工作的人员有下列行为之一的，给予批评教育或者解聘，属于机关事业单位工作人员的，由其主管部门给予相应处理或者纪检监察机关视其情节依法给予党纪政纪处分；构成犯罪的，依法追究刑事责任：

（一）拒绝、阻碍城乡居民享受城乡困难群众临时救助待遇，对符合享受城乡困难群众临时救助条件的申请拒不接收、审核或审核后拒不上报或拒不审批的；

（二）为申请人申请城乡困难群众临时救助资格出具虚假证明的；

（三）对明知不符合享受城乡困难群众临时救助条件的，仍签署同意意见、审核上报、审批同意或者未对家庭收入情况进行核实，以及具有其他玩忽职守、徇私舞弊的；

（四）收受城乡困难群众临时救助对象财物的；

（五）贪污、挪用、扣压、拖欠城乡困难群众临时救助金的。

第十三条 城乡困难群众临时救助申请人员采取虚报、隐瞒、伪造等手段，骗取享受城乡困难群众临时救助的，由县民政局会同乡（镇）社会事务办依法追回。

第七章 附 则

第十四条 本办法由县民政局负责解释。

第十五条 本办法自2010年8月1日起施行。

2010年7月9日

关于加强普定县污水处理厂建设和运营管理的意见

普府发〔2010〕6号

普定县县城污水处理厂已经建成投产。“十二五”期间，全县将兴建八座乡（镇）污水处理厂。为了把普定县的污水处理项目建设好、管理好，确保减排目标任务的完成。现就如何加强普定县污水处理厂建设和运营管理工作提出如下意见。

一、提高对污水处理厂建设和运营管理工作紧迫感及责任感的认识。

随着中国经济的快速增长，各项建设取得巨大成就，但也付出巨大的资源和环境代价，经济发展与资源环境的矛盾日趋尖锐，群众对环境污染问题反映强烈，这个状况与经济结构不合理，增长方式粗放直接相关，在普定县这样一个欠发达欠开发的地方尤为突出。不转变增长方式，继续漠视环境，资源支撑不住，社会承受不起，经济发展难以为继。只有坚持节约发展、清洁发展、安全发展，才能实现经济又好又快发展。这是贯彻落实科学发展观，构建和谐社会的重大举措，是建设资源节约型、环境友好型社会的必然选择。

2009年，安顺市的减排目标排在全省后面，市政府要求普定县今年的污水进水量要达到供水量的80%，进水浓度要达到150mg/L，任务艰巨，完成目标困难很大，同时还存在减排工作中认识不到位、责任不明确、任务不具体、措施不配套、协调不得力等问题，这种状况若不及时扭转，不仅2010年的减排工作难以取得进展，减排目标也将难以实现。全县干部职工，要充分认识节能减排这一关系到可持续发展，关系到子孙后代生存的问题，增强紧迫感和责任感，切实行动起来，把节能减排工作抓好、抓实。

二、切实采取措施，加强污水处理项目的建

设和管理

城镇污水处理项目建设时间紧，污水减排目标任务重，必须采取有效措施，才能建设和运营好普定县的污水处理项目。

（一）规范城区排水制度。今后，在建设城市道路时，建设单位要一并考虑雨、污分流系统，将污水收集管网建设纳入项目规划、同步设计、同步建设、同步投入使用；对环境有影响的建设项目，环境影响评价未通过审批的，住建部门不予办理施工许可证等手续；住建部门在审批新建小区、居民新建和改建住房申请时，须要求排水系统必须按雨、污分流设计、施工，并分别接入市政污水收集管网，否则一律不予审批有关手续和办理房产手续；供电、供水部门不予办理供电和供水手续。环保部门要参与住房小区的验收。若城区污水收集管网未建设的，须将其污水排水系统建在住建部门指定的位置，同时要按照《城市排水许可管理办法》（建设部152号令）的要求，全面实施“排水许可证”制度，对生产、经营、服务实行排水许可管理。

（二）环保部门要加强对排污和污水处理的监管，对不按规定建设配套污水收集系统的小区、住房、厂矿等要提出处理意见，责令按规定建设排放；要派人进驻污水处理厂全天候监督和指导，确保达标排放，对不按规定处理排放的，予以处罚或处理。

（三）完善污水处理厂管理，保障污水处理厂正常运营。水利局和自来水公司要加强对城区污水收集系统的建设和管理，提高污水收集率和处理率。要建立正常运营的生产管理制度、安全生产制度、水质检测制度和建立生产运营台帐。要认真学习，熟练掌握污水处理工艺和技术，保证处理合格达标排放。对不能达标排放的，要查明原因，该追究责任的要追究责任。同时，要加快后续配套污水收集管网的申报和建设工作，逐步将各单位、小区、住户生活污水和工业废水纳入污水处理厂进行处理。要确保按照国家规定和市政府的要求接入污水和保证进水浓度，充分发挥污水处理设施的效益。

（四）落实污水处理信息公开报送工作责任。自来水公司要切实做好污水处理厂建设、运营信息的报送工作。对于谎报实际运营数据以及制造虚假数据的，相关行政主管部门要责令整改，对造成重大社会影响和严重经济损失的，要依法追究当事人责任并按规定做出处罚。各部门要逐步扩大城镇污水处理厂建设、运营信息公开的透明度，充分发挥舆论监督、社会监督和行业自律的作用，切实提高污水处理厂运营管理水平。

（五）住房和城乡建设局与自来水公司要着手编制县城污水处理系统规划，并按规划建设，避免建设和管理脱节及新建污水收集系统无法导入污水处理厂的情况发生。

（六）国土和住建部门在审批建设用地时，要将污水收集管道纳入保护范围，限制批准兴建永久性住房。

（七）项目规划乡（镇）要加快申报乡（镇）污水处理项目。按照国家十二五规划，普定县将继续申报和修建8座乡（镇）污水处理厂。各项目乡（镇）要按照省、市安排的乡（镇）污水处理厂项目建设任务，及时编制乡（镇）污水处理工程的初步设计方案，积极申报和组织建设。

三、加强组织领导和责任落实，确保普定县污水处理项目建设和减排目标任务完成。

污染减排是硬指标，硬任务，必须加强领导，相互配合，才能确保目标任务的完成。

（一）各乡（镇）和有关工作部门要进一步明确责任，有专人主抓和协调节能减排工作，进一步强化对减排工作的考核。

（二）要建立定期监督制度。每季度由县环保林业局牵头，督促污水管网建设和污水接入城市污水收集管网的进度，通报污水入网任务完成进度；加强环保执法，专项解决环境突出问题，定期通报环境违法行为和环保信用不良企业及工商业户。

（三）要广泛宣传，全民参与。深入贯彻落实《国务院节能减排行动方案》，广泛开展各类环境保护和污染减排宣传活动，弘扬生态文明，营造全社会参与的良好氛围。深入动员广大群众积极参与减排工作，加强对企业、工商户等的宣传，进一步提高企业治污减排主体责任意识，促使用户和企业自觉承担治污减排、保护环境的责任。引导养成绿色消费理念，倡导绿色消费观念，使全社会注重生态保护、节约资源。

2010年8月12日

关于修建普定至安顺城市大道的决定

普府发〔2010〕11号

按照省委、市委关于加快城镇化进程促进城乡协调发展的要求，普定结合自身实际，研究制定了《关于加快城镇化进程促进城乡协调发展的实施意见》，并对普定“十二五”期间的城镇化进程进行了科学规划。提出“力争用五年时间，实现再造一个新普定”的目标。为实现这一目标，普定在加快以循环工业基地和以黄桶物流园区建设为中心的同时，实施“六个一”工程（建设一条路基宽60米的“安普”城市大道，一个休闲健身公园，一个便民利民文化中心广场，一批中高档星级酒店，一个会展中心，一批生态住宅和商贸功能区），其中，把建设“安普”城市大道作为推动普定尽快融入安顺并与安顺市区同城化发展的重点工程。

建设“安普”城市大道是贯彻落实省委、市委关于实施工业化主导、城镇化带动战略的必然要求，是贯彻落实市委二届十一次全体（扩大）会议关于普定“撤县建区”和加快普定与安顺同城化发展的具体步骤。按照安顺市城镇总体规划，建设“百万人口生态旅游城市”，即到2030年，安顺市城区人口规模将超过100万，而普定正是安顺实现建成“百万人口生态旅游城市”的纵深腹地。建设“安普”城市大道，将把普定新老城区、普定循环经济工业基地、金铭科技工业园区、黄织铁路普定火车站、穿洞文化园、安顺民用航空国家高技术产业基地等紧密连为一体，不仅有利于加快发展和扩展普定城市规模，早日实现普定“撤县建区”目标；而且对加快全市工业化和城市化进程具有重大战略意义。

普定将紧紧抓住被确定为黔中经济区未来的增长极和重要的能源基地等战略机遇，以大交通促进大物流，通过“安普”城市大道建设，真正把普定建设成为黔中经济区名副其实的“健康城”、“休闲城”、“创业城”以及“循环工业示范基地”、“现代仓储物流基地”、“观光休闲基地”、“健康娱乐基地”。

为此，经县委、县人民政府经多次研究，决定修建“安普”城市大道，涉及的县直有关部门、乡镇要及时做好相关前期工作，尽早启动建设。

2010年10月25日

附：2010年度县委、县人大常委会、县人民政府发文目录

表一：2010年县委发文目录

文种标识：1. 普发

文　号	文件名称	发文时间
普发〔2010〕1号	中共普定县委关于进一步加强惩治和预防腐败体系建设的实施意见	2010年3月16日
普发〔2010〕2号	中共普定县委对召开普定县第十五届人民代表大会第五次会议的批复	2010年1月11日
普发〔2010〕3号	中共普定县委对召开政协第八届普定县委员会第五次全体会议的批复	2010年1月11日
普发〔2010〕4号	中共普定县委普定县人民政府关于成立创建文明县城、卫生县城、环保模范县、文化先进县工作领导小组的通知	2010年1月28日
普发〔2010〕5号	中国共产党普定县第十届委员会第八次全体会议决议	2010年1月15日
普发〔2010〕6号	中共普定县委普定县人民政府关于表彰2009年度综合目标考核先进乡（镇）的决定	2010年1月28日
普发〔2010〕7号	中共普定县委普定县人民政府关于转发安市发〔2010〕6号文件的通知	2010年2月10日

（续表）

文　号	文件名称	发文时间
普发〔2010〕8号	中共普定县委普定县人民政府关于加大统筹城乡发展力度进一步夯实农业农村发展基础的实施意见	2010年3月26日
普发〔2010〕9号	中共普定县委普定县人民政府关于表彰2009年度社会治安综合治理工作先进单位的决定	2010年4月30日
普发〔2010〕10号	中共普定县委普定县人民政府关于表彰钟忠等同志见义勇为先进个人的决定	2010年4月30日
普发〔2010〕11号	中共普定县委普定县人民政府关于全县学校、幼儿园及周边治安环境秩序整治的实施意见	2010年5月5日
普发〔2010〕12号	中共普定县委关于印发《关于开展“忠实践行宗旨、勤政廉政为民”教育巩固和扩大深入学习实践科学发展观活动成果的实施方案》的通知	2010年5月15日
普发〔2010〕13号	中共普定县委关于在全县基层党组织和党员中深入开展创先争优活动的实施意见	2010年5月15日
普发〔2010〕14号	中共普定县委关于对“5·13”重大责任事故有关人员进行问责的决定	2010年5月21日
普发〔2010〕15号	中共普定县委普定县人民政府关于表彰2007—2009年度“文明单位、文明村镇”的决定	2010年5月21日
普发〔2010〕16号	中共普定县委关于开展机关作风整顿提高机关工作效率的实施意见	2010年6月22日
普发〔2010〕17号	关于印发《中共普定县委关于开展“科学规范和有效监督县委书记用人行为”试点工作实施方案》的通知	2010年6月24日
普发〔2010〕18号	中共普定县委关于命名“五好”基层党组织和表彰优秀共产党员、优秀党务工作者、“十佳”村党支部书记的决定	2010年6月28日
普发〔2010〕19号	中共普定县委普定县人民政府关于普定县人民政府机构改革的实施意见	2010年7月13日
普发〔2010〕20号	中共普定县委普定县人民政府关于深化人口和计划生育综合改革推进“两个统筹”的意见	2010年7月15日
普发〔2010〕21号	中共普定县委关于开展农村“党员示范户”创建活动的意见	2010年9月13日
普发〔2010〕22号	共普定县委普定县人民政府普定县人民武装部关于通报表彰全县双拥工作（军〈警〉民共建）先进单位和先进个人的决定	2010年9月29日
普发〔2010〕23号	关于表彰普定县第二次民族团结进步先进集体、先进个人的决定	2010年10月10日
普发〔2010〕24号	中共普定县委普定县人民政府关于全力维护社会和谐稳定的实施意见	2010年11月28日
普发〔2010〕25号	关于在全县领导干部中开展“四帮四促”活动、进一步做好新形势下群众工作实施意见	2010年12月7日
普发〔2010〕26号	中共普定县委普定县人民政府关于扎实开展作风建设年、环境建设年、项目建设年活动的通知	2010年12月8日
普发〔2010〕28号	中共普定县委普定县人民政府关于印发《普定县招商引资办法（试行）》的通知	2010年12月25日
普发〔2010〕29号	中共普定县委普定县人民政府关于落实工业化主导和城镇化带动战略建设经济强县的实施意见	2010年12月31日
普发〔2010〕30号	中共普定县委普定县人民政府关于对普定县财政局给予奖励的通知	2010年12月31日
普发〔2010〕31号	中共普定县委普定县人民政府关于对普定县国家税务局给予奖励的通知	2010年12月31日

（续表）

文　号	文件名称	发文时间
普发〔2010〕32号	中共普定县委普定县人民政府关于对普定县国家税务局领导班子给予奖励的通知	2010年12月31日
普发〔2010〕33号	中共普定县委普定县人民政府关于对普定县国家税务局领导班子给予奖励的通知	2010年12月31日

2. 普党通字

文　号	文件名称	发文时间
普党通字〔2010〕1号	中共普定县委普定县人民政府关于成立县经济责任审计工作领导小组的通知	2010年1月28日
普党通字〔2010〕2号	中共普定县委关于在全县深入学习《中国共产党党员领导干部廉洁从政若干准则》的通知	2010年3月26日
普党通字〔2010〕3号	中共普定县委普定县人民政府关于贯彻落实省启动自然灾害Ⅰ级响应全力做好当前抗旱救灾工作的紧急通知	2010年3月22日
普党通字〔2010〕4号	中共普定县委关于在全县党员领导干部中开展廉政承诺活动的通知	2010年3月23日
普党通字〔2010〕5号	中共普定县委关于建立普定县警示诫勉工作联席会议制度的通知	2010年3月15日
普党通字〔2010〕6号	中共普定县委普定县人民政府关于转发安市通字〔2010〕4号文件的通知	2010年4月9日
普党通字〔2010〕7号	中共普定县委关于杨华献同志停职检查的通知	2010年5月14日
普党通字〔2010〕8号	中共普定县委关于选聘普定县民主评议行风评议代表的通知	2010年5月24日
普党通字〔2010〕9号	中共普定县委关于成立全县基层党组织和广大党员创先争优活动领导小组的通知	2010年5月22日
普党通字〔2010〕10号	中共普定县委关于成立“科学规范和有效监督县委书记用人行为”试点工作领导小组的通知	2010年6月24日
普党通字〔2010〕11号	中共普定县委普定县人民政府关于做好当前防汛工作预防地质灾害发生的紧急通知	2010年6月28日
普党通字〔2010〕12号	中共普定县委关于调整县委常委工作分工的通知	2010年9月2日
普党通字〔2010〕13号	中共普定县委关于调整充实县春晖行动工作领导小组的通知	2010年9月6日
普党通字〔2010〕14号	中共普定县委关于调整“科学规范和有效监督县委书记用人行为”试点工作领导小组的通知	2010年9月10日
普党通字〔2010〕15号	中共普定县委关于调整充实县委党的建设工作领导小组的通知	2010年9月10日
普党通字〔2010〕16号	中共普定县委关于调整充实全县基层党组织和广大党员创先争优活动领导小组的通知	2010年9月10日
普党通字〔2010〕17号	中共普定县委关于调整贯彻落实《建立健全惩治和预防腐败体系2008—2012年工作规划》领导小组的通知	2010年9月10日
普党通字〔2010〕18号	中共普定县委关于调整干部教育培训工作领导小组的通知	2010年9月10日
普党通字〔2010〕19号	中共普定县委关于调整普定县社会主义新农村建设领导小组的通知	2010年9月10日
普党通字〔2010〕20号	中共普定县委关于调整县委常委联系党外干部的通知	2010年9月10日
普党通字〔2010〕21号	中共普定县委关于调整党风廉政建设责任制领导小组的通知	2010年9月10日
普党通字〔2010〕22号	中共普定县委普定县人民政府关于调整国民经济和社会发展第十二个五年规划工作领导小组的通知	2010年9月10日

（续表）

文　号	文件名称	发文时间
普党通字〔2010〕23号	中共普定县委关于调整普定县“整脏治乱”专项行动领导小组的通知	2010年9月10日
普党通字〔2010〕24号	中共普定县委普定县人民政府关于调整创建文明县城、卫生县城、环保模范县、文化先进县工作领导小组的通知	2010年9月10日
普党通字〔2010〕25号	中共普定县委关于调整中共普定县委党史工作领导小组的通知	2010年9月10日
普党通字〔2010〕26号	中共普定县委关于调整普定县国家安全领导小组的通知	2010年9月10日
普党通字〔2010〕27号	中共普定县委普定县人民政府普定县人民武装部关于调整县国防动员委员会成员的通知	2010年9月10日
普党通字〔2010〕28号	中共普定县委关于调整充实县关心下一代工作委员会的通知	2010年9月10日
普党通字〔2010〕29号	中共普定县委关于调整充实全县基层党组织和广大党员创先争优活动领导小组的通知	2010年5月15日
普党通字〔2010〕30号	中共普定县委关于落实县委常委会2010年度民主生活会征求到的意见和建议责任分解的通知	2010年11月11日
普党通字〔2010〕31号	中共普定县委关于成立中国共产党普定循环工业基地管理处工作委员会的通知	2010年12月14日
普党通字〔2010〕32号	中共普定县委关于姜开贵同志工作分工的通知	2010年12月15日
普党通字〔2010〕33号	中共普定县委关于部分机构组建党组的通知	2010年12月31日

3. 普县干任

文　号	文件名称	发文时间
普县干任〔2010〕1号	关于朱怀义等同志任职的通知	2010年1月8日
普县干任〔2010〕2号	关于谢兴柱等同志任职的通知	2010年1月8日
普县干任〔2010〕3号	关于郑荣华同志任职的通知	2010年1月8日
普县干任〔2010〕4号	关于陈波同志免职的通知	2010年1月25日
普县干任〔2010〕6号	关于黎廷宇同志挂任职务的通知	2010年1月25日
普县干任〔2010〕8号	关于贾正宁同志不再担任职务的通知	2010年3月8日
普县干任〔2010〕9号	关于普定县龙场乡第十六届人民代表大会第六次会议选举结果的通知	2010年3月31日
普县干任〔2010〕10号	关于普定县鸡场坡乡第十六届人民代表大会第六次会议选举结果的通知	2010年3月31日
普县干任〔2010〕11号	关于普定县猴场苗族仡佬族乡第十六届人民代表大会第六次会议选举结果的通知	2010年3月31日
普县干任〔2010〕12号	关于刘淑兰等同志不再担任职务的通知	2010年4月26日
普县干任〔2010〕13号	关于杨再春等同志挂任职务的通知	2010年4月26日
普县干任〔2010〕14号	关于汤力同志挂任职务的通知	2010年4月26日
普县干任〔2010〕15号	关于卢富华等同志挂任职务的通知	2010年4月26日
普县干任〔2010〕16号	关于徐东风等同志撤职的通知	2010年5月14日
普县干任〔2010〕17号	关于杨仕志同志撤职的通知	2010年5月14日

（续表）

文　号	文件名称	发文时间
普县干任〔2010〕18号	关于张和中等同志任免职的通知	2010年5月20日
普县干任〔2010〕19号	关于曹正刚等同志任免职的通知	2010年5月20日
普县干任〔2010〕20号	关于李兴武等同志任免职的通知	2010年5月20日
普县干任〔2010〕21号	关于朱贵江同志任职的通知	2010年5月20日
普县干任〔2010〕22号	关于朱贵江同志免职的通知	2010年5月20日
普县干任〔2010〕23号	关于王睿同志挂任职务的通知	2010年5月20日
普县干任〔2010〕25号	关于李大伟同志正式任职的通知	2010年6月18日
普县干任〔2010〕26号	关于夏景行等同志正式任职的通知	2010年6月18日
普县干任〔2010〕27号	关于组建中共普定县人民政府办公室党组及熊晓春等同志任职的通知	2010年7月13日
普县干任〔2010〕28号	关于组建中共普定县发展和改革局党组及吴俊等同志任职的通知	2010年7月13日
普县干任〔2010〕29号	关于组建中共普定县教育和科技局（知识产权局）党组及黄小平等同志任免职的通知	2010年7月13日
普县干任〔2010〕30号	关于组建中共普定县工业和经济贸易局（煤炭管理局）党组及吴福兴等同志任职的通知	2010年7月14日
普县干任〔2010〕31号	关于组建中共普定县民族事务局（宗教事务局）党组及王永田等同志任免职的通知	2010年7月14日
普县干任〔2010〕32号	关于严俊等同志任职的通知	2010年7月14日
普县干任〔2010〕33号	关于组建中共普定县民政局党组及黄仕慧等同志任职的通知	2010年7月13日
普县干任〔2010〕34号	关于王荣华等同志任免职的通知	2010年7月13日
普县干任〔2010〕35号	关于组建中共普定县财政局党组及郑厚茂等同志任职的通知	2010年7月13日
普县干任〔2010〕36号	关于组建中共普定县人力资源和社会保障局党组及徐兵等同志任职的通知	2010年7月13日
普县干任〔2010〕37号	关于杨阳等同志任职的通知	2010年7月13日
普县干任〔2010〕38号	关于组建中共普定县环境保护和林业局党组及夏德刚等同志任职的通知	2010年7月13日
普县干任〔2010〕39号	关于组建中共普定县住房和城乡建设局（城市综合执法局）党组及华逢松等同志任职的通知	2010年7月13日
普县干任〔2010〕40号	关于组建中共普定县交通运输局党组及李大勇等同志任职的通知	2010年7月13日
普县干任〔2010〕41号	关于组建中共普定县农业局（畜牧兽医局、扶贫开发办公室）党组及林龙等同志任职的通知	2010年7月13日
普县干任〔2010〕42号	关于组建中共普定县水利局党组及黄平等同志任职的通知	2010年7月13日
普县干任〔2010〕43号	关于组建中共普定县文体广电旅游局（新闻出版局<版权局>）党组及帅昕等同志任职的通知	2010年7月14日
普县干任〔2010〕44号	关于组建中共普定县卫生和食品药品监督管理局党组及黄凯等同志任免职的通知	2010年7月13日
普县干任〔2010〕45号	关于组建中共普定县人口和计划生育局党组及李兆颖等同志任职的通知	2010年7月13日
普县干任〔2010〕46号	关于组建中共普定县审计局党组及徐琼等同志任职的通知	2010年7月13日

（续表）

文　号	文件名称	发文时间
普县干任〔2010〕47 号	关于组建中共普定县统计局党组及高励等同志任职的通知	2010 年 7 月 13 日
普县干任〔2010〕48 号	关于组建中共普定县安全生产监督管理局党组及朱贵江等同志任职的通知	2010 年 7 月 13 日
普县干任〔2010〕49 号	关于组建中共普定县档案局（党史研究室、地方志编纂委员会办公室、档案馆）党组及刘欣聿等同志任免职的通知	2010 年 7 月 13 日
普县干任〔2010〕50 号	关于组建中共普定县水利水电工程移民局党组及赵光胜等同志任职的通知	2010 年 7 月 13 日
普县干任〔2010〕51 号	关于组建中共普定县供销合作社联合社党组及杨良晶等同志任职的通知	2010 年 7 月 13 日
普县干任〔2010〕52 号	关于组建中共普定县农业机械服务中心党组及陈波等同志任职的通知	2010 年 7 月 13 日
普县干任〔2010〕53 号	关于县人民政府组成部门机构改革有关人事安排的通知	2010 年 7 月 13 日
普县干任〔2010〕54 号	关于胡军等同志任免职的通知	2010 年 7 月 13 日
普县干任〔2010〕55 号	关于章京鸣等同志任免职的通知	2010 年 7 月 13 日
普县干任〔2010〕56 号	关于组建普定县教育和科技局（知识产权局）及徐泽琳等同志任免职的通知	2010 年 7 月 13 日
普县干任〔2010〕57 号	关于组建普定县工业和经济贸易局（煤炭管理局）及杨雪峰等同志任免职的通知	2010 年 7 月 14 日
普县干任〔2010〕58 号	关于张家勇等同志任免职的通知	2010 年 7 月 13 日
普县干任〔2010〕59 号	关于组建普定县环境保护和林业局及康必友等同志任免职的通知	2010 年 7 月 13 日
普县干任〔2010〕60 号	关于组建普定县住房和城乡建设局（城市综合执法局）及王竞等同志任免职的通知	2010 年 7 月 13 日
普县干任〔2010〕61 号	关于组建普定县交通运输局及张慎平等同志任免职的通知	2010 年 7 月 13 日
普县干任〔2010〕62 号	关于组建普定县农业局（畜牧兽医局、扶贫开发办公室）及郑亚平等同志任免职的通知	2010 年 7 月 13 日
普县干任〔2010〕63 号	关于组建普定县文体广电旅游局（新闻出版社<版权局>）及帅昕等同志任免职的通知	2010 年 7 月 14 日
普县干任〔2010〕64 号	关于组建普定县卫生和食品药品监督管理局及黄凯等同志任免职的通知	2010 年 7 月 13 日
普县干任〔2010〕65 号	关于王建红等同志任免职的通知	2010 年 7 月 13 日
普县干任〔2010〕66 号	关于周启发等同志任免职的通知	2010 年 7 月 13 日
普县干任〔2010〕67 号	关于董文等同志任免职的通知	2010 年 7 月 13 日
普县干任〔2010〕68 号	关于陈波等同志任免职的通知	2010 年 7 月 13 日
普县干任〔2010〕69 号	关于吴超志免职的通知	2010 年 7 月 13 日
普县干任〔2010〕70 号	关于杨俊等同志挂任职务的通知	2010 年 7 月 13 日
普县干任〔2010〕71 号	关于罗亚玲同志不再担任职务的通知	2010 年 7 月 13 日
普县干任〔2010〕72 号	关于王定明同志任职的通知	2010 年 7 月 13 日
普县干任〔2010〕73 号	关于李润英等同志不再担任职务的通知	2010 年 9 月 13 日
普县干任〔2010〕74 号	关于张蓝艺同志任职的通知	2010 年 9 月 13 日
普县干任〔2010〕75 号	关于何隽同志挂任职务的通知	2010 年 10 月 10 日

（续表）

文　号	文件名称	发文时间
普县干任〔2010〕76号	关于吴能正等同志免职的通知	2010年10月10日
普县干任〔2010〕77号	关于吴能正同志免职的通知	2010年10月28日
普县干任〔2010〕78号	关于吴国虹同志免职的通知	2010年11月23日
普县干任〔2010〕79号	关于胡军同志免职的通知	2010年11月23日
普县干任〔2010〕80号	关于胡军等同志任免职的通知	2010年11月23日
普县干任〔2010〕81号	关于黄克让同志不再担任职务的通知	2010年11月23日
普县干任〔2010〕82号	关于姜开贵同志任职的通知	2010年12月3日
普县干任〔2010〕83号	关于黄克让同志享受待遇的通知	2010年12月3日
普县干任〔2010〕84号	关于李正权等同志享受待遇的通知	2010年12月3日
普县干任〔2010〕85号	关于齐维林同志任职的通知	2010年12月3日
普县干任〔2010〕86号	关于胡绪波同志挂任职的通知	2010年12月3日
普县干任〔2010〕87号	关于姜开贵同志任职的通知	2010年12月3日
普县干任〔2010〕88号	关于齐维林等同志任免职的通知	2010年12月3日
普县干任〔2010〕89号	关于李显风等同志不再担任职务的通知	2010年12月3日
普县干任〔2010〕90号	关于胡绪波同志挂任职的通知	2010年12月3日
普县干任〔2010〕91号	关于吴国虹同志工作调动的通知	2010年12月3日
普县干任〔2010〕92号	关于黄小平同志免职的通知	2010年12月16日
普县干任〔2010〕94号	关于黄经伦等同志享受待遇的通知	2010年12月31日
普县干任〔2010〕95号	关于邱梦飞等同志任免职的通知	2010年12月31日
普县干任〔2010〕96号	关于梁明霞等同志任免职的通知	2010年12月31日
普县干任〔2010〕97号	关于叶职同志免职的通知	2010年12月31日
普县干任〔2010〕98号	关于朱贵江同志免职的通知	2010年12月31日
普县干任〔2010〕99号	关于张勇同志任职的通知	2010年12月31日
普县干任〔2010〕100号	关于方敏等同志任职的通知	2010年12月31日

表二：2010年县人大常委会发文目录

文种标识：普人常

文　号	文件名称	发文时间
普人常〔2010〕1号	关于补选张庆元等同志为县乡人民代表大会代表的决定	2010年1月8日
普人常〔2010〕2号	普定县人大常委会2010年例会议题计划	2010年1月11日
普人常〔2010〕3号	关于确定乡镇人代会召开时间的通知	2010年1月11日
普人常〔2010〕5号	关于陈登荣同志辞职的通知	2010年1月11日
普人常〔2010〕6号	关于免去陈波同志职务的通知	2010年2月5日
普人常〔2010〕7号	关于任命黎廷宇同志职务的通知	2010年2月5日
普人常〔2010〕8号	普定县人大常委会关于普定县人民政府2009年县级财政收支预算调整（方案）报告的决议	2010年2月5日

（续表）

文　号	文件名称	发文时间
普人常〔2010〕9号	关于汤力同志任职的决定	2010年5月27日
普人常〔2010〕10号	关于免去朱贵江同志职务的决定	2010年5月27日
普人常〔2010〕11号	关于陈航等同志任免职务的决定	2010年5月27日
普人常〔2010〕12号	普定县人民代表大会常务委员会关于《安顺普定循环经济工业基地控制性详细规划》的审议决定	2010年5月27日
普人常〔2010〕13号	普定县人大常委会关于普定县人民政府2010年农村低保核查扩面工作情况报告的审议意见	2010年5月27日
普人常〔2010〕14号	普定县人大常委会关于普定县人民政府“县为单位整合资金整村推进连片开发”试点工作实施情况报告的审议意见	2010年5月27日
普人常〔2010〕15号	普定县人民代表大会常务委员会关于普定县人民法院2009年以来开展执行工作情况报告的审议意见	2010年5月27日
普人常〔2010〕16号	普定县人大常委会关于普定县人民政府贯彻实施《中华人民共和国城乡规划法》情况及2009年以来城建工作情况的审议意见	2010年5月27日
普人常〔2010〕17号	普定县人大常委会关于对创建“平安普定”活动视察报告的处理意见	2010年5月27日
普人常〔2010〕18号	普定县人大常委会关于对县人民检察院开展反渎职侵权和“三项重点”工作情况视察报告的处理意见	2010年5月27日
普人常〔2010〕19号	普定县人大常委会关于县人民政府贯彻实施中华人民共和国《消防法》及消防工作情况视察报告的处理意见	2010年5月27日
普人常〔2010〕20号	普定县人大常委会关于对县人民政府开展“五五”普法依法治理工作情况视察报告的处理意见	2010年5月27日
普人常〔2010〕21号	普定县人民代表大会常务委员会关于同意普定县人民政府“农村危房改造投资补助项目款”本息偿还资金全额纳入县级财政预算报告的决定	2010年6月22日
普人常〔2010〕22号	关于对人大代表建议、批评和意见的办理意见	2010年6月29日
普人常〔2010〕23号	普定县人大常委会2010年上半年工作总结	2010年7月1日
普人常〔2010〕24号	普定县人民代表大会常务委员会关于对普定县农村信用合作联社支持“三农”发展工作情况报告的审议意见	2010年7月29日
普人常〔2010〕25号	普定县人民代表大会常务委员会关于普定县2009年财政决算的决议	2010年7月29日
普人常〔2010〕26号	普定县人民代表大会常务委员会关于普定县2009年度财政预算执行和其他财政收支审计工作报告的审议意见	2010年7月29日
普人常〔2010〕27号	普定县人民代表大会常务委员会关于对县人民政府贯彻实施《中华人民共和国传染病防治法》及疾病预防控制工作情况报告的审议意见	2010年7月29日
普人常〔2010〕28号	普定县人大常委会关于县人民政府灾后重建项目资金贷款报告的审查决定	2010年7月29日
普人常〔2010〕29号	普定县人大常委会关于县人民政府动支预备费报告的批复	2010年7月29日
普人常〔2010〕30号	关于梁明霞等同志任免职的决定	2010年7月29日
普人常〔2010〕31号	关于陈永祥等同志任免职的决定	2010年7月29日
普人常〔2010〕32号	关于调整普定县第十五届人大常委会主任、副主任工作分工的通知	2010年10月11日
普人常〔2010〕33号	普定县人民代表大会常务委员会关于普定县2010年1～8月财政预算执行情况及后四个月工作安排报告的审议意见	2010年9月28日

（续表）

文　号	文件名称	发文时间
普人常〔2010〕34号	普定县人民代表大会常务委员会关于普定县2010年1~8月国民经济和社会发展计划执行情况及后四个月工作安排报告的审议意见	2010年9月28日
普人常〔2010〕35号	普定县人民代表大会常务委员会关于对县人民政府2009年以来劳动和社会保障工作情况报告的审议意见	2010年9月28日
普人常〔2010〕36号	关于普定县第十五届人大代表视察“四创”工作情况的意见和建议	2010年10月10日
普人常〔2010〕37号	关于补选彭贤伦同志为普定县第十五届人民代表大会代表的决定	2010年10月12日
普人常〔2010〕38号	关于何隽同志任职的决定	2010年10月13日
普人常〔2010〕39号	普定县人民代表大会常务委员会关于普定县人民政府《关于融资解决普定循环经济工业基地工业大道项目建设资金问题的报告》的审查决定	2010年11月26日
普人常〔2010〕40号	普定县人大常委会关于县人民政府贯彻实施《中华人民共和国环境保护法》及环境保护、节能减排工作情况报告的审议意见	2010年11月26日
普人常〔2010〕41号	普定县人大常委会对县人民政府《关于县十五届人大五次会议代表建议、批评和意见办理工作情况的报告》的审议意见	2010年11月26日
普人常〔2010〕42号	普定县人民代表大会常务委员会关于对县人民政府贯彻实施《娱乐场所管理条例》及2009年以来文化工作情况报告的审议意见	2010年11月26日
普人常〔2010〕43号	普定县人民代表大会常务委员会关于普定县一中创办省级示范性高中情况报告的建议	2010年11月26日
普人常〔2010〕44号	关于免去吴国虹同志职务的决定	2010年11月26日
普人常〔2010〕45号	关于黄克让同志不再担任职务的决定	2010年11月26日
普人常〔2010〕46号	省十一届、市二届人大代表视察普定县“四创”工作和社会治安综合治理工作报告	2010年11月26日
普人常〔2010〕47号	关于齐维林等同志任职的决定	2010年12月6日
普人常〔2010〕48号	关于调整普定县第十五届人大常委会主任、副主任工作分工的通知	2010年12月6日
普人常〔2010〕49号	普定县人民代表大会常务委员会关于县人民政府《关于土地储备贷款本息归还的报告》的审查决定	2010年12月7日
普人常〔2010〕50号	关于补选彭贤伦同志为安顺市第二届人大代表的选举结果报告	2010年12月7日
普人常〔2010〕51号	普定县人大常委会关于在全体领导干部中开展“四帮四促”活动进一步做好新形势下群众工作的实施意见	2010年12月7日
普人常〔2010〕52号	普定县人大常委会开展作风建设年实施方案	2010年12月7日
普人常〔2010〕53号	普定县人大常委会开展环境建设年实施方案	2010年12月7日
普人常〔2010〕54号	普定县人大常委会开展项目建设年实施方案	2010年12月7日
普人常〔2010〕55号	普定县人大常委会“三个建设年”、“四帮四促”、“十大民生工程”领导小组	2010年12月7日
普人常〔2010〕56号	普定县人大常委会2011年度十大民生工程实施方案	2010年12月7日
普人常〔2010〕57号	普定县人大常委会工作总结	2010年12月13日

表三：2010 年县人民政府发文目录

文种标识：1. 普府发

文　号	文件名称	发文时间
普府发〔2010〕1 号	普定县人民政府关于 2010 年度春耕生产的安排意见	2010 年 3 月 26 日
普府发〔2010〕2 号	关于印发普定县城乡困难群众临时救助办法的通知	2010 年 7 月 9 日
普府发〔2010〕3 号	关于 2010 年度茶叶生产工作的安排意见	2010 年 7 月 22 日
普府发〔2010〕4 号	关于对 2009 年度茶叶种植先进乡镇（大户）进行表彰的决定	2010 年 7 月 22 日
普府发〔2010〕5 号	关于对先进茶叶企业进行表彰的决定	2010 年 7 月 22 日
普府发〔2010〕6 号	关于印发普定县政府性债务管理办法（试行）的通知	2010 年 8 月 17 日
普府发〔2010〕6 号	关于加强普定县污水处理厂建设和运营管理的意见	2010 年 8 月 22 日
普府发〔2010〕7 号	普定县人民政府关于 2010 年秋冬季农业生产的意见	2010 年 8 月 30 日
普府发〔2010〕8 号	关于印发普定县城市居民最低生活保障实施办法的通知	2010 年 8 月 18 日
普府发〔2010〕9 号	普定县人民政府普定县人民武装部关于调整县征兵工作领导小组成员的通知	2010 年 10 月 22 日
普府发〔2010〕10 号	关于 2011 年森林防火工作安排的意见	2010 年 11 月 15 日
普府发〔2010〕11 号	关于修建普定至安顺城市大道的决定	2010 年 10 月 25 日

2. 普府通字

文　号	文件名称	发文时间
普府通字〔2010〕1 号	关于对 2009 年度安全生产工作先进单位、先进个人进行表彰的通报	2010 年 2 月 2 日
普府通字〔2010〕2 号	普定县人民政府关于对普定县档案局行政执法人员执法资格公示的通告	2010 年 2 月 26 日
普府通字〔2010〕2 号	普定县人民政府关于对 2009 年度社会消防安全工作先进单位和先进个人进行表彰的通报	2010 年 3 月 11 日
普府通字〔2010〕3 号	关于对 2009 年度卫生工作综合目标考核结果进行奖励的通报	2010 年 4 月 6 日
普府通字〔2010〕4 号	关于普定至安顺暨安顺西绕城高速公路征地范围内坟墓搬迁的通告	2010 年 4 月 8 日
普府通字〔2010〕5 号	关于对 2009 年农村危房改造工作中的先进集体及先进个人进行表彰的通报	2010 年 4 月 9 日
普府通字〔2010〕6 号	关于对煤炭局补郎验票站工作人员肖跃等三人收取好处费私放车辆的通报	2010 年 4 月 20 日
普府通字〔2010〕7 号	普定县人民政府关于 2010 年度第一批次工业用地征收土地的公告	2010 年 5 月 4 日
普府通字〔2010〕8 号	普定县人民政府关于 2010 年度第一批次城镇建设用地征收土地的公告	2010 年 5 月 4 日
普府通字〔2010〕9 号	普定县人民政府关于 2010 年度第二批次城镇建设用地征收土地的公告	2010 年 5 月 4 日
普府通字〔2010〕10 号	普定县人民政府关于 2010 年度第二批次工业用地征收土地的公告	2010 年 5 月 4 日
普府通字〔2010〕11 号	关于对 2009 年度茶叶生产工作检查考核情况的通报	2010 年 7 月 22 日
普府通字〔2010〕12 号	普定县人民政府关于黔中水利枢纽一期工程建设项目征地前公告	2010 年 7 月 26 日
普府通字〔2010〕13 号	关于普定县人民防空音响警报试鸣演练的通告	2010 年 9 月 3 日
普府通字〔2010〕14 号	关于六枝工矿集团化处公司战略装车点项目征收土地补偿安置标准公告	2010 年 9 月 27 日

（续表）

文　号	文件名称	发文时间
普府通字〔2010〕15 号	普定县人民政府关于2010年度第三批次工业用地征收土地公告	2010年10月28日
普府通字〔2010〕16 号	普定县人民政府关于2010年度第四批次工业用地征收土地公告	2010年10月28日
普府通字〔2010〕17 号	普定县人民政府关于2010年度第五批次工业用地征收土地的公告	2010年10月25日
普府通字〔2010〕18 号	普定县人民政府关于2010年度第三批次城镇建设用地征收土地的公告	2010年10月25日
普府通字〔2010〕19 号	关于对化处镇政府职工杨涛公款私存情况进行批评的通报	2010年12月13日
普府通字〔2010〕20 号	普定县人民政府关于对2010年度烟叶生产目标考核结果进行奖励的通报	2010年12月24日

3. **普府干字**

文　号	文件名称	发文时间
普府干字〔2010〕1 号	关于徐东风等同志撤职的通知	2010年5月17日
普府干字〔2010〕2 号	关于朱贵江同志任职的通知	2010年5月21日
普府干字〔2010〕3 号	关于王睿同志挂任职务的通知	2010年5月21日
普府干字〔2010〕4 号	关于夏景行等同志正式任职的通知	2010年6月18日
普府干字〔2010〕5 号	关于胡军等同志任免职的通知	2010年7月14日
普府干字〔2010〕6 号	关于章京鸣等同志任免职的通知	2010年7月14日
普府干字〔2010〕7 号	关于组建普定县教育和科技局（知识产权局）及徐泽琳等同志任免职的通知	2010年7月14日
普府干字〔2010〕8 号	关于张家勇等同志任免职的通知	2010年7月14日
普府干字〔2010〕9 号	关于组建普定县环境保护和林业局及康必友等同志任免职的通知	2010年7月14日
普府干字〔2010〕10 号	关于组建普定县住房和城乡建设局（城市综合执法局）及王竞等同志任免职的通知	2010年7月14日
普府干字〔2010〕11 号	关于组建普定县交通运输局及张慎平等同志任免职的通知	2010年7月14日
普府干字〔2010〕12 号	关于组建普定县农业局（畜牧兽医局、扶贫开发办公室）及郑亚平等同志任免职的通知	2010年7月14日
普府干字〔2010〕13 号	关于组建普定县文体广电旅游局（新闻出版局〈版权局〉）及帅昕等同志任免职的通知	2010年7月14日
普府干字〔2010〕14 号	关于组建普定县卫生和食品药品监督管理局及黄凯等同志任免职的通知	2010年7月14日
普府干字〔2010〕15 号	关于王建红等同志任免职的通知	2010年7月14日
普府干字〔2010〕16 号	关于周启发等同志任免职的通知	2010年7月14日
普府干字〔2010〕17 号	关于董文等同志任免职的通知	2010年7月14日
普府干字〔2010〕18 号	关于吴超志免职的通知	2010年7月14日
普府干字〔2010〕19 号	关于组建普定县工业和经济贸易局（煤炭管理局）及杨雪峰等同志任免职的通知	2010年7月14日
普府干字〔2010〕20 号	关于陈波等同志任免职的通知	2010年7月14日
普府干字〔2010〕21 号	关于王定明同志任职的通知	2010年8月2日
普府干字〔2010〕22 号	关于胡军同志免职的通知	2010年11月30日
普府干字〔2010〕23 号	关于黄小平同志免职的通知	2010年12月24日

附　录

先进名录

2010 年市级以上先进集体名录

受表彰集体	表彰单位	表彰名称	表彰时间
国电安顺发电有限公司工会	中华全国总工会	全国“安康杯”竞赛活动优胜企业	2010 年 1 月
国电安顺发电有限公司党委工作部	中国国电集团公司	文明单位	2010 年 1 月
国电安顺发电有限公司财务产权部	中国国电集团公司	国电集团公司 2010 年度资本运营与产权管理先进单位——国电二级奖状	2010 年 12 月
国电安顺发电有限公司计划营销部	中国国电集团公司	市场营销工作先进单位	2010 年 1 月
普定县教育局	教育部	全国第三届中小学生艺术展演活动优秀组织奖	2010 年 2 月
普定县图书馆	国家文化部	普定县图书馆被国家文化部命名为三级图书馆	2010 年 5 月
普定县工商局	国家工商行政管理总局	2006—2010 年全国工商行政管理系统法制宣传教育先进集体	2010 年 9 月
普定射弩队	国家民委、国家体育局	2010 年全国射弩邀请赛混合团体第三名	2010 年 12 月
中共普定县委办公室	中共贵州省委办公厅	先进单位	2010 年 10 月
白岩镇党委	中共贵州省委组织部、贵州省文明办、贵州省农委、贵州省教育厅、共青团贵州省委	春晖行动贡献奖	2010 年 11 月
普定县工商局	省委宣传部、省依法治省工作领导小组办公室、省司法厅	学法用法示范机关	2010 年 8 月
普定县环保局	贵州省第一次污染源普查领导小组办公室、省环保厅、省统计局、省农业委员会	先进集体	2010 年 7 月
普定教育局教研室	省教科所、省地理学会省地理教学研究会	“贵州省第二届中学生地理小论文评比”活动组织奖	2010 年 6 月
普定县教育局关心下一代工作委员会	省关心下一代工作委员会省精神文明指导委员会办公室	先进集体	2010 年 12 月
马官镇	省社会劳动保障厅、省计生协会	计生协会“三等功”	2010 年
普定县文化信息资源共享支中心	贵州省文化厅	省优秀支中心	2010 年 5 月
马官镇	贵州省群艺馆	群众文化活动示范基地	2010 年
普定射弩队	贵州省民委、贵州省体育局	全省第七届民运会标准弩男子团体第一名	2010 年 9 月
普定射弩队	贵州省民委、贵州省体育局	全省第七届民运会标准弩混合团体第一名	2010 年 9 月

（续表）

受表彰集体	表彰单位	表彰名称	表彰时间
普定射弩队	贵州省民委、贵州省体育局	全省第七届民运会传统弩男子团体第二名	2010年9月
普定射弩队	贵州省民委、贵州省体育局	全省第七届民运会传统弩混合团体第三名	2010年9月
普定县地税局	贵州省地方税务局	地税系统全省第一批民主评议先进单位	2010年12月
国电安顺发电有限公司	省经济和信息化委员会	贵州电力行业技术监督工作先进专业金属监督“二等奖”	2010年3月
国电安顺发电有限公司	省经济和信息化委员会	贵州电力行业技术监督工作先进专业环保监督“二等奖”	2010年3月
国电安顺发电有限公司	省经济和信息化委员会	贵州电力行业技术监督工作先进专业热工监督“三等奖”	2010年3月
国电安顺发电有限公司	省经济和信息化委员会	贵州电力行业技术监督工作先进专业汽机监督“三等奖”	2010年3月
国电安顺发电有限公司工会	省电力工会	贵州省优秀工会	2010年8月
国电安顺发电有限公司工会	省总工会宣传教育部、省职工文化体育协会	2010年度全省工会文体活动先进单位	2010年12月
国电安顺发电有限公司党委工作部	第五届中国电力系统企业文化年会组委会	2010年度全国电力系统企业文化建设先进单位	2010年12月
国电安顺发电有限公司党委工作部	省企业文化促进会	贵州省环保文化建设优秀单位	2010年12月
国电安顺发电有限公司党委工作部	省企业文化促进会、省企业文化促进会品牌战略工作部	《贵州安电》贵州省品牌企业	2010年12月
国电安顺发电有限公司热控党委工作部	省国资委	“五好”基层党组织	2010年7月
定南朵贝茶业开发中心	第五届世界禅茶文化交流组委会	“朵贝云雾翠芽”2010年“中绿杯”中国名优绿茶评比优秀奖	2010年4月
贵州夜郎湖茶业有限公司	上海国际茶文化组委会	“朵贝御峰”获2010年第十七届上海国际茶文化节“中国名茶”评选金奖	2010年4月
普定县绿色产业科技有限公司	上海国际茶文化组委会	卷曲型茶获2010年第十七届上海国际茶文化节“中国名茶”评选金奖	2010年4月
普定县绿色产业科技有限公司	上海国际茶文化组委会	扁型茶获2010年第十七届上海国际茶文化节“中国名茶”评选金奖	2010年4月
中共普定县委办公室	中共安顺市委、安顺市人民政府	市级文明单位	2010年11月
县纪委、监察局	中共安顺市委、安顺市人民政府	市级文明单位	2010年11月
县纪委、监察局	市纪委、市监察局	查办案件二等奖	2010年2月
普定县财政局	中共安顺市委、安顺市人民政府	市级文明单位	2010年11月
补郎乡本杰村党支部	中共安顺市委党的建设工作领导小组	抗旱救灾先进基层党组织	2010年7月
补郎乡党委、政府	安顺市征兵工作领导小组	先进单位	2010年10月
马官镇	安顺市	防范和处理邪教工作“先进单位”	2010年

（续表）

受表彰集体	表彰单位	表彰名称	表彰时间
马官镇	市委宣传部	安顺市第二届屯堡花灯大赛特别贡献奖	2010 年
普定县委宣传部	安顺市第二届屯堡花灯艺术大赛组委会	安顺市第二届屯堡花灯艺术大赛特别贡献奖	2010 年 2 月
马官镇艺术团	安顺市第二届屯堡花灯艺术大赛组委会	安顺市第二届屯堡花灯艺术大赛银灯奖	2010 年 12 月
普定县委宣传部	安顺市党报党刊发行工作领导小组	2010 年度党报党刊发行工作先进单位	2010 年 11 月
普定县委宣传部	安顺市第二届屯堡花灯艺术大赛组委会	安顺市第二届屯堡花灯艺术大赛组织奖	2010 年
补郎乡党委、政府	中共安顺市委安顺市人民政府	安顺市人口和计划生育综合示范乡镇	2010 年 2 月
补郎乡本杰村党支部	中共安顺市委党的建设工作领导小组	抗旱救灾先进基层党组织	2010 年 7 月
补郎乡党委、政府	安顺市征兵工作领导小组	先进单位	2010 年 10 月
普定县第一中学	安顺市厂务公开领导小组	安顺市厂务公开先进单位	2010 年 12 月
普定县第一中学	中共安顺市委安顺市人民政府	安顺市 2007—2009 年度文明单位	2010 年 11 月
普定县烟草专卖局（分公司）	中共安顺市委安顺市人民政府	安顺市 2007—2009 年度文明单位	2010 年 11 月
普定县烟草专卖局（分公司）	中共安顺市委党建工作领导小组	“五好”基层党组织	2010 年 6 月
普定县化处镇党委	安顺市委党建工作领导小组	“五好”基层党组织	2010 年 6 月
普定县化处镇杉木村党支部	安顺市委党建工作领导小组	“五好”基层党组织	2010 年 6 月
普定县化处镇财经党支部	安顺市委党建工作领导小组	“五好”基层党组织	2010 年 6 月
普定县化处镇沙包村党支部	安顺市委党建工作领导小组	安顺市抗旱救灾先进基层党组织	2010 年 6 月
普定县自来水公司	安顺市精神文明指导委员会	安顺市 2007—2009 年度文明示范窗口	2010 年 11 月

2010 年市级以上先进个人名录

受表彰个人	所在单位	表彰单位	表彰名称	表彰时间
邱梦飞	普定县公安局	公安部	严厉整治酒后驾驶违法行为专项行动成绩突出个人	2010 年 3 月
伍廷光	普定县环保局	全国第一次污染源普查领导小组办公室、环境保护部、国家统计局、农业部	先进个人	2010 年 3 月 19 日
何　鸣	太平监狱	司法部	全国监狱劳教工作先进个人	2010 年 5 月 28 日
杨怀昌	太平监狱	司法部	全国监狱劳教工作先进个人	2010 年 5 月 28 日
张洪荣	城关镇二中	中国书法家协会	中国第三届国际书法艺术节百佳奖	2010 年 9 月
饶玉刚	猫洞乡国土所	国土资源部	全国百名特别优秀地质灾害群测群防监测员	2010 年 12 月 29 日
王仁爱	猴场乡仙马村	国家民委、国家体育总局	2010 年全国射弩邀请赛男子立姿第六名	2010 年 12 月

（续表）

受表彰个人	所在单位	表彰单位	表彰名称	表彰时间
王仁爱	猴场乡仙马村	国家民委、国家体育总局	2010年全国射弩邀请赛男子跪姿第五名	2010年12月
黄经纶	普定县公安局	贵州省公安厅政治部	缉毒侦查优秀指挥员	2010年3月
谢敏秋	普定县检查院侦查监督科	贵州省人民检察院政治部	“全省侦查监督优秀检察官”称号	2010年12月9日
田景林	太平监狱	司法厅	纪检监察先进工作者	2010年2月9日
吴学骏	普定县党史办	贵州省人力资源和社会保障厅、省委党史研究室	全省党史系统先进工作者	2010年9月28日
贺圣益	马官小学	省环保厅、省教育厅	第八批贵州省“绿色学校”创建活动“优秀教师”称号	2010年8月
伍丽红	马官镇六谷村	中共贵州省委组织部 贵州省文明办 贵州省农委 贵州省教育厅 共青团贵州省委	春晖行动使者	2010年11月18日
徐　力	普定县建设局	中共贵州省委组织部 贵州省文明办 贵州省农委 贵州省教育厅 共青团贵州省委	春晖行动先进个人	2010年11月18日
康必友	普定县环保局	贵州省第一次污染源普查领导小组办公室、省环保厅、省统计局、省农业委员会	先进个人	2010年7月20日
伍廷光	普定县环保局	贵州省第一次污染源普查领导小组办公室、省环保厅、省统计局、省农业委员会	先进个人	2010年7月20日
廖　诚	普定县农业局土肥站	贵州省第一次污染源普查领导小组	先进个人	2010年7月
王成青	普定县农业局新建站	贵州省农村工作领导小组	全省新农村建设“百村试点”先进个人	2010年12月
王仁爱	猴场乡仙马村	贵州省省民委、省体育局	全省第七届民运会标准弩男子立姿第一名	2010年9月
王仁爱	猴场乡仙马村	贵州省省民委、省体育局	全省第七届民运会传统弩男子跪姿第四名	2010年9月
王仁爱	猴场乡仙马村	贵州省省民委、省体育局	全省第七届民运会标准弩男子跪姿第五名	2010年9月
李占平	国电安顺发电有限公司	贵州省政府	贵州省劳动模范	2010年4月
李占平	国电安顺发电有限公司	中国电力企业联合会	全国电力行业优秀企业家	2010年12月
杨　勇	国电安顺发电有限公司	中国国电集团公司	中国国电集团公司2009年度“优秀工会干部”荣誉称号（二级奖章）	2010年4月

（续表）

受表彰个人	所在单位	表彰单位	表彰名称	表彰时间
黎　虹	国电安顺发电有限公司	全国能源化学工会	全国能源化学系统女职工建功立业标兵	2010年3月
陆　萍	国电安顺发电有限公司	省电力行业协会	2010年度贵州电力行业统计工资先进个人	2010年12月
陆　萍	国电安顺发电有限公司	省电力监管专员办公室	2010年度电力监管统计先进工作者	2010年12月
张经鹏	国电安顺发电有限公司	省经济和信息化委员会	贵州电力行业技术监督（汽机）工作先进个人	2010年3月
李　雄	国电安顺发电有限公司	省经济和信息化委员会	贵州电力行业技术监督（锅炉）工作先进个人	2010年3月
邹其敏	国电安顺发电有限公司	省经济和信息化委员会	贵州电力行业技术监督工作先进个人	2010年3月
刘周高	普定县人民政府	安顺市人民政府	先进个人	2010年度
吴海波	普定县公安局	安顺市征兵工作领导小组	2009年度征兵工作先进个人	2010年10月
王德祥	补郎乡政府	安顺市委学习实践科学发展观领导小组	先进个人	2010年3月
任　红	化处镇人民政府	安顺市委党建工作领导小组	抗旱救灾优秀共产党员	2010年6月
王成松	普定县自来水公司	安顺市委党建工作领导小组	抗旱救灾优秀共产党员	2010年7月
孔德刚	工行普定支行	工行贵州省分行	“每月一户”营销标兵	2010年
帅　凯	工行普定支行	工行贵州省分行	优秀团干部	2010年

（资料提供：全县各部门、各乡镇；表格汇总：《普定年鉴》编辑部）

省内报刊2010年报道普定情况统计

《贵州日报》

期　次	版　次	标　题	作　者
1月15日	11版	文字里的夜郎湖	李天斌
1月25日	8版	普定打造“春节文化套餐”	骆世明
1月27日	10版	普定宣传“危难见真情请拨110”	杨德波　杨　飒
2月1日	1版	商商量量办好事普定“党员活动日”制度激发党员热情	李　玲
2月5日	7版	创建全国文明县城、国家卫生县城、国家环保模范县、全国文化先进县　普定“四创”活动提升文化软实力	许　飞
2月5日	8版	“议”出来的新变化——普定县补郎乡实施“一事一议”项目见成效	李　玲
2月19日	1版	卫生局特殊的加班	骆世明　李　玲
2月22日	7版	普定等6市县计生服务迈入“国优”	金　艾

（续表）

期　次	版　次	标　题	作　者
2月24日	8版	普定投入300余万元抗旱促收	李　玲
2月26日	8版	普定赛出花灯王（图片）	李　玲
3月12日	9版	唱歌射弩看仙马（图文）	王剑平　胡德江
3月17日	1版	普定县不断探索发展循环经济	李　玲
3月18日	9版	普定菜农抗旱保收成	龚　宇
3月19日	5版	普定人武部积极抗旱保民生	项　勇　上官筑宏　陈　俊
3月28日	2版	普定推广水稻旱育秧技术	张一涛
4月7日	3版	贵州预师三团普定送水	刘明万　周远茂　张发猛
5月15日	1版	安顺市普定县发生煤与瓦斯突出事故依法对有关事故责任人进行问责	贵州日报记者
5月24日	5版	上海国际文化节普定茶叶荣获三金	胡　晓　林　彬
6月21日	1版	普定“四创”活动改善投资环境吸引粤、闽、浙等地企业前来投资创业	沈仕卫
6月23日	8版	普定严格禁止领导干部和国家工职人员大办酒席	骆世明　李　玲
8月9日	7版	同济学子到普定开展社会实践	黎　琪
8月10日	9版	普定县检察院“附条件不起诉”效果好	伍朝鹏　程晓英
9月2日	1版	国开行省分行在普定试行农村危改农户小额贷款	李广平
9月3日	5版	普定至安顺及安顺西线绕城高速开工建设（图文）	龚　宇
9月12日	2版	普定一中创始人塑像揭幕仪式举行陈海峰袁熙坤等出席	罗　莉
9月20日	2版	普定猫洞乡发生一起山体滑坡	杨筱堃
10月29日	2版	安顺市普定县马场镇大坡煤矿发生一起透水事故	王璐瑶
11月10日	7版	普定国税创新便民措施“纳税服务平台QQ群”获好评	黄海燕　袁天志　高　蕾
11月25日	8版	普定开展“日行一善”活动	李　玲
12月20日	4版	“一事一议”顺民心普定“议”出新变化（图文）	沈　彬
12月27日	8版	普定县重点单位和乡镇公开承诺接受社会监督	黄海燕　李　玲
12月27日	12版	普定莆龙煤矿采区群众呼唤搬迁提速	左强生
12月31日	5版	普定赴深圳招商签约项目18个涉及资金115亿元	袁天志

《当代贵州》

期　次	版　次	标　题	作　者
第05期	八面来风	普定：演绎生态和循环经济二重奏	莫治江
第05期		普定：“五字诀”编织学习型组织部门显成效	龚启波
第22期	八面来风	普定：打造循环经济集中发展平台	任玉梅
第23期	八面来风	张克蕊：让群众走上更宽的路过上更好的日子	丁　杰　吴学骏　霍庆涛

《安顺日报》

日　期	版　次	标　题	作　者
1月1日	6版	普定县化处镇建立返乡农民工服务工作站科学安置农民工	张　健
1月6日	1版	普定财政收入首次突破4亿元大关	陈　伟
1月6日	2版	猴场乡力解群众心结	苏勤勇
1月7日	2版	坪上乡三着力强党建	坪上宣
1月7日	3版	化处成立古茶树开发机构	张　健
1月8日	1版	普定家电下乡补贴90万元	陈　伟
1月9日	3版	化处镇狠抓环境保护	张　健
1月11日	2版	猴场乡“六送”服务	苏勤勇
1月11日	2版	城关镇种植能手杨大利成为龙上村种菜致富的带头人（图片）	张绍勇
1月11日	2版	鸡场坡乡工业总产值达1．6亿元	张新闻
1月14日	3版	化处镇组织学习全市经济工作会议精神	张　健
1月16日	2版	坪上乡“1543”促发展	彭志兴　吴立辉
1月18日	1版	普定“一事一议”财政奖补工作稳步推进	陈　伟
1月18日	2版	马官镇计生服务暖民心	丁尚乐　任碧坤
1月19日	1版	普定围绕“三保”目标调结构上水平促发展	黄海燕
1月20日	2版	普定夯实循环经济工业基地	张一涛
1月20日	3版	普定“春节文化套餐”有看头	骆世明
1月20日	3版	普定县获全国计划生育优质服务先进单位称号	杨兴仁
1月21日	2版	一事一议项目普定7455人受益	陈　伟
1月21日	2版	马场镇又添茶林2300亩	胡洪波　林　苹
1月22日	6版	化处镇安全生产“村为主”获省检查组肯定	杨成福
1月23日	2版	普定“一卡通”政策惠及万余人	陈　伟
1月27日	2版	补郎乡本杰村看新貌	刘现虹
1月27日	2版	普定72名村官充电	苏　伟
1月27日	6版	化处镇“和谐之家”受关注	罗　敏
1月28日	3版	化处镇百余名低保干部“充电”	罗　敏
1月29日	6版	化处镇助农增收措施实	张　健
1月30日	2版	普定万余党员活跃基层	刘现虹
1月30日	3版	马官镇着力帮扶计生贫困户	丁尚乐　任碧坤
2月1日	1版	普定“四创”活动树形象	骆世明
2月2日	1版	情系“三农”罗宁到普定猴场乡调研	项连枢
2月4日	2版	普定县补郎乡民以食为天	吴　贤
2月4日	3版	县域内城乡小学教师均衡配置初探	陈　凯

（续表）

日　期	版　次	标　　题	作　者
2月4日	6版	补郎乡举办烟花爆竹安全知识培训班	吴　贤
2月4日	6版	马官镇多举措夯实农村基层组织	任碧坤　丁尚乐
2月8日	2版	补郎乡村企互动唱和谐	王德祥　胡　鹏
2月9日	2版	补郎乡“一事一议”气象新	刘现虹
2月9日	3版	唱响基层计生和谐曲共铸计生工作新篇章——马官镇着力开创人口计生工作新局面	任碧坤　丁尚乐
2月10日	3版	各级党委政府给补郎乡贫困党员群众拜年（图文）	吴　贤
2月10日	3版	马官镇四举措加强烟花爆竹管理	任碧坤　丁尚乐
2月10日	3版	历史文化与自然景观相得益彰化处旅游业蓄势待发	张　健
2月11日	3版	普定出入境管理大队为患病群众解难	吴燕灵
2月12日	2版	明确目标迈开步伐科学谋划跨越发展普定县委县政府在全市人口和计划生育工作会议上的讲话	县　委　县政府
2月13日	2版	送春联下乡普定文联17年不辍	骆世明
2月13日	2版	龙场乡磨雄村10多名村民代表将宰好的年猪送给武警普定县消防大队官兵，以表全村人的一份爱心（图片）	张绍勇
2月20日	1版	普定举行斗牛大赛各地“牛王”来挑战	李锦卫
2月21日	2版	夜郎湖旅游开展初具规模	骆世明
2月21日	2版	化处镇新年娱乐有玩头有看头	罗　敏
2月21日	2版	普定县白岩镇新寨花灯队表演（图片）	张绍勇
2月21日	2版	普定县马官镇偏杨村民地戏表演（图片）	张绍勇
2月22日	1版	普定猴场流动党员在泉州有了“家”	洪文洁
2月22日	6版	朵贝春茶春节前悄然上市每市斤上千元	罗　敏
2月23日	1版	普定16支篮球队竞技球艺	张一涛
2月23日	3版	民族民间文化教育的价值意义探寻	苏勤勇
2月23日	3版	闹新春化处镇文化活动异彩纷呈	罗　敏
2月24日	1版	普定筹资引水解渴	李锦卫
2月24日	2版	普定县举办“穿洞之光”美术、书法、摄影作品展（图片）	张绍勇
2月24日	3版	普定县马官镇湾河村昔日矛盾村今日变和谐	刘现虹
2月25日	2版	普定县财政局确保抗旱资金运行	陈　伟
2月25日	2版	城关镇组织农技人员到青山梭筛移民新村指导种植黄金梨果苗（图片）	王志江
3月1日	2版	猫洞乡全力以赴抗旱保苗	郭海燕
3月3日	1版	普定县积极应对旱灾	姚　强　顾　宇　杨明娅
3月3日	6版	马官镇“筑实”森林“防火墙”	胡　鹏
3月3日	6版	普定县补郎乡大力建设“五型补郎”	吴　贤
3月5日	2版	普定技能培训项目多	赵德仁

（续表）

日　期	版　次	标　　题	作　者
3月5日	6版	化处镇群策群力千方百计做好抗旱减灾工作	张　健
3月6日	3版	马官镇抗旱保春耕全面高效推进	胡　鹏
3月6日	6版	化处镇成立片区工作组织牢农村基层工作网	张　健
3月6日	6版	社会呼唤教育公平——谈谈教育资源配置的均衡化	曾云松
3月9日	3版	普定县补郎乡苗族歌舞闹新春	吴　贤
3月10日	6版	化处镇积极开展森林防火宣传活动	罗　敏
3月10日	6版	白岩镇集结爱心抗旱救灾	张振治　段裕喜
3月11日	2版	白岩镇构建便民服务体系	胡军彪
3月12日	1版	普定打好抗旱促收攻坚战	黄海燕
3月12日	3版	白岩镇扎实抓好森林防火工作	段裕喜
3月13日	2版	普定“花”为媒唱响森林防火	刘现虹
3月13日	2版	城关镇陈家寨村梭筛组农民加大对经果林的抗旱救灾工作力度（图片）	张绍勇
3月13日	3版	化处镇开展违法违章建房整治行动	罗　敏
3月13日	3版	普定新民茶叶生产专业合作社举办名优茶采摘加工技术培训	
3月13日	3版	白岩镇上下齐动员抗旱保春耕	段裕喜
3月15日	3版	普定“村为主”构筑森林“防火墙”	刘现虹
3月16日	3版	普定补郎乡募捐抗旱	吴　贤
3月17日	6版	省党建扶贫工作队大力助推补郎发展	吴　贤
3月18日	3版	马官镇50名土专家共谋地戏发展良策	丁尚乐
3月18日	3版	工行普定支行电子银行产品应用取得新突破	王　萌
3月19日	2版	普定“化朵”公路开工扩建	田　歌
3月22日	6版	化处镇发放便民服务卡12000份	张　健
3月22日	6版	普定补郎乡突围50年大旱	
3月22日	6版	团结一心攻坚克难——马官镇加强抗旱救灾工作	
3月24日	2版	市政协副主席何志习到普定县化处镇就该镇抗旱救灾工作进行考察指导	杨成福
3月26日	3版	普定县补郎乡抗旱抓“三保”	王德祥　钟志权
3月26日	3版	普定县马官镇“三放心工程”演绎和谐发展路	胡　鹏
3月26日	3版	减轻旱情损失化处镇种植反季节作物	张　健
3月27日	3版	积极投身抗旱救灾化处镇青年志愿者在行动	杨成福
3月27日	3版	化处青年志愿者结对子送水	杨成福
3月27日	3版	普定补郎乡义务为特困户送水	吴　贤
3月30日	2版	白岩镇多措并举抗旱保春耕	胡军彪
3月30日	2版	马官地戏发展备受专家关注	丁尚乐　任碧坤

（续表）

日 期	版 次	标 题	作 者
4月2日	6版	化处镇全面总结学习实践活动成果	吴学骏 杨成福
4月2日	6版	普定电力公司及时架设抽水线路获好评	汪 勃 陈纪越
4月2日	6版	普定县补郎乡为春耕生产打强心针	钟志权 陈仕国
4月6日	2-3版	一切为了民生——普定县抗旱救灾工作纪实	石 晟 骆世明
4月7日	3版	普定开展森林防火巡回演出	黄海燕
4月7日	6版	化处镇做大做强茶产业从事茶叶加工要培训考试	罗 敏
4月8日	1版	鸡场乡防“旱”于未然1400万水利建设投入缓解人畜饮水难问题	江富全
4月8日	3版	马官镇多措并举打好防火攻坚战	丁尚乐
4月8日	3版	大胆探索积极实践化处镇破解基层干部选用难题	张 健
4月8日	3版	普定县补郎乡送水进校园（图文）	吴 贤
4月9日	5版	普定农信情暖旱区发放贷款9100万支持抗旱救灾	胡远韬
4月9日	7版	强化责任创新举措马官镇积极推进人口计生工作	
4月10日	1版	树立抗大旱思想抓好春耕备耕韦林到普定调研抗旱救灾情况	金 涛
4月10日	1版	普定“贡茶之祖”旱灾之中吐新绿（图片）	卢 维
4月10日	3版	白岩镇打好清明期间森林防火仗	胡军彪
4月12日	1版	普定大旱保苗进行时	卢 维 胡远韬
4月12日	2版	普定水利工程缓解用水难	胡远韬
4月15日	3版	省人大常委会副主任顾久到马官调研	丁尚乐 熊文军
4月20日	2版	白岩镇魏旗村针对严重的旱情将五十亩水田育秧改为旱地育秧（图片）	张绍勇
4月20日	2版	普定县补郎乡“三制”打造服务型政府	吴 贤
4月20日	4版	化处镇今年危房改造核查完成1458困难户受惠	罗 敏
4月21日	1版	上海国际茶文化节“中国名茶”评选揭晓普定茶叶荣获三项金奖	陈登祥 骆世明
4月21日	2版	抗旱没有“红灯”——普定县电力公司“抗旱绿色通道”小记	江富全
4月21日	2版	普定烟草公司打造“学习型”企业	刘昌宏 李淑敏
4月21日	3版	敞开一扇门办好千件事马官镇加强便民利民综合服务工作	丁尚乐
4月22日	2版	普定化处镇狠抓春耕备耕	刘 念
4月24日	1版	普定至织金段可研报告初审会议召开	颐 科
4月24日	2版	化处镇朵贝茶林中的橄榄绿（图文）	陈 杰 龙荣芳
4月24日	2版	军爱民民拥军普定齐心协力保春耕	王正祥
4月28日	2版	龙场乡“订单”农业保增收	齐号全
4月28日	3版	化处镇举行首届人口与计划生育知识抢答赛	罗 敏
4月28日	3版	补郎乡“四到位”确保危房改造稳步推进	吴 贤

（续表）

日　期	版　次	标　题	作　者
5月7日	3版	普定县补郎乡关爱女孩在行动	吴　贤
5月10日	2版	鸡场坡乡危改整推进坚持“四原则”	张新闻　张习刚
5月11日	3版	化处镇将成为我市首家农经网站点建设点	王　英
5月11日	3版	普定县补郎乡“三加大”创建文明乡	吴　贤
5月11日	3版	马官镇强化村官管理新举措	丁尚乐　任碧坤
5月13日	3版	化处“和谐之家”将搬新家	张　健
5月13日	3版	化处镇开展村级文艺演出（图片）	罗　敏
5月13日	3版	普定县补郎乡发放危改“告之书”	吴　贤　杨　亚
5月13日	3版	马官镇全力做好农村危房改造工作	丁尚乐　任碧坤
5月14日	6版	近距离服务群众化处镇成立片区工作组	张　健
5月15日	1版	普定远洋煤矿发生煤与瓦斯突出事故21名矿工遇难	李锦卫
5月15日	1版	普定煤矿事故五名干部被问责陈坚要求坚决贯彻落实国家安监局、省领导的指示精神把各项整改措施落到实处	安顺日报记者
5月15日	1版	孙国强在医院看望矿难伤员时要求要全力以赴抢救伤员	刘　念
5月15日	1版	普定远洋煤矿事故初步认定为重大责任事故	
5月15日	1版	林明达看望5·13普定矿难伤员陈坚陪同	李锦卫
5月17日	1版	普定县分管安全生产工作副县长被停职	安组讯
5月19日	2版	普定烟草专卖局为春耕捐款	刘昌宏　李淑敏
5月20日	2版	补郎乡为群众送“经”	陈仕国
5月21日	2版	白岩镇“五抓五提升”抓党建	胡军彪
5月21日	3版	普定集中整治校园周边环境	徐家鹏
5月21日	3版	化处“和谐之家”受关注	罗　敏
5月21日	6版	市人民医院赴普定县马场镇开展义诊活动	李曼卿
5月22日	3版	马场镇有了便民“直通车”	陈会敏　腾小春
5月22日	3版	化处镇立体推进“四创”	张　健
5月22日	3版	做出群众满意的答卷——马官镇信访工作小记	丁尚乐　任碧坤
5月22日	3版	普定县补郎中学李婉娴综合楼投入使用	吴　贤
5月24日	3版	鸡场坡乡净化校园周边环境	张新闻　张习刚
5月25日	1版	普定创先争优活动和践行宗旨教育全面启动	黄海燕
5月25日	2版	化处镇举办主题为“宣传人口计生政策建设和谐美好化处”计生宣传舞蹈大赛（图片）	罗　敏
5月25日	3版	普定城关镇便民服务受好评	王志江
5月25日	3版	马官镇精心编织便民利民服务网	胡　鹏
5月25日	3版	走到哪里就服务到哪里化处镇积极开展便民利民服务活动	罗　敏
5月26日	2版	龙场乡加强水上交通管理	齐号全　孟　兴

（续表）

日 期	版 次	标 题	作 者
5月26日	2版	普定县开展“5·29”人口计生宣传服务暨纪念计划生育协会成立30周年和幸福工程15周年活动（图片）	吴太波
5月26日	3版	普定生活垃圾卫生填埋工程即将开工	徐家鹏
5月26日	3版	普定7名校车司机下岗	袁 源
5月27日	3版	普定启动“四创”志愿服务活动	杨代灿
5月29日	3版	马官镇小西瓜瞄准大市场	丁尚乐 任碧坤
5月29日	4版	夜郎湖畔劲吹文明之风——普定县“四创”活动掀热潮	石 晟 王正祥 徐文魁
5月31日	2版	白岩镇“创先争优”有特色	徐家鹏
6月1日	2版	补郎乡本杰村翠冠梨挂满枝头（图片）	吴 贤
6月2日	2版	扇帕舞动和谐计生曲——马官镇开展“5·29”计生协会活动	丁尚乐 任碧坤
6月2日	4版	唱响计生主旋律共谱和谐新篇章——马官人口与计划生育工作巡视	任碧坤 丁尚乐 吴 宏 胡家发
6月3日	1版	普定山洪灾害防治试点项目通过省级初验	龙 丹
6月3日	2版	马官镇创先争优活动和践行宗旨教育全面启动	胡 鹏
6月4日	1版	坪上乡冰脆李挂满枝头（图片）	李世平
6月4日	2版	白岩镇提前完成“高速公路”用地丈量工作	胡军彪
6月8日	2版	普定出租车接收考生忙	张一涛
6月8日	2版	普定一中免费提供中晚餐	魏祥华
6月8日	3版	普定集中整治市容环境	张富江
6月8日	3版	化处镇着力防控稻水象甲疫情	罗 敏
6月9日	2版	普定“三看三评定”强化“创先争优”	贾 维
6月11日	1版	普定防控治稻水象甲疫情	徐 昕
6月11日	2版	鸡场坡乡重奖科技示范户党员	余国富 徐家鹏
6月11日	2版	为迎接第七个“世界献血者日”，计生局组织干部职工献血（图片）	吴太波
6月11日	3版	普定“四创”考核结果月月“亮相”	张富江
6月11日	3版	普定消协成功调解建筑用砖质量纠纷	普 查
6月12日	3版	马官镇便民利民工程“落地有声”	丁尚乐 任碧坤
6月13日	3版	普定马场镇多举措消除农村危房	刘 念
6月17日	2版	普定县多形式宣传安全生产	骆世明
6月18日	2版	鸡场坡乡为茶农“充电”	张新闻
6月18日	2版	补郎乡加强“雨季三防”	吴 贤
6月18日	2版	化处镇扎实开展“安全生产月”活动	杨成福
6月19日	1版	市领导巡视普定中考考点	李晓康
6月19日	2版	马官镇土地流转激活经济	丁尚乐

（续表）

日　期	版　次	标　题	作　者
6月19日	3版	化处镇20名干部到青岩古镇“取经”	张　健
6月21日	3版	化处镇铁路安全宣传进校园	罗　敏
6月23日	1版	“创先争优”作表率普定无职党员示范户挂门牌	贾　维　齐　勇
6月23日	5版	化处镇狠治“脏乱差”	罗　敏
6月23日	6版	马官镇积极抢救水稻死苗	丁尚乐　任碧坤
6月23日	6版	补郎乡拉绳定距插秧助农增收	吴　贤
6月24日	3版	补郎乡借“三创”东风助推校园文明创建	吴　贤　胡黄礼
6月24日	3版	马官镇产业结构调整为农民增收助跑	丁尚乐　任碧坤
6月25日	3版	化处镇返乡农民工褚永洪荣获全国创业之星称号	张　健
6月25日	3版	马官镇“亮、讲、比”深化创先争优	胡　鹏
6月26日	3版	普定白岩镇开展禁毒活动	胡军彪
6月28日	2版	猴场乡安检不放松	杨跃松
6月28日	3版	普定法律宣传进万家	伍朝鹏
6月28日	4版	花灯：跳出无毒乡——马官镇利用花灯艺术宣传禁毒工作显成效	丁尚乐　任碧坤
6月29日	2版	普定县财政局强化党风廉政建设工作	陈　伟
6月30日	5版	文化发展战略激荡校园活力——普定县校园文化建设巡礼（图文）	石　晟　王正祥　骆世明
7月2日	5版	马官镇农家书屋为农民致富“点睛”	丁尚乐　任碧坤
7月2日	5版	加快推进城乡一体化建设进程化处镇村干部到余庆“取经”	张　健
7月3日	3版	化处镇便民服务促“家电下乡”	胡　霞
7月3日	3版	马官镇五措上紧“安全阀”	胡　鹏
7月7日	3版	鸡场坡乡推进“双拥”建设	张习刚
7月7日	3版	瑞金路为马官镇小城镇建设添“新翼”	丁尚乐　任碧坤
7月7日	6版	马官镇四创四争助推创先争优活动	胡　鹏
7月9日	3版	黔中水利枢纽马官段征地拆迁工作扎实推进	任碧坤　丁尚乐
7月12日	3版	普定校园周边环境治理见成效	易红利
7月12日	5版	让群众满意为党旗增辉——普定县开展创先争优和践行宗旨教育活动侧记（图文）	石　晟　王正祥　骆世明
7月13日	3版	普定“四创”志愿者服务活动有声有色	罗　铃
7月14日	2版	普定县鸡场坡乡强化干部服务意识	钟纪昀
7月14日	2版	因地制宜规范操作确保实效——马官镇财政奖补试点工作纪实	丁尚乐　罗　嵎
7月17日	3版	普定鸡场坡乡联合执法确保食品安全	张新闻　张习刚
7月19日	1版	陈坚在普定猫洞乡检查调研引子渡电站库岸失稳情况时要求：全力防治地质灾害确保人民生命财产安全	刘　念
7月20日	2版	白岩镇“五抓”增后劲促发展	徐　昕

（续表）

日　期	版　次	标　题	作　者
7月20日	3版	普定“手机即时拍”营造全民参与氛围	钟志权
7月21日	1版	马官镇马堡村蔬菜“既要种得好又要卖得好”（图文）	古　宇
7月21日	3版	普定“四创”不见成效不放手	罗　铃
7月21日	3版	马官镇大兴村西瓜甜瓜农笑	刘现虹
7月21日	3版	马官镇“先锋党员”活动深入化创先争优	胡　鹏　刘　懿
7月21日	5版	撰写可持续发展的“辅导教材”——普定循环经济工业基地建设采访纪实（图文）	石　晟　王正祥　骆世明
7月23日	3版	马官镇开发杂交水稻优质米助农增收	丁尚乐　任碧坤
7月24日	2版	百姓安危大于天——普定老鹰山危岩防灾排险小记	徐　昕
7月24日	2版	鸡场坡乡“政务超市”便民	钟纪昀
7月26日	3版	普定合力打造“非遗”品牌	胡洪波
7月26日	3版	普定“文友”话“四创”	钟志权
7月27日	1版	普定上半年发放家电下乡补贴96.58万元	陈　伟
7月27日	2版	普定银政合作助推危改	王正义　卢仁强
7月29日	2版	马官镇围绕科学发展开展创先争优	刘　懿　胡　鹏
7月30日	1版	普定农村危房改造不打折	郑　达
7月30日	2版	龙场乡严打非法采石（图片）	齐号全
7月31日	3版	马官镇招商引资结硕果	任碧坤　丁尚乐
8月3日	2版	小额贷款助普定危改	常开林
8月3日	3版	普定文艺演出宣传“四创”	郭海燕
8月5日	2版	龙场乡“两项制度”惠民	齐号全
8月6日	3版	普定强制清除夜郎湖库区非法网具	艾世国　甘　决
8月7日	2版	马官镇二官村立体种植巧挣钱	任碧坤　丁尚乐
8月7日	3版	普定4500名志愿者服务“四创”	钟志权　卢　维
8月9日	2版	化处镇管好小喇叭传递党声音	张　健　李锦卫
8月9日	3版	鸡场坡乡村民打赌游泳闹出人命	杨德波　杨　飒
8月10日	1版	普定多管齐下加快农村危改步伐	常开林
8月10日	2版	化处镇信息服务站投入使用	张　健
8月10日	3版	补郎乡煤矿企业助推危改工作	王贵友
8月11日	1版	马官镇五清理助推“四创”	罗　嵎
8月11日	2版	朵贝茶旱后新芽长势好（图片）	李锦卫
8月11日	3版	普定农贸市场业主争做“四创”宣传员	赵芳芳
8月11日	3版	马官镇“党员农贷快车”驶出新气象	丁尚乐
8月12日	1版	普定革命遗址普查工作有序推进	高　立

（续表）

日　期	版　次	标　题	作　者
8月14日	3版	普定多举措推进“四创”	钟志权　卢　维
8月16日	2版	用心编织“为民服务网”——马官镇“便民利民服务一条街”小记	郑　达
8月16日	2版	龙场乡大学生村官“干学讲”	齐号全
8月16日	2版	白岩镇“整镇推进”危改	胡军彪
8月17日	4版	以群众满意为“风向标”——九大亮点助推普定创先争优活动（图文）	丁　杰　吴学骏　张　旭　骆世明
8月18日	3版	普定计生局开展科技大练兵活动	吴太波　李　薇
8月18日	6版	普定县补郎乡拉开农村“三资”管理工作帷幕	吴　贤　王　平
8月18日	6版	马官镇“四措”强化“三资”管理	丁尚乐
8月19日	2版	普定为舟曲灾区献爱心	胡　鹏
8月19日	2版	化处镇全市首推首问责任制	李锦卫
8月19日	2版	猴场乡多措助推村级经济发展	杨跃松
8月19日	3版	普定两人申报省级“非遗”成功	徐家鹏
8月19日	3版	化处镇张家寨茶叶种得好丰收又获奖	罗　敏
8月20日	2版	猴场乡村级工会服务农民工	杨跃松
8月20日	2版	马场镇开发复垦土地	李丹娜
8月21日	2版	鸡场坡乡烤烟丰收烟农笑	张习刚　康　剑
8月21日	3版	普定加大网吧监管力度	胡洪波
8月23日	2版	化处镇推进小城镇建设	李锦卫
8月24日	3版	马官镇创先争优围绕“六字”做文章	任碧坤　刘　懿
8月25日	2版	戛卧村“公司＋农户”建“幸福大道”	李锦卫
8月25日	3版	马官镇羊寨村新农村建设彰显成效	丁尚乐
8月26日	2版	农机中心联合县妇联及12家农机具代理商对240多名农机具操作手进行理论和实际操作培训	洪　海
8月27日	7版	夜郎湖畔茗香正浓——普定茶产业发展走笔（图文）	颜　桦　张　健　骆世明
8月30日	3版	普定155名寒门学子喜领助学金	王志江
8月31日	1版	普定150万元资金助少数民族脱贫致富	徐家鹏
8月31日	2版	普定县补郎乡发放铁炉防地氟（图文）	吴　贤　王贵友
8月31日	2版	安家他乡党旗红——马官镇流动党员之家走上康庄大道	丁尚乐
9月2日	2版	化处镇实干为民有新招	李锦卫
9月2日	2版	普定投入三百四十余万元建农家书屋	胡洪波
9月3日	2版	普定茶产业拉动县域经济发展	徐家鹏
9月3日	6版	马官镇为60余名人口普查指导员充电	王明荣　丁尚乐
9月7日	2版	化处20户五保老人住进“和谐之家”	李锦卫
9月7日	2版	猫洞乡“四集中”助特困户建新房	郭海燕

（续表）

日　期	版　次	标　　题	作　者
9月7日	3版	发展中的普定县残疾人事业（图文）	张　倩
9月9日	3版	普定加强农村集体“三资”管理	陈　伟
9月9日	3版	普定补郎乡烤烟喜获丰收（图片）	吴　贤
9月9日	3版	马官镇号营村科学种菜奔小康	丁尚乐
9月11日	1版	普定一中迎来72周年校庆袁熙坤为创办人塑铜像	李锦卫
9月11日	2版	普定非公经济势头强劲	徐家鹏
9月13日	2版	白岩镇海选村民代表	胡军彪
9月14日	3版	普定县开展以“居安思危、勿忘国耻、强我国防”为主题的国防教育宣传活动（图文）	胡　鹏
9月15日	2版	普定就业再就业工作成果显著——今年以来城镇新增就业1759人	赵德仁
9月16日	2版	普定为乡镇普查员“充电”	张一涛
9月16日	3版	普定落实“门前三包”动真格	赵芳芳
9月16日	3版	普定急救培训进校园	侯文礼
9月17日	2版	普定倒排工期推进危改工程	常开林
9月17日	3版	普定农贸市月评制促文明经营	赵芳芳
9月17日	3版	普定：政协委员为“四创”建言	卢　维
9月17日	3版	补郎乡“三帮带”推进1415危改户建房	吴　贤　谭　波
9月18日	1版	普定县猫洞乡发生山体滑坡灾害陈坚赶赴灾害现场指导抗灾	李晓康
9月18日	3版	普定县补郎乡“一事一议”修通四条入组公路	吴　贤
9月20日	2版	普定村级组织活动场所实现全覆盖	徐家鹏
9月20日	3版	普定：“四创”再提新要求	钟志权　卢　维
9月25日	2版	鸡场坡乡夯实换届工作基础	张习刚
9月25日	3版	龙场乡“三措施”整顿校园及周边秩序	李美仪
9月26日	3版	普定县人口计划生育局以人口文化节为载体提升人口文化软实力大力探索新型人口文化建设新模式	市人口计生委
9月27日	2版	普定广场建设重民意	徐家鹏
9月27日	2版	补郎乡引领群众致富	吴　贤
9月27日	3版	普定多形式开展“四创”志愿服务	钟志权　卢　维
9月27日	5版	试点“试”出石漠化山区好光景——普定“县为单位、整合资源、整村推进、连片开发”工作综述（图文）	胡德江　骆世明　王正祥　颜　桦
9月29日	3版	普定鸡场坡乡人口普查员集中培训	张新闻
10月1日	2版	普定县财政局深入开展“创先争优”	陈　伟
10月8日	1版	陈坚罗宁到普安高速公路检查工作并看望工程建设者	刘　念
10月8日	2版	普定：举办病媒生物防制技术培训	赵芳芳
10月8日	2版	鸡场坡乡狠抓民生工程	张新闻　张习刚

（续表）

日　期	版　次	标　题	作　者
10月9日	2版	普定县财政局深入开展“创先争优”	陈　伟
10月11日	2版	普定白岩镇小城镇供水工程开工	胡军彪
10月16日	3版	马官镇非公经济带活一方经济	罗　嵎
10月18日	2版	化处镇确立发展新思路	李锦卫
10月19日	3版	党政军民齐努力再铸双拥新辉煌——普定县“双拥”工作纪实（图文）	李仁龙　张翠涛 胡　洁　骆世明
10月20日	2版	守护林业健康的卫士（普定县褚家山林场）	郑　达
10月20日	6版	马官镇人口普查宣传有声有色	丁尚乐　潘　丽
10月21日	1版	县农机中心组织党员农机服务队在普定县白岩镇十二营田坝开着收割机到田里为农民收割水稻（图片）	张　旭
10月21日	2版	化处镇多形式开展征兵宣传	李锦卫
10月21日	2版	补郎乡“三帮扶”提速危改进程	吴　贤　谭　波
10月23日	2版	普定五大工程打造“国家级文化先进县”	张富江　卢　维
10月23日	2版	坪上乡扎实开展病虫害治理	袁廷涛
10月23日	3版	普定着力推进社区建设	钟纪昀
10月25日	2版	“普安”高速公路建设进展顺利	陈　明
10月25日	2版	构建学校家庭社区“三位一体”的德育教育网络普定开展“日行一善”活动	卢　维
10月27日	2版	补郎乡民主生活会助推党风廉政建设	吴　贤
10月29日	1版	普定县马场镇大坡煤矿发生透水事故孙国强赶赴现场指挥救援	李晓康　卢　维　李锦卫
10月29日	8版	穿洞春潮涌浪尖写风流——普定县文化体制改革3年记（图文）	高开鹏　张富江
10月29日	8版	宜文·宜居·宜商·宜游的“穿洞文化园”	骆世明
10月29日	8版	用“好看”的花灯敲开市场大门（图文）	张一涛
11月2日	2版	普定“五大产业”优化农业布局	陈　梦
11月3日	2版	白岩镇“四抓四确保”创先争优求实效	胡军彪　张振治
11月4日	3版	猫洞乡“三到位”确保入户登记顺利推进	郭海燕
11月5日	2版	普定县社会保障工程超额完成计划任务	徐家鹏
11月8日	2版	鸡场坡乡种植错季节蔬菜获丰收（图文）	张新闻
11月8日	2版	普定强化政府采购管理	陈　伟
11月8日	2版	普定危改见成效	徐家鹏
11月9日	2版	鸡场坡乡工农“联姻”促发展	张新闻
11月9日	3版	马官镇践行宗旨教育发展农村产业经济	马　明　张　恒
11月9日	3版	补郎乡将打造万亩桔梗中药材基地	吴　贤
11月11日	2版	普定党内关怀服务救助基金温暖党员心	龚启波
11月11日	2版	补郎乡“三农”服务进村入户	徐家鹏

（续表）

日　期	版　次	标　题	作　者
11月13日	2版	普定村级党员活动室完成改扩建	龚启波
11月13日	3版	普定污水处理厂唱好环保重头戏	赵芳芳
11月15日	3版	普定县改扩建198个村卫生室	徐家鹏
11月17日	1版	相关人员查看普定至安顺高速公路大寨隧道施工情况（图）	李锦卫
11月17日	6版	花灯之乡迎宾客文艺调演进马官	丁尚乐　马　明
11月18日	3版	普定全力抓好冬季防火工作	王正义
11月20日	2版	化处镇特色农业成亮点	卢　维
11月20日	3版	普定交警交通完全宣传到企业	张思海　卢　维
11月22日	2版	普定助企业创驰名商标	普商宣
11月23日	2版	普定加大环境治理力度	徐家鹏
11月23日	3版	白岩镇发放危改补助金257万元	胡军彪
11月24日	2版	鸡场坡乡政务前移到农家	徐家鹏
11月24日	2版	化处镇120名群众接受技能培训	杨成福
11月24日	3版	普定城关镇农贸市场变“靓”了	刘　燮
11月25日	2版	普定科普大篷车进校园	普　宣
11月26日	2版	普定“两房”建设紧锣密鼓	钟纪昀
11月26日	2版	坪上乡开展火灾隐患排查	袁廷涛
11月29日	2版	普定垃圾填埋场前期工程完工	钟纪昀
11月29日	2版	违规操办酒席普定29人被查处	甘　决
12月1日	2版	普定非公助推县域经济发展	徐家鹏
12月1日	3版	普定公安摧毁一盗窃变压器团伙	刘　艳
12月1日	3版	化处镇60名农民工接受技能培训	杨成福
12月2日	1版	普定积极落实惠农政策	陈　伟
12月2日	2版	普定“四好”助返乡党员创业	龚启波
12月3日	3版	普定村级“三资”管理出实招	陈　伟
12月4日	2版	鸡场坡乡做大特色产业	张习刚
12月4日	3版	普定城关打造整治城乡环境	侯文礼
12月6日	2版	普定“五结合”推进财政工作	陈　伟
12月8日	2版	普定加大“三农”投入	陈　伟
12月8日	6版	补郎乡严把“五关”公推直选村支部	王德祥　吴　贤
12月8日	6版	马官镇村级换届“严把”选举程序	马　明　丁尚乐
12月9日	2版	普定危房改造提前超额完成	钟纪昀
12月10日	1版	罗宁到普定县猴场乡开展“四帮四促”活动时强调问政于民了解群众所想所盼	刘　念

（续表）

日　期	版　次	标　题	作　者
12月10日	2版	普定举办就业技能培训	赵芳芳
12月11日	2版	鸡场坡乡“空巢老人”老有所养	徐家鹏
12月11日	3版	马官镇打造人口计生特色乡镇	胡家发
12月13日	5版	安得广厦千万间安居农户笑开颜——普定县强力实施农村危房改造工程助推新农村建设（图文）	常开林　骆世明
12月14日	1版	“变废为宝”打造绿色经济——普定循环经济工业基地发展小记	李晓康
12月14日	3版	马官镇寻载体助推农民工致富	马　明　丁尚乐
12月16日	2版	普定让农村无职党员有责有为	龚启波
12月17日	1版	安普路改造工程第一标段进入收尾阶段（图片）	卢　维
12月18日	3版	普定改造报刊亭宣传“四创”	卢　维
12月18日	3版	普定革命遗址普查工作完成	高　立
12月20日	1版	普定完成党报党刊发行任务	骆世明
12月21日	2版	化处镇打造“一村一特”	李锦卫
12月21日	3版	补郎乡打响野外用火攻坚战	吴　贤
12月21日	3版	马官镇挂牌“贵州省小戏小品示范创作基地”	丁尚乐　马　明
12月22日	2版	普定危房改造情暖农民心——1万余困难户住进新房	徐家鹏
12月22日	3版	普定“整脏治乱”五年大见成效	赵芳芳
12月22日	3版	《普定县农村信用社志》出版发行	高　立
12月22日	6版	马官镇“四个强化”做好村级换届选举工作	任碧坤　刘　懿
12月23日	6版	马官镇挂牌“贵州省小戏小品示范创作基地”	丁尚乐　马　明
12月24日	3版	普定县鸡场坡乡300余名农民“充电”忙	张习刚
12月25日	3版	文化强镇打造新马官	刘现虹
12月29日	3版	补郎乡平安创建赢和谐	郑　达
12月29日	6版	马官镇村级换届选举措施得力环环相扣	张　敏　张　恒
12月29日	6版	补郎乡“创先争优、践行宗旨”活动亮点纷呈	吴　贤
12月29日	7版	转变作风服务基层加快发展促进和谐——普定县开展作风建设年和“四帮四促”活动侧记	吴学骏　黄海燕 张　旭　贾　维
12月30日	2、7版	充分发挥税收职能作用不断提高税收征管质量普定国税在改革和自律中实现历史性跨越（图文）	李定芳　张　韬
12月30日	6版	补郎乡村支部换届“伯乐相马”变“赛场选马”	吴　贤

（统计：《普定年鉴》编辑部）

2010年度关注焦点

【普定籍艺术家袁熙坤获联合国环境署“环保艺术大师”奖】 7月4日，普定籍艺术家袁熙坤被联合国环境规划署授予“环保艺术大师”称号，这是联合国环境署首次设立的奖项。

袁熙坤是享有国际盛名的画家、雕塑家、环保社会活动家及哲学家。3年前，袁熙坤创作出雕塑作品“北极熊的眼泪”，刻画北极熊一家站在一块浮冰上的情景，希望以艺术的力量感召人们关注“温室效应”，爱护环境。该雕塑已安放在联合国环境署内罗毕总部。此外，他的创作《森林守护神——虎》与《极地之急》的微缩版被联合国环境规划署选为2010年和2009年两个年度“地球卫士奖”的奖杯，颁发给为环境保护作出卓越贡献的42位个人和组织。

“地球卫士奖”创立于2004年，是联合国颁发的环保领域最高奖项，旨在表彰世界各地在环保事业中发挥卓越影响力、作出突出贡献的组织和个人。获奖者将被授予全球知名艺术家亲手打造的奖杯。2010年的奖杯是袁熙坤创作的《森林守护神——虎》的微缩版。2009年，袁熙坤的另一作品《极地之急》，被制成玻璃微缩版，成为2009年度“地球卫士奖”的奖杯。《极地之急》底部是变暖的地球，上面是倾斜融化的冰山，冰山上两只惊恐万状的小北极熊紧紧趴在它们无奈的母亲背上，表达创作者对北极熊的同情以及对日益严峻的温室效应的担忧。

现年66岁的袁熙坤是中国著名的画家和雕塑家，现任北京金台艺术馆馆长，第八届、九届、十届全国政协委员、文化部美术高级职称评审委员、中国收藏家协会副会长兼鉴定中心主任、中国雕塑学会顾问、中国建设文化艺术协会环境艺术专业委员会总顾问、中国艺术研究院研究生院客座教授。2005年当选2008奥运景观雕塑方案征集大赛组委会主任。他曾经为顾拜旦、萨马兰奇等数十位世界知名人士塑像。

祖籍普定县的袁熙坤，其父亲袁晓岑先生是中国著名的画家、雕塑家、美术教育家。2005年10月，袁熙坤被安顺市人民政府聘请为安顺市人民政府文化艺术顾问。2008年初，中国南方遭受雪灾，安顺受灾严重。袁熙坤通过中国社会工作协会将216666元救灾款，捐助给贵州省民政厅，为灾区人民献上一片爱心。捐赠仪式上，袁熙坤同时捐赠给家乡灾区人民一尊他为农历年精心创作的《金鼠》雕塑，向家乡父老和受灾群众拜年。他还将首都文明工程基金会“袁熙坤专项基金”的20万元捐赠给家乡灾民。

2009年秋至2010年春，家乡遭受特大旱灾。2010年3月19日，在安顺市“大旱无情、人间有爱”抗旱救灾募捐晚会上，远在千里之外的袁熙坤先生托人向晚会捐赠一份特殊的礼品：一尊威武雄壮、向天长啸的青铜虎。

（摘自2010年《普定报》第25期）

【新加坡摄影家情醉仙马文化】 3月7日，新加坡著名国际摄影家张美寅，英国皇家博学会员、新加坡影艺研究会博士何国坚，新加坡著名摄影家翁志雄、王季校到普定县摄影采风。

张美寅1950年生于福建泉州南安三都，后移居新加坡。已出版《九寨情缘》、《神奇的蜀山之后》、《元阳梯田》、《北疆秋韵》和《江南水乡》等9本专题摄影集，在新加坡和马来西亚以及中国举办过数次摄影展，2004年获新加坡国家文化奖。

在仙马村，张美寅等被丰富的民族民间文化和浓郁的苗族风情深深吸引，仙马合唱团悠扬悦耳的天籁之音，仙马苗族礼仪所展现的民族风俗，仙马村群山环抱、绿树成荫、鲜花灿烂的自然风光，引起摄影家们声声赞叹。张美寅等摄影家深入仙马村每一个角落，用手中的镜头记录下一个个精彩的瞬间。

张美寅表示，他们会用镜头，让世人知道中国贵州普定有一个仙马村，这里文化丰富、底蕴深厚、环境优美、民风淳朴，让世人都来关注仙马、发掘仙马，发扬仙马文化，让仙马人生活更好、生存状态更佳。

（骆世明）

【马官民俗民间文化迎来日本学术专家】 8月29日，日本学术振兴会、日本早稻田大学非常勤讲师松浦智子、崎玉大学文学博士、中国语文学特别研究员柴崎公美子来到马官镇，开展民俗民间文化学术调研。省国际文化交流中心文艺部主任韦民、西南傩文化研究院院长庹修明及有关人员陪同调研。

在马官镇二官、贾官两村，日本学术专家松浦智子、柴崎公美子听取马官镇的介绍后，对马官地戏产生了浓厚的兴趣，对剧本里的“杨家将"、"薛丁山征西"、"三下河东"、"八虎闯幽州"等唐宋故事寻根问底，对二官地戏用真刀、真枪演出赞不绝口。为满足日本客人的心愿，马官镇党委、政府组织二官、贾官两村地戏队现场演出"杨家将"、"薛丁山征西"两堂地戏，松浦智子、柴崎公美子用DV记录演出，表示将把马官地戏录像带到日本研究、并把内容发给日本家人、同事、朋友看。

调研中，松浦智子、柴崎公美子了解到马官镇余官、偏杨有少年地戏队时，认为在科技进步，思维观念发生变化、文化多元的今天，大部分戏曲演员年龄偏大，队伍人数逐年减少萎缩，在马官能看到青年一代学习地戏的确令人很高兴。

据悉，松浦智子、柴崎公美子此次调研，主要对马官地戏作进一步了解研究，向外界推介，为今后马官地戏走出国门、出国演出打基础。

（胡家发　熊文军）

【普定"旱育秧技术"受到中央台的关注】 2010年，中央电视台新闻联播记者对普定县成功实施"水稻旱育秧技术"抗旱保春耕生产之举，进行深入采访。高度评价普定县抗旱保春耕这一举措。

水稻旱育秧是实现水稻高产、稳产、增收的一项常规的科技措施，具有省水、省工、省种、省秧田、节本、增产、增收等优点。2010年大旱，在生产中很具推广价值，在号营村旱育秧现场，中央电视台全程对讲解水稻旱育秧栽培进程记录，从育苗技术及苗期管理苗床准备、种子处理和催芽、播种、化除、盖膜、苗床管理都进行手把手的教学，让田间地头变成学堂，提高教学的可操作性的灵活性。

面对旱情，县委、县政府科学抗旱，在全县推广"水稻旱育秧技术"，有效解决育苗困难。

（罗　华）

【返乡农民工褚永洪获全国创业之星称号】 褚永洪家住化处镇新寨村，现年36岁，1989年开始踏上打工路，进过厂、打过零工，有14年的打工历史，2003年开始成立公司，尝尽农民工创业的酸甜苦辣。如今，作为安顺市帅翔土石方工程爆破有限公司董事长，西秀区马家冲沙石厂、普定老偏坡沙石厂、化处镇友谊沙石厂董事长，奇秀乳业总经理，安顺通驰中型机械修理厂董事长。褚永洪并未忘记家乡的建设发展，目前，他的公司拥有车100余辆，解决劳动力就业300余人，固定资产投入2000余万元。

与此同时，褚永洪曾多次出资为家乡修路、举办各种活动，多次为生活困难农户、受灾群众捐款。

5月17日，褚永洪获贵州省创业之星称号。6月11日，获全国创业之星称号。

（张　健）

【白岩镇一棵树农民艺术团挂牌成立】 7月17日，一支由农民自发组织、自发创办的农民艺术团体——白岩镇一棵树农民艺术团挂牌成立，县政协副主席李生科为艺术团成立揭牌。挂牌当天，艺术团将自编自导的花灯、舞蹈、独唱等11个节目汇报演出。

白岩镇有着悠久的历史文化，随着党的富民政策不断深入，群众文化建设力度进一步加大。一棵树村自发组织的文艺队有38人，几年来编排文艺节目300多个，面向群众开展宣传10万多人次，多次在省、市、县文艺汇演中获奖。在全市4名"花灯王"中，2人为该团演员。

一棵树农民艺术团立足农村，服务群众，充分发挥自编自导自演的优势，努力排演反映新农村、新农民、新生活的节目，大力宣传党的富民政策和各项法律法规，丰富群众文化生活。

（胡军彪）

【普定两民间艺人成功申报为省级非物质文化遗产项目代表性传承人】 普定县苗族阿江、苗族射弩等省级非物质文化遗产项目传承人申报再传佳音，杨国芬、王仁爱二人成功申报为省级非物质文化遗产项目代表性传承人。

6月底，普定县对西路花灯、苗族射弩、苗族古歌、苗族阿江等省级非物质文化遗产项目进行了传承人申报。经省文化厅组织有关专家按照评审标准进行评审后，普定县申报的苗族阿江代表性传承人杨国芬、苗族射弩代表性传承人王仁爱被评为第二批省级非物质文化遗产项目代表性传承人。

据了解，省级非物质文化遗产项目代表性传承人经评审认定后，每位传承人将获5000元的省级补助经费，用于传承人开展传习活动。至此，普定县非物质文化遗产省级代表性传承人已增至3人。

（胡洪波）

【挖掘“贡茶”文化，提升品牌意识】 高度重视古茶树的开发与保护。8月3日，普定县邀请国家、省茶科所及市茶办的专家教授，就朵贝古茶树资源鉴选与扩繁利用进行研讨。普定化处境内，有上万株古茶树，其中张家村贡茶山上的一株茶树，经中国茶科所副所长鲁成银等专家鉴定，认为树龄至少有1000年以上，堪称贵州第一古茶树。化处镇以千年古茶树为首的古茶树群已列为市级文物保护单位，并托管给普定重华茶业责任有限公司进行保护性开发。打造朵贝茶品牌战略。朵贝茶早在明朝崇祯年间曾作为“贡茶”进贡皇帝；1960年，周恩来总理曾赞誉朵贝茶“香气浓郁，色清味甘”；1988年陈云题词的《中华传统美食大全·贵州传统食品》一书详细介绍了朵贝茶。朵贝茶代表安顺市多次参加茶展并获奖，“朵贝御峰”及“朵贝御芽”分别在2007、2008年获“中国国际茶业博览会”银奖、金奖；2009年朵贝茶获“中茶杯”金奖，并作为人民大会堂指定用茶；2010年第十七届上海国际茶文化节上海茶业·茶乡旅游博览会上，“朵贝御峰”、“绿茶·扁型”和“绿茶·卷曲型”又获“中国名茶”三项金奖。重视朵贝茶的培育和发展壮大工作。从规模化建设、产业化经营、品牌化发展全力打造朵贝品牌，茶产业发展成效显著。先后投入资金1500万元，引进建立200万元以上规模茶叶加工企业10个、茶叶产业协会6个，建成5.3万亩茶园、400余亩全省最大规模的连片育茶苗基地，把朵贝茶打造成全县“5522”农业工程的重点龙头产业，加速推进产业结构调整和农业产业化经营。

（王志江）

【普定循环经济之路】 循环经济，即通过对资源的高效和循环利用，实现污染的低排放甚至零排放。循环经济主张把经济活动组织成一个“资源——产品——再生资源”的反馈式流程。

普定发展循环经济始于偶然。1992年，为了缓解广东和广西用电紧张的情况，国家计委批准在普定建立一个“西电东送”的主要电源点安顺电厂，投资30亿元。工程于1996年4月正式开工，1、2号机组分别于1998年和翌年建成发电。

“安顺火电厂落成投入使用后，产生了大量固态的、液态的和气态的下游原料，如粉煤灰、废气、废水等。这对普定的生态环境造成了很大影响，如何处理它们，给我们提出了挑战”，循环经济工业基地负责人回忆说。

2004年，同鑫粉煤灰砖厂到马官投资，以粉煤灰为主要原材料生产砖。从那时起，普定就开始思考能不能在电厂周边建立一些水泥厂和砖厂，来循环利用这些还有价值的粉煤灰及其它下游原料。

2006年10月，普定县首次向省发改委递交建立循环经济工业基地申请，省发改委批复15万元作为前期工作启动经费，普定循环经济工业基地正式开始规划。

2009年3月，普定循环经济工业基地管理处成立，主要工作是园区招商引资。

发展循环经济，煤水电和交通是最大的制约因素，而普定在这方面有着得天独厚的优势。普定县及邻近的六枝特区、织金县煤炭资源丰富。安顺北部矿区已探明煤炭资源量17亿吨，安顺市原煤2015年年产量预计可达1800万吨。充足的煤炭储量为安顺电厂的正常运营和未来扩容提供了保障。普定水资源丰富，距离基地25公里的夜郎湖水库总库容为4亿立方米。安顺电厂已经搭建好日输水量15万立方米的提水站和输水管网，而电厂现日用水量约为6万立方米，足以满足基地近期项目用水需求。随着黔中水利枢纽的落成，供水量将完全能够满足基地中长期用水需求。基地的供电设施和理想的地理位置同样为普定发展循环经济提供便利条件。装机容量为120万千瓦的安顺火电厂属于中型电厂规模，足以满足基地建设项目的用电需求。普定循环经济工业基地周边分布着两座已建成的火车站和一座规划中的火车站，基地与周边城市、县镇的公路网完备，这些都有助于物资的运输。

普定循环经济工业基地已有12家企业投入生产，20余家企业正在做调研。落户在普定的环保型企业还有金铭实业公司、同鑫公司、科利新型建材有限公司等，都是以粉煤灰、木粉、稻壳、秸秆等废料为主要原材料。

普定循环经济工业基地已形成煤炭——发电——粉煤灰、脱硫石膏——水泥及新型墙材的煤电建材产业链，普定还将逐渐形成有色金属、冶金、清洁能源等循环产业链。

为了吸引更多的环保型企业进驻基地，普定正在商讨“零地价”招商引资政策，可由政府按照国家相关政策贷款购买土地，并将其免费交给那些符合普定产业发展方向的优秀企业使用，然后通过水利和电力上的收益回收土地成本。

从开始规划到正式投产，普定循环经济工业

基地已经为普定带来积极变化：普定县2009年财政总收入38347万元，其中工业基地的产值占全县收入60%以上。

（本文摘自《北京周报网》，略有改动）

【宜文、宜居、宜商、宜游的“穿洞文化园”】

穿洞文化园项目规划位于普定县定南新城核心区域，占地面积3160.95亩，预计投资15亿元。园区由“穿洞之光”原始文化游赏体验区、“多彩民风”民风民俗休闲游憩区和“天下大定”现代新城文体商住区三大片区组成。2009年10月，项目建设详细规划通过评审，2010年正式启动建设工作。穿洞文化园按照“旅游先导、文化振兴、产业复合、动态创新、园城联动”为发展思路，以穿洞文化为核心，以民风民俗为载体，以文化旅游为手段，以城市生活为皈依，建成宜文、宜游、宜商、宜居的文化旅游主题新城，在遗址保护基础上，引入遗址展示、古文化氛围再造、地域文化元素、深度文化体验等旅游功能，完善文化休闲、科普教育、生活居住等城市功能，将“吃”、“住”、“行”、“游”、“购”、“娱”六要素有机融合，实现文化—旅游—服务—娱乐—商住合一的复合产业形态和可持续的文化休闲经济，成为一种全新的生活方式、独特的文化旅游休闲产品、传播文化的基点。穿洞文化园的目标是成为国内外知名的特色文化休闲旅游目的地，区域经济增长极和人文宜居新城，国内文化产业、旅游产业与城市建设有机结合综合开发的典范。

（摘自2010年10月29日《安顺日报》）

2010年人才展望

普定县2010年新增高级专业技术人员一览表

序号	姓名	工作单位	专业技术职务	任职资格取得时间
1	焦　琼	普定县坪上中学	中学地理高级教师	2010年12月
2	杨　彤	普定县一中	中学地理高级教师	2010年12月
3	冯昌华	普定县一中	中学地理高级教师	2010年12月
4	宋艳红	普定县二中	中学历史高级教师	2010年12月
5	贺　涛	普定县教育培训中心中学	中学历史高级教师	2010年12月
6	郭桂兰	普定县二中	中学历史高级教师	2010年12月
7	张　永	普定县一中	中学英语高级教师	2010年12月
8	段明发	普定县一中	中学英语高级教师	2010年12月
9	张再艳	普定县二中	中学英语高级教师	2010年12月
10	张　艳	普定县城关镇一中	中学英语高级教师	2010年12月
11	杨　鹰	普定县二中	中学语文高级教师	2010年12月
12	李廷艳	普定县化处中学	中学语文高级教师	2010年12月
13	陈　松	普定县补郎中学	中学语文高级教师	2010年12月
14	王　靖	普定县白岩中学	中学语文高级教师	2010年12月
15	贺胜方	普定县城关镇一中	中学语文高级教师	2010年12月
16	潘发鹏	普定县一中	中学语文高级教师	2010年12月

（续表）

序号	姓名	工作单位	专业技术职务	任职资格取得时间
17	杨家丽	普定县城关镇一中	中学政治高级教师	2010 年 12 月
18	伍朝琼	普定县一中	中学政治高级教师	2010 年 12 月
19	吴德怀	普定县二中	中学政治高级教师	2010 年 12 月
20	程民科	普定县鸡场坡中学	中学化学高级教师	2010 年 12 月
21	金开荣	普定县猴场中学	中学生物高级教师	2010 年 12 月
22	罗　雷	普定县教育培训中心	中学生物高级教师	2010 年 12 月
23	夏学菊	普定县二中	中学数学高级教师	2010 年 12 月
24	吴　鹏	普定县城关镇一中	中学数学高级教师	2010 年 12 月
25	孙兴帮	普定县马官中学	中学数学高级教师	2010 年 12 月
26	雷　星	普定县城关镇二中	中学数学高级教师	2010 年 12 月
27	郑明祥	普定县二中	中学体育高级教师	2010 年 12 月
28	刘　莉	普定县一中	中学体育高级教师	2010 年 12 月
29	肖光德	普定县二中	中学物理高级教师	2010 年 12 月
30	王中祥	普定县城关镇二中	中学物理高级教师	2010 年 12 月

（资料提供：县人事劳动和社会保障局）

普定县一中 2010 年高考学生录取名单

序号	姓名	录取学校	序号	姓名	录取学校
1	刘　倩	武汉科技大学	2	王　双	贵阳医学院
3	付晓莉	长安大学	4	孙仁彤	贵阳医学院
5	陈　卓	湘潭大学	6	李定刚	中南林业科技大学
7	黄华君	贵州大学	8	舒　展	贵州师范大学
9	潘　漪	贵州师范大学	10	徐大勇	云南农业大学
11	刘传斌	贵州师范大学	12	胡洪安	遵义师范学院
13	周　蓉	贵阳中医学院	14	赵　缓	贵阳医学院
15	廖婷婷	贵州师范大学	16	段　鹏	天津城市建设学院
17	华　剑	贵州财经学院	18	王　应	贵州师范大学
19	王　迁	江西师范大学	20	肖　蝶	贵州财经学院
21	张小梦	贵州财经学院	22	敖　欢	贵阳医学院
23	杨　迁	北方民族大学	24	李显刚	北华大学
25	曾　枝	山东交通学院	26	夏德斌	贵州大学（农林类）
27	夏学念	贵州师范大学	28	刘厚贤	贵州师范大学
29	夏道蒙	沈阳师范大学	30	李宜东	鲁东大学
31	李江平	贵州财经学院	32	朱月莼	吉林医药学院

（续表）

序号	姓名	录取学校	序号	姓名	录取学校
33	杨方伟	贵州财经学院	34	杨本才	贵州民族学院
35	陶星星	西北民族大学	36	金　露	贵州师范大学
37	杨兴慧	贵州财经学院	38	张胜国	甘肃农业大学
39	叶开琼	贵州大学	40	罗　霞	贵州财经学院
41	陶　谱	贵州民族学院	42	蒋晓艳	齐齐哈尔大学
43	谌　云	贵州大学	44	彭　微	贵州师范大学
45	熊　圆	南京人口管理干部学院	46	张露萍	贵州民族学院
47	罗　楠	琼州学院	48	肖韦廷	贵州财经学院
49	刘　燕	贵州民族学院	50	任　和	贵阳中医学院
51	张　盼	贵州民族学院	52	王玉金	内蒙古师范大学
53	张梦秋	宜春学院	54	曹　宁	淮阴工学院
55	邱　实	安顺学院	56	陶秀山	吉林工程技术师范学院
57	蔺益和	铜仁学院	58	李　朗	内蒙古师范大学
59	杨晓梅	遵义师范学院	60	王玉婷	湖南商学院
61	陶玉梅	遵义师范学院	62	周　登	金陵科技学院
63	黄　娅	贵阳学院	64	侯忠芬	贵州师范大学
65	杨　田	贵阳学院	66	刘文珍	贵州师范大学
67	张佳佳	贵州师范学院	68	侯　婷	贵州财经学院
69	童　琳	贵阳学院	70	胡　孟	贵州师范大学
71	陈　晶	贵州师范大学	72	王显刚	贵州财经学院
73	杨丽文	贵阳学院	74	华盛敏	大连民族学院
75	王云磊	贵阳学院	76	徐国琼	贵州财经学院
77	王碧莲	贵州师范学院	78	李莎莎	遵义师范学院
79	赵景景	贵阳学院	80	田兴义	防灾科技学院
81	张　翠	山东农业大学	82	上官发念	江苏技术师范学院
83	张　琼	贵州师范学院	84	孔　健	贵阳学院
85	刘应庭	遵义师范学院	86	张朝权	贵州民族学院
87	曹思思	遵义师范学院	88	林秋平	贵州民族学院
89	吴　丽	遵义师范学院	90	张　浩	贵州民族学院
91	李胤江	安顺学院	92	李　想	天津农学院
93	陈贵阳	贵阳医学院	94	刘　爽	贵州民族学院
95	张　敏	贵州师范学院	96	吕　俊	贵阳中医学院
97	张　敏	贵州师范学院	98	王　俊	遵义医学院（珠海校区）
99	徐　美	贵州师范学院	100	张文勇	贵州民族学院

（续表）

序号	姓名	录取学校	序号	姓名	录取学校
101	杨秀平	安顺学院	102	王明盛	毕节学院
103	姚发松	百色学院	104	严　斌	凯里学院
105	张再平	黔南民族师范学院	106	肖晓波	贵州民族学院
107	王　雨	遵义师范学院	108	宋　勇	贵阳学院
109	吴　艳	贵州师范学院	110	郭　浩	吉林师范大学
111	杜　敏	内蒙古科技大学	112	李涛涛	贵阳学院
113	程星水	黔南民族师范学院	114	秦　友	铜仁学院
115	罗　蕾	黔南民族师范学院	116	夏　梅	贵阳学院
117	张　萧	黔南民族师范学院	118	陈　芳	贵阳学院
119	甘守和	安顺学院	120	袁尚毓	遵义师范学院
121	骆朝贵	安顺学院	122	郭铁毅	哈尔滨金融学院
123	杨贵仁	安顺学院	124	黄　蜜	贵州师范学院
125	张　彬	安顺学院	126	王超超	贵阳学院
127	陈　娅	凯里学院	128	段亭亭	贵阳学院
129	秦　丽	凯里学院	130	李　敏	贵州师范学院
131	罗　婧	毕节学院	132	樊家启	吉林工程技术师范学院
133	贺天禄	铜仁学院	134	陈圆月	贵阳学院
135	张　飞	安顺学院	136	李伟伟	安顺学院
137	方　艳	铜仁学院	138	石国霞	安顺学院
139	马桐艳	兴义民族师范学院	140	廖红宇	遵义师范学院
141	毛发友	铜仁学院	142	彭　波	遵义师范学院
143	舒　英	六盘水师范学院	144	张　涛	贵州师范学院
145	何丽萍	西南财经大学天府学院	146	张国琼	遵义师范学院
147	张　炫	江西农业大学南昌商学院	148	杨　艳	贵州师范学院
149	陈　薇	上海师范大学天华学院	150	张　东	贵州师范学院
151	杨雨东	北京科技大学	152	牟春陶	黔南民族师范学院
153	黄小欢	天津医科大学	154	陈宗涛	安顺学院
155	杨　颖	兰州大学	156	赵朝刚	安顺学院
157	余胜利	北京工商大学	158	李　艳	安顺学院
159	王　飘	北京化工大学	160	王泽炬	韶关学院
161	陈　勇	长安大学	162	齐　容	遵义师范学院
163	刘小艳	重庆邮电大学	164	杨　虎	兴义民族师范学院
165	陈观晶	信息工程大学	166	张贤奇	毕节学院
167	黄华稳	山东建筑大学	168	李　莉	安顺学院

（续表）

序号	姓名	录取学校	序号	姓名	录取学校
169	陈荣全	中国计量学院	170	管庆文	安顺学院
171	罗天鹏	青岛科技大学	172	张顺正	曲阜师范大学
173	张贵福	沈阳工业大学	174	董梦书	安顺学院
175	刘　锋	江苏科技大学	176	郑　普	安顺学院
177	吴　超	延边大学	178	肖华华	凯里学院
179	明　倩	贵州大学	180	王桂梅	六盘水师范学院
181	张亚林	贵州大学	182	许正琴	铜仁学院
183	华　龙	贵州大学	184	欧仕泽	毕节学院
185	李玉平	贵州大学	186	左　霞	铜仁学院
187	吴　娴	贵州大学	188	杨秀丽	凯里学院
189	杨　林	内蒙古大学	190	赵雷雷	凯里学院
191	褚仁宽	肇庆学院	192	蔡　秋	六盘水师范学院
193	陈应鸿	华北水利水电学院	194	姚　钊	厦门海洋职业技术学院
195	蒋文茜	贵州大学	196	黄曼斯	安顺学院
197	陈仕涛	贵州大学	198	杨　林	毕节学院
199	吴世家	贵州大学	200	李　俊	贵阳学院
201	贾方宁	武警沈阳指挥学院	202	明小平	安顺学院
203	李双双	贵州大学（农林类）	204	朱　婷	贵州师范大学
205	杨天琴	贵州师范大学	206	姚伊铃子	贵州大学
207	林　寒	山东科技大学	208	甘娜娜	贵阳医学院
209	侯德乾	贵州大学	210	胡玉熔	贵州师范大学
211	赵　益	贵州大学	212	尚　芬	安顺学院
213	林　涛	山西医科大学	214	吕庆友	遵义师范学院
215	龚　云	云南财经大学	216	李　勇	西南大学
217	叶晓江	贵州大学	218	张贤正	贵州师范大学
219	李　朋	上海工程技术大学	220	潘小刚	贵州民族学院
221	李哲赟	重庆理工大学	222	华　策	四川音乐学院
223	董　平	重庆理工大学	224	郭宁康	贵州师范学院
225	李静涛	烟台大学	226	伍　静	安顺学院
227	陶　蕾	天津理工大学	228	王　菁	铜仁学院
229	潘　贤	上海工程技术大学	230	刘　黎	贵州师范学院
231	高红梅	贵阳医学院	232	杨　进	铜仁学院
233	齐芳艳	西安科技大学	234	刘　韵	安顺学院
235	杨文龙	华东交通大学	236	文　婷	安顺学院

（续表）

序号	姓名	录取学校	序号	姓名	录取学校
237	李阳州	湖北工业大学	238	伍　俊	安顺学院
239	包　芳	贵州师范大学	240	杨丹丹	遵义师范学院
241	陈建刚	天津城市建设学院	242	周文静	毕节学院
243	李安优	青岛农业大学	244	张　轲	贵州民族学院
245	丁尚果	大连工业大学	246	黄　芳	贵州师范大学
247	余　荣	温州大学	248	贺承建	贵州师范大学
249	王兴钰	中南民族大学	250	王　枭	贵州民族学院
251	杨天雄	贵州大学	252	李彦青	贵州民族学院

（资料提供：普定县一中）

安顺市一中2010年高考普定籍学生录取名单（不完全统计）

序号	姓名	录取学校	序号	姓名	录取学校
1	袁　彩	西南大学	2	王顺丹	贵州师范大学
3	贺丽郦	南昌航空大学	4	张晓晓	贵州财经学院
5	雷　莉	贵州大学	6	姚　政	贵州大学
7	黄　雯	贵州师范大学	8	高诗凯	河北工程大学
9	朱高进	中国地质大学（武汉）	10	赵　益	贵州大学
11	黄益玲	哈尔滨商业大学	12	林　寒	山东科技大学
13	向　莹	青岛大学	14	陈　笔	长春工业大学
15	陈　敏	贵州大学	16	周　洋	天津科技大学
17	胡　蝶	湖北大学	18	蒋文茜	贵州大学
19	李　玲	四川外语学院	20	朱月莼	吉林医药学院
21	张大千	河北师范大学	22	李涛涛	贵阳学院
23	熊　昕	贵州财经学院	24	罗天鹏	青岛科技大学
25	华　策	四川音乐学院	26	张红琼	北京科技大学
27	吴曼钰玲	贵州大学	28	刘　媛	贵阳医学院
29	马　前	华南农业大学	30	陈凯凯	东北师范大学
31	卢　倩	常州工学院	32	罗　银	重庆邮电大学
33	梅培楠	山东大学	34	罗满堂	贵阳中医学院
35	朱梅梅	合肥工业大学	36	梅世起	东莞理工学院
37	杨　帆	天津工业大学	38	陈志梅	长江师范学院
39	何朝万	云南中医学院	40	胡屹微	贵州财经学院
41	罗登云	中国地质大学（北京）	42	刘　波	西南财经大学
43	何东伦	贵州大学	44	邵　航	温州医学院

（续表）

序号	姓名	录取学校	序号	姓名	录取学校
45	陶　芸	贵州大学	46	肖连春	中国地质大学武汉
47	梅　萌	中南民族大学	48	段永方	浙江科技学院
49	张　恒	北方民族大学	50	杨　境	西安电子科技大学
51	管庆玲	湖南科技大学	52	谭　伟	贵州财经学院
53	郭　凯	贵州大学明德学院	54	彭建民	贵州财经学院商务学院
55	黄　芸	延边大学	56	叶　蕾	广州工业大学
57	蒋文念	贵州师范大学			

（资料提供：安顺市一中）

安顺市二中2010年高考普定籍学生录取名单（不完全统计）

序号	姓名	录取学校	序号	姓名	录取学校
1	刘　丽	贵州财经学院	2	彭　凯	贵州财经学院
3	杨　轲	贵州师范大学	4	罗荡荡	贵州师范大学
5	刘　川	贵州师范大学	6	汪　猛	贵阳中医学院
7	曹　琦	贵阳学院	8	吕峻霖	遵义师范学院
9	朱小勇	遵义医学院	10	朱侠敏	凯里学院
11	唐子惠	安顺学院	12	杨　迪	大连东软信息学院
13	赵若然	广西民族学院相思湖学院	14	梁　升	南昌大学科技学院
15	华　芳	兴义民族师范学院	16	王晓江	哈尔滨商业大学
17	卢小祝	清华大学	18	王家莉	上海交通大学
19	杨　达	武汉大学	20	黄　松	哈尔滨工业大学
21	赵一梅	中南大学	22	陈　东	中南大学
23	周洪宇	北京化工大学	24	汪　赛	大连交通大学
25	王文祥	大连海洋大学	26	王　琳	上海大学
27	杨　浪	上海大学	28	郑德敏	西南大学
29	余秋莎	西南大学	30	杨小红	西南大学
31	唐俊峰	东北财经大学	32	贺鼎盛	重庆交通大学
33	吴远航	天津工业大学	34	刘　伟	上海工程技术大学
35	罗露雯	上海理工大学	36	陈永佳	山东农业大学
37	陈　梅	鲁东大学	38	姜　彪	南昌航空大学
39	李　平	东北石油大学	40	支　灿	泉州师范学院
41	李志远	长春工程大学	42	吴震宇	防灾科技学院
43	曹政建	贵州大学	44	冉久福	贵州大学
45	谌小平	贵州大学	46	周　翔	贵州大学

（续表）

序号	姓名	录取学校	序号	姓名	录取学校
47	胡洪浪	贵州大学	48	熊正贤	贵州财经学院
49	刘　璐	安顺学院	50	方　刚	海口经济学院
51	龚洪凯	武汉生物科技学院	52	张家睿	中国药科大学
53	张　迈	贵州民族学院	54	刘　敏	运城学院
55	李　朗	大连交通大学	56	唐　健	东北财经大学
57	吴　伟	贵州大学			

（资料提供：安顺市二中）

安顺市民族中学2010年高考普定籍学生录取名单（不完全统计）

序号	姓名	录取学校	序号	姓名	录取学校
1	杨　洋	贵州大学	2	宋　维	贵州大学
3	李章平	内蒙古大学	4	胡山青	贵州大学
5	李守娟	贵州大学	6	张金艳	贵州大学
7	彭　颖	贵州大学	8	赵宝福	贵州大学
9	陈　梅	北方民族大学	10	张　丹	贵阳中医学院
11	杨　梅	北方民族大学	12	郭　梦	遵义师范学院
13	潘祖辉	贵州师范大学	4	乔　莎	西南林业大学
15	丁　专	贵州师范大学	16	姚昌伍	湖北师范学院
17	罗　领	贵州民族学院	18	潘　宇	北方民族大学
19	张梦青	毕节学院	20	杨胜男	贵州财经学院
21	郭书敏	黑河学院	22	何云艳	贵州师范学院
23	金开勇	六盘水师范学院	24	曹莉莎	安顺学院
25	韦文丽	贵阳中医学院	26	唐俊峰	绍兴文理学院
27	赵耀阳	贵州师范学院	28	唐　俊	铜仁学院

（资料提供：安顺市民族中学）

普定县炽章中学2010年高考学生录取名单

序号	姓名	录取学校	序号	姓名	录取学校
1	刘志会	贵阳职业技术学院	2	罗　洁	重庆信息技术职业技术学院
3	朱怀平	重庆科创职业学院	4	赵进利	贵州师范学院
5	彭　湃	黔南民族职业技术学院	6	万小娇	贵州黔南民族学院
7	周　波	重庆信息技术职业技术学院	8	王　凯	重庆信息技术职业技术学院
9	涂　雨	黔南民族职业技术学院	10	陈　坤	重庆信息技术职业技术学院
11	乔　立	北京翻译学院	12	李志慧	北京专利大学

（续表）

序号	姓名	录取学校	序号	姓名	录取学校
13	吴静飞	遵义职业技术学院	14	张　铁	贵州商业高等专科学校
15	张　丹	重庆信息技术职业技术学院	16	龙　普	贵州商业高等专科学校
17	黄　茶	遵义职业技术学院	18	祖　隐	遵义医药高等专科学校
19	徐　俊	西安欧亚学院	20	唐　宇	贵州商业高等专科学校
21	胡永琼	贵州职业技术学院	22	张青勇	贵州商业高等专科学校
23	郭承勇	贵州警官学院	24	段　娴	贵州商业高等专科学校
25	吴秋实	贵阳职业技术学院	26	刘玥煜	成都电子科技学院
27	刘　华	六盘水职业技术学院	28	卢　焯	贵州商业高等专科学校
29	杨　勇	黔南民族职业技术学院	30	黄　彬	江西蓝天学院
31	吴　银	遵义职业技术学院	32	王　鑫	遵义医药高等专科学校
33	李凌枫	贵阳医学院	34	唐　凯	毕节学院
35	杨　青	遵义医学院	36	贺　亚	遵义医学高等专科学校
37	常国华	贵阳都匀医专	38	袁庭菊	兴义民族师范学院
39	高守福	贵阳职业技术学院	40	廖　凯	毕节学院
41	董　娅	贵阳职业技术学院	42	万　宏	六盘水师范学院
43	曹　艳	安顺职业技术学院	44	王玉盼	六盘水师范学院
45	项　亿	贵州电子信息职院	46	谢冰雪	贵州工业职业技术学院
47	严　柯	六盘水师专	48	黄月红	贵州大学科技学院
49	龙庆豪	都匀医专	50	袁　涛	贵州大学科技学院
51	沈宽芬	六盘水师专	52	杨　斌	厦门南洋学院
53	王　丽	安顺职业技术学院	54	杨　涛	西南大学
55	柯　娴	贵阳互泰职业技术学院	56	鄢伦虎	贵州师范学院
57	晏红艳	贵阳师院	58	罗　倩	安顺学院
59	曹林林	贵阳师范学院	60	张东东	六盘水师范学院
61	罗　艺	上海海上职业技术学院	62	谌雄峰	毕节学院
63	蔡　田	贵州电子信息职院	64	杨　虎	遵义师范学院
65	伍　廷	广西交通职业技术学院	66	郑　艳	北京城市学院
67	陈　荷	贵州师范学院	68	杨德选	南昌航空大学
69	魏春宇	陕西国际商贸学院	70	黄丽娟	贵阳学院
71	王志刚	重庆航天职业技术学院	72	任　豪	铜仁职业技术学院
73	饶建珍	景德镇高等专科学院	74	王兰兰	安顺学院
75	郑　委	安顺职业技术学院	76	陈博文	天津理工大学
77	尚经芳	黔南民族职业技术学院	78	汪重用	贵州师范大学
79	安金龙	贵州电子信息职院	80	鄢飞密	贵州师范大学

(续表)

序号	姓名	录取学校	序号	姓名	录取学校
81	杨　琼	贵州电子信息职院	82	陈　协	贵州职业技术学院
83	江承林	海口经济学院	84	吴　雯	上海师范大学天华学院
85	艾月寒	上海海上职业技术学院	86	董婷婷	黔南民族职业技术学院
87	董梦雪	贵州商业高等专科学校	88	吴有芳	贵阳职业技术学院

(资料提供：普定炽章中学)

论文选登

喀斯特山区雨水资源利用与配置

——以普定县后寨喀斯特流域为例

温燕文　陈　波

摘　要：水资源利用与配置是水资源规划、开发、利用与保护和管理工作中的核心问题，根据当地地质情况合理利用与配置，提高水资源利用率，满足各地、各部门和各用户对水资源的要求。喀斯特山区为湿热气候下的缺水区，雨水资源丰富，但可利用水量与可供水量甚少；根据山区地质环境和经济社会特点，以及水资源和水资源过程规律，采用分散、多层次及多类型的小微型蓄水工程的水资源利用和配置模式，是缓解山区缺水程度的唯一可行途径。

关键词：喀斯特山区　雨水资源　水资源利用　水资源配置

水资源的传统界定上，雨水资源是总水资源，地表水和地下水是水文循环中的派生资源。1993年，瑞典水文学家 Falkenmark 提出总水资源中可分成蓝水（blue water）和绿水（green water）[1]，前者为降水中形成的地表水和地下水的部分，是可见的液态水；后者是降水下渗到非饱和土壤层中用于植物生长的水。这种水资源新的概念和划分方法，对于水资源的有效利用和合理配置有着新的启迪和更新传统概念的意义。

中国喀斯特山区为工程型缺水区，该区雨水资源丰富，但开发利用与配置难度大，人均可利用水资源量极低，加之水污染有增无减，缺水更是逐年加剧。

水资源利用是兴建供水工程，将可利用量转为可供水量，以满足用户的需求是配置的基础；水资源配置工作关系到供给与需求，涉及到水资源系统、经济社会系统和生态环境系统三大系统[2]。水资源配置在概念上有宏观与微观之分。南水北调工程，是国家跨流域实施的水资源战略配置，黄河流域沿黄各省区水量及其使用权分配等均属水资源的宏观配置；单个供水工程向不同用户、不同行业在不同时间内调控和输供水量，属于微观的水资源配置。西南喀斯特山区为工程型缺水区，需求单一，主要是生活饮用水、农业灌溉用水和兼顾生态环境用水；但用户分散，不能集中配置供水，必须分散利用和分散配置。

1．研究区概况

普定县后寨喀斯特流域位于贵州省普定县以南，地理位置为东经105°41′27″～105°43′28″，北纬26°13′3″～26°15′3″。流域地处长江水系乌江上游三岔河支流与珠江水系北盘江支流白水河之间分水岭地区。地势东南高，西北低，海拔高程一般在1220～1400m，最高1585m，最低1218m，相对高差250～300m，最高367m。

后寨喀斯特流域属亚热带季风气候湿润气候，由于受副热带高温和西南暖湿气流的影响，全年温湿多雨，冬暖夏凉，春干秋雨，雨热同期；每年5～10月为雨季，11月至翌年的4月为枯季，多年平均气温15.1℃，多年平均日照为1184h，无霜期289d，多年平均降雨量为1300mm，平均相对湿度70%～80%。

区内面积81km^2，涉及马官、城关和白岩3镇25个行政村、10360户40536人，人口密度500人/km^2，2007人均纯收入1878元，人均吃粮350kg，当地居民经济收入主要以粮、油、畜为主。

2．研究区地质

2．1．地质

普定县后寨喀斯特流域地质构造上为普定向斜西南翼；碳酸盐岩广为分布，主要是中三叠系地层。出露地层为三叠系中统关岭组。具体岩性分为关岭组第一段（T_{2g}^{1}）为黄色、绿色等杂色页岩、泥灰岩与中厚层灰色泥质白云岩、硅质白云岩、分布在流域外围，部分构成后寨喀斯特地下河流域的隔水层；关岭组第二段（T_{2g}^{2}）主要为中厚层至薄层灰岩，夹少量白云岩，其中下部为虫管灰岩尤为发育，该层按岩性可以详分为T_{2g}^{2-1}、T_{2g}^{2-2}、T_{2g}^{2-3}三个亚段；其中T_{2g}^{2-1}、T_{2g}^{2-3}均为中厚层灰岩，厚度分别达到60～120m，喀斯特发育，T_{2g}^{-2}岩性变化较大，其上、下部为泥灰岩、白云岩和页岩互层；关岭组第三段（T_{2g}^{3}）为浅灰色薄至中厚层白云岩。（见图1）

2．1．水文地质

普定县后寨喀斯特流域是一个地表结构与地下结构所构成的二元结构系统，地下河发育受道岩性、构造、地貌和排泄基准面的控制，整个地下河呈网络状，只有在岩性、地层和喀斯特地貌组合类型区发生变化；地表河和地下河在空间上互相转化，或在不同水量补给季节，水量的输出方式不同。雨洪区，喀斯特补给量大，除地下河排泄部分外，大部分由地表河排泄。枯水期，喀斯特补给量小，全部由地下河排泄。普定县后寨喀斯特流域由打油寨—后寨冒水坑地下河、大新寨—陈家庄地下河、陈旗堡地下河与长冲地下河组成。（见图1）

3．喀斯特缺水成因

3．1．水循环与水资源过程

普定县后寨喀斯特流域山区众多，水循环和水资源过程受控于流域的空间结构系统，该空间结构表征为由可溶性岩组成的二元三维空间结构系统由地表、地下两子系统组成。地表子系统主要由溶沟、溶隙、石芽、峰丛天窗、漏斗、溶水洞及溶洼等组成；地下子系统主要由溶洞、管道、伏流及地下河等组成。地表是喀斯特径流的形成场和分配场，地下是喀斯特径流的输移场和调蓄场。最终由地表河或地下河以较大落差流入峡谷河流，山区的众多中小流域，大多为峰丛洼地地貌景观，详分有峰丛洼地、峰谷洼地和峰丛盆地组合类型区。据在贵州普定岩溶试验站多年研究[3]，峰丛洼地多为裸露型喀斯特，峰丛谷地和峰丛盆地仅形态不一，同属覆盖型喀斯特。

3．1．1．峰丛洼地组合类型区

土层覆盖范围及厚度均小，基本上为裸露喀斯特区，其垂直剖面上有3个主要水文作用带：即皮下带、渗流带和管流带，各具不同水文特性；皮下带发育于包气带上部；渗流带位于包气带下部，皮下带之下，管流带之上；管流带为地下河系的组成部分，同落水洞、漏斗和溶隙相通，为地下径流的排泄通道。该类型补给以裂隙流分散补给和落水洞、漏斗集中灌入补给为主。

3．1．2．峰林谷地组合类型区

该区基本上为覆盖型喀斯特区，垂直剖面上有4个水文作用带：即土层带、皮下带、渗流带和管流带。包气带顶部的土层与其下的皮下带的持水能力和入渗能力绝然不同，形成土层与皮下带间一介面，土层持水容量大，下渗能力小，入渗水量受其控制，以渗透方式向其下的皮下带供水。该类型的补给是以分散渗透和集中灌入的补给方式为主。

3．2．缺水成因

普定县后寨喀斯特流域位于我国亚热带湿润季风气候区，多年平均气温15.1℃，多年平均降雨量为1300mm。但湿热气候区还出现干旱缺水现象，为特有的“喀斯特干旱”。究其原因为：一是地高水低。云贵高原为深切河流所分割，人口、耕地集中的峰丛洼地、谷地及盆地同深切河流相邻，地形高差相对高差250～300m，建造高扬程泵站提水，投入大于产出，经济上不可行；二是雨多地漏。峰丛山区降雨丰沛，由于越流与地漏难以汇集和贮蓄，多数河流在地势较低的盆地边缘或峡谷流出，最终由长江、珠江支流的深切河流汇集流出区外，导致地表水匮乏，地下水不易开采；三是石多土少。坡地多，平地少，旱地多，水田少；土地贫瘠，土被不连续，成斑状分布；加之地形崎岖，难以建规模较大的和完整的供水系统，有效灌溉面积仅占总耕地的15～30%；四是土薄易旱。坡陡水土流失严重，加之成土过程缓慢，坡耕地瘠薄，土层田间持水能力特低。基于上述原因，决定了峰丛山区天然水资源量大，但可利用水量少。

4．雨水资源利用

解决降雨量丰沛的西南喀斯特山区特殊干旱缺水问题，是在总量丰富的天然水资源中增加可利用水量和可供水量。喀斯特山区供水的主要对象是分散型农业和农村用水，采用传统的解决“工程型”缺水办法，修建大中型蓄水工程，进行集中拦蓄和集中供水，是事倍功半的工程措施，“十库九漏”，难以见效；应该根据该山区特殊的雨水、地表水及地下水转化规律，水资源形成机理和过程，发展分散型的小微型蓄水工程，增加可利用水量和可供水量。

多年的研究和实践，适用于喀斯特山区小微型蓄水工程可以归纳为以下几种类型[4]。

4．1．集雨工程

主要是在雨水降落到地面未渗漏地下之前，拦集和贮蓄雨水资源。按供水对象不同，有两种类型：一是屋面集雨，由屋顶集雨坪、输水管道及水窖组成，供农村人畜饮用。另一类为坡面集雨，由集雨坡、拦水沟道、沉沙地、过滤池及蓄水池组成，水质尚可，农业用灌溉水为主。也可建于退耕还林的坡地上，提供林地旱季用水，促进生态建设。

4．2．集流工程

二元结构的喀斯特含水介质，其上层为喀斯特皮下带，贮蓄地表的下渗雨水；集流水源来自皮下带及其下部石灰岩、页岩、泥灰岩互层溶隙水；溶隙大小不一，大者常为皮下带贮水的渗漏通道，垂向渗漏水遇到页岩、泥灰岩的隔水层时，即沿层面溶隙流出成泉。如地表植被良好，涵养水源好，则泉水量大又稳定，终年不断。根据出流量大小，可修建规模不等的蓄水工程，为农村人畜饮用和农业灌溉提供用水。该类工程大小不一，小者为水窖，蓄水数方或数十方；大者为水柜，蓄水百余方以上。例如贵州普定县号营、下坝等村均建有一批水柜，并以串并联方式建有完整的供水管网，分别向各农户供水。

4．3．地下河天窗提水工程

峰丛洼地低洼处，常有天窗与地下河相通。地下河水来自坡面径流注入式的快速补给和广泛分布的大小溶隙水的缓慢补给；补给水量丰富，地下水量常年不断，特别是用水紧张的枯季，水量仍足以提取使用，水质较好，地下河埋深一般在20~80m，利用天窗建有一定扬程的泵站，提取地下河水，并在高处建一蓄水池调蓄，并辅以输水渠系，可供自流灌溉或农村生活用水。贵州长顺县碑脚和普定县贾官、磨雄等处均建有该类提水工程，收效不小。

4．4．地下水库

喀斯特山区河流，地表河流与地下河常相互转化，成相间分布。地下河发育在二元结构含水质的下部，其空间结构不规则，空间规模较大，水量多而不稳定。在地下河上游段向地表河转化的出口处，在其洞口段狭窄处建坝堵洞成库，地下河的不均分布的空间即为水库库容，可贮水调蓄，水质较好，农业用水和生活用水均可。贵州普定县母猪洞和独山县奋发洞建有典型的地下水库。

4．5．溶洼水库

喀斯特峰丛洼地大多为封闭性较好的溶蚀洼地，洼地底部下伏规模不一的地下河，洼地四周山坡的坡面径流和溶隙水经与地下河相通的落水洞或漏斗注入，地下河出口常位于山坡外侧坡脚，同样可在地下河出口的洞内筑坝建库。与上述地下水库不同之处，是该类水库库容由地表（洼地）库容和地下（地下河）库容组成，库容更大，蓄水更多及效益更大。该类水库最为典型的是贵州普定县马官水库。

4．6．地表河低坝蓄水工程

喀斯特山区河流常由上游的峰丛洼地的地下河和中游的峰丛谷地或峰丛盆地内暗明频繁转化、相间分布的地表河与地下河组成。当地表河流流经透水岩层时，河水常经河床的溶隙、落水洞潜入地下，成为地下河（伏流），当地下河流经不透水或弱透水岩层时，地下河又溢出河床成为地表河。峰丛谷地和峰丛盆地常是人口密集、耕地较多，需用水量较大地区，如上游来水不足，则可在地表河段筑拦河低坝，利用河槽蓄水，行洪、蓄水两不误，但水质较差，只能用以农业灌溉。

5．水资源合理利用

西南喀斯特山区缺水为工程型缺水，解决缺水的途径是增加可利用水量和可供水量，根据山区流域地貌类型、三水转化规律、水资源过程特性、土地分布特征和居民分散聚居特征，按不同供水目标、不同用户需求和不同季节用水情况等，采取因地（形）制宜、因土（地）制宜、因水（量）制宜和因需（水）制宜的水资源分散式配置模式。

5．1．分散供水

上游峰丛洼地区建地下水库、溶洼水库或天窗泵站提水，中下游峰丛谷地和峰林盆地建设河底坝蓄水工程和泵站提水工程。峰林坡地的皮下带流和快速裂隙流溢出处建水窖和水柜等集流、集雨工程。供水工程以小微型为主，实施分散拦蓄、分散供水，以化整为零的方式解决喀斯特峰丛山区整体性干旱缺水。

贵州普定县后寨地下河流域集水面积81km²，主河长21km。母猪洞以上为裸露型峰丛洼地区，母猪洞以下至老黑潭、六谷为覆盖型峰丛谷地区，六谷以下为覆盖型盆地区，冒水坑为地下河最终出口。20世纪80~90年代，先后建有母猪洞地下水库、马官溶洼水库、提水站、水柜及水窖等系列小微型蓄水工程（见图1）。

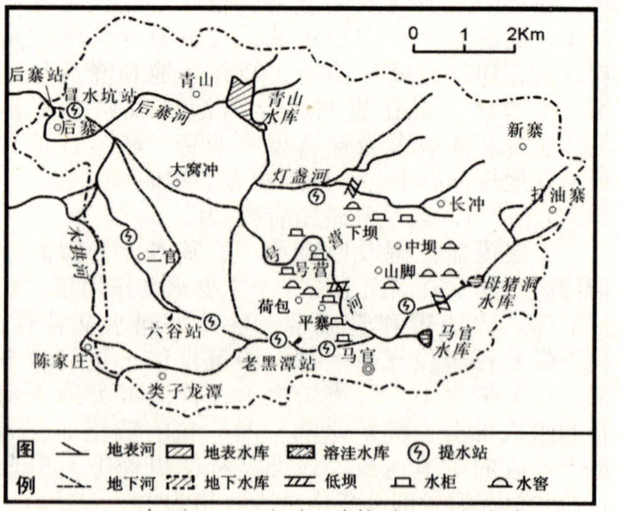

图1 后寨地下河小微型蓄水工程分布图

母猪洞地下水库位于后寨地下河上游峰丛洼地，集水面积4.7km^2，由9个大小不等的峰丛洼地串联而成。各洼地均有垂向型落水洞，地下河与各落水洞串联相通，承纳和排泄各种水源的水流；在地下河出口处建坝成库，有阀门控制水库蓄泄。在水库下游沿峰丛谷地右侧山坡建有长7.0km的主干渠。该地下水库总库容$128\times10^3m^3$，一次最大蓄水量可达$100\times10^3m^3$，每年雨季可蓄4次满库水量，可灌溉80hm^2。

马官水库位于地下河中段左侧，马官镇东北向的冲头峰丛洼地，洼地库区有一水洞地下河，长约740km，并与洼地落水洞相通，地下河于小尖山坡脚流出，始转为地表河，流入马官峰丛谷地地表河。水洞地下河出口处建全封闭圆筒拱坝，并装有闸阀，控制水库蓄泄。溶洼水库库容由地下库容和地表库容组成，为增加蓄水量，在洞口左侧沿地形等高线修建长800m渠道，接纳紧邻的羊皮寨地下河水量入库。两处入库总水量，平水年为$1.930\times10^6m^3$，枯水年为$1.184\times10^6m^3$，效益大增，自流灌溉农田330hm^2，保障马官镇5000人的生活用水。

在号营、下坝、荷包、山脚、中坝等处分别建有一批水窖、水柜等微型蓄水工程。提供人畜饮用或农业灌溉用水。

此外，流域内还有地表青山水库（库容$2.52\times10^6m^3$，有效灌溉面积707hm^2）、10余处提水站和几处河道堤坝（有效灌溉面积约200hm^2）。

流域内以多类型的小微型蓄水工程配置成分散式的供水系统，有效利用了雨水资源，提高了可利用水量和可供水量，保障了人畜用水和农业用水，使地下河中游马官建立了完善的灌区，成为普定县主要的产粮区。

5.2.分水源供水

喀斯特山区水循环、三水转化和水资源过程有别于非喀斯特山区。其受控于喀斯特二元三维的含水介质，丰沛的雨量分别转化成坡面流和皮下带的快、慢速裂隙水，最终分别以泉水、地下河和地表河形式出现（见图2），成为在不同地点、不同水源及不同形式出现的散状分布的水源。分散水源有众多的小微型蓄水工程拦蓄和分散式供水。

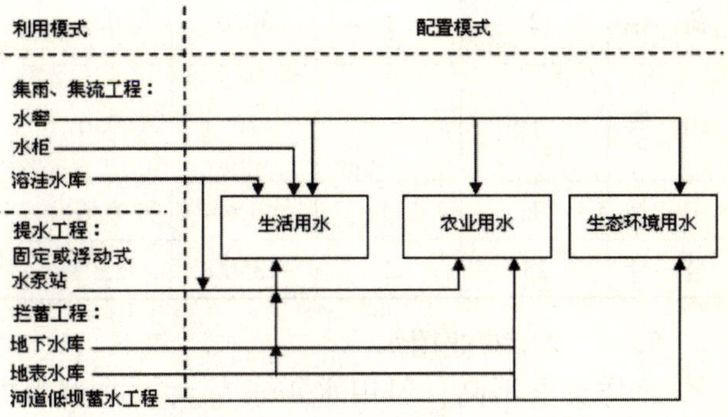

图2 西南喀斯特山区水资源利用与配置

5.3.分目标供水

喀斯特山区蓄水工程供水目标单一，按供水需求和水质要求，主要为生活用水、农业用水，兼顾生态环境用水。各类用水对水量和水质要求不一。

5.3.1.生活用水

主要是人畜饮用水，水质要求高。水柜、地下水库及溶洼水库集流、蓄水工程均可满足，水量稳定，水质较好。如普定县哪叭岩区，由皮下带裂隙水补给的泉水PH值为6.5左右，略偏酸性，矿化度为0.217～0.33g/L，水质较好，各项细菌指标含量均符合国家卫生标准，年供水量为$22\times10^3m^3$，可满足全村人畜饮水用水（表1）。又如普定县后寨地下河流域内部分村寨皮下带裂隙水泉的水窖、水柜的供水效益也很可观（表2）。

表1 普定县哪叭岩皮下带喀斯特泉卫生指标分析

样品编号	水样来源	细菌总数（CFU/ml）		总大肠菌数（MPN/100ml）		类大肠菌群（MPN/100ml）		混浊度	
		检验值	卫生标准	检验值	卫生标准	检验值	卫生标准	检验值	卫生标准
普哪-6	九头坡泉	<10	≤100	未检出	不得检出	未检出	不得检出	50	≤50

表2 微型蓄水工程蓄水能力及效益统计

村名	微型蓄水工程个数		一次蓄水量（m^3）	投资（104元）	饮用水人畜数		饮用水人数占全村比（%）	备注
	水柜水窖	水池			人口（人）	牲畜（头）		
号营	15		375	18.0	1500	1200	97.4	另灌溉菜地8hm^2

（续表）

村名	微型蓄水工程个数		一次蓄水量（m^3）	投资（104 元）	饮用水人畜数		饮用水人数占全村比（%）	备注
	水柜水窖	水池			人口（人）	牲畜（头）		
下坝	4	1	10120	2.4	900	500	60.0	提水站与水池联合运用，灌溉水田 36.7hm^2
荷包	2	1	3020	0.7	400	200	45.9	地下出流与水池联合运用，灌溉水田 270hm^2
山脚	1		30	0.6	977	1500	100	山脚中坝部分水柜同母猪洞输水管联网，增加两村人畜供水量
中坝	1		15	0.6	1223	30	88.7	
合计	23	2	13560	22.3	5000	3430	79.1	

5.3.2. 农业用水

水质要求不高，但用水需求量大，主要为农田灌溉用水和旱地作物灌溉用水。前者主要由溶洼水库、地下水库、地表水库及提水泵站供水，供水量大，保证率高；后者主要由就地修建的水窖蓄水，供水量有限，保证率较低，河道低坝蓄水工程蓄水，水质较差，保证率低，仅靠河边饮水渠道饮水，灌溉坝下两岸农田。

5.3.3. 生态环境用水

喀斯特山区，雨水丰沛，绿水资源较多，生态环境用水原本不缺，只是地表缺水和季节性缺水。该类用水主要是近年来退耕还林，坡地整修为梯田，种植经济林，旱季常需浇灌补水；其次，旱季河道基流过小甚至断流，但污水排放量日增，污染日益加重，特别是难以净化地下含水层的污染，需要由水库或河道低坝蓄水工程下泄一定水量，维持河道有一定稀释能力。

6. 结论

（1）喀斯特山区的地高水低、雨多地漏、石多土少及土薄易旱等原因，致使湿热气候下出现特有的“喀斯特干旱缺水”，论其性质当属工程型缺水。究其原因是丰富的天然水资源中可利用水量少，可供水量更少。

（2）西南喀斯特峰丛山区众多中小流域，具有不同于非喀斯特流域的二元三维空间结构，控制着水循环规律、水资源形成过程及其分布，使水源类型多种，并成零散状分布。

（3）根据峰丛山区水循环、水资源过程、土地资源分布和社会经济情况，改变集中拦蓄、集中供水的传统方式，采用以小微型工程为主的水资源开发利用模式，分散式、多层次和多类型拦蓄雨水资源，是增加可利用水量和可供水量的有效途径。

（4）按照因地制宜、因土制宜、因水制宜及因需制宜原则，规划和修建呈分散布局的小微型蓄水工程。实行优水人用，差水农用，专水专用或一水多用，确保饮用水安全，提高农业用水保证率，兼顾生态环境用水。实施分散拦蓄多种水源，分目标、分水质供水的配置原则，以化整为零方式解决喀斯特峰丛山区的整体性干旱缺水。

致谢：本文承南京大学地理与海洋科学学院史运良教授和王腊春教授指导和修改，谨致谢忱。

参考文献：

〔1〕李小雁，马育军，宋冉等·陆地生态系统绿水资源开发与雨水集流技术潜力分析〔J〕. 科技导报，2007，25（24）：52—57.

〔2〕李原园，郦建强，秦福兴·科学分析水资源规律合理制定水资源配置方案〔J〕. 中国水利，2004，19：10—13.

〔3〕陈洪元，陈邦宇，陈波贵州省普定后寨岩溶小流域水文特性研究〔J〕. 贵州地质，2005（85）：284—288.

〔4〕史运良，王腊春，朱文孝等·西南喀斯特山区水资源开发利用模式〔J〕. 科技导报. 2005，23（2）：52—55.

近 49 年普定县气温的变化与异常特征分析

吴　龙

摘要：利用线性倾向率、滑动平均、小波分析、异常分析等方法，对普定县 49 年来（1961～

2009年）气温变化事实进行诊断分析，着重分析气温的年际变化、年代际变化等基本气候特征。结果表明，普定县年平均气温呈上升趋势，特别是自1980年代后期上升尤为明显，冬、春季增温对该市年平均气温贡献最大；平均气温变化阶段性明显；气温周期性变化明显，平均气温主要有7年和5年年际周期；49年中没有出现异常偏冷年，异常偏暖年出现过1次（2009年）；年最高气温呈弱上升趋势，阶段性明显，冷暖交替变化；年最低气温呈明显上升趋势。

关键词：气温，趋势变化，周期性，异常分析

1．引言

随着全球气候变化，贵州省气候也发生了相应的变化。近些年来，有研究工作者对贵州地区气候变化作了大量的研究工作，并取得不少研究成果。

普定气候宜人，属于亚热带高原季风湿润气候，全年气候温和，冬无严寒，夏无酷暑，春干秋凉，无霜期长，雨量充沛，日照少，辐射能量低。年平均气温15.1℃，年平均日照时数1164.9小时，无霜期301天，年平均降水1378.2毫米，属全省三大降雨中心地区之一。农业气候具有春长、夏短、秋早、冬暖的特点。

2．资料与方法

选取普定县气象观测站1961～2009年气象资料，包括逐日平均气温、最高气温、最低气温。四季划分如下，春季（3～5月）、夏季（6～8月）、秋季（9～11月）、冬季（12～2月）。统计方法如下：（1）普定县平均气温是相对应的气象要素求算术平均所得；（2）在进行气温的气候趋势分析时，采用线性倾向率，线性趋势倾向系数由最小二乘法求得，其气候趋势以一元线性回归方程 $y = ax + b$ 描述，$a \times 10$ 为气候倾向率，单位为℃/（10a）或mm/（10a）；（3）小波分析是将一维的时间序列函数在时间和频率两个方向上展开，从而分析不同时间频率下一维函数变量随时间的变化，还可定量地确定不同时间频率下函数变量发生转折的时间位置。因此，本文采用Morlet小波分析方法对1961～2009年普定县气温随时间变化作进一步分析。

3．结果分析

3．1．平均气温变化

统计普定县1960年代（1961～1970年）、1970年代（1971～1980年）、1980年代（1981～1990年）、1990年代（1991～2000年）及21世纪头9年（2001～2009年）的年、各季平均气温，以Tn、Tc、Tx、Tq、Td分别表示年、春季、夏季、秋季、冬季平均气温，其结果见表1。

1961～2009年普定县各年代的年、季平均气温（℃）

表1

年　代	Tn	Tc	Tx	Tq	Td
1961～1970	14.99	16.07	21.80	15.68	6.49
1971～1980	14.98	15.95	21.87	15.33	6.81
1981～1990	15.04	15.51	22.12	15.85	6.66
1991～2000	15.19	15.73	22.08	15.97	7.02
2001～2009	15.80	16.63	22.34	16.61	7.74

从表1中可见，与1980年代相比，近19年（1991～2009年）普定县年、春、秋和冬的平均气温均呈递增趋势，夏季平均气温变化不明显；1990年代的年、夏、秋、冬季的平均气温较1980年代的分别偏高0.15℃、0.22℃、0.12℃、0.36℃，21世纪头9年的年、春、秋、冬季平均气温较1980年代的分别偏高0.76℃、1.12℃、0.76℃、1.08℃，这说明进入21世纪后增暖更为明显，其增暖幅度最大的是春季，其次是冬季和秋季；年平均气温在1960、1970年代相对较低，其最低值（14.2℃）出现在1984年，春季的平均气温均是在1980年代相对较低，夏季和冬季两季平均气温则在1960年代相对较低，而秋季平均气温则在1970年代相对较低。

从近49年普定县年平均气温的变化情况来看（图1），总体呈现上升趋势，其倾向率为0.17℃/（10a），而且具有明显的阶段性，冷暖变化交替出现；暖期出现在1960年代、1970年代前期及1980年代后期以来的时段，自21世纪初以来气温显著上升，21世纪头9年增温达到最强，1980年代后期以来为相对偏暖期；冷期出现在1970年代后期到1970年代中期、1990年代中期为相对偏冷期。

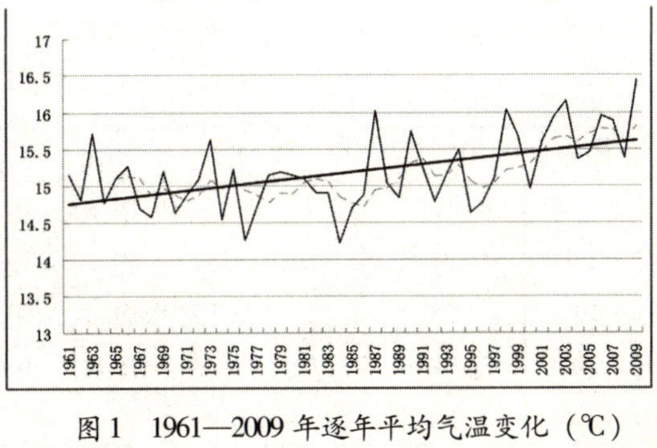

图1　1961—2009年逐年平均气温变化（℃）

从近49年普定县春、夏、秋、冬各季平均气温变化来看（图2），春、秋、冬季平均气温均呈上升趋势，夏季平均气温变化基本持平；冬季气温倾向率最大，为0.25℃/（10a），夏季倾向率最小，为0.09℃/（10a），这表明该市冬季平均气温增暖幅度最大，夏季平均气温略有上升，基本持平。

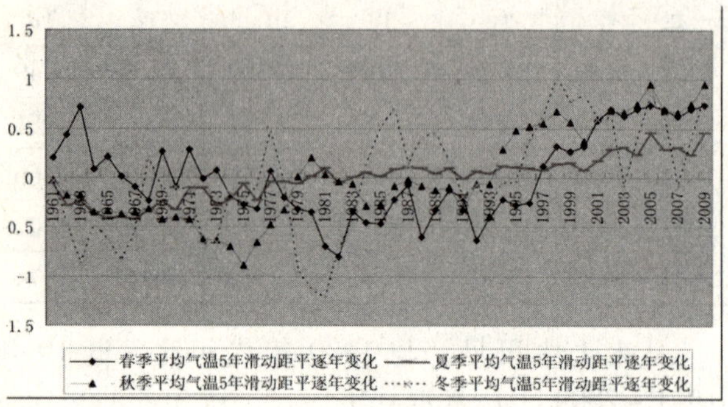

图2　四季平均气温5年滑动距平逐年变化（℃）

对普定县49年平均气温的时间序列进行Morlet小波分析，得到其不同时间尺度的变化特征（图3）。从图3中可见，平均气温周期性变化明显，7年左右的际周期在近1970年代到1990年代里存在；以5年左右为年际周期的强振荡信号出现在21世纪初。

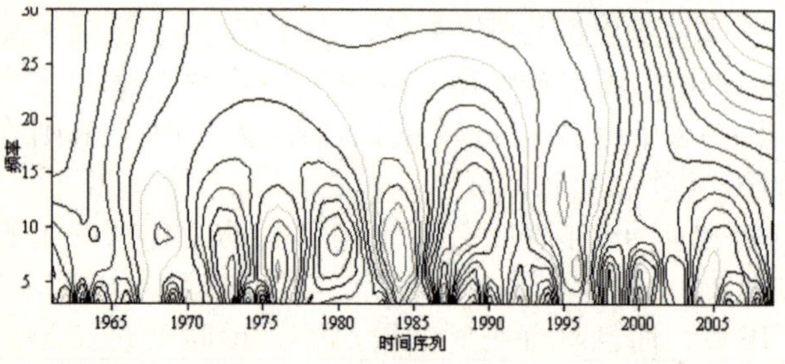

图3

3．2．最高气温变化

统计普定县近49年各年代的年、季平均最高气温，以TG、TGc、TGx、TGq、TGd分别表示年、春季、夏季、秋季、冬季的最高气温，其结果见表2。

表2

年代	TG	TGc	TGx	TGq	TGd
1961～1970	19.40	21.10	26.04	19.83	10.64
1971～1980	19.26	20.86	25.62	19.38	10.67
1981～1990	19.08	20.22	25.73	19.57	10.23
1991～2000	19.07	20.17	25.75	19.82	10.40
2001～2009	19.96	21.45	26.49	20.62	11.42

从表2中可见，1990年代以后的近19年普定县夏、秋、冬季最高气温呈升高趋势，年和春季最高气温从1970年代到1990年代呈下降趋势，但在21世纪头9年呈现出明显升高；1990年代最高气温较1980年代的夏、秋、冬季分别偏高0.02℃、0.25℃、0.17℃；21世纪头9年最高气温较1980年代的夏、秋、冬季分别偏高0.76℃、1.05℃、1.19℃；对四季而言，最高气温增加幅度最大的是冬季，其次是秋、夏两季。

从近49年普定县年最高气温的年际变化来看（图4），总体上呈现弱的上升趋势，其倾向率为0.06℃/（10a），具有明显的波动性，冷暖交替变化出现。暖期出现在1960年代前期、1970年代末期及1990年代之后近15年，冷期出现在1970年代中期到1980年代中期、1990年代中期。自1980年代初以来，最高气温一直呈波动上升趋势，1990年代后期至21世纪头9年增暖达到最强。

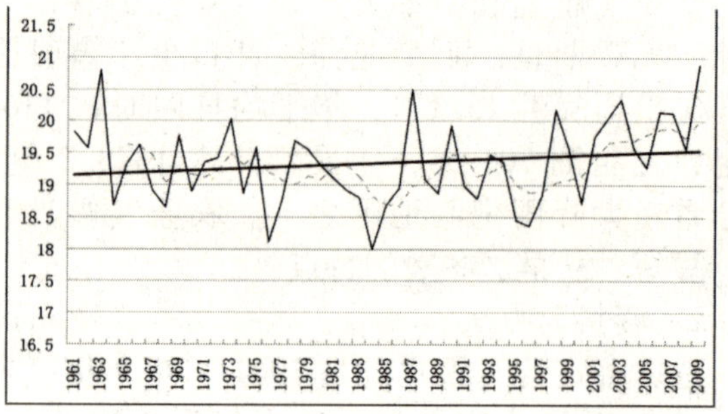

图4　1961—2009年普定逐年最高气温平均变化（℃）

通过对普定县近49年最高气温的时间序列进行Morlet小波分析，得到其不同时间尺度的变化特征（图5）：普定最高气温周期性变化较为明显，与平均气温周期性变化相近，最高气温7年左右的年际周期在近49年里始终存在；以5年左右为年际周期的强振荡信号出现在21世纪初。

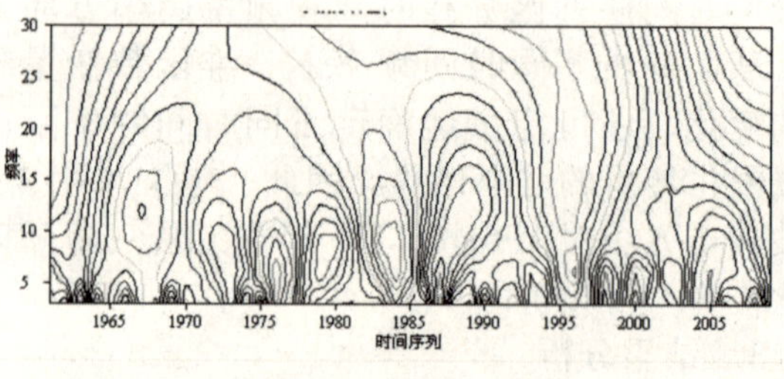

图5

3．3．最低气温变化

统计普定县近49年各年代的年、季平均最低气温，以 TD、TDc、TDx、TDq、TDd 分别表示年、春季、夏季、秋季、冬季的最低气温，其结果见表 3。

1961 ~2009 年普定县各年代的
年、季平均最低气温（℃）

表 3

年代	TD	TDc	TDx	TDq	TDd
1961 ~1970	11.92	12.35	18.40	12.94	3.80
1971 ~1980	11.98	12.48	18.05	12.52	4.26
1981 ~1990	12.25	12.20	18.58	13.37	4.30
1991 ~2000	12.41	12.56	18.61	13.17	4.67
2001 ~2009	12.82	12.88	19.01	14.06	5.24

从表 3 中可见，近 49 年普定县的年和冬季最低气温一直呈上升趋势，春季最低气温自 1990 年代以后和夏季最低气温自 1980 年代以后也呈上升趋势；1990 年代最低气温较 1960 年代的年、冬季分别偏高 0.49℃、0.87℃，21 世纪头 9 年最低气温较 1960 年代的年、冬季分别偏高 0.9℃、1.44℃，近 9 年增加明显加快；从各季看，最低气温增加幅度最显著的是冬季，其次是秋季、夏季和春季。

从近 49 年普定县年最低气温的年际变化情况来看（图 6），呈明显的上升趋势，其倾向率为 0.19℃/（10a），具有明显的波动性，自 1960 年代末到 21 世纪头 9 年波动上升，1990 年代中后期之后最低气温持续上升达到最大。

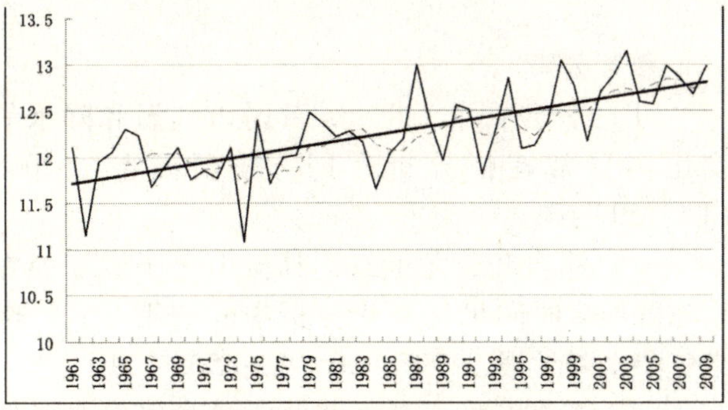

图 6　1961—2009 年普定逐年最低气温平均变化（℃）

对普定县 49 年最低气温的时间序列进行 Morlet 小波分析，得到其不同时间尺度的变化特征（图 7）：该市最低气温周期性变化明显，15 年左右的年代际周期在近 1970 年代中期和 1990 年代中期存在；主要的年际周期是 5 年、7 年、7 ~8 年左右，其中以 5 年左右为年际周期的强振荡信号出现在 21 世纪初，以 7 年左右为年际周期的强振荡信号出现在 1980 年代中期，以 7 ~8 年为年际周期的强振荡信号出现在 1960 年代初至 1980 年代初期。

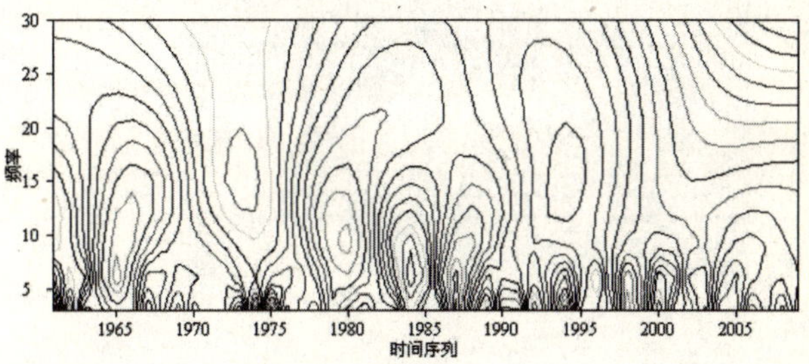

图 7

3．4．气温的异常分析

3．4．1．平均气温的异常

在统计普定县近 49 年的平均气温时，以 T 表示平均气温，Tp 表示多年气温平均值，S 表示平均气温标准差，其冷暖等级标准如下：T≥Tp+2.0S，为异常偏暖；Tp+2.0S>T≥Tp+1.5S，为显著偏暖；Tp+1.5S>T≥Tp+1.0S，偏暖；Tp+1.0S>T≥Tp-1.0S，为正常；Tp-1.0S>T≥Tp-1.5S，偏冷；Tp-1.5S>T>Tp-2.0S，为显著偏冷；Tp-2.0S≥T，为异常偏冷。

根据上述标准所作的统计结果发现：普定县近 49 年，出现一次异常偏暖年（2009 年）；显著偏暖年出现过 5 次（1987、1998、2002、2003、2006 年），偏暖年和显著偏暖年主要集中在 1990 年代后期和 21 世纪头 5 年；异常偏冷年没有出现过，显著偏冷年出现过 2 次（1976、1984 年），偏冷和显著偏冷年主要出现在 1990 年代以前（图 8）。

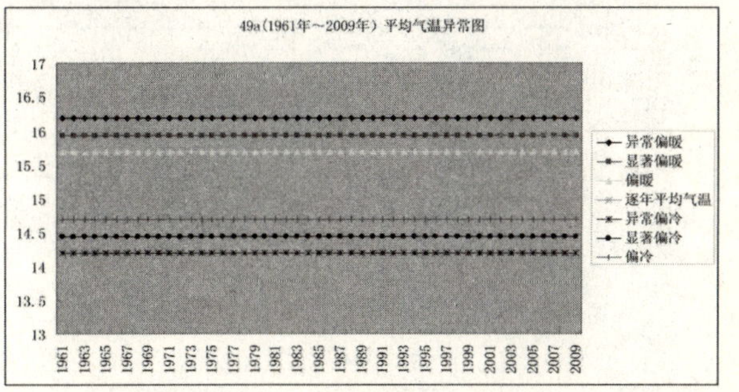

图 8

异常冷春没有出现过，显著冷春均只出现过 4 次（1970、1976、1985、1996 年），异常暖春出现过1次（1963年），显著暖春出现过2次（1969、1987年），由春季偏暖出现的年份可知，自21世纪以来普定县春季增温趋势明显（图9）。

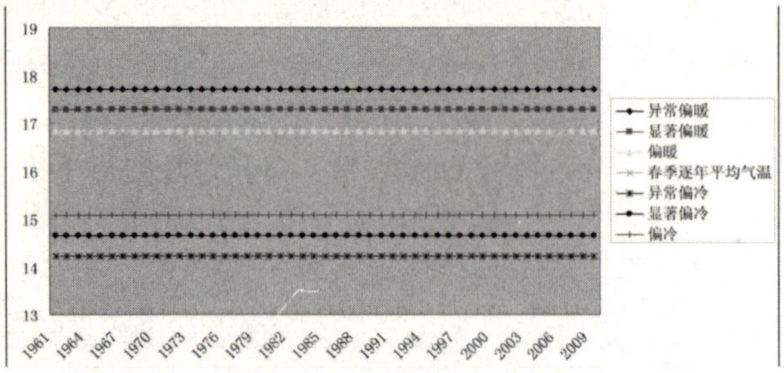

图9

异常冷夏出现过1次（1974年），显著冷夏出现过2次（1969、1976年），异常暖夏出现过1次（2009年），显著暖夏出现过3次（1961、1970、2006年）（图10）。

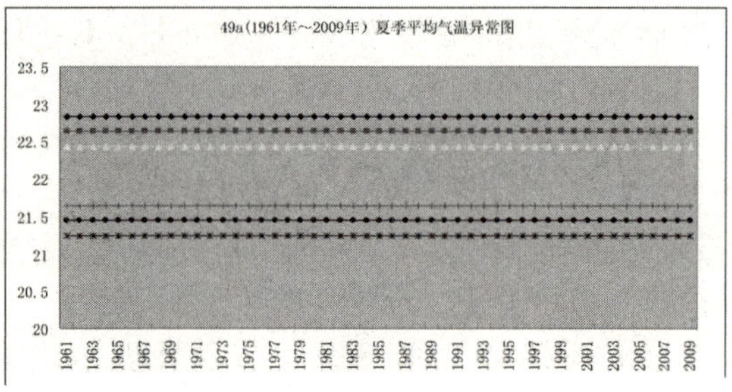

图10

异常冷秋和显著冷秋各出现过1次（分别在1976、1986年），异常暖秋没有出现，显著暖秋出现过6次（1998、1999、2005、2006、2008、2009年）（图11）。

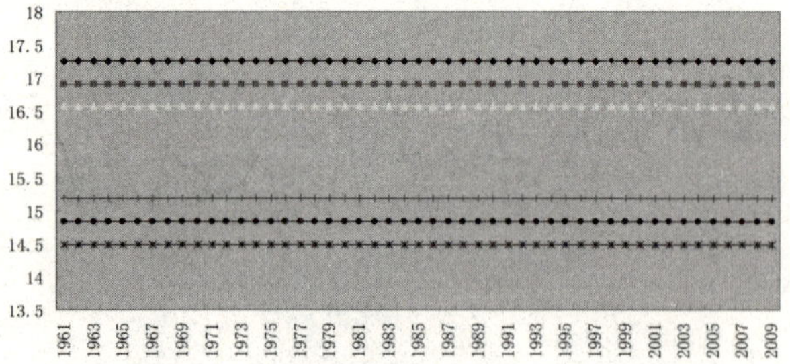

图11

异常冷冬出现过3次（1967、1976、1983年），显著冷冬没有出现过，由此可见，冷冬只在1960～1980年代出现过；异常暖冬出现过1次（2008年），显著暖冬各出现过3次（其分别出现在1986、2002、2009年）。如图12

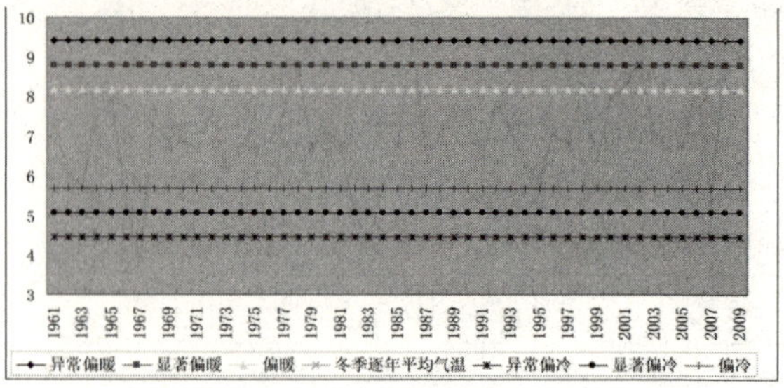

图12

4．结论与讨论

通过分析发现，49年来（1961～2009年），普定县年平均气温呈上升趋势，自1980年代后期开始，其上升尤为明显，冬、春季增温对该市年平均气温的贡献最大；最高气温呈弱上升趋势，阶段性冷暖变化交替出现；最低气温呈明显的上升趋势，1990年代中后期之后最低气温持续上升达到最大；异常偏暖年出现过1次（2009年），异常偏冷年未出现。

上述结论是从对普定县1961～2009年气温资料的分析中得出的，但该县未来数十年气温变化趋势更值得关注，上述气候变化有利也有弊。秋季气温升高，可延长双季晚稻生长发育时间；冬季气温升高，既可减少越冬作物的受冻几率，也易造成越冬作物疯长、病虫害流行。至于这种气候变化对该市农业经济的具体影响范围和程度，还有待于今后做进一步研究。

参考文献

〔1〕李建平等、近45a黄冈市气温和降水的变化与异常特征分析〔J〕．暴雨灾害．，2008（1）：59－63.

〔2〕邓自旺，尤卫红，林振山·子波变换在全球气候多时间尺度变化分析中的应用〔J〕．南京气象学院学报，1997，20（4）：505－510.

〔3〕覃军，陈正洪·湖北省最高气温和最低气温的非对称性变化〔J〕．华中师范大学学报，1999，33（2）：286－290.

〔4〕林培松，李森，李保生·近50年海南岛西部气候变化初步研究〔J〕．气象，2005，31（2）：51－54.

（选自2010年第6期《安顺科技》）

新课程理念下城镇非重点中学初中化学实验现状的调查与研究

包维芬

摘要： 1. 当前城镇非重点中学化学实验教学现状的调查与分析
2. 研究如何在新课改理念下对城镇非重点中学初中化学实验进行优化教学

关键词： 新课程　城镇非重点中学　化学实验　现状调查研究

化学是一门以实验为基础的科学，而且新课程标准规定，“以提高学生科学素养为主旨；重视科学技术与社会的相互联系；倡导以科学探究为主体的多样化学习方式。”化学实验在完成上述目标中起着举足轻重的作用。但目前城镇非重点中学初中化学实验教学的现状却不容乐观。据笔者近几年在城镇中学的教学感受和对我市20多所同类中学和62名教师和学生的调查了解，发现城镇非重点中学初中化学实验教学与课程标准之间存在很大差距，教学质量不高。

一、城镇非重点中学初中化学实验教学现状的调查与分析调查结果统计：

表1　初中化学实验现状调查统计表

题号	调查内容	调查项目	人数	百分比（%）
1	学校有无专门的化学实验室	有	32	51.6
		没有	30	48.4
2	学校是否有专职化学实验员	有	15	24.2
		没有	47	75.8
3	演示实验开设情况	实验做过几次	15	24.2
		大部分实验都做过	30	48.4
		实验全部做过	10	16.1
		实验从未做过	7	11.3
4	学生实验开设情况	实验全部做过	5	8.1
		每周一次实验	15	24.2
		几周一次实验	23	37.1
		实验从未做过	19	30.6
5	实验不能正常开设的主要原因	实验经费不足	30	48.4
		实验教师技能较差	3	4.8
		教师不重视	3	4.8
		学生人数多（超过80人）	26	41.2
6	化学实验对培养学生科学素质的作用	重要	42	67.7
		一般	18	29.0
		不重要	2	3.2

通过对上述调查结果的分析，当前城镇非重点中学初中化学实验教学主要存在以下几方面的问题。

1. 学生人数多，班额大，学生素质差，态度不端正，实验秩序混乱。

近几年，由于九年制义务教育的普及和农村人口大量涌入城镇，使得城镇中学面临学生人数猛增，教室、实验室紧缺，有些学校教室不足，到附近小学租教室上课，大部分班级学生人数均在80人以上，有的甚至高达90余人，使得实验开展非常困难，加上学生是经过重点中学层层选拔后留下来的，绝大部分学生属于“双差生”，实验课时态度不端正，纪律观念淡薄，导致实验课堂局面混乱，如：高声喧哗、说笑取闹，擅自离开实验桌、拿实验器材嬉戏打闹等等，实验仪器耗损特别大。面对这些现象，不少教师深有同感，怕上实验课。

2. 教育经费不足，实验资源分配不公，实验设备较差，实验器材短缺，影响实验教学的开展。

近几年来，虽然上级教育主管部门对学校“普实”工作的开展，新修了教学楼，装备了新的化学实验室，但由于“普实”工作的重点是在农村，大部分教育经费优先安排到农村中学，而城镇中学则成为教育上的“盲区”。加上目前农村学生大量涌入城镇，使得农村中学的学生人数少，班额小，部分教室，实验室闲置，与城镇中学形成极大反差，教育资源分配不公，直接影响城镇中学实验教学的开展。

3. 实验管理及师资力量相对薄弱。

通过调查，目前很多城镇中学没有专职的实验员，实验管理员一般都是女教师或年长的教师，并兼上有化学课、生物课等，教师对实验室有哪些药品和器材都不知道，以致出现化学教师说“因缺少所需药品器材而不能开展实验”。或者很多科任教师（实验教师）在准备实验时，往往是自己写实验通知单，自己准备实验仪器和药品，仪器和药品的存放来不及及时归位，常常出现找不到仪器和药品的现象，导致实验室比较混乱，实验管理很不规范。

4. 教师对化学实验，尤其对探究性实验的重要性认识不足，以致实验开展形式单一，一些实验的完成率不高。

受传统教育的影响，教师普遍存在着重理论轻实验的思想。教学方法普遍采用讲授法。有的老师甚至认为学生不动手做实验不要紧，只要会动笔考实验就行。由此而引发了“做实验不如讲实验，”，“讲实验不如背实验”的荒谬作法。一些教师则认为学生分组实验可做可不做，很少到实验室去上化学课，实验的开展仍以老师在教室进行演示为主，实验开设形式单一，有些教师对简单的实验没有做，认为“太简单”，“做与不做对学生化学成绩的提高没有影响”，而对较为复杂的实验又不愿意花时间和精力去做，以“实验现象不明显，不易成功”为借口，不做实验，使得一些实验的完成率不高。完成率较低的实验（按完成率由低到高排列）

表2　完成率低的实验

课　　题	页　码	实验内容
第七单元课题2	134	【实验7－4】甲烷的性质实验
第七单元课题1	128	【实验7－3】粉尘爆炸实验
第三单元课题1	46	【实验3－1】水的电解实验
第三单元课题3	56	【实验3－4】实验室制蒸馏水
第一单元课题1	6	【实验1－1】水的沸腾
第八单元课题1	5	【实验8－1】比较合金和金属的硬度
第六单元课题1	107	【实验6－2】木炭与氧化铜反应
第九单元课题3	42	【实验9－6】配制2种溶质质量分数不同的氯化钠溶液

其中，“甲烷的性质实验”以“绝对优势”高居“榜首”。

二、研究如何在新课改理念下对城镇初中化学实验进行优化教学。

要想改变上述现状，笔者建议从以下几方面齐抓共管，优化实验教学。

1. 教育主管和行政部门应对城镇初中化学实验教学设备和仪器进行一次大的普查，增加教育经费的投入，尽快配齐、配全新课程要用到的仪器与药品，装备实验室，至少要达到2～3人一个实验台的标准，以利于教师能开展边讲边实验的教学要求。其次，加强对初中化学教师实验方面的培训，以提高城镇初中化学教师实验技能和对实验的研究能力，只有教师学会并真正懂得了如何进行探究性学习，才能教会学生学习，而从根本转变学生的学习方式。而目前的实际是我们的培养大多是理论方面的培训，缺乏对实验的培训。

2. 学校配备专职化学实验员，落实相关管理要求和相应待遇，加强对化学实验室的管理，克服资金等方面的困难，确保化学实验的低值易耗品得到及时、足量的补充，为实验教学的正常开展提供物质保障。其次，控制班级学生人数，每班不能超过70人，这样才能达到2－3人一个实验台的标准。

3. 广大城镇中学的化学教师，应从以下几方面来抓好实验教学。

（1）转变观念，提高全面开展实验重要性的认识。作为化学教师，应认真思考化学学科的重要性，明确化学实验对化学学科及化学教学、学生对化学学习的重要性，积极开展化学实验教学及探究，真正发挥化学实验在化学教学中的主阵地作用。

（2）认真准备，组织好每个实验的教学。

优化组合，合理分组。为打破学生分组实验变为学生“演示”实验的现象，分组时尽量按2～3人为一组，注意“强弱”搭配，防止“两极分化”，做好能力强的学生思想工作，让他们在实验时指导能力差的学生，调动他们动手操作的积极性，使全体学生共同进步。

指导学生课前预习和实验准备。学生课前预习和准备尤其重要。在教学中，每个实验均拟出预习提纲以实验报告的形式发给学生，学生按照实验报告上的内容进行预习准备，同时设计好每一步实验方案，达到要求后才能进入实验室，长期坚持，既培养了学生良好的预习习惯，又使实验教学井然有序。

认真钻研每个实验内容，精心设计好每一节实验课。实验课和平时上课一样，必须备好课，按备课要求精心设计教案，熟悉实验的每个环节，掌握实验的重难点、疑点、可创新点、实验注意事项等。实验步骤简明扼要，使学生一看就懂，安全注意事项客观准确，不要夸大其词，既要能防范安全事故的发生，又不能让学生害怕，影响动手操作。

认真组织，上好每一堂实验课。上课时，首先简单介绍使用步骤，激发起学生对预习知识的回顾，调动学生动手操作的欲望。其次，指导学生根据自己的设计的实验方案进行实验操作。引导学生观察实验、发现问题，对能力较差的组进行适当点拨与指导（但不能越俎代庖）。实验结束后，教师指导学生对本实验进行小结，展示各组的实验成果（分组展示，并有意识安排能力较差的组展示）其他组的同学作补充，并分析原因。

如此设计实验教学，避免了学生实验态度不端正，课堂纪律混乱的场面，让学生感受到化学实验给他们带来的成就感，充分调动了学生学习化学的积极性。

（3）想方设法，充分利用有限的教学资源，创造条件去完成实验。在条件落后、实验资源相当有限，想在教学中提倡和鼓励学生通过化学实验进行探究性学习，就要尽可能创造条件让学生多动手参与实验操作。利用生活中常见用品和废弃品（如：饮料瓶、药盒、破损试管等）制成简易的制气装置，替代实验用的仪器、解决实验仪器、药品的短缺问题。再如：让学生从家中带少许磷肥、碳铵、钾肥到学校就可完成“探究初步区分常用化肥的方法”。

（本文选自中国教育学会、化学教学专业委员会第十四次学术年会论文集）

文学艺术作品选登

一、文学作品

葵花脸

丁　杰

那一张葵花脸，在那个苗寨的庆典上，在那个民族的节日里，无比灿烂。

舞台：一个普通的农家小院，搭上木板，铺上地毯，一个竹筛上写一个字，十二个竹筛一字排开：猫洞佑奋苗寨数功拢文化节。写字的中学老师，是我们县书协的秘书长，他的一幅作品参加过全国书展。背景：一串串鲜红的辣椒，挂在墙上；一束束成熟的高粱、稻谷，依偎在石头上；一个个金黄的南瓜，睡在地上；一个个黄瓜，长在树上。演员：乡中学和村小学的学生，村里的媳妇，威风的寨老。节目主持人有三个：县电视台的男播音员，村小学的男教师，苗寨里一个在贵州大学读书的女学生，她是乡里的旅游形象大使。虽然是村级演出，也没忘记跟国际接轨，每一个节目，都用两种语言报幕——汉语和苗语。节目：丰收的歌舞，民间的生活场景。演出的高潮：黑瘦的乡长上台，用地道的苗语吼了一调山歌，歌声鸟儿一样，在石板的街道和房顶上飞翔。乡党委书记跑上台，把一束黄灿灿的稻谷，献给他的搭档，让乡长在村民的眼睛里站成一个成语：五谷丰登。

压轴的寨老出场了：一个高高的苗家汉子包着麻布头巾，穿着青布长衫，拉着粗大的四弦胡，长须飘飘，面带微笑，带领盛装的儿童，媳妇，老人，环珮丁铛地走上台。绕台三圈后，像一节火车头，拖着那串长长的快乐，从台上走回人群中。猫洞乡党委书记和乡长插进队伍，更多的朋友走进了队伍，音乐不停，快乐飞扬，整个苗寨在歌声和笑声中展开翅膀。老人身材高大，笑容可掬。那张老脸，像包谷林一棵壮实的葵花，面对太阳高举着甜蜜。

“你注意没有，寨老的手和脚都是残缺的?”我的初中同学杨敏对我说。

寨老正被几个摄影师围成焦点：老人坐在石阶上，忘情地拉着四弦胡。声音像这秋天的阳光，流淌在村庄里，流淌在人心上。在这个高原，在这个村庄，在这个季节，成为焦点的除了沧桑的老人，盛装的女子，欢乐的村童，还有墙上的犁铧，深深的石巷，透明的天空，和田里那些弯下腰的稻谷。

我走上前去，看到了老人的手：一左，一右，两砣肉球上，参差不齐地挤出五个肉芽，就是老人那双手仅有的五根手指，最长的那根，只有正常人的小姆指般大小，而小的，仅有指甲那么点点。老人的两只脚，一个脚趾也没有，脚掌也仅有常人的三分之一，像两管秃笔。老人这五根长短不一，粗细不等的“手指”，如何设计制作出四弦胡？两只“脚”如何跟着随着季节，跟随着岁月，跟随着音乐，和老人走过一个又一个山高水长的日子？

“老人家，我们想去你家坐坐，听你摆摆（说说）你的事情。”

“好啊。我家就坐（住）后面。”

爬石梯，进朝门，弯腰，低头，我走进老人的家。屋里昏暗，拥挤。我提议到院子里坐。石板铺的院子很干净。院墙上挂着辣椒，叶子烟，像写在墙上红红的“U”，或绿绿的“N”。

老人叫谢国高，65 岁，歪梳苗。1972 年入党，在佑奋村任了 18 年的党支部书记。妻子王静英，57 岁，也是歪梳苗。我们跟谢寨老交谈时，她在屋里和院子间进进出出，不时对老谢说几句我们听不懂的苗语。老谢最近几年有了闲钱，经常和村里的老人结伴外出旅游，贵州的黄果树龙宫玩过了，就去北京上海。每次出门旅游，寨子里的老人们都齐齐整整地穿上民族服装，男人扎上腰带，包上头巾，女人背上背扇，带上银饰，走到哪里，都会成为风景和新闻。一次，在广州打工的孩子打电话回家，说在广州的电视新闻里看到了爷爷，这让谢支书自豪了一段时间。

老谢主动说起自己的手和脚，一点也不显得难为情：“我的手和脚，是先天残疾，是从娘胎里带来的……也没有什么不方便，脚磨起了老茧，就不怕石头硌了……手做的活多了，骨头也会变灵活……时间长了，就习惯了。”几十年来，寨里的大事小事，老谢都很热心。去世的老人入棺下葬，新建的寨门设计成什么样子，出门旅游坐什么车，都要老谢过眼，过脚，过手。

一个小女孩从阳光里跑来，跟老谢说了一长串苗语。老谢说：舞台那里有人找，让我马上去。今天是村里的大喜日子，作为寨老，老谢事情很多。老谢不好意思地对我们笑笑，站起来，提着四弦胡，一阵风似地走了。我们回到屋里，王静英老人还在煤灶上煨中药，说是一种泡脚的药。这种药，跟老谢的脚有关吗？我希望从王静英老人嘴里，知道关于老谢“手”和“脚”的更多故事。

我和老谢的孙女坐在一条板凳上，她有点害羞，埋着小脑壳。

“你叫什么名字?”

“香香。”

“刚才参加演戏没有?”

“没有。”

“爷爷对你好不好?”

“好!”

“教你唱歌吗?”

“……”

“你妈妈呢?”

“外省打工去了?”

小香香脸黑里透红，扎着马尾辨子。她低着头，辨子翘得高高的。王静英老人从灶房伸出头来，回答香香不能回答的问题。

“去多长时间了?”

“出门十一年了，小香香一岁的时候走的。”

“香香的爸爸呢?”

“也去外省打工去了。”

“香香，你爸爸为什么要出门打工?”

“找钱供我读书，找我家妈妈。”

“……”

谢国高老人又在寨子中间拉他的四弦胡了。音乐和欢闹，一浪一浪地涌向这个小院。王静英老人在屋里和院子间忙进忙出，小香香长一句短一句地回答我们的提问。老人拉的曲子，用汉语无法准确翻译，那是苗家人断心时拉的。今天，谢国高老人一直把这断心的曲调，拉得高亢激越，透明透亮。如果不是有人提醒，更多的人跟我一样，只会看到老人欢乐的脸，不会看到那萎缩成一砣的“手”和“脚”，不会看到老人一家过去的艰辛和对未来的执著。

佑奋村的寨子中央，长长的摆起了近百米的长席宴。谢国高老人，感叹号一样坐在首席。数百人的长席宴在谢国高老人的酒歌声中开始了。祝福。举杯。大家端起碗里的米酒，一饮而尽。站起来干杯，我的眼睛透过酒杯和祝福，我又一次看到了谢国高老人荡漾着笑容的脸。

那一张葵花脸，在那个苗寨的庆典上，在那个民族的节日里，无比灿烂。

（选自2010年第11期《中国民族》）

跳舞的粮食

胡德江

我们是老辈人们从粮食关带过来的。

那时候的人们只顾一张嘴，想方设法找吃的，吃了上顿接不了下顿。爷爷那辈，上山挖狼鸡根（蕨根）充饥，吃得人不人，鬼不鬼，首先是皮疱脸肿，然后是拉稀，人象泄气的猪尿泡慢慢焉下去，最后剩下一把骨头。狼鸡根始终不是粮食，接不上顿的时候，吃一顿两顿可以，拿当粮食，那是要人命的。岩山上长着一种带刺灌木，生长“烂贱”，一丛一丛、一蓬一蓬，秋天果实成熟，红缨缨的，红遍一座一座岩山，果实颗粒如豆，殷红如血。我们当地人叫“红刺莓”，娃娃们放牛割草，爱大把大把摘来往嘴里送，味甘而涩，可充饥。那是老辈人们过粮食关的希望，没有粮食的时候，一家二家上山摘来，一簸箕一簸箕在太阳底下晒干，然后用来舂成粑粑当饭吃，那是可以当成粮食当顿度日的东西。一年又一年，老辈人们凭这东西度过粮食关，他们叫它“救济粮”。

爷爷那辈把父亲那辈带过来，到我们这辈，没有拿“救济粮”当顿了。吃，也只是放牛上坡的时候，随手摘来吃个玩意。然而，粮食还是不够吃，我们这地方，满眼是高山，不见一块地，屙屎不生蛆。大人们骂娃娃：“吃饭？吃屎都要起早点”。意思是难得一口饭吃，要想吃饭就不要偷懒。是的，我们这地方，不要说吃大米饭，就是吃苞谷饭、洋芋蛋蛋，是真的要起早点，大人们出门一天，干一坡活路，起早贪黑，收一箩苞谷或一箩洋芋，争个日子不断顿，娃娃稳当过年关。我们这方人，不知道怎样讲究文明，不敢奢望天天月月年年都顿顿吃上大米饭，只讲究把种了一坡又一坡收了一箩又一箩的日子翻过山坡挺过梁杠。

父辈们去争工分的时候，我也去争工分，记得父亲往我肩上翘一个小荚萝，我营养不良的身板经不起50斤重的牛粪压，东倒西歪还没过秤，就“闪”断了腰杆，村会计骂：“狗日的还没三堆牛屎高就想争工分混饭吃？还嫩点”。没争上一分工分，就躺在床上了，倒吃起了大米饭。这是我一生中最美好最难忘的日子，记得老妈从柜子的海底下端出一升米来，慎重的放在灶台上，一颗米一颗米数着清除米堆里的砂子，落在地上针尖大小的米粒，被老妈重新捡起来，生怕不干净，放在嘴边一口气吹干净，然后放进米堆。生病的那个月，我吃完了母亲那升米，要知道，那是一家人留着过年的大米，我一口气吃了那升米，一家人到年关就难过了。那时我还小，认为吃大米饭是世界上最大的“福气”了。以后为了享有这份福气，就装病，因为一病就有大米饭吃，然而最终被发觉，老妈扯来“火麻”抽，我倒不知痛痒，老妈却抽得泪花花打转转。

稍大一点，还是要去争工分，那一个季节是收洋芋，那些从泥巴头翻滚出来的洋芋，又大又黄，充满诱惑力。要是搞几个回家放进柴火堆里烧烤，又酥又脆又过瘾。那天上山，我特意穿上爹的一双水桶靴，背洋芋下山时，瞅人不注意“灌”满两水桶靴洋芋，由于心大，灌满洋芋的水桶靴走起路来真有点寸步难行，但还是胀红着脸使劲迈开步子，不巧被生产队长发觉，生产队长不声不响就弯下腰去捡我水桶靴里的洋芋，但没有捡完，还留着半水桶靴洋芋，生产队长拧我的脸一把，不声不响就消失在我眼前。那水桶靴里的洋芋足有10斤，被我带到家，够我守着柴火堆过上一个充满温饱的冬天。

爹妈一出门，总是希望能带着什么吃的回家。爹妈一出门，我们就挤在门口，伸长脖子等爹妈带着吃的东西回家。有些时候，等来的是老妈从队里分来的两个馒头，有些时候，是老爹不知从哪里弄来的一砣肉。等来老爹老妈两手空空的时候，半夜还听到他们哀声叹气，甚至是老妈的抽泣老爹的骂娘，老妈总是长声长气地说："你们这窝伸长脖子的乌鸦，哪天才能长硬翅膀啊"。没有粮食的时候，老妈把洋芋切成丝丝，煮一锅一锅洋芋丝喂养我们，洋芋丝象面条，我们一锅一锅百吃不厌。然而，待老妈不知从哪里弄来一把面条和洋芋丝一起煮的时候，我们总是挑面条吃，认为洋芋丝不那么好吃了，总是在这个时候，老妈就会躲起来哭泣。

生产队的打谷场充满粮食的芳香，大人们在阳光底下，排成两行打连枷，打苞谷、打麦子、打稻子，苞谷、麦子、稻子在连枷上跳舞，跳舞跳得远的，会跳到我们旁边，我们就以为不是生产队的，是粮食自己跳过来的。于是，我们就把藏在草垛底下的缸钵拿出来，麻雀似的惊慌失措偷粮食，一粒一粒，谷子在缸缸钵钵里慢慢增加，大人们的连枷扬得越高，我们捡的粮食就越多，大人们总是和我们配合得很好，粮食在连枷的飞扬中，争先恐后飞到我们身边，甚至有时我们用缸钵能够直接接到飞来的粮食。生产队长睁只眼闭只眼，有时也象老鹰一样张开双臂驱赶我们，我们爬上草垛上故意跳故意拍手，表达我们收获果实的自豪。晚上民兵背起枪守粮食，我们也敢偷，和粮食在一起，我们什么都不怕，我们藏在谷草里面，大口大口呼吸着粮食的芳香，感觉亲切而踏实。等到月亮落坡，我们伸长脖子钻出来，看见民兵端着枪在打谷场上走来走去，好象没有要去睡觉的意思，我们睁大眼睛等着民兵去睡觉，哪怕是民兵抽叶子烟的功夫、拉尿的功夫，我们也不放过。但是，越是这个时候，民兵就越是不去睡觉不去抽烟不去拉尿。民兵好象浑身长满眼睛盯着粮食。我们干等着，等得瞌睡来。夜深了，风呼呼吹起来，树叶哗哗响，晒谷场上阴森森，不知道谁家的狗飞快地窜过打谷场。这时，从草垛角落飞出一个黑影，慢慢靠近粮食，我们害怕起来，听老人们讲，经常有饿死鬼在夜深的时候，飘进打谷场。这个时候饿死鬼真的来了，我们死死的龟缩在草垛里，忽然"呼"的一声，接着一声大叫："跑，狗日的敢偷粮食"。第二天消息传来，是对门寨不知哪家大人过我们寨来偷粮食，被枪打跑了。

不要说人吃粮食，就连狗也无法找到吃的。那时候，狗侵犯粮食不是新鲜事，苞谷挂红帽的时候，狗就会乱窜到苞谷林里跳起来啃嫩苞谷。那时候守苞谷地，不是防人，主要是防狗，人们经常用硫磺制成硫磺弹，包在苞谷里炸狗。我小时跟大人们进苞谷林守苞谷，亲眼看见狗啃苞谷被硫磺弹炸得稀巴烂，大人们就地架火烤狗肉，狗的主人知道自家狗被烤吃了，也不敢吭声。那年月，狗敢与人夺粮食，找死！

在我们村，人与粮食发生的事，不算稀奇事。寨子里一家十七、八岁的黄花姑娘和五十多岁的村会计睡一回，打发的是100个苞谷，爹妈不是被饿死，而是活活气死。

我家院子里的苗婶，是个偷苞谷的高手，好几次偷生产队的苞谷，民兵到家操家几次，都没有抓到什么把柄，她丈夫贪酒，倒是被人灌醉，走漏了躲藏苞谷的风声，民兵一窝蜂爬到她家楼顶，放下一口棺材，打开棺材盖子，是一棺材苞谷，民兵们把苗婶与包谷装进棺材，抬到打谷场示众。散场时，打开棺材盖子，苗婶没气了，两手却紧紧抓着苞谷棒子。人们叹气说，死了也好，有粮食陪着。

岁月的河流慢慢流淌不回头，我们会老去，粮食也会老去，而老去的粮食是一种成熟，永远是一种成熟，而我们呢？我们与粮食不即不离，或是渐行渐远？我们和粮食是不是不再有亲密接触的缘分？每到秋天，岩山上的"红刺莓"依然红通通，一蓬连着一蓬，盖过一座山又一座山，人们不会去摘它了，只依稀记得它曾经是"救济粮"，有的人闲情逸志，把它挖进家，当做盆景栽着。饭桌上的粮食不稀奇了，人们好象肠胃麻木，或是日子无聊，饭桌上出现了"姨妈菜"、"圪妈蔸"、"小米菜"之类的野菜，那些都是过去人们过粮食关时才不得已吃的东西。但是现在吃这些东西，是什么味道呢？

对于粮食，我仅此点滴，每当看到和我亲密接触过的粮食，比如一个一个苞谷、一个一个洋芋，我马上就肃然起敬。

（选自2010年12月《散文选刊》增刊）

普定篇

马　也

宫

油菜花代表春天把地毯铺到山腰了
像是迎接历史瞳孔穿洞中走出的先人
赤身，手持石器，表情不很丰富地张望
随着一声吆喝，张张前额扁平嘴巴前突的脸闪现
三五成群，走出穿洞，进入莽莽森林，采集，打猎

考古工作者送我们去远古，再拉我们回现实
数以万计的人类遗骸化石、劳作器具、用火印痕
距今约一万六千余年。那些卑微的身影
隔得越久远，必然越伟大
旧石器时代晚期，就有文明在此真实发生
什么时候，对于自然变得在顺应与对抗中拉锯？

在穿洞遥看人类来时路，荆棘载途
看棋子般散落的屯、堡、官、铺、旗、场、营
随便置放哪里似乎都是一盘活棋
其实不然。多少杀伐、征战，往往来自人类自身
在穿洞，我无法看清中间用时光省略的漫长部分
仿佛眼前那条路，靠近我，又离我远去，不知所终
好像某种无法把握的命运，曾经发生，也即将发生

如果不扯谎，当说穿洞眼神空洞；放低，再放低
就可以发现没有任何一片荫翳
从日出到日落，留下能够移动的图案
那漂浮在血色夕光中的事物难以捉摸
森林消失，河流消失，裸石越发骨瘦嶙峋
穿洞西南，超百万千瓦的火电站并网发电
穿洞以北，人工大坝拦起来的夜郎湖浑涵汪茫

商

黄河流域南下的风，一直尾随古博扬鲁和他率领的族众
三千里路云和月。抵黔地的北方厉风，在喀斯特岩崖上磨卷刃
无怪苗人居山不下平地，与穿洞对望
惊惧，放大一个多灾多难民族的忧患
祈颂：白天阳光好，夜来月亮照，岩石有情，荒山有爱
天地日月一年年，保佑小小草
三岔河在长江水系上，无论各自源于哪里，必然汇流一处
还有布衣、仡佬、彝和白族兄弟姐妹，一同和睦生息

西堡头顶飘过一朵云，像祖上经过唐置始安县见识屯兵那样
偶尔目睹某段历史的真相而无处诉说
古城墙犹在，城墙下刀削斧砍的绝壁依旧
元置习安州，至明代沙氏袭沿的马场，已闻不远处的乳马
被土司路拾，日浴潭水三次，三日高齐人肩
在征剿作祟的逆军中，驮一孕妇离寨绝尘远去
生命得以继续，留一河云烟氤氲
三十公里外，大明定南所刻硕印一枚，翠屹云天
谓之东华。四散开去的号营、后冲、讲义、化处
斑驳迷离。史记、传说、神话，生动一部文明史

角

翻山越岭，穿谷过水，猴场举高的仙马
在朴素的追寻里清晰：人间小村寨，天堂后花园
山高太阳近，辉光普照生灵
慢生活里，平均速度保持在老牛嚼草上
祥和在村人中，村人在世俗之上

一日三省：浪费过粮食吗，糟蹋过财物吗
所住所用所穿所吃来路正当吗
多声部的赞美诗，歌唱自然、人类、生命
知主负重，舍命，流血，受苦，为救失丧者
你如何？洗净灵魂，怜悯，慈爱，宽恕，温柔，谦和
抬头再让蔚蓝的天空照一照，没有尘垢

仙马的任何一个人内心都有不只一棵春天的香椿树
你闻闻弥漫在人性里的芬芳
农耕不可怕，走不出深山不可怕
就怕没有信仰，就怕唱不出灵魂深处的歌
有宗教，就有安宁；心中有歌，就有美好事物

从仙马下山，猴场人张富江送我一罐纯天然蜂蜜
情味，是无法轻易化开的那种
在我肺腑之中，返璞归真引来蜜蜂嗡鸣

其实那是布道时无以消散的祷告
为每一颗纯朴的心，为五谷丰登，为天下太平

徵
玉阁腾龙，传说久
翠云瀑挂，泉涌出
可处泛花，渴虎饮
波玉秉流，水色碧
玲珑照镜，本天成
天龙展望，天下小
铁链飞虹，凌空横
金寺鸣凤，——山如凤，寺有十二石鼓
镌五狮捧球，精雕细刻
乡愚无识，捶碎唇齿，盖因疑其食谷
寺前古银杏无言。蒙昧者，煞风景
佳木成林，隐金鸣寺于无形
不觉又过经年，云消雾散，万事皆空

羽
是的，我说不清那是好梦还是梦魇
莲花洞。木乃洞。龙潭洞。落穿洞。红土洞。白岩洞。
它们，都在穿洞附近，醒豁若口，欲言又止
梦见相关的石柱、石笋、石幔；龙、恐龙；观音
有水流动，其声泠泠，也是在梦中，但更接近现实
灰土里刨地牯牛，草坝上打野兔，山尖望云鹭
包谷地里找鸡枞菌，白旗摘韭黄，云盘做水磨面
屯堡、山寺、碉楼；地戏，花灯，冲龙；硕歌、蜡染、刺绣
除了恋想，没有人能够准确解析其中的寓意

我喜欢看见，因为喜欢梦见
这些出入梦中的事物，有着世俗的美丽
有时，我被神举高，接近天堂
我又害怕惊寤视之，不见其处
害怕醒来，苦于找不到熟悉的影子
在我清醒的时候，我尽可能多的记下一个又一个名词
留下一种路径，如同虔诚信仰者
没在祈祷，就在去教堂的途中

（2010年1月，马也组诗《普定篇》获万松浦书院与《佛山文艺》杂志社联合举办的第一届“万松浦·《佛山文艺》文学新人奖”评比活动诗歌提名奖。）

秋日的葵花地（外一首）

胡　洁

争着把脖颈伸向镰弯
这些渴望自刎的汉子
太想看见血把土地染红的模样

太阳落地
也不过像葵花盘子
装满甜味的黑和无尽的方向

哪有什么秋天
一架马车躲开闲散的月亮
慢慢接近油灯闪烁的村庄

南方，一朵葵花

秋天还在浅处
一朵葵花
低头已看见日暮时的远方

九月十月和遥远的路程
都快不过霜的翅膀
尽管出发时它依旧不声不响

砍了头的葵花杆
被挂满鸟的白杨
引向装满雨水和米粮的村庄

南方在哪里
一颗泪珠悬着不死的愿望
一朵葵花站在疼痛的路旁

（摘自2010年第1期《上海诗人》）

二、书画作品

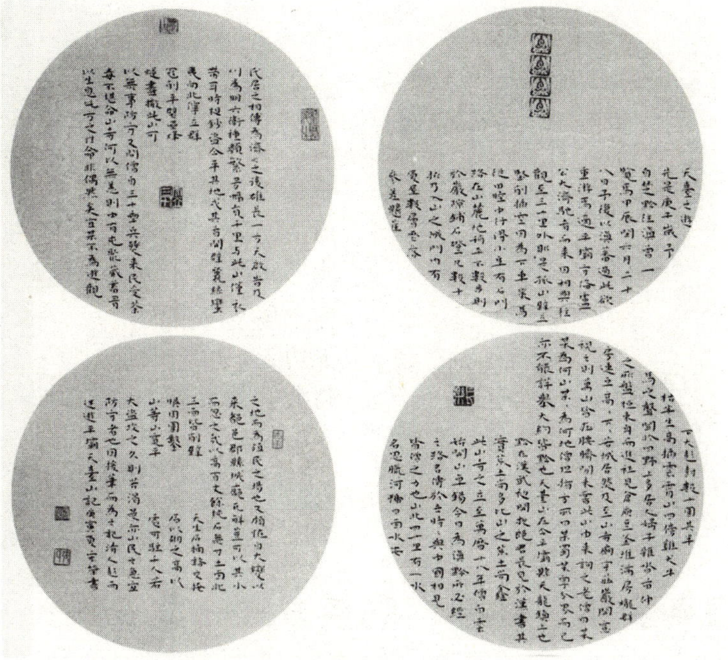

小楷团扇：2010 年 9 月获贵州省书法篆刻小精品展二等奖。
（作者：张宏荣）

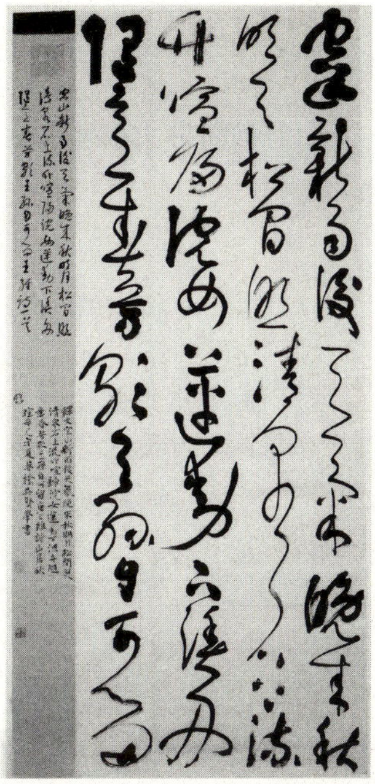

草书条幅：2010 年 9 月获贵州省首届“黔冠杯”书法小精品大赛优秀奖。（作者：吴　贤）

国画《小桥流水》：2010 年 7 月，入编贵州人民出版社出版的《贵州画卷·山水卷》。
（作者：钟召云）

油画《静静的屯堡》：2010 年 10 月获首届“交通运输杯”多彩贵州书画大赛入围奖。
（作者：廖晓峰）

三、音乐作品

一滴水的深情

词：丁　杰　玉镯儿

你那一滴水的深情
我用一条河来铭记
也许世上所有的言语
都无法表达这份谢意

你那一转身的笑容
我用一辈子来回忆
就象那些迟开的花朵
用芬芳回馈这场春雨

爱是场及时雨
淅淅沥沥点点滴滴
滋润云贵高原每一寸土地

爱是场及时雨
无边无际生生不息
将我们紧紧连在一起
永不分离

（选自2010年第5期《广播歌选》）

2010年普定县各乡镇、各部门联系方式一览表

序号	单位名称	电　话	地　址	电子邮箱	网　址
1	县委办	8222701	普定县城关镇文明路县委县政府大楼3楼	pdxxk@126. com	-
2	县人大办	8222203	普定县城关镇文明路县委大院人大办公楼	pdrdb2008@yeah. net	-
3	县政府办	8222373	普定县城关镇文明路县委县政府大楼2楼	pdzwxx@126. com	http://www. aspd. gov. cn
4	县政协办	8222232	普定县城关镇文明路县委大院政协大楼	pdxzxyy@163. com	-
5	县纪委、县监察局	8222368	普定县城关镇文明路县委大院纪委大楼	pdxjwbgs@163. com	-
6	县委组织部	8222002	普定县城关镇文明路县委县政府大楼6楼	pdzzb@126. com	http: //www. pddj. gov. cn/
7	县委宣传部	8222014	普定县城关镇文明路县委县政府大楼7楼	pdxwxcb@163. com	http://www. gzxinhuanet. com/zf-pd/ass/pd
8	县委统战部	8221995	普定县城关镇文明路县委县政府大楼6楼	pdtzb_ ok@126. com	-
9	县委政法委	8222013	普定县城关镇塔山路191号公安局4楼	pdxzfw@126. com	-
10	县委离退休干部工作局	8222240	普定县城关镇塔山路老年活动中心	pdltj@163. com	-
11	县直机关党委	8222083	普定县城关镇文明路县委县政府大楼5楼	pdjgdw@163. com	-
12	县委党校	8222824	普定县城关镇富强路72号	gzpdxwdx@126. com	-

（续表）

序号	单位名称	电　话	地　址	电子邮箱	网　址
13	县编委办	8227351	普定县城关镇文明路原政府大楼1楼	–	–
14	县史志办	8220968	普定县城关镇文明路原县委办4楼	pdxszb@163. com	http://www. aspd. gov. cn/lmlist. asp? id=48
15	县委保密办（县保密局）	8222001	普定县城关镇文明路县委县政府大楼7楼	yangjinyong@163. com	–
16	县委机要局	8222405	普定县城关镇文明路县委县政府大楼8楼	–	–
17	县机关服务中心	8222335	普定县城关镇文明路县委县政府大楼1楼	dvn19790522@163. com	–
18	县老年大学	8222271	普定县城关镇塔山路老年活动中心	–	–
19	县法院	8614063	普定县城关镇中轴大道法院大楼	caoxuyoyo@126. com	–
20	县检察院	8614004	普定县城关镇中轴大道检察院大楼	398603785@qq. com	–
21	县人武部	5732210	普定县城关镇文明路人武部大院	–	–
22	县消防大队	8220644	普定县安织路消防大队内	275303901@qq. com	–
23	县武警中队	8223344	普定县城关镇塔山路公安局大院内	–	–
24	县工商联（商会）	8222310	普定县城关镇文明路县委大院政协大楼	–	–
25	县总工会	8222996	普定县城关镇富强路8号	pdxzgh2008@sina. com	–
26	团县委	8222027	普定县城关镇文明路县委县政府大楼7楼	pdtxw@126. com	http: //gz. gqt. org. cn/pdx
27	县妇联	8222007	普定县城关镇文明路县委县政府大楼5楼	pdxfl@163. com	–
28	县文联	8222032	普定县城关镇文明路县委县政府大楼7楼	pdcdwy@163. com	http://pdcdwy. 8bbs. cn/script/template/home _ 107/home. asp? community_id=33679
29	县残联	8221948	普定县城关镇园丁路1号残联大楼	pdclbgs@163. com	–
30	县红十字会	8225795	普定县城关镇文明路原政府大楼2楼	pdmgtl@163. com	–
31	县科协	8222034	普定县委大院内招待所旁	–	–
32	县计划生育协会	6814131	普定县城关镇中轴大道	–	–
33	县发展改革局	8222285	普定县城关镇文明路原政府大楼	fgj0001@sina. com	–
34	县经贸局	8222432	普定县城关镇园丁路30号	pdygmj@126. com	–

（续表）

序号	单位名称	电 话	地 址	电子邮箱	网 址
35	县科技局	8221179	普定县城关镇文明路原县委办3楼	aspdkjj@ tom. com	http：//pdkjj. cn
36	县教育局	8222757	普定县城关镇光明路125号	pdjyjbgs@ 126. com	http：//www. pdxjyj. com
37	县民宗局	8222003	普定县城关镇文明路62号	–	–
38	县公安局	8220234	普定县城关镇塔山路191号	–	–
41	县司法局	8222404	普定县城关镇塔山路178号	pdxsfj@ 163. com	http：//www. assf. gov. cn/xq_ pdx/
42	贵州省太平监狱	8652100	普定县马官镇	–	–
43	县民政局	8221301	普定县城关镇园丁路街心花园	pdys_ 001@ 126. com	–
44	县财政局	8224205	普定县城关镇文明路25号财政大楼	pdxczj@ 126. com	http：//www. pdxczj. com
45	县人事劳动社保局	8222086	普定县城关镇富强路30号	prlsxd@ 126. com	–
46	县国土局	8222497	普定县城关镇富强路14号	–	http://www. gzgtzy. gov. cn/gzlr/subweb/pudingxian
47	县建设局	8222290	普定县城关镇文明路21号	pudingjsj@ 163. com	–
48	县交通局	8222312	普定县城关镇塔山路	zzmmhh5903@ 126. com	–
49	县水利局	8222452	普定县城关镇富强路57号	pdssxxkld@ 163. com	–
50	县农业局	8222415	普定县城关镇文明路7号	gzpdym@ 126. com	–
51	县林业局	8222449	普定县城关镇文明路	lyjbgsc@ sina. com	–
52	县畜牧局	8222214	普定县城关镇文明路44号	pdxm44@ 163. com	–
53	县文体广局	8222006	普定县城关镇富强路电视大楼5楼	pdbgs@ 126. com	http：//www. 126. com/
54	县人口计生局	8222272	普定县城关镇中轴大道	pdxrkjsj@ 126. com	http：//www. pdrk. gov. cn
55	普定县人口和计划生育妇幼保健中心	6814171	普定县城关镇中轴大道	–	–
56	县卫生局	8221476	普定县城关镇文明路42号	wsjzhoupeiyi@ 126. com	–
57	县卫生监督所	8228769	普定县种子公司三楼	–	–
58	县疾病预防控制中心	8228500	普定县城关镇顺时花园小区	–	–
59	县人民医院	8222539	普定县城关镇富强路岔八段	leiweiyue@ 126. com	–

（续表）

序号	单位名称	电　话	地　址	电子邮箱	网　址
60	县中医院	8220219	普定县城关镇文明路9号	798503385@qq．com	–
61	县审计局	8222397	普定县城关镇文明路原政府大楼	wf8222397@126．com	–
62	县统计局	8222786	普定县城关镇文明路原政府大楼	gzsasspdxtjj@163．com	–
63	县环保局	8220439	普定县城关镇文明路原政府大楼	pdxhbj@163．com	–
64	县粮食局	8222169	普定县城关镇文明路5号	Liuying7111@126．com	–
65	县乡企局（县煤炭局）	8222385	普定县城关镇富强路20号	xtiywf@126．com	–
66	县物价局	8222488	普定县城关镇光明路文化馆	pdxwjj@163．com	–
67	县安监局	8223154	普定县城关镇文明路原政府大楼1楼	–	–
68	县旅游局	8226896	普定县城关镇文明路原政府大楼4楼	1046458005@qq．com	–
69	县档案局	8222981	普定县城关镇文明路81号档案大楼	pdxdaj@163．com	http：//pdgzdaxx．gov．cn
70	县信访局	8222175	普定县城关镇文明路原县委办3楼	pudingxian@126．com	–
71	县供销社	8222459	普定县城关镇文明路原政府大楼2楼	pdxgxsb1@126．com	–
72	县教育培训中心	8222188	普定县城关镇富强路72号	wuxiao8223251@163.com	http：//www．pdzjzx．com
73	县农机中心	8222143	普定县城关镇塔山路182号	–	–
74	县行政服务中心（县招商局）	8222137	普定县城关镇文明路宣传文化中心2楼	pudingzsb@126．com	–
75	县海事处	8222079	普定县城关镇塔山路	pdmsa@sina．com	–
76	县政府法制办	8222138	普定县城关镇文明路县委县政府大楼2楼	–	–
77	县农办	8222278	普定县城关镇富强路8号	pdnbrmg@126．com	–
78	县扶贫办	8222812	普定县安织公路消防大队斜对门	pdfpb@163．com	–
79	县岩溶办	8222071	普定县城关镇文明路120号	yrb8229009@sina．com	–
80	县水利水电移民局	8222074	普定县城关镇塔山路	–	–
81	县重大工程项目协调办	8222704	普定县城关镇文明路原政府大楼2楼	–	–

（续表）

序号	单位名称	电　话	地　址	电子邮箱	网　址
82	县外资项目资金管理中心（世行办）	8222812	普定县安织公路消防大队斜对门	pdshb@126．com	–
83	县爱德办	8221391	普定县城关镇文明路原政府大楼2楼	pdadb@163．com	–
84	县以劳养武办	8220428	普定县城关镇文明路县人武部内	–	–
85	县老龄办	8221330	普定县城关镇塔山路老年活动中心	–	–
86	县人防办	8228722	普定县城关镇文明路县人武部内	–	–
87	县国教办	8226418	普定县城关镇文明路县人武部内	–	–
88	县爱卫办	8222940	普定县城关镇园丁路1号残联大楼	awb8222940@163．com	–
89	县新农村建设办公室	8222278	普定县城关镇富强路8号	pdnbrmg@126．com	–
90	县关工委	8222574	普定县城关镇塔山路老年活动中心	pdggwzjh@163．com	–
91	《普定》编辑部	8227058	普定县城关镇文明路县委县政府大楼7楼	pdbjb@163．com	–
92	《普定年鉴》编辑部	8220968	普定县城关镇文明路原县委办4楼	pdnjbjb@163．com	–
93	县国库收付中心（县会计中心）	8226156	普定县城关镇文明路25号财政大楼	919577756@qq．com	http：//www．pdxczj．com
94	县信用担保中心	8221704	普定县城关镇文明路25号财政大楼	huangping4504@163．com	–
95	县基层财政管理局	8222015	普定县城关镇文明路25号财政大楼	pdxjcj@163．com	–
96	县一中	8222108	普定县城关镇人民路130号	pdxyz108@163．com	http：//www．pdxyz．cn
97	县二中	8224223	普定县城关镇富强路66号	pdxrzbgs@163．com	–
98	县实验学校	8224935	普定县城关镇富强路		–
99	普定炽章中学	8228988	普定县红旗路263号	xuxiao1881@126．com	http：//www．bg8nky．cn
100	县城建监察大队	8224110	普定县城关镇文明路36号	pudingcg@163．com	–
101	县自来水公司	8222991	普定县城关镇文明路146号	pdxzlsgs@163．com	–
102	县夜郎湖风景区管理处	8221196	普定县城关镇文明路原政府大楼2楼	–	–
103	县广播电视台	8220438	普定县城关镇富强路电视大楼	pudingtv@163．com	–
104	县文化馆	8229728	普定县城关镇文化馆	–	–

（续表）

序号	单位名称	电　话	地　址	电子邮箱	网　址
105	县图书馆	8222061	普定县城关镇塔山路	-	-
106	县新华书店	8222163	普定县城关镇富强路	-	-
107	县地税局	8229302	普定县城关镇园丁路地税局大楼	-	http：//www. gzas - l - tax. gov. cn/pd/
108	县国税局	8222192	普定县城关镇园丁路1号国税局大楼	-	-
109	县工商局	8222439	普定县城关镇富强路55号	pdgsj@163. com	hrrp：//www. pdgs. gov. cn
110	县质监局	8224953	普定县城关镇塔山路270号	pudingzhjj@163. com	-
111	县食品药品监督局	8222475	普定县城关镇文明路59号	pdsiyj@163. com	http：//pdfda. gov. cn
112	普定电力公司	8623011	普定县城关镇富强路58号	pdpower@126. com	http：//www. pdpower. cn
113	县烟草专卖局	8115129	普定县城关镇富强路10号	Liuch_ 1981@163. com	-
114	县气象局	8220846	普定县城关镇文明路191号	pdqxj57808@163. com	-
115	县邮政局	8222602	普定县城关镇文明路1号	gzpdyzj@163. com	-
116	普定公积金管理部	8227166	普定县城关镇富强路27号工行2楼	wlchclx@126. com	-
117	县电信分公司	8222267	普定县城关镇文明路1号	-	-
118	普定移动分公司	8225599	普定县城关镇中轴大道1号	13908539800 @ 139gz. com	htpp：//www. 139gz. com
119	普定联通分公司	8115251	普定县城关镇西安路颐景园小区7号楼	619796459@qq. com	-
120	县人行	8222995	普定县城关镇富强路15号	-	-
121	普定银监办	8222680	普定县城关镇富强路16号	-	-
122	县工行	8229816	普定县城关镇富强路27号	-	-
123	县农行	8222474	普定县城关镇富强路5号	gzaspdnh@126. com	-
124	县建行	8222173	普定县城关镇富强路41号	-	-
125	县农发行	8220894	普定县城关镇富强路33号	-	-
126	县农村信用联社	8222401	普定县城关镇富强路61号	zjib@sina. com	-
127	普定财产保险支公司	8222394	普定县城关镇文明路11号	fanghuimei @ guiz. picc. com. cn	-

（续表）

序号	单位名称	电 话	地 址	电子邮箱	网 址
128	普定人寿保险支公司	8220931	普定县城关镇园丁东路情源酒店对面	–	–
129	普定太平洋保险支公司	8227566	普定县城关镇富强路	–	–
130	普定石油支公司	8228004	普定县城关镇红旗路	–	–
131	普定盐业公司	8222457	普定县城关镇红旗路	gyjtpd@163. com	–
132	普定商业银行	8221324	普定县城关镇富强路57号水利局2楼	–	–
133	国电安顺发电有限公司	8622006	普定县马官镇太平村	as@cgdc. com. cn	http：//www. gdaspp. com/
134	城关镇党委、政府	8222816	普定县城关镇塔山路1号	pdcgz@126. com	http：//gzaspdchengguan. gov. cn
135	马官镇党委、政府	8611208	马官镇马堡村	pdmgzdw@126. com	http：//gzaspdmaguan. gov. cn
136	化处镇党委、政府	8641817	化处镇化处村	hcgjycf@126. com	http：//www. gzpdhc. cn
137	马场镇党委、政府	8672425	马场镇滨河路1号	pdmczjg@126. com	http：//gzaspdmachang. gov. cn
138	白岩镇党委、政府	8645942	白岩镇白岩村	byzdzb942@163. com	http：//gzaspdbaiyan. gov. cn
139	龙场乡党委、政府	8654050	龙场乡龙场村	pdlcx@126. com	http：//gzaspdlongchang. gov. cn
140	鸡场坡乡党委、政府	8673817	鸡场坡乡鸡场村	pdjcpx@126. com	http：//gzaspdjichangpo. gov. cn
141	坪上乡党委、政府	8675246	坪上乡大哪村	psxzh@126. com	http：//gzaspdpingshang. gov. cn
142	补郎乡党委、政府	8658823	补郎乡补郎街上	pdblx@126. com	http：//gzaspdbulang. gov. cn
143	猴场乡党委、政府	8659901	猴场乡猴场村	hcxbgs@163. com	http：//gzaspdhouchang. gov. cn
144	猫洞乡党委、政府	8647004	猫洞乡月亮坡村	pdmdx@126. com	http：//gzaspdmaodong. gov. cn
145	县委学习实践活动办公室	8225429	县宣传文化中心一楼	pdxxsjhdbgs@126. com	http：//www. aspd. gov. cn/lmlist. asp？id＝39